EDWIGE THIBAUT

L'ORDINE DELLE SS ETICA E IDEOLOGIA

𝒪MNIA VERITAS®

EDWIGE THIBAUT

L'ORDINE SS
Etica e ideologia

L'ORDRE SS
Éthique & idéologie
Prima edizione - Avalon - Parigi - 1991

Tradotto dal francese e pubblicato da
Omnia Veritas Ltd

OMNIA VERITAS.

www.omnia-veritas.com

© Copyright Omnia Veritas Limited - 2023

ISBN 978-1-80540-093-6

Heinrich Himmler nel 1937, spinto dall'idea di una nuova aristocrazia.

PREFAZIONE DI LÉON DEGRELLE

Volksführer
Comandante della Legione Vallone
Cavaliere della Croce di Ferro

A dire il vero, quando ho ricevuto l'enorme mole di pagine che compongono questo libro sull'Ordine delle SS, sono rimasto piuttosto stupito: ottocento pagine di testo serrato! La mia vita normale è molto piena. Ma per leggere una simile enciclopedia mi ci vorrebbero decine di ore! Per farmi un'idea dell'interesse o meno di questa insolita raccolta, ho sfogliato i primi paragrafi. Tre giorni dopo sono arrivato all'ultima pagina.

Vi avevo trovato una straordinaria quantità di conoscenze presentate in un'introduzione di cento pagine che costituiscono un libro a sé stante, supportate poi, con una perfetta conoscenza dell'argomento, da centinaia di citazioni, semplici e suggestive, che formano un'enorme antologia di testi, scritti all'epoca senza cercare di stupire il lettore, ma piuttosto di informarlo e convincerlo. Politicamente, si trattava dell'intero panorama delle SS ricostruito da testimoni diretti che non avevano nemmeno pensato di fare gli storici ma che avevano, a seconda degli anni sfalsati, esposto la dottrina, gli obiettivi, i metodi, la mistica del movimento che è stato senza dubbio, insieme al leninismo, il più importante fenomeno politico del XX secolo .

*　*　*

Chi aveva raccolto il denaro? Un famoso cronista? No. Una giovane donna quasi sconosciuta, Edwige Thibaut, una fantastica lavoratrice che per anni aveva letto migliaia di pagine scritte sulle SS da centinaia di analisti, filosofi e tecnici. Appartenevano agli ambienti più diversi: giovani, anziani, intellettuali, osservatori di base. Edwige Thibaut aveva pazientemente vagliato questa moltitudine di opere e le aveva poi classificate in un ordine intelligente. Voleva innanzitutto soddisfare la sua gioia di scoprire, ma poi, se ne avesse avuto l'occasione, comunicare questa gioia alle menti curiose che cercano, qua e là, di raggiungere la Verità.

Questa è la caratteristica di quest'opera: questa giovane donna non inventa nulla, non immagina nulla; commenta, certo, ma contribuisce con cento testi scritti da altri, pubblicati al momento stesso della loro creazione, scritti da numerosi osservatori che si sono espressi in pubblicazioni sparse. Questa ricapitolazione e unificazione, che all'epoca non era stata nemmeno immaginata, è stata realizzata dalla stessa Edwige Thibaut nel corso di un lavoro che le sarebbe valso, se avesse indossato l'abito monacale invece della gonna, la decuplicazione della qualifica di "benedettina"!

* * *

Il pubblico di oggi legge in fretta. Ma qui si tratta di dedicare decine di ore di lettura assidua e faticosa per esaminare testi che richiedono un'applicazione potente! Ma il tema è cruciale. Chi erano le SS e, più in particolare, le Waffen-SS? Cosa sappiamo di essa? Cosa possiamo sapere su di essa? Questa è la missione che Edwige Thibaut, sfidando la leggerezza del secolo, ha avuto l'energia di affrontare. Questa vera e propria enciclopedia delle SS avrebbe potuto rimanere per sempre in un cassetto. Ora un editore audace rischia di pubblicarla, nonostante l'enormità del suo contenuto.

In realtà, fino ad oggi, nonostante sia stata oggetto di migliaia di libri, le SS sono poco conosciute, mal conosciute, e spesso sono state deturpate da accuse sommarie, al limite del ridicolo o dell'odioso. Le Waffen-SS, la sua emanazione più famosa, sono state la più straordinaria formazione politico-militare che l'umanità abbia mai conosciuto. Durante la Seconda guerra mondiale, le Waffen-SS contavano un milione di volontari provenienti da ventotto Paesi diversi. Tutti questi ragazzi erano venuti di loro spontanea volontà a offrire la propria vita (402.000 morirono in combattimento) per una causa che aveva richiesto ogni grammo della loro vita fisica e della loro volontà.

Tutto questo non è avvenuto da solo. Le SS erano solo un manipolo all'inizio dell'hitlerismo. Ci volle un'enorme quantità di fede per impadronirsi di loro e poi per consumarli, in modo che questo dono assoluto, questa disciplina libera e totale, e la sovrana convinzione di portare al mondo un *nuovo* tipo *di uomo, potessero* sbocciare.

Chi era quest'*uomo nuovo*? Qual era il suo messaggio? Dove possiamo trovare le testimonianze, trascritte nel momento stesso, di questa volontà di creare un universo (la Weltanschauung), dove tutto sarebbe stato ricreato, rigenerato? Questo libro fornisce la risposta. Grazie ad esso, sapremo finalmente cosa sono state le SS e cosa avrebbero potuto dare all'uomo e al mondo se le loro rune vittoriose avessero segnato definitivamente l'universo.

* * *

Nella cattedrale che è quest'opera di Edwige Thibaut c'è tutto. Dopo aver studiato questa enciclopedia, si sa cosa le guide spirituali delle SS - menti brillanti ma anche cervelli modesti - avevano da dire ogni giorno per anni. Edwige Thibaut ha ripreso, pagina per pagina, l'essenza del loro lavoro, concepito alla luce e al calore degli eventi.

Certamente, alcuni dei problemi da risolvere sono cambiati di portata. Alcune concezioni sono state modificate lungo il cammino. In particolare, la nozione, a volte troppo sommaria, di vita spirituale dell'uomo. L'impulso religioso ha mille deviazioni segrete. Hitler, il primo, sapeva che tutti noi - e l'universo - eravamo dominati dall'*Onnipotente*. L'intransigenza a volte provocatoria di alcuni uomini delle SS sarebbe stata presto superata. Io stesso ero un ardente cristiano, il che non impedì a Hitler di dire che se avesse avuto un figlio, avrebbe voluto che fosse come me! Nella divisione *vallona* delle Waffen-SS, avevamo i nostri cappellani, che condividevano tutte le nostre prove sul fronte orientale. Nella divisione SS *Charlemagne*, un magnifico prelato, Monsignor Mayol de Luppé, guidò migliaia di giovani eroi francesi alla battaglia e al sacrificio. Anche in questo caso si sarebbe trovato l'equilibrio tra un paganesimo storico che alcuni volevano far risorgere e la vita mistica, quella vibrazione segreta della coscienza.

L'enorme influenza delle SS non era una dittatura della mente, ma un'adesione di tutto l'essere, portata avanti in modo libero e flessibile. Questa immensa ricchezza, che le SS portavano davanti a sé come gli antichi dèi portavano i fulmini, avrebbe potuto andare perduta, dissolversi nella notte dei tempi. Grazie a Edwige Thibaut, è stata ricostruita, in modo onesto e completo.

È passato mezzo secolo. Coloro che hanno vissuto questa epopea sentiranno il loro ardore giovanile riscoprendo le pietre miliari. Io stesso sono l'ultimo comandante vivente di una divisione Waffen-SS e l'ultimo *Volksführer*: ai miei occhi questa ricostruzione è una resurrezione. Ma è soprattutto ai giovani che penso, ai giovani ai quali è stata nascosta in modo così odioso la ricchezza della verità. Eccola qui. Finalmente sapranno, in tutta la sua abbondanza e complessità, che cosa sono state le SS. E, più in particolare, il suo braccio destro, le Waffen-SS.

Chi lo sa? Non solo la conoscenza, ma anche la voce, forse un giorno, reincarnata da loro, ricostruirà il nuovo mondo che i nostri cervelli e le nostre armi avevano voluto creare.

Léon Degrelle, Malaga, 1 giugno 1990

INTRODUZIONE

Nell'antichità, le persone che lottavano costantemente per la sopravvivenza in un mondo ostile avevano diritto di vita e di morte sugli sconfitti. Prevaleva il diritto naturale del più forte; tuttavia, l'avversario affrontato poteva mantenere il rispetto della controparte, il che sottolineava la grandezza dei combattenti coinvolti. Gli uomini andavano in guerra per motivi esistenziali, non ideologici. La conquista di un territorio giustificava le spedizioni belliche e la nozione di onore o vergogna determinava il valore di ogni individuo. Cosa significava un diritto morale sconosciuto di fronte al senso dell'onore che guidava ogni azione, alla forza e all'agilità fisica, all'ingegno intellettuale e soprattutto alla necessità di sopravvivere?

Se guardiamo criticamente al corso e alla conclusione della guerra nel 1945, vediamo il culmine di un lungo processo iniziato con l'emergere delle religioni bibliche, ovvero che la morale e la nozione di peccato hanno sostituito il senso dell'onore e della politica. Il degno avversario è stato trasformato in un nemico assoluto, portatore di tutti i vizi che si oppongono alla "civiltà" e che devono essere convertiti o eliminati ad ogni costo. Dopo le guerre di religione, la caccia agli eretici e alle streghe, arrivarono le guerre imperialiste di colonizzazione da parte dei missionari religiosi. Ora si stava combattendo una guerra *planetaria* non solo tra popoli, ma tra diverse concezioni del mondo, alcune basate sui diritti e sull'uguaglianza di tutti gli uomini, sull'individualismo universalista e nomade, altre sulla mistica della razza, sulla valorizzazione dell'atteggiamento eroico che supera le divisioni del tempo e sul valore della comunità. Considerando che esistono leggi superiori a quelle degli Stati, la nozione di crimine, un tempo esclusivamente individuale, è stata ampliata in "crimini contro l'umanità" e applicata a un sistema, a un'ideologia e persino a un'intera nazione. La legalità e la specificità delle azioni statali specifiche di un sistema sono state soppiantate dalla legalità di un diritto umanistico universale. Per la prima volta nella storia, questo particolare diritto morale, direttamente derivato dallo spirito della Rivoluzione francese, ha permesso agli uomini che rappresentavano le nazioni che avevano commesso i crimini di Hiroshima, Dresda e Katyn di giudicare un sistema politico che rifiutava lo stampo livellatore di un ordine globalista. Il principio di retribuzione raggiunse così il suo apice. L'americano Nathan Kaufmann, nel suo pamphlet *Germany Must Perish* pubblicato nel 1941, esprimeva cinicamente questo stato di cose: "La guerra attuale non è una guerra contro Adolf Hitler. Non è nemmeno una guerra contro i nazisti. È una guerra di popoli contro altri popoli, di popoli civilizzati che portano la luce, contro barbari incivili che amano le tenebre". Questa planetarizzazione della morale non può che essere foriera di altre guerre contro eventuali violazioni del "diritto internazionale" che, con il pretesto della giustizia, impongono un modello morale unilaterale a popoli e Stati.

L'esito del processo non lasciava dubbi. Il totalitarismo di questa guerra non poteva che schiacciare senza pietà i vinti. Fu riconosciuta la colpevolezza di un'ideologia, il nazionalsocialismo, e dei suoi difensori, moderni diavoli. Un "popolo eletto" era naturalmente confrontato con un "popolo caduto", eternamente maledetto.4 Anche in questo contesto le SS erano in prima linea negli attacchi. Le SS erano in prima linea negli attacchi, rappresentate da alcuni generali e alti ufficiali, poiché i loro leader, Hitler e Himmler, avevano preferito rimanere padroni del proprio destino uccidendosi. Di cosa erano accusati? Di essere stato l'implacabile strumento politico del nazionalsocialismo per raggiungere i suoi obiettivi.

Dal 1947, i media e la stampa scandalistica hanno preso il posto del tribunale internazionale, ma a un livello più esteso. Sono stati pubblicati innumerevoli libri sul tema del nazionalsocialismo, delle SS e dei campi di concentramento, a dimostrazione del fatto che il "proibito e l'innominabile" esercitano ancora un fascino su un pubblico ben addestrato. La produzione di film "fascistoidi" come *Rambo, Conan il barbaro* o *Mad Max* ne sono esempi eclatanti. Tuttavia, gli studi e i lavori scientifici di storici "rispettabili" tacciono di fronte alle molte domande poste dalle menti critiche.

La letteratura francese ama presentare le SS come un uomo con una frusta tanto tagliente quanto le sue parole, che ascolta devotamente Beethoven e stermina milioni di persone senza una lacrima. Un'immagine così stereotipata e uniforme della crudele e stupida guardia del campo sembra profondamente restrittiva di fronte alla realtà dei ricercatori scientifici, degli artisti, degli scrittori o dei soldati che hanno incarnato ciascuno uno dei tanti volti delle SS. Sono forse paragonabili, se si conoscono le opposizioni che potevano sorgere all'interno dell'Ordine, nonostante la volontà di centralizzazione ideologica? È certo che nessuna società è risparmiata dalla presenza di individui dubbi o criminali al suo interno. Il carattere umano ha sempre delle debolezze difficili da superare e che a volte si manifestano. Ma possiamo pensare che sia giusto sistematizzare un fenomeno del genere solo perché si tratta di nemici o presunti tali, siano essi letterari, scientifici o artistici? Come hanno potuto milioni di uomini, tra cui un gran numero di europei, impegnare la propria vita in un sistema che avrebbe dovuto negare ogni dignità umana? Un attento esame dei fatti può fornire la risposta.

Tutti coloro che studiano i tragici eventi della Seconda Guerra Mondiale si interrogheranno sulle motivazioni di questi uomini, di cui si parla così poco nei libri di storia. Noi francesi potremo interrogarci ancora di più, dal momento che 40.000 francesi parteciparono ai combattimenti con un'uniforme divenuta europea, e almeno 10.000 di loro divennero "soldati politici" delle SS. Il nazionalsocialismo appartiene alla storia. È nato e morto con Adolf Hitler. Molte persone che non hanno vissuto quel periodo si chiedono oggi chi fossero quegli uomini che andarono così lontano a cercare la morte in terra straniera. Lasciamo da parte le passioni di parte che possono solo distorcere la loro storia in una direzione o nell'altra. Dopo aver rimarginato le evidenti ferite, è ora di sdrammatizzare le passioni, di analizzare gli eventi storici e politici con la stessa serenità con cui si affrontano le guerre di religione, le crociate o il pensiero di Platone. Sarebbe una crudele ironia del destino assomigliare a coloro che sono condannati dall'uso della censura e della repressione intellettuale. Lo scopo di questo libro è quindi quello di permettere al lettore di capire cosa può aver spinto individui che apparentemente non avevano alcuna predisposizione ad unirsi alla parte nazionalsocialista.

Trattare le idee politiche delle SS è un'impresa vasta, difficile, sorprendente e confusa. Parlare delle SS significa innanzitutto studiare le sue "idee politiche", che certamente sorprenderanno chi ha concepito le SS solo come un corpo di polizia repressivo. Si tratta quindi di parlare più accuratamente della sua "visione del mondo", della sua storia, dei suoi obiettivi, delle sue aspirazioni, ma anche dei suoi errori e delle sue divergenze interne. La dialettica nazionalsocialista sarà decifrata, consentendo una migliore comprensione del significato di termini oggi spesso usati in modo improprio.

Come spiegato nel primo capitolo de *L'ordine, la storia e i principi delle SS*, le SS hanno avuto origine dalla guardia di sicurezza personale di Adolf Hitler. Composte da uomini scelti a mano, totalmente convinti dal punto di vista ideologico, avrebbero assunto una nuova dimensione con l'arrivo di Heinrich Himmler alla sua guida. In effetti, fino al 1929, data della sua nomina, le SS non erano altro che una super SA, obbediente, priva di qualsiasi iniziativa ideologica, un puro organo esecutivo, ma già sostenuta dall'idea elitaria. Lavorando pazientemente nell'ombra, Himmler si era guadagnato la fiducia di Hitler e aveva conquistato la sua visione di una nuova SS come ordine ideologico di lotta, fondamento di una società futura. Non era più una semplice organizzazione di sicurezza; divenne lo strumento attivo e principale del nazionalsocialismo, dovendo assumere la protezione del Reich ma soprattutto produrre la futura élite europea e istruire il popolo nello spirito nazionalsocialista. Fu anche uno straordinario campo di sperimentazione, un "laboratorio di idee" che permise ai talenti più diversi di fiorire, incoraggiando un'innovazione permanente senza mai tagliarsi fuori da un sistema di valori tradizionali. Dalla guardia di Hitler, le SS avevano vissuto una nuova nascita come guardia e punta di diamante del movimento nazionalsocialista. Ora erano totalmente impegnate in un'idea, fino al punto di essere un movimento d'avanguardia.

La notevole velocità del suo sviluppo da un certo periodo in poi dimostra il nuovo destino assunto dalle SS. Da un minimo di 200-300 uomini distribuiti su tutto il territorio tedesco fin dalla sua creazione nel 1923, esse salirono rapidamente a 1.000 nel 1929, a 14.964 nel 1931, si stabilizzarono tra i 209.000 del 1933 e i 238.159 del 1938, e raggiunsero quasi un milione di uomini nel 1945. Ma questa rapida crescita non deve trarre in inganno. Le SS erano un'organizzazione selettiva basata, a differenza delle SA e del Partito, su un impegno *strettamente volontario*. Poiché non obbligava nessuno ad aderire, la selezione fu sempre molto rigida, come spiegò Himmler in un discorso del 1937, quando escluse 60.000 uomini delle SS tra il 1933 e il 1935 che non erano "assolutamente entusiasti o idealisti", mentre le altre organizzazioni del Partito si aprirono ampiamente alla loro base.

Questa improvvisa ma controllata espansione delle SS fu una risposta all'ampliamento dei suoi compiti dovuto alla nuova gestione e anche alle nuove prospettive offerte dalla presa di potere nazionalsocialista in Germania. Le SS si sarebbero divise in tre rami principali: le Allgemeine SS (SS generali, o civili, da cui nacquero gli altri due rami), le SS-Totenkopfverbände (unità con teschio e ossa incrociate che si occupavano dell'amministrazione esterna dei campi di concentramento e di alcuni compiti di polizia) e le SS-Verfügungstruppe (truppe SS a disposizione delle SS, o truppe paramilitari, che in seguito diedero vita alle Waffen-SS). Mentre la Wehrmacht era responsabile della sicurezza esterna del Paese, le SS erano responsabili della sicurezza interna della nazione, controllando i "nemici interni", come li chiamavano, e soprattutto diffondendo la visione del mondo nazionalsocialista.

Le SS erano quindi educate in questo senso, che conferiva loro lo status di quadri e le incoraggiava a raggiungere i massimi risultati in tutti i campi, siano essi civili o militari, intellettuali o sportivi. Dovevano incarnare e insegnare una fede, una visione del mondo e una vita rivoluzionaria e tradizionale. Tuttavia, dal punto di vista delle SS, i caratteri rivoluzionari e tradizionali non sono in contraddizione. Il primo rappresenta un attacco diretto al sistema sociale e morale giudeo-cristiano esistente, mentre il secondo sostiene l'impegno verso valori tradizionali immutabili derivati dall'essenza razziale del popolo. Attraverso l'impegno volontario nei suoi ranghi, faceva appello allo spirito militante e al senso di responsabilità e lealtà che sono inseparabili dallo stato di uomo libero. Le SS acquisirono anche il carattere di una società nella società grazie alle speciali regole interne e all'etica che avevano stabilito per se stesse. Stava già realizzando al suo interno quello che sarebbe diventato il futuro dell'Europa, e in seguito del mondo, agli occhi dei nazionalsocialisti.

È comprensibile che il raggiungimento di tali obiettivi richiedesse la creazione di appositi dipartimenti. Nel 1929 fu creato il primo ufficio delle SS, l'Ufficio Centrale di Gestione, seguito nel 1931 dal Rasse-und Siedlungsamt (Ufficio Razza e Insediamento) diretto da Walther Darré, e dal Sicherheitsamt (Ufficio di Sicurezza) per la polizia interna e la sorveglianza politica diretto da Reinhard Heydrich, che divennero uffici superiori (Hauptamt) nel gennaio 1935 nell'ambito di una riorganizzazione generale. Nel libro del 1938 sull'organizzazione del NSDAP, i compiti del

RuSHA erano così definiti: "Fornisce alle SS, una comunità di clan selezionati secondo le concezioni razziali nordiche, gli strumenti che le rendono capaci di realizzare l'idea del Sangue e del Suolo attraverso una leadership caratteristica". Si componeva di diversi uffici:

I. Ordnungs-und Verwaltungsamt (Ufficio amministrativo e organizzativo): crea le basi per l'organizzazione, il personale e i materiali per facilitare il lavoro degli altri uffici.

II. Rasseamt (Ufficio Razza): Il compito di questo ufficio è dimostrare e sfruttare l'idea che solo il sangue determina la storia, la civiltà, la legge e l'economia.

III. Schulungsamt (Ufficio educativo): Lo scopo dell'ufficio educativo è quello di istruire ideologicamente le SS. L'obiettivo è portare ogni SS a una visione assoluta del mondo nazionalsocialista e creare così un solido blocco ideologico tra il popolo.

IV. Sippenamt (Ufficio del clan): questo ufficio è responsabile dell'esame dell'ereditarietà e dell'origine degli ufficiali e dei sottufficiali delle SS già presenti nell'organizzazione, nonché dei nuovi membri ammessi.

V. Siedlungsamt (Ufficio di Insediamento): realizza l'idea del Sangue e del Suolo attraverso la sedentarizzazione delle famiglie delle SS come parte della politica di ricreazione dei contadini tedeschi e di radicamento delle case.

L'SS-Hauptamt, in quanto centro decisionale superiore del Reichsführer SS, aveva il compito di addestrare, istruire e impegnare le tre parti delle Truppe di Protezione nei loro rispettivi compiti: le Allgemeine SS, le SS-Verfügungstruppen e le SS-Totenkopfverbartde. Dal 1940 in poi fu guidata da Gottlob Berger, l'architetto delle Waffen-SS europee.

Comprendeva i seguenti uffici:

I. Führungsamt (Comitato direttivo): Il comitato direttivo è responsabile di tutte le questioni relative alla formazione e all'organizzazione dei tre rami delle SS.

II. Personalamt (Ufficio del Personale): parte della "Cancelleria del Personale", autorizzato a trattare tutte le questioni relative al personale, in particolare quelle degli ufficiali e dei sottufficiali delle SS con incarichi di ufficiale.

Inoltre, quest'area comprende la convocazione degli ufficiali cadetti e la supervisione degli ufficiali cadetti della Scuola SS Junker.

III. Verwaltungsamt (Ufficio amministrativo): si occupa di tutte le questioni amministrative e di bilancio dei tre uffici superiori.

Come unica persona incaricata dal Reichsführer SS, dirigeva anche le relazioni in queste aree con altri servizi esterni alle SS.

Il capo dell'ufficio amministrativo è l'unico delegato del Tesoriere del Reich per tutte le SS.

Fu creata un'istituzione per rafforzare i mezzi per la costruzione e il funzionamento del servizio SS nell'ufficio amministrativo. Gli ariani non appartenenti alle SS divennero *membri sostenitori* se si impegnavano a pagare una somma di denaro mensile, stabilita da loro stessi, su base regolare e volontaria.

IV. Sanitätsamt (Ufficio Sanitario): il capo dell'Ufficio Sanitario è responsabile di tutte le questioni riguardanti il carattere sanitario delle SS. È anche responsabile nei confronti del Reichsführer SS dei compiti sanitari delle SS in virtù della sua qualifica di "medico delle SS".

V. Ergartzungsamt (Ufficio di reclutamento): si occupa di tutte le nuove ammissioni di sottufficiali e arruolati, nonché di riammissioni, sospensioni, dimissioni, trasferimenti e dimissioni. Inoltre, si occupa del tesseramento e della registrazione di tutti i membri delle SS, del calcolo e della valutazione di tutte le forze SS.

VI. Amt für Sicherungsaufgaben (Ufficio per i compiti di sicurezza): si occupa di tutte le misure riguardanti l'attività delle SS durante gli eventi del NSDAP. Collaborava inoltre con il Ministero degli Interni in tutte le questioni riguardanti il servizio militare dei membri delle SS.

VII. Beschaffungsamt (Ufficio approvvigionamenti) : L'area dell'ufficio approvvigionamenti comprende la fornitura di attrezzature per l'intera SS.

VIII. Amt für Leibesübungen (Ufficio per l'esercizio sportivo): prepara e attua tutte le misure di attività sportiva delle SS in tutti gli sport e supervisiona l'allenamento sportivo delle SS.

IX. Amt für Nachrichtenverbindungen (Ufficio per le comunicazioni informative): si occupa di tutte le questioni riguardanti le notizie delle SS.

X. Versorgungs-und Fürsorgeamt SS (Ufficio per l'approvvigionamento e il benessere delle SS): si occupa di tutte le questioni relative al benessere delle SS, in stretta collaborazione con gli uffici nazionali e comunali competenti (uffici del lavoro, ecc.), nonché di tutte le questioni riguardanti le donazioni speciali.

(Elenchiamo qui solo gli uffici dei due più importanti, quelli che si occupano dell'istruzione e della selezione razziale. Gli altri uffici saranno trattati in un secondo momento in un altro libro che si occuperà più specificamente della storia e dello sviluppo delle SS).

Lo Schulungsamt era quindi responsabile del lavoro educativo delle truppe svolto dai capi istruttori. Erano responsabili dell'istruzione sotto forma di lezioni occasionali per il corpo degli ufficiali e sotto forma di istruzione regolare sui principi di base per le truppe. A partire dal 1934 iniziarono a svolgere il loro lavoro, che comprendeva anche tutto ciò che poteva essere utilizzato per esercitare un'influenza ideologica indiretta, come l'organizzazione di librerie di truppa, la fornitura di giornali e riviste alle unità, l'ideazione di celebrazioni e cerimonie interne alla truppa, nonché altre forme di intrattenimento culturale e di sostegno ai soldati. Partecipavano inoltre all'esame per decidere l'ammissione definitiva del candidato SS all'Ordine. Prima del 1937, l'addestramento non aveva un carattere militare, era di competenza dei comandanti e degli ufficiali di unità, ecc. La leadership delle unità era quindi divisa in due modi: militarmente era responsabilità dei comandanti e ideologicamente era responsabilità dei capi dell'addestramento.

Questo dualismo smentisce naturalmente i principi tradizionali dell'autorità militare, in quanto i capi delle truppe erano responsabili delle menti e degli atteggiamenti dei soldati, oltre che delle loro qualifiche militari. Il contrasto è ancora più evidente se si considera che i capi istruttori consideravano il loro compito come un lavoro di formazione ideologica. Ad esempio, il capo istruttore della Leibstandarte Adolf Hitler stabilì in un memorandum del 1937 che i compiti e le competenze della sua corporazione dovevano basarsi sull'esempio del commissario politico dell'Armata Rossa. La natura sintomatica di tale atteggiamento dimostra la divergenza che può esistere tra l'ideologia delle SS e lo spirito conservatore dell'esercito della Wehrmacht. Tuttavia, questo apparente dualismo nell'educazione non era affatto una conseguenza dei principi dell'ideologia delle SS. Piuttosto, era la fusione tra potere militare e politico a essere incoraggiata, e ciò era risentito dagli alti ufficiali delle Waffen SS. Si può quindi ipotizzare che questo fosse il risultato di una necessità ideologica immediata. I membri delle unità militari delle SS avevano in gran parte già ricevuto il vecchio addestramento militare, che ometteva o trascurava l'istruzione politica. I vertici delle SS vollero quindi affidare il ruolo dell'istruzione ideologica a una cerchia di uomini appositamente selezionati, che avrebbero garantito un orientamento fedele delle giovani unità SS.

A partire dalla fine del 1937, questo principio di distribuzione delle responsabilità educative scomparve gradualmente, senza tuttavia fare la minima concessione sul piano ideologico o adattarsi alle consuetudini in vigore nella Wehrmacht. L'istruzione ideologica fu gradualmente delegata ai comandanti di compagnia e anche - con riserve - ai comandanti di battaglione. I capi istruttori, ora ribattezzati "Weltanschauliche Erziehung" (WE), continuarono il loro lavoro ad alto livello reggimentale, ma si limitarono a sollevare i comandanti di compagnia da una parte dell'istruzione ideologica. Questa ridistribuzione dei ruoli rimase tale fino alla fine della guerra. Va notato anche che a questi capi WE furono affidati nuovi compiti, come l'assistenza alle famiglie, la manutenzione delle tombe e, soprattutto, il sostegno ai volontari tedeschi delle SS. Le ragioni della graduale scomparsa della separazione tra competenze militari e ideologiche furono dettate da considerazioni pratiche. Il numero crescente di compiti che le SS sottraevano alle esigenze statali e ideologiche minacciava in ultima analisi l'unità stessa dell'ordine. La leadership delle SS doveva a tutti i costi colmare i crescenti divari tra le Allgemeine SS, la polizia, la Totenkopfverblinde (TV) e le Verfügungstruppen (VT). Himmler affermò anche che "il pericolo evidente sta nel fatto che il comandante e il capo delle truppe cedono la parte più importante della loro funzione, cioè l'educazione dei propri uomini, a qualcun altro, perché non hanno alcun interesse a farlo". La militarizzazione delle unità con il teschio e le ossa incrociate e dell'Allgemeine, così come la politicizzazione del ramo militare delle SS, hanno evitato questo pericolo. Il principio guida del "soldato politico" conteneva in sé questa fusione. In questo spirito, un vero ufficiale delle SS poteva essere un ufficiale di truppa solo se era anche l'istruttore ideologico dei suoi uomini. Vedremo più avanti quanto questo principio fosse difficile da attuare.

Uno studio del lavoro ideologico svolto molto prima della guerra rivela che esso seguì diverse fasi nella sua concezione e organizzazione. Secondo le conferenze tenute dal primo capo dello Schulungsamt Cäsar (i cui articoli si trovano in questo libro, e che fu sostituito nel 1942 da Ludwig Eckstein, anch'egli rappresentato dai suoi articoli) in una riunione del Gruppenführer delle SS nel 1939, la prima fase educativa trattò le questioni essenziali della politica razziale delle SS. Tuttavia, gli uomini si stancarono della "politica natalista", delle "questioni sanitarie ereditarie", della "razzologia" e della "scelta matrimoniale". In una seconda fase, quindi, l'istruzione fu ampliata per includere lo studio dei "fondamenti della visione del mondo nazionalsocialista". Nella terza fase, quando "questo programma... non soddisfaceva più i requisiti", si studiarono sempre più "i temi storici da cui deriva la posizione nazionalsocialista su tutte le questioni della vita politica". Lo Standartenführer Julius Cäsar riassume perfettamente lo sviluppo dell'istruzione nelle SS. La riorganizzazione dell'istruzione dimostra addirittura che i compiti delle SS sono stati ampliati e modificati in misura ancora maggiore di quanto non emerga da queste dichiarazioni. Già nel marzo del 1938, il Reichsführer delle SS lo aveva incaricato di redigere "un piano multi-soggetto, valido per tutti i tempi e anche per i secoli futuri, che includesse in una sequenza logica la nascita del mondo e quindi i campi della scienza e dell'astronomia, la biologia e la dottrina di Hörbiger del 'ghiaccio mondiale'. Includerebbe anche la nascita dei nostri pianeti, della Terra e anche i campi della geologia, della mineralogia, della botanica, della zoologia e di tutte le altre scienze correlate. L'origine dell'uomo, la meravigliosa arte con cui Dio lo ha organizzato e creato, così come tutti i rami della conoscenza legati all'uomo, che si tratti del miracolo della nascita di una nuova vita o della linguistica, dell'anatomia o della conoscenza della complessità del cervello, così come della raziologia, saranno anch'essi studiati.... Alla fine di ogni anno, si deve fare un riassunto generale in una presentazione globale. Le SS di oggi, del 1938, così come quelle del 2000 e di molto dopo - spero - ... conosceranno la storia del nostro popolo, di tutti gli ariani, della Terra - la sua grandezza e la sua bellezza - così come quella del mondo intero e prenderanno coscienza della grandezza e dell'onnipotenza di Dio. Queste considerazioni di Himmler non sono innocenti. Esse illustrano perfettamente l'evoluzione graduale e organizzata dell'istruzione svolta nelle SS, nonché l'estensione del ruolo assegnato alle SS.

Su ordine di Himmler, lo Schulungsamt sviluppò un'intera gamma di mezzi e strumenti per questo compito. Lo strumento educativo più importante fu certamente la "SS-Leithefte", pubblicata a partire dal 1935. Questi "libri guida" trasmettevano il pacchetto ideologico delle SS sotto forma di brevi articoli (in media 2-4 pagine), aforismi e poesie tratte dalle opere di grandi uomini. L'accento era posto anche sull'aspetto illustrativo, considerando che una foto parla più di mille parole e ha un timbro di autenticità che non può essere modificato arbitrariamente. Queste riviste formative ricercavano la qualità sia in termini ideologici che iconografici e, anche durante la guerra, non concedevano mai il minimo spazio alle fotografie caricaturali o alle pin-up, considerate un'immagine degradante dell'essere umano. Inizialmente erano divisi in due parti: "La prima parte contiene il tema insegnato secondo l'ordine del Reichsführer SS ed è destinata all'istruzione mensile (quattro passi del *Mein Kampf*, quattro storie, quattro esempi dal lavoro dell'ufficio genealogico. Inoltre, contiene i principi per la convocazione delle unità. L'editoriale di questa parte, in cui si spiega perché e come deve essere svolta l'istruzione sul tema del mese, è destinato solo agli ufficiali SS, ai capi istruttori e in generale non deve essere insegnato alle truppe.

"La seconda parte ("per la formazione personale degli ufficiali SS e degli istruttori capo") non è destinata all'insegnamento. È destinata a consentire agli ufficiali delle SS e agli istruttori capo di ampliare le loro conoscenze. Possono sfruttare l'argomento come meglio credono. *Sarebbe un errore fondamentale studiare i vari articoli uno dopo l'altro davanti alle truppe.* Questo porterebbe a un affaticamento e a un sovraccarico intellettuale che sarebbe dannoso per gli uomini. La seconda parte dovrebbe anche servire come materiale supplementare per l'istruzione delle SS-VT, ecc.

In un numero dell'ottobre 1937, la seguente dichiarazione è indicativa dei cambiamenti apportati: "La dicitura "Vietata la distribuzione e la riproduzione! Solo per il servizio" viene eliminata in futuro: al suo posto c'è la frase "È consentito solo il prestito ad altri! La riproduzione è consentita solo con il permesso dell'editore".

"L'obiettivo del nuovo regolamento è innanzitutto quello di rendere le linee guida accessibili a tutte le SS e ai loro familiari.

Gli ufficiali delle unità ricevono così un sostegno essenziale nel loro lavoro educativo.

"Anche il quadro della guida è stato ampliato. Finora era destinata a servire come istruzione ideologica. Questo obiettivo sarà mantenuto anche in futuro. Ma il compito delle guide viene ampliato dal fatto che devono occuparsi anche dell'*addestramento generale* delle SS.

"Così, in una nuova sezione "Noi e il servizio", vengono fornite istruzioni e suggerimenti pratici per l'addestramento militare (interno ed esterno), per lo sport, per l'addestramento equestre e tecnico, e per la condotta delle SS nella vita quotidiana".

"Un'altra parte mostrerà l'effetto della nostra visione del mondo in tutti gli ambiti della vita (famiglia, morale, educazione, cultura, economia, politica, sport, ecc.) Attraverso presentazioni costanti, verrà indicato l'obiettivo finale della nostra rivoluzione: la creazione di un Uomo Nuovo che incarnerà nuovamente un'unità di mente-corpo-anima, sangue-spirito-volontà-azione.

"Un'altra sezione deve costantemente mantenere vivo e sviluppare il carattere del combattente nazionalsocialista.

"Per risvegliare gli istinti politici delle SS e attirare la loro attenzione su importanti eventi politici, in futuro la "situazione politica" sarà trattata in modo continuativo".

I "Principi guida per le chiamate di truppa" saranno ora eliminati. Per il resto, vengono mantenuti i principi che regolano le due parti principali, ovvero i quattro articoli che seguono i diversi temi".

Varie copertine di riviste delle SS.

*Altre copertine di riviste SS.
La purezza delle linee e la semplicità delle immagini sono il segreto dell'estetica delle pubblicazioni SS.*

I quaderni delle SS erano una preoccupazione costante per lo Schulungsamt. Questo fu ancora più vero quando lo Schulungsamt fu trasferito dal RuSHA all'SS-Hauptamt nel 1938, il che rifletteva anche la riorganizzazione delle strutture delle SS. Fu a causa dei conflitti tra Heinrich Himmler e Walther Darré, per la mancanza di realismo e praticità di quest'ultimo? In ogni caso, l'ufficio istruzione era ora sotto la giurisdizione dell'SS-Hauptamt, un servizio che apparteneva alla gestione diretta di Himmler. Le bozze dei quaderni venivano quindi regolarmente sottoposte a lui, che le correggeva con la massima cura. Fino agli ultimi momenti della guerra, Himmler attribuì sempre grande importanza alla formazione ideologica. Già nel 1937 aveva inviato una circolare a tutti i comandanti e gli ufficiali delle SS, dicendo loro che avrebbero dovuto "attenersi rigorosamente alle fonti indicate nella Leithefte". Nel suo discorso ai capi della propaganda del 28 gennaio 1944, definì ulteriormente lo scopo della sua SS Leithefte: "Ogni capitolo deve enfatizzare i concetti della lotta perpetua su questa terra, della tenacia, del fatto che solo i forti sopravvivono alla fine nella lotta - che si tratti di piante, animali, piccoli esseri viventi o uomini. Non c'è mai pace, solo lotta. Nel giugno 1944, in un altro discorso, disse che i quaderni delle SS non corrispondevano ancora completamente ai suoi desideri, ma che sarebbero migliorati con il tempo.

Ogni SS con capacità di scrittura e una solida conoscenza di vari campi era anche invitato a partecipare alla stesura dei quaderni del direttore, come si legge nell'articolo del 1938 "Chi di voi ha una buona penna? Il Reichsführer SS attribuisce la massima importanza alla collaborazione dei compagni di truppa con l'SS-Leithefte, soprattutto di quelli che sanno scrivere in modo tale da essere compresi da qualsiasi SS.

"Il soldato che frequenta i corsi ideologici la sera dopo il lavoro non è preparato a leggere complicati articoli di fondo e trattati di difficile comprensione. Vuole avere storie e descrizioni tipiche che tocchino la sua sensibilità. Articoli, narrazioni, racconti e discussioni di questo tipo sui vari aspetti della vita sono conservati nei quaderni delle SS. Ma la cosa più importante è che il contenuto e la forma di questi articoli forniscano alle SS conoscenze e insegnamenti importanti per il presente.

"Ad esempio, nei racconti della storia tedesca non si tratta di descrivere un evento qualsiasi. La gente deve *imparare la storia tedesca* e trarne insegnamento per la lotta presente attraverso descrizioni che mostrino i tipici personaggi tedeschi che si manifestano attraverso virtù e debolezze. È essenziale ripetere costantemente alla gente: "Guardate il passato del nostro popolo! I tedeschi hanno sempre commesso molti errori e hanno dovuto pagarli a caro prezzo. Dobbiamo quindi evitarli in futuro". E anche: I tedeschi hanno soffocato le qualità e le forze presenti nel nostro popolo. Dovete coltivarle per essere pronti alla lotta per preservare il carattere tedesco e il suo diritto alla vita, che ogni generazione dovrà riprendere. È altresì necessario risvegliare l'orgoglio nazionale nelle persone attraverso esempi eroici della storia tedesca.

"Gli studi e le discussioni di carattere scientifico devono essere scritti in modo semplice, affinché tutti possano comprenderli. Il loro scopo è quello di dare alle SS un senso dell'ordine divino del mondo:

"Le storie che descrivono le azioni perniciose degli oppositori della nostra visione del mondo devono mostrare e rendere chiare le loro tattiche, così come si vedono in azione, proprio perché devono essere insegnabili.

"Le storie caratteristiche che trattano di questioni di sangue dovrebbero mostrare all'SS i pericoli della miscegenazione ed educarlo a unirsi con un compagno di pari valore. Dovrebbero anche risvegliare in lui il gusto e l'amore per la genealogia...".

In pratica, i quaderni delle SS venivano inviati agli ufficiali e ai capi dell'addestramento, che li utilizzavano durante le "Sturmabende" o "serate della truppa" che si tenevano due volte alla settimana, la sera dopo il lavoro. Questi corsi si tenevano per dieci mesi, un mese libero e due settimane dedicate a varie feste. Durante queste serate si svolgeva l'educazione ideologica delle SS, che doveva rispondere a due scopi essenziali: consentire alle SS di *padroneggiare la conoscenza di* alcuni fatti fondamentali e insegnare loro ad acquisire un *processo di riflessione indipendente* dagli eventi esterni e radicato nella visione del mondo. Questa educazione assumeva due forme:
1. un'*educazione di base che* forniva all'uomo delle SS le nozioni familiari derivanti dal suo lungo servizio e che non erano contenute nei libri delle SS;
2. un'*educazione supplementare* che serviva ad ampliare la visione ideologica

in profondità ai campi cosmico, biologico e politico che abbiamo visto, e che i libri delle SS presentavano sotto forma di storie, rivolgendosi non solo all'intelligenza degli uomini, ma anche alla loro facoltà emotiva. I due tipi di educazione dovevano essere intrecciati per ottenere un effetto migliore. L'istruzione di base aveva una funzione estremamente pedagogica, che serviva in particolare alla pre-formazione del postulante delle SS, svolta in modo rigoroso, persino militare. L'istruzione continua si svolgeva sotto forma di lezione da parte dell'istruttore che assicurava la partecipazione reciproca degli uomini, nella forma più flessibile di un gioco di domande e risposte. Le truppe e gli ufficiali si riunivano la sera nella mensa per studiare e discutere i vari argomenti presentati la sera precedente. Ogni serata era regolata da un'idea guida chiamata "appello della truppa" e riassunta in una frase, ad esempio: "Sii nemico del pettegolezzo! Non parlare, agisci", "La morte per la patria merita una venerazione eterna", "La fama delle gesta dei morti vive per sempre". La partecipazione alle feste della truppa era basata sulla partecipazione volontaria. Ogni unità era quindi quasi interamente rappresentata e solo i casi più gravi erano esclusi, come la malattia o la morte in famiglia. Virtù come il senso dell'onore, l'audacia e il coraggio virile erano particolarmente enfatizzate. Ai giovani SS veniva anche insegnato a coltivare il cameratismo, a evitare i litigi e a cercare sempre di convincere i concittadini con opinioni diverse, ma di valore in quanto ariani, attraverso una discussione franca. Lotte e contrapposizioni avevano costantemente causato la disgrazia dell'Europa, finendo il più delle volte in vere e proprie guerre fratricide. Le istruzioni delle SS cercarono di porre fine a tutto questo!

A titolo di esempio, si possono fornire i piani per una serata di troupe e di educazione di base per i mesi di novembre/dicembre, gennaio, febbraio e marzo 1938.

Corso di formazione serale regolare:
1. Canto.
2. Educazione di base: lezioni ed esercizi (mezz'ora).
3. Pausa (dieci minuti).
4. Parole di Adolf Hitler.
5. Educazione complementare secondo i libretti SS (tre quarti d'ora - un'ora).
6. Nuove canzoni.

Piano di lavoro per il 1938/39 :
A. Novembre: Il programma della NSDAP e la sua attuazione (cittadinanza, lavoro, moralità, economia, giovani, autorità).
B. Dicembre: usi e costumi durante l'anno (feste della SS: battesimo, matrimonio, nascita, sepoltura; la festa del Natale e la sua realizzazione; il significato di: giochi estivi, solstizi, fuoco, il candelabro di Jul).

C. Gennaio: l'idea del sangue (le razze in Germania, la legge sulla protezione del sangue, i tedeschi all'estero).
D. Febbraio: Nemici internazionali (giudaismo, stampa, massoneria, bolscevismo, cristianesimo e chiese politiche).
E. Marzo: leggi SS e principi di selezione SS (principi di selezione SS, leggi SS sulla comunità di clan SS, diritto matrimoniale, Lebensbom, vedove e orfani, leggi sulle regole di combattimento, diritto d'onore, sacralità della proprietà, risparmio).

Poiché i corsi da soli non potevano essere assolutamente efficaci, trovarono la loro logica continuazione nelle "serate di cameratismo" a cui potevano partecipare le mogli delle SS, i membri della famiglia, gli amici e i giovani della Hitlerjugend o del BDM. L'addestramento si estese anche alla famiglia e alle cerchie di amici e parenti. Queste serate si tenevano una volta al mese. L'educazione ideologica poteva così essere perseguita attraverso discussioni, conversazioni rilassate che incoraggiavano la riflessione. Ogni momento del servizio, sia che si tratti di permessi, di pause durante le marce o le esercitazioni, di turni di guardia o di alloggi liberi, era propizio a questa educazione. Il servizio perse gradualmente il suo carattere formale, incoraggiato dai comandanti di truppa che incoraggiavano i loro ufficiali a cercare il dialogo personale e quindi un rapporto umano gratificante piuttosto che lezioni e conferenze. Essi potevano anche scegliere aspetti del servizio o della vita privata dei loro subordinati come punto di partenza per l'azione educativa. In questo modo, l'influenza ideologica assunse una dimensione globale, influenzando le SS non solo politicamente, ma anche in termini di carattere e di atteggiamenti emotivi e spirituali.

Tuttavia, l'arrivo della guerra portò a cambiamenti significativi. Le condizioni di guerra resero presto impossibile l'organizzazione di questi gruppi di truppe. I comandanti delle unità furono lasciati liberi di istruire ideologicamente i loro uomini. L'ideologia passò presto in secondo piano rispetto alle questioni militari. D'altra parte, l'estensione della partecipazione alla lotta a gruppi stranieri, soprattutto germanici, permise la creazione di nuovi quaderni delle SS, i "Germanische Leithefte" che, alla fine della guerra, avevano edizioni in sette lingue diverse, domiciliate in particolare a : L'Aia (Olanda), Anversa (Fiandre), Bruxelles (Vallonia), Copenaghen (Danimarca), Berlino (Germania), Oslo (Norvegia), Reval (Estonia), Parigi (Francia). C'erano anche edizioni speciali, come la rivista "Vormingsbladen" per gli olandesi, e vari settimanali come "De SS Man", "Storm SS", "L'assaut", "SS Germaneren", "Avanguardia", ecc. Il principio educativo fu notevolmente arricchito: superando la dimensione puramente tedesca, l'attenzione del volontario fu attirata sul significato della lotta per una nuova Europa unita, sulla cultura europea e sul suo carattere di "soldato politico" che doveva diffondere la sua visione del mondo tra il suo popolo.

Anche l'evoluzione del numero di opuscoli SS pubblicati mostra la nuova direzione intrapresa dalla leadership: aprile 1937: SS-VT = 51, SS-TV= 165.

Gennaio 1939: SS-VT = 1452, SS-TV= 719. Aprile 1943: Waffen-SS = oltre 400.000. Dall'inizio della guerra, i quaderni furono ampiamente distribuiti tra le truppe e fu adottato un nuovo formato per essi. Da quel momento in poi, un'idea guida mensile ne orientò il contenuto, come: lealtà, ordine, cameratismo, rispetto, rischio e responsabilità, ecc. La divisione in due parti, gli articoli sul lavoro del Sippenamt e gli studi sul *Mein Kampf* furono eliminati. La priorità fu data agli articoli di storia generale, alle testimonianze dei soldati al fronte, alle storie informative scritte in forma divertente, agli studi sulla vita nella natura, ecc. Ora il quaderno assumeva la dimensione di un compagno di guerra del soldato, che gli portava il conforto della patria e lo sosteneva nella sua lotta politica. È notevole che, nonostante la terribile situazione bellica, i vertici delle SS si preoccupassero di aprire le menti dei combattenti SS alle bellezze naturali, di affinare il loro senso di riflessione e di elevare le loro anime attraverso poesie o aforismi di grandi uomini. Le discussioni sull'amore o sulla bellezza dei fiori e dei paesaggi sembrerebbero avere poco spazio in una guerra mondiale! Ma il nazionalsocialismo riteneva che la guerra fosse anche una questione di cultura! Tutti i settori della vita dovevano essere insegnati. L'uso dell'estetica e del misticismo in politica è stato il suo lavoro più importante, che ha avuto un effetto profondo sulle menti delle persone e ha quindi guadagnato molti sostenitori. Ci si aspettava anche che la conoscenza della bellezza, del valore e dell'importanza di ciò per cui le SS combattevano lo ispirasse alle più grandi imprese militari.

Naturalmente, l'insegnamento ideologico ebbe un posto di rilievo nelle scuole di addestramento militare (Junkerschulen) per ufficiali cadetti, come quelle di Bad Tölz o Brunswick create nel 1934 e 1935, o nelle varie scuole per ufficiali della polizia, dell'SD, della Leibstandarte, ecc. Ha avuto il coefficiente più alto, alla pari dei corsi tattici. Il programma insegnato rimase in linea con lo spirito generale che abbiamo visto sopra. Secondo un percorso accuratamente pianificato, i volontari furono sottoposti a un intenso allenamento sportivo durante i primi tre mesi, per poi diminuire, con l'obiettivo di creare non campioni olimpici ma uomini di volontà e carattere. Attraverso l'educazione militare, gli ufficiali cadetti non solo acquisivano la conoscenza di come guidare le unità, ma anche un senso quasi istintivo del processo decisionale in una varietà di situazioni. L'addestramento non aveva lo scopo di impartire conoscenze accademiche, ma di creare il preciso atteggiamento ideologico e il comportamento che ci si aspettava da un ufficiale. Gli obiettivi delle scuole militari delle SS erano lo sviluppo della forza fisica, dello spirito d'attacco e della forza di volontà, il rafforzamento dell'esprit de corps e della disciplina, la fiducia istintiva in se stessi e il senso di responsabilità e la creazione di un atteggiamento ideologico. Non appena furono costituite le prime unità straniere, i candidati ufficiali selezionati furono addestrati allo stesso modo dei loro compagni tedeschi.

Come logica conseguenza dell'idea dell'ordine clanico delle SS, nel 1942 fu creato un servizio speciale, raramente menzionato nei libri di storia: il Corpo di intelligence femminile delle SS, una "cellula di un ordine di donne e ragazze tedesche" all'inizio, e poi germanica alla fine della guerra, questo ramo specificamente femminile delle SS seguiva le stesse leggi e si basava sulla stessa ideologia del ramo maschile. L'obiettivo non era, ovviamente, quello di formare soldati, ma un'élite di donne consapevoli delle loro responsabilità politiche e morali e del loro ruolo nella società. Le ragazze furono addestrate per la vita professionale, ma anche per la vita nell'ordine delle SS. Il loro compito principale era quello di diventare operatrici radio, telescriventi e telefoniste, per dare il cambio ai soldati al fronte. L'addestramento comprendeva l'allenamento fisico, l'istruzione in materia militare e di intelligence, l'istruzione ideologica e i compiti di vita domestica. Le qualità richieste per l'ammissione erano: prontezza intellettuale, affidabilità e discrezione.

La formazione ideologica, assistita dai libri di lavoro delle SS, per le donne che raggiungevano il grado di sottufficiale o ufficiale comprendeva i seguenti argomenti:

1. Dati storici di base

Abbiamo studiato i periodi importanti e le loro ripercussioni, la geografia, la geopolitica.

2. Raciologia

Gli argomenti trattati comprendevano nozioni generali, le procedure matrimoniali, i tratti caratteriali della razza nordica, le SS, le donne nei paesi germanici. Alle volontarie è stata insegnata la natura dell'autorità, cioè l'addestramento con l'esempio, la differenza tra educare e criticare, i fenomeni di simpatia e antipatia, le nozioni di maternità, figli, allattamento, i doveri di una leader e di una moglie, come madre e come membro di una comunità, i principi del lavoro domestico e anche nozioni di giardinaggio, cura degli animali domestici, ecc.

3. Arte e scienza al servizio del popolo

si tratta dello studio della lettura, di come leggere, dell'influenza della lettura sull'opinione, dello studio dei diversi tipi di stampa, della musica e della canzone, del loro uso giudizioso e del loro valore per la casa.

4. L'allestimento della festa

L'influenza dei festival è stata studiata per aumentare la vitalità, la vita consapevole, il sentimento artistico, la gioia controllata, l'impulso spirituale e l'umorismo.

5. Educazione politica

si è occupata della storia del NSDAP, delle scelte professionali, delle questioni legali riguardanti le donne, del loro ruolo di forza conservatrice, di custode della lealtà e della fede, e delle tradizioni.

6. Le SS come nucleo dell'Impero

Sono stati studiati i compiti europei delle SS, la loro natura di comunità clanica, le leggi e il tipo di leadership, il posto e il ruolo dell'ufficiale e del sottufficiale donna all'interno del corpo volontario femminile delle SS.

La forza creativa maschile si combinava così armoniosamente con la forza conservatrice femminile per formare la comunità clanica delle SS.

LE SS COME ORDINE

L'idea dell'Ordine non è nuova. Attraversa la storia tedesca ed era familiare ai tedeschi che erano immersi nello spirito delle associazioni studentesche di duelli, un'antica sopravvivenza della giostra cavalleresca. Nel suo principio elitario, le SS non erano quindi un fenomeno nuovo. Faceva parte di un'antica tradizione ancora viva. La sua concezione dell'Ordine, tuttavia, assunse una forma e una dimensione del tutto originali. Le SS furono certamente la prima organizzazione nella storia europea a mettere in discussione la validità di un sistema di valori vecchio di 2000 anni e a proporre una ridefinizione dell'etica e del destino umano. Questa messa in discussione non implicava in alcun modo il rifiuto di una serie di tradizioni e valori che hanno reso grande la civiltà europea, ma piuttosto una distinzione tra ciò che è particolarmente peculiare dell'anima e della razza indoeuropea e ciò che proviene da un contributo straniero. Studiando la storia tedesca ed europea, è stato in grado di individuare gli errori e gli sbagli commessi a causa della mancanza di una visione globale del mondo e di sintetizzare idee fino ad allora separate. L'idea dell'Ordine delle SS era radicata negli esempi degli ordini cavallereschi medievali e degli ussari di Federico II. Tuttavia, si differenziava da alcuni dei loro principi giudaico-cristiani e si poneva come obiettivo la conservazione e la valorizzazione delle migliori caratteristiche ereditarie delle famiglie e dei clan (si veda l'articolo "L'Ordine dei clan"). Le SS si definivano un "ordine di clan", rifiutando la regola della castità seguita dagli ordini religiosi, innovando rispetto all'esercito tradizionalmente individualista e orientato alle classi. In questo modo cercava di raggiungere una continuità biologica e spirituale immutabile fino ad allora negata alle organizzazioni temporali. Infatti, creare un'élite puramente intellettuale senza tenere conto delle realtà biologiche e razziali, come era stato praticato in passato, avrebbe significato l'estinzione a lungo termine. Le donne e i bambini avevano naturalmente un posto in questo Ordine ed erano soggetti alle stesse regole di selezione degli uomini. Sarebbe stato inutile selezionare uomini di valore razziale se questi potevano essere uniti a donne di minor valore. In questo modo, le SS seguivano il vecchio detto filosofico "se vuoi creare un mondo migliore, devi iniziare dagli esseri umani". L'idea di ordine implicava anche l'idea di etica e di morale, secondo l'antica concezione germanica del diritto e della legge (si vedano gli articoli "Autorità germanica" e "L'onore della donna germanica"). Le tre virtù coltivate in via prioritaria erano la fedeltà, che riprendeva l'antica pratica germanica, l'obbedienza, senza la quale nessuno può essere padrone di se stesso, e il cameratismo, che è naturale tra uomini della stessa comunità.

Le SS si differenziarono dalle organizzazioni precedenti per il loro carattere trifunzionale. Per la prima volta nella storia, un'organizzazione cercò di sintetizzare al suo interno le tre funzioni della civiltà indoeuropea: spirituale, bellica e produttiva. Il corpo non era più dissociato dallo spirito e dall'anima, formando quell'unità armoniosa definita da Rosenberg: "La razza è l'anima vista dall'esterno e l'anima è la razza vista dall'interno". Eli professava un riconoscimento assoluto del legame fondamentale e indissolubile tra i diversi aspetti della vita e cercava di dare una realtà tangibile e omogenea a un insieme di concetti filosofici, scientifici o religiosi. Unì il carattere militare con la fede, l'arte con la scienza, l'industria con il contadino in una suprema alchimia dell'"uomo nuovo". Questo termine "uomo nuovo" si oppone all'idea preconcetta e generalmente spacciata di "popolo di signori" o di "superuomini". Mai in nessun testo si trovano queste espressioni false e prive di significato, frutto di mentalità americanizzate e complessificate. Il "superuomo" o "supereroe", prodotto delle fantasie americane, è totalmente estraneo al suo ambiente e dotato di facoltà sovrumane negate ai comuni mortali che lo invidiano. La sua superiorità non è in alcun modo opera delle sue mani e non merita quindi alcuna ammirazione. Al posto del termine "signore", che implicava classe e arbitrio, i nazionalsocialisti preferivano il termine "eroe", cioè l'uomo radicato nella sua comunità, responsabile, che dava l'esempio per la sua capacità di superarsi e che era in grado di ricreare il tipo umano primordiale a partire dai suoi valori.

Questa enfasi sulla formazione ideologica, anche nei momenti peggiori della guerra, derivava dal desiderio di raggiungere una totale identificazione delle SS con l'Ordine, i suoi principi, i suoi valori, con conseguente atteggiamento assoluto nei confronti della vita. Le vittorie delle SS erano in definitiva quelle dell'Ordine, così come i suoi fallimenti. Tale concezione, basata su un senso dell'onore sia individuale che comunitario, portò all'elevazione del concetto di dovere. Compiere il proprio dovere significava essere fedeli a se stessi, alla propria parola, al proprio clan e alla propria razza. Questa identificazione trasformò le SS in un elemento attivo e orientato all'obiettivo, incoraggiandolo a superare l'egoismo borghese individualista. Riscoprì il significato e il valore del "servire", sia esso l'ideale o l'Ordine. Divenne l'elemento indispensabile di una comunità organica nel senso più nobile del termine. Ciò si espresse sintomaticamente nell'indossare l'uniforme (si veda l'articolo "Perché indossiamo l'uniforme"), che divenne il simbolo non solo di un Ordine, ma di una visione del mondo.

EDWIGE THIBAUT

LE SS COME ORGANIZZAZIONE RAZZIALE

Il concetto di ordine delle SS assunse una dimensione del tutto peculiare attraverso quello che costituiva l'asse del pensiero nazionalsocialista, ossia l'"idea razziale". Questo concetto divenne uno strumento rivoluzionario e fu la base della maggior parte delle leggi più importanti delle SS.

L'esame della storia europea e mondiale aveva portato i nazionalsocialisti a ritenere che esistessero razze, ariane o meno, che possedevano attitudini civili frutto di migliaia di anni di evoluzione e specializzazione. Queste civiltà si riflettevano nello sviluppo di incentivi intellettuali, artistici e materiali, nella coltivazione del senso della bellezza e nella capacità di plasmare il proprio ambiente. Poiché questi fattori sono intimamente legati all'omogeneità di ogni razza, la distruzione di questi fattori attraverso l'incrocio porta a lungo andare alla scomparsa della supremazia civilizzatrice di quella razza. L'unità razziale di un popolo fa parte della sua unità spirituale, indicando così l'indissolubile legame tra il mentale e il fisico, di cui quest'ultimo è la rappresentazione esterna (si veda l'articolo "Dal corpo razziale all'anima razziale"). Da questi studi nacque una scienza che raggiunse un alto grado di sviluppo, soprattutto in Germania, nota come "raziologia" e sostenuta da ricercatori come Hans F. K. Günther o Ferdinand Clauß. La Francia fu certamente all'origine di questo fenomeno, con precursori come il conte di Gobineau o Vacher de Lapouge.

La crescente globalizzazione del commercio, dei viaggi e delle relazioni aveva fatto nascere una coscienza identitaria esacerbata, temendo un futuro caos etnico. Questo sentimento, fino ad allora diffuso e istintivo, spesso confuso con il nazionalismo a causa dell'ignoranza della genetica non ancora sviluppata, divenne l'arma più rivoluzionaria del nazionalsocialismo. In un momento in cui, come mai prima, i popoli europei nel loro insieme si trovavano di fronte al pericolo di perdere la propria identità, il nazionalsocialismo offrì loro soluzioni radicalmente nuove.

All'interno dell'Europa, la razziologia distingue diverse "razze" che compongono il grande ramo indoeuropeo - le razze nordiche, westfaliane, dinariche, baltico-orientali, orientali e mediterranee, che sono distribuite in modo diverso nei vari Paesi (si veda l'articolo "Che cos'è la razza?"). I criteri di distinzione si basano principalmente sull'indice cefalico, sulla fisionomia generale e sul carattere. Queste razze sono presenti in misura maggiore o minore in tutti i popoli europei, ma i nazionalsocialisti sottolinearono l'importanza della razza nordica come legame unificante tra tutti gli europei, lasciando un segno nella storia europea. Un'attenzione particolare fu riservata alla razza nordica anche a causa del suo tasso di natalità in costante diminuzione, che la minacciava di estinzione. Si è quindi cercato di incoraggiarne la crescita con tutti i mezzi. Ma il tipo "nordico" non deve essere equiparato a un dato geografico o a un archetipo. È stato chiamato nordico perché gli individui con queste caratteristiche si trovano più frequentemente nei Paesi nordici. Tuttavia, si trovano in tutto il mondo. Il vichingo alto e biondo è una caricatura del nordico, in quanto il nordico è piuttosto un tipo sintetico di uomo, di statura medio-alta, con capelli da castano chiaro a biondi, occhi grigi, verdi e azzurri. Il colore dei capelli e degli occhi non può essere l'unico fattore determinante; alcuni slavi ed ebrei hanno capelli e occhi chiari senza appartenere alla razza nordica. L'ideale nordico è stato certamente meglio definito dall'arte greca, di cui le magnifiche statue sono un perfetto esempio.

Le SS davano priorità alla selezione di un'élite che poteva logicamente diventare europea solo in base a questo ideale nordico fisico e spirituale che andava ben oltre il quadro nazionale. I candidati venivano quindi selezionati in base alle caratteristiche razziali che più si avvicinavano a questo ideale, tenendo presente, tuttavia, che la maggior parte degli europei non aveva più le caratteristiche pure di una razza o dell'altra; tutte queste qualità si combinavano per costituire il genio europeo. Oltre al tipo nordico, furono accettati anche i tipi westfaliani e dinarici. In realtà, la maggior parte delle SS, soprattutto i leader, si distanziarono da questa immagine caricaturale del dopoguerra.

La selezione razziale non escludeva le donne, come abbiamo già detto. La formazione attribuiva particolare importanza all'orientamento dei "gusti matrimoniali" delle SS secondo il modello nordico. Si cercava inoltre di evitare i matrimoni con individui che presentavano difetti ereditari per ottenere un graduale aumento del valore generale dell'Ordine, dal momento che le SS si presentavano anche come un'organizzazione con scopi eugenetici volti alla graduale scomparsa delle malattie ereditarie.

Molti miti contribuiscono all'idea di questa selezione. Uno dei principali è certamente il "mito ariano" che equipara l'arianità al nordismo. Come abbiamo visto, la grande famiglia ariana è divisa in diverse sottospecie e sarebbe un errore fondamentale confondere il tutto con il particolare. Il termine ariano è stato usato raramente, spesso nel contesto degli studi sulla civiltà indiana, contrariamente a quanto affermato in molti libri di storia. Si preferiva il termine più esplicito di nordico.

Anche la nozione di "pangermanesimo" è stata molto confusa. Il pangermanesimo è stato equiparato a un termine traducibile in francese come "allemanesimo" (Deutschtum), ossia un nazionalismo tedesco radicale, polveroso e conservatore. È vero che agli inizi il nazionalsocialismo, come partito politico all'interno del sistema democratico, si rivolgeva principalmente ai tedeschi. Più di un funzionario di partito miope lo vedeva solo sotto questa luce. Tuttavia, l'aspetto sovranazionale e sovrastorico della sua visione del mondo fu presto enfatizzato dallo scoppio della guerra e dalla possibilità di una partecipazione europea alla lotta. I tedeschi non avrebbero capito che Hitler parlava prima di tutto di Europa, prima di risolvere i problemi politici interni. Pertanto, lasciò l'iniziativa in questo campo alle SS, un'organizzazione d'avanguardia, in contrapposizione alla NSDAP, un'organizzazione strettamente politica. In un discorso del 1944, Himmler lamentò il fatto che nel 1935 troppo poche persone erano in grado di comprendere la dimensione europea e germanica del nazionalsocialismo, e che questo aveva notevolmente ostacolato il lavoro futuro.

Come risposta incoraggiante, in molti Paesi europei sono nati anche partiti che dichiaravano apertamente di basarsi sulla filosofia nazionalsocialista, come il Partito nazionalsocialista francese, il Rex Party di Leon Degrelle o il movimento di Vidkund Quisling in Norvegia.

Un concetto rivoluzionario per l'unificazione europea nasce come estensione dell'idea razziale: la germanità. Prima della guerra era ancora agli albori, confusa dagli stessi nazionalsocialisti con i termini sinonimi "sangue tedesco", "tedesco-tedesco", "tedesco-nordico", "nordico-tedesco", in un'apparente imprecisione terminologica. Era necessario trovare un fattore comune rappresentativo a livello ideologico e biologico che unisse tutti i popoli europei, e fu la germanità, detentrice del sangue nordico, a prevalere. Nella terminologia delle SS, il tedesco era più di un semplice membro di una tribù storica. In quanto uomo del Nord, originario dell'Iperboreo, era il "germe" (dal latino "germen") da cui erano scaturiti i principali popoli europei. È rivelatore l'uso del termine "indo-tedesco" nei testi, sostituito dopo la guerra da "indoeuropeo", molto più "adatto" alle orecchie democratiche. Anche Léon Degrelle parlava di "tedeschi dell'Ovest" quando si rivolgeva a belgi o francesi.

L'idea del germanesimo, anzi della germanità (Germanentum), servì soprattutto ad abbattere le vecchie barriere del gretto nazionalismo, a porre finalmente fine alle stupide dispute che avevano lacerato l'Europa a vantaggio di interessi ad essa estranei. Ha reso possibile l'unità dell'Europa, anzi del mondo ariano nel suo complesso, con il nucleo germanico come centro. Non si trattava di un tentativo di uniformità paragonabile al "mito americano", che cercava di fondere in un unico blocco comunità di origini molto diverse, spesso senza nulla in comune. L'americanismo e il cosmopolitismo furono ampiamente denunciati come corrotti e anticulturali e come nemici del genio ariano (si veda l'articolo "L'America in Europa"). L'ideologia delle SS pose fine anche alle divisioni tra fratelli celti e germanici, create artificialmente dai Romani per scopi politici. I Celti, i Latini, gli Scandinavi e gli Slavi indoeuropei, in quanto rami multipli dello stesso albero, avrebbero avuto il loro posto nella futura Europa come gruppi federati che mantenevano le loro particolarità. Questo progetto trovò la sua cornice appropriata nel concetto di "Impero" (Reich), che perse la sua denominazione di "Terzo" nel 1939 per ordine di Hitler. Il "Terzo" Reich tedesco fu sostituito dall'Impero europeo, dimostrando ancora una volta l'impegno europeo dei leader nazionalsocialisti molto prima della guerra. Il grande Impero tedesco europeo, un mito che era stato una caratteristica costante della storia europea ma che non si era mai realizzato, doveva essere creato finalmente attraverso il nazionalsocialismo e servire come struttura per l'unità europea. Tuttavia, questo Impero si sarebbe limitato allo spazio vitale storico degli europei (si veda l'articolo "Heinrich I"), riconquistando gli ex territori perduti a est senza commettere l'errore storico di andare oltre. La mentalità "colonialista" dei secoli passati è stata fortemente criticata.

Significativamente, già ben prima della guerra, le SS nominarono in posizioni di responsabilità convinti sostenitori dell'idea europea, come lo svizzero Franz Riedweg, capo della "sezione tedesca" delle SS già nel 1937, e Gottlob Berger, capo dell'ufficio reclutamento dell'SS-Hauptamt già nel 1938 e promotore delle Waffen SS europee. Le SS avevano ammesso nei propri ranghi gruppi europei, svizzeri, fiamminghi, olandesi, norvegesi, finlandesi, poi valloni, francesi, cosacchi, italiani, bosniaci, in tutto una trentina di nazionalità, a testimonianza di questa consapevolezza. Ogni unità europea delle SS mantenne la propria lingua (il tedesco fu usato solo come lingua di comando per evitare l'anarchia generale, dato che i quadri militari erano tedeschi), e ogni usanza o particolarità religiosa fu rispettata. In un discorso dell'aprile 1942 al Circolo di sostegno del Quaderno germanico delle SS, Gottlob Berger disse: "... non vogliamo "germanizzare" o germanizzare nel senso sbagliato del termine. Dobbiamo rafforzare i nostri fratelli germanici nell'amore per la loro identità, per la conservazione della loro lingua e dei loro costumi. Senza amore per la patria, non ci può essere amore per il Grande Impero Tedesco. I meriti degli ex avversari venivano addirittura elogiati quando si erano dimostrati campioni di una filosofia elitaria (si veda l'articolo "Massime di guerra"). Persino i volontari europei musulmani, ammessi non come musulmani ma come europei, furono autorizzati a continuare ad astenersi dal maiale e dall'alcol! La consapevolezza dell'idea razziale andava oltre l'ambito europeo, poiché, già nel 1939, gli americani ariani erano invitati a ritrovare le proprie radici e a partecipare alla grande lotta per la conservazione dell'identità bianca (si veda l'articolo "Questioni razziali negli Stati Uniti").

LE SS COME ORGANIZZAZIONE RELIGIOSA E CULTURALE

Questa affermazione, a prima vista sconcertante, non sorprende dopo quanto appena detto. Mentre la NSDAP era un'organizzazione politica che non interferiva molto nelle questioni religiose, soprattutto per ragioni diplomatiche, le SS, in quanto ordine ideologico, avanzavano richieste anche in questo campo. Il ritorno a un universo mentale propriamente ariano non poteva prescindere da ciò che lega l'uomo al principio superiore assoluto, ossia la religione. La denuncia dell'intrinseca allogenità del giudeo-cristianesimo, che aveva permeato la mentalità europea per secoli, fu forse più virulenta di quella del giudaismo. Al cristianesimo, che derivava dalla filosofia ebraica, non si perdonava di aver veicolato un'ideologia globalista e di aver sistematicamente cancellato e denigrato tutto ciò che poteva ricordare l'antica cultura germanica. A riprova di ciò, prendiamo il sermone del cardinale Faulhaber nella notte di Capodanno del 1933: "Non si può parlare di una cultura germanica di per sé risalente all'epoca precristiana sulla base di Tacito. I tedeschi sono diventati un popolo con una civiltà nel senso pieno del termine solo grazie al cristianesimo. Il compito più difficile per i missionari cristiani è stato quello di far sì che i tedeschi trasformassero le loro spade in vomeri. Il cristianesimo, protettore dei deboli e dei malati, che insegna il peccato e la vergogna del corpo, il disprezzo per gli animali e le donne, che stigmatizza la gioia e l'orgoglio, che denigra le realtà razziali, era considerato dai nazionalsocialisti come una "malattia dell'anima".

Si trattava certamente della prima messa in discussione nella storia della validità della filosofia giudaico-cristiana nel suo complesso. Tuttavia, i giudizi rimasero sfumati a seconda dei suoi diversi aspetti. C'era una relativa simpatia per il protestantesimo solo nella misura in cui esprimeva una rivolta contro lo spirito papista romano (si veda l'articolo "L'università tedesca nella Controriforma"), ma veniva respinto per il suo lato dogmatico biblico (si veda l'articolo "La stregoneria"). Nel 1937, Himmler inviò addirittura una lettera a tutti i capi d'istruzione vietando loro di attaccare la persona di Cristo, senza dubbio ritenendo che un tale atteggiamento avrebbe offeso le convinzioni della maggioranza delle SS ancora attaccate alla vecchia religione e che uno studio dei costumi in senso positivo avrebbe potuto esercitare solo l'azione più persuasiva.

La graduale scomparsa del cristianesimo doveva quindi essere sostituita da un ritorno allo spirito fondatore dell'Europa che aveva animato la religione pagana degli antenati. Le SS si proponevano di riscoprire il principio di un atteggiamento religioso propriamente ariano nei confronti della vita e del mondo, che era stato soffocato e mascherato sotto coperture cristiane ma che era ancora presente, in particolare nei contadini (si vedano gli articoli "Usanze del raccolto" e "Pane sacro"). La religione fu restituita al suo significato primordiale, collocandola nel quadro naturale visibile, riflesso dell'ordine superiore invisibile. L'uomo divenne consapevole di essere solo una parte dell'ordine naturale, soggetto alle sue leggi come ogni altro essere vivente. Poteva quindi realizzare il suo pieno potenziale in questo mondo solo conducendo un'esistenza che sviluppasse e alimentasse le qualità del corpo, del carattere e della mente. Disprezzare l'aspetto fisico e materiale, così come il mondo vivente in generale, significava disprezzare la modalità sensibile di espressione del divino. Nel suo rispetto per le differenze e nella sua opposizione alla miscela unificante, l'uomo seguiva così i grandi comandamenti della natura sovrana. Questa pietà, profondamente fedele al mondo delle leggi naturali eterne, si allontanava tanto dall'ateismo, considerato come un prodotto della decadenza, quanto dalle pratiche obsolete dei gruppi pseudopagani (si veda l'articolo "La crisi spirituale"). Si allontanò anche da quella forma di idolatria che consisteva nel dare un'apparenza materiale (Cristo "figlio" di Dio e la Vergine Maria immacolata) a un principio divino sovramateriale.

Grazie a questa fedeltà alle leggi naturali, le SS adottarono un atteggiamento che oggi verrebbe definito "ecologico", sostenendo il ritorno a una sana vita contadina, l'uso di prodotti naturali (si veda l'articolo "Perché una primavera dei Sudeti") e il rispetto per la natura (si vedano gli articoli "Le leggi eterne della vita", "Il compagno SS dalla mia parte", "La foresta come comunità di vita", "Il ciclo eterno"). Questa concezione della vita era in netto contrasto con la tradizione cristiana, che era ostile a tutte le espressioni naturali e insegnava il timore di Dio. La vanità dell'uomo biblico, che si crede superiore alla natura, non può quindi che scatenare le peggiori catastrofi, come quelle che si profilano all'orizzonte del terzo millennio (scomparsa di numerose specie animali, deforestazione, inquinamento, distruzione dello strato di ozono, ecc.)

Le SS hanno sempre evitato di criticare le opinioni religiose degli individui come una questione strettamente personale. Attaccò principalmente la filosofia e le istituzioni ecclesiastiche nel contesto dello studio della visione del mondo nazionalsocialista, il che può sembrare paradossale. Il senso di sacralità e pietà di ogni individuo, cristiano o meno, rimase assoluto. La libertà di credo era rispettata. Nei moduli di domanda si chiedeva se il richiedente fosse "cattolico, protestante o... credente" (gottglaubig), cioè "pagano". La "rivoluzione religiosa" fu portata avanti gradualmente per ottenere un potere decisivo. Si cercò di trasformare i cristiani in pagani impressionandoli con lo sfarzo e la profondità delle cerimonie religiose e studiando ed enfatizzando il mondo spirituale originario, veramente ariano. Solo l'accettazione volontaria, non la coercizione, rendeva efficace la pulizia del senso religioso.

Questa "nuova" ma immemorabile religione aveva i suoi riti e le sue cerimonie. Lo Schulungsamt aveva anche il compito di ripristinare il significato pagano originario delle feste e delle cerimonie relative agli eventi più importanti della vita di una persona, come il battesimo (riformulato come battesimo), il fidanzamento, il matrimonio (si veda l'articolo "L'ammissione delle donne alla comunità dei clan SS"), i funerali, ecc. Solo i capi della formazione erano autorizzati a progettare lo spirito e la forma delle celebrazioni, ad eccezione delle applicazioni pratiche, che erano lasciate ai capi delle unità. Le SS non volevano creare un nuovo clero dogmatico concedendo prerogative ai capi dell'istruzione. I comandanti delle unità eseguivano alcune cerimonie solo quando i loro uomini erano direttamente interessati, escludendo così il rischio di una trasmissione settaria del potere religioso. Si manteneva solo il quadro religioso in cui si esprimeva liberamente la sensibilità personale di ciascuno.

Le feste sono state concepite con l'intento di ripristinare il rapporto privilegiato dell'uomo con la natura come espressione della creazione divina. Si trattava anche di rimuovere il riorientamento giudaico-cristiano imposto a feste tradizionali come Jul (Natale), Ostara (Pasqua), Solstizio d'estate (o San Giovanni). In questo senso, il mondo contadino era un perfetto esempio di società che aveva conservato il significato delle sue antiche tradizioni attraverso l'attaccamento e la fedeltà alla natura. Il termine "pagano" non deriva forse da "paganus", il contadino, che i cristiani non riuscirono mai a convertire completamente? Così, l'uomo tornò a sentirsi l'anello indispensabile e responsabile della lunga catena del clan, trasmettendo vita e tradizioni in modo immutabile. La fierezza dei corpi e i volti con gli occhi scintillanti rivolti al Sole testimoniano la gioia della creazione che Dio ha donato all'uomo, che lo ringrazia attraverso le feste.

Questa rivoluzione spirituale ebbe luogo anche nel contesto della scrittura della storia in senso germanico. I tedeschi stavano davvero scoprendo una parte della storia fino ad allora ignorata o disprezzata, quella dei loro antenati germanici. L'Illuminismo aveva preso a modello la civiltà greca, cercando in essa radici estetiche e filosofiche. La Germania fu particolarmente colpita da questo fenomeno e alcuni videro nel nazionalsocialismo il suo erede. La plasticità delle statue e dell'architettura neoclassica tedesca potrebbe tradire questa appartenenza. Tuttavia, una tendenza parallela e di lunga data (il romanticismo tedesco) stava diventando sempre più dominante, quella di un ritorno alla germanità. La filosofia dei "germanisti", soprattutto quelli promossi dalle SS, cercava di far uscire dall'oblio e dal disprezzo la cultura dei diretti antenati della Germania, dimostrando così che la morale, la poesia e l'arte tedesche non erano inferiori alle altre. Il lavoro già intrapreso da altri ricercatori, come i fratelli Grimm o Gustav Kossinna, fu continuato su scala più ampia. Lo scopo di tale interesse storico, oltre a ristabilire la verità, era anche quello di fornire legittimità all'Ordine delle SS, che traeva riferimenti dall'insegnamento di grandi personaggi storici della guerra, della politica o dell'arte. Federico II di Prussia, Dürer, Nietzsche, Wagner, Bismarck o René Quinton testimoniavano la permanenza di un certo atteggiamento proprio della razza ariana. Non erano forse esempi del genio creativo che superava il tempo e le mode e che le SS cercavano di sintetizzare? Non avevano forse sempre un messaggio da trasmettere, essendo a loro modo dei precursori? Citiamo solo alcune delle idee da cui le SS trassero ispirazione: l'idea carolingia di impero, la creazione di valori in senso nietzschiano, la spiritualità wagneriana, la virtù militare prussiana e il misticismo cavalleresco medievale.

L'ammirazione suscitata da René Quinton, nonostante fosse un nemico della Germania del suo tempo (1914), rivela anche il superamento delle divisioni politiche o nazionaliste. Conferma che qualsiasi filosofia eroica non poteva non risuonare con il nazionalsocialismo (si veda l'articolo "Massime sulla guerra"). A volte venivano persino elogiate le qualità di popoli stranieri (si vedano gli articoli "Yamato" e "L'impero di Ataturk"). Anche la personalità di Carlo Magno non lasciò indifferenti le SS. Alcuni storici, dopo la guerra, diffusero con compiacimento la voce secondo cui egli era chiamato "boia dei Sassoni". Pur non ignorando il suo ruolo travagliato nel massacro di Verden, le SS lo considerarono il primo architetto dell'unità europea e il creatore del principio di un impero germanico (si vedano gli articoli "Carlo Magno, fondatore di uno Stato" e "La nascita dell'Europa germanica intorno al 500 d.C."). Carlo Magno era una figura storica sia per i tedeschi che per i francesi e quindi incarnava il legame tra questi due popoli di origine comune.

DOMANDE LEGITTIME

Considerando questa ideologia e questi obiettivi, ci si può chiedere fino a che punto le SS furono in grado di raggiungerli e quali ostacoli incontrarono. Come abbiamo visto, le SS erano divise in tre diversi rami che, nel corso del tempo, divennero sempre più diversi l'uno dall'altro nello spirito. Nonostante i numerosi sforzi della leadership centrale per mantenere la coesione e l'unità dell'Ordine, emersero varie tendenze che ostacolarono il lavoro di edificazione generale. Il ramo militare delle Waffen SS era legato alla grande tradizione dell'esercito prussiano di Federico II attraverso capi come Paul Hausser o Sepp Dietrich, che gli diedero questo impulso. Per gli uomini formati alla vecchia scuola, profondamente segnati dalla loro educazione tradizionale, l'istruzione ideologica e le questioni religiose rimasero astrazioni "sfocate" che lasciarono a ideologi come Himmler o Darré, che utilizzarono i quaderni delle SS per diffondere queste idee, spesso considerate utopiche. Ufficiali superiori come Felix Steiner trascurarono persino deliberatamente i corsi di politica, considerando che le priorità della guerra erano quelle di formare combattenti piuttosto che soldati politici. D'altra parte, i soldati semplici appena arruolati erano molto più ricettivi e spesso comprendevano la portata delle questioni politiche meglio dei loro generali.

Le Allgemeine SS e la Totenkopfverbande, i rami "politici" più vecchi, vedevano il loro ruolo come quello di unità rivoluzionarie che portavano avanti l'ideologia nazionalsocialista a pieno titolo. Alcuni dei loro leader, come Theodor Eicke, nutrivano persino un relativo disprezzo per le Waffen SS, considerate troppo tradizionaliste e "militariste". Il fatto che le denominazioni dei gradi fossero simili tra tutti i rami non faceva che peggiorare la situazione, poiché le Waffen SS trovavano difficile accettare che dei "civili" potessero diventare generali o colonnelli senza aver prestato servizio al fronte. È giusto sottolineare, a questo proposito, che i gradi delle SS erano solo relativamente equivalenti a quelli militari e, a differenza di questi, non erano preceduti da "signore" (terminologia tedesca), ma corrispondevano piuttosto al valore di un individuo in sé. I civili, così come i soldati, erano considerati combattenti per la causa del nazionalsocialismo. Di conseguenza, uomini di trent'anni furono promossi al grado di generale e "civili" di talento come Werner von Braun e il professor Porsche divennero "ufficiali" delle SS.

Inoltre, durante la guerra le Waffen SS ricevettero le loro direttive militari dalla Wehrmacht, non dalla leadership centrale delle SS, che forniva rifornimenti, creava unità e supervisionava l'addestramento. Emergeva quindi un certo senso di autonomia dalle SS di Berlino, ma non fino al punto di un'aperta opposizione, poiché rifletteva una divergenza di esperienze piuttosto che un'opposizione ideologica, soprattutto perché le Waffen SS non avevano mai avuto a che fare con i compiti di polizia affidati a particolari unità delle SS.

Alla luce di questi fatti, un osservatore attento potrebbe dire che ridurre la storia e i concetti delle SS allo studio delle guide non sarebbe in linea con la realtà storica. Le guide delle SS presentavano idee, personaggi o situazioni tratte dalla realtà e considerate esemplari o istruttive. In questo modo, riflettevano quelle che l'ideologia nazionalsocialista considerava virtù e qualità essenziali, che erano punti di riferimento per ogni membro delle SS, anche se la realtà e le necessità della vita non sempre permettevano di applicarle. Ma le pubblicazioni delle SS ci permettono di giudicare questa visione del mondo proprio nella sua astrazione, che è più rappresentativa di uno stato mentale che di azioni limitate nello spazio e nel tempo. In questo senso, i Quaderni delle SS ci mostrano la visione ideale della vita e della società dell'Ordine delle SS e ciò a cui mirava.

Tuttavia, il fenomeno delle SS deve essere visto nel contesto del nazionalsocialismo, che era un'ideologia multiforme. Il movimento delle SS, pur essendo il più significativo, non fu sempre unitario e si scontrò con altre tendenze. I conflitti con il partito su persone e idee resero ancora più difficile la realizzazione di un programma omogeneo. La tendenza "allemanista" all'interno del partito ebbe difficoltà con la creazione di un'Europa federata sotto la supervisione delle SS, e i dodici anni di nazionalsocialismo non furono sufficienti a produrre un cambiamento radicale di mentalità. Servirono solo a gettare le basi. La generazione della Hitlerjugend e le classi più giovani delle SS avrebbero certamente raggiunto questo obiettivo, ma la storia non gliel'ha permise. La storia non ha dato loro il tempo necessario. Un ex volontario francese una volta mi disse: "I nazionalsocialisti erano come giardinieri. Hanno piantato dei semi, ma non hanno avuto il tempo di vedere il risultato". I terribili disordini della guerra hanno posto fine a questa grande avventura.

Con il suo rigore, la sua disciplina e il suo spirito, le SS potevano affermare di aver creato l'inizio di un nuovo tipo di uomo che era passato attraverso la fucina delle scuole di comando e la prova del fuoco. Nonostante tutti questi ostacoli, le SS lo dimostrarono più volte su molti fronti, sia interni che esterni. Indipendente dall'esercito, creò un nuovo "atteggiamento di lotta", distinto dal Partito, un nuovo "atteggiamento ideologico" e distante dalla Chiesa, un nuovo fondamentale "atteggiamento spirituale". Se per Goethe l'azione era la "celebrazione dell'uomo autentico", allora lo era anche per le SS. Alla rivoluzione del corpo doveva seguire una rivoluzione dello spirito. Ma il momento non era ancora arrivato.

* * *

Come avvertenza, l'autore desidera chiarire che le sue osservazioni rispondono a un desiderio di lavoro storico e scientifico che non deve far dimenticare tutte le sofferenze patite da milioni di uomini durante l'ultima guerra. Non può quindi essere considerato apologetico. Studia alcune idee difese da un determinato sistema politico e fatti crudi inseriti in un preciso contesto storico. Si sforza di fornire materiale che permetta al lettore di formarsi un'opinione in piena libertà, in relazione a quanto già pubblicato sull'argomento. Questo dovrebbe essere il lavoro di ogni autentico storico. È quindi con questo spirito che si devono leggere gli articoli riguardanti gli ebrei o le questioni religiose. Il lettore è l'unico giudice delle idee presentate in questo libro.

Per ulteriori informazioni, contattare l'autore tramite la casa editrice.

Parigi, 7 ottobre 1990

Capitolo I

I. L'Ordine delle SS, storia e principi

Giornale "Credere e lottare". Per le SS dei gruppi popolari del Sud Est.

Le SS, la storia

Sulla fibbia della cintura porta la scritta: *"Il mio onore si chiama fedeltà"*. Sul colletto ci sono le due rune della vittoria delle SS. Lei è quindi entrato consapevolmente a far parte di una comunità a cui sono stati affidati compiti speciali tra la gente. Siete chiaramente consapevoli di dover assumere una parte specifica di questi doveri?

Avete mai pensato alla natura dei doveri particolari di un SS? Sapete cosa significa per voi la legge della fedeltà come individuo? Sapete cosa hanno realizzato le SS nel periodo della loro conquista del potere e nella nuova Germania?

Per poter rispondere a queste domande, è necessario conoscere i tratti essenziali della storia delle SS, i loro compiti e i loro obiettivi.

La storia dei Corpi Neri inizia *agli albori del Movimento Nazionalsocialista*: nel marzo del 1923 viene formata la cellula delle future SS - la *guardia del personale* - con compagni di partito appositamente selezionati e assolutamente affidabili. Questi uomini portavano già il teschio e le ossa incrociate sul berretto e la fascia nera al braccio.

Nel maggio dello stesso anno, la Guardia di Stato Maggiore divenne la *truppa d'assalto di Hitler*, sotto la guida di Josef Berchtold. Questa piccola unità, risoluta fino all'ultimo, riuniva i più fedeli compagni d'armi di Adolf Hitler. Incaricata di compiti paragonabili a quelli successivamente affidati alle SS, la truppa d'assalto fece la storia e combatté senza sosta e senza compromessi fino a quando, il 9 novembre 1923, cadde vittima delle pallottole di un sistema infido e reazionario.

I PRIMI OTTO...

Dopo la riorganizzazione del partito nel 1925, il Führer ordinò nello stesso anno la creazione di una nuova organizzazione, piccola e altamente mobile, che doveva essere modellata sulla "truppa d'assalto di Hitler" e aveva il compito di garantirgli una protezione assoluta durante le sue manifestazioni e i suoi viaggi elettorali, se necessario anche a costo della vita di uomini. In secondo luogo, doveva garantire la *sicurezza* interna del partito, così come la polizia fa per lo Stato.

All'inizio furono scelti non più di *otto uomini* per questa grande missione che richiedeva un impegno totale. Il loro capo era Julius Schreck. Fu lui a stabilire i primi principi per la costruzione del Corpo Nero. Il 16 maggio 1936 la morte stroncò la carriera di questo fedele e collaudato compagno di Adolf Hitler, ma per ordine del Führer la prima unità di Monaco porta oggi e in futuro il nome di "Julius Schreck".

Le prime otto SS ricevettero l'uniforme dell'ex truppa d'assalto di Hitler, solo che la giacca a vento fu sostituita dalla camicia marrone con la fascia nera al braccio e il berretto da sci dal berretto nero delle SS.

Il 16 aprile 1925, questa truppa di protezione fece la sua prima apparizione pubblica a Monaco. Si trattava di una triste occasione: il funerale di Pohner, vecchio compagno d'armi del Führer dal 9 novembre. Quattro SS, munite di torce, camminarono ai lati della bara e accompagnarono per l'ultima volta il combattente morto.

Era chiaro che, a causa della difficoltà dell'azione, solo pochi uomini scelti in base a particolari punti di vista potevano essere ammessi nella Truppa di Protezione. Dovevano quindi adattarsi perfettamente a ciò che veniva loro richiesto. Lealtà incondizionata, impegno totale dell'individuo, disciplina ferrea: chi altri, se non i *soldati al fronte*, avrebbe potuto soddisfare queste condizioni?

Coloro che hanno rischiato la vita centinaia di volte hanno costituito il nucleo del giovane gruppo.

Ma i requisiti erano ancora più elevati: solo i compagni di Partito potevano essere membri della Truppa di Protezione, e ognuno di loro doveva essere in grado di presentare due sponsor, uno dei quali era un leader del gruppo locale in cui il giovane candidato SS veniva introdotto. Inoltre, ogni membro doveva avere un'età compresa tra i 23 e i 35 anni, essere di sana costituzione e godere di ottima salute.

Naturalmente, i *deboli* e i *lamentosi* con vizi sono stati scartati. I migliori erano più che sufficienti per la giovane formazione! Era quindi un'estrema distinzione per ogni compagno del Partito poter servire nella Truppa di Protezione. Il cameratismo assoluto doveva essere annoverato tra tutte le virtù e le qualità che prescrivevano:

Tutti per uno e uno per tutti.

IL PRINCIPIO DI SELEZIONE

Così, il numero di seguaci crebbe fino a diventare una piccola unità, una truppa, che non era un'organizzazione militare o di massa, ma voleva solo essere quello strumento perfetto su cui il Führer poteva assolutamente contare in qualsiasi momento.

Questa prima forza delle SS diffuse il terrore tra tutti i perturbatori e i deboli delle riunioni, tutti i rossi e tutte le altre cricche. Assicurava il regolare svolgimento degli eventi nazionalsocialisti - ovunque il Führer ordinasse! Fu merito dei *primi combattenti della morte se queste manifestazioni ebbero sempre successo e se il Movimento crebbe ogni giorno.*

Era chiaro che a lungo andare la giovane unità non avrebbe più potuto reclutare solo dalla generazione dei combattenti di prima linea. Di conseguenza, anche le condizioni di ammissione cambiarono nel tempo, ma senza perdere la loro severità. Ma fin dall'inizio fu stabilito il seguente principio: limitazione numerica e selezione estrema!

La leadership di Monaco non cercò mai di radunare il maggior numero di uomini possibile, ma sottolineò l'eccellente qualità degli uomini da selezionare, che da sola garantiva l'esecuzione incondizionata di tutti gli ordini.

UN LEADER PER DIECI UOMINI

Per questo motivo fu prescritto che in ogni località una truppa potesse avere solo un capo e dieci uomini; questa era la decina. I loro capi (capi delle decine) portavano una stella d'argento al centro della svastica come unico segno esteriore del loro grado. In effetti, anche una grande città come Berlino aveva una SS con solo due capi e venti uomini.

Ben presto la stessa immagine si ripeté ovunque. In ogni città, le SS, quella piccola unità combattente, divennero il bacino di raccolta di tutti i veri fanatici politici, di tutti i rivoluzionari che lottavano contro l'impotenza e la schiavitù, di tutti coloro che non avevano altro che la loro fede nella Germania.

Nel 1925 e 1926, il giovane Movimento condusse tutte le campagne di reclutamento con queste piccole unità e la malavita rossa della Sassonia e della Turingia imparò cos'è lo spirito delle SS!

GRUPPI DI SOCI BENEFATTORI (M.B.)

È certo che anche la migliore organizzazione con il massimo spirito di sacrificio non può fare a meno di una solida base finanziaria - e questo significa denaro! - Questo requisito era imprescindibile sia per la costituzione delle SS che per il Partito stesso. Ma poiché il partito era ancora in fase di strutturazione e non poteva fornire un sostegno finanziario alla truppa, le SS (l'unica associazione di partito in questo caso) ricevettero dal Führer il diritto di cercare *membri benefattori* (M.B.). Lo stesso *Adolf Hitler* fu *il primo a* entrare in questo gruppo di M.B.

Era stata quindi trovata una soluzione ideale per consentire la *base finanziaria* dell'organizzazione. C'erano ancora molti compagni di Partito (a causa della loro posizione pubblica, della situazione economica o di altre importanti ragioni) che non avevano la possibilità di diventare attivi nelle file del Movimento. In realtà, come membri benefattori, hanno reso un servizio indimenticabile alla Truppa...

LA SS COME ATTIVISTA

La truppa di protezione si sviluppò e gradualmente, accanto al primo compito di proteggere il Führer, se ne aggiunse un secondo, quello di militante! Ma gli uomini con i teschi non erano gravati da manuali sull'"arte della parola". Si sapeva che ognuno di loro aveva la capacità di convincere i cittadini confusi da discorsi falsi.

A quei tempi, ogni SS era quindi costantemente un *militante ovunque* si trovasse: per strada, a casa, in qualsiasi momento il servizio lo permettesse. Quanti uomini e donne sconcertati, eccitati e traditi furono conquistati da questi predicatori di , sconosciuti all'elemento combattivo e creativo del giovane Movimento! Si contano a centinaia, a migliaia. Hanno iniziato commentando un *opuscolo del Partito*, hanno esposto le menzogne agli scettici attraverso la *stampa del Partito*, e hanno tirato fuori l'arma assoluta, il "Mein Kampf" del Führer, spazzando via gli ultimi dubbi.

Nacque una nuova élite, di cui l'Allgemeine SS rappresentava il nucleo ideologico. Il suo leader, Heinrich Himmler (in alto), fu anche il creatore dello "spirito SS".

Dalle SS "nere" nacquero le SS "verdi", o Waffen-SS, una truppa militare che divenne famosa in tutta Europa.

LA BANDIERA DEL SANGUE

Nel 1926, il divieto per le SA fu revocato e le truppe di protezione divennero sempre più un ricordo.

Ma quello stesso anno rappresentò anche un culmine storico per il Corpo Nero. Al Reichsparteitag di Weimar, il secondo del NSDAP, il Führer affidò il simbolo più sacro del Movimento - la Bandiera di Sangue del 9 novembre - alla custodia delle SS.

REICHSFÜHRER SS HEINRICH HIMMLER

Con la nomina di Heinrich Himmler a Reichsführer SS da parte di Adolf Hitler, iniziò una nuova pietra miliare nella storia delle SS. Era il 6 gennaio 1929.

Duecentosettanta uomini in tutto il Reich costituivano il nucleo della Truppa di Protezione, di cui Heinrich Himmler si fece carico in quel momento, quando ricevette l'ordine del Führer di formare da questa organizzazione una truppa assolutamente sicura, *la formazione d'élite del Partito*.

"Ognuno di noi è un uomo delle SS, sia che si tratti di un uomo senza rango o di un Reichsführer", disse Heinrich Himmler, e durante i lunghi anni di lotta per il potere, lui e i suoi uomini si sono effettivamente fusi in un insieme inseparabile. Ha reso il Corpo Nero quello che è oggi: la truppa che combatte di più per il Führer, il nostro sangue e l'Impero.

Fu dato l'ordine di ampliare l'organizzazione. E per il Reichsführer, la cui personalità ha segnato questa grande missione, era chiaro che la nuova truppa di protezione allargata avrebbe potuto svolgere il suo lavoro solo se, come requisito supremo e base per la sua creazione, le linee guida date dal leader del Movimento fossero state indiscutibili.

LE QUATTRO VIRTÙ CARDINALI

Solo il sangue nobile, solo una razza autentica, può realizzare grandi cose nel lungo periodo. Heinrich Himmler iniziò il suo lavoro con questa importante professione di fede, quando emanò il suo primo ordine il 20 gennaio 1929 come Reichsführer SS:

"Per decisione superiore del nostro Führer, il 6 gennaio 1929, ho ricevuto la direzione delle SS del NSDAP!".

Così l'ex soldato e compagno di lotta iniziò la sua severa e metodica selezione dopo essersi circondato degli uomini che la nazione aveva a disposizione e che sapeva essere davvero i migliori per sangue e carattere. Quattro linee guida e virtù cardinali determinarono la loro scelta.

1. Razza e clan

"Come l'*agricoltore* che, partendo da un vecchio seme di varia qualità che deve selezionare, va prima nel campo a scegliere i germogli, abbiamo scartato in primo luogo quegli uomini che ritenevamo esteriormente non potessero essere utilizzati per la costruzione della Truppa di Protezione.

"La natura della selezione si concentra sulla scelta di coloro che fisicamente si avvicinano di più al tipo ideale di uomo nordico. Segni distintivi come l'altezza o l'aspetto razziale erano e sono importanti!

Così si esprimeva il Reichsführer, che aveva l'estremo merito di aver seguito questa strada con coraggio e persuasione, perché a quel tempo, anche nelle file del Movimento, la questione razziale era ancora un concetto totalmente oscuro e le conoscenze teoriche del giovane Movimento in piena riorganizzazione trovavano la loro concretizzazione.

Per la prima volta, la questione razziale fu posta al centro dell'attenzione e divenne addirittura oggetto di preoccupazione, differenziandosi ampiamente dall'odio naturale ma negativo per l'ebreo. L'idea più rivoluzionaria del Führer stava prendendo forma.

È chiaro che, con l'accumularsi dell'esperienza in questo settore, le disposizioni selettive sono diventate ogni anno più severe, sempre con l'obiettivo di raggiungere l'ideale.

"I termini e le condizioni devono essere stabiliti dai nostri successori tra cento anni o più per richiedere sempre di più all'individuo, come avviene ora. Allo stesso modo, sappiamo che il primo principio della selezione nelle Truppe di Protezione deve essere l'apprezzamento dell'aspetto esteriore, che il processo di selezione nelle Truppe di Protezione nel corso degli anni deve essere una continuazione di questo, e che la selezione fatta sulla base del carattere, della volontà, del cuore e persino del sangue non deve passare in secondo piano rispetto alle capacità!".

Queste furono le parole del Reichsführer, che lottò con la massima energia contro l'autosufficienza e la vanità. Ha anche chiarito che quanto realizzato finora è solo un abbozzo e che la creazione di un'élite umana deve essere costante e senza limiti.

Perché non esiste uno standard SS!

Ogni generazione di SS dovrà essere migliore della precedente.

"Con le leggi che ci siamo dati, vogliamo fare in modo che in futuro non tutti i figli di una famiglia SS elencati nel libro degli antenati delle SS possano richiedere l'adesione o avere il diritto di essere un SSman. Ma vogliamo fare in modo che solo alcuni dei figli di queste famiglie siano ammessi a noi e siano quindi considerati SS; che attraverso una selezione permanente la corrente del miglior sangue tedesco presente in tutto il popolo possa entrare nella Truppa di Protezione!".

Ma la selezione razziale e la costruzione di un'unità di uomini da sole non potevano garantire il successo di questa grande opera. No, tutte queste misure rimarrebbero inefficaci se non si tenesse conto anche *delle mogli* degli uomini selezionati, delle loro famiglie e dei loro futuri clan.

La nostra storia è abbastanza ricca di errori commessi in passato dalle leghe dei soldati e dalle Männerbunde, che hanno dimenticato di trasmettere il messaggio del sangue puro. Dopo un po' sono scomparsi nel nulla, secoli fa.

Perché il Reichsführer ha detto:

"Solo la generazione che sa collocarsi tra i suoi antenati e i suoi discendenti, coglie interiormente il grado esatto della grandezza dei suoi compiti e dei suoi obblighi, e la piccolezza del suo significato effimero.

"Chi è consapevole di questo rimarrà *semplice* nel senso più nobile del termine. I momenti di grande successo non gli offuscheranno la vista e quelli di grande sfortuna non lo porteranno alla disperazione. Accetterà il successo e la sfortuna senza compiacersi, senza presunzione, senza fatalismo - ma non sarà nemmeno vittima di un senso di mediocrità e di disperata follia. Rimarrà padrone della sua felicità e della sua sfortuna con uguale calma.

"Perciò insegniamo alle SS che tutta la nostra lotta, la morte di due milioni di uomini nella Grande Guerra, la lotta politica dei nostri ultimi quindici anni, la costruzione della nostra forza di difesa per proteggere i nostri confini sarebbe vana e inutile se la vittoria dello spirito tedesco non fosse seguita dalla vittoria del bambino tedesco.

(Il Reichsführer SS)

Per questo motivo, il 31 dicembre 1931 il Reichsführer SS emanò una delle leggi più radicali e importanti delle SS: "L'ordine di matrimonio

All'epoca fu una notizia bomba in Germania. In un sistema basato su principi liberali, sembrava del tutto incomprensibile a molte persone che vivevano nell'effimero ed erano intossicate dal piacere.

Si è rivelata un'intrusione estremamente brutale nella cosiddetta libertà personale. Naturalmente, la stampa ebraica e demagogica enfatizzò questo punto di vista con la dovuta enfasi. Ma il disprezzo e la derisione che si diffusero all'epoca su questo ordine non colpirono la truppa. Il Reichsführer lo aveva previsto e aveva detto al punto 10 del suo ordine:

"Le SS sono consapevoli di aver compiuto un passo di grande importanza con questo ordine; le prese in giro, l'ironia e le incomprensioni non ci toccano; il futuro è nostro!

2. Volontà di libertà e spirito combattivo

La seconda virtù e la seconda linea guida è la volontà di combattere e l'indomabile sete di libertà: per questo, secondo leggi non scritte, le SS dovevano essere il più possibile ovunque le migliori - nella lotta, nella strada, nella palestra, poi nella più grande di tutte le guerre di liberazione. Più grande era l'avversario, meglio era per la truppa! Infatti, solo se le SS fossero state davvero la migliore truppa, si sarebbe potuto giustificare il titolo di formazione d'élite.

Così, durante gli anni della fondazione, il Reichsführer ha sempre considerato i valori sportivi come un principio e un dovere. Ogni anno le SS dovevano partecipare a eventi sportivi molto difficili. Il corpo degli ufficiali era particolarmente messo alla prova. Ogni promozione dipendeva anche dall'acquisizione del distintivo sportivo della SA o del Reich.

In questo modo veniva scongiurato a priori un grande pericolo, quello dell'indebolimento. La causa della scomparsa di tanti Mannerbünde, ovvero l'agiatezza sociale, non minacciava a priori i ranghi dei Corpi Neri. L'esistenza confortevole della borghesia, che può essere bella e attraente per alcuni uomini, non potrebbe mai conquistare le SS.

3. Lealtà e onore

"Come insegniamo alle SS, molte cose possono essere perdonate su questa terra, tranne una: l'infedeltà. Chi viola la fedeltà si esclude dalla nostra società. Perché la fedeltà è una questione di cuore, mai di mente. Questo a volte è dannoso, ma mai irreversibile. Ma il cuore deve sempre battere costantemente, e se si ferma, l'uomo muore, proprio come un popolo se la fedeltà viene violata. Pensiamo alle varie fedeltà, alla fedeltà al Führer come al popolo germanico, alla sua coscienza e alla sua essenza, alla fedeltà al sangue, ai nostri antenati e discendenti, alla fedeltà ai nostri clan, alla fedeltà ai compagni e alla fedeltà alle leggi immutabili della correttezza, della dignità e della cavalleria. Un uomo non solo pecca contro la lealtà e l'onore se permette che il proprio e quello della Truppa di Protezione vengano violati, ma soprattutto se disprezza l'onore degli altri, se si fa beffe di ciò che è sacro per loro, o se non si schiera in modo dignitoso e coraggioso per gli assenti, i deboli e i non protetti".

È così che il Reichsführer definiva la fedeltà, la terza virtù che influenza la natura della Truppa di Protezione.

Gli uomini delle SS si recano al primo grande raduno delle SS nell'agosto 1933 a Berlino.

In copertina, un disegno del famoso anello con teschio e ossa incrociate, che simboleggia il legame con la comunità giurata delle SS.

4. Obbedienza incondizionata

L'obbedienza è la quarta e ultima direttiva.

Si tratta di un'obbedienza particolarmente difficile da osservare, perché deve nascere da una *pura spontaneità* e richiede tutto ciò che un uomo può sacrificare in termini di orgoglio personale, onori esteriori e molte altre cose che gli sono care.

Richiede un "impegno incondizionato" senza la minima esitazione e l'esecuzione di ogni ordine del Führer, anche se l'individuo ritiene di non poterlo superare internamente.

Ma questa obbedienza richiede, in ultima analisi, un livello estremo di *padronanza* e di *dominio, un* desiderio ardente di libertà e l'impassibilità nei confronti del nemico se gli viene ordinato.

Il vecchio SS sa perfettamente cosa significa quest'ultimo punto. Non ha mai dimenticato gli anni di lotta, di immobilismo e di attesa, quando la volontà di ogni compagno era sostenuta solo da un odio sconfinato: Abbasso il maledetto sistema!

Gli uomini chiedevano sempre: "Perché non parte?

Perché non scioperiamo? Questa è la nostra occasione! Perché il Führer esita?". Pensavano: "Siamo forti, abbiamo battuto la Comune ovunque l'abbiamo incontrata. Abbiamo preso il Reichstag - abbasso i burattini di questo sistema marcio! Vogliamo fare i conti con loro!". Ma l'ordine del Führer non arrivò. Di conseguenza, rimasero in silenzio e *aspettarono*.

In tutti questi anni, le SS sono orgogliose di aver visto solo lui, di aver obbedito solo a lui e di aver creduto incondizionatamente nella sua vittoria. È stata assolutamente obbediente come tutte le formazioni che l'hanno preceduta.

LE SS IN AZIONE AL MOMENTO DELLA PRESA DI POTERE

Negli anni che precedettero la presa del potere, le SS furono sempre le più attive nel proteggere le idee e le rivendicazioni nazionalsocialiste, sia *all'esterno* che all'*interno del* Paese. Combatterono in innumerevoli risse nelle sale riunioni, spezzarono il terrore del nemico nel cameratismo con le SA. Sono stati il *nucleo* che il Movimento ha sempre impegnato sul fronte rosso e nero. Si presentavano davanti alle *imprese e alle fabbriche comuniste* con i volantini in mano e raccoglievano quelli validi. Usarono gli stessi metodi nei *grandi complessi residenziali grigi* e portarono la verità anche nelle *baraccopoli più povere*.

Hanno protetto migliaia di volte gli oratori del Movimento. Con le loro mentoniere sotto il mento e le mani sulla cintura, stavano da un capo all'altro dell'anno ai lati del leggio dell'oratore, nel Palazzo dello Sport come nella più piccola sala comunale. Erano silenziosi e immobili, ma osservavano con attenzione ogni cosa nella sala.

Spesso erano affamati, poiché la maggior parte di loro era senza lavoro. Ma erano sempre presenti quando c'era bisogno. E morivano per la loro fede!

Furono vigliaccamente assassinati, accoltellati, colpiti alle spalle nelle strade buie e picchiati fino a perdere i sensi. Ma hanno sopportato tutto nonostante la superiorità del nemico. Le SS ebbero *molte vittime in* questo modo. Hanno comunque portato sotto terra uno dei loro migliori compagni, ma hanno lasciato il cimitero ancora più feroci, ancora più fanatici.

Non dobbiamo dimenticare gli *eroi austriaci* che, come SS, sono stati le coraggiose vittime appese al *patibolo* di un sistema brutale e che, con il loro sacrificio, hanno reso possibile la grande riunificazione dell'Austria con il Reich.

Ma anche la *sicurezza interna* non fu dimenticata. Più di una volta la Truppa ha combattuto contro i nemici del Movimento, contro la disgregazione e il tradimento del Führer. In questi momenti di crisi, così pericolosi per l'esistenza del Movimento, il Führer poté avvalersi di questo solido strumento che era costantemente e incondizionatamente al suo fianco.

Così Adolf Hitler diede ai suoi uomini più fedeli la frase che, dal 9 novembre 1931, è scritta su ogni fibbia della cintura: "Uomo delle SS, il tuo onore si chiama lealtà!

LA CARRIERA DELLE SS

Il 9 novembre 1935, per ordine del Reichsführer, fu emanato quanto segue:

"È SS nel senso dell'Ordine delle SS ogni membro delle SS che, dopo un periodo di un anno e mezzo come candidato, dopo aver prestato il giuramento delle SS al Führer, nonché dopo aver compiuto onorevolmente il suo dovere nel Servizio del Lavoro e i suoi obblighi militari, riceve l'arma, il pugnale delle SS, ed è così ammesso all'Ordine delle SS come un vero e proprio uomo delle SS".

"Ognuno di noi è un uomo delle SS, che sia un ufficiale ordinario o un Reichsführer.

L'arte di cavalcare...

... e l'arte della scherma sono praticate alla SS, che così perpetua la tradizione cavalleresca.

Dopo un accurato esame da parte delle commissioni SS delle sue capacità e del suo valore di SS, il diciottenne della Hitlerjugend divenne dapprima un *postulante* SS. Al Parteitag dello stesso anno, entrò nelle SS come *candidato* SS e il 9 novembre, dopo un breve periodo di prova, prestò giuramento al Führer. Durante il primo anno di servizio, il giovane candidato dovette acquisire il *distintivo sportivo* e *il distintivo sportivo del Reich in bronzo*. Subito dopo passò al *Servizio del Lavoro*, alla *Wehrmacht* e poi di nuovo alle SS. Il 9 novembre successivo, dopo un'accurata e ripetuta educazione ideologica, il candidato SS fu finalmente accettato nelle SS come *SSman*. Da quel giorno, gli fu dato contemporaneamente il diritto di portare il pugnale delle SS e gli fu promesso che lui e il suo clan avrebbero sempre seguito le leggi fondamentali delle SS.

Rimase nelle SS generali (Allgemeine SS) fino all'età di 35 anni. In seguito, su sua richiesta, fu accettato nella riserva delle SS e, dopo più di 45 anni, nella sezione madre delle SS.

LA LEGGE DELL'ONORE

Lo stesso ordine prescrive che ogni SS ha il diritto e il dovere di difendere il proprio onore con *l'arma in pugno*.

Questa legge è di fondamentale importanza e impegna ogni uomo da un doppio punto di vista:

Egli sa che può essere ritenuto responsabile di ogni parola e azione, indipendentemente dal suo rango e dalla sua posizione; pertanto, lascia che la comunità vigili se commette un atto o una parola disonorevole e quindi pecca contro lo spirito del popolo.

In secondo luogo, gli viene chiesto di rispettare il proprio onore e quello degli altri per servire la vita della comunità come soldato politico in modo impeccabile.

Quando finalmente arrivò il giorno della presa di potere, c'erano 51.000 SS a pieno sostegno della più grande di tutte le rivoluzioni, pronte a portare a termine ogni missione.

Nei mesi successivi, il numero di persone che si unirono alle nostre formazioni divenne così elevato che il 10 luglio 1933 fu imposto il *divieto di entrare nelle SS*, che fu temporaneamente revocato solo nel settembre 1934. Il Reichsführer, infatti, non ha sempre attribuito alcun valore a un'organizzazione di massa e ha richiesto il più severo esame di tutti i nuovi arrivati, al fine di incorporare nei ranghi dei Corpi Neri solo le forze veramente più valide e sane.

Chi fa il proprio dovere è al di sopra delle critiche
a cui tutti gli uomini sono soggetti.

Principe Eugenio

"L'AMICO DEL SOLDATO". ALMANACCO DEL 1944. EDIZIONE D: LE WAFFEN SS.

I. LA SS COME ORDINE

Come si evince da questa breve panoramica, nel corso degli anni i compiti delle SS divennero sempre più diversificati e il loro adempimento fu possibile solo attraverso l'unificazione dell'intera truppa di protezione.

Fino al 1929, le SS erano una truppa collaudata per la protezione dei leader e degli oratori. Il Reichsführer ne fece *un Ordine d'onore, di fedeltà, di servizio e di combattimento per il Führer e il Reich*.

Le SS sono un ordine *nordico*. Adolf Hitler basava la sua visione del mondo sull'essenza immutabile della specie nordica. Il popolo e l'Impero devono essere il divenire strutturale di questa natura nordica. In quanto leader dei popoli germanici, il popolo tedesco ha il compito predestinato di essere il primo a guidare la lotta per la rinascita del germanesimo. La razza nordica è anche la principale fonte del patrimonio di sangue nordico. Il primo obiettivo del nazionalsocialismo deve quindi essere quello di perseguire una sana politica razziale. Ciò richiede una purificazione del popolo tedesco da tutte le influenze straniere nel sangue e nel carattere.

Le SS selezionano quindi i propri membri in base all'ideale della razza nordica, al fine di formare un tipo germanico libero. Poiché il valore dell'anima di un uomo non può essere giudicato a prima vista, la selezione viene effettuata in base all'ideale fisico della razza nordica e alla sua altezza. L'esperienza ha dimostrato che il valore e le capacità di un uomo sono determinati principalmente da ciò che suggerisce il suo aspetto razziale.

I criteri di selezione delle SS divennero quindi sempre più rigidi. La politica razziale del Reich incoraggiava la nordicizzazione dell'intera popolazione. Più ci si avvicina a questo obiettivo, più i criteri razziali delle SS diventano rigidi.

Le SS non aspirano ad acquisire una posizione privilegiata tra il popolo. È un ordine che, attraverso la sua azione di combattimento, serve a effettuare una selezione razziale della comunità e realizza i principi della politica razziale come obiettivo lontano per la comunità. In questo modo, le SS applicano una legge fondamentale della nostra scala di valori socialista, secondo la quale ogni persona riceve il suo posto in base al valore del risultato ottenuto all'interno della comunità popolare.

La SS vede chiaramente che deve essere *più di un Mannerbund*. Costruisce la sua idea di Ordine sulla *comunità dei clan*. Vuole essere *un Ordine di clan* che produca uomini della migliore razza nordica per servire il Reich. Pertanto, la selezione giudicherà sempre più spesso non il singolo individuo, ma il valore di un intero clan.

Nelle questioni ideologiche che riguardano il principio di una comunità di clan razziale nordica sono necessari chiarezza e consenso assoluti. Questa è la condizione necessaria per la forza delle SS e le conferisce sicurezza.

Con le *leggi fondamentali delle SS*, il Reichsführer dava a ogni membro delle SS le linee guida per l'azione.

La prima di queste leggi fondamentali è l'*Ordine sul fidanzamento e sul matrimonio del 31 dicembre*. Questo ordine introduce una "licenza di matrimonio" per tutti i membri non sposati delle SS, considerando che il futuro del nostro popolo risiede nella selezione e nella conservazione di sangue razziale ereditariamente sano. Pertanto, questa licenza di matrimonio, che ogni membro delle SS deve ottenere prima del matrimonio, viene concessa solo ed esclusivamente sulla base di considerazioni razziali ed ereditarie.

Questo ordine era necessariamente il risultato del desiderio di creare una comunità di clan. Perché una selezione biologica avrà successo solo se la scelta dei coniugi e della prole degli individui selezionati sarà controllata. Il SS deve sposare una donna di valore almeno pari. L'uomo e la donna devono essere validi dal punto di vista razziale e coniugale. Questa legge non è una costrizione, ma un legame con un ordine divino. È naturale che gli individui della specie nordica apprezzino i propri simili.

Non è solo il valore del patrimonio ereditario a determinare la forza di un popolo. Nella lotta per uno spazio vitale e per il diritto alla vita, la fertilità di un popolo, il numero di figli, è decisivo. Un ordine come le SS deve quindi crearsi un ampio terreno di selezione biologica. La prole deve essere sempre numerosa. Secondo la migliore scelta matrimoniale, i più meritevoli devono sempre fornire all'Ordine una ricca progenie.

"L'età dell'oro è quella in cui ci sono i bambini. I bambini sono la più grande felicità dell'SS. Egli stesso, la sua volontà e i suoi desideri, il suo sentimento e il suo pensiero vivono in loro. Ciò che riceve dalla catena delle generazioni lo dona ai suoi figli e così conferisce vita eterna al popolo e al Reich di uomini combattenti e donne fedeli, custodi della specie e della civiltà.

La SS si prende cura anche della madre single. L'amore e la procreazione sono le leggi eterne della vita che abbatteranno sempre le barriere della consuetudine e della legge. Anche in questo caso, la SS è strettamente legata alla vita. Non conosce falsi moralismi e si occupa anche dei figli illegittimi di buon sangue. In questo modo, l'uomo sano dal punto di vista razziale ed ereditario può seguire il suo destino nella comunità e il popolo beneficia della forza, del valore di un'intera generazione e quindi di una futura progenie ereditariamente sana.

Come Ordine, le SS hanno iscritto nella loro bandiera la conservazione e la perpetuazione della razza nordica, e stanno anche conducendo una lotta in prima linea per la vittoria biologica. Solo la vittoria delle culle conferisce alla vittoria del soldato un carattere storicamente duraturo.

Dopo lo scoppio dell'attuale guerra, il Reichsführer SS riassunse ancora una volta questi punti di vista fondamentali della politica razziale, con particolare riferimento allo spargimento di sangue che la guerra attuale comporta. Così si esprimeva: "La vecchia saggezza secondo cui solo chi ha figli e bambine può morire in pace deve tornare a essere la parola d'ordine delle Truppe di Protezione in questa guerra. Può morire in pace chi sa che il suo clan, che tutto ciò per cui lui e i suoi antenati hanno lottato e voluto, trova la sua continuazione nei figli. Il dono più grande per la vedova di un combattente morto è sempre il figlio dell'uomo che ha amato.

Nella legge sull'*assistenza alle vedove e agli orfani* del 1937, il Reichsführer stabilisce che la comunità delle SS deve farsi carico della cura della vedova e del bambino nel caso in cui un membro dia la vita nella lotta per il Führer e il popolo. I comandanti delle unità sono personalmente responsabili del sostegno di tutti i clan del loro distretto.

Il *"Lebensborn"* (fonte di vita) garantisce anche la conservazione e l'aumento del sangue puro. La dedizione di tutte le SS assicura il soddisfacimento di questo requisito. I bambini di sangue puro venivano messi al mondo nelle case di maternità e cresciuti negli asili Lebensborn.

L'idea razziale determina anche l'importanza data dalle SS all'*esercizio fisico*. Ogni membro delle SS doveva essere in grado di esibirsi bene nello sport. Il Reichsführer ordinava lo sport nelle SS, non per raggiungere imprese individuali, ma per garantire una forma fisica generale.

L'unità interna della truppa di protezione si esprime anche in una *legge d'onore* stabilita dal Reichsführer. Una *legge* speciale sulla *santità della proprietà* insegna alla truppa una concezione esemplare della proprietà, dell'onore e della probità.

II. LE WAFFEN SS

Con la conoscenza pratica della selezione, della leadership e dell'istruzione nazionalsocialista, le Waffen SS (SS in armi) furono create sulla base delle Allgemeine SS istituendo le SS-Verfügungstruppen (truppe SS a disposizione) e le SS-Totenkopfverbande (unità con teschio e ossa incrociate) dopo la presa di potere. In seguito si è evoluta nella forma attuale.

Si è già detto che fu creato dal Führer per dare alle SS che agivano all'interno del Paese la possibilità di avere una forza per agire all'esterno, in caso di pericolo.

Unità dei reggimenti delle Waffen SS, il Leibstandarte SS "Adolf Hitler", gli Standarten "Deutschland" e "Germania" e parti dell'ex Totenkopfverbande affrontarono il nemico con l'esercito tedesco quando i confini polacchi furono attraversati nel settembre 1939 in una rapida offensiva.

Questi reggimenti divennero *divisioni* organizzate, costruite e gestite sotto la responsabilità della truppa di protezione, grazie alla fiducia del Führer.

Ancora oggi è impossibile stimare il livello di sviluppo delle Waffen SS raggiunto durante la guerra. Con tutte le sue divisioni insieme, è composta solo da volontari selezionati secondo le leggi di base delle Truppe di Protezione. Solo dopo la guerra il popolo tedesco si rese conto dell'enorme lavoro svolto dall'SS-Hauptamt (Alto Ufficio delle SS) per consentire *il costante reclutamento* di nuove unità. Si tratta di un risultato che ha assunto un posto speciale nella storia della guerra tedesca. Il compito dell'SS-Führungshauptamt (ufficio superiore delle SS) era quello di costituire, equipaggiare e addestrare le unità.

Il rigido inverno del 1941/42 dimostrò l'importanza delle Waffen SS nella conduzione della guerra. Dalla Carelia al Mar d'Azov, le divisioni Waffen SS erano ovunque nel *vivo dei combattimenti*. Grazie a loro, il Reichsführer SS diede al Führer unità d'acciaio che, anche durante quell'inverno, non raggiunsero i loro limiti.

Questo inverno, che ha messo a dura prova la resistenza del popolo tedesco, ha messo alla prova anche le Waffen SS. Era all'altezza del compito.

Quando il 26 aprile 1942, di fronte al Reichstag, il Führer chiarì al popolo tedesco cosa avesse realmente significato quell'inverno, elogiò le Waffen SS, toccando ognuno dei nostri coraggiosi compagni.

"Parlando di questa fanteria, vorrei sottolineare per la prima volta il coraggio e la durezza costanti ed esemplari delle mie coraggiose divisioni SS e delle unità di polizia SS. Fin dall'inizio li ho considerati una truppa incrollabile, obbediente, fedele e coraggiosa in guerra, come hanno promesso di essere in pace.

La lotta delle Waffen SS faceva parte della fiera tradizione delle truppe di protezione nazionalsocialiste. Anche in questo caso, il principio della selezione, il temperamento di un tipo di uomo e la consapevolezza di rappresentare un'idea si dimostrarono efficaci.

III. I VOLONTARI TEDESCHI E LE SS TEDESCHE

L'ordine del Führer di istituire le unità "Nordland" e "Westland" all'interno delle Waffen SS all'inizio del 1941 era fondamentalmente nuovo nella sua natura e portata. Una chiara comprensione delle implicazioni di questo ordine è essenziale per capire i principi del nuovo ordine europeo che la Germania stava pianificando e lo sviluppo dell'Impero in uno spirito nazionalsocialista. L'istituzione delle unità di volontari non fu la riparazione di una dimenticanza e un segno di generosità, ma un atto politico. I nemici del nazionalsocialismo se ne accorsero immediatamente. Si trattava di una decisione chiara sulla questione della formazione del futuro ordine politico e del principio dell'organizzazione tedesca nello spazio vitale conquistato con duri combattimenti.

Il fatto che questo ordine del Führer abbia trovato una tale eco tra i giovani tedeschi dimostra quanto il significato della nostra lotta sia stato compreso in tutti gli ambienti. Inoltre, rivela un forte desiderio di partecipare a questa lotta. Allo stesso tempo, è una grande prova della stima di cui godono le Waffen SS, ancora così giovani, dopo il primo scontro, e della fiducia riposta nelle SS in generale per la loro posizione di avanguardia. Innumerevoli giovani compagni provenienti dai Paesi di lingua tedesca trovarono il loro destino nelle sue file.

Quando i primi volontari si unirono alle Waffen SS, il fronte era principalmente contro l'Inghilterra. Ma la situazione cambiò completamente con l'entrata in guerra contro il bolscevismo. Negli ultimi anni, l'ostilità provocata dal sistema bolscevico in quasi tutti i Paesi europei spinse la Germania a considerare la possibilità di partecipare alla lotta su scala molto più ampia. Questa è stata l'occasione per costituire unità omogenee in ogni

Paese. Naturalmente, il contributo a questo movimento nel mondo di lingua tedesca fu particolarmente elevato. Nacquero le legioni norvegese e olandese, la legione delle Fiandre, il corpo libero "Danimarca" e il battaglione di volontari finlandesi. Anche queste unità combatterono come parte delle Waffen SS. La loro lotta significava più di una posizione pragmatica; rappresentava anche un impegno legale delle forze nazionali nei confronti della potenza disponibile per il combattimento.

Le condizioni di ammissione alle Waffen SS erano *le stesse* per tutti i Paesi e per *il Reich*. L'ingresso nella legione dipendeva dal carattere e dall'idoneità al servizio. L'assistenza e il sostegno in conformità con le disposizioni vigenti erano regolati in senso lato per i volontari tedeschi, compreso il sostegno alla famiglia. Un sostegno particolare poteva essere necessario per i giovani nazionalsocialisti le cui famiglie erano esposte a misure coercitive economiche o politiche in patria a causa di questo impegno volontario.

All'interno dell'SS-Hauptamt fu creata *una* speciale *sezione tedesca* per assistere i volontari. Insieme ai suoi rami era responsabile della pianificazione di tutto il lavoro politico nell'area di lingua tedesca. Nelle Fiandre, nei Paesi Bassi e in Norvegia fu creata una forte truppa di protezione germanica. Inoltre, c'erano anche i commando di reclutamento delle Waffen SS, le unità di nuova formazione e l'intero organico delle legioni, che dipendevano tutti dalla Sezione Volontari Tedeschi.

Già durante la guerra, le SS considerarono il loro compito quello di riunire le forze dei singoli Paesi di lingua tedesca con le proprie risorse e di gettare le basi per un lavoro comune e ravvicinato in futuro.

IV. LE SS E LA POLIZIA

Già molto tempo prima della guerra il Reichsführer SS voleva creare una nuova forza di polizia tedesca i cui ufficiali e uomini avrebbero soddisfatto i criteri delle SS e sarebbero stati anche membri delle Truppe di Protezione. La situazione attuale era quindi un'evoluzione dell'organizzazione. Anche la natura del lavoro della polizia è cambiata sotto l'influenza della visione del mondo nazionalsocialista. Oggi la sua funzione principale è quella educativa: piuttosto che punire i reati, è più importante *prevenire* gli illeciti, proteggere il popolo e lo Stato da atti dannosi o pericolosi per la comunità. Oggi le SS non si limitano a garantire la sicurezza politica, ma proteggono anche la popolazione dalle azioni di elementi antisociali. A questo scopo ha creato un'istituzione specifica, i *campi di concentramento*. Nel vecchio sistema, questi elementi erano diventati il fulcro della criminalità professionale e causavano grandi danni alla popolazione. Con la massima sopra il cancello d'ingresso "il lavoro rende liberi", questi uomini vengono esortati al lavoro produttivo in questi grandi centri educativi perché non sono ancora persi per la comunità. Possono riacquistare la libertà grazie a una severa educazione e al loro rinsavimento.

Occorreva creare *un apparato di intelligence* per sostenere il lavoro preventivo della polizia. Poiché mancavano esempi a livello nazionale, si poteva solo fare riferimento al servizio di sicurezza del Reichsführer delle SS che, sotto la guida dell'SS-Obergruppenführer Heydrich, era già stato creato dalle SS come organizzazione di partito. L'unione della polizia di sicurezza e del servizio di sicurezza rappresentava una particolare fusione delle forze dello Stato e del movimento in un settore estremamente importante.

A differenza della *polizia segreta di Stato* (Gestapo), che rappresentava l'esecutivo politico, *la polizia criminale* (Kripo) si occupava generalmente dell'esecutivo non politico ed è stata erroneamente paragonata alla vecchia polizia criminale, cioè quella precedente al 1933. Ma questo non è vero. Una comunità popolare che esige che i suoi membri seguano una certa visione del mondo, un tipo di Stato che è penetrato fino all'estremo da questa ideologia, deve ovviamente avere un'utile polizia criminale che consideri i suoi compiti in termini di questo. Esattamente come nel campo dell'esecutivo politico, la regola assoluta dell'esecutivo penale richiede: la *prevenzione* e quindi la neutralizzazione di tutti gli elementi che possono danneggiare il bene pubblico attraverso le loro azioni sulla forza popolare ed economica.

Combattere il crimine significa quindi riconoscere e arrestare il criminale, l'elemento antisociale, prima che vengano commessi altri crimini o che venga condotta un'esistenza antisociale. L'azione preventiva contro i criminali è oggi una misura generalmente accettata e approvata.

Il lavoro del *servizio di sicurezza* fornisce la base spirituale per il lavoro della polizia di sicurezza. Il lavoro del servizio di sicurezza non riguarda la polizia di sicurezza o lo Stato, ma il semplice resoconto di una situazione, dai risultati materiali all'esame scientifico di eventi e fenomeni specifici.

Allo stesso modo, dal momento della presa del potere fino all'inizio della guerra, il lavoro complessivo della polizia regolare, della polizia di sicurezza e dell'SD contribuì notevolmente a creare le condizioni favorevoli alla conduzione di questa grande guerra tra il popolo tedesco. Inoltre, diede origine a nuovi, più ampi e importanti compiti. Unità e commando della polizia dell'ordine, della polizia di sicurezza e dell'SD entrarono in tutti i territori conquistati con le armate vittoriose della nostra orgogliosa Wehrmacht tedesca per prendere il più rapidamente possibile misure - seguendo l'esempio del tempo di pace - in primo luogo per creare le condizioni che avrebbero riportato la calma nelle retrovie delle truppe combattenti e, in secondo luogo, per stabilire centri amministrativi civili o militari per facilitare il lavoro amministrativo delle truppe.

Gli eventi che seguirono le battaglie dei mesi scorsi nella più grande guerra invernale della storia costrinsero molti reggimenti e battaglioni di polizia a intervenire al fronte. In questa battaglia, gli uomini della polizia regolare hanno dimostrato il loro valore militare, il loro coraggio e la loro tenacia a fianco dei loro compagni dell'esercito e delle Waffen SS. In questa battaglia hanno dimostrato che la polizia regolare tedesca svolge seriamente il proprio dovere ovunque si trovi. I battaglioni di polizia hanno combattuto in modo eccellente. Né gli incessanti attacchi sovietici né il freddo implacabile e mortale hanno potuto vincere la loro tenacia e il loro coraggio.

Ancora oggi, le unità di polizia sono impegnate in molti punti caldi del fronte orientale. Il successo delle loro prove in battaglie difficili è in ultima analisi il risultato dell'addestramento di base di ufficiali e uomini.

V. Costruzione della nazione

La nuova opera di colonizzazione della Germania a Est trovò il suo giusto leader nell'ordine del Führer del 7 ottobre 1939, con il quale il Reichsführer SS fu nominato Commissario del Reich per il consolidamento della nazione tedesca. Durante i grandi periodi della sua storia, il popolo tedesco ha sempre guardato a Est per dispiegare il proprio talento creativo. Ma questa storia ci insegna anche che la vittoria militare da sola non basta a conquistare un Paese. L'aspetto tragico della politica orientale tedesca nei secoli passati è che i movimenti del popolo verso est non avevano un obiettivo omogeneo e quindi non potevano distribuire le loro forze in modo organizzato e pianificato.

La missione orientale è quindi soprattutto una missione di politica etnica. Il danno etnico causato dall'emigrazione individuale casuale dei secoli passati fu corretto dal *rimpatrio dei Volksdeutsche e dei Reichsdeutsche dall'estero al Reich*. Allo stesso tempo, fu fermata l'*influenza dannosa di* alcuni gruppi di popolazione straniera che rappresentavano un pericolo per la comunità tedesca. *La creazione di nuove aree di insediamento tedesco*, soprattutto attraverso l'immigrazione e l'insediamento di Volksdeutsche e Reichsdeutsche dall'estero, è il terzo e più importante compito che il Führer ha affidato al Reichsführer SS con un suo ordine. Esso comprende la riparazione dell'errore storico commesso dai tedeschi, che ha causato l'inaridimento delle forze popolari per mancanza di una gestione globale del destino nazionale.

Il Führer disponeva di un apparato adeguato ed efficace per svolgere immediatamente questo lavoro di politica etnica. Da dottrinario che insegnava instancabilmente l'idea del legame naturale tra razza e colonizzazione, il Reichsführer delle SS diede alla sua *Truppa di Protezione* una concezione nazionalsocialista di base, dotandola così di un organo esecutivo per svolgere un ampio lavoro costruttivo. L'idea del contadino-soldato che questo lavoro educativo ha fatto nascere implicava, a differenza delle "colonie" dei secoli passati, che un'area di insediamento doveva essere creata in base al carattere razziale degli uomini che vi si sarebbero stabiliti. Attraverso una selezione consapevole, la SS forma una comunità in cui le migliori forze del nostro popolo possono fiorire in modo creativo. Per raggiungere il suo riattaccamento finale, lo spazio orientale ha bisogno di uomini selezionati secondo criteri di carattere e di valore. Questa selezione, che la natura stessa opera nei gruppi di uomini che lottano per sopravvivere e di cui le generazioni future hanno bisogno, è garantita dalla lotta d'avanguardia delle SS.

VI. Il soldato politico

In questa sede abbiamo potuto trattare solo i compiti pratici più importanti delle SS. Ma lo spirito delle SS non si limita all'adempimento di questi compiti e - va ancora una volta sottolineato - vede la sua giustificazione ultima nella creazione, nell'educazione e nella selezione di un nuovo tipo di uomini e di leader in grado di padroneggiare tutti i grandi compiti del futuro. Per loro è stato utilizzato il concetto di "soldati politici". Ma quando le SS parlano di soldati politici, non pensano solo a una rivoluzione del politico da parte del militare, ma anche a una rivoluzione del militare da parte del politico. *Non è solo il "combattente politico" che deve essere selezionato ed educato, ma anche - in senso stretto - il "combattente politico"*! In vista del periodo di guerra, questo compito deve essere nuovamente ricordato in conclusione.

Lo sviluppo storico ha seguito il suo corso da quando la Rivoluzione francese e l'insurrezione prussiana del 1813 hanno fatto del popolo il principio del potenziale militare in guerra. Oggi più che mai l'ideologia marcia a fianco e in mezzo al popolo sui campi di battaglia. L'idea razziale chiarisce i fronti.

L'idea razziale fonde persone e ideologie in un insieme solido e combatte le ideologie globaliste di ogni tipo.

Ma *la guerra divenne anche una guerra ideologica*. Il connubio tra l'idea politica e la condotta della guerra si realizzò con una rivoluzione dell'arte bellica.

Il predominio della visione del mondo sulla politica rende qualsiasi guerra con una visione del mondo nemica una questione di sopravvivenza. La legge fondamentale della guerra ideologica è la vittoria o la sconfitta.

La situazione storica della guerra richiede al *soldato la massima fermezza e dedizione*. Ogni individuo deve rafforzarsi nell'idea di trionfare o di morire. Considerare che il carattere militare sia indipendente dalla forma di vita politica e ideologica del popolo è già una minaccia mortale e rappresenta, fin dall'inizio, una debolezza nei confronti dell'avversario.

Contrariamente a quanto molti pensano, non esiste un buon tipo di militare come visione del mondo. Il carattere militare comprende tutta una serie di virtù: coraggio, fermezza, audacia, obbedienza, compimento del dovere, dignità. La visione del mondo è il campo in cui tutte queste virtù si esprimono al meglio.

Armi, equipaggiamento e addestramento non sono essenzialmente diversi nelle forze armate moderne. Nemmeno la disciplina e il dovere da soli vincono una guerra ideologica. Vince chi, al di là dell'adempimento del dovere e dell'obbedienza, supera l'avversario per la durezza dell'azione e l'audacia del rischio.

Il fondamento del miglior spirito militare non è solo l'adempimento del dovere morale, ma soprattutto la costanza della fede. È la fede, infatti, che assicura innanzitutto la stabilità dell'azione morale.

Sviluppare questa costanza di fede è il compito supremo delle SS. Con questa fede saremo in grado di costruire fedelmente il futuro, secondo le parole del Reichsführer SS:

"Così ci avviciniamo e seguiamo il cammino verso un futuro più lontano secondo leggi immutabili come ordine nazionalsocialista e militare di uomini nordici e come comunità giurata alle proprie stirpi. Desideriamo e crediamo di essere non solo i discendenti che hanno fatto questo meglio, ma soprattutto gli antenati delle generazioni future che sono indispensabili per la vita eterna del popolo germanico.

Il potere è giustificato solo quando implica l'obbligo di servire.

Darré

LA CASA DELLA TRUPPA SPECIALE DELLE SS. 1942. TRA DUE PIETRE MILIARI

RAPPORTO DI LAVORO 1941-42

Cosa vogliamo essere:

1. Un ordine militare di uomini delle SS addestrati politicamente e scientificamente, con istinti acuti e un fisico robusto.

2. Un ordine di uomini della Truppa di Protezione e di dirigenti che per valore, dignità, integrità, atteggiamento esteriore vogliono conquistare e mantenere la fiducia degli altri.

3. Un Ordine che si afferma nella vita con il suo costante impegno naturale.

4. Un Ordine ideologicamente franco, che non può essere colpito da nessuna delle ingiustizie della vita nel suo percorso intransigente, che manifesta istintivamente la sua franchezza ideologica in tutte le sue azioni.

5. Un Ordine di soldati scientificamente preparati che vedono chiaramente che ogni nuova promozione non è una promozione da signori. Si può giudicare solo in base a ciò che si conosce e svolgere la propria professione per vocazione, dando il meglio di sé.

6. Un ordine di soldati che si esprime *solo* su ciò che conosce in modo rigoroso. Dobbiamo esprimerci poco, ma bene. È un Ordine di uomini che sanno che avere un nome implica un dovere.

7. Un Ordine di soldati la cui ambizione è quella di avere nomi che abbiano un significato e non di essere anonimi detentori di titoli.

8. Un Ordine di soldati che hanno il coraggio di riconoscere il valore dei grandi uomini del loro popolo, il lavoro altruistico degli altri e che sono pienamente consapevoli di ciò di cui sono capaci. Le qualifiche e i risultati devono essere al primo posto, non le decorazioni e i titoli acquisiti.

9. Un Ordine di soldati che, per le loro prestazioni e il loro atteggiamento dignitoso, non hanno bisogno di essere consumati dall'ambizione e dalla gelosia di un altro per qualsiasi cosa.

10. Un Ordine di soldati che, grazie alla loro semplicità personale, possono adattarsi a qualsiasi situazione. È un Ordine di uomini che vedono il denaro solo come uno strumento per i colti e che sono determinati a tenere lontani gli emergenti.

11. Un ordine di soldati in cui il genotipo razziale determina l'appartenenza all'organizzazione. La razza e il sangue sono la nostra coscienza di classe, il nostro titolo di nobiltà.

12. Un ordine di soldati che considera il Führer come l'autorità suprema e che vuole essere un modello di lealtà, obbedienza, azione, atteggiamento dignitoso e impegno personale nei confronti del Führer e della sua idea. In conformità con l'ordine del Reichsführer SS, servono il Reich tedesco come uomini e ufficiali della Truppa di Protezione, sempre consapevoli del loro dovere.

13. Un Ordine di soldati scientificamente addestrati in una comunità clanica di tipo nordico, composta da donne e bambini razzialmente e biologicamente sani - gli antenati delle generazioni future.

Ax.

Opuscolo SS n. 6. 1936.

Precetti per la chiamata della truppa

I settimana

a) "Non si muore per il commercio, ma solo per un ideale. Mai uno Stato è stato fondato da un'economia pacifista, ma sempre dall'istinto di conservazione della specie. Questa virtù eroica produce appunto

Stati civili e laboriosi, mentre l'astuzia è all'origine di colonie di parassiti ebrei.

b) "Non dimenticare mai, uomo SS, che un nuovo ordine economico costruito sulla conoscenza razziale non può essere creato in pochi mesi e nemmeno in pochi anni, ma solo gradualmente, e che quindi le difficoltà non possono essere evitate durante questo periodo.

2 settimana

a) "Un uomo disposto a combattere per una causa non sarà mai e non potrà essere un ipocrita e un sicofante senza spina dorsale.

b) "Uomo delle SS, che agisce come un nazionalsocialista che vuole essere un esempio nel campo della lealtà, dell'obbedienza e della disciplina, ma che considera suo dovere combattere l'ingiustizia e risolvere i problemi".

3 settimana

a) "I partiti politici sono inclini al compromesso, una visione del mondo mai".

b) "L'uomo delle SS, crede costantemente che la visione del mondo nazionalsocialista richieda l'uomo totale, unito al nostro popolo, e non può tollerare di essere in contatto con qualsiasi altra visione del mondo in qualsiasi campo".

4 settimana

a) "Un sostenitore di un Movimento è colui che è d'accordo con i suoi obiettivi, un membro di un Movimento è colui che lotta per essi. Essere sostenitore implica un riconoscimento, essere membro implica il coraggio di rappresentare l'idea in prima persona e di propagarla.

b) "Uomo delle SS, sii un combattente costante per la nostra idea nazionalsocialista, abbi soprattutto l'obiettivo di realizzare la nostra visione del mondo".

OPUSCOLO SS N. 10. 1937.

PERCHÉ INDOSSIAMO UN'UNIFORME

Un tempo le uniformi erano un segno di riconoscimento. Nell'antichità, le uniformi venivano date agli uomini nello stesso modo in cui il loro pensiero veniva influenzato. Venivano "imbalsamati", e questa espressione ha già il sapore amaro della costrizione.

Oggi viene indossata come segno di atteggiamento spirituale. L'unica cosa che conta è la volontà e l'azione degli uomini che indossano la giacca, non l'aspetto o la moda. Per questo motivo, la semplice uniforme da feldgrau è più preziosa del dolman dorato di un ussaro.

L'eroica lotta dei nostri soldati contro un mondo nemico ha dato alla giacca feldgrau le sue lettere di nobiltà. Essa simboleggia per sempre il ricordo della miseria e della morte che colpirono milioni dei migliori combattenti tedeschi sotto il fuoco rotante e nelle battaglie con i carri armati, sui campi di limo delle Fiandre e sulle distese ghiacciate della Russia, nella grigia "terra di nessuno". Erano uomini pronti ad accettare la morte, uniti nella vittoria e nel cameratismo, eroici solitari in piedi accanto alla loro ultima mitragliatrice.

Ogni uomo che indossa la giacca ha il dovere di rispettare questa tradizione. Divenne così l'espressione dei soldati al fronte, della volontà di difesa nazionale. Adolf Hitler, il caporale della Grande Guerra, ne fece l'indumento d'onore del nuovo esercito nazionale.

Allo stesso modo, la camicia marrone sarà sempre l'indumento onorifico del combattente nazionalsocialista - un ricordo costante dello spirito di sacrificio di tutti gli uomini e le donne anonimi che hanno seguito il Führer con sacra fedeltà, spinti da un'idea costante: Germania! Germania, tu devi vivere, anche se noi dobbiamo morire. Questo spirito di sacrificio e di lealtà, di cameratismo e di desiderio di libertà, unisce saldamente ogni indossatore della camicia marrone. Riconosciamo che indossiamo la camicia marrone e la giacca nera con lo stesso spirito di questi combattenti.

L'uniforme implica un atteggiamento disciplinato.

Oggi non è più necessario dire a un nazionalsocialista che non facciamo distinzione tra servizio e vita privata. Siamo costantemente al servizio del nostro popolo. Un nazionalsocialista non deve quindi mai lasciarsi andare. Anche nella vita civile le SS devono comportarsi come se fossero in servizio, come se indossassero l'uniforme nera, l'abito onorifico del Führer.

L'uniforme implica quindi un dovere. Deve anche essere indossata con la più profonda convinzione che diventerà un'onorevole distinzione per chi la indossa.

Ma l'uniforme implica anche qualità fisiche. Deve essere indossata da uomini sani e non da deboli. Per questo motivo, in tutte le unità che indossano un'uniforme, si coltiva l'esercizio fisico. Sotto l'uniforme, l'uomo senza atteggiamento diventa la caricatura del soldato e quindi rende ridicola la truppa.

I concetti di soldato, difesa e attività sono legati all'uniforme. Essere un soldato implica la nozione di dovere. L'uniforme richiede che chi la indossa sia sempre consapevole di avere grandi doveri da compiere. Indossare un'uniforme richiede la capacità di lottare con convinzione per l'idea che ci ha spinto a indossarla. È un'espressione di cameratismo, perseveranza e lealtà. Chi la pensa così quando la indossa e appende il suo modo di pensare alla giacca sulla gruccia non mette a repentaglio solo il suo aspetto personale. Danneggia il gruppo a cui appartiene. Perché l'individuo non è nulla, forse un nome che viene dimenticato tre giorni dopo. Chi indossa l'uniforme, invece, simboleggia un'idea, anche se il suo nome è sconosciuto.

L'uniforme esige da chi la indossa un rifiuto totale del compromesso. Non tollera esitazioni. Esige l'azione".

Chi indossa l'uniforme è al centro di tutti gli sguardi. Quando si verificano eventi imprevisti, le masse si rivolgono a lui, sentendo che sa cosa deve essere fatto. Il civile può permettersi di fallire: nessuno trarrà conclusioni generali. Il soldato che fallisce mina il rispetto di tutti coloro che indossano la stessa giacca. Chi indossa l'uniforme è sempre posto a un livello superiore di responsabilità, è comunque un leader, un funzionario eletto. La nostra educazione deve quindi mirare a far sì che un giorno i nostri giovani indossino l'uniforme per convinzione, e non siano semplicemente "incastrati" in essa. I giovani devono essere consapevoli che l'uniforme, nella Germania nazionalsocialista, è diventata l'espressione di tutti coloro che si riuniscono perché sono della stessa specie. La giacca grigia dell'Esercito Popolare, la camicia marrone e l'uniforme nera sono gli abiti d'onore di uomini pronti a combattere per il Reich nazionalsocialista e per una Germania eterna.

Ecco perché indossiamo l'uniforme. Probabilmente all'inizio molte persone rispettavano la giacca nera perché aveva un bell'aspetto. Ne erano orgogliosi e soddisfatti. Ma a poco a poco si sono resi conto che imponeva anche dei doveri, che noi abbiamo accettato volontariamente e per convinzione. Si possono forse seguire le regole di un'associazione, dedicandosi anche due volte alla settimana ai suoi obiettivi, ma non certo una visione del mondo. La giacca nera implica che chi la indossa deve agire ogni giorno e ogni ora come un soldato del nazionalsocialismo. Ogni nostra azione sarà quindi osservata, confrontata e giudicata. Il valore di un'idea rappresentata da chi indossa l'uniforme viene giudicato dal suo comportamento.

Dobbiamo conquistare la fiducia dei nostri concittadini con la nostra ponderatezza, perché non vogliamo imporre la nostra visione del mondo al popolo, ma persuaderlo della sua giustezza. Chi indossa l'uniforme vive il nazionalsocialismo in anticipo. Il nostro compito è quello di diffondere sempre più la nostra visione del mondo nella comunità, fino a farla comprendere.

Vogliamo essere rispettati e giudicare il valore del nazionalsocialismo dal nostro atteggiamento.

Ecco perché indossiamo un'uniforme.

V.J. Schuster

La strada peggiore che si possa scegliere è quella di non scegliere nulla.

Federico il Grande

QUADERNO SS N. 2. 1943.

L'ORDINE DEI CLAN

La parola "ordine" ci è familiare grazie agli ordini monastici e cavallereschi del Medioevo cristiano. Quando pensiamo a questi ordini, ci vengono in mente i possenti e ribelli castelli feudali e le lunghe facciate finestrate degli edifici monastici. In passato, i primi erano abitati da monaci-cavalieri che portavano la croce dell'Ordine sulle loro doppiette e mantelli. Nei secondi, invece, immaginiamo uomini in sandali e tonaca che camminano silenziosamente nei corridoi e nelle celle. In entrambi i casi, abbiamo già un'impressione esteriore dello spirito dell'Ordine.

Un ordine è una comunità che segue un "ordina", cioè uno statuto, una regola di vita liberamente giurata. La caratteristica di un ordine è quella di servire un ideale elevato. Ad esempio, non è mai esistito un "ordine dei mercanti", ma al massimo associazioni di mercanti.

Lo spirito dell'ordine gioca un ruolo eccezionale quando si tratta di professare la fede, gli ideali e la difesa di questi valori. È così che sono nati i più eminenti ordini religiosi monastici, in un'epoca in cui uomini estremamente pii volevano sottrarre la Chiesa a una "secolarizzazione" sempre maggiore. Gli ordini cavallereschi tedeschi sono nati quando la fede cristiana doveva essere portata in "terra santa" o nei Paesi dell'Est slavo. L'Ordine dei Gesuiti si sviluppò quando la Chiesa romana dovette difendersi ancora una volta dal popolare movimento protestante nordico. A prescindere dal fatto che questi ordini cristiani erano basati su una concezione aliena e su un'ideologia sbagliata, che sono degenerati e in parte scomparsi, dobbiamo comunque riconoscere che in queste comunità vivevano uomini che volevano dedicare la loro vita a un alto ideale. Questo ideale, questa volontà, questa professione di fede nella vita privata era così gravida di conseguenze che poteva essere appannaggio solo di pochi, non di tutti. Inoltre, per questi idealisti, era necessario costruire una comunità di vita con la certezza che ognuno sarebbe stato pronto a chiedere il massimo di se stesso al servizio di un'idea. Questa certezza dava forza all'individuo e al gruppo. Vediamo quindi che un ordine è, all'interno di un'ideologia, quella comunità ristretta i cui membri danno la precedenza assoluta nella loro esistenza a quell'ideologia e si impegnano liberamente a seguirne le leggi. Quanto più severe sono queste leggi, tanto più forte è la volontà di rispettarle, tanto maggiore è l'altruismo richiesto, tanto più limitato è il numero dei membri dell'ordine e tanto più potente sarà l'ordine nel perseguire i suoi obiettivi.

Un ordine è definito dal suo obiettivo o programma. Questo, a sua volta, è determinato dall'ideologia a cui l'ordine è legato.

I monaci cristiani avevano come obiettivo l'elevazione dell'anima a una vita nell'aldilà. Poiché questo obiettivo, secondo la concezione cristiana, può essere raggiunto solo ritirandosi da questo mondo di peccato e mortificando il corpo peccaminoso, il monaco faceva voto di completa povertà (eliminazione di tutti i beni mondani), umile obbedienza (abbandono di tutte le volontà e i diritti personali) e castità (rifiuto di tutti i "desideri" tranne quello di "Dio", che è il più impegnativo dal punto di vista fisico). Questo atteggiamento lo chiamiamo "ascetismo". Nonostante la giustificata indignazione, ci inchiniamo di fronte all'alto grado di idealismo di questi tedeschi, di queste tedesche, che accettano questo sacrificio personale in nome di "Dio" e di una "idea di perfezione". La minoranza che si impegnò in tal senso era indubbiamente in gran parte di carattere elitario.

I cavalieri-monaci degli ordini cavallereschi rappresentano un'immagine più simpatica per noi. La professione di fede cristiana era unita allo stile di vita cavalleresco. Ne consegue un aspetto più virile, più temporale, più attivo. Mentre il monaco credeva di poter raggiungere il suo obiettivo solo con l'autodistruzione, il cavaliere teutonico aveva come missione l'espansione del regno con il suo corpo di guerriero e la sua spada.

L'Ordine del Clan SS, invece, è fondato all'interno del Movimento Nazionalsocialista su una base completamente nuova. Le radici delle sue credenze sono diverse, così come diverse sono le sue leggi e i suoi valori specifici. La caratteristica più evidente degli ordini cristiani del passato, siano essi "contemplativi", "attivi" o guerrieri, era l'obbligo di rinunciare a donne, matrimonio e figli. Il criterio essenziale del nostro Ordine è l'obbligo di fidanzarsi e sposarsi! L'idea guida degli ordini cristiani medievali era l'elevazione dell'anima, la "liberazione dal corpo" per unire l'anima con un dio nell'aldilà. Il nostro credo è che il compimento, l'"incarnazione" e quindi il giusto destino del dio della vita, avvenga attraverso i percorsi evolutivi delle specie e delle razze; vediamo la scelta del compagno e la selezione permanente come mezzi per migliorare la vita (corpo e anima). Non abbiamo più bisogno di essere asceti, perché non vogliamo un dio nell'aldilà. Il nostro dio ci chiede di essere "temporali", perché il mondo, come sappiamo, è il suo campo d'azione, il suo "corpo". Così le SS, come ordine pagano dell'ideologia nazionalsocialista del XX secolo, sono un ordine temporale nel senso più alto del termine. Il tempo degli errori è passato. Stiamo vivendo un potente progresso nella nostra conoscenza e i secoli a venire dimostreranno che avrà conseguenze di vasta portata. Riconoscere la presenza di Dio nella natura (come la conosce lo stato attuale della scienza) significa constatarne l'unità, sì, persino l'unicità con il nostro destino, soggetto alla legge ereditaria che egli applica!

Le SS sono nate come truppa, ma sapevano fin dall'inizio che questa truppa non doveva essere fine a se stessa. Non viviamo per perpetuare un Menerbund, ma siamo uomini riuniti con in mente le nostre famiglie, i nostri clan, il nostro popolo, i nostri figli di sangue, tutti i figli del nostro popolo e un futuro vivo. Per noi l'"organizzazione" è solo un mezzo per servire "l'organismo". L'organismo è il popolo.

Oggi vediamo che tutti i popoli europei, compreso il nostro popolo tedesco, hanno subito una costante degradazione razziale, e quindi psichica e spirituale, nel corso degli ultimi duemila anni, e questo come risultato della mescolanza del sangue (i microbi del giudaismo e del cristianesimo, suo successore). Sappiamo che non sono state né le carestie né la furia distruttrice dei popoli a causare le tragiche guerre e i disordini della storia europea, ma la corruzione della sostanza popolare, il disconoscimento della volontà divina dell'amore e del matrimonio tra uguali per nascita, della selezione, dell'istigazione alla selezione, nonché un vizio che l'accompagna: il rovesciamento dei rapporti di autorità negli organismi popolari. Affermiamo che ognuno di noi collabora alle grandi creazioni umane politiche e storiche se, nel corso della sua vita, non devia "di un millimetro dalle vie di Dio", se è fedele e rimane fedele a coloro che hanno scelto la stessa fede.

Noi uomini delle SS riconosciamo che le parole "popolo", "Reich", "onore" e "libertà" non significano nulla se non si ha la volontà di far vivere lo spirito che governa questi concetti. L'importanza attribuita a questo spirito deve essere collocata nell'ordine delle leggi della natura. Il nazionalsocialismo è un'ideologia biologica che afferma che le esigenze della natura sono esigenze politiche. La natura ha definito la regola di vita che le razze di uomini buoni devono seguire:

1. L'aspirazione individuale al matrimonio tra partner sani e uguali per nascita.
2. Su questa base, lo sviluppo della famiglia come "l'unità più piccola, ma più preziosa all'interno dell'intera struttura organizzata dello Stato".
3. La vita si costruisce secondo le leggi naturali a partire dal ramo fertile della famiglia. Il clan è radicato nella famiglia, un'entità viva, una realtà dell'Ordine che una volontà biologica e politica ha sognato e voluto.

È solo nel clan che l'individuo può sviluppare la propria personalità e le proprie qualità.

L'ordine migliore è quello le cui leggi non sono altro che le leggi divine della natura. Da quel momento, le SS hanno iniziato a trasformarsi da associazione maschile in associazione di clan. I clan delle SS sono quindi animati dallo spirito dell'Ordine e tendono a unirsi. L'Ordine, tuttavia, vive attraverso ogni clan e ne trae il proprio valore.

Il timore che nel clan si sviluppi un particolarismo anarchico rispetto all'interezza dell'Ordine e al suo obiettivo, l'"Impero", e il timore opposto che le richieste dell'Ordine pregiudichino le libertà naturali del clan, sono infondati e privi di ragione, finché lo spirito dell'Ordine e lo spirito del clan non si allontanano dalle leggi naturali divine della vita.

L'Ordine pone quindi un obbligo permanente a tutti i suoi membri. Ogni membro deve quindi impegnarsi per mantenere intatto lo spirito dell'insieme. Il membro delle SS sa che è una questione di legge naturale che un individuo o un altro venga meno al suo dovere, ma sa anche che questo non deve togliergli la fede e la lealtà. Mantenere questa incrollabile fermezza significa essere un vero uomo delle SS, dimostrare il valore del proprio sangue.

La storia ci insegna che le organizzazioni si esauriscono nel tempo per l'indebolimento dello spirito, per l'alienazione o per il torpore, quando si insediano intrusi egoisti e materialisti che allontanano le personalità audaci, vivaci e creative che, quindi, non si sentono più attratte dall'organizzazione. Il nostro Ordine deve quindi evitare che la sua idea spirituale di base venga pervertita. Dobbiamo anche evitare che privilegi le apparenze e le forme materiali a scapito dei suoi buoni uomini. Dobbiamo anche mantenere la nostra comunità libera da coloro che non ci danno fede disinteressata e puro idealismo, ma egoismo, brama di potere e godimento borghese. Infatti, un Ordine viene giudicato dalla Storia imparziale secondo le stesse leggi di un popolo: secondo le qualità vive della sua carne e del suo sangue.

Una volta ogni millennio, gli uomini hanno l'opportunità di guardare indietro ai loro errori e, arricchiti da prove dolorose e dotati di nuove forze creative, di riprendere coscienza del significato divino della loro vita.

La porta di un grande futuro si sta riaprendo. Siamo consapevoli della responsabilità che, nella storia, ricade sempre sulla minoranza decisiva. Così noi, membri delle SS e del clan delle SS, ci presentiamo davanti al Creatore divino con il motto che il Führer ci ha dato: "Il mio onore si chiama fedeltà".

Mayerhofer

QUADERNO SS N. 5. 1944.

ECCO PERCHÉ I NOSTRI ARMADI NON HANNO SERRATURE.

Un giovane compagno delle SS, un biondo allegro, aveva scelto un segnalibro splendido e insolito: una banconota da due marchi nuova di zecca. Era certamente il risultato di un capriccio. Forse la piccola carta marrone con l'orgoglioso "Due" gli ricordava Giselle, o forse era il numero rosso a otto cifre che lo aveva particolarmente interessato. Chi può dire perché questo giovane delle SS avesse tolto dalla circolazione questi due marchi? Questa nuova banconota aveva trascorso molte ore felici tra le pagine del suo libro! Ora non c'era più! Uno scherzo di cattivo gusto l'aveva sostituita con due vecchie banconote da un marco. In un primo momento Hans Jürgen pronunciò alcune rudi parole di rassegnazione, ma una sera un compagno più anziano tornò sulla questione. Giovanotto", disse, "uno dei nostri poeti una volta parlò di un'anima ingannevole. La incontra in quelle ragazze che si dipingono le unghie di rosso, si spalmano le labbra di olio, insomma sembrano un manifesto da cabaret. Ma anche i volti senza barba dei ragazzi possono ospitare la stessa anima. Alcuni di loro, sentendosi presi di mira, sorridevano imbarazzati. Un uomo di Amburgo pensò: "Non facciamoci prendere la mano...". A quel punto, l'anziano che veniva apostrofato prese la palla al balzo e disse: "Ecco dove volevo arrivare! Nella vita, l'importante è non lasciarsi trasportare. Sia per le cose grandi che per quelle piccole. Consideriamo lo scambio di segnalibri come uno scherzo. Tuttavia, rivela già un atteggiamento verso l'intangibilità della proprietà altrui che porta a concludere che si è perso il senso della giustizia. In tutti questi casi, vi dico, ci comportiamo come piedipiatti ebrei. Se vogliamo essere i migliori, un'élite che crea una vita e una razza esemplari, allora dobbiamo conformarci al comportamento dei nostri antenati anche nelle nostre regole di vita. Essi consideravano la proprietà altrui sacra e inviolabile. Ricordiamo che nel primo diritto germanico la violazione illegale della proprietà privata era sconosciuta e, quando si verificava, veniva punita come un crimine indegno di un uomo libero.

- Suvvia, suvvia", dice Gert, "non faremo una tragedia per uno scherzo!

- Non sto più parlando di tutto questo", rispose il vecchio compagno, "ma della legge fondamentale del Reichsführer SS, secondo cui la proprietà è sacra. Forse qualcuno di voi non sa che il Reichsführer, nel suo ordine del 25 novembre 1937, considera il "furto" una grave violazione della proprietà, che colpisce l'onore. Non voglio nemmeno parlare di gravi violazioni della proprietà privata. Chi ruba, sottrae o si appropria indebitamente sa cosa lo aspetta. Voglio solo ribadire che il "furto", cioè l'appropriazione illegale di attrezzature o indumenti appartenenti alle SS, che si chiama "grappling", non sarà considerato un'azione innocua o una buona azione, ma che il colpevole deve aspettarsi di essere ritenuto responsabile. Il superiore prende le misure necessarie per il bene delle truppe combattenti, ma le azioni per conto proprio sono condannabili. Siete orgogliosi che i vostri armadi non abbiano serrature", concluse il compagno, "quindi mantenete questo atteggiamento.

Ma Gert non volle lasciar perdere, dopo questo richiamo a un comportamento ragionevole, e con un'allusione a Hans Jürgen, il cui segnalibro perduto, secondo lui, gli era valso questa predica bigotta, osservò: "E tutto per colpa tua, carissima Gisèle!".

Con ciò, Hans Jürgen salì sul letto, prese le due sporche banconote da un marco e annunciò solennemente che avrebbe offerto a questo pessimo scherzo diversi barili di lager.

Siate corretti
E non temere nessuno.
Un uomo onesto è ai miei occhi di altissima nobiltà e valore, perché la sua virtù
traspare in tutto ciò che fa.

Federico il Grande

QUADERNO SS N. 1. 1944.

DUE ESEMPI CAUTELATIVI

Chi vive come parassita durante la guerra viene catturato!

Non c'è nulla di più vergognoso dell'infedeltà a se stessi e al proprio popolo. Più la guerra va avanti, più le richieste e i sacrifici diventano duri, più severo e chiaro deve essere l'atteggiamento di tutti coloro che devono gestire la proprietà e che quindi possono danneggiare la comunità. Citiamo il seguente caso come monito tratto dall'esperienza legale: nel 1940, all'ufficiale delle SS X. fu ordinato di fondare e gestire un centro economico esclusivamente per le truppe SS. Gli vennero conferiti pieni poteri a causa della fiducia riposta in lui. Tuttavia, abusò di questi poteri in modo criminale e sfrenato per arricchirsi. Ha oltrepassato i suoi diritti requisendo impropriamente beni, cibo e l'intero stock di tessuti, abiti e vestiti per il traffico con elementi criminali e oscuri con cui aveva stretti rapporti. Ha utilizzato ingenti somme di denaro dell'amministrazione per scopi speculativi ai quali hanno partecipato, e ha dato ai suoi complici pieni poteri che hanno poi utilizzato nello stesso modo criminale. Il danno che le sue azioni hanno causato al popolo e al Reich è imperdonabile. È stato condannato a morte per aver danneggiato il popolo. La sentenza fu confermata dal Führer stesso e fu eseguita poco dopo.

Tutti possono capire, quindi, che ogni misfatto, anche il più insignificante, viene giudicato e deve essere giudicato in modo inflessibile e spietato. Ogni soldato e ufficiale delle SS deve rendersi conto che è passibile di pena di morte se non rispetta le cose per cui il compagno al fronte sta combattendo, e che deve garantire ai suoi connazionali il minimo vitale. Nessuno potrà approfittare della sua posizione o dei suoi servizi, per quanto vecchio e stimato possa essere.

Protezione della vita nell'embrione

Uno dei principi più importanti delle SS è la convinzione che la vittoria delle armi può essere completa solo attraverso la vittoria delle culle. Chiunque minacci la vita nel suo stadio embrionale danneggia la vitalità del popolo. Ecco un altro esempio pratico:

L'ufficiale delle SS A., sposato dal 1935 e senza figli, ebbe una relazione con la giovane impiegata B. non priva di conseguenze. Poiché temeva che la nascita illegittima di un figlio potesse danneggiare la sua situazione, incoraggiò B. a praticarle un aborto, che tuttavia non andò a buon fine. Quando i suoi sforzi fallirono, contattò, tramite vari intermediari, un uomo che era stato coinvolto in un caso di aborto e che ora era disposto - dopo essersi inizialmente rifiutato - a eseguire la procedura. L'accusato è persino andato a prenderlo con un'auto aziendale e gli ha dato diverse paia di scarpe del valore di **75 RM** come pagamento per i suoi sforzi, oltre al rimborso delle spese. Tuttavia, i processi sono rimasti senza esito.

A differenza della sentenza consueta, che condannava la madre e l'abortista professionista a una pena detentiva da tre a otto mesi e gli altri partecipanti a una pena detentiva fino a sei settimane, il tribunale della polizia e delle SS ha emesso una sentenza notevolmente più severa, pari a un anno e mezzo di reclusione. In particolare, ha ritenuto che l'imputato avesse dimostrato una codardia e un'irresponsabilità incomprensibili per un ufficiale delle SS, avesse messo in pericolo senza scrupoli la vita e la salute della madre e avesse danneggiato la reputazione delle SS. Non fu emessa una sentenza più severa perché l'imputato era incline alla debolezza cardiaca, aveva un comportamento superficiale, era in costante stato di depressione e soffriva di vertigini. Lo stesso Reichsführer confermò la sentenza e respinse la richiesta di grazia, poiché varie circostanze deponevano a favore della sua concessione, tra cui l'appartenenza dell'imputato al NSDAP prima della presa del potere.

Questa pena estremamente severa è il risultato del fatto che i reati commessi contro i principi ideologici della comunità dell'Ordine meritano un giudizio particolarmente severo.

Estratto dai comunicati dell'Ufficio di giustizia delle SS.

Chi non è padrone di se stesso non è libero.

Claudio

QUADERNO SS N. 11. 1944.

DIMMI CHI STAI FREQUENTANDO...

Estratto dalla prassi dell'Ufficio Superiore di Giustizia SS

Karl e Hein erano vecchi compagni. Avevano spesso incontrato la morte insieme e avevano onorato le rune della vittoria in molte battaglie.

In occasione di una vacanza comune, Karl invitò il compagno a fargli visita a casa sua. Poiché il viaggio sarebbe durato solo poche ore, Hein accettò. Naturalmente c'era molta allegria e i genitori di Karl avevano un albergo alla stazione, quindi la riunione fu molto divertente.

Ma tutte le gioie devono finire e anche il ventiduenne Hein deve tornare a casa sua. Lì gli si avvicinò una simpatica cameriera dai capelli biondi, lui non ci fece caso e, mentre la cameriera riordinava la stanza per la notte, fece una piccola e innocua conversazione. La ragazza se ne andò con una risata amichevole.

Naturalmente Hein raccontò a Karl della bella ragazza. Non poteva nemmeno immaginare che quella testa bionda fosse l'amante di Karl. Lo scoprì solo un anno dopo. La ragazza aveva dato alla luce un bambino e aveva dichiarato Karl come padre. Invece di schierarsi decentemente con la giovane madre e riconoscere il figlio, Karl pensò a come evitare il suo dovere. Così un giorno chiese a Hein di non abbandonarlo e di aiutarlo a uscire da questa situazione imbarazzante. Quando sarebbe stato catturato, avrebbe dovuto solo dichiarare che l'impiegata gli aveva offerto i suoi servizi la notte della visita, o meglio, che si era impegnata con lui.

Poi Karl disse all'amico che non gli sarebbe successo nulla se si fosse attenuto a questa dichiarazione. Promise inoltre a Hein una somma di denaro e un nuovo invito. Nonostante il fatto che avrebbe potuto finire nei guai con queste bugie, Hein rese la sua testimonianza e la confermò con il suo giuramento.

K. fu rinchiuso in un riformatorio per due anni per istigazione al falso giuramento e H. per un anno e mezzo per falso giuramento. Inoltre, entrambi furono espulsi dalle SS.

Lo spergiuro è uno dei crimini più vili e vergognosi. In questo caso, è particolarmente infame perché è stato commesso dalle SS, di cui il popolo tedesco ha un'opinione particolarmente alta dell'onore e della responsabilità di fornire a un bambino il nutrimento che gli spetta. Questo caso mostra fino a che punto può arrivare il malinteso cameratismo. Un "compagno" di questo tipo, a rigore, non è più un compagno, ma un vero e proprio corruttore inconsapevole.

QUADERNO SS N. 10. 1944.

CONSERVATE IL MISTERO DELL'AMORE!

"Conosco ragazze francesi, russe e italiane, una ragazza tedesca non ha più nulla da offrirmi", dice il Rottenführer Hinterhuber, guardandosi intorno con aria di sfida. Il suo viso rotondo da diciannovenne tradisce questa mentalità ristretta, che è in parti uguali stupidità e immaturità. Certamente suscita una certa ammirazione tra i coetanei che lo circondano. Ai loro occhi, è un ragazzo molto esperto che "conosce le donne" - sì, è possibile essere così fortunati in amore! Questa vanteria immatura potrebbe essere ignorata se non fosse così tipica dell'atteggiamento di alcuni uomini nelle nostre file.

Come ha acquisito la sua conoscenza ed esperienza delle donne? Si trattava certamente di qualcosa di molto distante, senza esaltazione o romanticismo. Voleva conoscere l'amore e trovò alcuni esemplari dubbi del sesso femminile che occasionalmente andavano con lui perché si trovava lì al momento giusto. Quella che considerava una conquista non era altro che il risultato di un cieco caso. Infatti, se non fosse stato lui, l'uomo successivo avrebbe fatto altrettanto bene. Perciò non ebbe bisogno di cercare a lungo. Eccitata o venale, lei lo lasciò. E lui lo chiamava amore! Durante la sua giovane vita fu solo un soldato. La guerra lo portò in tutta Europa. Portò nel suo bagaglio il ricordo di volgari attrici francesi e la spensierata primitività della natura femminile russa. Ma le persone che amava erano mediocri, di seconda categoria: non scoprì la ricchezza umana di questi popoli. La coscienza nazionalista e un istinto acuto innalzarono innumerevoli barriere nell'altro campo.

Cosa sa questo ragazzo della vera natura delle donne? Probabilmente non è cresciuto in una vera comunità familiare, non ha sentito l'orgoglio irraggiungibile della madre o delle sorelle ferocemente protette. Per lui, negli anni in cui è diventato uomo, le donne non hanno rappresentato nulla di meraviglioso. Non gli è stato concesso il tempo di pensarci. Non lesse i testi di Tacito sulla venerazione della donna germanica come divina dispensatrice di vita, né lesse il Werther. La sua letteratura sull'argomento rimase quella dei romanzi a tre centesimi. E quando sentì per la prima volta una grande inquietudine interiore, tormentata, inconcepibile eppure irresistibile, la guerra lo portò con sé e indurì i suoi sensi infantili fino a trasformare l'esaltazione appassionata in un realismo freddo, quasi duro.

È un dato di fatto che alcuni ragazzi non hanno vissuto l'unicità e l'incomparabilità del primo amore. La vita li ha privati di uno dei suoi doni più belli e ardenti. Hanno dovuto rinunciare a quella che per le generazioni precedenti era un'esperienza fondamentale. Così sono diventati improvvisamente "uomini" e hanno scoperto un mistero che non avevano mai compreso come tale. Il loro primo amore non era sacro, appassionato ed entusiasta, ma freddo. Il loro rapporto con le donne non era di adorazione; non vedevano nulla di divino in loro, perché non conoscevano nulla di simile in loro, avendo a che fare solo con il lato malvagio dell'altro sesso, la prostituta corrotta, e quindi arrivavano a considerare tutti gli altri nella stessa luce. Una risata sprezzante accolse la possibile eccezione.

Questo stato d'animo è pericoloso. Anche questa guerra finirà un giorno, lasciando spazio alla vita normale. Dovremo curare le gravi ferite che quest'anno sono state inferte al nostro pool di uomini. In primo piano c'è la famiglia, la volontà di avere un figlio, altrimenti una guerra vinta non ha senso. Oggi e in futuro dobbiamo realizzare un programma razziale e familiare secondo la volontà del Führer. Siamo un Ordine di clan e, in quanto tale, abbiamo l'enorme compito di creare una riserva di sangue estremamente preziosa nel cuore di milioni di persone. Questo compito ci impone un atteggiamento assolutamente privo di riserve nei confronti della donna. Nel momento in cui la sposiamo, essendo la futura madre dei nostri figli, diventa un membro delle SS come ogni altro compagno maschio!

La guerra è infinitamente dura. Solo i forti sopravvivranno. Ma questo carattere forte e coraggioso non ha la crudeltà senz'anima che si può osservare proprio nei nostri nemici. Loro, i rappresentanti delle idee giudeo-bolsceviche, liberali e anarchiche, apprezzano l'amore solo come un'ebbrezza sfrenata, ignorando la minima traccia di etica. Tutto ciò che conta è il momento e ciò che porta loro. Violano sempre l'anima nobile, non andando oltre il livello dell'impulso più volgare. Da tempo conosciamo l'animale umano bolscevico. Non ignoriamo gli orrori commessi dagli americani sulle donne della Sicilia. Tra noi e loro non c'è la minima traccia ideologica o politica di un compromesso, ma solo il fatto nudo e brutale: o noi o loro! Vogliamo metterci sullo stesso piano del loro liberismo sfrenato? Anche nelle cose della vita quotidiana, nei rapporti più intimi con l'altro sesso, non vogliamo seguire il loro esempio immondo.

In passato si diceva che eravamo il popolo dei poeti e dei pensatori. Ne eravamo orgogliosi - gli altri, invece, ridevano in silenzio, ci consideravano dei bambini in politica e ci disprezzavano.

Mentre un Bach o un Goethe rivelavano a loro, gli schernitori, un cielo di bellezza, loro condividevano le ricchezze terrene e noi restavamo poveri davanti alle loro porte dorate. Dopo secoli di ritardo, siamo maturati politicamente, siamo stati risvegliati dal grande insegnamento del Führer, degni finalmente del potere politico. Abbiamo dovuto affrontare l'odio del mondo intero e allo stesso tempo difendere con le armi la nuova dottrina. Eravamo i migliori soldati. Le porte del Reich si aprirono, centinaia di migliaia di soldati attraversarono l'Europa in una marcia trionfale senza precedenti. Strizzavano l'occhio ai Paesi stranieri e alle particolarità degli altri popoli. Caddero le ultime barriere del pensiero piccolo-borghese e l'orizzonte delimitato si allargò alle dimensioni del mondo.

Ma ora conosciamo il pericolo che rimane legato a questo rapido sviluppo. Abbiamo visto che la mente di più di un ragazzo è stata turbata perché le difficoltà del combattimento, la grandezza della sensazione di potere, erano troppo forti per il suo carattere ancora immaturo e inadatto a un saggio discernimento. Il pericolo della vita di un soldato lo spinse a cercare appassionatamente il divertimento, l'esperienza e l'avventura. E divennero rozzi e superficiali. Loro, i discendenti di quegli ingenui sognatori, caddero nell'altro estremo. Oggi non c'è più un Werther tra noi, e questo è un bene, ma un tiranno spietato è altrettanto riprovevole. Deve scomparire. Dobbiamo educarlo ovunque sia possibile. Le persone sposate tra noi hanno un grande esempio da dare. Avendo imparato il vero amore, devono collaborare a quest'opera di educazione condannando l'oscenità e l'ostentazione sessuale. Non siamo angeli, conosciamo tutti il richiamo violento del sangue e dei sensi. Ma anche qui dobbiamo essere soldati politici. Tiriamoli fuori da questa povera, primitiva e sensuale incoscienza, apriamo loro gli occhi sulla vera bellezza che è presente in mille forme anche nel paesaggio e nell'arte del Paese nemico che ci circonda. Anche i più duri sanno ancora sognare, lontano dalla guerra con la sua inflessibilità e durezza.

I ragazzi che si trovano nei vortici della spensieratezza e della leggerezza devono poter sperimentare il vero amore. Una donna tedesca pura e sana potrà donarglielo, se la Provvidenza lo desidera, affinché possano trasmettere la loro vita ai figli. I figli che avranno voluto con una donna amata saranno la testimonianza vivente di un amore che comprende sia il fisico che lo spirituale.

> In tempi così duri come quelli che sono stati imposti a noi tedeschi, gli uomini hanno bisogno di donne al loro fianco che sappiano combinare l'originalità della loro natura e il calore del loro cuore con una franca e ponderata larghezza di vedute. Abbiamo bisogno di donne che formino la nuova generazione sana che auspichiamo, che fin dall'inizio insegnino ai loro figli ad essere membri del loro popolo e sappiano che il futuro di questo popolo e la sua missione spirituale determinano il suo destino e la sua storia.

Gertrud Scholtz-Klink

QUADERNO SS N. 3.1942.

FEDELTÀ

La guerra di oggi fornisce ogni giorno prove di eroismo audace e singolare. Ma non esistono più i piccoli e anonimi eroismi dei soldati tedeschi. È la prova silenziosa e tenace della lealtà e della resistenza. È stata la lealtà di spirito che ha tenuto in piedi per tre mesi ogni unità del nostro esercito e delle nostre Waffen SS nonostante l'accerchiamento e il blocco dei normali rifornimenti, e ha dato al fronte orientale la fermezza e la tenacia che da sole hanno impedito una catastrofe in questo freddo e massiccio assalto del nemico. Solo chi conosce le forme di combattimento all'Est sa cosa significa. Quando il nemico cerca di imitare la nostra strategia, fallisce sempre. Il generale Rommel ha detto bene: "Battaglie di accerchiamento come quelle che si stanno combattendo in questa guerra possono essere combattute solo da soldati tedeschi.

Ciò che è stato confermato qui sarà dimostrato anche in futuro. La lealtà è una virtù tedesca. Non esiste lealtà senza contenuto. Non ha nulla a che fare con quella testardaggine che gli avversari amano possedere. Non è nemmeno ostinazione o fermezza da sole, anche se sono compagne necessarie. Fedeltà, fede e onore sono come tre cortecce intorno allo stesso prezioso nucleo. Ma è l'anima del nostro popolo a costituire il centro, quel singolare regno interiore da cui nasce la forza artistica, sorprendendo il mondo con nuove manifestazioni creative che rappresentano il nostro bene più grande. I singoli individui sono più o meno consapevoli di questa ricchezza. Non esistono tedeschi senza un ideale. La lealtà non è altro che il riconoscimento del valore interiore, della vocazione personale e del destino. In sostanza, gli atti di lealtà che si incontrano nei momenti di difficoltà sono considerati atti religiosi. Gli uomini che conoscono questi momenti - che non sono frequenti nella vita - possono parlarne e si può, per così dire, rintracciare la vocazione interiore che li ha attanagliati. Lo hanno provato soldati politici, pensatori e inventori. Lo hanno sperimentato anche i commilitoni delle SS, perseverando nella loro fedeltà al Führer e alla Patria nonostante le lettere visibilmente perse nel ghiaccio e nella neve.

Per i tedeschi, la fedeltà implica che si consideri la propria missione come un ordine del cielo. È sempre in stretta connessione con Dio e solo un individuo scettico e superficiale può dubitarne. La fedeltà alla Patria, al Movimento e al Führer è radicata nella forza dell'anima. Chi è povero interiormente non può essere completamente fedele. La fedeltà è il linguaggio silenzioso della ricchezza interiore.

La lealtà si dimostra con l'azione. Nei momenti di difficoltà e di disgrazia, il popolo tedesco si è sempre dimostrato il più leale, anche la parte combattiva, cioè quella che ha sofferto e sopportato il peso della miseria. Erano i soldati nelle trincee dell'ultima guerra mondiale. Sono stati i primi compagni d'arme del Führer. In questa guerra, il fronte porta ancora una volta il peso principale sulle sue spalle; ma la patria fornisce anche una prova quotidiana della più profonda lealtà attraverso le privazioni e l'abnegazione.

Anche la perseveranza è una componente della fedeltà. Sarebbe assurdo pensare di poter cambiare la nostra patria o il nostro popolo. La nostra vita avrà trovato il suo senso quando saremo rimasti fedeli a noi stessi. Tutto è collegato. La fedeltà è in verità indivisibile. Rimanere fedeli al Führer, alla patria, alla propria moglie e ai propri figli, questo è il significato della lealtà.

Le SS sono un ordine di lealtà. La fedeltà al Führer, ai compagni, alla patria e alla famiglia è il fuoco che ci spinge. Conosciamo il nostro popolo. Sappiamo dalla sua storia fatale che la sua credulità e il suo ingegno sono stati spesso abusati dai tentatori. Le SS devono essere un baluardo intorno al nostro gioiello più sacro, intorno alla ricchezza interiore del popolo tedesco. Una fede profonda nella missione divina del nostro popolo e del suo leader ci riempie. Ci arricchisce. Ci rende forti e inflessibili. Ci dà la forza di essere fedeli nei momenti di massimo sforzo.

Gd

Superare le linee nemiche non è facile!

QUADERNO SS N. 6B.1941.

UOMINI, COMPAGNI, ESEMPI

L'uomo decide

SS-PK. I sovietici non hanno la solita scusa di essere stati sconfitti dalla superiorità del materiale bellico tedesco. Ne avevano davvero abbastanza! Tuttavia, noi siamo abituati ad affrontare una moltitudine di prove e abbiamo scosso la testa solo quando abbiamo visto le file interminabili di carri armati e cannoni distrutti lungo le direttrici offensive...

No, in Oriente è l'uomo che decide! È il soldato tedesco, che ha nervi migliori, una costituzione migliore, che ha soprattutto una fede più forte. E qui sta la certezza della nostra vittoria, perché questi uomini sono nelle nostre compagnie. Non si distinguono molto, fanno il loro dovere. Sono soldati con quel carattere evidente che forse solo i tedeschi hanno. Quindi dobbiamo parlare di loro!

Penso al Rottenführer-SS H. L'ho conosciuto in un avamposto di una brigata di cavalleria SS. Lo vidi per la prima volta in un combattimento vicino a L. Scavò la sua buca anticarro sotto il pesante fuoco nemico, senza fretta, quasi con calma come se fosse abituato a fare questo lavoro da anni. Più tardi - a quel tempo eravamo tagliati fuori da ogni contatto con le nostre truppe, con i sovietici alle nostre spalle - mi parlò di lui con esitazione.

Non mi sono sorpreso quando ha parlato della Spagna. Lì ha combattuto per due anni i bolscevichi come volontario. Aveva davvero molte avventure alle spalle, ma si unì alle Waffen SS come soldato non appena tornò nel Reich. Per lui era una cosa naturale.

Penso in silenzio... quest'uomo vive in guerra da anni ormai. E non è diventato un "lanzichenecco". La sera stessa mi parla con fervore di sua moglie. Durante un breve congedo, si è stabilito come artigiano presso il Governo Generale. E dopo la guerra - ma si è fermato con i suoi progetti... prima bisognava liquidare i bolscevichi. Si stavano indebolendo. Lo aveva già sperimentato una volta, quando li stava braccando in Catalogna.

È così, il Rottenführer-SS H. Non ha mai dato particolarmente nell'occhio. Più di uno dei suoi compagni e superiori non sa nulla di queste cose. Ha fatto il suo dovere. È solo un soldato.

Ma il potere del bolscevismo si infrange su questi uomini, la vittoria è loro!

Il corrispondente di guerra delle SS T. Kriegbaum

Servizio di artiglieria mancante - no!

SS-PK. Il nostro avamposto ha individuato i mezzi corazzati nemici, con una rapidità fulminea, smontiamo e prendiamo posizione su entrambi i lati della strada. Mentre noi seppelliamo noi stessi e i cannoni in buche anticarro, i nostri cacciatori di carri armati piazzano i loro cannoni quindici metri davanti a noi. Quando, dieci minuti dopo, i nostri pionieri tornano dopo aver posato le mine, stendono la rete mimetica sullo scudo protettivo. Solo il cannone protende minaccioso la sua bocca nera verso la strada. Aspettiamo.

Il capo plotone con il cannone anticarro si guarda intorno con il binocolo e improvvisamente vede il primo carro armato. Trecento metri davanti a noi, la sua cupola si erge sopra la cima del campo di grano. Il suo primo colpo tuona e una striscia di luce verde chiaro ci passa accanto. Un motore pesante urla dall'altra parte, il colosso inizia a muoversi e striscia verso di noi. Ora ne vediamo altri due. Non appena li riconosciamo, due proiettili attraversano l'aria fischiando ed esplodono intorno al nostro cannone Pak. "Fuoco a volontà". Quest'ordine divora i proiettili. Una cassa dopo l'altra viene svuotata. Gli uomini dell'artiglieria lavorano senza farsi impressionare dalle esplosioni nelle vicinanze. Dopo i primi colpi, il carro armato di testa è già in fiamme. Ma un cannone anticarro sta ancora affrontando quattro carri armati pesantemente!

Preoccupati, guardiamo i nostri coraggiosi cacciatori di carri armati. Li vediamo solo per poco tempo, mentre una granata dopo l'altra cade accanto a loro. Il fumo e la polvere li nascondono alla nostra vista. Ma loro continuano a sparare. Sanno che il nostro destino dipende anche dal loro. Vedono e sentono ancora di più gli ordini del caposezione e leggono il movimento delle sue labbra annerite dalla polvere. Quando cesserà definitivamente il fuoco nemico...? Poi arrivò il colpo alla porta. Fu solo un lampo.

Noi, gli artiglieri, vediamo solo una piccola fiamma in una nuvola di fumo nero. Il cannone è avvolto da una nube impenetrabile di fumo nero-marrone. Sentiamo: "Manca il servizio di artiglieria, il Pak non spara". Lo sapevamo! Cosa succede ora?

Eppure no, all'improvviso una voce grida: "No, il comandante della compagnia è vivo e sta ancora sparando..."! ! " Come è possibile? Sì, un colpo di fortuna! Un altro! Nel frattempo la nube di fumo si è dissolta. Ora vediamo che il comandante della compagnia sta caricando, puntando e sparando... e di nuovo caricando, puntando e sparando, tutto da solo.

Poi, il carro armato di testa cambia la sua traiettoria a sinistra e va sulla strada! Ridiamo di gusto perché sappiamo cosa lo aspetta: una fine sicura. Ancora qualche metro e inizia il barcollamento delle nostre mine... Altri dieci metri... lì davanti al piccolo guado deve essere la prima... ora... un'esplosione e tre, quattro getti di fiamma, il carro armato sovietico è caduto vittima dei nostri pionieri.

Nel frattempo, quattro artiglieri sono saltati fuori e si affrettano a rinforzare il comandante della compagnia con il cannone Pak. Anche il terzo dei cinque carri armati sovietici viene neutralizzato. Tre colpi sui cingoli e ci mostra il fianco. Il comandante di compagnia spara bene. La cupola del carro armato si solleva, due mani tremanti ne afferrano i bordi: l'ultimo superstite si arrende. Gli occupanti dei due carri armati ancora intatti rinunciano a combattere. Con le mani alzate, si mettono accanto al loro colosso, pronti a seguire la strada della prigionia.

Poi il comandante della compagnia di artiglieria pianta le rune della morte sulle tre tombe fresche dei suoi compagni. Sopra c'è scritto "Il mio onore si chiama fedeltà". Poi li saluta per l'ultima volta.

Il corrispondente di guerra delle SS Ernst Gugl

In attesa del primo contatto...

... che si verifica in modo esplosivo!

La distanza è stimata...

... e la risposta è immediata!

OPUSCOLO SS N. 10. 1939.

GLI ANZIANI

Erano i giorni dei grandi disordini nei Sudeti. Gli ordini di chiamata delle SS risuonarono nella sala mensa. La Wehrmacht aveva riserve più giovani: ma si offriva l'opportunità di inviare uomini che non fossero fisicamente inferiori a loro e il cui spirito di sacrificio fosse pari al loro. Qual è oggi l'età minima di 45 anni? Le SS chiamarono e tutti vennero. C'erano uomini di circa 50 anni che accoglievano volentieri una missione del genere, anche se di solito era legata a problemi commerciali. Tutti i distretti inviarono i loro "anziani". Erano uomini provenienti da Amburgo, Berlino, Meclemburgo, Pomerania, Slesia che seguivano la loro vocazione a Oranienburg ed erano felici di svolgere un compito nel campo comunitario dei "vecchi guerrieri" a Sachsenhausen.

I secoli vengono assemblati. Il primo problema è che gli abiti in feldgrau degli esili uomini dell'unità Totenkopf, impegnata sui confini, non vanno bene. Nella stessa fila, senza insegne di grado, ci sono vecchi ufficiali del fronte accanto a mandatari e vecchi soldati. Il tono del linguaggio diventa caldo, nostalgico quando uno di loro parla di Verdun, un altro di Munkacz o della Turchia. A turno tirano fuori le fibbie con emozione e molte croci di ferro della "classe" decorano i petti. Tutti conoscono i loro compiti nel campo delle SS, tutti sanno quanto la loro azione sia assolutamente essenziale per garantire la pace interna del Reich.

Mai nella mia vita vorrei dimenticare quelle settimane in cui ho analizzato un enorme problema educativo in tutta chiarezza, e che sono state trascorse in cordiale cameratismo. Questo significa, quindi, nel caso di un servizio difficile, in modo inflessibile e perseverante; i doveri sembrano meno oggi, misurati nel corso del tempo.

Ti ricordi compagno?" si chiede sempre quando ci si incontra, e si ricordano le linee degli avamposti, la compagnia, le luci nella foresta. Si pensa al sole, alla nebbia grigia e anche ai giorni in cui pioveva così forte che nemmeno la tela della tenda offriva protezione.

Cammino tra le file degli avamposti della mia colonna. Sulla mia strada c'è uno dei più anziani che ha più di 60 anni. Un passo a destra, un passo a sinistra. La pioggia scroscia continuamente sulle tele e allarga le pozzanghere in cui anche i migliori stivali non riescono a combattere l'umidità... per ore... un passo a destra... un passo a sinistra. E ammiro il vecchio compagno che non ha voluto scendere a compromessi e si è rifiutato di prendere la via più facile. La sua testa è bianca come la neve.

Raramente una comunità è stata così unita come questa. Nei suoi occhi si legge lo stesso desiderio per gli altri. Ogni compito è svolto "volontariamente".

Poi la battaglia finisce. Viene data l'ultima paga e il comandante pronuncia cordiali parole di commiato.

Vedo il compagno dai capelli bianchi nella mia rubrica. Indossa di nuovo l'abito nero delle SS. Sul suo petto ora brilla il distintivo dorato del Partito.

Il mio rispetto, che era già molto grande, divenne totale. Distinguersi a quell'età con i capelli d'argento e la spilla d'onore d'oro, eppure aver svolto un servizio difficile in tutta semplicità, fu per me un esempio lampante di vero cameratismo nazionalsocialista.

Oggi, questo eterno giovane combattente ideologico tiene in mano un ritratto del Reichsführer delle SS con la scritta:

"Ai miei vecchi e coraggiosi uomini delle SS, che hanno aiutato il Führer e la Patria in tempi difficili facendo il loro dovere.

SS-Ustuf. Max Hanig, O.A. Stato Maggiore Nord.

L'abnegazione totale è la fonte da cui scaturiscono tutte le capacità. Ci insegna ad anteporre il buon nome ai vantaggi materiali, al senso di dignità, a preferire l'equità all'avidità e alla cupidigia sfrenate, ad anteporre il beneficio del popolo e dello Stato al nostro e a quello della nostra famiglia; a considerare il bene e la sopravvivenza del Paese superiori alla nostra sicurezza, proprietà, salute e vita.

Ci rende quasi cittadini di un mondo superiore.

Federico il Grande

Opuscolo SS n. 6. 1942.

La volontà di un SS

Questo è il testamento dell'SS Heinz H., caduto sul fronte orientale il 28 marzo 1942. Si era sposato da poco e non sapeva ancora se avrebbe avuto un figlio.

La mia volontà :

"Se il destino vuole che io non ritorni da questa grande guerra, desidero :

1. Che questo evento non sia visto come qualcosa di diverso da ciò che è: un sacrificio necessario che faccio volentieri per la vittoria della Germania, realizzando la mia vita di soldato.

2. Che la mia cara moglie e i miei amati genitori superino il loro dolore, che anche loro offrano volentieri questo sacrificio sull'altare della patria.

3. Che nell'avviso di morte non c'è una parola su un decreto divino, su Dio, su un grande dolore, su un profondo lutto, ecc. Come didascalia vorrei la seguente frase: Per la vittoria della Germania siamo pronti a dare tutto. Nel lutto, nell'orgoglio... ;

4. Non si devono indossare fasce o altri segni di lutto.

5. Che io non venga riportato nel mio Paese, ma che possa riposare con i miei compagni.

6. Che se non dovessi avere un figlio, mio fratello G. deve essere consapevole che allora porterà solo il nostro nome.

7. Che mia moglie non rimanga vedova; che, come donna sana, non dimentichi il dovere che deve compiere per l'eternità del nostro Reich.

8. Che se avessi avuto un figlio, avrebbe dovuto portare sempre il mio nome, che sarebbe dovuto crescere come un uomo sano, onesto, dignitoso, autoironico e coraggioso, che crede nella Germania con fede incrollabile.

9. Se avessi una figlia, vorrei che fosse cresciuta come una donna tedesca orgogliosa, consapevole dei suoi doveri verso la Germania.

Al testamento era allegata una lettera alla moglie. Da essa estraiamo le seguenti frasi:

"Sei stata un buon compagno per me, una moglie amorevole che si è presa cura di me e che, spero, sarà la madre di mio figlio. Allevalo con lo stesso spirito con cui l'avrei cresciuto io: fagli credere presto nel nostro Reich, nella nostra Germania eterna.

Non rimanere vedova. Sei troppo buona per passare la tua vita nel lutto, così sana e così giovane. L'importante non è la nostra vita, ma quella della Germania. Vinceremo perché dobbiamo. Non abbiamo altra scelta.

Poi, in una lettera al fratello:

"Ora sei qui per entrambi. Non consideratelo un peso, ma un obbligo naturale. Non viviamo per andare un giorno in una terra di latte e miele chiamata paradiso, né per accumulare ricchezze materiali, ma per partecipare all'eternità della Germania. Solo questo è il motivo della vita di un tedesco. Non dimenticatelo mai!

Nella parte del testamento dedicata alle cose materiali, si prevedeva, nel caso in cui il suo nucleo familiare non avesse avuto figli, che il conto di risparmio sarebbe stato trasferito all'istituzione politica nazionale di Köslin (Napola).

"Napola de Köslin! Per tre anni ho trascorso tra le vostre mura gli anni più belli della mia vita. Avete chiaramente formato il mio idealismo. Mi hai insegnato a credere nell'eterno Reich tedesco. Hai dato un senso alla mia vita. Siete stati la mia seconda casa. Chiunque sia stato un suo studente non potrà mai dimenticarla. Lei ha ispirato tutti noi a lavorare instancabilmente per la Germania. Non dimenticherò mai le sue parole: "Credere, obbedire, combattere! Sono una fonte inesauribile di forza per me. Finché infonderai queste parole significative nei cuori dei tuoi studenti, rimarrai ciò che dovresti essere.

Nel caso in cui non avessi figli, vorrei lasciarle qualche centinaio di marchi sul mio conto corrente postale.

I migliori studenti di tutte le classi dovrebbero ricevere un premio in libri. Per favore, non menzionate il mio nome. Non è necessario. Nella fede della vittoria e della continuità del Reich, il vostro ex allievo vi saluta.

Diecimila di questi uomini sono caduti in un fiorire di virtù guerriere senza pari, che non sarebbero umanamente concepibili se non fosse per la forza di spostare le montagne, sul campo di battaglia e nelle loro anime.

Coloro che cercano di esprimere il significato della morte eroica tedesca sono sulla strada giusta quando ritornano sempre alle parole: "Caduti per il Führer e per il popolo, nella fede nella permanenza del Reich".

DIVENTA N. 2. MARZO 1944.

AL DI SOPRA DEL VOSTRO VANTAGGIO C'È LA VITTORIA DELLA SQUADRA

Le parole sopra riportate sono tratte dal regolamento per le competizioni sportive delle SS emanato dal Reichsführer delle SS nella primavera del 1937. Nulla di più eclatante può caratterizzare l'intera educazione sportiva delle SS.

Quando le SS furono ampliate e costruite dopo la presa di potere della Germania da parte del nazionalsocialismo, il Reichsführer pose l'educazione fisica in primo piano tra tutti gli studi, accanto all'educazione intellettuale generale.

Noti sportivi tra i ranghi delle SS iniziarono ad allenare i loro compagni.

Le giovani squadre della SS si sono confrontate in molte competizioni con avversari eccellenti e hanno dimostrato più volte sui campi sportivi le loro possibilità e la loro energia.

Dai loro ranghi sono emersi molti maestri in tutti i campi dello sport, che hanno dato alla SS una reputazione speciale anche in questo senso.

Negli eventi sportivi, la SS non ha mai considerato lo sforzo individuale; ha sempre richiesto sportività e cameratismo alla comunità presente nello stadio. Lo sforzo di squadra domina su tutto.

Quando recentemente il Reichsführer delle SS ha presentato per la prima volta il distintivo sportivo da lui creato a un centinaio di capi e uomini delle SS in Olanda, ha parlato ancora una volta dello sforzo sportivo comune, dicendo:

- Il distintivo delle SS dovrebbe essere una prova degli sforzi compiuti e dei mezzi di educazione posti sul cammino comune per conquistare gli uomini, con una lotta comune, per un ideale comune.

E un po' più avanti:

- Questo distintivo dovrebbe essere la testimonianza di una sorta di sforzo collettivo.

In questo modo si verifica il significato dell'educazione sportiva nelle SS. Questa runa sportiva non è solo uno stimolo alla cultura fisica e all'educazione militare, ma è anche un simbolo di sforzo collettivo.

Chi indossa il distintivo delle SS non deve solo adempiere ai doveri e ai compiti sul campo sportivo, ma anche fare sempre riferimento alle parole eterne della nostra nuova era: "Al di sopra del vostro vantaggio personale c'è la vittoria della squadra".

Questa frase fondamentale rimane, al di là dello sforzo sportivo delle SS, come un'esortazione e un obbligo costante.

Uno dei principi delle SS è quello di superare i propri limiti.

Promosso dal nazionalsocialismo, lo sport è una musica del corpo i cui accordi principali sono forza, grazia e purezza.

QUADERNO SS N. 11B.1941.

PERCHÉ UNA FONTE SUDISTA?

...e perché il servizio sanitario è a favore dell'acqua minerale

In passato, un compagno di studi poteva essere estremamente scioccato dal fatto che, quando tornava dallo sport o da una passeggiata, poteva dissetarsi solo con una costosa acqua minerale o con una bevanda alcolica come la birra. E di solito preferiva la birra perché era più economica delle bevande minerali. Così più di un compagno di studi si è dato all'alcol anche quando non voleva.

La restituzione dei Sudeti al Reich pose fine a questo abuso. Subito dopo l'occupazione, le *sorgenti di acqua minerale* dei Sudeti, famose per il loro effetto curativo e il loro buon sapore, divennero proprietà delle SS, insieme alla leadership regionale. Come prescritto da un ordine del Reichsführer delle SS del 15 settembre 1939, le vecchie bevande alcoliche dovevano essere sostituite dalle acque naturali, precedentemente trascurate, che erano di proprietà delle SS e da queste amministrate.

La sorgente si trova a Grün-Neudorf, vicino alla nota stazione climatica di Marienbad. Viene spillata mentre sgorga dalle rocce sotto gli alti abeti del Kaiserwald. Grazie a un moderno processo di imbottigliamento igienico, la "Sorgente dei Sudeti" mantiene la sua composizione originale e speciale - cristallina e frizzante - senza alcun additivo. Le SS trovarono le sorgenti abbandonate quando furono rilevate, a causa dei numerosi cambi di proprietà e dell'influenza sempre più negativa della dominazione ceca.

Nel frattempo, nell'interesse dell'igiene sociale, furono introdotti numerosi miglioramenti nell'uso tecnico dell'acqua da parte del personale. Le sorgenti furono riaperte perché gli uomini delle Waffen SS e della Wehrmacht in territorio nemico consumavano molta acqua minerale. Un'adeguata fornitura di buona acqua potabile non è sempre possibile, ma questo è stato possibile grazie alla riapertura delle sorgenti e al sistema dei Tre Otto.

La nostra acqua minerale svolge un ruolo molto importante nei nuovi territori dell'Est, soprattutto a Varsavia, dove la Wehrmacht dipendeva quasi esclusivamente dalla nostra acqua minerale SS Sudeten. Si sapeva che in Polonia c'era un grande pericolo di epidemie, quindi non si poteva usare l'acqua. Poiché l'acqua scarseggiava, l'acqua minerale dei Sudeti veniva utilizzata per molti scopi, persino per lavarsi e radersi.

Il prezzo particolarmente conveniente della bevanda è degno di nota. Subito dopo la nuova operazione, i prezzi, che fino ad allora erano molto più alti di quelli della birra, sono stati drasticamente ridotti. Questo ha dato a tutti la possibilità di sperimentare gli effetti benefici di questa buona acqua minerale. L'obiettivo è quello di sostituire le bevande alcoliche e i prodotti artificiali dannosi per la salute con queste acque da tavola economiche e naturalmente pure.

L'acqua minerale della "Sorgente dei Sudeti" è priva di additivi artificiali come l'anidride carbonica e altre sostanze. In un litro di soluzione ci sono 5.679 millilitri di minerali. L'acqua minerale, che è anche radioattiva, stimola l'appetito, rafforza lo stomaco, spurga delicatamente, scioglie i calcoli, regola i reni e fissa i grassi. Esistono anche acque minerali completamente nuove con l'aggiunta di succhi di frutta naturali (come il limone), che hanno avuto un grande successo per il loro contenuto di vitamine. Il potere curativo dell'acqua cristallina di sorgente è completato dall'effetto dei succhi di frutta puri.

Quindi, compagno, se soffri di sete, prendi una "sorgente sudista"! Chiedetela in mensa! Non solo vi dissetate in modo vantaggioso, ma fate anche del bene alla vostra salute!

QUADERNO SS N. 2A.1941.

PRIMAVERA - EPPURE STANCA!

Vitamine dagli Istituti SS

"È maggio - ma la primavera non mi porta gioia! Sono stanca dalla mattina alla sera. Eppure mi vengono prescritte delle vitamine. Questa è la ragione principale della mia stanchezza primaverile".

Due SS davanti al loro rifugio nel Governo Generale. Anche quest'inverno il servizio è stato difficile e i compiti immensi. I paesi saranno conquistati solo dopo la vittoria. Sì, i primi ortaggi stanno già crescendo là. Ma qui a est - al confine... e l'altro ride.

- È la stanchezza della primavera, Karl! I poeti hanno trovato la parola giusta. Forse Schiller? Sto pensando di fare un lungo riposo. Sto finendo le verdure fresche, tutto qui.

- Mi diverte. Qui, verdure fresche? Non siamo ancora arrivati.

- È vero. Ma abbiamo degli integratori vitaminici. Devo prenderli. I prodotti forniti aiutano a combattere la stanchezza primaverile, lo scorbuto, l'herpes labiale e la nostalgia.

- Quindi puoi andare all'inferno con le tue medicine e le tue pillole! Non ho mai preso una pillola in vita mia e sono sempre stato bene. Ingoia una pillola! Distruggiamo le pillole e torniamo sani come una volta. Ai miei occhi, tutti i consumatori di pillole sono dei piagnoni.

- Hai assolutamente ragione...

- Ma so cosa state per dire: "Le pillole non valgono nulla, solo le mie pillole valgono oro".

- Come si spiega allora la nostra stanchezza primaverile?

- Questa è debolezza, nient'altro! E forse vi manca anche qualche verdura?

- Cosa c'è nelle verdure? Cioè, quale sostanza in particolare ci manca? Abbiamo persino delle vitamine in più. Per l'equivalente di un cespo di lattuga, una pillola, per un piatto di spinaci, una pillola! No, non puoi convincermi. Brutta magia, giovane amico!

- Ora ho bisogno di prendere di nuovo un po' d'aria fresca! - Avete mai sentito parlare degli esploratori polari e dei circumnavigatori che hanno combattuto lo scorbuto sulle loro navi? Era difficile capire perché lo scorbuto scoppiasse sempre in mare. I marinai erano gente robusta che partiva in buona salute per un lungo viaggio, mangiavano la carne migliore, il pane, i cibi più corroboranti eppure! Più il viaggio si protraeva, più diventavano morigerati e infelici. Cominciavano a sentire la nostalgia, poi la stanchezza, non avevano alcun zelo per il lavoro e sempre terribilmente stanchi. La malattia iniziava così e finiva con la caduta dei denti e poi con la morte. Ma quando la nave rientrava in porto, i marinai scendevano a terra e mangiavano verdure fresche, lo scorbuto scompariva così come la stanchezza, la nostalgia e il languore.

- Perché ai marinai non sono state date le sue famose pillole?

- All'epoca non erano note. Non si conoscevano nemmeno le cause dello scorbuto, malattia diffusa per secoli. Fino all'inizio del XIX secolo, lo scorbuto, la fistite, l'ictus e i decessi erano registrati nei registri di morte. Alla fine i medici scoprirono che lo scorbuto era una malattia alimentare. Sì, i Vichinghi ne erano consapevoli, perché portavano sempre con sé barili di crauti sulle loro navi quando partivano per lunghi viaggi.

Nel 1534, un medico riferì di aver ottenuto risultati nella lotta contro la malattia non appena aveva somministrato ai pazienti il succo di aghi di pino.

Sono passati secoli prima che venisse scoperta la misteriosa sostanza di cui il nostro corpo ha bisogno.

Nel 1912, due ricercatori tedeschi, Holst e Fröhlich, effettuarono esperimenti sugli animali. Lo scorbuto si rivelò una malattia alimentare quando si dimostrò che la causa del problema era dovuta a una carenza.

Nei nostri alimenti, soprattutto nella verdura e nella frutta fresca, oltre agli oli, sono presenti carboidrati e vitamine dell'albume senza i quali l'uomo non può vivere. È stata scoperta la vitamina C. E queste vitamine sono proprio i nostri integratori.

- Santo cielo! Ora dimmi, grande scienziato, quante vitamine usa approssimativamente l'uomo?

- Il nostro fabbisogno giornaliero è di circa 50 milligrammi. Questo è già sufficiente per garantire il nostro benessere. Ma ciò che il corpo contiene in eccesso di C viene purtroppo eliminato.

- Cosa, quindi dobbiamo correre dalle infermiere per le vitamine per tutta la vita?

- No, la natura ci dà la vitamina C, ma non sempre a sufficienza In inverno e in primavera, quando mancano le verdure fresche e la frutta non è ancora matura, soffriamo tutti di mancanza di C e siamo stanchi. La nostra pigrizia è una malattia della vitamina C. Tuttavia, i chimici si sono messi al lavoro e hanno creato un preparato a base di vitamina C per far scomparire tutte le cattive scuse.

- Forza, andiamo dall'infermiera. Mi hai convertito e sono diventato un deglutitore di vitamine. Quante cose si possono imparare in Oriente!

Non tutti sanno che il laboratorio sperimentale tedesco di Dachau, un'istituzione del Reichsführer delle SS, produceva anche vitamine da piante fresche che si dimostrarono valide nel secondo anno di guerra, quando furono distribuite alle unità SS sul campo, soprattutto nell'Est e in Norvegia. La vitamina viene somministrata alle truppe sotto forma di polvere di erbe che migliora anche il sapore del cibo. La nostra descrizione umoristica chiarisce il significato e il valore di questi integratori vitaminici.

Erbologia sperimentale e medicinale a Dachau.

"Lettera dal fronte", disegno di C. Schneider.

Al limite, disegno del corrispondente di guerra SS Petersen.

II. IL CLAN

OPUSCOLO SS N. 5. 1938.

IL SEME DEL POPOLO

Si dice spesso che la famiglia è il "seme del popolo". Il paragone è azzeccato. Ogni essere vivente, animale o vegetale, è composto da minuscoli elementi vivi: le cellule. Esse formano piccoli organismi microscopici che di solito possono vivere da soli. Questi sono chiamati animali o piante unicellulari. Nelle specie animali e vegetali superiori, invece, sono più o meno numerose, con diversi compiti. Formano, per così dire, uno stato cellulare. In questo stato cellulare, una cellula non può vivere senza le altre, ma nemmeno l'insieme può vivere se ogni cellula non ha una vita sana. Se quest'ultima interrompe la sua funzione vitale nello stato cellulare, allora lo stato cellulare, l'animale, la pianta, l'essere umano, e presto l'intero organismo vivente, si ammala, e se le cellule muoiono, muore anche lo stato cellulare.

L'interdipendenza tra il gruppo e l'individuo, e viceversa, trova facilmente la sua analogia nelle relazioni vitali del grande organismo popolare. La vita e la salute di un popolo sono condizionate da quelle delle sue più piccole cellule individuali. E queste ultime esistono solo se l'insieme è completamente sano e in salute.

Ma l'individuo può anche vivere in modo indipendente. Un Robinson solitario può, se ha mezzi sufficienti, vivere da solo per tutta la vita. Quando muore, questo singolo uomo-persona scompare sull'isola, perché, a differenza di un animale unicellulare, un uomo isolato non ha nemmeno la possibilità di crescere per divisione e di dare costantemente vita a una nuova vita. Negli esseri superiori sono necessari due individui di sesso diverso.

Così, gli individui non possono essere considerati come cellule che vivono nell'organismo popolare, ma solo quella piccola unità in grado di procreare continuamente. Questa è costituita dall'unione di due esseri di sesso diverso: Questa è la coppia. Questi due esseri che si uniscono sono vivi, sono l'elemento costitutivo del popolo, l'organismo popolare che assicura la sua vita.

Ma se la famiglia costituisce la cellula che assicura l'esistenza del popolo, solo l'unione di due sposi che creano una nuova vita può essere considerata una famiglia. Il matrimonio da solo non costituisce ancora un seme del popolo, ma solo il matrimonio consacrato da figli o solo una giovane coppia che desidera avere figli. Infatti, un matrimonio senza figli non è importante per la sopravvivenza del popolo come se queste due persone fossero sole e non si fossero sposate.

Non si parla di germe senza motivo. La natura del germe sta nel fatto che è pronto a germogliare e può germogliare. Una cellula che non può germogliare è una contraddizione in termini e prima o poi è destinata a morire.

Attraverso il suo Stato, il popolo promuove il matrimonio, lo protegge e lo incoraggia con molti benefici materiali. Hanno persino stabilito il contenuto morale del matrimonio attraverso una nuova legge matrimoniale. Ma tutto questo è stato fatto nella speranza che arrivasse un figlio; se per qualche motivo non arriva, questo matrimonio imperfetto è meno interessante per il popolo e la nuova legge matrimoniale prescrive che tali matrimoni possano essere annullati.

In questo, la concezione nazionalsocialista del popolo come organismo vivente si differenzia dalla concezione liberale, che vedeva il popolo, o meglio lo Stato, solo come un'associazione di interessi economici tra individui, per così dire, una gigantesca società a responsabilità limitata. Per lo Stato liberale non era importante che un matrimonio producesse o meno figli. Lo lasciava al "libero arbitrio" dei coniugi. Oppure si assicurava che coloro che avevano molti figli fossero pubblicamente derisi e chiamati sciocchi rispetto alle persone intelligenti che rimanevano senza figli per godersi le comodità della vita. Ai suoi occhi, il matrimonio era solo un contratto cartaceo tra due partner economici, stipulato prima per godere "legalmente" dei piaceri sessuali e poi per potersi sostenere economicamente a vicenda dividendosi il lavoro.

Se nella comunità popolare nazionalsocialista molti matrimoni sono senza figli, è naturale che li consideriamo come unioni stipulate liberalmente da partner interessati e non come quella "famiglia" che rappresenta il "seme del popolo" e che merita rispetto o addirittura protezione. Nello Stato nazionalsocialista, chi si sposa con l'obiettivo consapevole di godere di "comodità" e di lasciare ad altri il compito di avere figli, dimostra così che la sua concezione del popolo e della famiglia non è diversa da quella della passata epoca liberale. Pertanto, egli si unisce a un partner economico solo per godere legalmente delle gioie del matrimonio e per assaporare i benefici materiali di tale unione.

Questo fatto è confermato ogni giorno dal "mercato matrimoniale" dei giornali borghesi, dove gentiluomini coperti di titoli e onori cercano donne ricche con l'obiettivo di concludere un matrimonio, dove signore indigenti cercano un coniuge che possa garantire loro una pensione e un tenore di vita assicurato, e a cui offrire in cambio le gioie del matrimonio.

Queste unioni sono chiamate anche "matrimonio" e "famiglia" e non possono essere contrastate perché l'ufficiale di stato civile non può conoscere le reali intenzioni dei "fidanzati", a meno che la loro età non li tradisca. Di fronte alla gente, non sono altro che matrimoni fittizi senza valore. Poiché il nuovo concetto morale ha permeato l'intera nazione, siamo arrivati a considerare questi "sposi" con lo stesso disprezzo di un truffatore che rivendica titoli o dignità non meritati.

Certo, i fidanzati non possono sapere in anticipo se il loro matrimonio andrà a buon fine: sono quindi soggetti alle rigide regole selettive della SS. Le coppie più anziane, se si sono sposate per capriccio e, loro malgrado, non hanno ancora figli, possono recuperare questo ritardo in modo naturale. A queste coppie fedeli non si può dire che devono separarsi. Ma se sono sterili, si può chiedere loro almeno di collaborare per favorire la fertilità degli altri. Chi aiuta un orfano o un altro bambino fa in modo che la vita procreata da altri sia conservata e un giorno vada a beneficio del popolo.

Ma in ogni caso il "seme del popolo" deve essere fertile, incoraggiare la vita, essere procreativo e protettivo della vita quanto vogliamo, per il bene dell'intera nazione. Chi non collabora alla sopravvivenza del popolo dimostra così il suo disinteresse per esso e per il suo futuro.

Una selezione di uomini e donne sani deve basarsi sulla razza.

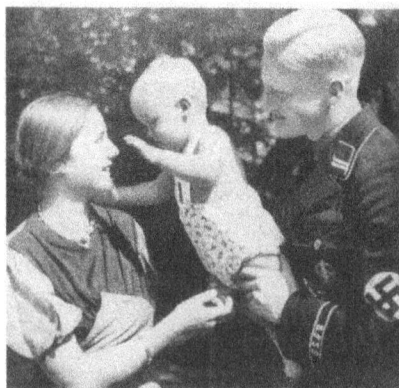

Il nazionalsocialismo aveva sempre celebrato la famiglia come linfa vitale del popolo. Le SS si spinsero oltre, definendosi come un "ordine di clan" che doveva coltivare le proprie qualità in famiglie numerose.

LIBRETTO SS N. 5. 1938

LA BENEDIZIONE DELLA VITA.

Al momento del raccolto, la natura ci presenta nuovamente il processo di crescita che possiamo seguire ogni anno. Naturalmente, lo estrapoliamo alla nostra comunità di persone. Ogni secolo fa nascere in tutti i popoli individui che, grazie ai loro doni particolari, sono di grande valore per la loro comunità.

La storia del nostro popolo ha visto nascere, in ogni epoca, membri di queste grandi famiglie che sono diventati precursori dello spirito e dell'arte, grandi creatori di cultura e di leggi.

Quando, nel Medioevo, il martello suonò sulla porta della chiesa del castello di Wittenberg, era il figlio di un minatore in una famiglia di sette figli che lottava per la libertà delle anime (Lutero). Anche Gottfried *Leibniz*, il grande filosofo e professore d'accademia, nacque in una famiglia numerosa. Nell'epoca classica della nostra poesia, *Klopstock*, il poeta del Messia, proveniva da una famiglia di diciassette figli. Il Nestore della poesia tedesca, *Goethe*, aveva sei fratelli e sorelle. L'istigatore della lotta di liberazione contro la dominazione napoleonica, Fichte, aveva nove fratelli. *Fichte* aveva altri nove fratelli. I genitori dell'orientalista e poeta *Rückert* avevano otto figli. Il grande storico *Ranke* aveva otto fratelli e sorelle. L'indimenticabile compositore *Bruckner* aveva dieci fratelli, Wilhelm *Busch* sei.

Secondo figlio di una famiglia con sette fratelli *Handel*, cinque *Schiller*, cinque *Beethoven*, dieci *Novalis*, sei V. *Eichendorff* e nove Justus *Liebig*.

Albrecht *Dürer* era il terzo figlio di una famiglia con otto figli, Ulrich *Zwingli* con otto, *Lessing* con dodici, *Haydn* con dodici, *Arndt* con dieci, Heinrich v. *Kleist* con sette, Robert *Koch* con tredici, Carl Ludwig *Schleich* con sei e Erich *Ludendorff* con sei figli.

Il quarto figlio era *Federico il Grande*, proveniente da una famiglia di quattordici figli, *Kant* di nove (anche *Napoleone* di dodici), *Bismarck* di sei, Werner *von Siemens* di quattordici, l'aviatore di guerra *Boelcke* di sei fratelli.

Tra i tedeschi d'élite che erano i quinti figli c'erano Friedemann *Bach* da una famiglia di sei figli, Gellert da tredici, il barone *von Münchhausen* da otto, il barone *vom Stein* da sette, Carl *Runge* da otto fratelli.

Tra i settimi c'erano il feldmaresciallo *von Blücher*, *Mozart*, *Mörike* e *Geibel*.

L'ottavo figlio nato da famiglie tedesche fu Jost Amman, il principe *Eugenio*, Johann Sebastian Bach, il conte *von Platen*, Heinrich v. *Stephan*, il colono Karl *Peters*, Otto *Weddingen*.

Tra i noni nati contiamo *Runge*, *Weber*, Richard *Wagner*, Friedrich *Siemens*.

E quanto sarebbe povera la musica tedesca senza l'undicesimo figlio, Franz *Schubert*, senza il dodicesimo, Karl *Lowe*.

Quando si progredisce nella storia e si fa una ricerca sistematica da questi punti di vista, si ha la certezza che la vitalità di un popolo dà i suoi frutti nelle più grandi conquiste spirituali e culturali solo se il popolo è rimasto giovane e forte e se vive esattamente in accordo con la natura.

Hannes Schalfuß

Opuscolo SS n. 1.1939.
Di cosa muore la gente?

I. Il tasso di natalità tedesco

Guardando al presente, dobbiamo chiederci se la Germania durerà per sempre?

La risposta affermativa dipende dalla nostra volontà di rendere eterno il nostro popolo, ma anche dal flusso di sangue che scorre da millenni. Questa è la catena di generazioni di cui noi siamo gli anelli e che non si è mai spezzata nel corso dei millenni, nonostante le guerre e i periodi di miseria della storia tedesca, e che non deve essere spezzata in futuro! Se il popolo tedesco dovesse scomparire perché troppo codardo per lottare per un tasso di natalità sano, allora il lavoro, la lotta e le preoccupazioni dei secoli passati non avrebbero alcuna importanza.

In un'epoca di espansione generale, quando milioni di bandiere e stendardi riflettono la potenza e lo splendore del Reich, l'individuo è facilmente portato a vedere solo la grandezza del presente e a gioirne. Dimentica allora che non è solo nel presente che le forze armate devono essere pronte, né che gli aerei devono decollare, né che i contadini devono lavorare ai loro raccolti e gli operai alle loro officine, se la Germania deve rimanere eterna. Se un giorno il numero di coloro che possono essere mobilitati dovesse diminuire e se un numero maggiore di giovani rispetto a noi dovesse crescere in altri Paesi, sorgerebbe un terribile pericolo per il popolo tedesco e per il Reich.

La Germania può morire nonostante la sua attuale potenza e il suo splendore. La storia ci insegna che i popoli possono scomparire perché, esistendo, sono responsabili di se stessi e della loro sopravvivenza.

Fino a dieci anni fa, la gente, anche tra i nostri, credeva nell'inevitabile scomparsa della nazione. La profezia di Oswald Spengler, secondo cui l'Occidente sarebbe inevitabilmente perito, era accettata dai deboli e dai codardi che avevano perso la fiducia nella vita. Non videro le falle e gli errori nel ragionamento di Spengler quando annunciò la fatidica fine di tutti i popoli europei. Spengler disse: "Secondo una legge interna, ogni popolo e la sua cultura devono morire un giorno dopo aver vissuto la loro giovinezza e maturità! Come un albero o un uomo invecchiano e poi necessariamente muoiono, così un popolo deve invecchiare e scomparire.

Ma il paragone tra le persone e il destino dell'albero o dell'individuo è sbagliato. Ogni organismo nasce con nuova vita e forza vitale. Questo è il miracolo della vita, il meraviglioso segreto della procreazione e della nascita, che attraverso la riproduzione conferisce l'eterna giovinezza e il rinnovamento della vita.

L'esistenza dell'individuo è limitata, invecchia e deve morire. L'albero isolato cresce e muore, eppure le foreste sono eterne. Anche l'uomo isolato vive e deve morire, eppure i popoli sono eterni!

I popoli non devono morire come l'uomo o l'albero isolato, ma rischiano di morire.

Le cause naturali della morte di un popolo sono tre. Il passato ce lo insegna, così come il presente. Un destino insondabile non è stato la causa della scomparsa dei popoli civilizzati dell'antichità: essi hanno violato le leggi divine della vita.

Il Führer disse una volta: "L'uomo non deve mai commettere l'errore di credere di essere promosso al rango di signore e padrone della natura. Deve cercare di capire e di afferrare la necessità fondamentale del dominio della natura, e che la sua stessa esistenza è subordinata a queste leggi costanti ed eugenetiche della lotta. Allora sentirà che in un mondo in cui i soli e le stelle viaggiano, in cui le lune ruotano intorno ai pianeti, in cui la forza è sempre padrona della debolezza e ne fa il suo servo obbediente o la spezza, non ci può essere eccezione per gli uomini. I principi eterni di questa saggezza sono altrettanto validi per lui. Può cercare di comprenderli, ma non potrà mai ignorarli".

La vita richiede la costante vittoria dei forti e dei sani sui deboli e sui malati. La saggezza della natura ha emanato di conseguenza tre leggi fondamentali:

1. I vivi devono sempre procreare in gran numero.
2. Nella lotta per la vita solo i più forti sopravvivono. La selezione permanente dei più forti elimina i deboli o gli inutili.
3. Nel mondo naturale nel suo complesso, le specie rimangono fedeli a se stesse. Una specie frequenta solo la propria.

I popoli che sono scomparsi nel corso della storia sono quelli che hanno disatteso la saggezza e le leggi della natura. Le cause naturali del loro indebolimento e della loro scomparsa sono quindi queste:

1. Mancata conservazione della specie.
2. Violazione della legge della selezione naturale.
3. Mancato rispetto dell'obbligo di mantenere la purezza della specie e del sangue.

Un esame dello sviluppo numerico e qualitativo del popolo tedesco negli ultimi cento anni dimostra che anch'esso ha trasgredito in modo sconsiderato e irresponsabile le ferree leggi della vita.

A metà degli anni '70, tra il 1870 e il 1875, nascevano 40 bambini ogni 1000 abitanti. Dal 1900, solo 36,5 per 1000, nel 1913 solo 27,5. Dalla fine della guerra, quando si è perso ogni senso di responsabilità, la Germania è scesa a un pericoloso minimo di 14,7 nascite ogni 1000 cittadini.

La vitalità del nostro popolo, che dovrebbe essere composto da innumerevoli giovani, è quindi scesa in una sola generazione, in termini percentuali, dal 40% al 14%. Inoltre, durante i cinque anni di guerra, sono nati 3,5 milioni di bambini in meno. Molto più importante delle perdite sui campi di battaglia è stata la perdita di bambini che non sono stati né procreati né nati perché i loro potenziali genitori erano al fronte. Il calo permanente delle nascite in Germania, da 2 milioni nel 1900 a 900.000 nel 1933, significò un costante declino e indebolimento del potere armato del popolo tedesco. Il numero di bambini tedeschi che completavano la scuola primaria era di :

1.272.000 nel 1925
1.125.000 nel 1929
754.000 nel 1930
606.000 nel 1932

Supponendo che la metà dei diplomati sia di sesso maschile, ciò significa che il numero dei possibili mobilitabili scende da 606.000 a 303.000, cifra dalla quale non sono ancora stati dedotti coloro che scompariranno prima di essere chiamati in servizio.

Se la Germania non arresta in tutti i modi questo calo delle nascite, come dimostrano le cifre fino al 1933, tra qualche decennio ci saranno solo circa 250.000 uomini all'anno disponibili per il servizio militare, mentre la Russia, ad esempio, nel 1930 aveva 1.750.000 ventenni mobilitabili.

La piramide delle età del popolo tedesco

Se il popolo tedesco fosse cresciuto negli ultimi decenni, se il numero di nascite non fosse costantemente diminuito dall'inizio del secolo, il nostro popolo avrebbe una piramide di età naturale e sana. Questa piramide, nella mentalità popolare, è determinata dalla quota proporzionale delle generazioni annuali nell'intera nazione. In una piramide sana, i bambini sotto l'anno di età costituiscono la parte più consistente della popolazione, mentre ogni generazione successiva è, per morte naturale o incidente, un po' più piccola in numero.

Se rappresentiamo questa piramide tracciando una linea di lunghezza proporzionale al numero di cittadini e la sovrapponiamo alla linea della generazione per ogni anno, otteniamo la piramide dell'età del popolo.

Ad esempio, quella del popolo tedesco nel 1910 è naturale e sana. Ma quella del 1975 è pericolosa e ci mostra che il nostro popolo può morire.

Nel 1910, in Germania c'erano pochi anziani e molti giovani:
Over 65: 2,8 milioni = 5%.
Under 15: 19,6 m =34%.

La piramide delle età per l'anno 1975 rappresenta la popolazione del popolo tedesco secondo le previsioni statistiche, da cui si evince necessariamente che se durante il regno della svastica non si compie una svolta decisiva per quanto riguarda la politica delle nascite, la piramide ci mostra chiaramente che il calo della natalità causerà l'estinzione del popolo. La piramide diventa un'urna funeraria.

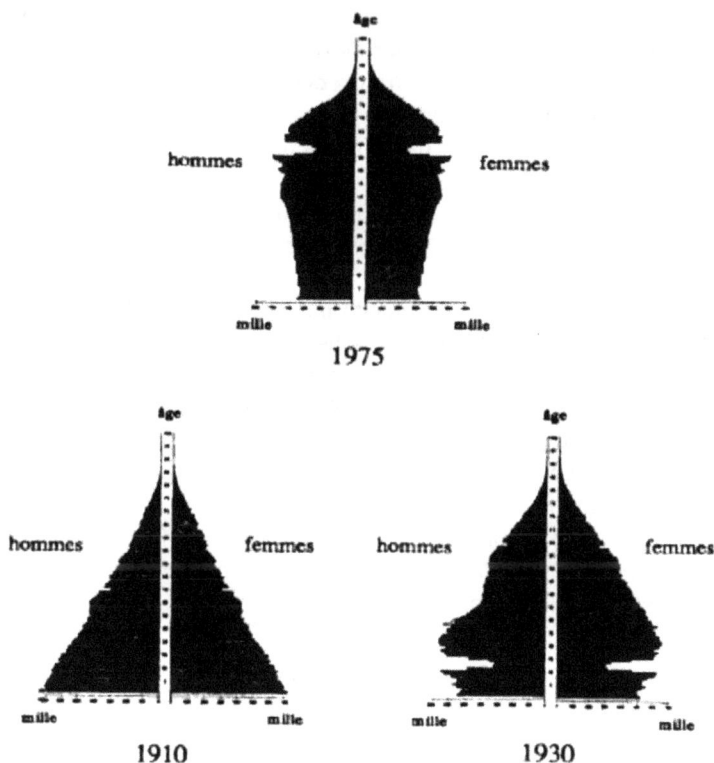

1975

1910   1930

In Germania nel 1975 ci sarebbe stato :
9,2 milioni di persone con più di 65 anni
10,1 milioni sotto i 15 anni

Nel 1975, il numero di anziani sarà quasi pari a quello dei bambini, mentre nel 1910 il numero di bambini era sette volte superiore a quello degli anziani.

Le cause della natalità

Alla domanda sulle cause del basso tasso di natalità, è chiaro che :

L'atteggiamento degli uomini, la loro concezione della vita e del mondo, sono le cause che hanno portato alla violazione del dovere di garantire la sopravvivenza numerica del popolo. La miseria economica non è mai stata la causa principale, ma vi ha solo contribuito, soprattutto dopo la guerra. Infatti, mentre la prosperità della Germania è aumentata dopo la creazione dell'Impero nel 1870/71, il numero di nascite è diminuito di anno in anno dall'inizio del secolo fino allo scoppio della guerra. E oggi le famiglie povere hanno quasi sempre più figli di quelle ricche. Quindi non erano la miseria e le preoccupazioni a impedire le nascite, ma l'amore per le comodità, il ragionamento egoistico e la codardia di fronte alla lotta per l'esistenza o la paura di dover ridurre le comodità e i lussi. Anche l'illusione dell'istruzione era importante. Una famiglia con solo uno o due figli può dare loro un'educazione migliore di un gran numero di bambini. Ma l'esagerata preoccupazione di educare bene il bambino ha la conseguenza di produrre una generazione rammollita, che i genitori allontanano fin dall'inizio dalle prove della vita e che, quindi, non combatte.

Le grandi personalità della storia tedesca *provenivano molto spesso,* non a caso, da *famiglie numerose. I* grandi personaggi sono spesso gli ultimi di una lunga serie di fratelli e sorelle.

Oltre alla dottrina liberale della felicità individuale sulla terra, le chiese erano anche perniciose con le loro prediche sulla felicità nell'aldilà, la loro dottrina del peccato ereditario e la promessa della ricompensa celeste. Durante l'era cristiana, innumerevoli bambini sono andati perduti per il popolo tedesco perché preti e suore negavano la legge della vita nella loro ricerca della felicità celeste e rinunciavano volontariamente a diventare padri e madri di bambini.

Il desiderio di avere un figlio, o meglio di avere molti figli, deve essere una cosa ovvia per ognuno di noi SS, perché il popolo tedesco non deve morire, ma deve essere eterno.

SS-Ustuf. Dott. Gerhart Schinke

OPUSCOLO SS N. 3.1939.
DI COSA MUORE LA GENTE?

II. SELEZIONE E CONTROSELEZIONE

Nel primo numero dell'edizione di Capodanno dei Quaderni delle SS sono state esaminate le cause della morte di un popolo ed è stato dimostrato che per diversi decenni il popolo tedesco ha mancato al suo dovere nazionale di conservazione *numerica*. È stato mostrato come il numero di abitanti sia continuamente diminuito dal 1870 al 1932, tanto da far sorgere il pericolo che il nostro popolo non solo invecchiasse, ma morisse per mancanza di nuovi giovani.

Dimostreremo di seguito che anche il nostro popolo è venuto meno al suo dovere di sopravvivenza e ha contravvenuto alla *legge naturale della selezione*.

Il valore di un uomo o di una donna per l'esistenza del popolo tedesco risiede nella purezza del suo sangue, nelle sue qualità ereditarie e nel suo valore per l'esistenza del suo popolo.

Trascurare di incoraggiare il mantenimento della purezza del sangue.

La dottrina dell'uguaglianza degli uomini, insegnata a tutti i popoli dalle Chiese come dagli apostoli del bolscevismo, ha cercato di superare l'idea originaria di razza e di rimuovere le barriere naturali tra i popoli che sono il risultato delle leggi della vita e dell'evoluzione. La Chiesa ha riunito in comunità religiose uomini separati e diversi per razza. E, secondo i sermoni dei pastori, un negro cattolico battezzato era più vicino a una ragazza tedesca cattolica che a un tedesco non cattolico legato dallo stesso sangue. La Chiesa parlava di matrimoni misti e includeva sotto questo termine un matrimonio tra tedeschi quando uno di loro aveva imparato e cantato in gioventù salmi luterani e l'altro inni a Maria. I ministri del culto si rifiutavano di permettere matrimoni tra tedeschi di fedi diverse, ma benedicevano senza esitazione, spesso con una certa soddisfazione interiore, il matrimonio tra un ebreo o un negro battezzato e una ragazza cristiana tedesca battezzata.

Mentre la Chiesa incoraggiava le persone a determinare la loro scelta matrimoniale sulla base di considerazioni religiose, la società liberale cercava di far sì che i suoi membri scegliessero il partner solo sulla base della sua posizione sociale, in modo da trascurare soprattutto i valori ereditari e razziali. La scelta del partner matrimoniale non era quindi determinata dal vigore dell'uomo, dal fascino e dalla gioia di vivere della donna, ma dall'appartenenza alla stessa comunità di idee o dall'ammontare della dote.

E gli uomini, dimenticando la selezione della specie, si sono uniti a sangue straniero impuro, distruggendo così il loro patrimonio ereditario.

Il bolscevismo, che, come il pensiero religioso, ebbe origine da una concezione ebraica, abolì infine tutte le barriere naturali tra le razze e i popoli. Per secoli le Chiese avevano insegnato che il fine ideale dell'evoluzione era un solo pastore e un solo gregge; il bolscevismo pretendeva allo stesso modo il caos delle razze come obiettivo finale.

Quando elementi del nostro popolo cominciarono a mescolarsi con uomini di specie diversa, la loro vitalità diminuì a causa di questo incrocio razziale. La specie, che secondo il romano Tacito "assomigliava solo a se stessa", si mescolò e divenne impura. Al posto delle belle e sane stature della nostra razza, con i loro atteggiamenti e comportamenti armoniosi, apparvero specie il cui stato mentale era instabile. Disarmonici esteriormente, avevano anche molte anime nel cuore, il loro carattere non era più forte né omogeneo; erano interiormente lacerati nei loro pensieri e valori. Quando i nostri connazionali persero la loro unità di razza e di carattere, presto non si capirono più.

Uomini della stessa razza si comportano allo stesso modo di fronte al destino perché hanno la stessa anima e lo stesso valore del carattere, lo stesso senso della vita e lo stesso scopo. Gli uomini dello stesso sangue e dello stesso patrimonio ereditario non solo hanno la stessa concezione dell'onore, della libertà e della fedeltà; hanno lo stesso spirito di decisione in battaglia e di fronte al pericolo, e concepiscono Dio allo stesso modo. Un popolo i cui elementi condividono lo stesso carattere ereditario presenta un'unità viva, forte di sé, chiara in tutte le sue decisioni. Un popolo è una rappresentazione di Dio e la rappresentazione di Dio è sempre chiara.

Uomini di razze diverse pensano in modo diverso il valore del carattere, l'amore e il matrimonio, il bene e il male. Si comportano in modo diverso nei confronti di amici e nemici e agiscono in modo diverso nei momenti di difficoltà.

Se un popolo è razzialmente misto, manca di unità corporea e spirituale. Non ha un pensiero comune, non ha una volontà unitaria, non ha un credo o una concezione comune della vita.

Così il nostro popolo tedesco, come risultato dell'incrocio razziale, si è allontanato dall'antico ideale dell'uomo bello ed eroico. Creature malate e santi miserabili sono stati presentati come figure ideali di vita, mentre un tempo il loro eroe e modello era Sigfrido. Una simile evoluzione ha sempre portato alla scomparsa di un popolo.

Siamo consapevoli della profonda verità contenuta nelle parole del Führer: "Il peccato ereditario contro il sangue e la razza è l'unico grande peccato di questo mondo e la fine di chi lo commette.

Mancata osservanza della legge della selezione naturale

Nella natura, che si è sempre organizzata secondo leggi divine, la legge della selezione naturale regna senza pietà. La lotta perpetua per l'esistenza distrugge tutto ciò che non è vitale, anche allo stato embrionale. I forti e i coraggiosi possono affrontare i mille pericoli che la natura presenta; nelle foreste e nei mari nessuna vita inferiore o ereditariamente malata può sopravvivere. La selezione naturale opera in modo che solo i forti e i sani sopravvivano lottando e si moltiplichino procreando, ma che tutto ciò che è malato appassisca e muoia.

I più forti e i migliori compiono il loro destino nella selezione secondo le leggi divine, e in questo modo è assicurato il mantenimento del valore della specie che costituisce il significato eterno della lotta perpetua per l'esistenza, per il suo miglioramento e la sua elevazione.

I nostri antenati germanici hanno seguito le leggi della selezione come tutti i popoli sani, la cui intelligenza e sensibilità non erano ancora state contaminate da false dottrine di pietà.

La falsa concezione di Dio della Chiesa negava le leggi divine della natura. L'insegnamento della Chiesa si opponeva deliberatamente alla volontà della natura.

Una volta predicato al popolo che Dio è morto crocifisso per pietà verso i deboli e i malati, i peccatori e i poveri, l'insegnamento innaturale della pietà e un falso umanitarismo potevano promuovere la conservazione dei malati congeniti. Sì, era considerato un dovere morale curare e favorire soprattutto i malati, gli oppressi e i poveri di spirito.

In questo modo, i malati congeniti potevano moltiplicarsi senza ostacoli e la comunità di persone sane doveva sopportare il peso della cura di questi elementi malati ereditari.

L'elevato numero di pazienti ereditari ha causato un onere finanziario quasi insostenibile per i bilanci statali e locali. Uno scolaro arretrato costa allo Stato da due a tre volte di più di un bambino normale. Un paziente ereditario in una casa di cura specializzata, un malato di mente o un epilettico ricevono in media dallo Stato cinque volte di più ogni anno di un beneficiario sano della previdenza sociale dopo una vita di lavoro. Ogni anno si sperperavano milioni di euro per i manicomi, mentre alle famiglie di lavoratori sani spesso mancava lo stretto necessario.

Il patrimonio ereditario del popolo tedesco è impoverito anche dalla riproduzione indifferenziata di cittadini razzialmente diversi. La struttura di un popolo rimane omogenea quando tutti i suoi elementi si sposano alla stessa età e producono molti figli in ogni unione. Si verifica un aumento necessario e naturale del ramo della popolazione i cui membri si sono sposati presto e hanno un maggior numero di discendenti. In Germania, i matrimoni tardivi e la mancanza di figli sono stati per decenni la sorte delle persone di valore e quindi dell'eredità di valore, il che ha portato a una significativa riduzione della parte più preziosa della nazione. Già negli anni precedenti la Grande Guerra, nel popolo tedesco si osservava una riproduzione indifferenziata.

Nel 1912, c'erano in media 2 figli nei matrimoni di alti e altissimi funzionari, 2,5 figli nei matrimoni di impiegati e professionisti, 2,9 figli nei matrimoni di operai e artigiani istruiti, 4,1 figli nei matrimoni di operai e impiegati e 5,2 figli tra i lavoratori agricoli.

Negli ultimi anni, le famiglie con un'istruzione superiore avevano in media 1,9 figli, le famiglie di impiegati e artigiani benestanti 2,2 e quelle di lavoratori istruiti 2,9. Gli asociali, i criminali e i padri di bambini arretrati avevano in media un numero elevato di figli.

Così, il numero di malati ereditari e di pazzi aumentò tra i tedeschi, mentre il numero di persone sane e valide diminuì.

Più di 700.000 pazienti con gravi difetti ereditari sono trattati in istituti specializzati. Il numero totale di pazienti ereditari è probabilmente dell'ordine di milioni.

Questo sconvolgente stato di cose è la conseguenza delle dottrine della pietà che sono contrarie alle leggi della vita; deriva dalla glorificazione degli incapaci, dei deboli e dei poveri di spirito. Tutti questi individui ereditariamente malsani, se si facessero carico di se stessi, non sarebbero in grado di affermarsi e trionfare con la loro energia nella lotta per la vita. In questa lotta, ordinata da Dio, sono necessariamente sconfitti, perché la natura, nella sua santa saggezza, raccomanda l'eliminazione dei deboli e dei malati.

Di conseguenza, mentre in natura regna la legge della selezione, la cattiva gestione della nazione da parte dello Stato e lo sconvolgimento della vita che ha provocato nel popolo, hanno portato proprio a una contro-selezione. Come risultato della controselezione, il non-valore si moltiplica a scapito del valore, il debole a scapito del forte, e questo grazie all'assistenza e alle cure fornite dalla civiltà.

Molte grandi città sono anche una fonte di controselezione. La grande città ha sempre attirato persone che volevano mettersi in mostra e dimostrare la loro competenza, ma inevitabilmente sono scomparse nella seconda generazione. Interi clan sono morti nelle grandi città. Se Berlino, ad esempio, non ricevesse immigrati, secondo Burgdörfer, in base al numero attuale di nascite, tra 150 anni rimarrebbero solo 100.000 discendenti dei 4.000.000 di anime che si contano oggi.

La guerra moderna è particolarmente efficace nel senso della controselezione. Vengono chiamati a raccolta quasi esclusivamente uomini in buona salute fisica e spirituale, in modo che solo quelli con un prezioso patrimonio ereditario cadano in guerra. I campi di battaglia inghiottono così il sangue dei migliori figli del popolo, il cui patrimonio ereditario va irrimediabilmente perduto. Certamente la loro morte è un sacrificio sacro per l'onore e la libertà del popolo.

Allo stesso modo, ogni anno diverse centinaia di giovani tedeschi coraggiosi cadono vittime dello sport o delle competizioni, nella lotta sul ghiaccio, sulla neve, nelle corse in auto o in aereo.

Nessuna persona sulla Terra è morta a causa di guerre, fallimenti dei raccolti o recessioni politiche.

I popoli sono scomparsi solo quando si è esaurita la sostanza viva che assicurava la loro vita storica, il loro sangue, la loro razza. Pertanto, muoiono solo nei seguenti casi:

1. Quando il numero di nascite è diminuito in seguito alla regressione della forza popolare e si è offerta la possibilità a un popolo numericamente e qualitativamente più forte di schiacciare il suo vicino più debole.

2. Attraverso l'incrocio razziale, che ha privato un popolo originariamente sano della sua armonia interna.

3. Non rispettando le leggi della selezione, che causano una riduzione del prezioso patrimonio ereditario e portano a una riduzione delle capacità e delle qualità nella popolazione.

La morte di un popolo si basa quindi su una concezione sbagliata della vita ed è dovuta alla mancata osservanza delle leggi eterne della Terra. L'uomo ha imparato a disprezzare le leggi della vita perché ha perso il legame con la natura e la vita.

Le Chiese hanno frustrato milioni di noi con la credenza germanica nell'immortalità terrena, cosicché innumerevoli uomini e donne hanno rinunciato, in nome di una irreale volontà celeste, a generare figli sani. Le chiese chiamavano la sacra terra una valle di lacrime e insegnavano che la procreazione e la nascita erano peccaminose e sbagliate. Quando la fonte essenziale della vita, la volontà di vivere, fu sostituita dalla ricerca della felicità materiale o ultraterrena, fu possibile l'affermazione dell'egoismo e infine del bolscevismo, che ha come unico obiettivo l'indebolimento e la decadenza dei popoli.

Il nazionalsocialismo, insegnando la vita eterna di un popolo, riporta gli uomini a rispettare le leggi divine della vita. Il Führer dice: "La grande rivoluzione del nazionalsocialismo è che ha aperto la porta alla consapevolezza che tutti i difetti e gli errori degli uomini sono dovuti a determinate circostanze e sono quindi riparabili, tranne uno: disprezzare l'importanza di preservare il proprio sangue, la propria stirpe e quindi lo stato mentale e il carattere che Dio ha donato loro. Noi uomini non dobbiamo chiederci perché la Provvidenza abbia creato le razze; dobbiamo solo notare che punisce coloro che disprezzano la sua creazione".

"Per la prima volta, forse, da quando esiste la storia dell'umanità, in Germania è stata richiamata l'attenzione sul fatto che il primo di tutti i compiti che ci spettano, il più nobile e quindi il più sacro per gli uomini, è quello di preservare il sangue e la specie, così come Dio li ha creati.

Come SS siamo consapevoli del nostro dovere nazionale e vogliamo, sotto il segno della vita rinata, della sacra svastica, diventare padri e, per amore della terra tre volte consacrata che è la patria dei nostri antenati e nostra, dare vita eterna al popolo tedesco.

Le parole del nostro compagno delle SS Lothar Stengel von Rutkowski in *Kingdom of this World* sono nostre:

Sei un nipote
Alle vittorie e alle preoccupazioni
Dai vostri antenati
Siete in debito con la vostra esistenza.
Come nonno
Tieni tra le mani
Felicità e infelicità
Dalle generazioni più lontane.

SS-Ustuf. Dott. Gerhart Schinke

Uno Stato ha il diritto di praticare l'eugenetica per evitare che persone sfortunate siano affette da difetti ereditari?
Il nazionalsocialismo rispose affermativamente.
A destra, una casa per bambini dell'associazione Lebensborn.

La selezione "positiva" ha incoraggiato le persone con lo stesso valore ereditario a unirsi.

I popoli hanno due armi nella loro lotta per la vita: la loro capacità di difendersi e la loro fertilità naturale. Non dimentichiamo mai che la capacità di difendersi da sola non può garantire la sopravvivenza di un popolo in un futuro lontano, ma che è necessaria la fonte inesauribile della sua fertilità.

Vediamo chiaramente e agiamo in modo che la vittoria delle armi tedesche sia seguita dalla vittoria del bambino tedesco.

Heinrich Himmler

OPUSCOLO SS N. 4. 1938.

IL NUOVO DIRITTO MATRIMONIALE DELLA GRANDE GERMANIA

Le disposizioni obsolete in materia di giurisdizione matrimoniale e divorzio, nonché il ritorno del popolo austriaco al Reich tedesco, hanno reso necessaria una trasformazione accelerata delle norme relative a questo importante aspetto del diritto di famiglia. Con queste leggi fu compiuto il primo passo verso la creazione del diritto matrimoniale e familiare tedesco. La concezione dello Stato nazionalsocialista sulla natura del matrimonio determinò l'istituzione della nuova legge. I rigidi vincoli dogmatici religiosi in Austria, così come definiti dalla creazione della legge, avevano portato ad abusi in questo settore vitale; al di là del quadro delle semplici famiglie, minacciavano di avvelenare la vita pubblica e quindi dovevano essere aboliti. In tutto il Reich, il diritto matrimoniale aveva già portato un grande cambiamento in uno spirito nazionalsocialista attraverso le modifiche fondamentali della Legge tedesca sulla protezione del sangue, della Legge sulla salute matrimoniale e della Legge sulla protezione del matrimonio dagli abusi.

La nuova legge rifiuta deliberatamente la visione individualistica del matrimonio come una sorta di contratto influenzato dagli interessi personali delle parti coinvolte. Allo stesso modo, si allontana anche dalla visione religiosa che fa derivare la santità del matrimonio dai legami religiosi. La nuova legge prescrive invece la santità e la dignità del matrimonio che, in quanto cellula della vita comunitaria e cuore della famiglia, assicura la continuità della vita nazionale e crea le condizioni per una sana e rigorosa educazione della prole.

Ogni SS dovrebbe conoscere le disposizioni più importanti di questa legge.

Dovrebbero essere presentati in pochi punti.

I.

1. Il matrimonio può essere celebrato solo da un ufficiale di stato civile. In Austria, finora era sufficiente la benedizione nuziale.

2. A priori un matrimonio può essere considerato nullo, cioè come se non fosse mai stato celebrato. È nullo nei casi previsti dalle Leggi di Norimberga e dalla Legge sulla salute matrimoniale.

Inoltre, è anche :

- quando non si è svolta nelle forme prescritte davanti all'ufficiale di stato civile,

- quando uno dei coniugi era incapace di stipulare un contratto o di esercitare un libero giudizio,
- quando il matrimonio viene contratto senza il motivo della convivenza,
- quando uno dei due coniugi era già sposato,
- quando era proibito a causa di una relazione troppo stretta o in seguito a un adulterio.

II.

1. Un figlio di un matrimonio considerato nullo ai sensi delle leggi sanitarie di Norimberga è illegittimo.
2. Il figlio di un matrimonio nullo per gli altri motivi citati è considerato legittimo. Tali figli non soffrono per le colpe dei genitori.

III.

In passato, un matrimonio poteva essere contestato in casi specifici. Se veniva dichiarato nullo, si riteneva che non avesse mai avuto luogo a priori. Questa possibilità è stata abolita. Il matrimonio può essere "annullato" in alcuni casi specifici. Il matrimonio viene quindi interrotto dall'autorità del tribunale.

I motivi della cancellazione sono i seguenti:
- Mancanza di consenso da parte del rappresentante legale,
- matrimonio infondato,
- condizioni fisiche precarie relative alla persona dell'altro coniuge (ad esempio, infertilità al momento della celebrazione del matrimonio),
- inganni o minacce di varia gravità.

I motivi della cancellazione corrispondono alle vecchie clausole di contestazione.

IV.

Un matrimonio può essere "spezzato":
- quando uno dei due coniugi ha smesso di vivere insieme,
- quando un coniuge rifiuta senza un valido motivo di procreare o di accettare la prole.
- quando uno dei coniugi ha turbato così profondamente l'armonia del matrimonio violando i doveri coniugali che non c'è alcuna ragionevole speranza di tornare alla vita comune,
- quando l'altro coniuge è alienato,
- quando l'altro coniuge soffre di una malattia altamente contagiosa o repellente,

- quando l'altro coniuge è diventato prematuramente sterile dopo l'unione. (Tuttavia, in questo caso, il divorzio viene evitato quando i coniugi hanno una prole legittima o un figlio adottato ed ereditariamente sani).

Nel caso di matrimoni totalmente distrutti, in cui i coniugi hanno spesso vissuto separati per anni e non hanno potuto divorziare fino ad ora, la nuova legge prevede che uno dei due coniugi possa chiedere il divorzio se la convivenza è cessata da tre anni e non può essere ristabilita.

V.
Per quanto riguarda la questione del dovere di assistenza.

Una nuova liquidazione corrispondente alle moderne concezioni non può più tenere conto del tenore di vita del beneficiario. Deve essere determinata dall'importo ritenuto adeguato al tenore di vita di entrambi i coniugi.

VI.
Il destino del bambino dopo il divorzio.

Poiché lo Stato nazionalsocialista era particolarmente interessato alla protezione dei giovani, la questione di chi dovesse essere affidato al bambino dipendeva soprattutto dalla capacità dei genitori di dargli un'educazione adeguata. In questo caso, non era la colpa dei genitori ma il bene del bambino a essere decisivo.

VII.

In Austria la situazione era particolarmente spiacevole. Un matrimonio tra cattolici non poteva essere annullato. In passato, le autorità amministrative austriache concedevano la cosiddetta dispensa in questi casi. Se poi il coniuge interessato contraeva un nuovo matrimonio con dispensa, doveva dichiarare che quest'ultimo non era riconosciuto dai tribunali. I figli di questo secondo matrimonio erano quindi illegittimi. La nuova legge elimina questa terribile confusione.

Un matrimonio non valido secondo le vecchie leggi può essere considerato valido se i coniugi vivevano ancora insieme il 1° aprile 1938. Anche i "matrimoni dispensati" sono validi fin dall'inizio se i coniugi vivevano insieme il 1° aprile 1938.

La nuova legge è entrata in vigore il 1 agosto 1938.

SS-Ostuf. Dott. Schmidt-Klevenow

Lo schema delle celebrazioni durante l'anno e nella vita della famiglia SS.

Il matrimonio e l'ammissione delle donne nella comunità del clan SS

Il matrimonio o il fidanzamento vengono celebrati dall'ufficio anagrafe. Fino all'inizio del Secondo Reich, il matrimonio religioso era l'unica forma di matrimonio che, in seguito, quando la legge di Bismarck del 1875 affidò allo Stato la legislazione sul matrimonio, fu considerata dalla maggior parte delle persone come una cerimonia indispensabile, anzi di gran lunga la più importante. Questa opinione era supportata dal fatto che le autorità consideravano il matrimonio come un affare ufficiale nelle aree povere.

Il Terzo Reich assunse una posizione diversa sul matrimonio. A differenza del vecchio regime e della Chiesa, alle persone che desideravano sposarsi veniva consigliato di dimostrare di possedere tutti i requisiti per un'unione e di essere in buona salute ereditaria. Lo Stato si occupa delle famiglie, si prende cura di loro, rimedia per quanto possibile alle difficoltà materiali e dà sempre la priorità all'importanza della famiglia. In futuro, anche la forma civile del matrimonio dovrà tenere conto di questa importanza. Alcuni comuni mettono a disposizione una sala particolarmente bella per gli sposi. Gli impiegati celebrano la cerimonia nuziale in modo dignitoso e solenne. A questo scopo esistono i necessari decreti del Ministero degli Interni del Reich. Recentemente è stato attuato un ordine del Reich che conferisce agli uffici anagrafici lo status di uffici di clan e prevede un abbigliamento ufficiale per i funzionari. È possibile che spesso manchino le istruzioni necessarie per attuare questi decreti.

In questi casi, il Capo Posto, il Capo Clan, il Capo Unità o il Capo Addestramento possono intervenire in modo qualificato per eseguire il fidanzamento SS. Si deve garantire che lo scambio di anelli durante la cerimonia avvenga con il reciproco consenso.

Il matrimonio nell'ambito dello stato civile conferisce all'uomo e alla donna lo status di coppia. Una cerimonia SS in cui viene eseguita una sorta di "benedizione del matrimonio" con un gioco di domande e risposte, finti altari, pugnali, bacini infuocati e simili imitazioni del rituale cristiano dovrebbe essere bandita.

Noi uomini SS dobbiamo comunque procedere all'ammissione della donna nella comunità del clan SS. La donna dovrebbe essere accolta preferibilmente durante il banchetto nuziale o, meglio ancora, prima che questo abbia inizio.

L'importanza del banchetto durante la cerimonia di assegnazione del nome è già stata menzionata, così come durante le cerimonie per l'ammissione del bambino nel Jungvolk, ecc. Il banchetto è un'usanza molto antica, indissolubilmente legata alla festa della famiglia! Occorre quindi prestare particolare attenzione alla preparazione e all'esecuzione del banchetto nuziale. Il banchetto deve potersi svolgere, anche se i mezzi sono modesti! La sala in cui si svolge deve essere scelta in base alle rispettive condizioni. Tuttavia, se possibile, dovrebbe essere nella casa stessa, altrimenti in una locanda. La tavola deve essere apparecchiata in modo solenne e decorata con fiori o rami di abete verde. Si può porre l'accento sulla decorazione dei posti a sedere della coppia. Il capo unità o un compagno particolarmente vicino alla coppia che riceve la donna nella comunità SS si siede di fronte alla coppia. Si rivolge agli sposi prima dell'inizio del pasto o durante le portate. Nel suo discorso deve sottolineare il valore del matrimonio per la conservazione del popolo e della comunità del clan SS. Deve parlare del motto "Il mio onore si chiama fedeltà", che è imperativo anche per le donne, poiché ora sono soggette alle leggi SS. Deve inoltre sottolineare che l'uomo e la donna SS, che devono essere fedeli l'uno all'altra, sono membri preziosi della nostra comunità e saranno sempre al sicuro al suo interno. L'oratore dà il benvenuto alla donna nel clan SS e la ammonisce solennemente a pensare sempre alla sua alta missione di donna e futura madre, rispettando le leggi SS e vivendo secondo esse. In seguito, viene presentato un dono relativo al matrimonio o alla moglie e madre, in accordo con questo benvenuto. A questo proposito, si raccomanda un libro particolarmente curato con una dedica o un'illustrazione. Esiste anche la bella usanza di presentare un piatto di legno con sale e pane e due tazze di porcellana o di terracotta. Questo dono simboleggia lo stile di vita semplice che non dovremmo mai dimenticare.

Le parole dell'oratore dovrebbero concludersi con un "Sieg Heil" al Führer e alla giovane coppia.

Il resto del pranzo di nozze deve essere trascorso all'insegna del buon umore. Se c'è la possibilità di ballare, è bene farlo.

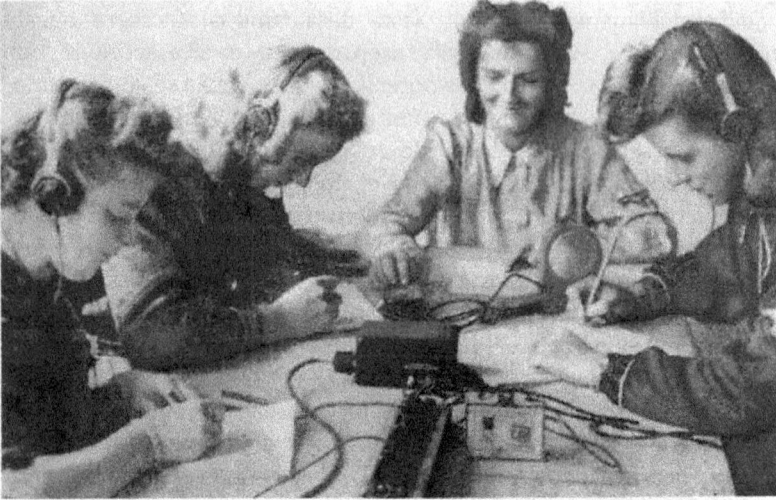

Le SS, un "ordine clanico", ammettevano le donne nei propri ranghi. Sopra, volontari prendono lezioni di codice Morse.

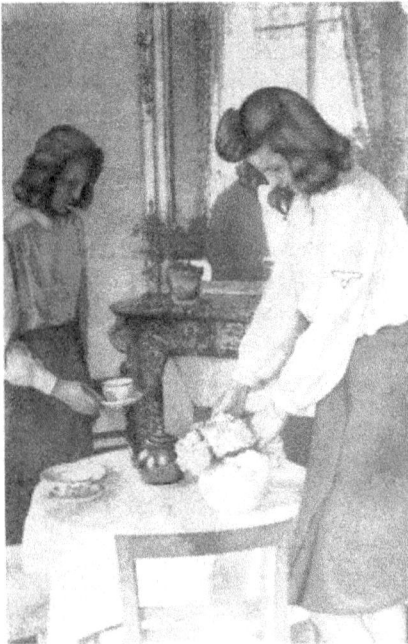

A sinistra, la parte migliore della giornata. A destra, una spilla destinata a ogni madre del primo figlio di una famiglia SS.

Un raro esempio di "cerimonia di assegnazione del nome" negli anni 1936-37.

Il costume della sposa deve essere solenne. Vanno comunque evitati corone e veli da sposa, che sono ornamenti orientali. A parte la forma sopra descritta, l'ammissione della donna nella comunità del clan SS è paragonabile alla celebrazione del matrimonio all'anagrafe, ma sotto forma di cerimonia intima. La stanza deve essere scelta con particolare cura. Se non c'è una sala adatta nel dipartimento locale delle SS, la sezione femminile, la Hitlerjugend o l'amministrazione comunale forniranno assistenza. L'esecuzione della cerimonia richiede un'attenta preparazione. Soprattutto, richiede un'atmosfera musicale. Se i membri di un'unità musicale delle SS o i circoli dei compagni delle SS non sono in grado di farlo, la Hitlerjugend, il BDM, la sezione femminile o altri possono aiutare. Una prefazione, una poesia o un pezzo di prosa, una parola del Führer o del Reichsführer dovrebbero servire come introduzione al discorso tenuto dal compagno SS. Le parole del compagno SS dovrebbero seguire il filo delle idee di cui sopra. Poiché in questa cerimonia la cerchia dei commilitoni SS si allarga, alla fine si dovrebbe intonare la canzone della fedeltà. La stanza dovrebbe essere decorata in modo semplice. Sullo sfondo la bandiera con le rune della vittoria, inoltre una decorazione floreale, ma senza palme e alloro, bensì con quercia, abete verde, agrifoglio ed edera. È opportuno prevedere sedie per gli sposi e per la maggior parte dei partecipanti. Aggiungiamo ancora una volta a mo' di conclusione: più il compagno che accoglie la donna nella comunità dei clan SS conosce i futuri sposi, più sarà in grado di parlare con convinzione. Per questo motivo, l'intervento di un capo unità o addirittura di un ufficiale superiore sarebbe un grosso errore, perché quest'ultimo farebbe per lo più un discorso generico, mentre il compagno adatterà le sue parole all'evoluzione sentimentale che la giovane coppia seguirà in futuro, e forse anche ai loro possibili conflitti. Questa è la prima condizione della nostra comunità.

Non c'è nobiltà più grande per una donna che essere la madre dei figli e delle figlie di un popolo. Tutta questa gioventù che vediamo oggi, così bella, sulle strade, con i volti raggianti, gli occhi scintillanti, dove sarebbe se non ci fossero state le donne a darle vita?

Adolf Hitler
(Discorso del Führer al Congresso delle donne, Parteitag del 1935).

"CON UNA SPADA E CON UN TAGLIO, GUNTHER D'ALQUEN. 1937.

UNA PAROLA SUL DIVORZIO

Tutti i codici civili hanno sempre dovuto affrontare una delle questioni più controverse in presenza del divorzio. Finora, le opposizioni ideologiche all'interno dei parlamenti hanno sempre trovato una soluzione omogenea. Le soluzioni giustificate si trovavano solo quando uno Stato o un movimento seguiva una chiara ideologia.

Pertanto, la Chiesa cattolica sostiene la visione dell'indissolubilità del matrimonio sulla base del fatto che è stato concluso da Dio. Ciò ci obbliga a prendere posizione su questa visione del mondo nel contesto di queste applicazioni. Inoltre, la nostra posizione è abbastanza chiara. Ma precisiamo subito che l'atteggiamento della Chiesa cattolica su questo punto non è sempre stato semplice e uniforme. Lo sviluppo del diritto matrimoniale religioso in epoca moderna mostra piuttosto una tendenza in questa direzione.

Il liberalismo, invece, ha una visione completamente opposta del matrimonio, come ci insegna l'esempio della Russia sovietica. Lo considera un contratto giuridico privato che può essere sciolto in qualsiasi momento. Tale risoluzione richiede anche solo la richiesta di uno dei due coniugi.

Anche questa interpretazione deve essere respinta perché si basa su un'incomprensione e sul mancato rispetto del valore della famiglia.

La nostra posizione deve essere direttamente ispirata al *Mein Kampf* di Adolf Hitler. Il Führer ha definito per la prima volta che il matrimonio non è solo uno stato, ma una missione.

Anche il Comitato per il diritto di famiglia dell'Accademia di diritto tedesco è di questo parere quando attualmente fornisce una definizione giuridica per una nuova legge sul divorzio. Essa prevede la seguente versione:

"Il matrimonio è considerato come ciò che è adatto alla comunità delle persone, una comunità di vita basata sulla reciproca fedeltà, sull'amore e sulla stima. Persone ereditariamente sane di sesso diverso hanno lo scopo di salvaguardare e mantenere il bene comune attraverso una stretta collaborazione e per la procreazione di figli ereditariamente sani della stessa razza, al fine di renderli veri cittadini".

È chiaro che lo Stato nazionalsocialista, nonostante l'importanza che attribuisce direttamente al matrimonio, deve anche autorizzare la separazione. Ha definito per legge il divieto di matrimoni che portano con sé i semi della degenerazione (ad esempio, malattie ereditarie). Fin dall'inizio, quindi, ha impedito alle persone interessate di divorziare prima o poi.

Ma nonostante tutte le misure preventive, ci saranno sempre matrimoni in cui le condizioni di convivenza saranno permanentemente interrotte. Ciò è dovuto all'ignoranza della natura umana. Finché non saremo in grado di comprendere la natura interiore dell'uomo, di prevedere il futuro, nulla cambierà.

Tuttavia, poiché lo Stato nazionalsocialista attribuisce grande importanza al matrimonio - soprattutto in considerazione del pericolo di disgregazione della famiglia e quindi della comunità - deve anche prevedere la possibilità di divorziare. Non poteva limitarsi ad adottare le formule del Codice Civile, ma doveva rivedere questa legge secondo la sua visione del mondo.

Soprattutto, dobbiamo essere ancora una volta consapevoli dell'importanza della dignità.

È un dato di fatto che in tutte le domande di divorzio, i motivi impellenti portano a una conclusione desiderata a breve termine. L'adulterio è il motivo più comunemente addotto. Una statistica del 1933 ci dice che un terzo di tutti i divorzi si basava su questo motivo. È quindi facile capire che molti coniugi tendevano a usare questo motivo come pretesto per ottenere il divorzio. Tuttavia, questo non può essere provato e si conoscono ancora casi in cui l'adulterio è stato inventato per ottenere il divorzio più rapidamente.

In generale sarebbe auspicabile che, prima di contrarre matrimonio, si tenessero in considerazione i presupposti e le profilassi sentimentali, come la SS richiede ai suoi uomini e alle sue donne. Ma non possiamo evitare situazioni che esistono: ci sono matrimoni finti in cui i coniugi vivono insieme. Sono semplicemente costretti a trovare motivi per divorziare, per sfuggire a questa situazione che è diventata totalmente insopportabile per loro e di nessun valore per la comunità. Anche se nel nostro caso prevalgono gli elementi umani, è necessario trovare un motivo esterno giustificato. Secondo la legge oggi in vigore, la separazione deve essere anche punita.

Non è necessario dimostrare che tale procedura è incompatibile con l'atteggiamento nazionalsocialista. Il Comitato per il diritto di famiglia dell'Accademia tedesca di diritto si è quindi occupato di questo punto in modo particolarmente approfondito quando è stato istituito il tribunale per il divorzio. Ha anche esaminato la proposta del cosiddetto "divorzio consensuale", cioè un divorzio con il consenso reciproco di entrambi i coniugi.

La questione è se il divorzio debba essere preso in considerazione solo sulla base del fatto che, sebbene non sia possibile trovare un motivo per la separazione, i due coniugi non hanno praticamente nulla in comune dal punto di vista morale ed emotivo. La separazione è quindi giustificata.

Dal punto di vista nazionalsocialista, un accordo di questo tipo sarebbe sempre preferibile all'utilizzo del falso pretesto dell'adulterio o di qualsiasi altro motivo.

Il Comitato per il diritto di famiglia ha due ragioni principali per opporsi al "divorzio consensuale". In primo luogo, mostra il pericolo di decisioni affrettate dovute a una rabbia temporanea, che possono distruggere un matrimonio altrimenti perfettamente valido. D'altra parte, ritiene che possa minare il rispetto per il matrimonio a causa di questo consenso reciproco.

Abbiamo avuto l'opportunità di chiedere il parere di un uomo pratico, un giudice di Berlino. Ci ha detto che approva pienamente una separazione fatta su richiesta reciproca. L'obiezione di una decisione affrettata può essere superata proponendo un periodo di riflessione specifico prima della decisione - circa sei mesi - per determinare se i due coniugi hanno agito in modo affrettato o se il matrimonio non è effettivamente sostenibile.

Il giudice sottolinea inoltre che se entrambe le parti chiedono congiuntamente il divorzio, è perché un problema insormontabile sta distruggendo il matrimonio. Le motivazioni non devono essere ricercate.

Naturalmente, in questi casi, l'intervento del giudice non può limitarsi a ricevere le proposte dei due coniugi e a pronunciarsi sulla validità del loro divorzio - anche dopo un periodo di attesa. Al contrario, il suo compito dovrebbe essere quello di rendersi conto della fragilità del matrimonio, comprendendo la situazione (in alcuni casi chiedendo un consulto medico). È chiaro a tutti che una legge sul matrimonio così concepita attribuisce al giudice una maggiore responsabilità e lo obbliga ad avere un atteggiamento di natura spirituale e morale più elevato di quello previsto dalla legislazione attuale.

Non riteniamo sufficientemente valido il pretesto che la considerazione del matrimonio potrebbe essere influenzata da una normativa di questo tipo, soprattutto se si tiene conto della mentalità tedesca nei confronti di altri popoli.

Questi timori erano del tutto legittimi nel dopoguerra. Ma oggi i matrimoni si concludono in condizioni completamente diverse. Un uomo che osserva la concezione nazionalsocialista non concluderà certo un matrimonio così in fretta perché sa che la legge sul divorzio gli consente una separazione adeguata. Se un nazionalsocialista si sposa oggi, è pienamente consapevole della sua responsabilità, ma non si può dire che tra venti o trent'anni sarà così per ogni tedesco.

L'osservazione che alcuni individui sono superficiali o leggeri di carattere (ci saranno sempre tali individui in una comunità popolare) non ci sembra valida, perché le leggi non sono fatte per una minoranza numericamente insignificante, e questi gruppi sarebbero in grado di vivere una "libera unione" che non imponga loro i doveri obbligatori di una vita coniugale.

Adolf Hitler disse che la lotta non finì nel 1933. Il nazionalsocialismo è una dottrina di educazione nazionale, e quindi un'educazione in sé, che insegna l'adattamento, la considerazione e l'aiuto reciproco, che, di generazione in generazione, fa crescere e vivifica la comunità del futuro!

Siamo convinti che quanto più l'idea nazionalsocialista permea l'interiorità del nostro popolo, tanto meno saranno i casi di divorzio. Non dobbiamo quindi temere un attacco al rispetto del matrimonio.

Tuttavia, ci saranno sempre casi di divorzio che nessuna misura educativa potrà prevenire; non sono prevedibili, come si è detto, e non comportano una nozione di colpa. Pertanto, deve essere possibile prevenire questi pseudo-matrimoni senza ricorrere a pretesti più o meno validi, soprattutto perché finora la persona povera è sempre stata svantaggiata rispetto a quella ricca, in quanto l'intervento degli specialisti è di solito piuttosto costoso.

In definitiva, lo Stato stesso non può trovare alcun interesse nel mantenimento di tali matrimoni. Al contrario, dovrebbe procedere direttamente all'annullamento di un matrimonio spesso sterile, dando così a entrambi i coniugi la possibilità di conoscere un altro partner in modo armonioso e nell'interesse dello Stato. In questi casi, c'è sempre la possibilità di nuovi matrimoni felici.

Tuttavia, la questione diventa difficile quando si tratta di bambini. Il giudice interrogato ha sempre insistito sull'influenza dannosa che il divorzio ha sullo sviluppo dei figli. Il pericolo di un'educazione esclusiva per la crescita psicologica dei figli è straordinariamente maggiore durante una separazione. Inoltre, il giudice ha citato molti casi in cui i figli hanno avuto un'influenza diretta sul matrimonio. I genitori sono finalmente costretti ad andare d'accordo grazie a loro.

In molti casi - come ha sottolineato anche l'operatore - avranno un ruolo le varie relazioni personali. Naturalmente, non possiamo dimenticare i fallimenti e non pensare a quei bambini sfortunati che sono cresciuti in una casa dove, fin dalla prima infanzia, hanno subito questa unione infelice. Possiamo immaginare che in molti casi la separazione sarebbe auspicabile nell'interesse del bambino. Non ci può essere uno standard, ma possiamo solo insistere sul fatto che lo Stato non chiede mai troppo al giudice in termini di qualità umane, sia in termini di carattere che di conoscenza.

In linea di principio, non vogliamo sostenere l'idea di una separazione più facile, perché l'esempio dell'Unione Sovietica ci ha mostrato a cosa possono portare tali situazioni. Al contrario, siamo dell'opinione che la grande importanza del matrimonio nello Stato nazionalsocialista porti a limitare le possibilità di divorzio, a patto che a motivarlo siano motivi egoistici o di vigliaccheria di fronte ai doveri.

Ma se un matrimonio non può essere realizzato nello spirito nazionalsocialista, dobbiamo essere abbastanza aperti e onesti da seguire un percorso per trovare una soluzione.

"CON UNA SPADA E CON UN TAGLIO, GUNTHER D'ALQUEN. 1937.

IL FIGLIO ILLEGITTIMO

In alcuni ambienti, i figli illegittimi sono ancora troppo facilmente considerati un "passo falso". È chiaro che non possiamo essere d'accordo. Sono soprattutto gli ambienti clericali a pronunciare giudizi censori sui "peccatori" con un tono di convinzione. Naturalmente, essi basano i loro giudizi sulla dottrina dell'aldilà, che considera il corpo come qualcosa di peccaminoso in linea di principio. Nelle regioni cattoliche è ben noto quanto i costumi e le tradizioni contraddicano una visione così ristretta.

In generale, un contadino è tutt'altro che contento quando la figlia nubile annuncia l'arrivo di un figlio, cosa che provoca una legittima sorpresa in famiglia; tuttavia, nelle zone rurali, un sano modo di pensare fa sì che, nella maggior parte dei casi, questo genere di cose si risolva molto più rapidamente rispetto, ad esempio, alle città. In diverse vallate del Tirolo, la cosa si spinge fino al punto che le ragazze che non hanno figli illegittimi hanno difficoltà a trovare un pretendente, poiché si pensa che siano vittime della sterilità.

In città le cose sono molto più complicate... Non passeremo in rassegna tutti i casi in cui madri di basso livello - spesso ubriache - prostitute, ninfomani e simili, commerciano con gli uomini e partoriscono frutti che finiscono in manicomio; ciò testimonia la necessità dell'igiene razziale. Il pericolo per i posteri derivante da rapporti sessuali di questo tipo, anche se legittimi, è quindi di gran lunga maggiore per il bene del popolo in generale. Nessuno oserà equiparare i prodotti penosi di questi matrimoni a figli sani ma illegittimi.

Ciò porta alla conclusione che, a livello puramente biologico ed ereditario, i figli di un matrimonio legalmente contratto non possono essere considerati superiori ai figli illegittimi.

Non è solo il figlio illegittimo a essere disprezzato da più di una classe; è soprattutto la madre illegittima a essere vittima del disgusto dell'uomo comune dalla mentalità ristretta. Quelle donne che professano la loro relazione illegittima e quelle altre in cui OR presume la stessa cosa non rimangono mai incinte perché hanno la tecnica e l'esperienza per evitarlo. Questo tipo di donne non ha il diritto di essere considerato più elevato perché non ha figli rispetto a una giovane donna che mette al mondo un bambino, magari come risultato di un amore genuino e dell'ignoranza dei "vari mezzi".

Il problema delle grandi città è particolarmente evidente, con centinaia di migliaia di persone che vivono in spazi ridotti.

La questione delle nascite illegittime è soprattutto un problema sociale. Come ci insegna la storia del passato, non tutti i sistemi politici hanno avuto la possibilità di risolvere il problema sociale, e così anche il nazionalsocialismo ha avuto il compito di dare al figlio illegittimo il posto che gli spetta nella comunità popolare senza svalutare il matrimonio.

Finora, non tutte le riforme sociali sono state in grado di unire le "classi" in una comunità; al contrario, prima del 1933, i socialisti e i democratici hanno approfittato della creazione di antagonismi estremi tra le classi sociali. Anche il termine "déclassé", applicato al figlio illegittimo, deriva da questo periodo.

Questa situazione intollerabile non può essere mantenuta nella nostra comunità popolare; perché l'esistenza futura del popolo è la cosa più importante e, nonostante l'attuale aumento delle nascite, non è detto che si possa fare a meno di un numero di figli illegittimi.

Non stiamo sostenendo le relazioni illegittime e le loro conseguenze; ma è certo che con l'elevazione della posizione sociale del figlio illegittimo si è fatto un passo molto grande per limitare i molti reati commessi contro le norme sull'aborto, che facevano guadagnare il popolo dalle nascite e riducevano il numero di casi di malattie femminili.

I figli illegittimi sono spesso accusati di avere un ruolo considerevole nelle statistiche della polizia. Nella quasi totalità dei casi, ciò avviene perché le madri illegittime hanno una professione e non possono dedicarsi, per motivi materiali, all'educazione dei figli. Ora la madre si dedica al figlio Né i genitori della donna, né quelli dell'uomo, né lo stesso padre fisico sostituiscono la madre. Anche quando sono i nonni a prendersi cura del bambino, nel 90% dei casi il bambino viene viziato, coccolato, e alla fine il bambino vede ancora la madre come una donna che non cede per motivi pedagogici ed è quindi "severa". La stessa critica viene giustamente mossa all'assenza del padre.

Comunque la si guardi, non abbiamo il diritto morale di negare il rispetto al figlio illegittimo e alla madre e di assegnare loro un ruolo secondario nella comunità popolare.

L'obiettivo dei nostri sforzi deve essere quello di facilitare il più possibile la conclusione dei matrimoni attraverso l'assistenza finanziaria. L'adozione è la seconda opzione per educare il bambino illegittimo e renderlo un membro prezioso della comunità nazionale. Ma questo avverrà solo se la madre accetterà liberamente di lasciare il figlio in buone mani perché sa di non poterlo crescere da sola.

OPUSCOLO SS N. 2. 1938.

PERCHÉ PARLIAMO SEMPRE DI "ALBERO GENEALOGICO"?

L'istruttore entrò nell'ufficio della sezione. Non appena ebbe aperto il chiavistello della porta, il compagno più vicino si rivolse a lui: "Franz, ti ho portato il mio albero genealogico, vuoi vederlo?

Il termine "albero genealogico" ossessiona il genealogista. Ne sente parlare da conoscenti, per strada, sul posto di lavoro, dai suoi superiori e nella sua cerchia di amici. In pochi anni è diventato un concetto diffuso in Germania. Ma nella maggior parte dei casi *non viene* utilizzato *correttamente*!

Probabilmente tutti i nostri compagni lo usano in questo modo impreciso quando vogliono fornire una prova della loro origine. La prova dell'origine che viene richiesta si ottiene elencando e registrando tutti gli antenati diretti. Poiché il termine "antenati" viene utilizzato anche per indicare gli ascendenti, il termine errato "albero genealogico" deve quindi essere interpretato correttamente come *"certificato di ascendenza"*. Questo certificato, che comprende il richiedente, i suoi due genitori, i quattro nonni ecc. è rappresentato sotto forma di una tabella riassuntiva, chiamata "tabella degli antenati". *Non ha nulla a che vedere* con l'albero genealogico.

Se la tavola degli antenati è quella del candidato, cioè del procreatore, allora l'albero genealogico mostra i discendenti di uno specifico procreatore, il capostipite. Il capostipite genera figli, che a loro volta generano nipoti e altri discendenti, generalmente chiamati "stirpe", poiché tutti trasmettono lo stesso nome del capostipite. Un "albero genealogico" (partendo dal più vecchio in basso) mostra una discendenza di secoli con tutti i suoi rami. Se immaginiamo la disposizione dei membri di questa linea sotto forma di una tabella precisa (partendo dal più vecchio in alto), otteniamo l'"albero genealogico".

La carta degli antenati e la carta genealogica sono tipi di rappresentazione di due diversi tipi di considerazione genealogica, a cui si è aggiunta in seguito la carta dei parenti e dei discendenti. L'"albero genealogico" non è altro che una "carta genealogica" rovesciata, che però è concepita e progettata con una forte enfasi sull'estetica.

Perché proprio l'"albero genealogico" si riferisce (erroneamente) a tante rappresentazioni genealogiche diverse sulla bocca di tutte le persone? Forse un breve studio della sua storia può aiutarci a spiegare questo fatto.

Alcuni vecchi "genealogisti" hanno sollevato la questione se l'albero genealogico sia di origine "tedesca", "cattolica" o "orientale". Questa domanda va al cuore della questione, così come la vediamo in termini di considerazione razziale della storia. Chiediamoci innanzitutto dove è apparsa per la prima volta la rappresentazione delle relazioni genealogiche. La risposta a questa domanda è che i primi esempi di "alberi genealogici" sono stati trovati in manoscritti dell'Europa centrale dell'XI e del XII secolo. Queste miniature - disegni o dipinti a penna e inchiostro - hanno diversi contenuti genealogici, inizialmente sotto forma di uno schizzo di un albero genealogico, che si svilupperà ulteriormente in un albero.

Tabella di consanguineità
Modena, Biblioteca ecclesiastica. I, 17.

La maggior parte di questi "alberi" non sono alberi genealogici nel vero senso della parola, cioè rappresentazioni figurative di stirpi storicamente definite con dettagli per ogni ramo. Si tratta perlopiù di tipi avanzati di "tavole di consanguineità", ossia di vedute generali asciutte e schematiche redatte da avvocati cattolici per questioni di diritto ereditario e matrimoniale. La figura I mostra una di queste tavole di consanguineità, ovvero una "panoramica della parentela biologica" tratta da un manoscritto del IX secolo a Modena, nell'Italia settentrionale. Lo schema va dal centro verso il basso: figli, zii, prozii, ecc.; con tutti i parenti in linea collaterale sul lato paterno e materno. In questo modo è possibile determinare il grado di parentela.

Tuttavia, questo disegno non è conforme allo spirito di un "albero genealogico" con il membro più anziano della linea in basso; tuttavia, possiamo facilmente immaginare che da questo schizzo sia emerso un superbo albero, come mostrato nell'illustrazione 2.

Vediamo la stessa tradizione influenzare questa evoluzione della rappresentazione degli "alberi", così come vediamo la sua influenza sull'attuale denominazione delle varie tavole e forme genealogiche come "alberi genealogici".

Oltre a questi "falsi" alberi, esistono anche - a partire dal 1100 circa - alberi conformi al concetto attuale di albero genealogico. Come esempio eccellente, possiamo indicare l'albero genealogico dell'antica casa guelfa che, sebbene ancora un po' confuso, è comunque un albero degno di questo nome. Questo disegno è l'archetipo di tutti gli alberi genealogici successivi. La maggior parte degli alberi genealogici di questo periodo rappresenta la linea di Isaia, il cui membro più famoso era Gesù Cristo di Nazareth. Le varie rappresentazioni del "ramo di Isaia" spiegavano alle tribù tedesche dell'epoca, appena cristianizzate, che Cristo, il fondatore della religione, proveniva da un'antica e famosa stirpe a cui appartenevano re, profeti, ecc. Questi sforzi per dimostrare che il nuovo dio è una persona di sangue puro ricordano le storie di "Heliand" (salvatore) che cercavano di convincere i popoli germanici, apparentemente poco entusiasti, ad accettare Cristo come re tedesco. Un esempio è un manoscritto di Salisburgo (1130 circa) sul "Ramo di Isaia".

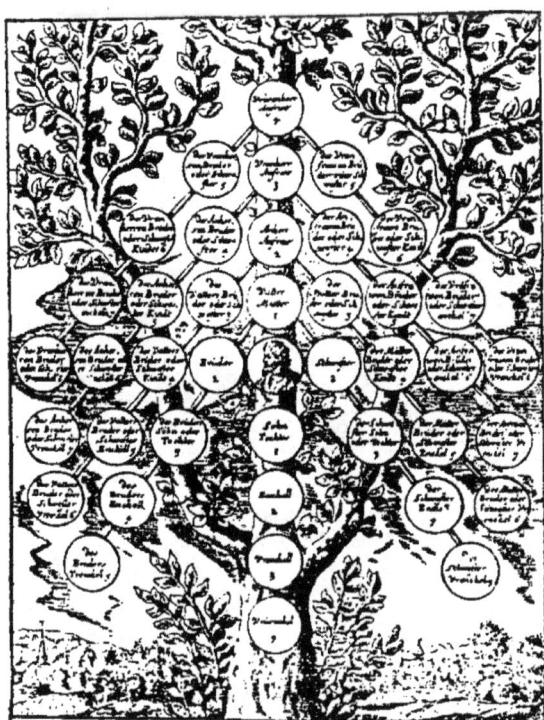

Albero genealogico dalle norme giuridiche di Jül-Berg.
Düsseldorf 1696.

Il "Ramo di Isaia" e i pochi alberi superstiti del XII secolo sono veri e propri alberi genealogici nel vero senso della parola; tuttavia, la tavola di consanguineità già citata mostra che la rappresentazione grafica dell'albero riflette anche altre relazioni di questo tipo. Già nel XII secolo , vari concetti sono rappresentati sotto forma di albero, il cui contenuto è completamente diverso e vi si avvicina solo in termini di parentela. Tuttavia, la forma dell'albero non si adatta in alcun modo alla natura di queste rappresentazioni. Anzi, spesso è completamente contraria ad esse. La Germania e i Paesi limitrofi hanno quindi avuto una particolare predilezione per l'albero che simboleggia i gradi di parentela. Questa preferenza, che segna l'antico passato germanico, comporta un notevole lavoro di ricerca che, come in altri campi, è aggravato dall'assenza di fonti per lo più scomparse. La forma espressiva perfettamente riconoscibile che esprime determinati gradi di parentela, simboleggiata dall'immagine dell'albero, richiama direttamente la nostra attenzione sull'importanza che l'albero aveva per i Germani, rivelata anche da altre testimonianze. La popolarità del termine "albero genealogico" è ancora viva oggi, grazie alla consapevolezza generale dell'importanza di queste relazioni biologiche.

Il ramo di Isaia. Antifonario di San Pietro, Salisburgo, foglio383, dalla pubblicazione di Lind, Vienna 1870, tav. 18.

QUADERNO SS N. 5. 1944.

COME È NATO IL MIO LIBRO DI FAMIGLIA

Ripenso al numero di anni che ho trascorso a creare il mio libro di famiglia. Quando è iniziato, andavo ancora a scuola. Eravamo nel bel mezzo della Prima guerra mondiale. Forse un vecchio contadino, affilando la sua penna d'oca, compilò con una calligrafia maldestra un vecchio faldone di pelle di maiale che aveva ereditato, dando così vita a un libro scritto in forma di cronaca. Passarono venticinque anni prima che acquistassi questo libro. Ho citato questo fatto per dimostrare che un libro di famiglia, una cronaca familiare, è un processo lento, che non può essere creato all'improvviso e che avrà un aspetto diverso ogni volta. Non ci sono due cronache familiari uguali e se abbozzo la struttura di questo libro, è solo un piano di lavoro, una presentazione di come è nato il mio libro di famiglia.

All'inizio di ogni libro di famiglia c'è il libro degli antenati. Esso fornisce una struttura di nomi e date, oltre ad alcuni dati professionali. Questa struttura deve poi essere resa viva.

Una persona inizierà a raccogliere titoli, testi e lettere, integrati da ritratti. Un altro costruisce una serie di schede di antenati, aggiungendo regolarmente tutto ciò che riesce a scoprire gradualmente sui propri antenati. Un terzo scriverà un libro e annoterà i risultati delle sue indagini in modo confuso. Altri avranno un approccio diverso, ma tutti hanno lo stesso obiettivo: conservare ciò che trovano e trasmetterlo ai loro figli e nipoti. Molti lettori di queste righe avranno già optato per uno o l'altro di questi metodi.

Per quanto riguarda la nascita del mio libro di famiglia, devo ammettere che non ricordo più il passato, ma solo la storia della mia famiglia. Vedevo - all'inizio inconsciamente, ma con sempre maggiore chiarezza - la famiglia solo come un ramo della nazione, e la mia aspirazione era quella di *riflettere il popolo attraverso la storia della famiglia.* Se avessi potuto prevedere le difficoltà che questo compito rappresentava, non so se avrei avuto il coraggio di intraprenderlo.

Come avrebbe fatto chiunque, ho iniziato raccogliendo le date e i nomi più semplici. Ma ho anche cercato di seguire le tracce delle tradizioni orali del passato che mi erano giunte, e sono passato di sorpresa in sorpresa; senza dubbio questi primi risultati hanno incoraggiato la mia motivazione. Ma non bisogna scoraggiarsi se non si trova ancora nulla; spesso ci vuole tempo per ottenerli, e poi affluiscono in modo ancora più abbondante.

Mi interessava prima il ramo paterno e poi quello materno dei nomi. Poi ho colmato le lacune. Raccolsi tutte le lettere che riuscii a trovare, scrissi storie e aneddoti (infastidendo più di un anziano della famiglia con le mie richieste). Lentamente, il tutto è cresciuto e ha preso forma. Vecchi documenti amministrativi sono apparsi negli archivi, ogni sorta di dettaglio dai registri parrocchiali ha rivelato tratti personali. Ho visitato i luoghi in cui gli antenati avevano vissuto, le chiese in cui avevano pregato, le fattorie che avevano posseduto; ho scattato fotografie di tutti questi luoghi. Nel cimitero di un piccolo villaggio trovai sei lapidi con iscrizioni quasi illeggibili; ma vicino ad esse crescevano i tigli più belli che avessi mai visto, e poiché era giugno fiorivano costantemente, avvolti dall'esalazione profumata e dal ronzio delle api, in una meravigliosa parabola della vita che è più forte di ciò che è deperibile. E così gli anni passarono. I cassetti della mia scrivania si riempirono di materiale. Riuscivo a malapena a farmi un'idea generale della ricerca che mi portava sempre nuove informazioni (la ricerca genealogica, si sa, non finisce mai). Ma mi mancava ancora la *forma* che circoscrivesse questa sostanza.

Chi non ha mai sentito parlare delle vecchie cronache di famiglia tramandate di generazione in generazione? Per prima cosa ho dovuto riscrivere una cronaca di tutte le esperienze fatte dagli antenati, lasciando la possibilità di aggiungervi sempre nuovi dettagli. Questa è stata la difficoltà maggiore: una cronaca non è mai finita. C'è sempre un evento che si verifica, o perché qualcuno vuole dare una testimonianza o perché in seguito figli e nipoti vogliono farlo. Per me è stato più difficile trovare la soluzione giusta che fare tutte queste ricerche in quei lunghi anni.

Poi ho spiegato le ragioni per cui ho voluto scrivere questa cronaca. Volevo far conoscere ai miei figli i loro antenati e il loro Paese, la patria e la sua vita. E improvvisamente ho capito cosa dovevo fare: *dovevo essere semplice.*

Così ho iniziato. Ma da dove cominciare? Pensando alle vecchie saghe, ho iniziato dai tempi antichi. Cominciai a raccontare la storia dei giganti di ghiaccio che crollavano e la comparsa del Paese, che emergeva dalle acque scintillanti del Mare del Nord e del Mar Baltico. Ho descritto le onde dei ghiacciai che venivano inghiottite dalle valli e la nascita di un bellissimo lembo di terra in mezzo a tutto questo: la patria degli antenati. Ho evocato la preistoria fino alla comparsa di questi ultimi. Il paese e la gente hanno preso vita attraverso i loro racconti e le loro leggende, che ho raccontato. I racconti pieni di dettagli su specifici antenati o gruppi di antenati terminavano sempre con illustrazioni della patria, come ad esempio: "Mio padre parla di Peter Pück", oppure "Nonna J. e la storia dei mille talleri", o ancora "la vecchia casa e la porta del diavolo di St Marien". E sul frontespizio ho messo queste parole:

Libro della casa e degli antenati dei figli di Metelmann
Storie e ritratti della vita dei loro antenati, accompagnati da nuovi racconti e leggende della patria.

Da leggere ad alta voce alla madre da parte del padre

Quindi ora avevo trovato la forma. *Mancava solo l'aspetto esteriore* finale. Ma questo seguì logicamente: Ho fatto realizzare un raccoglitore per me contenente i fogli scritti con cura, i ritratti incollati con attenzione e infine un albero genealogico riassunto sotto forma di elenco. Le pagine non sono numerate, in modo da poter inserire altri capitoli o nuove storie. L'insieme è perfetto e bellissimo. Vederlo e leggerlo è una gioia per tutti. Due anni fa, il "Libro della casa e degli antenati" giaceva sotto l'albero di Natale: non riusciamo a contare il numero di volte in cui è stato regalato ai bambini per essere letto. E, a Dio piacendo, molte generazioni avranno ancora la gioia di sfogliarlo e di scriverci la loro vita e quella delle loro famiglie, rimanendo così fedeli allo spirito della nostra grande patria tedesca.

QUADERNO SS N. 7. 1944.

COME DOVREBBE CHIAMARSI IL NOSTRO BAMBINO?

Già settimane prima della nascita di un figlio o di una figlia, i genitori si preoccupano del nome da dare loro. Fino ad oggi, la scelta del nome veniva presa così alla leggera che la futura mamma guardava un calendario cristiano e sceglieva alcuni nomi di bambini e bambine che le piacevano. Si è assicurata che questi nomi fossero in uso nella zona e nella famiglia, e i seguenti sono stati elencati sulla scheda elettorale: Fritz, Hans, Klaus, Karl-Heinz, Peter per un maschio e Ursel, Gisela, Annemarie, Bärbel o Gerda per una femmina. Poi si consultava con il padre. Lui guardava di nuovo il calendario e aggiungeva la sua scelta, e poi si accordavano su due o tre nomi a seconda delle caratteristiche, del colore dei capelli dei bambini attesi o del "look" della famiglia. I nomi rimanenti non venivano scartati, ma solo tenuti di riserva.

I genitori ci hanno pensato, eppure ci hanno pensato poco. Non sapevano che tutti i nomi di battesimo hanno un'origine storica e un significato particolare.

Nella scheda madre di cui stiamo parlando, ci sono alcuni nomi comunemente usati, ma tutti hanno significati diversi. Fritz è una forma abbreviata di Federico, un antico nome tedesco, ed è formato da due sillabe germaniche "frid" e "richi". Frid è legato a "froh" (gioioso) e "frei" (libero). "Fro" è l'antica denominazione dell'uomo libero, il signore; "Frowe" indicava la donna libera, la sovrana. "Federico" è un uomo ricco di potere di pace. Il fatto che i nostri antenati abbiano creato nomi così magnifici in epoca precristiana dimostra che avevano una grande etica naturale.

Quando i nostri genitori decisero consapevolmente di dare a un figlio il nome Federico, gli stavano dando un nome: un nome carico di significato, un nome che avrebbe contraddistinto uno spirito particolare, una qualità particolare che avrebbe seguito il bambino. Ernst Wasserzieher ha scritto nel suo piccolo libro *Hans e Grete*: "Fin dai tempi degli Hohenstaufen, il nome Federico è stato straordinariamente popolare grazie al ricordo delle figure leggendarie di Federico Barbarossa e Federico II, ed è stato riportato in auge da Federico il Grande, il vecchio Fritz.

Ma quando oggi si pronuncia il nome tedesco Fritz, non si pensa alla sua origine e al suo significato, come si fa con il nome Hans e altri. È chiaro che "Hans" è solo una forma abbreviata e "germanizzata" dell'ebraico "Giovanni". Giovanni significa "Geova è misericordioso". Tutti i nomi biblici che iniziano con "I" e "Jo", come Geremia, Gioacchino, Giobbe, Giona, Giuseppe, contengono i due nomi delle divinità ebraiche Geova e Jehovah abbreviati in queste sillabe. Da dove deriva Klaus? Klaus è la forma abbreviata di Nicholas, la cui origine non è germanica ma greca. Karl-Heinz? Sia Karl (Carlo) che Heinz (Enrico) sono nomi tedeschi molto antichi. Carlo caratterizza un "Kerl" (individuo abile), l'uomo libero di classe non cavalleresca, il contadino libero nella sua proprietà ereditaria. Henri deriva da Hagenrich (il ricco recinto), il signore di una tenuta circondata da siepi.

Pietro è un nome cristiano molto diffuso e ancora più frequente nei cori. Pietro deriva da Petrus, la roccia, un nome romano che si aggiunge a quello dell'apostolo Simone come primo papa.

Il nome ebraico Michele sembra essere particolarmente comune. Molti cittadini credono di chiamare il proprio figlio come l'arcangelo "invincibilmente forte", dandogli così un nome particolarmente moderno. Ma dare ai bambini nomi stranieri non può che essere dannoso oggi, perché crescono in un'epoca di ricerca delle proprie origini e in seguito chiederanno con difficoltà ai loro genitori: nel 1944, undici anni dopo la Rivoluzione nazionalsocialista, come avete potuto darci ancora nomi ebraici?

Spieghiamo il significato dei cinque nomi scelti dalla mamma: Ursula è latino e significa "la piccola orsa". Questo nome è diventato di moda per il suo suono armonioso. Bärbel, forma dolce di Barbara, è di origine greca e significa "lo straniero" (il barbaro). Annemarie è di origine ebraica in entrambe le sue componenti. Ci sono così tanti bei nomi germanici che non abbiamo bisogno di dimostrare la nostra ignoranza dando alle bambine del nostro popolo questi nomi e centinaia di soprannomi alla moda come Mieke, Mia, Maja, Ria, Mimi, Miezl, Anke, Anne, Antpe, Annchen, ecc. Lo stesso vale per i nomi orientali comuni come Margarete e le sue forme abbreviate Marga e Grete.

Così, su dieci nomi, nostra madre ha scelto sei nomi stranieri, per lo più ebraici e solo quattro germanici.

Dopo aver criticato questa scelta irresponsabile, come ce ne sono state (e ce ne saranno sempre), dobbiamo ora presentare le seguenti caratteristiche per scegliere i nomi che corrispondono alla nostra razza e alla nostra specie:

1. I nomi di battesimo o le forme consuetudinarie definiscono un particolare tipo razziale e nazionale; esprimono una speranza e un desiderio legati al destino delle generazioni future. Esprimono la conoscenza del valore del carattere, la consapevolezza dell'identità del clan, del popolo e di Dio.

2. È nostro dovere dare ai nostri figli nomi caratteristici e porre fine alla tradizione che ancora persiste qua e là di scegliere nomi stranieri.

3. Ogni nome ha un'origine etnica e un significato specifici. Si distinguono principalmente nomi di origine nord-germanica (Harald, Sigurd, Astrid, Thora), tedesca (Albert, Heinrich, Gertrud, Irmgard), romana (Anton-ius ; Martin-us, Pet(e)r-us, Agnes, Klara), greco (Georg, Eugen, Lydia, Monika) ed ebraico (Jakob, Joachim, Johann, Joseph, Mathias, Michael, Thomas, Anna, Elisabeth, Eva, Edith, Gabriele, Magdalena, Martha, Maria, Suzanne).

4. Il nome deve corrispondere a tutti i nomi della patria dei genitori. In Frisia si preferiscono altri nomi rispetto alla Baviera. Il nome deve esprimere l'etnia. È quindi importante scoprire il significato del nome prima di darlo al bambino. (Un numero speciale di "Nomi caratteristici" è stato pubblicato dall'SS-Hauptamt. Circoli e insegnanti di varie regioni forniscono informazioni).

5. Il nome deve essere in armonia con il nome della famiglia, in modo da formare un insieme organico con esso. Ma questo non è sempre possibile, poiché molti cognomi hanno un significato limitato. Anche la consonanza gioca un ruolo importante.

6. L'usanza di dare ai bambini il nome di battesimo dei loro antenati (nonni e bisnonni) è salutare. Il nome di battesimo è un dovere ancestrale

per il bambino, erede dell'antenato. Quando il padre e il figlio hanno lo stesso nome, è facile che si crei confusione. Ma il figlio porterà con orgoglio il nome del padre defunto. La scelta di nomi di linee collaterali esprime il desiderio di un rapporto familiare classico, mentre i nomi di famiglia o di clan esprimono il rapporto di sangue più stretto, che si esprime nella forma di una comunità omogenea. Il primo nome permette di influenzare il futuro e quindi di determinare l'evoluzione del patrimonio biologico. Questa è la difficoltà maggiore nella scelta del nome. Ciò implica la conoscenza delle caratteristiche ereditarie del clan, che può anche permetterci di creare nuovi nomi se non vogliamo che la consegna dei nomi non sia più adeguata all'evoluzione della vita.

7. Al posto delle forme abbreviate che sono diventate abituali, in futuro si dovranno usare i nomi di battesimo completi, a parte i soprannomi usati negli ambienti familiari.

8. I nomi doppi (Karl Heinz, Ernst Dieter) hanno senso solo se si riferiscono al grado di parentela con il padrino. I bambini dovrebbero essere informati di questi aspetti in occasione dei loro futuri compleanni. In presenza di nomi composti con Bauer, Müller, Schmidt, ecc. è auspicabile l'uso di più nomi. Tuttavia, la trascrizione di più nomi in un'unica forma (Karlheinz o simili) dovrebbe essere evitata.

Oggi che viviamo in un'epoca in cui le persone prendono coscienza delle proprie origini razziali, la scelta del nome non è più una questione arbitraria. Attraverso l'attribuzione del nome, la nostra visione del mondo esprime che l'individuo rappresenta un anello della catena di generazioni del suo clan e un ramo dell'albero della vita costituito dal suo popolo. Il nome di battesimo costituisce sia un voto in questo senso sia un legame biologico. La consegna del nome di battesimo è un passo nel graduale risveglio del popolo, e quando tutti i tedeschi porteranno di nuovo nomi tedeschi, si potrà concludere che la scelta del matrimonio e la tutela della famiglia hanno riacquistato la loro priorità e il loro diritto alla considerazione.

Che il nome sia l'espressione della specie!

QUADERNO SS N. 3. 1944.

IL CIMITERO GIARDINO

Dietro di noi le distese infinite ed estenuanti della Russia, davanti a noi il paesaggio angusto della patria. Nel treno di congedo dal fronte, le lettere trovano mescolati al loro interno i ricordi degli sforzi spesso sovrumani compiuti nelle battaglie intraprese per salvaguardare le terre tedesche a est, la semplice vita familiare, il verde del villaggio, l'albero solitario sul viottolo di campagna, il mormorio del ruscello che serpeggia tra i prati, il bosco fremente e la siepe piena di fiori e di uccelli nei loro nidi. Hans di Brandeburgo ricevette una lettera dalla moglie in cui diceva che il ciliegio a sinistra della finestra della camera da letto sembrava coperto di brina per la sua grande fioritura; Toni Wieser apprese che un'annata fruttata come quella del '43 richiedeva molto impegno e lavoro in vigna; Il figlio di Schulte della Terra Rossa gli ha detto che è diligente e aiuta a nutrire il bestiame; Draxler di Tannensteig potrebbe essere felice; sua madre lo ha informato che la casa è splendida e che non vede l'ora che arrivi! Amo la Marcia e non vorrei frustrare per nulla al mondo voi che amate la vostra terra sveva più di ogni altra cosa, o voi che vi sentite veramente a casa in Slesia. Ognuno di noi dà vita alla regione in cui è nato, non solo in senso fisico, ma anche in senso spirituale. Le generazioni precedenti della nostra famiglia hanno plasmato il nostro Paese e segnato questo pezzo di terra con il loro carattere e la loro forza. Questo irradia oggi, arricchisce il nostro essere e contribuisce al magnifico sviluppo di tutte le nostre qualità.

Quando arriviamo alla casa, ci guardiamo intorno per vedere se tutto è ancora come l'abbiamo lasciato. "Perché hai tagliato il grande albero lassù? Perché i frutti sono così pieni di vermi? Ricordo chiaramente di aver addentato una mela dalle guance rosse dell'albero dietro il fienile. Chi ha costruito questo cimitero spoglio, senza alberi o cespugli, senza uccelli che cinguettano, senza muri, ma spoglio e aperto, esposto a tutti gli occhi, con solo una recinzione a proteggerlo da intrusi profani? Tuttavia, è un bene che abbiate messo dei nidi lì dietro il grande tiglio! Gli uccelli potranno nidificare di nuovo e contribuire a distruggere i parassiti. La donna ha avuto molto lavoro, ma il ragazzo e la ragazza hanno lavorato duramente perché il padre che combatte così coraggiosamente per noi in lontananza deve essere pienamente soddisfatto e felice.

- Mi dica, donna, mi dà fastidio chi ha sistemato il cimitero in un modo così di cattivo gusto? Sai, ho visto cadere molti compagni e ho promesso a tutti loro un posto nel mio cuore, visto che si sono goduti la vita. Tuttavia, il villaggio non sembra ascoltare la loro richiesta: "Non trasformateci in ombre della tomba, lasciateci la dolce fragranza della serenità che aleggiava sulla nostra giovinezza come un bagliore brillante! Voi, i vivi, date ai vostri morti il diritto di tornare, affinché possiamo rimanere tra voi nella buona e nella cattiva sorte. Non piangeteci perché ogni amico abbia paura di spettegolare e ridere di noi. Sapete che il giardino del cimitero dovrebbe essere così bello da far piacere stare con i morti. Qualsiasi posto può essere adatto a questo tipo di cimitero, su vicino al grande tiglio, o il tumulo laggiù all'uscita del villaggio, o laggiù sul vecchio letto ripido del fiume: ma dovrebbe, dove si trova, essere in un rapporto speciale con il villaggio e diventare una parte della bellezza regionale, come i vecchi tumuli o alcune delle piccole cappelle. Lo paragono alla descrizione di Walter Flex in "Viaggiatore tra due mondi": "Sull'altura del lago di Lemno decoro la tomba di un eroe. Due tigli la sovrastano come tranquilli guardiani, il fruscio vicino dei boschi e lo scintillio lontano del lago la proteggono. Il sole e i fiori estivi sbocciavano in abbondanza nei giardini dei contadini intorno. Il ragazzo allegro e solare dovrebbe avere una tomba fatta di sole e di fiori. Perché, vedete, il nostro dovere non è solo quello di seppellire i defunti che ci hanno lasciato in eredità questo bel villaggio; dobbiamo anche onorarli con orgoglio. Le persone costantemente apatiche e avare di tempo non possono avere voce in capitolo nella scelta dei luoghi, ma solo quelle come questa vecchia madre che ho incontrato su un omnibus affollato. Non temeva la fatica e il viaggio ed era venuta dalla Prussia orientale per visitare suo figlio all'ospedale di Innsbrück. Il cimitero giardino, con le sue piazzole, deve inserirsi in un'immensa distesa naturale dove si sente il respiro dell'eternità. Con i bambini messi a letto in fretta, parlerò ora delle mie motivazioni e di ciò che dovrebbe preoccupare tutti noi.

- Dobbiamo accettare il fatto che ci saranno dei doveri nella comunità che non possiamo più rimandare a un "professionista" che ne trae profitto. Tutti noi abbiamo costantemente dei doveri sacri - che ciascuno deve svolgere con serietà, amore e pari calore e che non possono essere lasciati a nessun altro. La manutenzione e la cura di questo cimitero per i nostri morti e caduti è un dovere sacro. Vedete, in futuro dovremo riunirci tutti insieme nel villaggio per portare avanti questo cimitero.

- Credo che spesso abbiate provato emozioni diverse a seconda della natura degli spazi in cui vi trovavate. Un collega architetto me lo ha spiegato con tante parole di pace: "Certi rapporti di proporzione suscitano già in noi esseri umani stati d'animo diversi: sentimento profano o solennità. Uno spazio più lungo o più alto suscita in noi emozioni più solenni di un teatro, anche se sovraccarico di scenografie, perché uno spazio equilatero suscita una sensazione di tranquillità e di piacevolezza, e quindi incita più spesso al riposo che al movimento. Ma il presente, il passato e il futuro hanno un ruolo essenziale nella grande celebrazione della vita. Con i suoi pensieri, l'uomo ritorna dal presente al passato e si precipita nel futuro. Si trova in movimento. Fisicamente e moralmente l'uomo si mette in movimento in uno spazio lungo come un peristilio o la navata di una grande chiesa. L'altezza e la lunghezza di uno spazio possono produrre nell'uomo uno stato di raccoglimento nella vita quotidiana, secondo il seguente rapporto di proporzione: 2/3 per il giardino-cimitero in cui si incontrano il presente e l'infinito.

- Poiché il compagno aveva molte altre cose interessanti da dire sul cimitero del nostro villaggio, vi racconterò tutto quello che mi ha detto: il contenuto e la forma del cimitero da giardino sono determinati dalla più piccola unità formale, la tomba, che non deve mai avere la forma di un triangolo o di un cerchio. Rombi, stelle e croci hanno un effetto particolarmente potente sul tavolo da disegno, ma in natura modellano gli spazi in modo assurdo. Non sono vissuti dall'uomo nella forma desiderata perché non cammina tra le nuvole, ma sulla Terra.

In futuro, l'aspetto dei cimiteri e dei monumenti commemorativi dovrà essere progettato in uno spirito di estrema semplicità. I segni creati dalla mano dell'uomo dovranno inserirsi in modo ingegnoso nella natura circostante. Un luogo di commemorazione per i morti di un villaggio.

- Il cimitero del giardino contiene l'uomo, l'albero e l'eternità. L'albero fa da intermediario tra quest'ultima e la generazione. Diventa l'albero degli antenati nel campo o nel cimitero del villaggio quando i suoi rami vegliano su una stirpe. Uno accanto all'altro, gli uomini sono in stretta comunità, senza differenze, sotto l'erba. Il tumulo dovrebbe alzarsi di dieci centimetri dal livello del suolo. Il luogo migliore per un individuo, purché non sia reso obbligatorio, non è determinato dalla ricchezza, ma solo dalla fama e dalla rispettabilità di una famiglia o di un individuo. Il Comune si fa carico dei costi per un periodo di almeno 25 anni e per il periodo in cui i discendenti partecipano alla manutenzione della tomba. Vedete, è così che nascerà il nostro cimitero giardino, dove il rango e il valore della tomba non hanno importanza, ma solo la pianta e la sua cura, perché un giardino senza fiori non è un giardino. I fiori specifici del paese dovrebbero deliziarci con la loro bellezza e diversità di colori e forme. Il gran numero di piante da serra ammassate nelle aiuole spaventa l'occhio che sperava di vedere nel cimitero un prato di fiori, anche se di molte specie, ma intimamente selezionati. In un luogo in cui l'olfatto delle persone è più importante della vista, le specie floreali colorate dovrebbero calmare i cuori con il loro profumo accattivante.

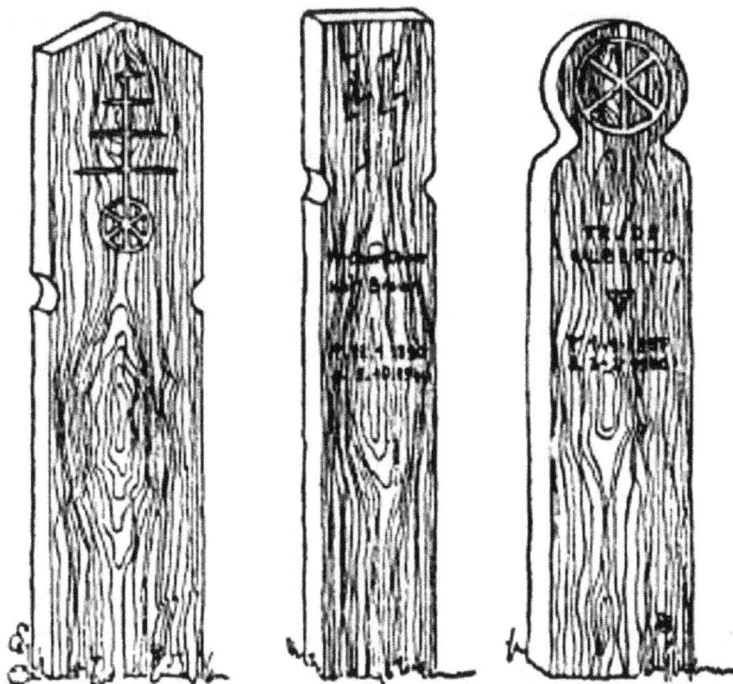

Bozzetti di Klaus Stärtzenbach per nuove lapidi.

La stele al centro di questi prati fioriti simboleggia l'uomo.

La tomba custodisce la memoria di centinaia di momenti di una vita e cancella tutti i litigi.

Rappresenta l'uomo nel suo compimento finale. Evoca sia la prospettiva passata dell'uomo che poteva raggiungere la mezza età, sia quella dell'individuo che avrebbe vissuto ancora per molti anni. Con un semplice scalpello, ognuno di noi può scolpire senza grandi spese segni di vita, motivi solari come la ruota del sole e la croce di Sant'Andrea. L'albero della vita ci insegna che la vita, anche se si estingue, trae sempre nuova forza dalla vecchia stirpe. La tomba non è rivolta al mondo, ma a una, due, tre, quattro, cinque o sei persone che sono strettamente legate al morto, fisicamente o moralmente, perché l'iscrizione non è più un semplice testo, ma un dialogo. Così, la calma che regna in questo cimitero-giardino diventa una sorta di movimento perfetto in sé, dove i simboli si sfregano in una forma tangibile; nessuno è superiore all'altro, così come l'uomo non si differenzia più dal suo vicino.

La stele di legno sarà sempre più alta che larga. Più è stretta, più si avvicina alla forma dell'albero che cerca la luce. La pietra, invece, è pesante, stratificata, strettamente legata alla terra e deve essere in linea con il suo carattere. Il monumento funebre sarà più largo che alto. Il ferro lavorato dal fabbro in forma rotonda, quadrata o piatta deve essere battuto o ritorto, spaccato, piegato e rivettato in modo che il vento e il sole possano passare liberamente, come attraverso una tela di ragno. Influenzate dal nostro spirito libero e gioioso, forma ed essenza si uniscono in modo tale che l'essenza genera la forma, come l'albero nasce dalla terra e il suono dal flauto.

Aspetto già con ansia il momento in cui tutti i contadini si riuniranno per costruire insieme il cimitero-giardino secondo questo bellissimo progetto, con la convinzione che ogni popolo è accanto a un altro popolo di immortali la cui esistenza era indispensabile perché rappresentano le nostre radici senza le quali non potremmo andare avanti.

Klaus Stärtzenbach

QUADERNO SS N. 6. 1944.

DEL BAMBINO

Esiste una gioia più grande che vedere un bambino? - Ne conoscete uno? - Io no! - È una gioia degli occhi. È una gioia dell'udito. È una gioia per le vostre mani che lo accarezzano. È una benedizione per il vostro cuore. Lo vivi con tutto il tuo essere, ma nessuna parola può esprimerlo. È vero che un bambino richiede anche una cura costante che assume molte forme.

Le preoccupazioni sono molte.

Il bambino che avete avuto, che si sviluppa, cresce secondo la sua interiorità, è una parte di voi e tuttavia segue il suo destino. Vi sentite responsabili per lui, ma non potete fare nulla per il suo bene o il suo male. Vi estendete in lui, ma è la sua volontà a guidarlo. Non c'è preoccupazione più grande?

Celan' non si ferma mai. Prima che nasca, ci si chiede se vive, se è in salute. Ci si preoccupa della sua salute, dei suoi passi falsi, dei suoi risultati. Ci si preoccupa delle sue scelte, delle sue domande. L'attaccamento al proprio figlio è così profondo, così totale.

Ma voi siete veramente appagati attraverso il vostro bambino. L'appagamento nei vostri sforzi per il vostro bambino è il vostro valore segreto, il vostro valore anonimo di vita. Il vostro valore è la vostra felicità silenziosa. Allora siete finalmente rassicurati: egli vive, e migliaia di piccole vite sbocciano in lui come su un albero in primavera; la sua bellezza risplende come l'umidità mattutina del giorno. La vostra gioia silenziosa trova il suo coronamento nel suo splendore fisico. Il carattere sano del vostro bambino sembra illuminare la vostra gioia. La sua venuta vi riempie di un orgoglio luminoso: può esistere una gioia più profonda?

Vi dicono anche che questo bambino è un peso, il prodotto della negligenza. Ma altri esprimono idee più sane e rette, dicono che è una questione di opinione, e certamente la più inconfutabile, che si tratta di un dovere verso il popolo, un atto responsabile, una prova di fiducia.

Ma la parola più saggia che vi dirò è che il vostro desiderio di avere un figlio non ha altra ragione che l'amore. Non lo amate per nessun altro motivo che non sia la gioia.

III. Questioni razziali

Rivista "Credere e combattere", per le SS dei gruppi folkloristici della Germania sudorientale.

Che cos'è la razza?

"Ciò che non è di buona razza in questo mondo non ha valore.

(Adolf Hitler, *Mein Kampf*)

All'interno della massa degli esseri viventi si possono distinguere gruppi più o meno simili tra loro e con caratteristiche fisiche simili. Possiedono la stessa essenza. Chiamiamo questi gruppi di esseri viventi "specie".

L'umanità, che oggi è viva, forma una "specie" perché gli individui sono reciprocamente fertili. Ma quando si considera e si confronta un bianco, un negro o un mongolo, diventa chiaro che non si può parlare senza limiti solo della specie "uomo", ma bisogna fare un'ulteriore sottoclassificazione per poter dare un giudizio accurato. Questo porta al concetto di razze umane.

Possiamo distinguere ogni razza per le differenze che possiede a causa della particolarità delle sue caratteristiche ereditarie, psico-intellettuali e fisiche, delle sue disposizioni e qualità. Ogni razza ha determinate qualità e caratteristiche che le *sono uniche*. Queste *caratteristiche razziali* si trasmettono per via ereditaria ai discendenti.

La razza è quindi un gruppo di esseri viventi che si distinguono per il possesso comune di alcune caratteristiche ereditarie. Essa produce sempre esseri simili. Oppure, per riassumere: la razza è una comunità di disposizioni ereditarie (Stengel v. Rutkowski).

Finché una razza rimane pura, il suo patrimonio ereditario si trasmette intatto da una generazione all'altra. È quindi necessario che gli uomini di una stessa razza abbiano una maggiore consapevolezza razziale e riconoscano i pericoli che portano all'incrocio, alla trasformazione, alla degenerazione e quindi al declino della razza in questione. Ogni popolo si è evoluto da razze specifiche in una comunità di vita omogenea. La razza complessiva definisce la caratteristica etnica ed è immutabilmente esternata attraverso il suo patrimonio ereditario. Come tutti i popoli germanici, la razza nordica dominante segna anche il popolo tedesco con la sua specificità.

Che cos'è un popolo?

Ogni popolo rappresenta una comunità visibile all'esterno. Lo stesso sangue, la stessa terra, la stessa lingua, gli stessi costumi, la stessa cultura e la stessa storia formano un legame inscindibile. Sia la razza che la storia e la cultura sono necessarie per l'appartenenza a un popolo. Il popolo è sia una comunità di disposizioni ereditarie sia una comunità di ambiente. Ogni generazione è solo un anello della catena che inizia con gli antenati più antichi e continua nel futuro con le generazioni future. Insieme formano la comunità del popolo. L'esistenza dell'individuo ha quindi uno scopo quando è intimamente connessa con il popolo nel suo insieme.

Ogni portatore di sangue vivente in questa comunità ha la responsabilità di dare la vita alle generazioni future.

Ogni popolo ha una propria caratteristica etnica. La composizione razziale del popolo determina questa caratteristica.

Il popolo è una comunità di origine e di destino. In quanto comunità di disposizioni ereditarie, è in grado di creare e plasmare in larga misura il proprio ambiente.

L'importanza delle gare

La massa ereditaria comune condiziona l'attitudine fisica e spirituale alla creazione che è propria di una razza. La "razza" come concetto di lavoro non solo si riferisce alla particolare vitalità che vive e si esprime in noi, ma diventa anche il valore essenziale, il punto di riferimento ideologico.

Ci sono razze che possono produrre grandi civiltà e altre che non si solleveranno mai da sole. Ci sono razze con atteggiamenti eroici e altre senza coraggio combattivo. Le creazioni culturali sono esclusivamente opera di razze di grande valore. L'umanità si evolve o declina a causa della conservazione della purezza e della forza delle razze creatrici di civiltà.

La struttura razziale di un popolo è unica. La sua modifica porta sempre a una trasformazione del suo carattere e della sua civiltà. Ogni mescolanza razziale significa per la razza degna di questo nome una diminuzione del suo valore.

Correlato - estraneo - stesso ceppo - ceppo diverso

L'umanità ha fortemente separato i gruppi razziali al suo interno. In linea di massima, si distingue tra: bianchi, neri e gialli. Ognuno di questi gruppi comprende a sua volta una serie di sottorazze che hanno alcuni tratti in comune. In questo caso, si parla di parentela o, in breve, di razze affini. I popoli che, nella loro composizione razziale, hanno le stesse componenti del popolo tedesco, sono imparentati con noi. La maggior parte dei popoli europei rientra in questo caso.

Poiché la sostanza razziale essenziale varia spesso in modo considerevole tra i nostri parenti, è necessario prendere in considerazione l'aspetto quantitativo delle componenti razziali. I popoli germanici hanno una predominanza di sangue nordico nella loro miscela razziale. Il loro rapporto con il popolo tedesco è quindi definito "dello stesso ceppo". Altri popoli che hanno anche deboli componenti razziali nordiche, ma non sono nordici nella sostanza, li definiamo "di stirpe straniera".

Il favorevole mix razziale presente nel popolo tedesco si basa sulla confluenza di razze affini e sulla quota superiore e predominante di sangue nordico.

L'origine della razza nordica

La sfera centrale della razza nordica comprende le regioni della Scandinavia meridionale, lo Jutland, il Mare del Nord, il Mar Baltico e si estende fino al cuore della Germania.

Fin dalle origini, l'uomo nordico era un agricoltore sedentario. Inventò l'aratro, che fu poi adottato da altri popoli, coltivò cereali e allevò animali domestici. L'enorme aumento della popolazione di questa umanità nordica la spinse ad acquisire nuovi territori e fece sì che un'ondata dopo l'altra si riversasse nelle terre vicine: nell'area europea e in gran parte dell'Asia. Le popolazioni originariamente insediate furono segnate dallo stile di vita nordico, anche se spesso solo temporaneamente.

L'affermazione che "la luce viene da Est", come sosteneva un tempo la scienza, è falsa. Si dovrebbe piuttosto dire "la forza viene dal Nord!

L'importanza della razza nordica per l'umanità

Il Führer dice nel *Mein Kampf*:

"Tutto ciò che ammiriamo oggi su questa terra, la scienza e l'arte, la tecnologia e le invenzioni, sono il prodotto creativo di pochi popoli e forse, in origine, *di una* razza.

Le grandi civiltà create dagli indo-tedeschi in India, Persia, Grecia e Roma testimoniano in modo impeccabile lo spirito creativo nordico. Anch'esse sono scomparse con il declino della classe dirigente nordica. Ancora oggi siamo consapevoli della parentela con queste culture, che hanno la stessa origine.

Tuttavia, non siamo così presuntuosi da credere che tutta la cultura, anche quella dei tempi antichi, possa essere attribuita alla sola razza nordica. Anche persone di altra composizione razziale hanno creato civiltà. Ma la pensiamo diversamente quando cerchiamo di capire le culture dell'antica Cina, di Babilonia o le antiche culture indiane degli Aztechi (nell'attuale Messico) e degli Inca (nell'attuale Perù). È innegabile che anche queste erano grandi civiltà; tuttavia, nel loro contatto sentiamo il segno di una natura innegabilmente estranea. Non sono imparentati con noi, ma estranei per razza. Un altro spirito parla in loro. Mai queste culture di altro tipo hanno raggiunto un livello paragonabile a quello influenzato dallo spirito nordico.

Lo sviluppo tecnico odierno è stato anche il prodotto di uomini nordici. È il caso, ad esempio, della nuova Turchia, dell'ascesa del Nord America o del progresso dell'Estremo Oriente, a livello equivalente.

Nei luoghi di mescolanza con le razze vicine, l'influenza della razza nordica si è sempre dimostrata estremamente innovativa e ha comportato tendenze attive allo sviluppo, dando origine alle più alte creazioni culturali.

Il popolo tedesco e la razza nordica

Nonostante l'elevata mescolanza di razze in varie parti del Reich, troviamo nelle diverse zone della Germania razze distinte che sono più fortemente tipizzate.

Ci sono regioni in cui dominano la statura alta, il viso stretto e i colori chiari di capelli, occhi e pelle (l'aspetto fisico della razza nordica). Strettamente imparentato con l'uomo nordico, spesso definito una "sottospecie" dell'uomo nordico, l'uomo della Westfalia risulta essere più alto, più largo e più massiccio.

In molte parti del Reich, invece, troviamo uomini alti, con la testa bassa, il viso stretto, il naso largo, gli occhi marroni e i capelli neri (l'aspetto fisico della razza dinarica).

In alcune zone vivono uomini piccoli, snelli e agili, con occhi e pelle scuri (l'aspetto fisico della razza occidentale o mediterranea).

In altre regioni predominano le seguenti caratteristiche: corpi medi e tozzi, teste corte, musi larghi con zigomi prominenti, pelo biondo e occhi chiari (aspetto fisico della razza baltico-orientale).

Infine, in alcune zone del Reich, si incontrano uomini tarchiati, con la testa rotonda, il viso largo, gli occhi marroni, i capelli da castani a neri e il colore della pelle scuro (aspetto fisico della razza orientale).

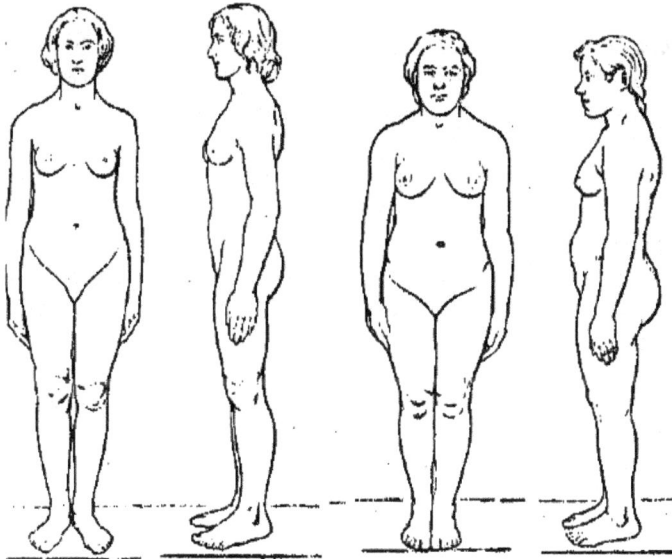

Tipo nordico - Tipo baltico-orientale

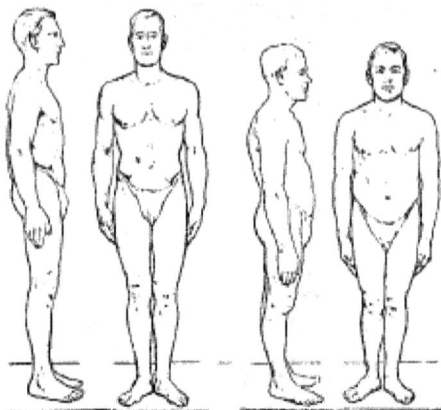

Tipo nordico - Tipo baltico-orientale

La *razza nordica* è più o meno fortemente rappresentata in tutte le parti del Reich, sia a nord che a sud, a ovest o a est. Molti dei nostri abitanti non possono essere identificati esattamente con una sola razza. Con l'eccezione di quei rappresentanti che sembrano essere di razza pura, ogni razza si trova tra tutti i popoli in forma più o meno fortemente mista.

Il patrimonio ereditario nordico predomina nel popolo tedesco. La razza nordica non solo è la *razza predominante*, ma il suo *sangue è presente in quasi tutti i tedeschi*. Il concetto di "sangue e suolo" non è un concetto vuoto, ma costituisce il nostro destino. È stato quindi definito anche l'obiettivo della selezione del popolo tedesco. Essa si svolge secondo la legge vitale della sua razza creatrice.

La quota di sangue nordico nella massa ereditaria del popolo tedesco ammonta a circa il 50%. A parte questo, la genealogia ci insegna che *ogni tedesco ha sangue nordico*.

Il popolo tedesco è quindi una comunità razziale nel vero senso della parola. La storia, interpretata secondo il principio razziale, ha dimostrato da tempo che la razza nordica produce un numero di uomini eccezionali di gran lunga superiore alle altre razze. La razza nordica è soprattutto la detentrice del genio del popolo tedesco. Le grandi conquiste in tutti i campi ne hanno fatto la razza leader dell'umanità. Nessun'altra razza umana ha prodotto così tanti leader spirituali, capi dell'esercito e statisti di spicco.

Nel corso di audaci spedizioni, i nordici conquistarono vasti territori, fondarono Stati e crearono civiltà. Già intorno all'anno 1000 i Vichinghi erano sbarcati in America. Lo spirito nordico realizzò lo sviluppo di vaste aree di terra.

Una delle qualità più sorprendenti della razza nordica è il suo autocontrollo. L'audacia nordica ha ispirato conquiste belliche. La probità e la forza di volontà, unite alla fiducia in se stessi, rafforzano fortemente il senso di indipendenza. Queste qualità diminuiscono certamente l'intuizione e l'uomo nordico rischia di perdersi e sprecarsi. L'uomo nordico ha una grande predilezione per lo sport e il combattimento, ama il rischio. È quindi più probabile che si trovi in occupazioni che comportano un pericolo rispetto ad altri uomini. Ma va detto che il carattere dell'individuo è più determinante del colore dei suoi capelli. L'individuo appartiene essenzialmente a una razza di cui professa le virtù attraverso l'azione.

Se esaminiamo ogni Paese europeo nella sua composizione razziale, notiamo che in quasi tutti gli Stati si trovano le stesse razze. Troviamo la razza nordica fuori dalla Germania, nei Paesi scandinavi, in Inghilterra e nei Paesi Bassi, così come in Russia, Italia, Francia, Spagna, ecc. Ma troviamo anche, ad esempio, uomini di tipo orientale nei vari Paesi europei. L'importante, in definitiva, non è dare un giudizio razziale generale su un popolo. Si tratta piuttosto di studiare gli *elementi predominanti di ciascuna razza* nelle persone interessate. E si può notare che, a livello puramente numerico, il Reich è già in vantaggio rispetto agli altri popoli per quanto riguarda la percentuale di sangue nordico.

La Germania può legittimamente pretendere di guidare i popoli tedesco-nordici.

QUADERNO SS N. 7. 1942.

IL SIGNIFICATO BIOLOGICO DELLA SELEZIONE

Da quando Darwin, come Linneo, non si accontentò più di definire un sistema di specie, ma si interrogò anche sulla loro origine e cercò di trovare una risposta, l'idea della selezione ha acquistato nuovo slancio. Già nei decenni scorsi si cercava di applicarla all'uomo. Oggi, l'idea della selezione è uno degli elementi chiave della visione del mondo nazionalsocialista. Da quando è esplosa vittoriosamente, anche l'opinione pubblica si è interessata ad essa. A ciò si aggiunge il fatto che tutte le questioni riguardanti la selezione e l'orientamento degli uomini, il loro tipo di funzione e la distribuzione dei compiti sono oggi particolarmente vivaci.

Le razze e le specie si creano attraverso la selezione e l'eliminazione.

Sulle cause dell'origine delle specie e delle razze sulla Terra sono state date due risposte fondamentalmente opposte. Una cerca i fattori trainanti negli impulsi esterni, nell'ambiente, nel "milieu". L'altra, invece, parla delle leggi della trasmissione ereditaria e colloca la base dell'origine, della conservazione e del consolidamento dei tratti caratteristici della specie nel cuore stesso del plasma vivente. Ci sentiamo più vicini alla seconda risposta che alla prima. Sappiamo, ad esempio, che la perdita di un arto a causa del congelamento o dell'ambiente non comporta la scomparsa di quell'arto nella prole. E questo non accadrebbe nemmeno se il raffreddamento si ripetesse per diverse generazioni. Ciononostante, esistono profonde interrelazioni tra l'origine delle specie e le condizioni dell'habitat che non possiamo considerare dal punto di vista di una teoria superficiale dell'ambiente. Gruppi umani omogenei, cioè interi gruppi razziali e razze specifiche, acquisiscono la caratteristica omogenea delle proprie caratteristiche fisiche e psichiche solo nel corso di dieci o centomila anni, in connessione armoniosa con un'area di vita adeguata alla specie in questione. Sotto l'effetto di tutte le sue condizioni geologiche, climatiche e biologiche, l'area di vita porta gradualmente al consolidamento e all'armonizzazione interna di un tratto ereditario perfettamente determinato. Questo non è il risultato della "trasmissione ereditaria di qualità acquisite", ma della selezione in senso positivo e dell'eliminazione in senso negativo.

L'habitat produce un tipo specifico di selezione

La selezione e l'eliminazione effettuata in un territorio specifico per una determinata specie fa sì che solo quelle cresciute nelle condizioni di quella particolare area si riproducano a lungo termine. Al contrario, quelle che non superano queste condizioni scompaiono. Un esempio: come ha fatto il ricercatore v. Eickstedt, ipotizziamo che l'umanità nordica europoide dalla pelle chiara sia stata particolarmente segnata dall'habitat uniforme e isolato del Nord Eurasia (Siberia) dell'era glaciale. Possiamo facilmente immaginare le conseguenze della selezione naturale e dell'eliminazione in quest'area. Solo coloro che erano stati sottoposti alle condizioni più dure potevano sopravvivere e perpetuarsi nei millenni successivi. La riproduzione e la crescita sono state concesse solo a coloro che alla fine si sono dimostrati superiori a questo clima e a questo aspetto inospitale della terra, a coloro che in definitiva erano più forti della natura grazie alla loro inflessibilità e durezza. Solo le qualità che permettevano all'uomo vittorioso di superare la natura venivano perpetuate e consolidate attraverso la trasmissione ereditaria. Durante la guerra in Oriente, l'inverno ci ha dato un'anticipazione e una vivida illustrazione di ciò che significa per gli esseri viventi non solo essere soggetti a una natura onnipotente, ma anche sfidarla vittoriosamente.

Superare la natura non significa solo possedere due qualità specifiche. La forza muscolare o l'insensibilità al freddo non sono sufficienti. Il superamento della natura e dell'ambiente si riferisce ai tratti generali del carattere del corpo e dell'anima. La natura deve essere superata con la durezza fisica e l'inflessibile volontà di vivere. Deve essere superata anche con forza spirituale e grande zelo. Già nei nostri primi antenati, essa ha favorito quelle qualità che ancora oggi sentiamo nell'anima come le più alte: la sfida agli ostacoli esterni, la durezza verso noi stessi, l'insaziabile voglia di vivere, la profondità e la fiducia nella vittoria dell'anima, nonché tutte le nostre qualità e forze superiori.

L'origine delle specie non è il risultato di un facile processo di adattamento

Non possiamo mai considerare il trionfo sulla natura avara e sulla durezza delle sue condizioni di vita come il risultato di un facile adattamento. È ovvio che anche l'uomo si adatta e segue il percorso di minor resistenza, nella misura in cui gli è consentito. Ma sfuggire all'ambiente circoscritto dall'era glaciale e circondato da potenti barriere naturali è stato spesso impossibile o solo in misura limitata durante i lunghi periodi dell'evoluzione. Quando le barriere naturali scomparvero gradualmente e poterono essere superate, la conquista di spazi vitali più favorevoli, allora come oggi, fu possibile solo confrontandosi con altri gruppi umani già insediati.

La nascita di una specie non è il prodotto di un facile adattamento a un ambiente e a un "milieu". Si tratta piuttosto di una graduale cristallizzazione e accentuazione di tutte le qualità che permettono di affrontare vittoriosamente le dure condizioni della vita. Solo il sacrificio più pesante lo rende possibile. L'essere che non può sopportare la prova offerta dalla natura elementare scompare e viene spietatamente eliminato. Proviamo quindi un profondo rispetto per questo processo, che ci spinge a essere responsabili della conservazione e della riproduzione degli esseri umani della nostra specie.

Il progresso della civiltà facilita le condizioni di esistenza e quindi modifica anche le leggi biologiche di selezione originarie.

Quanto più un gruppo umano riesce a dominare e trasformare le condizioni del suo spazio vitale attraverso l'instaurazione di una cultura fedele alla legge della vita, tanto più facilmente l'individuo riesce a preservarsi e a evitare l'eliminazione. Le leggi della selezione e dell'eliminazione, che all'inizio sono severe, gradualmente scompaiono e diventano meno severe. Più una cultura invecchia e più raggiunge lo stadio delle epoche di civilizzazione, più perde vigore. Si produce addirittura il processo opposto. Anche gli individui deboli e malati possono sopravvivere e riprodursi; i diversi tipi razziali si mescolano. La legge che crea la specie non sembra più agire.

Quando la cultura sviluppa la propria evoluzione spirituale e contemporaneamente produce condizioni di esistenza molto agevolate, lo spirito e la natura della selezione vengono fortemente compromessi. La conservazione della purezza, l'ulteriore educazione e l'evoluzione della specie che si sviluppa nel corso dei millenni vengono gradualmente messe in discussione.

La selezione culturale sostituisce la selezione biologica

Le specie e le razze sono il magnifico risultato della selezione biologica naturale. La civiltà che si evolve in seguito al cambiamento delle sue condizioni di esistenza impone una certa forma di selezione. Questo tipo di selezione deriva dalle condizioni di esistenza, dalle necessità e dalle idee fondamentali della cultura dominante e del suo spirito. L'obiettivo della selezione perseguito da una cultura può avere un rapporto diverso dalla selezione naturale biologica originale. Questo rapporto determina la nostra valutazione del valore della selezione culturale e la sua giustificazione. Non importa con quali mezzi venga effettuata. È secondario che richieda determinate competenze, un grado minimo di istruzione, che metta la conservazione della vita in cima ai suoi valori o che utilizzi i mezzi della scienza moderna per conoscere l'uomo.

Diverse forme di selezione culturale

Il caso più favorevole del rapporto tra selezione culturale e selezione naturale biologica originaria si ha quando l'obiettivo della seconda è perseguito dalla prima. Grazie a uno spiccato senso della legge che regola l'origine della loro specie, popoli come gli Spartani ricorsero nella loro selezione agli stessi principi di inflessibile severità originariamente prescritti dalla natura, anche dopo il loro arrivo in territori più ospitali. Altri popoli di razza nordica, come i nostri antenati germanici, obbedirono naturalmente alle leggi biologiche che regolavano la creazione della loro specie.

D'altra parte, sappiamo che altre forme di selezione naturale sono totalmente contrarie alle leggi biologiche dell'origine delle specie, o addirittura ostili ad esse. Ciò accade soprattutto quando lo spirito civilizzatore proviene dall'esterno e non è il prodotto della specie stessa. L'accettazione, così come l'instaurazione forzata, di una cultura mentale estranea produce altri tipi di selezione e alla fine porta alla negazione e alla distruzione del carattere originale e specifico della specie. L'intrusione del cristianesimo nella cultura dei nostri antenati germanici ha dato origine a una forma di selezione che, fin dall'inizio, si è dimostrata ostile alla nostra specie e alle sue leggi evolutive. L'élite sacerdotale cristiana seleziona uomini adatti e utilizzabili per i propri scopi, ma vieta loro la perpetuazione e la conservazione del miglior patrimonio razziale costringendoli al celibato. Una forma estranea ai principi della selezione culturale, che fa un uso vantaggioso delle conseguenze della selezione biologica naturale, vecchia di centinaia di migliaia di anni. Utilizza il ricco tesoro di talenti fisico-spirituali della nostra razza, ma rifiuta consapevolmente e istintivamente di lasciarli conservare e rinnovare. Per secoli ha vissuto su questo capitale, un processo di cui solo ora ci rendiamo conto della piena portata. Vediamo che questo capitale di talenti è già minacciato e non è affatto inesauribile.

Lo spirito alla base delle forme di selezione culturale del nostro tempo

Le attuali forme di selezione culturale sono strettamente legate al livello culturale stesso.

Nella misura in cui la cultura ha già le caratteristiche di un'azione civilizzatrice tardiva, la "selezione" si è già trasformata in una spaventosa contro-selezione. Questo è il risultato della protezione dei malati e degli inferiori, frutto dell'errato "interesse" per il valore del solo individuo. La depravazione morale, il benessere, la decadenza dei sentimenti e la perdita di tutti gli istinti naturali ne sono la causa. La nostra visione di tutto questo è chiara e non ha bisogno di spiegazioni.

Oltre a questa controselezione civilizzatrice automatica, ci sono molti tentativi di praticare una selezione culturale consapevole e metodica. Lo scopo e l'intenzione sono sempre quelli di "mettere l'uomo giusto al posto giusto". Nessuno mette in dubbio la praticità di questi sforzi. Tutte le istituzioni e le organizzazioni importanti della nostra vita culturale si preoccupano oggi di fornire alla propria prole un numero sufficiente di qualità. I grandi compiti storici che il destino ha assegnato al nostro popolo non consentono più di sviluppare le doti esistenti. È quindi ancora più necessario mettere l'uomo giusto al posto giusto.

Il carattere biologico problematico della nostra selezione culturale

Per valutare il significato dei tentativi di selezione compiuti dal nostro tempo, non possiamo limitarci a considerarne l'indubbio successo immediato. Dobbiamo costantemente chiederci se sono coerenti con le leggi biologiche della conservazione delle specie. Dobbiamo verificare se, al di là del loro effetto pratico momentaneo, promuovono e fanno prosperare la specie millenaria o almeno la conservano. Quando teniamo conto di questa necessità, scopriamo che le nostre forme di selezione culturale hanno perso di vista il significato biologico originario di ogni selezione. In alcuni casi, si arriva addirittura a una totale inconsapevolezza o indifferenza, talvolta persino a un'ostilità istintiva e manifesta. Quest'ultimo caso riguarda in particolare tutte le forme di selezione "puramente spirituale".

Da un punto di vista pratico, la selezione culturale viene effettuata principalmente su individui superiori adattati a particolari scopi culturali. Il *significato biologico originale della selezione, cioè che gli uomini buoni devono essere favoriti nella riproduzione*, nella maggior parte dei casi non viene preso in considerazione, o addirittura viene intenzionalmente negato. Molte forme di vita e organizzazioni culturalmente condizionate impediscono ai loro membri di riprodursi attraverso la creazione di molteplici barriere economiche o morali. Ad esempio, l'incentivo a seguire corsi di formazione troppo lunghi rende economicamente e praticamente impossibile creare una famiglia. Il numero di figli è limitato perché l'istruzione richiede enormi sacrifici. Altre organizzazioni culturali, che naturalmente rivendicano il diritto di scegliere il meglio, erigono invece barriere morali. Una morale di classe, ad esempio, in cui il senso del dovere biologico non è ben considerato, che condanna il matrimonio precoce come volgare, così come i molti figli o i giovani genitori, tradisce il significato originale della selezione biologica. Le classi che esprimono la loro "distinta" moralità cavillosa con la formula: "Innamorarsi spesso, fidanzarsi raramente, non sposarsi mai", non hanno quindi il diritto morale di partecipare alla selezione all'interno della nostra razza.

La selezione culturale ha anche un effetto opposto a livello biologico, quando si scelgono i migliori la cui esistenza è messa in pericolo perché devono rischiare la vita per portare a termine i loro compiti. L'attuale guerra ne è un chiaro esempio, dove ai migliori di noi viene impedito di riprodursi pienamente a causa della morte.

Se guardiamo al quadro generale, la selezione culturale avviene ancora oggi, nei campi più disparati e con motivazioni diverse, in un modo biologico del tutto simile alla selezione della Chiesa, che si nutre costantemente del capitale di talenti. Se da un lato si sforza, giustamente ma ingannevolmente, di mettere l'uomo giusto al posto giusto, dall'altro spesso non si rende conto del significato originario di ogni selezione a causa del suo ristretto orizzonte storico-temporale, ideologico e morale. E non di rado ritiene di dover rifiutare sdegnosamente i punti di vista biologici per motivi "spirituali". Diventa così una forma di controselezione che spaventa sul piano pratico perché perfettamente occultata. A ciò si aggiunge la solidità e la correttezza delle sue procedure selettive, in parte molto sviluppate.

Non possiamo rinunciare al risultato immediato di una buona selezione culturale nella gigantesca lotta per l'esistenza del nostro popolo. Ma questo non deve essere ottenuto a costo di un *impoverimento della nostra sostanza popolare e razziale ricca di talenti*, accelerata dai mezzi più raffinati. Sarebbe una politica miope. Ciò che la controselezione civilizzatrice produce gradualmente, cioè l'estinzione e l'inaridimento del sangue buono e persino del migliore con il contemporaneo aumento di tutto ciò che è mediocre, verrebbe poi accelerato da processi consapevoli. Ciò che, lasciato a se stesso, sarebbe un processo esteso per secoli, avverrebbe in pochi decenni: una razza colta vedrebbe le sue ultime forze concentrate ed esaltate scomparire tanto più rapidamente e drammaticamente! Questo sarebbe eroismo tragico in senso spenseriano! Vedere questo pericolo significa combatterlo con ogni mezzo.

La riproduzione di persone valide è più importante di qualsiasi selezione culturale.

Il nostro punto di vista è chiaro: qualsiasi selezione culturale - indipendentemente dai mezzi che utilizza - deve essere scagionata e giustificata di fronte alla storia millenaria della nostra razza. Alla luce dei principi divini che regolano la nostra specie, non ha ragione di esistere se si oppone alle leggi biologiche in modo ostile, indifferente o inconsapevole. Volontariamente o meno, incoraggia lo sfruttamento distruttivo delle opere più alte ed eminenti della creazione. La natura e il creatore applicano allora l'unica sanzione: la scomparsa, la morte della specie. Una selezione consapevole con i suoi successi immediati, che possono essere valutati nell'arco di anni e decenni, deve potersi svolgere nell'arco di secoli, millenni e centinaia di millenni. Altrimenti perde ogni credito nei confronti della storia della nostra specie e, in ultima analisi, del suo divino creatore.

Il nostro diritto alla selezione

Il nazionalsocialismo può concepire la sua richiesta di selezione solo con l'obiettivo di allinearla alle leggi biologiche dell'origine della specie. Deve quindi fare in modo che l'idea della selezione sia difesa e applicata solo in funzione dell'*intera* visione del mondo nazionalsocialista. Tutte le sue applicazioni parziali e razionali producono l'effetto contrario. Finora le SS sono diventate lo strumento più adatto. Le sue leggi d'ordine e le sue istituzioni sono animate dallo spirito del dovere biologico. Già nel 1931, il Reichsführer SS promulgò l'ordine sul fidanzamento e sul matrimonio in questo spirito. L'ordine delle SS del 28 ottobre 1939, riguardante tutte le SS e la polizia, emana dallo stesso senso del dovere verso la razza, di sottomissione al Creatore, e per questo è stato frainteso e interpretato male da coloro che non pensano biologicamente.

Ludwig Eckstein

(Nota dell'autore: l'ordine del 28 ottobre stabilisce che l'assistenza e il sostegno devono essere dati indiscriminatamente ai figli, legittimi o meno, del personale SS morto al fronte. I campi religiosi e reazionari considerarono questo come una violazione morale insopportabile).

ANNALI N. 2. 1944.
EDIZIONE DELLA BRIGATA SS VALLONIA.

DAL CORPO RAZZIALE ALL'ANIMA RAZZIALE

Non è solo perché la forma del corpo dell'uomo nordico ha determinate dimensioni in altezza, larghezza e lunghezza, o perché è spesso caratterizzato da capelli biondi e occhi azzurri, che gli attribuiamo importanza.

Non è nemmeno per questo che apprezziamo il nostro patrimonio nordico.

Certo, le indicazioni fornite dalla forma del corpo dell'uomo nordico sono comunque alla base del nostro ideale di bellezza. È sempre stato così nella storia dell'Occidente, e per convincersene basta dare un'occhiata al panorama di opere d'arte prodotte nei secoli da tutte le civiltà e le "culture" che si sono succedute sul territorio europeo. Per quanto si possa andare indietro nel tempo, si possono sempre trovare nelle figure scultoree e nei dipinti che evocano un ideale di bellezza, le forme caratteristiche dell'uomo nordico. Anche in alcune civiltà orientali si riscontra lo stesso fenomeno. Mentre le divinità sono rappresentate con tratti distintamente nordici, le figure dei demoni o di coloro che rappresentano poteri inferiori o oscuri hanno tratti caratteristici di altre razze umane. In India e persino nell'Estremo Oriente, i Buddha sono spesso rappresentati con tratti decisamente nordici.

Che il corpo razziale nordico rappresenti per noi l'ideale di bellezza è naturale. Ma tutto questo acquista un significato reale e profondo solo perché in esso troviamo l'espressione e il simbolo dell'anima nordica. Senza quest'anima nordica, il corpo nordico non sarebbe altro che un oggetto di studio per le scienze naturali, come la forma fisica di qualsiasi altra razza umana o animale.

Così come il corpo nordico è diventato prezioso e piacevole per noi in quanto perfetto portatore ed espressione dell'anima nordica, allo stesso modo siamo respinti da certi spunti razziali ebraici perché sono il simbolo diretto e l'indicazione sicura di un'anima ebraica che ci è totalmente estranea.

Gli studiosi in materia ci dicono che una certa forma fisica razziale e una certa anima razziale vanno necessariamente insieme e che sono, in fondo, espressioni di una stessa cosa. Tuttavia, nulla ci sembra più difficile che dimostrare scientificamente o con altri mezzi la correttezza di questa omogeneità tra corpo razziale e anima razziale.

Riteniamo che in questo ambito si debba essere estremamente cauti. Allo stato normale delle cose, c'è ovviamente omogeneità e compenetrazione tra questi due aspetti della realtà umana. E ci sembra molto difficile spingere il dogma della differenziazione del corpo e dell'anima ai suoi estremi logici. I più autorevoli rappresentanti di questa particolare dottrina non cadono in questo estremo.

L'impurità razziale è tuttavia segnata, come possiamo vedere ogni giorno, da contraddizioni interiori tra il corpo razziale e l'anima razziale. Ci sono individui che indubbiamente possiedono molte delle caratteristiche fisiche della razza nordica e tuttavia non possiedono affatto l'anima nordica.

Tuttavia, la questione essenziale è considerare una tale situazione come assolutamente anormale e persino mostruosa.

E ci sembra che la trasparenza tra il corpo razziale nordico e l'anima razziale nordica sia il vero obiettivo di ogni politica e morale razziale.

QUADERNO SS N. 6B. 1941.

GEMELLI ED EREDITARIETÀ

Le gemelle dimostrano la correttezza della nostra dottrina razziale

Questa volta i Quaderni delle SS presentano un'illustrazione che sembra essere notevolmente fuori dal comune: si tratta di coppie di gemelli che partecipano a una "gara per il maggior numero di gemelli identici" tenutasi in California nel 1931. Ci si chiede cosa c'entri un'immagine del genere, espressione della stupida predilezione americana per il sensazionalismo, con i Quaderni delle SS. La stragrande maggioranza delle ragazze mostrate non sono nemmeno belle!

Senza dubbio, non si può dire che queste ragazze siano almeno carine. Sono state scelte solo per intrattenere un pubblico niai, eppure questa immagine è estremamente interessante, suggestiva e dimostrativa.

Perché il fotografo, con la sua fotografia, ha *fornito una prova inconscia e impressionante della correttezza della dottrina razziale del nazionalsocialismo.*

A prima vista, questa affermazione sembra azzardata. Se la studiamo, vedremo l'immagine sotto una luce diversa. Mostra sei coppie di gemelli che appartengono a razze diverse. La coppia centrale a sinistra sembra essere di tipo nordico-occidentale; si tratta di ragazze di sicura origine germanica. Le ragazze in alto a sinistra sembrano essere occidentali (mediterranee). È evidente che anche le altre due in basso a sinistra sono di origine israelita. Le tre coppie sulla destra sono di razza mista, quella al centro ha sangue indiano dominante, quella in alto e quella in basso soprattutto sangue negro.

Vediamo quindi che le sei coppie di gemelli sono estremamente diverse nel loro insieme, il che ci dà una chiara idea del caos razziale negli Stati Uniti. La cosa più sorprendente è che le due sorelle di una coppia sono sempre identiche! Potrebbero essere scambiate senza difficoltà. Non c'è più differenza che se la stessa persona fosse stata fotografata due volte. Un esempio: ogni volta hanno esattamente lo stesso sorriso, che dimostra lo stesso carattere spirituale e morale. Per distinguere questi gemelli, la madre ha dovuto mettere loro dei nastrini rossi e blu da neonati per non confonderli.

Per noi persone "normali", la differenza tra le persone è così evidente che possiamo distinguerle senza difficoltà. Ma se nella vita si incontrano due gemelli come quelli dell'illustrazione, si ha la sensazione, davvero sconcertante, di non riuscire a distinguerli. L'incontro con questo fratello gemello farebbe nascere il seguente pensiero: "Quando ti ho visto arrivare, all'inizio ho pensato che fosse tuo fratello. Poi ho pensato che fossi tu. Ma ora vedo che era tuo fratello.

Ma ci sono delle eccezioni: non tutti i gemelli sono simili come quelli dell'illustrazione. Pensiamo solo a quelli che possiamo conoscere. *Esistono due tipi di gemelli.* Nel primo tipo, i partner hanno somiglianze e differenze equivalenti, come i normali fratelli e sorelle. La loro origine è facilmente spiegabile: ogni essere vivente superiore è il prodotto dell'unione di una cellula uovo e di una cellula spermatica. I nuclei di queste due cellule contengono il patrimonio ereditario. La cellula uovo fecondata contiene quindi il patrimonio ereditario paterno e materno e dà origine a un nuovo essere vivente. Durante il ciclo mestruale, la donna rilascia normalmente un solo ovulo, che può essere fecondato. In casi eccezionali, tuttavia, possono essere rilasciati due ovuli, ciascuno dei quali viene fecondato da uno spermatozoo e poi cresce. In questo modo nascono due gemelli che si differenziano dai soliti fratelli solo per il fatto di crescere insieme nel corpo della madre. Si tratta di gemelli "bivitellini".

La creazione di gemelli esattamente simili avviene in modo molto diverso. Questi rappresentano circa un quarto dei gemelli nati. Nascono da un unico ovulo fecondato da uno spermatozoo. Ma per ragioni sconosciute, questa cellula si divide in una fase molto precoce dell'evoluzione. Le due metà producono ciascuna un individuo distinto. Ognuno di essi è il prodotto di un unico ovulo fecondato e, a ogni divisione cellulare, il patrimonio ereditario viene distribuito in modo completamente uguale tra le due metà. I gemelli nati in questo modo hanno esattamente lo stesso capitale di caratteristiche ereditarie. Sono gemelli univitelline e quindi, per la loro origine, esseri umani del tutto simili dal punto di vista ereditario. La loro somiglianza, francamente ridicola, è dovuta alla loro somiglianza ereditaria.

Gara binoculare in California, USA.

Nel Terzo Reich non c'erano questi "concorsi" che esprimevano la propensione al "sensazionalismo". Al contrario, la femminilità disadorna e naturale era esemplificata da queste illustrazioni.

Destini ridicolmente simili e sorprendentemente simili

La somiglianza tra gemelli identici si nota anche nei più piccoli dettagli. Due esempi molto reali: un'insegnante aveva in classe due gemelle che non riusciva a distinguere. Alla fine, fu contenta di aver trovato un segno di riconoscimento nelle lentiggini che erano apparse di recente sulla punta del naso di una ragazza. Poco dopo, l'altra ragazza aveva esattamente lo stesso numero di lentiggini nello stesso punto. È stato fatto di nuovo! Le malattie (ovviamente solo di tipo ereditario) possono comparire e svilupparsi in modo del tutto simile nei gemelli con la stessa ereditarietà, anche se i due individui hanno vite diverse. In passato c'erano due fratelli gemelli, uno dei quali divenne un funzionario pubblico di alto livello. Viveva non sposato nella capitale. Suo fratello si sposò e visse in campagna come proprietario terriero. Nonostante queste grandi differenze nelle loro condizioni di vita, entrambi si ammalarono all'età di sessant'anni. Queste nature un tempo serene e sane furono vittime di un violento diabete che causò una grande irritabilità mentale e, in seguito, disturbi della deambulazione. Nel corso della malattia, entrambi i fratelli soffrirono di retinite e di un ascesso aperto su un dito del piede, e morirono nel giro di poche settimane.

La storia dei gemelli fraterni con tendenze criminali segue spesso un percorso sorprendentemente simile. Questi gemelli vengono condannati alla stessa età, commettono lo stesso tipo di crimini e si comportano in modo simile fin nei minimi dettagli. Per esempio, dopo la prima guerra mondiale c'erano due gemelli noti per essere truffatori di grande stile. Uno di loro sosteneva di aver fatto un'invenzione di incredibile importanza. Con la sua personalità brillante e la sua eloquenza persuasiva, riuscì a interessare molte persone alla sua invenzione e a ottenere denaro da loro. Tuttavia, il dispositivo non funzionò mai perfettamente. Utilizzò il denaro per condurre una vita lussuosa. Alla fine fu arrestato. Mentre era in prigione, suo fratello gemello costruì lo stesso tipo di dispositivo, trovando anch'egli persone credulone e usurai creduloni, finché non fu imprigionato anche lui per frode. In tribunale, entrambi adottarono lo stesso atteggiamento. Con sorprendente abilità, erano in grado di esprimersi e in parte di convincere la giuria. Anche in carcere si comportarono allo stesso modo e riuscirono a ottenere molti vantaggi.

Esistono innumerevoli storie divertenti sui gemelli. Uno dei due fratelli Piccard, piloti stratosferici divenuti poi famosi, da studente andò dal barbiere, si fece radere e dichiarò di soffrire di una crescita rapidissima della barba. Il barbiere gli promette di radersi di nuovo gratuitamente nel caso ne avesse bisogno quella sera. Un'ora dopo torna lo stesso studente, in realtà il fratello gemello, completamente sbarbato. Il barbiere è rimasto stupito nel vedere una tale crescita della barba. Dovette radere lo studente gratuitamente, come aveva promesso.

Due sorelle ingannavano regolarmente il loro insegnante di musica quando una di loro voleva prendersi un giorno libero. Avevano le lezioni in orari diversi e una delle due ragazze sacrificava due ore nello stesso giorno, mentre la sorella si divertiva nel mezzo.

L'ereditarietà è predominante?

Nonostante la sconcertante e spesso fatale somiglianza di alcuni gemelli, sarebbe certamente un errore affermare che l'uomo è solo il prodotto del suo patrimonio ereditario. Ci sono ben più di due gruppi principali di cause che determinano la natura dell'uomo: il suo carattere ereditario e le influenze ambientali che agiscono su di lui. I gemelli univariati non sono completamente uguali sotto tutti i punti di vista. Le loro caratteristiche ereditarie sono simili e le differenze che mostrano sono attribuite alle influenze ambientali. Ma rimane un fatto interessante e importante: in questi gemelli univitelline che sono cresciuti in un ambiente diverso, è possibile determinare la forza e il limite delle influenze dell'ambiente. È possibile vedere l'entità e il grado delle influenze ambientali. Esse possono dare origine a differenze specifiche. Ma l'impressione prevalente che emerge dalla ricerca sui gemelli è che l'ereditarietà sia molto più potente dell'ambiente. Torniamo ora alla nostra illustrazione. Qual è il punto principale di questa immagine, una volta acquisita una certa conoscenza dei processi in atto nei gemelli ereditariamente simili? Mostra persone che sono indistinguibili perché hanno lo stesso patrimonio ereditario. Tuttavia, coppie di razze diverse mostrano differenze straordinariamente grandi. E ora, per concludere:

Se la somiglianza fisica e spirituale di queste donne deriva dalla somiglianza del loro patrimonio ereditario, la disuguaglianza degli individui e la differenza dei gruppi biologici umani che chiamiamo razze deriva dalla disuguaglianza del loro patrimonio ereditario. È proprio questa la grande idea fondamentale della nostra dottrina razziale.

Le razze differiscono psichicamente e fisicamente perché hanno caratteristiche ereditarie diverse. La loro diversità, come quella dell'individuo, non deriva dall'azione di un clima diverso, di condizioni di vita diverse, di influenze spirituali diverse, in breve dal loro ambiente, ma dal loro diverso patrimonio ereditario. All'inizio c'è il sangue. È grazie al suo patrimonio ereditario che un popolo razzialmente omogeneo costruisce il proprio ambiente, segna il proprio spazio vitale, crea la propria cultura. Uguaglianza e differenza si basano quindi sul naturale e fondamentale processo di trasmissione ereditaria. Nel raro caso dell'uguaglianza totale degli uomini che si manifesta nei gemelli univitellini, possiamo dimostrare formalmente che la loro concordanza si basa sull'uguaglianza del patrimonio ereditario. Ma è anche dimostrato che la differenza tra uomini e razze si basa sulla differenza del patrimonio ereditario.

Ne traiamo quindi la seguente lezione: Il patrimonio ereditario, la razza, determina le manifestazioni esterne come il pensiero, il sentimento e l'azione, l'atteggiamento psichico di ogni individuo e di ogni popolo.

L'anima sfugge all'influenza delle leggi ereditarie?

Molti ritengono che solo il *corpo sia* oggetto di trasmissione ereditaria, ma l'anima sembra essere un'entità soprannaturale conferita direttamente all'embrione dal Creatore. Anche i gemelli univariati forniscono una prova inconfutabile del contrario. Cosa mostrano? Vediamo lo stesso atteggiamento, lo stesso sorriso, lo stesso pianto, lo stesso linguaggio, la stessa civetteria, le stesse qualità e gli stessi difetti in entrambi i gemelli. Quando l'embrione viene diviso, non si dividono solo i cuori ma anche le anime.

Il sentimento molto umano che emana da questi gemelli univitellini sembra estremamente forte. Abbiamo la sensazione di trovarci in un luogo dove la natura ci permette di contemplare i suoi misteri in modo profondo e chiaro. È come se, attraverso i gemelli univitellini, volesse dimostrare che potrebbe creare anche uomini identici, se lo volesse. Queste rare eccezioni chiariscono che la donna vuole la *disuguaglianza*, non l'uguaglianza. Attraverso questa disuguaglianza della sua essenza, la natura mantiene la vita nel suo potenziale, spingendola in avanti.

Gli uomini del Paese di Roosevelt, nemico mortale della nuova Germania e della dottrina del Führer, dovrebbero guardarsi in faccia e non con gli occhi di persone affamate di sensazioni! La verità esiste anche lì: la verità sull'eterna legge del sangue.

OPUSCOLO SS N. 3. 1939.

GRUPPI SANGUIGNI E RAZZE

Alla luce della scoperta dei gruppi sanguigni, di cui abbiamo parlato brevemente nell'ultimo numero, la loro importanza per la scienza razziale è stata notevolmente sopravvalutata. Si crede comunemente che il sangue determini direttamente l'appartenenza razziale di un individuo. Ma, come è noto, sulla Terra esistono molte più di quattro o sei razze. È quindi evidente che i quattro o sei gruppi sanguigni non sono sufficienti per associare una delle tante razze a un particolare gruppo sanguigno. Infatti, i quattro gruppi classici A, B, AB, O sono presenti in *tutti i* popoli e in tutte le razze. I gruppi sanguigni non sono quindi in grado di determinare l'appartenenza di un *individuo* a una razza! Classificare le persone in base a *una* particolarità - in questo caso il gruppo sanguigno - non porta da nessuna parte. Se, ad esempio, si volesse giudicare i popoli e le razze *solo* sulla base dell'indice cefalico, i nordici e i negri sarebbero imparentati, perché entrambe le razze sono dolicocefale! È comprensibile che l'importanza della caratteristica del sangue nella ricerca razziale sia stata sopravvalutata, poiché questa caratteristica merita almeno una considerazione speciale. Tuttavia, nella determinazione dei gruppi sanguigni, la razziologia non è meno - ma nemmeno più - presente della prima procedura biologica, qualificata per integrare riccamente quelle che, finora, sono quasi esclusivamente descrittive e utilizzate per misurare i corpi. Inoltre, il gruppo sanguigno di un individuo rimane costante per tutta la vita e, a differenza di altre caratteristiche corporee, è completamente indipendente da qualsiasi azione del mondo esterno.

Sebbene non sia possibile assegnare una razza precisa ai quattro o sei gruppi sanguigni, la scoperta di questi gruppi fornisce comunque informazioni preziose per stabilire la storia delle razze e la scoperta dei popoli. Si potrebbe dimostrare che i quattro gruppi A, B, AB, O si trovano ovunque sulla Terra, ma che la *frequenza della loro comparsa* è diversa a seconda delle persone e delle razze. Un esempio familiare chiarirà il problema: se confrontiamo la distribuzione percentuale dei gruppi sanguigni nel popolo tedesco, tenendo conto di tutte le indagini pubblicate finora, con quella dei 1000 ebrei esaminati, otteniamo la seguente tabella (cifre arrotondate):

Gruppi sanguigni	O	A	B	AB
Tedeschi	36	50	10	4
Ebrei	33	37	21	9

Troviamo che i valori di B e AB sono due volte più alti tra gli ebrei che tra i tedeschi. La distribuzione degli O è più o meno uguale, mentre gli A sono significativamente più comuni tra i tedeschi che tra gli ebrei.

È chiaro che tali percentuali forniscono un quadro tanto più accurato quanto maggiore è il numero di individui esaminati. Se si dovessero esaminare solo cento uomini delle SS, si otterrebbe sicuramente un quadro diverso della distribuzione dei gruppi rispetto a quello fornito sopra per i tedeschi. Un esame dell'intera SS fornirebbe comunque cifre approssimative. I dati sulla distribuzione dei gruppi all'interno di specifici Paesi sono quindi molto incerti, perché vengono esaminati pochi cittadini di questi Paesi e la scelta di quelli esaminati influenza i risultati. In ogni caso, già oggi è possibile tracciare *un quadro della distribuzione dei gruppi sanguigni tra i diversi popoli e le diverse entità nazionali,* tenendo conto dei risultati delle scoperte precedenti:

Una panoramica mostra *una significativa preponderanza del sangue A nell'Europa nord-occidentale e del sangue B nell'Asia centrale e orientale.* Tuttavia, il sangue A e la razza nordica non devono essere confusi, nonostante i dati geografici finora conosciuti, come ha rivelato l'esame di un gruppo di popolazioni della Germania dell'Est con una maggioranza di sangue A. Nell'area Europa-Asia, il gruppo A diminuisce costantemente da ovest a est. È sorprendente che nella *Russia europea ci* siano meno A che nel Vicino Oriente, tra gli *iraniani* e i *persiani* del nord. Questa è una chiara indicazione della spinta dei popoli nordici indo-germanici verso l'Asia. Per quanto riguarda i B, vi è una distribuzione preponderante nell'*Europa nord-orientale rispetto* alle regioni dell'Europa sud-orientale e del Vicino Oriente. La preistoria e la storia dimostrano che elementi razziali sono migrati dall'Asia all'Europa. Per quanto riguarda la distribuzione di A in altre parti del mondo, troviamo: la preponderanza di A al di fuori dell'Europa si trova in *Australia, Polinesia, Pacifico e Giappone,* nonché tra i popoli del Nord Africa. Gli australiani e i polinesiani mostrano una certa analogia nelle loro caratteristiche fisiche con il ceppo parentale europeo, per cui l'alta preponderanza di A in questi popoli non è così sorprendente. Tra i *giapponesi,* la preponderanza di sangue A si arresta dopo gli Ainu, un'antica popolazione delle isole giapponesi che mostra anch'essa una predominanza di A e che è imparentata con i popoli europei per altre caratteristiche fisiche. Tra i popoli *del Nord Africa,* la predominanza di sangue A è coerente con l'appartenenza di questa regione alla sfera razziale mediterranea e quindi europea, appartenenza che può essere in parte dovuta anche all'impero dei Vandali germanici, che rimasero in Nord Africa per oltre cento anni. Per quanto riguarda il B, al di fuori del continente Europa-Asia, la sua presenza è piuttosto limitata nel Pacifico e la sua totale assenza in Australia. Il gruppo sanguigno O è così preponderante (90%) tra gli *eschimesi* e gli *indiani del Nord America* che sono imparentati con loro, che gli individui non O potrebbero aver ricevuto il loro gruppo sanguigno solo da un'influenza straniera. Non c'è, per così dire, nessun AB tra loro. A e B sono così rari che la loro penetrazione nella popolazione primitiva del Nord America potrebbe essere spiegata dalla mescolanza delle razze in seguito alla colonizzazione. Inizialmente, gli eschimesi e gli indiani del Nord America sembravano possedere solo sangue O. Sarebbero quindi l'unica "razza pura" in termini di gruppo sanguigno che conosciamo finora sulla Terra.

Poiché gli indiani hanno un gruppo sanguigno così chiaramente differenziato, è possibile dimostrare chiaramente come la mescolanza con altri popoli e razze modifichi la struttura sanguigna originale di un popolo. Lo si può vedere nella tabella seguente:

Tipi di sangue	O	A	B	AB (%)
Indiani purosangue	91,3	37,7	1,0	0,0
Indiani Métis	64,8	25,6	7,1	2,4
Bianco americano	45,0	41,0	10,1	4,0

Come era prevedibile dopo la mescolanza della loro razza, i mezzosangue indiani si collocano in termini percentuali in una posizione intermedia tra gli indiani puri e i bianchi. Laddove si è verificata la mescolanza, nelle medie si trovano cifre intermedie. I dati relativi alla Russia orientale suggeriscono un'ampia mescolanza tra russi e popoli ugro-finnici e mongoli.

Al contrario, con l'aiuto dei gruppi sanguigni si può dimostrare se un popolo mantiene o meno la purezza del proprio sangue. Come è stato dimostrato finora che la distribuzione dei sessi rimane stabile nell'arco di tre generazioni, si deve presumere che anche la distribuzione dei gruppi sanguigni di un popolo rimanga la stessa secolo dopo secolo, finché non vi è mescolanza di sangue con persone di gruppi diversi. Infatti, si potrebbe sostenere che, per esempio, i "sassoni della Transilvania" che hanno lasciato la Germania settecento anni fa hanno ancora la stessa distribuzione di gruppo dei tedeschi in Germania, diversa da quella dei loro vicini rumeni o ungheresi! I negri in America hanno una distribuzione di gruppo paragonabile a quella dei loro fratelli africani. Anche gli olandesi, in Sudafrica e nelle Indie Orientali, hanno mantenuto la stessa tipologia dei loro fratelli nella madrepatria; lo stesso vale per gli inglesi in Canada e in Australia. La distribuzione è molto evidente anche tra gli zingari - i veri zingari - che non vanno confusi con i vagabondi che si sono mescolati qua e là a questi nomadi. La distribuzione dei gruppi tra gli zingari non ha nulla a che vedere con quella dei popoli europei, ma piuttosto con quella degli indù. Tuttavia, la lingua degli zingari è composta da pezzi di tutte le lingue dei Paesi che attraversano, e alcune parole indicano che gli zingari sono originari dell'India. Le ricerche sul sangue hanno dimostrato la validità di questa opinione, come dimostrano i seguenti confronti:

Tipi di sangue	O	A	B	AB (%)
Zingari	27-36	21-29	29-39	6-9
Indù	30-32	20-25	37-42	6-9

Questo sorprendente esempio ci mostra quanto poco sia cambiata la tipologia del sangue degli zingari, anche se è provato che dal XIII secolo si sono dispersi in innumerevoli orde in tutta Europa, dove hanno vissuto la loro vita da parassiti.

Come altre caratteristiche ereditarie, gli individui all'interno di un popolo possono naturalmente essere differenziati in base al loro gruppo sanguigno. Così, i tedeschi occidentali e meridionali differiscono dai tedeschi orientali e centrali. Tuttavia, le differenze non sono così grandi come tra russi e tedeschi o tra polacchi e olandesi. Tuttavia, all'interno di certi confini, si può parlare di alcune figure permanenti che sono caratteristiche dei tedeschi nel loro complesso. A parte alcune deviazioni locali, *tutte le persone, per quanto riguarda la distribuzione dei gruppi sanguigni, sono omogenee all'interno di alcune regioni e questa omogeneità è anche sorprendentemente costante.*

Vediamo, quindi, che è possibile spiegare alcuni processi razziali e nazionali con l'aiuto del test del gruppo sanguigno.

Lo studio delle proprietà dei gruppi sanguigni simili M, N, P, S, G, scoperti di recente e non ancora testati in esperimenti razziali, potrebbe in futuro fornirci un nuovo metodo per spiegare l'interdipendenza tra gruppo sanguigno e razza.

Paul Erich Büttner

Opuscolo SS n. 3. 1936.

Quarto esempio dal lavoro del Sippenamt

Questo può essere aggiunto al terzo esempio tratto dal lavoro del Sippenamt (Ufficio del Clan) nel Quaderno 2 delle SS:

In diverse zone della Baviera è ancora possibile trovare il padre di un bambino illegittimo. Un uomo che sposa una donna con un figlio naturale spesso accetta il bambino come proprio. Nel "contratto di filiazione unica", conservato negli archivi di Stato, spesso viene indicato il padre del bambino, insieme alla data e al luogo di nascita.

I settimana dal 26 aprile al 2 maggio 1936

Quando si costruisce un albero genealogico, la maggior parte degli uomini SS raggiunge un "vicolo cieco" e non riesce ad andare oltre. Verrà fornito un esempio di come questa situazione possa essere talvolta superata.

Un uomo delle SS ha scoperto che la sua bisnonna era nata a Lüneburg nel 1820. Il trisnonno era proprietario della locale salina. Per poter risalire al 1800, erano ancora necessari i certificati di battesimo e di matrimonio dei trisnonni. Ma questi non furono né battezzati né sposati a Lüneburg.

Sono state quindi adottate le seguenti misure:

Per prima cosa si è cercato il certificato di morte. Ma è emerso che il trisnonno era morto il 27 settembre 1865 all'età di 82 anni, 3 mesi e 10 giorni; quindi è stato fornito il giorno di nascita approssimativo, 17 giugno 1783, ma non il luogo di nascita. La ricerca degli atti di morte dei trisnonni non ha dato alcun risultato.

Poiché la data di morte era intorno al 1865, il luogo di nascita è stato richiesto all'ufficio anagrafe, ma gli elenchi sono iniziati solo nel 1868.

Il parroco fu quindi invitato a consultare il registro dei battezzati. In questo registro, accanto alla nota che indicava il battesimo di un'anziana sorella della bisnonna, era scritto che questa sorella era nata nel 1815 a Neusalzwerk, vicino a Minden. Ciò significa che i trisnonni si sono probabilmente trasferiti da Neusalzwerk a Lüneburg tra il 1815 e il 1820.

Fu scritta una lettera al parroco di Neusalzwerk, vicino a Minden. Ma la lettera fu rispedita indietro perché impossibile da consegnare.

Cosa si può fare, allora?

Sono stati cercati tutti i registri locali, ma non è stato possibile trovare alcun luogo con il nome "Neusalzwerk". Come ultima risorsa si potrebbe scrivere all'amministrazione della comunità di Minden per chiedere se questo luogo esisteva e a quale parrocchia apparteneva.

Si è scoperto che l'attuale centro termale di Oeynhausen si chiamava in passato Neusalzwerk.

L'atto di matrimonio e i certificati di battesimo potevano quindi essere redatti dal parroco competente. La data era intorno al 1800.

2 settimana del 3-9 maggio 1936

Perché le formule per la salute ereditaria?

Quando si discute con le SS su come compilare i moduli per la salute ereditaria, si ha spesso l'impressione che la maggior parte di loro non abbia affatto compreso l'immensa importanza di fornire scrupolosamente i riferimenti richiesti. Che cos'è dunque la salute ereditaria? Si tratta di una nozione familiare di salute, ovvero la cura delle malattie, e di qualcosa di totalmente nuovo, ovvero il trattamento delle predisposizioni a gravi difetti ereditari. Molti si chiederanno cosa si intende per ereditarietà. In breve, si può dire tutto ciò che costituisce un uomo dal punto di vista fisico, spirituale e psichico. Le sue capacità derivano dai suoi antenati e le trasmette ai suoi figli. Era già noto empiricamente che in ogni famiglia ricompaiono, nel corso delle generazioni, caratteristiche fisiche sorprendenti, come ad esempio la particolare forma del labbro inferiore nella casa degli Asburgo, o il grande talento musicale di alcune famiglie. Molte malattie si trasmettono insieme alle caratteristiche fisiche e alle capacità spirituali. Il tragico mondo dei manicomi e degli storpi di oggi è dovuto quasi esclusivamente a queste malattie ereditarie. Ogni uomo pensante e responsabile chiede con chiarezza e naturalezza che i difetti ereditari più gravi vengano ridotti.

Le difficoltà iniziano quando devono essere diagnosticati bambini e pazienti ereditari dello stesso sangue. Spesso si tratta di uomini esteriormente sani che, secondo le leggi dell'atavismo, possono avere nel loro patrimonio ereditario una predisposizione per una di queste malattie. Il non esperto non è in grado di capire che un uomo apparentemente sano, che non ha nessuno nei suoi parenti stretti con un difetto ereditario e che potrebbe non sapere che un nonno era già malato generazioni fa, possa portare con sé questo difetto. E se anche il coniuge è portatore della stessa predisposizione, la malattia si manifesterà in lui o nel bambino. È quindi dovere di ogni individuo, per responsabilità verso se stesso e i propri discendenti, rivolgersi a un medico esperto in queste materie. Per facilitare questo compito alle SS, sono state create le formule di salute ereditaria, con le quali il medico esaminatore delle SS consiglia i suoi commilitoni. Attraverso esempi specifici, si dimostrerà che è impossibile per il profano distinguere tra l'essenziale e l'accessorio nelle questioni ereditarie quando giudica la propria salute ereditaria. È suo dovere raccontare apertamente e fedelmente al medico curante tutto ciò che ha scoperto sui suoi parenti più stretti. Quest'ultimo potrà così dirgli con la massima probabilità se i figli e i nipoti saranno sani. Chi omette di menzionare alle autorità consultanti le malattie, i decessi e gli eventi particolari dei suoi antenati, non solo agisce in modo criminale nei confronti della futura moglie, nella cui famiglia sana porta la malattia, ma appesantisce non solo lei, ma anche i suoi figli e se stesso con una macchia.

Contrariamente a quanto pensano molti compagni, i requisiti stabiliti dalla RuSHA non sono superflui. Spesso si ottengono dati benigni, ma a volte rivelano anche difetti ereditari che l'individuo non sospettava nemmeno. Solo un medico qualificato può diagnosticare se il richiedente è vittima di un difetto.

3 settimana del 10-16 maggio 1936

Molti compagni nel Paese che stanno cercando di ottenere il permesso di sposarsi avranno già inveito contro la RuSHA molte volte nel loro cuore o anche apertamente.

Ad esempio, una persona del genere vorrebbe sposarsi in fretta. Invia quindi i documenti e vuole che la questione sia risolta il più rapidamente possibile. Per accelerare i tempi, potrebbe anche aver già fornito molte informazioni dettagliate, come la relazione di un medico specialista sui piccoli difetti degli occhi della fidanzata o il certificato di un trattamento dentistico richiesto. Ritenendo di aver fatto davvero tutto, attende con fiducia gli ulteriori sviluppi del caso.

È totalmente rassicurato, perché tutto è quasi risolto e non c'è nessuna singolarità in nessuna delle due famiglie. Un "no" risponde a tutte le domande dei questionari sulla salute; c'è un punto interrogativo solo per uno zio; perché a casa dei genitori si sa che questo zio è comparso in tribunale per un incendio doloso; ma non è stato condannato ed è morto poco dopo.

Quindi questo caso è ovviamente benigno. E quando arriva una lettera della RuSHA, l'uomo la apre con gioia perché dovrebbe contenere la sperata autorizzazione al matrimonio. Ma poi rimane deluso: "Per un esame approfondito della sua richiesta, la RuSHA ha bisogno di :

1. un certificato sull'incidente mortale della nonna della sua fidanzata;
2. Ulteriori informazioni sullo zio che è comparso in tribunale a causa di un incendio. Nome, data e luogo di nascita, nonché il tribunale; inoltre, potrebbe essere richiesto il casellario giudiziale.

Innanzitutto, c'è molta irritazione per questa lettera e per le sue richieste ovviamente secondarie. Si ha quasi voglia di inviare una lettera molto forte e di dire tutto quello che si pensa. Ma alla fine la questione è urgente e i dati richiesti vengono raccolti a casaccio. I risultati sono interessanti e sorprendenti per le SS inesperte di questioni mediche di biologia ereditaria, e ancora più importanti per i medici specialisti della RuSHA.

La nonna, di cui la fidanzata aveva sentito parlare solo dai suoi genitori, non era stata vittima di un incidente, ma si era in realtà suicidata. Era sempre stata una persona particolare e individualista, hanno riferito i genitori in questa occasione.

E la cosa sorprendente è che i suoi stessi familiari, quando gli si chiede dello zio, raccontano qualcosa di completamente simile. Dicono che era un originale di cui non ci si poteva fidare e che spesso faceva cose incomprensibili che lui stesso non riusciva a spiegare.

Così, la ricerca apparentemente minore rivela un fatto che sorprende lo stesso studente, ma di cui i consulenti RuSHA conoscono il pieno significato. Da queste indicazioni si può già supporre che in entrambi i casi, nella nonna della fidanzata e nello zio del richiedente, siano presenti i sintomi della stessa malattia mentale ereditaria. Questa ipotesi è confermata dai casellari giudiziari prodotti. Dalla perizia medico-legale risulta che lo zio non è stato condannato perché pazzo. Non è stato trasferito in manicomio come previsto perché è morto prima di polmonite.

Si può quindi constatare che i consanguinei di entrambi i futuri coniugi hanno la stessa malattia ereditaria. Pertanto, a causa della trasmissione ereditaria di queste malattie, è molto probabile che entrambi i futuri coniugi portino in sé la predisposizione per questa malattia. Anche se non viene rilevato nulla in loro, c'è il grande pericolo che nei figli comuni le predisposizioni patologiche interne di entrambi i genitori si sommino e la malattia ricompaia.

Cosa ne viene fuori? Entrambi i fidanzati dovrebbero essere sconsigliati di sposarsi perché il pericolo per i loro figli sarebbe troppo grande. Tuttavia, si può concordare che ognuno di loro sposi un'altra persona sana nella cui famiglia non sia presente la malattia. In questo modo il bambino non corre più il rischio di ricevere la stessa predisposizione patologica che, attraverso tale ripetizione, causerebbe la malattia. Anche altre malattie ereditarie hanno altri tipi di trasmissione che devono essere presi in considerazione quando si diagnostica un possibile pericolo per i bambini. È quindi importante disporre di dati precisi sulle malattie dei membri del clan, in modo che il medico possa farsi un quadro preciso.

4 settimana del 17-23 maggio 1936

Durante l'istruttoria di una domanda di matrimonio si è scoperto che uno zio del richiedente era sordomuto. Ulteriori informazioni hanno rivelato che questo zio era sordo per via ereditaria. Poiché la sordità riguardava uno zio, questo difetto non è molto grave per il richiedente. Ulteriori ricerche hanno anche rivelato che la madre della sposa era sorda. Un rifiuto avrebbe dovuto chiudere il caso se una ricerca ripetuta non avesse rivelato che la madre della sposa aveva sofferto di scarlattina in giovane età; il medico che l'aveva curata in ospedale aveva riferito che aveva perso l'udito a causa di una lesione da scarlattina all'orecchio medio. Non si trattava di una sordità ereditaria, ma della conseguenza di una malattia infettiva. Questo cambiò completamente le cose. La domanda poté essere approvata perché il difetto era solo da un lato e non dall'altro. I figli di questo matrimonio avranno la massima probabilità di essere sani.

La natura crea specie, non crea esseri. La specie è il fine; l'essere è solo il servitore di questo fine. È caratteristico dell'individuo ingannarsi sul proprio destino e credere di essere nato per se stesso.

René Quinton

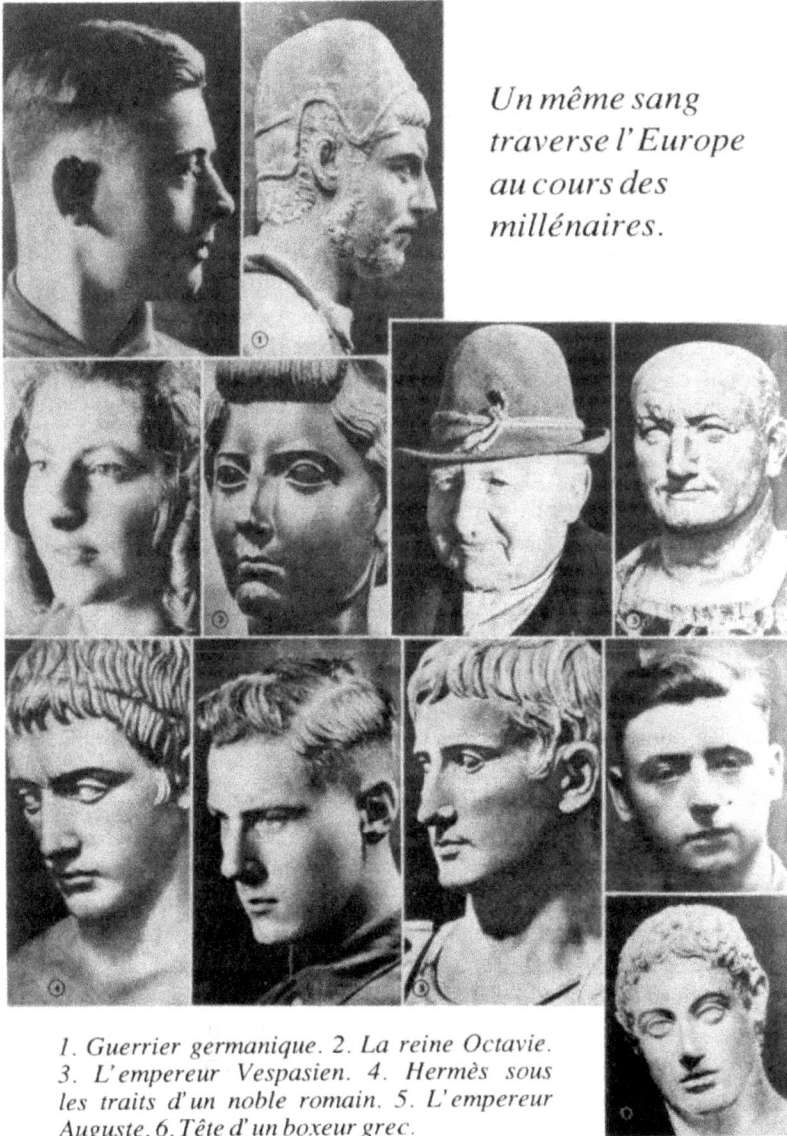

Un même sang traverse l'Europe au cours des millénaires.

1. Guerrier germanique. 2. La reine Octavie. 3. L'empereur Vespasien. 4. Hermès sous les traits d'un noble romain. 5. L'empereur Auguste. 6. Tête d'un boxeur grec.

QUADERNO SS N. 3. 1944.

SENZA TITOLO

Davanti a voi c'è un cavallo. Vi piace l'animale? - Mi piace pensare di sì. E non si tratta di un cavallo qualsiasi. È particolarmente bello, nobile e distinto e appartiene alla razza Lipizan, il cui albero genealogico risale all'antichità classica.

Perché questo animale vi piace così tanto? Perché siete felici di incontrarlo? Perché la sua vista arricchisce la vostra anima?

Strane domande, penserete voi; non c'è bisogno di chiedersi perché vi piace un cavallo, una creatura così magnifica. Perché mi piace? Semplicemente perché è bello; perché è armonioso nelle dimensioni; perché tutto in lui è in armonia, il tronco, la testa e le gambe; perché il suo manto è semplice, il suo colore elegante, il suo movimento flessuoso e la sua andatura fiera.

Tutto questo è vero, ma voglio che mi parliate in modo diverso, che mi diciate non le ragioni della vostra soddisfazione alla vista di questi cavalli, ma quelle che rimangono nel profondo di voi stessi.

Cosa vi rende capaci di percepire la bellezza di un cavallo? Quali sono le qualità che vi permettono di farlo? So che anche voi potete rispondere facilmente a questa domanda: dite che è il vostro senso della bellezza, il vostro istinto? Giusto, ma più precisamente? - Quindi il vostro senso della razza!

Vedete, non è così facile rendersi conto dell'ovvio; ho dovuto fare molte "domande sciocche" per ottenere finalmente la risposta più pertinente. Questo accade spesso con le cose più semplici. Il resto sembra così ovvio e facile. Queste soluzioni semplici si chiamano uova di Colombo. Anche la soluzione alla questione della razza è un uovo di Colombo. Oggi è difficile immaginare che i nostri antenati si siano occupati per secoli della coltivazione di piante e dell'allevamento di animali, anche se con sacro zelo, dimenticando completamente l'ovvio, cioè la coltivazione e la conservazione della purezza della propria razza. Per quanto ci si possa convincere quotidianamente del contrario, l'errata dottrina dell'uguaglianza di tutti gli uomini, propinata da una fede aliena, è stata ritenuta vera per secoli. È una fortuna che il nostro popolo sia stato abbastanza forte da far sì che la maggioranza degli uomini e delle donne scegliesse coniugi di pari valore. Altrimenti saremmo tornati da tempo allo stadio dei francesi che promuovevano la mescolanza delle razze in modo del tutto irresponsabile. È stato il Führer a riportare per primo nella coscienza del popolo la necessità divina di un ordine razziale. - Nel momento della più grande tragedia, nel momento finale. Dobbiamo sempre ricordarlo. Non dimentichiamo mai questi fatti: il Führer dovette imporre la sua dottrina di fronte a un mondo ostile; un Hans Günther fu coperto di disprezzo e sarcasmo a causa della sua dottrina razziale. E la guerra attuale non è forse dovuta principalmente al fatto che il mondo avverso, che vive ancora sotto il dominio delle ideologie che abbiamo sconfitto, teme la forza inquietante che questa conoscenza rivela e ci fornisce?

Ora vedete di nuovo lo splendido cavallo, confrontando i due punti di vista. SS uomo, SS donna, gioite della creazione; bevete della bellezza di questo mondo con tutti i vostri sensi. Ma siate sempre consapevoli delle domande che Dio vi pone attraverso le sue manifestazioni. Perché lì troverete sempre la risposta fondamentale che deve determinare la vostra vita. Interrogarsi e trovare risposte è la caratteristica di chi vive sulla soglia. Vediamo alle nostre spalle i secoli in cui coloro che avevano una forte presa sulle anime davano risposte false e proibivano di interrogare.

Il nostro duro destino è quello di fornire la risposta definitiva con il sangue dei migliori, affinché dopo di noi cresca una generazione che sappia seguire la strada giusta senza interrogarsi sulle ragioni della vittoria o della sconfitta. Il successo dipende solo da ognuno di noi, dalle nostre vite e dalle nostre lotte, - e soprattutto - dal riconoscimento delle ragioni, delle necessità e dalla nostra fede radicata nella consapevolezza di servire la missione più sacra.

H. Kl.

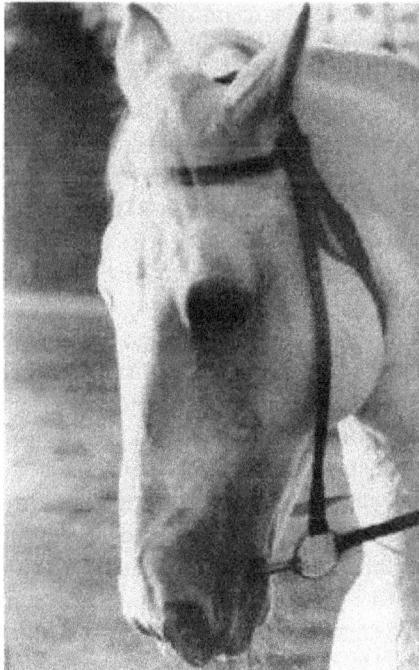

Cavallo Lipizan.

Opuscolo SS n. 6. 1944.

L'atteggiamento del soldato nei confronti delle donne straniere

Lei è una SS, il che significa che non è un mercenario. Quest'ultimo viene reclutato a pagamento per combattere per qualcosa che non lo riguarda. Come SS difendete il vostro popolo e il vostro sangue. Difendete anche le SS, una comunità, un ordine all'interno del vostro popolo, che si è dato come compito speciale quello di mantenere puro il sangue e di elevare il valore della razza. Pertanto, quando vi trovate in un paese straniero, con un'arma in mano, il vostro dovere è duplice: dovete difendere il vostro popolo e le SS con dignità.

Eppure vi comportate senza dignità quando, in uniforme da ufficiale con le insegne del Reich e delle SS, passeggiate nei caffè e nei bar con quelle ragazze e quelle donne che non si preoccupano del dolore del loro popolo perché non hanno cuore. Avete ragione a pensare che non siano ragazze e donne oneste. Perché queste ragazze i cui fratelli, queste donne i cui mariti sono stati sconfitti da voi e dai vostri compagni, non vi salteranno certo al collo con gioia. Dovete quindi essere perfettamente consapevoli di ciò che vi porterà questa compagnia volubile.

Che diritto avete al rigore se vi lasciate andare? Come potete mantenere un giudizio sano e una postura corretta se perdete il rispetto di voi stessi? Durante questa guerra, molti di voi hanno l'opportunità di assumersi maggiori responsabilità rispetto a quelle che potrebbero avere in tempo di pace. Dovrete dimostrare di essere degni di queste responsabilità. Sappiamo che siete coraggiosi in battaglia. Il fatto che vogliate imparare a essere orgogliosi, disciplinati e sobri, anche quando non siete in fila per la battaglia, è ciò che tutti noi speriamo per il futuro del nostro popolo.

Vi dirò anche cosa dovreste fare una volta letto questo testo. Avete un occhio attento, un cuore coraggioso e capite cosa significa. Forse sapete anche che uno o più compagni non si comportano come dovrebbero. Finora avete girato la testa dall'altra parte e avete pensato che non fossero affari vostri. Credetemi, sono affari vostri e nostri. Provate prima la strada della vera amicizia: prendete il vostro amico da parte e parlategli in modo sensato. Ditegli di cosa si tratta. Ditegli che è giunta l'ora del destino per tutto il nostro popolo. Ricordategli che il Führer ha bisogno di tutti i suoi uomini.

Pensate sempre che ricorderete per il resto della vostra vita i mesi e gli anni in cui avete indossato le rune delle SS sulla vostra giacca. Per un tedesco, questi anni sono i più decisivi della sua vita. Non solo perché il giovane volontario SS diventa un uomo, il suo petto si allarga, il suo passo diventa più forte, i suoi occhi si aprono al mondo esterno, ma anche perché la sua mente si forma e impara nella comunità SS ciò che porterà sempre con sé: ordine, disciplina, probità, puntualità, sacrificio e solidarietà. Non rovinate questo ricordo pensando di non venir meno ai vostri doveri, come il vostro popolo si aspetta da voi. Se trascurate queste cose, vi fate del male.

C'è stato un tempo in cui si proclamava "il diritto di disporre del proprio corpo". Era un tempo in cui si benediceva il matrimonio tra un nero e una donna bianca, l'unione tra un tedesco e un ebreo, e si proteggeva chi uccideva un bambino nel grembo materno se la sua nascita dava fastidio ai genitori.

Ma i campioni di quell'epoca, che abbiamo sconfitto in Germania grazie alla lotta del Führer, ora ci affrontano tenacemente su tutti i fronti.

Quando lasciate che il vostro corpo e il vostro sangue facciano ciò che i vostri desideri impongono, allora aiutate gli avversari del nostro popolo e della nostra ideologia. Quando dominate voi stessi, sarete nella verità perché troverete la forza e l'orgoglio di vivere secondo le leggi del vostro popolo, della vostra SS e di coloro che difendete.

Chi corrompe il suo sangue, corrompe il suo popolo.

OPUSCOLO SS N. 2. 1938.

QUESTIONI RAZZIALI NEGLI STATI UNITI

La conquista e la colonizzazione degli Stati Uniti d'America rappresentano una migrazione di popoli che supera di gran lunga quelle avvenute finora. Così come la colonizzazione del Sudamerica è stata portata avanti dai popoli romanzi, la colonizzazione del continente settentrionale è stata opera di gruppi germanici. Gli inglesi e i tedeschi sono stati i principali pionieri di questo giovane Paese. La parte francese non va sottovalutata, ma ha un carattere puramente storico e rimane ininfluente sullo sviluppo, sulla cultura e sulla fisionomia razziale del Paese.

Secondo i dati della colonizzazione stessa, dopo che il nuovo Stato ha ottenuto l'indipendenza dalla madrepatria, l'afflusso dal Vecchio Mondo è aumentato. Tra il 1820 e il 1935, trentadue milioni e mezzo di persone emigrarono dall'Europa, cinque milioni e mezzo da altri Paesi. Anche in questo caso predominava l'elemento germanico. Gli inglesi erano in testa con circa nove milioni, i tedeschi seguivano con sei milioni. All'epoca, i popoli prevalentemente nordici rappresentavano un totale di circa due terzi degli immigrati europei.

Dovremmo ricordare questi fatti quando parliamo di un'America del Nord. Pensiamo al nostro sangue che scorre in questa nazione e a quello di altri popoli della nostra stessa razza. Non possiamo quindi rimanere indifferenti all'evoluzione dell'America del Nord e alla questione se l'eredità razziale viene preservata o sprecata.

I grandi popoli nordici d'America sono i più minacciati, innanzitutto dalle razze di colore che hanno accolto al loro interno; a ciò si aggiunge il ruolo svolto dai popoli dell'Europa orientale e occidentale, che si è straordinariamente accresciuto negli ultimi decenni e contribuisce alla trasformazione dell'immagine razziale originaria.

Oggi è noto che la questione negra è il problema cruciale degli Stati Uniti. Dodici milioni di negri e meticci di negri costituiscono una popolazione totale di circa centoventitré milioni (dati del 1930). Si tratta di un decimo della popolazione. Nel censimento del 1930 sono stati considerati "negri" anche i meticci, che comprendono coloro che hanno solo una piccola quantità di sangue negro, i "quasi bianchi", nonché i meticci di negri e indiani; a meno che non prevalga il sangue indiano, nel qual caso sono generalmente considerati indiani. Secondo stime attendibili, i meticci rappresentano circa i tre quarti della popolazione negroide totale, e solo un quarto sono negri di razza pura. È proprio questo gran numero di meticci a mettere in pericolo l'esistenza dei bianchi, perché è soprattutto a loro che la razza bianca trasmette un patrimonio ereditario duraturo e non ai negri puri. Inoltre, essi portano sangue di colore nel popolo bianco.

Nel 1619, venti schiavi negri provenienti dalla costa occidentale dell'Africa furono portati per la prima volta in Virginia. Il Nord America seguì così l'esempio del Sud, che già 100 anni prima si era avvalso di questa forza lavoro a basso costo nelle piantagioni e nelle miniere, poiché gli indiani erano troppo deboli come bestie da soma. È così che nel Sud iniziò la mescolanza tra la razza bianca e quella nera. Gli olandesi governavano in Guiana - si comportavano in modo simile anche nelle Indie Orientali Olandesi e in Sudafrica - e i francesi ad Haiti. I servi bianchi, che all'inizio erano più numerosi degli schiavi ed erano per lo più vincolati a lavorare per anni o a pagare le traversate con il lavoro, ebbero dapprima relazioni con i negri. Erano quindi più frequenti i matrimoni tra donne bianche delle classi inferiori e negri. Ancora oggi, la maggior parte dei matrimoni tra bianchi e neri avviene tra donne bianche e negri o mulatti. Ben presto l'aristocrazia dei piantatori seguì l'esempio di questa classe sociale inferiore. Mentre, per autoconservazione, i servi bianchi furono costretti nel tempo ad aumentare la distanza tra loro e gli schiavi, l'onnipotente proprietario di schiavi era in grado di mantenere relazioni tranquille con le domestiche di colore senza temere che il suo rango o la disciplina della piantagione ne risentissero. "Molti proprietari di schiavi erano i padri o i nonni di alcuni dei loro schiavi", ha detto Reuter.[1] In seguito, quando nacque una classe mista con una maggioranza di sangue bianco - quarteron e octavo (un quarto e un ottavo di sangue negro), spesso benestanti e sbiancati dalla civiltà occidentale - il numero di relazioni illegittime tra bianchi e mulatti liberi si espanse notevolmente nelle grandi città.

---

[1] Reuter, *Il problema razziale americano.*

Le richieste politiche e sociali della popolazione nera sono cresciute in proporzione al suo aumento dopo l'abolizione della schiavitù - va ricordato che il suo numero è passato da un milione nel 1800 a dodici milioni oggi e aumenta di un milione ogni decennio. Ma la difesa dei bianchi è stata proporzionata. Gli Stati del Sud sono stati i più accaniti difensori della linea del colore e sono stati i primi a erigere una barriera tra bianchi e coloured in termini sociali e razziali.

Prima di passare alle misure adottate per difendere gli Stati da eventuali disallineamenti razziali, dobbiamo dare uno sguardo alle relazioni sociologiche e razziali tra i "negri". Si è già detto che i negri puri costituiscono solo un quarto e che la maggioranza è costituita da meticci di tutte le sfumature, dal mezzo negro all'ottavo. Anche il livello di istruzione, la situazione sociale e le richieste politiche sono quindi diverse.

Il negro puro è culturalmente e socialmente al livello più basso. La posizione culturale e sociale del meticcio aumenta con l'aumentare della percentuale di sangue bianco e con il rifiuto dei neri. Quanto più un meticcio possiede un patrimonio ereditario bianco, tanto più si allontana radicalmente dai suoi concittadini razziali. Li guarda con disprezzo, si sente migliore di questi "negri" e si sforza di trovare una donna preferibilmente ancora più bianca di lui. Si ritrova tra le razze, rifiutando la razza inferiore e non essendo accettato da quella superiore. Di tanto in tanto riesce a penetrare nella razza bianca e se non ci riesce lui, forse ci riusciranno i suoi figli. Così, nonostante tutte le barriere, il sangue negro entra nel corpo popolare bianco, anche se diluito. L'ingresso sarà facile laddove l'immagine razziale è già colorata da tipi mediterranei o orientali.

I meticci non sempre aspirano ad essere ammessi nella razza bianca. Alcuni mulatti intelligenti si sono schierati con i negri e sono diventati i loro leader. Come i primi negano il loro sangue negro, così essi negano la loro eredità di sangue bianco. Vogliono essere negri, predicare la coscienza razziale dell'uomo negro e attribuire al negro la stessa intelligenza che loro possiedono, certamente in virtù della loro origine bianca. Questo è il loro asso nella manica: affermano che nelle prestazioni spirituali il negro è in grado di fare le stesse cose del meticcio. È un fatto incontestabile che più di quattro quinti di tutti i "negri" importanti avevano poco sangue negro, e che quindi il patrimonio di sangue bianco domina nella classe dirigente negra.

Una gran parte dei negri emigrò molto presto verso il nord e le grandi città. Nel 1930, il 43% di loro era già lì. New York ne ospitava circa 330.000, Chicago più di 230.000 membri e discendenti della razza negra. Le condizioni di vita erano più favorevoli per il negro nel nord. Il negro non è esposto all'esilio sociale e alla restrizione dei suoi diritti politici come nel Sud (dopo la guerra civile è un cittadino uguale sulla carta!) La sua vita è anche più sicura nel Nord che nel Sud. Tra il 1885 e il 1924, 3.165 negri sono stati linciati, più di nove decimi dei quali negli Stati del Sud. Nonostante l'emigrazione verso nord, il Sud è ancora oggi estremamente negro. Il

Mississippi è in testa. Più della metà della sua popolazione (50,2% rispetto al 58,5% del 1900) è di sangue negro. Seguono la Carolina del Sud con il 45,6% e i tre Stati di Georgia, Alabama e Louisiana con una media del 30-40% di negri o mulatti. Nessuno Stato è privo di negri. Né il Nord-Est né il Centro-Nord mostrano ancora le relazioni più sane.

Gli Stati Uniti d'America si sono schierati contro la mescolanza razziale. Non volevano assorbire i negri e formare un crogiolo di razze, come in Sud America. Le misure sono state prese per tempo negli Stati del Sud più minacciati. Non è necessario discutere qui lo sviluppo storico della legislazione razziale, ma solo la legge in vigore oggi.[2] Il paragone con la progressiva legislazione razziale dei tedeschi è ovvio.

In primo luogo, va detto che non si tratta di una legislazione razziale in senso tedesco, che impedisce in ogni caso la nascita di meticci e quindi l'allargamento del gruppo dei meticci. I divieti in vigore non riguardavano solo le *relazioni matrimoniali tra bianchi e coloured*. Le relazioni sessuali illegittime - la macchia razziale più comune perché più difficile da controllare - non sono legalmente vietate. (Per fare un esempio opposto, l'Italia proibisce le relazioni sessuali tra italiani e autoctoni, mentre i matrimoni misti non vengono puniti per amore della Curia). Allo stesso modo, non sono vietati i matrimoni e, ovviamente, le relazioni illegittime tra meticci e varie razze di colore. Fanno eccezione alcune tribù indiane, che devono essere protette dall'incrocio con i negri.

Non esiste nemmeno una legge razziale uniforme in tutta l'Unione. Su quarantotto Stati, solo trenta hanno emanato divieti sui matrimoni misti. Si tratta soprattutto degli Stati meridionali e occidentali. Il Nord-Est rimane passivo in questo campo.

Se analizziamo da vicino la relazione tra la popolazione nera in ogni Stato e la legislazione razziale, si può stabilire quanto segue:

Su diciotto Stati con più del 5% di negri, diciassette hanno vietato il matrimonio misto (eccezione: New Jersey). Si può quindi affermare che in questo caso si è tenuto conto della necessità razziale-biologica. Gli altri Stati con meno del 5% di negri non mostrano la stessa tendenza.

---

[2] Un'eccellente ricerca è presentata da Krieger: *Racial Law in the United States*.

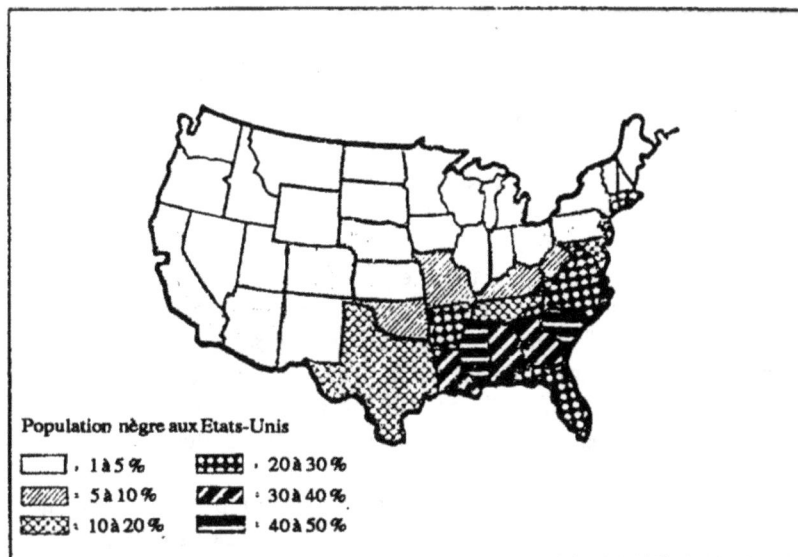

Population nègre aux Etats-Unis

☐ : 1 à 5 %   ▦ : 20 à 30 %
▨ : 5 à 10 %   ▧ : 30 à 40 %
▩ : 10 à 20 %   ▬ : 40 à 50 %

Dei quattordici Stati con una popolazione negra dell'1-5%, solo cinque proibiscono il matrimonio misto, mentre i restanti nove non sembrano convinti della necessità di tale misura.

Al contrario, otto dei sedici Stati con meno dell'1% di negri hanno votato contro il matrimonio misto.

Questa mancanza di unità sulla concezione principale della questione razziale era evidente anche quando si trattava di definire il concetto di "negro" nello spirito della legge sul matrimonio. In un caso, i meticci, fino a un quarto, in dieci casi i meticci, fino a un ottavo di sangue, in tre casi la prova di una traccia di sangue negro, e in sedici casi le persone di "origine africana" o di "razza colorata" sono generalmente indicate come negri - la definizione del confine è lasciata alla discrezione dei tribunali.

Un ottavo può quindi sposare un partner bianco nello Stato in cui il confine tra bianchi e neri arriva fino al quarto di dollaro, e infine si possono contrarre matrimoni misti tra bianchi e coloured di ogni tipo negli Stati in cui non esiste una legislazione razziale. Ciò dimostra che anche questa barriera può complicare la legittima mescolanza razziale, ma non può impedirla.

Riassumiamo ancora una volta:

Non esiste un modo legale per impedire la mescolanza razziale che avviene attraverso relazioni *illegittime* tra i bianchi civilizzati e i negri. Né esiste un modo per fermare la crescita della popolazione mulatta attraverso relazioni legittime o illegittime al suo interno e con altre razze di colore. Né le leggi di proibizione del matrimonio di alcuni Stati forniscono una protezione sufficiente contro l'incrocio razziale.

Il Nord America non sarà in grado di risolvere il problema dei negri con le misure attualmente in vigore. La popolazione meticcia aumenterà di anno in anno. In primo luogo per la sua stessa sostanza, e in secondo luogo per la costante possibilità di relazioni esistenti e future tra bianchi e coloured. A ciò si aggiunge l'aggravante che la classe dirigente bianca, come altrove, soffre di un tasso di natalità in calo. Trovare una soluzione sarà difficile. Il vecchio progetto di rimandare i negri nella loro patria africana riemerge sempre: ma dodici milioni di uomini non si lasciano allontanare così facilmente da un ambiente civilizzato che per loro è diventato un luogo di vita, per tornare a quello da cui i loro antenati furono strappati trecento anni fa. E l'esperienza fallimentare in Liberia non incoraggia la ripetizione. A ciò si aggiunge il fatto che il trapianto, la "riparazione" dovrebbe essere effettuata contro la volontà della grande maggioranza della popolazione negra. A ciò si aggiunge l'influenza, nell'Africa stessa, dei nativi e dei detentori di colonie e mandati.

Non possiamo nemmeno abbandonare ai negri la parte meridionale dell'Unione da loro invasa e stabilirci più a nord in posizione difensiva. Ma possiamo - come misura temporanea - creare una legislazione razziale davvero generale che dimostri sia al democratico bianco più entusiasta sia al negro più ignorante che non è consigliabile abbattere le barriere che la natura ha creato. E, contro l'aumento della popolazione negra e meticcia, si può almeno mobilitare la volontà e la vitalità della razza bianca.

Oltre ai negri, gli Stati Uniti ospitano altri gruppi razziali. Gli indiani, ex padroni del Paese, sono 330.000; a questi si aggiungono 1.400.000 messicani, 140.000 giapponesi, 75.000 cinesi, circa 50.000 filippini e alcune migliaia di indù e malesi.

Il destino degli indiani è ben noto. Il loro quasi totale sterminio è un capitolo travagliato della storia dei conquistatori bianchi. Se oggi il loro numero è tornato a superare le 330.000 unità, non sono tutti indiani puri e ci sono diversi meticci. Le principali aree di espansione indiana sono gli Stati sudoccidentali dell'Arizona, del Nuovo Messico e del Nevada, dove rappresentano tra il 5 e il 10% della popolazione totale. Il minor numero di indiani e dei loro discendenti, il divario drasticamente ridotto tra bianchi e indiani e l'opinione deferente dei bianchi nei confronti degli indiani nordamericani, derivante dal loro atteggiamento coraggioso al momento della conquista, non hanno creato un'opposizione razziale e misure razziste come invece è avvenuto nei confronti dei negri.

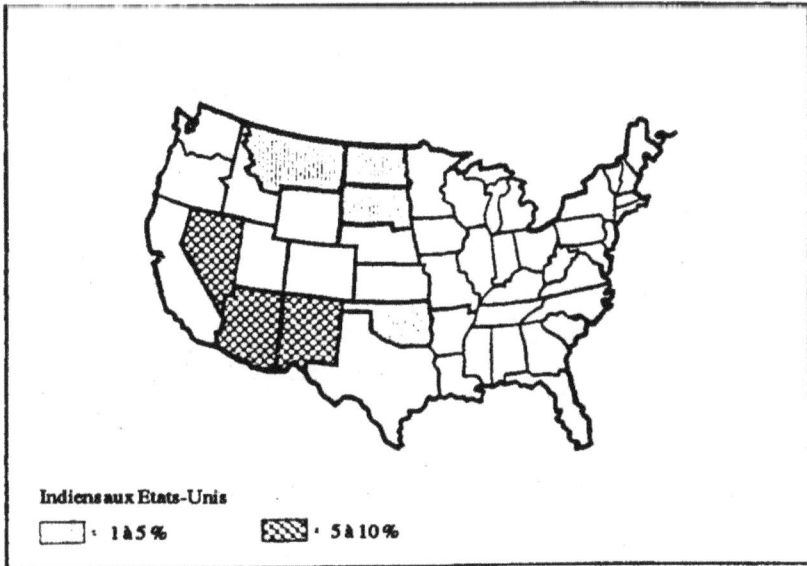

Indiens aux Etats-Unis
: 1 à 5 %   : 5 à 10 %

Solo sette Stati vietano il matrimonio tra bianchi e indiani e loro discendenti. Di questi, alcuni degli Stati meridionali hanno meno dell'1% di popolazione indiana, quindi relativamente pochi, mentre gli Stati con l'1-10% di indiani - con l'eccezione dell'Arizona - non hanno vietato il matrimonio tra persone. L'atteggiamento degli Stati del Sud si spiega con le loro spiacevoli esperienze con i negri. Prendono precauzioni in tutti i casi. In un certo Stato, solo gli indiani e i mezzi indiani non possono sposarsi; in altri due Stati, gli indiani e i mezzi indiani, compresi gli ottavi; nel resto degli Stati, una traccia di sangue indiano è sufficiente per escluderli, e in genere si parla di indiani e discendenti di indiani, e la decisione è poi lasciata ai tribunali.

Un capitolo speciale dovrebbe essere dedicato agli ebrei del Nord America. Negli Stati Uniti vivono circa quattro milioni e mezzo di ebrei, e vivono benissimo. In nessun altro luogo del mondo gli ebrei godono di una posizione così dominante come in questo Paese democratico. Non hanno partecipato alla sua scoperta, sono arrivati dopo, quando l'età della lotta era finita, sostituita dall'età del capitale. Sarebbe stato difficile per loro integrarsi nelle classi dominanti prima, ma quando è stato stabilito un nuovo ordine mondiale, che classificava le persone in base al loro denaro, l'originario atteggiamento di moderazione della "società" è scomparso completamente. La depravata campagna d'odio che poteva essere condotta (e lo è tuttora) liberamente contro la Germania nazionalsocialista dimostra quanto sia forte l'influenza dell'elemento ebraico dall'altra parte dell'oceano. Pertanto, nessuno si aspetta di trovare misure razziste contro gli ebrei non autoctoni. Non sono nemmeno soggetti a restrizioni nella legge sull'immigrazione.

Sono elencati come ospiti della loro ex nazione, come "tedeschi", "inglesi", "francesi"!

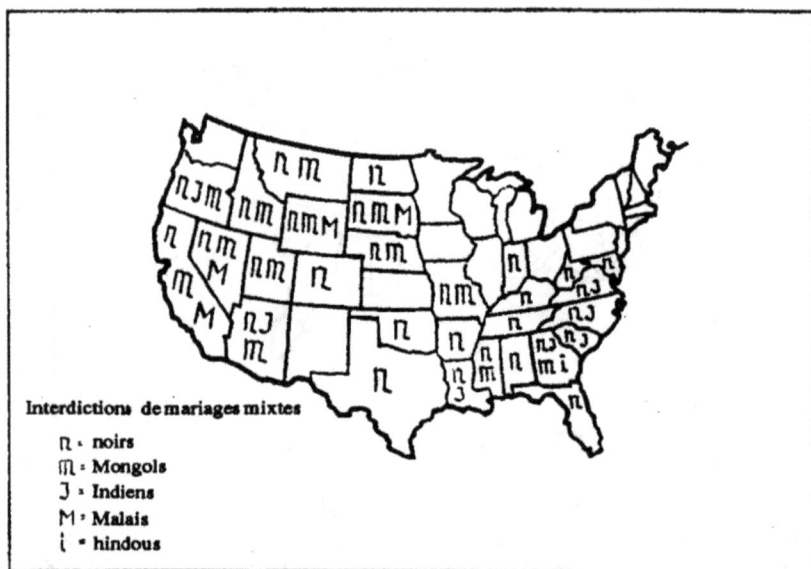

Infine, una parola sull'effetto selettivo delle leggi sull'immigrazione sui richiedenti europei. Le norme attuali (legge sulle quote del 1924) mirano a contenere l'afflusso di elementi provenienti dall'Europa meridionale e orientale. Ciò significa un ritorno alle forze indo-germaniche che hanno creato il continente settentrionale e alle quali non si potrà rinunciare in futuro. L'America non deve uscire dal gruppo dei grandi popoli nordici. Da quanto abbiamo appena letto si evince che gli americani di oggi non sono razzialmente gli stessi di cento anni fa o prima. Madison Grant, il campione dell'idea nordica in America, stima che la quota attuale della razza nordica negli Stati Uniti sia del 70%, rispetto al 90% al tempo della Rivoluzione. Questo dato può essere considerato un'esagerazione, poiché sottovaluta la percentuale di sangue nordico nel popolo tedesco. Ma non è una questione di numeri, è una questione di idee. È una questione di importanza della razza per la vita del popolo. Ed è bello vedere che le voci che confermano la nostra visione del mondo attraversano gli oceani.

SS-Ustuf. Dott. Karl

OPUSCOLO SS N. 4. 1938.

CHIESA ROMANA E RAZZISMO

In Italia si sta svolgendo una discussione straordinariamente interessante. Per la prima volta dall'esistenza del Partito Fascista, si parla della necessità di considerare le questioni nazionali e storiche in chiave razziale.

L'ambiente che diede origine a questo impulso e a questa richiesta era costituito da un gruppo di importanti professori universitari italiani. Quindi, questa visione ideologica innovativa aveva già trovato un certo credito. Non poteva essere ignorata e non lo fu. La sua importanza fu immediatamente riconosciuta, in quanto permetteva di modificare il quadro complessivo dello Stato che il fascismo si era creato, o almeno di ampliare i punti di vista essenziali. Mentre l'ideologia, soprattutto quella razziale, fu la forza trainante del nazionalsocialismo fin dall'inizio, il fascismo difese inizialmente solo obiettivi e rivendicazioni statali. Il grande passato italiano, soprattutto l'antichità, ha avuto una grande influenza sulla sua visione spirituale. Inoltre, lasciò molto spazio all'attività religiosa del cattolicesimo romano, che aveva una posizione predominante in Italia. In quest'ottica, la recentissima presa di posizione del fascismo a favore della razza italiana e della comunità razziale ariana rappresenta un progresso rivoluzionario di cui non si possono ancora prevedere le ripercussioni storiche.

La Chiesa romana ha reagito ai commenti fascisti più rapidamente di quanto le consuetudini della politica vaticana suggerirebbero, poiché uno dei suoi principi fondamentali in politica è quello di aspettare. Il Papa stesso utilizzò un'udienza con gli studenti della congregazione missionaria nella sua sede estiva di Castel Gandolfo per pronunciarsi categoricamente contro qualsiasi commento razzista. Spesso si dimentica che ha detto, tra l'altro, che l'*intera razza umana forma una grande razza umana universale*. Arrivò a sospettare che il fascismo stesse imitando la razzologia tedesca.

"Bisogna chiedersi", come ha detto letteralmente nel suo discorso, "perché per disgrazia l'Italia ha avuto bisogno di imitare la Germania".

La risposta a questo avvertimento aggressivo non poteva che arrivare. Mentre *Starace,* il Segretario del Partito, aveva ammesso la validità delle richieste razziali ai professori universitari, nientemeno che *Mussolini* stesso ne approvava la considerazione. La sua breve e concisa risposta al Papa fu presto nota in Germania:

"Tutti devono sapere che anche noi cammineremo nel futuro dalla prospettiva della questione razziale. Dire che il fascismo ha imitato qualcuno o qualcosa è semplicemente assurdo".

La discussione in Italia non è quindi ancora conclusa, ma viene comunque condotta in modo rigoroso e diretto, perché la Chiesa continua la lotta contro la razziologia in modo occulto; con maggiori sforzi, perché nessun tema sembra così pericoloso come la razziologia per la Chiesa romana, per il suo credito, la sua influenza e la sua esistenza come società religiosa, come vedremo.

In un momento in cui queste questioni hanno assunto una dimensione particolarmente attuale, sembra del tutto giustificato chiedersi, attraverso un attento esame, quale sia il rapporto della Chiesa romana con la razziologia. Questo atteggiamento non è affatto così chiaro come sembra a prima vista se si considerano le dichiarazioni del tutto autentiche del Papa. Le posizioni ecclesiastiche sulla razziologia rivelano addirittura una visione piuttosto confusa.

Certamente, la Chiesa esprime in questo modo la sua costante missione biblica di predicare il cristianesimo a tutti i popoli. Questa missione è alla base della volontà di potenza universale della Chiesa romana, che non può in alcun modo tollerare una differenza razziale tra i popoli, soprattutto in termini di sentimento religioso, e una differenza di *valore* razziale. Ma d'altra parte, i risultati della ricerca razziale tedesca hanno un tale valore scientifico che un rifiuto incondizionato da parte della Chiesa romana comporterebbe una significativa perdita di prestigio per la Chiesa in Germania.

Anche Copernico dovette confutare il dogma religioso con i suoi risultati scientifici. Fu Copernico, non la Chiesa, ad avere ragione agli occhi della storia. La Chiesa romana rischia un giorno di dover abbassare la voce in questa materia a causa della sua lotta senza quartiere contro il razzismo.

Si trova quindi di fronte alla scelta di rendersi ridicola di fronte alla storia rifiutando la razziologia, o di abbandonare una delle condizioni più importanti per la sua efficacia internazionale riconoscendo quest'ultima. La Chiesa romana *mondiale ha* deciso provvisoriamente per la prima scelta, possibile solo finché la razziologia e la sua applicazione pratica sono rimaste più o meno limitate all'area tedesca. La Chiesa romana in *Germania* ha preso una strada diversa.

Ma prima di passare allo studio delle posizioni episcopali e quindi ecclesiastiche, citiamo la pubblicazione del sacerdote e professore universitario romano Wilhelm *Schmidt*, il cui tentativo di "confutare" la razziologia da un punto di vista scientifico è interessante sotto più di un aspetto. Schmidt è lo scienziato romano che si è occupato di raziologia in modo particolarmente dettagliato, anche se solo superficiale.

Ma i risultati a cui è giunto nel suo libro *Razza e popolo* non corrispondono a quelli della scienza razziale, né ai principi fondamentali della visione del mondo nazionalsocialista. Il metodo da lui utilizzato è certamente estremamente semplice, scientificamente non solo criticabile ma anche perfettamente condannabile. In particolare, egli cerca - anche se in modo superficiale - di mettere ogni rappresentante del razzismo l'uno contro l'altro. In questo modo ottiene i risultati di cui ha bisogno per la sua convinzione religiosa.

A pagina 33, egli giunge alla conclusione che "non è stato dimostrato che le qualità fisiche siano caratteristiche razziali manifeste" e trae la conclusione che "tuttavia la dottrina razziale che definisce tutto ciò che è spirituale come "razzialmente determinato" e basato sulle qualità fisiche crolla completamente".

Quando considera il rapporto tra qualità morali e razza, Schmidt diventa ancora più superficiale, poiché si appella semplicemente alla dottrina della Chiesa secondo cui "l'anima è una sostanza propria e autonoma, che a sua volta non ha alcun rapporto ereditario, non solo con nessun corpo, ma nemmeno con nessun'altra anima, né con le anime dei genitori, ma ogni volta che Dio la ricrea per ogni individuo" (p. 41).

Schmidt conclude questo passaggio del suo libro con l'affermazione più semplicistica:

"L'anima in quanto tale non è legata a nessuna razza, né ha una patria terrena.

Poiché, secondo Schmidt, non esiste quindi una trasmissione ereditaria delle qualità psichiche e fisiche, avrebbe potuto risparmiarsi di dare queste spiegazioni. Invece, attraverso il suo ragionamento, a volte estremamente chiaro, ha rivelato quali particolari punti della raziologia causano problemi alla Chiesa romana. Schmidt si difende dal fatto che "la razza determina *tutta l'esperienza umana*; può darsi che abbracci solo ambiti specifici e che ci sia addirittura una differenza razziale che si esprime in certi ambiti di una razza come di un'altra" (p. 53).

E a pagina 56 si legge:

"Si deve respingere con forza la concezione..., affermando che ognuno di questi tipi (razziali) ha la sua facoltà sensibile e la sua morale appropriata, così che questa morale comporta, per così dire, dei doveri..., come ci sono verità riconosciute dagli uomini di tutte le specie, così ci sono anche norme umane generali di moralità che derivano dalla natura umana e possono scomparire solo con l'umanità stessa" (p. 56).

Queste posizioni sono rivelatrici, perché mostrano chiaramente quali lacune la Chiesa romana considera una minaccia alla propria dottrina. Se, come afferma la raziologia insieme all'etnologia, alla protostoria, alla germanistica, ecc. è vero che ogni razza può avere solo una morale adatta alla sua natura, che per esempio la razza nordica non può osservare le stesse leggi morali della razza ebraica, se è capace delle più grandi creazioni, allora non c'è posto e non c'è giustificazione "per le norme umane generali di moralità che derivano di per sé dalla natura umana". Con norme umane generali di moralità Schmidt si riferisce in particolare alla morale della dottrina cristiana romana.

Schmidt è consapevole dell'impossibilità di voler confutare davvero la razziologia in modo serio. Per questo il suo obiettivo non è affatto quello di negare la razziologia, ma di strapparle gli artigli e renderla inoffensiva. In una conferenza a Vienna, lo ha detto chiaramente:

"La razza e il popolo possono trarre il loro valore solo dalla fede deista nell'unico Creatore che ha creato tutti gli uomini da un'unica origine. Entrambi sono ulteriormente trasfigurati, purificati e rafforzati nella religione cristiano-cattolica, che accetta pienamente i numerosi doveri derivanti dall'appartenenza a una razza e a un popolo, conferisce loro un carattere morale e dà agli uomini la forza e la volontà di adempierli.

Questo è il suono della melodia che viene cantata in conformità a tutte le dichiarazioni ecclesiastiche in Germania. Ciò significa che la Chiesa afferma deliberatamente di accettare i valori della razza, del popolo, della nazione e dell'amore come i più alti valori "naturali" voluti da Dio. Al di sopra di questi valori meramente "naturali", tuttavia, si eleverebbero i valori "soprannaturali" della grazia divina, ecc. che hanno lo scopo di diminuire, lucidare e quindi perfezionare le semplificazioni e le esagerazioni dei valori naturali. Un esempio pratico di questa visione si trova nelle "Missioni cattoliche", dove si legge nell'opuscolo n. 3 del marzo 1938:

"Essa (la Chiesa) accetta l'uomo così com'è con la sua razza, il suo popolo, la sua nazione, il suo Stato, nella regione in cui la volontà creatrice di Dio lo fa crescere, approva quindi tutte queste forze creative che derivano dal sangue e dal suolo. Ma non possiamo e non vogliamo dimenticare una cosa. L'uomo di oggi, soprattutto l'uomo liberato, non vive più nella "pura natura". La redenzione e la soprannatura sono una realtà e attraverso questa realtà la natura è entrata in un nuovo ordine. La conseguenza del peccato originale è che le persone esagerano e difendono i valori naturali. Che si tratti di umanità, libertà, diritto o razza, la Chiesa conterrà sempre queste esagerazioni nel posto che occupano nell'ordine divino e assoluto dei valori. Non sono quindi in alcun modo riprovevoli, ma semplicemente hanno un posto preciso in tutto ciò che ha valore.

Mostrare loro il posto esatto è la parola d'ordine con cui la Chiesa ottiene il suo più grande successo, dove ha la più grande, la migliore, la più abile e la più provata esperienza. Quando, in tutte le epoche, la Chiesa non è riuscita a sopprimere spiritualmente queste correnti estranee o addirittura ostili alla sua natura, perché ha trascurato il momento giusto o non ha avuto la forza di farlo, ha comunque un mezzo che le permette quasi sempre di trionfare: l'assimilazione. Accetta semplicemente i valori che le sono estranei, li inverte e li falsifica fino a farli rientrare nel proprio sistema, dà loro un posto nella propria scala di valori e li rende innocui, potendoli allo stesso tempo diffondere come sua proprietà spirituale. Un manifesto del "Foglio clericale bavarese" del 23 gennaio 1935 fornisce la prova di un'intuizione senza pari:

"L'incontro tra la Rivelazione e la razza appartiene proprio al capitolo più attraente della storia della Chiesa. La razza era lo strumento, la Rivelazione la melodia, Cristo l'artista. E così, la Chiesa, infiammata dalla Rivelazione, ha avuto da sempre il miglior fiuto per percepire tutti i valori biologici reali.

(Solo l'attuale Papa sembra aver perso questa attitudine!) Dopo aver letto questo, non si può che rimanere stupiti!

Non vogliamo chiudere questi conti senza almeno un'altra dichiarazione episcopale. In occasione del discorso commemorativo del vescovo Bares nella chiesa di Hedwig a Berlino, il vescovo Machsen di Hildesheim ha detto quanto segue sul luogo esatto della razzia:

"È assolutamente impossibile per un vescovo cattolico negare tutto ciò che riguarda le nozioni di popolo e di patria, tutti i valori del sangue e del suolo. La conoscenza religiosa ci dà la certezza che la carne è risorta e quindi conferisce al nostro corpo e ai suoi valori una dignità che li avvicina al divino. Secondo l'insegnamento della Chiesa, la natura è il fondamento della fede - e così a partire dalla sopranatura gettiamo le basi non solo per le questioni biologiche ed etnografiche, ma anche per quelle sociali... Questa visione della fede ci fornisce quindi una visione accurata della nobiltà e della dignità della natura umana. Le nozioni di sangue e terra trovano un posto gerarchico e hanno così la possibilità di fiorire organicamente.

Tutti questi esempi mostrano chiaramente che la Chiesa romana non riesce a sottrarsi all'influenza della razziologia in Germania. Al di fuori della Germania, in un mondo dominato dalla Chiesa stessa, dal liberalismo, che almeno in questo senso è legato alla sua dottrina egualitaria, o dal marxismo, si sente il rifiuto della razziologia, fino all'odio vero e proprio, che testimonia una risentita impotenza.

Non citiamo articoli di giornali cattolici antitedeschi di immigrati, ma riportiamo invece due esempi tratti da un libro pubblicato in Svizzera nel 1935 in cui, senza preoccuparsi di alcun fatto, viene espressa una demagogia puramente politica, sebbene tra i collaboratori vi siano vescovi romani. In questo articolo, il vescovo di Debreczen invita la teoria razziale a "mantenersi nei limiti ristretti della sua natura infantile", mentre nell'articolo di N. Berdiajev si dice che:

"Entrambe le teorie - quella razziale e quella di classe - significano l'intrusione del politeismo nella vita sociale; esse - la teoria razziale in misura maggiore di quella di classe (!) - sono incompatibili con la dottrina cristiana e portano al confronto con il cristianesimo. Entrambe le teorie non sono ipotesi scientifiche, ma miti idolatrici all'interno di un mondo ateo e senza Dio".

Riportiamo il seguente passo di quest'opera soprattutto per la sua indicibile stupidità e goffaggine, per il suo piacevole effetto umoristico, piuttosto che per la sua importanza pratica. L'autore trae la spaventosa conclusione dall'erronea affermazione che Zoroastro fosse un profeta orientale, al quale Nietzsche attribuisce le famose parole "Vi supplico, fratelli miei, restate fedeli alla terra..." nella sua opera omonima :

"Le teorie razziali sono quindi (!!!) solo una fase dell'orientalismo; devono essere viste come un attacco al cuore della cultura occidentale, alla credenza nel potere della mente sul corpo, e devono essere combattute".

Di fronte a tali enormità, che possono essere interpretate solo come politiche e che sono comprensibili da parte dei sostenitori romani, si deve constatare con stupore che anche gli uffici vaticani, che di solito danno prova di abilità diplomatica, di indirizzo e di flessibilità, non appena si sentono in dovere di parlare di razzismo, adottano un tono che difficilmente si discosta da quello dei loro colleghi emigrati fuori dalla Germania.

Il Cardinale e Segretario di Stato del Papa ebbe modo di parlare due volte nel 1935 di raziologia, una volta nel suo discorso di chiusura delle celebrazioni di Lourdes, il luogo di pellegrinaggio francese, e l'altra volta nel testo di congratulazioni indirizzato al Cardinale Schulte per il suo 25° anniversario episcopale. A Lourdes Pacelli spiegò:

"Con la loro pretesa di proclamare una nuova saggezza, in realtà sono solo deplorevoli plagiatori che rivestono antichi errori con abiti nuovi... Che siano ossessionate dalla superstizione del sangue o della razza, entrambe le filosofie si basano comunque su principi contrari alla fede cristiana".

E nel testo si legge di congratulazioni al cardinale Schulte:

"Quando sorgono falsi profeti con orgoglio luciferino, che pretendono di essere portatori di una nuova fede e di un nuovo Vangelo che non è quello di Cristo, allora è giunta l'ora in cui il vescovo, né pastore né mercenario, forte del suo ufficio e del giuramento che lo unisce dal giorno della sua benedizione alle anime fedeli, deve alzare la voce e ripetere senza paura e inesorabilmente la parola dell'apostolo davanti all'Alto Consiglio:

"Giudicate voi stessi se è giusto obbedire a voi più che a Dio!

Questo tono tradisce un nervosismo che riflette un tratto del carattere che si ritrova anche nel citato discorso del Papa; questo nervosismo deriva dal fatto che la Chiesa sospetta che la visione razziale del mondo sia in grado di cambiare l'immagine del mondo e della storia in modo ancora più forte e radicale di quanto non abbia fatto in passato attraverso i risultati delle ricerche di Copernico. In ogni caso, essa è colpita in modo più serio e profondo.

In una lettera della Congregazione dei Seminari e delle Università della Curia romana a Roma ai rettori degli istituti cattolici ad essa subordinati, il Vaticano torna al suo vecchio tono giudiziario e dottrinario, ma rimane assolutamente intrattabile in questa materia. In questa lettera, che è un regolamento che invita a lottare contro tutte le dottrine della razziologia e le sue applicazioni, si dice:

"Ciò che tocca in modo estremamente doloroso il nostro Santo Padre è il fatto che vengono riportate impudenti bestemmie per giustificare questa ingiustizia, e che con la diffusione di dottrine molto perniciose presentate come scienza, sebbene portino erroneamente questo nome, cercano di confondere le menti e di estirpare la vera religione dalle anime".

I seguenti principi sono particolarmente da condannare:

2. La forza della razza e la purezza del sangue devono essere preservate e mantenute in ogni modo possibile; tutto ciò che porta a questo obiettivo è quindi buono e utile.

3. Il sangue contenente il tipo razziale fornisce all'uomo tutte le qualità spirituali e morali come fonte principale.

6. La prima fonte e misura assoluta di ogni norma giuridica è l'istinto razziale.

Il libro risale all'aprile di quest'anno. La professione di fede nella razziologia del fascismo non è ancora riuscita a cambiare questa posizione. La Chiesa cerca ancora di mantenere la sua vecchia posizione. Cercherà di mantenerla disperatamente finché non sarà costretta a spostarsi di un posto. Ma non c'è dubbio che un giorno dovrà retrocedere del tutto.

SS-Schaf. Horst Pabel

IV. CONTADINI, ECONOMIA, INSEDIAMENTO

OPUSCOLO SS N. 3. 1939.

LA GRANDE DOMANDA DEI GIOVANI TEDESCHI

È un dato di fatto che tutte le conquiste di un popolo, la sua cultura e le sue opere, gli gioveranno e rimarranno proprie solo se rimarranno i creatori storici di queste conquiste. Le opere d'arte di una grande civiltà possono ancora esistere: basti pensare alla storia dell'Egitto. È poi solo una questione di fortuna che questi documenti storici vengano ritrovati qualche secolo dopo. Anche se il popolo, in quanto tale, interessato da queste opere d'arte non è più in vita perché il suo sangue si è prosciugato, gli uomini che popolano il Paese e si sentono suoi eredi possono ancora esistere con il suo nome. Tuttavia, non sono i discendenti fisici dei creatori originari, ma al massimo i portatori di un nome; non possiedono più la forza creativa del sangue originario e quindi spesso non sono più in grado di gestire le loro tradizioni, tanto meno di comprenderle e perpetuarle.

Gli Elleni ne sono un buon esempio. Naturalmente li conosciamo ancora oggi attraverso le loro opere d'arte. Dalle opere d'arte sappiamo che un tempo gli Elleni erano un popolo, ma nonostante le perfette istituzioni statali, non sono riusciti a impedire che il loro sangue si prosciugasse: gli Elleni dell'epoca classica oggi non esistono più, il loro sangue è scomparso o si è fuso con quello straniero. Poiché gli Elleni iniziarono a disprezzare la procreazione, non hanno più discendenti che testimonino le azioni dei loro antenati carnali. Solo i consanguinei della sfera tedesco-tedesca sono stati in grado di riscoprire i documenti culturali degli Elleni e di comprenderne l'antico significato. *Senza il sangue gemello della civiltà tedesca, l'Ellade sarebbe da tempo caduta nell'oblio.*

Il popolo cinese ci dà l'esempio opposto. La *religione di questo popolo prescrive di preservare il proprio sangue attraverso una numerosa discendenza: è la base stessa della sua religiosità.* Nonostante tutte le catastrofi nazionali e naturali, il popolo cinese è sopravvissuto ai millenni e contraddice con la sua stessa esistenza tutte le considerazioni intellettuali dell'Occidente sulla nascita o la scomparsa di una nazione. Qualsiasi idea di fatale decadenza, nel senso di Oswald Spengler, si infrange nel caso del fatto cinese e della sua vitalità.

Forse possiamo spiegare meglio l'opposizione che esiste nell'evoluzione di questi due popoli, cinese ed ellenico, se ricordiamo che Licurgo, certo mitico ma comunque geniale creatore di una delle più perfette legislazioni elleniche, dello Stato spartano, non riuscì a salvare Sparta e a farla durare fino ai nostri giorni perché il sangue spartano nel frattempo si esaurì. Al contrario, *i discendenti di Confucio vivono ancora oggi, ed egli può essere considerato un contemporaneo di Licurgo,* e ha avuto un'influenza decisiva sull'atteggiamento spirituale e morale dei cinesi. Oggi vivono nello stesso luogo, nella stessa corte in cui Confucio visse e lavorò a suo tempo. Nella generazione 77ᵉ , il discendente di Confucio testimonia ancora le imprese del suo brillante antenato, mentre i non elleni - ricercatori tedeschi - cercano di ricreare la legislazione di un Licurgo e le sue sopravvivenze con un lavoro delicato e meticoloso. *Confucio non capì la costruzione dello Stato, ma instillò nell'animo del suo popolo la volontà di vivere per sempre, proclamando che il compimento della sua fede religiosa risiedeva nel bambino e che l'eternità sarebbe stata sua, non solo nelle sue opere, ma nella sua identità e discendenza vivente:* Licurgo costruì certamente lo Stato di Sparta, unico nella storia, ma dimenticò di imporre al suo popolo la volontà di vita eterna attraverso la discendenza e, come conseguenza di questa legge vitale, di perpetuare la creazione del suo Stato attraverso la perpetuità del sangue.

La questione della sopravvivenza di un popolo in base alle leggi della vita è essenzialmente se un popolo ha "la volontà di sopravvivere per sempre dando la vita a una nuova generazione e ai suoi futuri discendenti; si tratta anche di capire se il popolo si sottomette a questa legge vitale del sangue o se non ha più la forza spirituale, morale o fisica per farlo".

È notevole, ma storicamente inconfutabile e conclusivo, che tutti i popoli di carattere indo-germanico o germanico siano sopravvissuti solo nella misura in cui, oltre alla conoscenza delle leggi del sangue, non hanno trascurato la proprietà della propria terra e dei propri beni e sono sopravvissuti solo fino a quando hanno potuto rimanere contadini e si sono riconosciuti come tali.

I Germani entrano nella storia europea come contadini e il loro stile di vita contadino è così caratteristico che evitano di colonizzare le città romane e si stabiliscono fuori dalle città in aperta campagna. Nel mondo ateo del decadente Impero Romano, che era caduto interamente sotto il controllo di una plutocrazia ebraica, i tedeschi crearono un nuovo diritto fondiario di tipo contadino. Se c'è qualcosa che può dimostrare l'origine contadina dei Germani, è proprio questo diritto fondiario germanico all'interno dell'Impero romano.

Queste considerazioni e osservazioni ci indicano il nostro dovere oggi. Noi tedeschi siamo entrati nella storia sotto l'egida delle leggi germaniche. Dobbiamo quindi rispettare le leggi del sangue germanico se vogliamo sopravvivere e non condannarci a morte. Ma la legittimità della germanità affonda le sue radici nei contadini. Agli albori della storia, la Germanità è nata dai contadini e dai contadini ha tratto il sacro potere della vita eterna. Questa è la legge fondamentale della legittimità germanica.

Se oggi ci troviamo di fronte al problema dell'esodo rurale, *non è tanto una questione di politica alimentare*. E non si tratta nemmeno di una questione agricola. L'esodo rurale è semplicemente il problema dell'*esistenza e del destino della nostra nazione*. Per la prima volta nella sua storia, il nostro popolo deve decidere se separarsi dai suoi contadini o identificarsi con essi. Il problema dei contadini non è un problema sociale, e nemmeno aziendale come molti pensano, ma una questione di sangue e quindi di continuità e futuro del nostro popolo. Solo i giovani potranno risolvere questo problema, perché solo loro lo affronteranno e dovranno decidere se vogliono solo approfittare degli anni storici attuali o se vogliono esserne i fedeli gestori. *La gioventù tedesca deve decidere chiaramente cosa vuole e cosa può fare in queste circostanze. Deve avanzare con inflessibile rigore e determinazione lungo un percorso ben definito. Ma la gioventù nazionalsocialista di Adolf Hitler è stata abituata a seguirlo finora in altre questioni della nostra esistenza politica nazionale.* Questo è tutto ciò che si può dire alla gioventù tedesca sulla desertificazione delle campagne, se si vuole ancora avere fiducia nella sua anima e nel suo dinamismo.

(Con il permesso dei redattori di *Volonté et puissance*, numero 6 del 15 marzo 1939).

SS-Obergruppenführer R. Walther Darré

OPUSCOLO SS N. 3. 1939.

LA LEGGE FONDAMENTALE DEL CONTADINO TEDESCO

"La realizzazione del pensiero fondamentale della politica nazionale risvegliato dal nazionalsocialismo, che trova la sua espressione nella teoria del "Sangue e del Suolo", significherà la più profonda trasformazione rivoluzionaria che sia mai avvenuta!". Queste furono le parole del Führer poche settimane prima della vittoria decisiva del movimento di liberazione nazionalsocialista, il 3 gennaio 1933, nel suo discorso al Congresso di politica agraria della NSDAP. Il primo passo in questa direzione fu l'attuazione della legge sul dominio ereditario nel giorno del raccolto del popolo tedesco, riunito dal nazionalsocialismo. L'opera era già stata preparata in modo dettagliato e minuzioso durante la lotta per il potere da R. Walther Darré e dai suoi colleghi del Dipartimento di Politica Agraria Nazionale del NSDAP. Solo due mesi dopo la nomina di Darré al ministero fu possibile, oltre ai piani di base per la regolamentazione del mercato, presentare al Führer la legge sulla proprietà ereditaria.

Il giorno dell'entrata in vigore di questa legge è più importante di quanto si possa pensare. Quel giorno, il Führer disse a una delegazione di agricoltori a Berlino: "La condizione degli agricoltori tedeschi non è solo un'occupazione per noi, ma la rappresentazione della vitalità tedesca e quindi anche del futuro tedesco". Queste parole sono la chiave per comprendere la legge sul dominio ereditario. Per dare a tutti coloro che ricorrono a questa fondamentale legge agraria un quadro chiaro dei suoi obiettivi e delle sue idee guida, il governo del Reich la precede con una prefazione così impressionante da valere qualsiasi sintesi o esegesi. Eccola:

"Per proteggere le vecchie tradizioni ereditarie, il governo del Reich vuole preservare i contadini come origine razziale del popolo tedesco.

Le fattorie dovranno essere protette dall'indebitamento e dalla frammentazione ereditaria, in modo che rimangano sempre patrimonio del clan, nelle mani di contadini liberi.

Sarà necessaria un'equa divisione delle grandi proprietà, perché un gran numero di piccole e medie aziende agricole vitali, se possibile distribuite in tutto il Paese, sarà la migliore difesa della salute del popolo e dello Stato.

Il governo del Reich ha quindi emanato la seguente legge. L'idea principale è la seguente:

Una tenuta agricola o forestale di dimensioni pari a un acro e inferiori a 125 ettari è un'azienda agricola ereditaria se è di proprietà di un agricoltore professionista.

Il proprietario di una proprietà ereditaria è chiamato contadino.

Solo un cittadino tedesco (di razza tedesca o equivalente) di buon carattere può essere un contadino.

Il patrimonio ereditario viene lasciato in eredità senza divisione all'erede principale. I diritti dei coeredi sono limitati agli altri beni del contadino.

I discendenti privilegiati non eredi riceveranno una formazione professionale e attrezzature commisurate alle dimensioni dell'azienda agricola. Se fossero ingiustificatamente vittime del destino, lo Stato verrebbe in loro aiuto.

Il diritto di nascita non sarà abolito o limitato a causa della morte.

L'azienda agricola di famiglia è fondamentalmente inalienabile e non può essere ipotecata.

Questa prefazione, insieme alla notevole, chiarissima e comprensibile lettera introduttiva del Dr. Harald Hipfinger (Reichnährstand-Verlag, Berlino 1938) sul *diritto di successione degli agricoltori nel Reich*, sono più importanti di un proclama programmatico. In base alla precisa formulazione della legge sulla successione agricola, e in caso di dubbi sull'applicazione di questa legge, dovrebbero servire da guida per la conduzione di importanti decisioni.

Dalla prefazione emerge chiaramente che i leader dello Stato nazionalsocialista basarono consapevolmente la legge sul patrimonio agricolo del Reich sull'antico diritto ereditario che trae origine dalla legge dell'epoca odalica. R. Walther Darré ha dimostrato nella sua opera fondamentale Il *contadino come fonte di vita della razza nordica* che questo diritto ereditario ancestrale della razza nordica costituiva un legame vitale tra il sangue e la terra, che è sempre stato la legge dei popoli contadini del Nord e che la sua violazione significava alla lunga la morte della nazione. Questa verità impedì al governo nazionalsocialista di limitarsi a generalizzare le usanze ereditarie ancora esistenti in molti distretti tedeschi. Sarebbe stata una pericolosa mezza misura, perché queste usanze significavano già, in un'area decisiva, un'alterazione capitalistica del diritto ereditario ancestrale.

L'idea fondamentale del diritto ereditario, la trasmissione unica dell'azienda agricola come base della famiglia contadina, di generazione in generazione, è stata spesso mantenuta solo arbitrariamente nelle pratiche ereditarie. Infatti, l'azienda agricola veniva considerata un bene capitale nell'eredità e divisa tra gli eredi in modo tale che l'erede principale che se ne faceva carico doveva pagare un sostanzioso indennizzo agli altri eredi, oppure ipotecare pesantemente la propria azienda. È tipico che nelle regioni con consuetudini ereditarie preferenziali, più di un terzo del debito dell'azienda agricola fosse dovuto a passività derivanti da controversie ereditarie. Non era raro che una conciliazione fosse impossibile a causa delle eccessive pretese dei coeredi al momento dell'eredità, costringendo l'azienda agricola a essere sopravvalutata. In altri luoghi, i contadini cercavano di evitare gli effetti distruttivi di questa alienazione della terra in capitale, tornando sempre più spesso al sistema della doppia o addirittura unica discendenza. La legge sul patrimonio ereditario del Reich eliminò questa possibilità garantendo una successione completa e senza vincoli all'erede preferito, impedendo agli altri figli di chiedere un risarcimento, sotto forma di terra, ipoteche o denaro.

La fermezza di questa soluzione senza compromessi è stata interpretata come un'ingiusta severità nei confronti dei coeredi da coloro che non hanno compreso il significato più profondo della legge sull'eredità del Reich: la necessaria garanzia per i contadini di una fondamentale, forte e intangibile ragione di vita come fonte razziale della nazione. Un rapido esame mostra che questa critica è sbagliata. Prima di tutto, bisogna riconoscere che in nessun caso gli altri figli sono esclusi dall'erede principale, come sostengono questi critici. Al contrario, la legge agraria del Reich concede loro esplicitamente i seguenti importanti diritti:

I. Il diritto a un'istruzione adeguata e al mantenimento in azienda fino alla maggiore età.

2. Diritto alla formazione professionale nella specialità dell'azienda agricola.

3. Diritto a mobili da fornire al momento dell'insediamento, soprattutto per le discendenti femmine in occasione del loro matrimonio.

4. Diritto di ricorso alla nazione in caso di disagio immeritato.

Questi requisiti sono naturalmente limitati dalle dimensioni e dalla capacità produttiva del patrimonio ereditario e quindi non dipendono in alcun modo dall'arbitrarietà dell'erede principale. Di norma, non è lui, ma il padre stesso a soddisfare questi requisiti. Il grande miglioramento della legge sulla successione agricola rispetto alla legislazione precedente è proprio il fatto che l'assenza di qualsiasi onere finanziario nell'eredità permette all'agricoltore di lavorare per i suoi figli fin dai primi anni. Non è più obbligato, come in passato, a trascorrere i suoi migliori anni creativi per pagare i debiti ereditari. Tutta la sua energia viene utilizzata liberamente per il bene dei figli. È insensato e malizioso affermare che la Legge sull'eredità agraria, a causa del presunto handicap che impone ai coeredi, obbliga il contadino povero ad avere un figlio unico. Al contrario: solo la legge sulla successione agraria garantisce al contadino la piena affermazione della sua energia vitale.

Altrettanto aberrante è l'affermazione, che appare di tanto in tanto, secondo cui la legge agraria del Reich impedirebbe l'assegnazione della fattoria agli eredi più meritevoli. Questa legge non è affatto un regolamento rigido e schematico. Tiene consapevolmente conto delle varie usanze della terra. In nessun caso il potere decisionale dell'agricoltore è escluso se, dopo un'attenta valutazione, è convinto che un altro figlio sarebbe più adatto a rilevare l'azienda agricola rispetto all'erede legale. Nelle regioni in cui, secondo le antiche consuetudini, prevale il diritto di primogenitura o il diritto del figlio più giovane, l'agricoltore dovrà in ogni caso chiedere l'accordo del tribunale dei minori per designare un figlio diverso dall'erede principale. Se il suo piano è basato su fatti accertati, riceverà la piena approvazione del tribunale, in quanto composto da giudici contadini come lui.

Anche le altre autorità pubbliche superiori che regolano le questioni ereditarie sono tribunali contadini. In questo modo, l'applicazione del diritto successorio agricolo è, in larga misura, nelle mani dei contadini stessi, soprattutto perché i leader agricoli sono stati deliberatamente coinvolti nel processo. Ciò garantisce che l'applicazione pratica del diritto di successione sia in linea con il senso di giustizia dei contadini e tenga conto delle contingenze della vita contadina. Ciò è tanto più importante in quanto il diritto successorio non è un insieme rigido di paragrafi, ma si limita a porre le basi in base alle quali i giudici agrari definiranno e daranno forma alla legge, contribuendo così alla creazione di uno status contadino realistico. In questo senso, la legge rappresenta una ripresa del vecchio concetto giuridico tedesco del regno della lettera morta e rende il giudice interamente responsabile dell'applicazione della legge alla lettera.

Il fatto che i tribunali agrari lavorassero in coordinamento con i dirigenti agricoli per assicurare che i contadini che avevano dimenticato i loro doveri o che erano incapaci di farlo venissero rimessi in riga o condannati, dimostra fino a che punto i giudici contadini fossero consapevoli della loro responsabilità. La ferma determinazione della legge di successione in questo senso è caratteristica della concezione nazionalsocialista della proprietà. Il diritto di successione prende tutte le misure possibili per salvaguardare la proprietà agricola. Pertanto, se non vuole degenerare nella concessione di privilegi, deve sostenere fermamente il principio del diritto. La proprietà comporta un duplice obbligo: il mantenimento della proprietà ereditaria come mezzo di sostentamento sufficiente per una famiglia numerosa e il suo utilizzo ottimale come fonte di cibo per il popolo tedesco. Un contadino colpevole di aver abbandonato la sua fattoria e di averla lasciata appassire manca al suo clan e al suo popolo. Non sono solo coloro che si lamentano della restrizione della proprietà causata dalla legge agraria a trascurare questo fatto, ma anche coloro che parlano di un privilegio concesso ai contadini. Nella concezione tedesca della giustizia, il diritto e il dovere sono reciprocamente dipendenti, così che il diritto del contadino è inconcepibile senza il suo corollario, il dovere del contadino. Il diritto di eredità è stato stabilito tenendo conto dell'importanza vitale del contadino come fonte razziale della nazione. Per questo motivo, è stata istituita una forte protezione delle proprietà ereditarie, fondamento di famiglie contadine sane. Il contadino che non è consapevole del suo dovere, o che non è in grado di farlo, mette a repentaglio questo obiettivo e danneggia la sua famiglia e il suo popolo. Il fatto che trascuri il suo dovere di nutrire la nazione rende la sua colpa ancora più grave. Se dunque il nazionalsocialismo non vuole mettere a repentaglio il suo obiettivo di proteggere la fonte razziale agricola, deve, in questi casi di inadempienza, preoccuparsi di ristabilire il concetto di diritto e dovere. Il modo in cui la legge sull'eredità ha operato indica che è stata in grado di combinare difesa e creazione nelle sue misure punitive.

La legge sull'eredità di Stato sembra quindi essere la legge fondamentale dei contadini tedeschi sotto ogni aspetto. Le critiche che sono sorte al momento della sua introduzione si sono molto attenuate. Il buon senso dei contadini ha capito da tempo cosa significa per loro la legge sull'eredità. Sarebbe stato sorprendente, inoltre, se la visione limitata e l'incomprensione sempre presente non avessero cercato di contrastare una legge di così ampia portata e fondamentale come questa legge sulla successione agraria. In fondo, il coro di critiche è servito, anche se involontariamente, a mettere in evidenza l'importanza di questa legge. "Il fondo solido dei piccoli e medi contadini è sempre stato la migliore protezione contro le malattie sociali". Così dice il Führer nel suo libro Mein

Kampf. La legge sull'eredità stabilì il principio dello sviluppo della forza contadina, le cui caratteristiche Walther Darré sottolineò con queste parole molto azzeccate: "Il contadino è colui che, radicato ereditariamente nella terra, coltiva la sua terra e considera la sua attività come un dovere verso la sua generazione e il suo popolo".

Günther Pacyna

QUADERNO SS N. 5. 1942

CONTADINI

Anche se il contadino si comporta esteriormente come un abitante della città, indossa biancheria bianca ogni giorno, ha un pianoforte e mobili in una bella stanza, questo non cambia molto nella sua natura più intima. È sempre un contadino, pensa come un contadino e si comporta come tale. Anche se ha rapporti con gli abitanti della città, ha parenti e amici in città, li considera tutti come uomini di un'altra specie, di un'altra natura, non come vicini. Questa nozione riguarda solo gli uomini che si trovano sullo stesso suolo, che pensano e vivono come lui. Nel migliore dei casi diventa un buon amico, proprio come possiamo esserlo noi con un rappresentante particolarmente distinto di una razza straniera. Ma tra lui e tutti i concittadini che non spaccano la terra con il vomere, non falciano gli steli di grano, c'è sempre un muro che non si può abbattere. Anche quando, come nelle vicinanze delle grandi città, contadini e cittadini vivono insieme nei villaggi, non c'è alcun rapporto tra i due. L'orgoglio contadino è troppo grande; persino il servo è più orgoglioso dell'abitante della città che vive in una villa colorata e possiede una carrozza e un'automobile.

Questo orgoglio è fondato, perché il contadino forma il popolo, è il detentore della civiltà e il custode della razza. Prima che esistesse la città con la sua vernice, il contadino era lì. Il suo albero genealogico risale al tempo in cui il piccone di pietra dissodava la terra. Il contadino ha portato la prima cultura e ha stabilito i suoi costumi dove, fino ad oggi, orde di cacciatori e pescatori semiselvatici conducevano un'esistenza paragonabile a quella del lupo e della lontra.

Poi arrivò il contadino con i suoi pascoli, tracciò il sito della casa, piantò dei pali nel terreno, la coprì e la cinse con solide mura. Mentre attizzava le fiamme dei tre boschi sacri sul focolare di pietra, prendeva possesso della terra in nome della civiltà. Perché è stato prima il contadino a creare ciò che noi chiamiamo questo. I pescatori, i cacciatori e i pastori erranti non hanno cultura, o ne hanno poca. È stato proprio lui il detentore della civiltà. L'Edda, Tacito e la ricchezza dell'architettura al tempo delle grandi invasioni ci insegnano quanto grande fosse la sua civiltà. Anche i mobili degli antenati, che un tempo adornavano la casa del contadino tedesco e che oggi sono conservati nei musei, ne sono una traccia. Il fondamento di ogni cultura risiede nel contadino.

Il contadino lo sa bene, non solo come individuo, ma come comunità. Perché l'individuo non ha solo una memoria; anche interi strati della popolazione possiedono una facoltà di ricordare che è infallibile, più fedele e più solida di oggetti inanimati come la pietra, la pergamena e la carta. La forza di questa memoria dice:

"Prima che voi foste qui, voi abitanti della città, ricchi o poveri, grandi o piccoli, io ero qui. Ho dissodato la terra, ho gettato il seme, ho creato il campo attraverso il quale potete vivere e crescere con la vostra attività, il vostro commercio, la vostra industria, le vostre relazioni. Ho inventato la legge, ho dato la legge, ho respinto il nemico, ho portato i pesi per millenni. Io sono l'albero e voi le foglie, io sono la sorgente e voi il ruscello, io sono il fuoco e voi il bagliore". Questi erano i suoi pensieri, che poteva giustamente pronunciare.

Dove saremmo se il contadino non avesse avuto ossa forti, nervi saldi e sangue puro? La fame, la peste e la guerra ci avrebbero distrutto. Non ci saremmo mai ripresi dalla Guerra dei Trent'anni. E chi avrebbe conservato la nostra essenza più intima? Lo spirito tedesco sarebbe sopravvissuto senza i tetti di paglia dei villaggi?

Hermann Löns

OPUSCOLO SS N. 8. 1939.

CONVOGLIO VERSO LA MORTE

Chiunque sappia interpretare i segni dei tempi non può che vedere la migrazione dalle campagne come "il convoglio della morte". Già un secolo fa, uno scrittore tedesco aveva usato questa frase suggestiva per descrivere il cosiddetto "esodo rurale", sul quale il Ministro dell'Agricoltura, l'SS-Obergruppenführer R. Walther *Darré*, ha recentemente richiamato l'attenzione dell'*intero* popolo tedesco. Nel suo grande discorso in occasione della Giornata dei contadini del Reich, si è giustamente rivolto a *tutti i* lavoratori agricoli tedeschi. Questa migrazione non riguarda in alcun modo solo il settore puramente agricolo dell'economia politica tedesca. Al contrario, va detto chiaramente che *si* tratta di *un problema che deciderà il destino dell'intera Europa*.

Che cos'è esattamente un "esodo rurale"?

Da tempo la scienza si occupa di questo problema e gli esperti di politica agricola ne parlano e scrivono. Alla domanda su cosa sia effettivamente l'esodo rurale sono state date risposte diverse. Alcuni lo considerano un fenomeno migratorio, altri un *problema di manodopera agricola*. Il Ministro si è schierato con decisione contro quest'ultimo punto di vista, sottolineando che "il problema riguardava anche i figli e le figlie dei contadini". Dal 1885 al 1910, su una migrazione di 3.578.000 contadini, 2.019.000, ovvero il 56,4%, erano lavoratori autonomi, mentre solo il 43,6% (1.559.000) erano braccianti agricoli.

All'affermazione che *tutta la* migrazione non può essere considerata un esodo rurale, bisogna opporre soprattutto la missione che è stata affidata ai contadini di essere la fonte del sangue tedesco. Sappiamo da tempo che le città sono destinate a morire senza il flusso ininterrotto di popolazione dalle campagne. Berlino fornisce solo il 43% delle nascite di cui ha bisogno per sopravvivere. La media delle città tedesche è del 58%, e anche per le città di piccole e medie dimensioni è solo del 69%. Nelle campagne, solo dieci anni fa, nasceva il 13% di bambini in *più* rispetto a quelli necessari per il rinnovamento naturale. Quindi solo la campagna sta crescendo davvero e solo la corrente proveniente dalla campagna impedisce alle città di appassire e morire. È noto il calcolo di Burgdorfer secondo cui dopo la quinta generazione dei 4.000.000 di abitanti di Berlino ne sarebbero rimasti appena 100.000 nella capitale del Reich. Meno noto è il calcolo secondo cui dopo cinque generazioni sarebbero rimasti solo 20.400 dei 750.000 abitanti. L'esempio di Vienna non ci dice altro. Negli ultimi cinque anni (1933-1937) vi sono nati 58.000 bambini, *ma sono* morti 122.000 abitanti. Pertanto, finché non vogliamo lasciare le città al loro destino per quanto riguarda la loro sopravvivenza, dobbiamo permettere una certa migrazione dalle campagne.

Bisogna diffidare, inoltre, dell'idea di "fuga" inclusa nella parola esodo, perché l'esodo è inteso come una fuga disordinata, senza meta, che dovrebbe portare alla sconfitta. La potenza straripante della natalità rurale non può mai essere considerata fatale. L'unica cosa che dovrebbe essere considerata come esodo rurale, dannoso sia per l'economia politica che per quella rurale, e dannoso per l'intera popolazione, è la migrazione *sproporzionata* della popolazione dalla campagna alla città, purché non si tratti di un naturale *straripamento della* popolazione rurale, ma piuttosto di una persistente amputazione di questa popolazione.

Una storia millenaria

Inoltre, l'esodo rurale non è affatto un prodotto dei tempi moderni. Anche a Roma c'è stato un esodo rurale in passato. Anche il Medioevo ne ha sofferto in diverse occasioni. In ogni caso, non c'è una sola regione della Germania in cui la "desertificazione", cioè il graduale abbandono delle proprietà, non indichi un vero e proprio abbandono dei contadini dalla fine del XIV secolo all'inizio del XVI secolo . In Assia, ad esempio, circa il 40% degli insediamenti rurali scomparve. D'altra parte, le terre arate e quelle coltivate a cereali si ridussero a favore di prati e boschi. Anche un esperto non specialista sa che la "mancanza di redditività" dell'agricoltura, le tasse più alte, la differenza di prezzo tra prodotti agricoli e industriali (oggi diremmo la sottovalutazione dell'agricoltura) furono la causa della privazione rurale di quel periodo. Anche nei secoli successivi si verificò un esodo rurale. Così, i registri delle camere dell'agricoltura prussiane menzionano costantemente la carenza di lavoratori agricoli.

Nel Meclemburgo del XVII e XVIII secolo si sentiva continuamente la necessità di manodopera. Tuttavia, è solo a metà del secolo scorso che l'esodo rurale si diffuse in modo allarmante.

Le radici profonde

Dobbiamo citare le cause principali dell'esodo rurale in Germania, che da allora non è mai cessato: la modifica della legislazione agraria di Stein da parte del massone e amico degli ebrei Hardenberg, modifica che sradicò un gran numero di contadini dalla terra e li trasformò in una classe di lavoratori agricoli senza terra e senza proprietà; la frammentazione della proprietà comune che tolse a molti piccoli contadini i mezzi di sussistenza supplementari; la trasformazione della quota del contadino in un pagamento in natura o in denaro, che non poteva competere con la crescita generale del commercio; le nuove tecniche agricole, la coltivazione della barbabietola da zucchero, la trebbiatrice, ecc., L'impiego di lavoratori stranieri (437.000 nel 1914) invase intere regioni, abbassando il livello di coltivazione e di remunerazione dei braccianti tedeschi. Il Meclemburgo lavorò con loro per due terzi! Ma furono soprattutto lo spirito capitalista, le leggi fondiarie liberali, la frammentazione e la conseguente cattiva distribuzione della proprietà in alcune regioni la causa principale dell'esodo rurale. La sofferenza dell'agricoltura, che spesso derivava dalla sua svalutazione, e la prosperità (reale o solo apparente) dell'industria hanno sempre provocato un forte esodo rurale perché, in questi casi, la domanda di lavoratori industriali fagocita la classe operaia agricola e, d'altra parte, lo sviluppo delle fabbriche della grande industria costringe i contadini a lasciare la loro terra. Così, in ogni momento, molte condizioni si sono sommate, variando a seconda del luogo e del tempo, o anche dei migranti stessi, per determinare questo esodo. Interrogati, il 50% dei migranti ha indicato come motivo dell'esodo i bassi salari, spesso dovuti alla mancanza di denaro da parte dei datori di lavoro. Il resto degli intervistati ha dato la colpa alla mancanza di opportunità di avanzamento, alla crescente difficoltà di creare una famiglia, che spesso porta al celibato forzato, agli orari di lavoro lunghi e irregolari e al duro lavoro nei campi. Alla fine, le distrazioni delle grandi città si sono rivelate qua e là attraenti. Bismarck ha detto meglio: "È il caffè-concerto che mangia la terra".

Milioni di euro persi

Dopo aver fatto luce sulla natura stessa dell'esodo rurale, possiamo ora fornirne un quadro numerico. Non esistono cifre davvero inconfutabili, né per il passato né per il presente. È un dato di fatto, però, che *milioni di persone hanno abbandonato la terra* da quando questa devastante alluvione umana ha raggiunto i contadini. Un confronto tra i 15,9 milioni di contadini del 1882 e i 13,6 milioni al momento della presa del potere nel 1933 ci dà, per questo mezzo secolo, una *perdita totale di 2,25 milioni*, che in realtà è molto più grande, poiché non è inclusa la crescita naturale della popolazione. Secondo un'altra stima, dal 1907 sono emigrati in città 1,5 milioni di lavoratori agricoli. Si tratta di una cifra superiore all'intera popolazione della Turingia. Poiché le regioni industriali sono sempre molto attraenti e l'industria nel nord-est della Germania non si è generalmente sviluppata molto, l'esodo rurale viene spesso presentato come una *migrazione est-ovest*, *il che* è significativo per le cifre occasionali su questo esodo. La Germania orientale ha perso 3,5 milioni di persone tra il 1840 e il 1910: 730.000 prussiani orientali, 600.000 prussiani occidentali, 750.000 pomeriani, 675.000 slesiani, 880.000 posnici. La Slesia perse più del 20%, la Prussia orientale addirittura più del 50% del suo surplus di nascite e la perdita dovuta all'esodo rurale nella Pomerania orientale fu di 378.000 persone.

Allo stesso modo, un confronto delle percentuali delle nostre popolazioni urbane e rurali rispetto alla popolazione complessiva ci offre un quadro sconvolgente. L'estensione della "città, una macchina sterile" mostra meglio di qualsiasi fraseologia dove l'esodo rurale del nostro popolo ci ha portato e ci porterà ancora. Dal Medioevo ai tempi moderni, il 90% del popolo tedesco viveva in campagna, e nel 1816 circa il 70%; nel 1871, invece, la popolazione urbana rappresentava 14,8 milioni di persone, quasi il 36%, e nel 1934 addirittura il 76,5% della nostra popolazione! Il numero di persone che vivono nelle grandi città è passato dal 5,5% del 1871 al 30,4% del 1932. Nel 1871, un tedesco su venti viveva in una grande città, nel 1933, invece, quasi uno su tre.

L'esodo rurale dopo la presa di potere

Il Ministro dell'Agricoltura, nel suo discorso di Goslar, sottolineò ancora una volta che l'esodo rurale persisteva nonostante tutte le misure adottate per combatterlo; egli osservò, alla luce delle cifre fornite dalle statistiche del libro dei lavoratori: "Nel 1938 c'era una forza lavoro agricola disponibile di 400.000 lavoratori in meno rispetto al 1933. Tenendo conto del fatto che Darré stimava solo 300.000 persone per le famiglie di lavoratori non incluse nelle statistiche e l'eccedenza dovuta all'aumento della popolazione, arrivava a una stima di *700.000-800.000 persone per la forza lavoro persa in agricoltura.* Gli ultimi cittadini possono quindi comprendere perfettamente cosa significhi l'esodo rurale, se si è disposti a vederne le conseguenze.

Le conseguenze per il paniere familiare

Le conseguenze di questo esodo rurale si possono dividere in due categorie principali, a seconda dei due compiti assegnati ai contadini. Poiché un tempo ai contadini era affidato il compito di nutrire il nostro popolo, l'esodo rappresenta una minaccia per la nostra politica alimentare. Finora il contadino è riuscito a scongiurare questo pericolo grazie all'inimmaginabile disponibilità della popolazione rurale a fare la sua parte in questo compito. Negli ultimi due anni, infatti, sono stati messi a disposizione 21 milioni di giorni di lavoro in più solo per la "coltivazione a piccone", anche se la forza lavoro è diminuita. Tuttavia, una persona di buon senso vede chiaramente che ci sono dei limiti imposti dal destino. Ogni battuta d'arresto nell'ambito della "salvaguardia delle forniture tedesche" deve attanagliare lo stomaco di ogni abitante della città e, a causa della mancanza di pane a colazione, deve ricordargli l'esistenza dell'esodo rurale, anche se la sua impresa industriale e quindi la sua forza lavoro "si intensificano". Infatti, "senza lavoro nei campi, la gente finisce per morire di fame". O, come ha detto bene il rappresentante del distretto di Hannover Est: "Ogni cittadino, anche se milionario, morirà di fame se non c'è nessuno che ara, semina e raccoglie". Se si accetta, come sottolineato in precedenza, l'impatto dell'esodo rurale sul carrello della spesa degli abitanti delle città, la diminuzione della forza lavoro agricola evoca il *"fantasma della regressione della produzione agricola".* Il calo significativo della produzione di latte, ad esempio, ha mostrato la forza dannosa dell'esodo rurale. In ogni caso, Darré ha attirato sufficientemente l'attenzione del suo pubblico a Goslar quando ha detto: "Se il personale fisso degli agricoltori dovesse mai essere allontanato dall'esodo rurale, diventerebbe difficile formare, anche con i volontari disponibili, nuovo personale qualificato".

Danno irreparabile?

Ci perdoneranno se non continueremo a descrivere le conseguenze di un esodo rurale in campo alimentare. In particolare, il suo aumento impedirebbe ai contadini di essere la linfa vitale della nazione. Le grandi città sono i cimiteri del popolo e qualsiasi migrazione verso di esse è fondamentalmente un convoglio verso la morte. Una famiglia urbana media muore nel giro di tre generazioni. L'esodo rurale non solo prosciuga *indirettamente* la fonte di sostentamento dei contadini nelle città, ma rappresenta anche un pericolo *diretto* per loro. Il Ministro dell'Agricoltura ha chiarito il nostro punto di vista: "La situazione dei lavoratori della terra, in particolare la mancanza di manodopera femminile nelle fattorie, sta rendendo impossibile per i contadini tedeschi avere molti figli a causa dell'aumento del carico di lavoro". Sebbene le campagne, e in particolare i contadini, siano ancora in vantaggio rispetto alle città per quanto riguarda il numero di nascite, la situazione creata dal sovraccarico di lavoro della donna contadina ha reso difficilmente raggiungibile il vero obiettivo della nostra legislazione agricola, che è quello di garantire molte nascite nelle campagne. Bisogna dimostrare con il massimo rigore che la situazione nelle campagne sta prendendo una piega che può causare danni irreparabili a tutto il popolo.

Così come gli effetti dell'esodo rurale dal punto di vista della biologia nazionale rappresentano un pericolo che difficilmente può essere sopravvalutato, lo stesso vale per una politica nazionale per le regioni di confine. Infatti, la morsa degli stranieri si verifica solo quando il baluardo umano dei contadini comincia a cedere. Il grande pericolo di un esodo tedesco dalle zone di confine è dimostrato dal fatto che il numero di polacchi, ad esempio, nei villaggi minoritari dell'ex Marca Posniana nella Prussia occidentale è aumentato del 7,9% tra il 1913 e il 1937. D'altra parte, è stato calcolato che cinque cantoni di questa ex provincia hanno subito una perdita di circa 12.000 persone a causa dell'emigrazione. Nei comuni rurali si è registrata una diminuzione della popolazione del 15%. Per gli stessi emigranti, le conseguenze dell'esodo sono nefaste: il salario apparentemente più alto in città spesso non è sufficiente per lo stesso fabbisogno alimentare e viene in gran parte sperperato in spese sconosciute al bracciante (viaggi, divertimenti, alloggio, ecc.).

Cosa bisogna fare per contrastare questo esodo?

È al di là dello scopo di questo studio elencare tutte le misure adottate dalla politica agraria nazionalsocialista contro l'esodo rurale. Le radici profonde di questo tipo di esodo furono estirpate attraverso il consolidamento del patrimonio rurale (diritto ereditario dell'azienda agricola) e la modernizzazione dei contadini. Poiché è stata identificata anche la relazione tra il problema dei lavoratori agricoli e l'esodo rurale, la modernizzazione dell'agricoltura tedesca è stata in gran parte rivolta ai lavoratori agricoli, ai quali è stato assegnato il 45% delle nuove aziende agricole. Anche il miglioramento delle condizioni di vita attraverso la costruzione di alloggi più igienici per i lavoratori, la regolamentazione degli orari di lavoro e dei salari minimi, la creazione di opportunità di avanzamento e l'espansione del "lavoro stagionale" contribuirono a combattere l'esodo rurale. L'Anno dell'Agricoltura, il servizio agricolo nazionale e l'innalzamento degli standard culturali di vita contribuirono a contrastare l'esodo rurale. Se, nonostante tutto, il richiamo della città fu più forte, la colpa non è della politica agraria del nazionalsocialismo. La colpa deve essere attribuita alle ragioni sopra menzionate, che l'SS-Gruppenführer Dr. Reischle ha riassunto nella breve formula "che l'esodo rurale è stato causato dall'attuale svalutazione del lavoro agricolo".

L'esodo rurale, nemico del Partito

Una cosa è certa, e anche in questo caso il Ministro dell'Agricoltura ci ha indicato la strada: "L'esodo rurale non può essere fermato solo con misure economiche o legislative, ma solo se la NSDAP, con la sua conoscenza del sangue e della razza, decide incrollabilmente di combatterlo in tutte le circostanze! Darré spiegò inoltre che la vittoria sull'esodo rurale "sarebbe una prova decisiva per il NSDAP" e, indicando nelle autorità "i veri protagonisti della fine dell'idea stessa di esodo", definì l'esodo rurale "un nemico del Partito" la cui sconfitta non poteva più essere una questione di classe o di organizzazione permanente. Questa lotta contro l'esodo rurale è compito del Partito, come ha detto il Gauleiter dell'Hannover orientale sopra citato, e deve essere condotta da esso con grande energia. In questo modo si realizzerà la richiesta del Führer, formulata nella manifestazione dell'ufficio del Partito il 6 marzo 1930: "Lo Stato ha il dovere di elevare il livello economico e culturale dei contadini a un livello commisurato alla loro importanza per l'intero popolo e di eliminare così una delle cause principali dell'esodo rurale". Ogni SS è chiamato a lottare in questa direzione, secondo i propri mezzi!

Jost Fritz

OPUSCOLO SS N. 2. 1938.

ECONOMIA E IDEOLOGIA

Il compito dell'economia è quello di sostenere lo Stato nella sua lotta per la salvaguardia dei principi vitali del popolo.

Nell'era liberale, nessun settore della vita si è allontanato dalla nostra ideologia più dell'economia. Ma poiché l'economia è fatta di azioni e risultati umani, e poiché ogni azione degna di nota è solo il risultato di un'ideologia forte e di uno stile di vita responsabile, l'attività economica deve essere anche il segno di un'ideologia e di uno stile di vita specifici. Ancora oggi, molti "praticanti" si fanno beffe di questo requisito. Si parla di "idealismo sfocato" o "romanticismo" quando si chiede l'armonia tra economia e ideologia e si sostiene che l'economia segue la sua "legge interna", che ha ben poco a che fare con l'ideologia.

La "legge interna" dell'economia

Il nazionalsocialismo rifiuta queste idee perché ha sempre e ovunque in mente il bene di tutto il popolo. Il nazionalsocialismo riconosceva chiaramente che l'espressione "legge interna dell'economia" era intesa solo per impedire la gestione politica dei compiti economici del nostro tempo, considerata come un "ingiustificato sconfinamento dello Stato nell'economia". *Ma non bisogna* dimenticare che le conseguenze di questa legge furono l'assenza di autorità politica, il crollo dell'economia internazionale, la miseria dei contadini, il flagello della disoccupazione e l'annientamento del potere d'acquisto del popolo, quindi la distruzione totale dell'economia.

Quando, invece, il nazionalsocialismo ha dichiarato che la necessaria autorità politica e il controllo dell'economia sono i principi fondamentali di tutta la politica economica, ha eliminato la chimera della legge interna dell'economia. Anche l'economia può conoscere una sola legge: servire il bene del popolo. Più segue questa legge, più si sottomette alle esigenze vitali del popolo, e questo rende ancora più facile stabilire una concordanza tra ideologia ed economia. Perché servire il popolo è la legge suprema della nostra ideologia.

Se cerchiamo di delineare in poche parole l'intera nostra ideologia, emergono i seguenti principi: crediamo nella legge del suolo e del sangue, nella legge del dovere e dell'onore, nella legge del popolo e della comunità. Se guardiamo alla forma economica del passato e la confrontiamo con alcune delle nostre leggi fondamentali, dobbiamo convenire che la pratica e la scienza economica non hanno riconosciuto queste leggi. Il liberalismo economico dominante era molto più in linea con il pensiero inglese del XVIII e XIX secolo e . Il fondatore economico di questa visione fu Adam Smith. Queste idee furono distruttive in Germania quanto quelle della Rivoluzione francese in Occidente. Ancora oggi, questa dottrina inglese viene spesso definita "classica" in Germania, il che equivale più o meno a definire la democrazia parlamentare una forma di costituzione "classica". Oggi questo concetto non può più essere considerato un valore reale. Purtroppo, le idee della scuola inglese prevalgono ancora nel campo dell'economia.

I pionieri dell'economia nazionale tedesca

All'epoca si dimenticò completamente che anche in Germania era emersa una particolare concezione economica nazionale. Friedrich List aveva disapprovato Adam Smith nei termini più forti. Gustav Ruhland aveva denunciato le conseguenze distruttive dell'economia capitalista di sfruttamento nel suo Sistema di economia politica, precedentemente pubblicato da R. Walther Darré. Tuttavia, Ruhland fu ignorato. List fu anzi citato favorevolmente, ma la sua confutazione della dottrina inglese non fu presa sul serio. Infine, il grande filosofo tedesco Fichte, che aveva posto le basi della liberazione patriottica nei suoi Discorsi alla nazione tedesca e che aveva presentato importanti suggerimenti per la politica economica nel suo "Stato commerciale autarchico", non fu preso in considerazione.

Ma uno stile di vita sbagliato si sviluppa necessariamente da una dottrina sbagliata. Le idee straniere non possono mai produrre uno stile di vita vantaggioso per il popolo. Lo dimostra lo sviluppo economico prima del 1933.

Il declino dell'economia tedesca

Fu proprio nell'economia che l'assimilazione degli ebrei ebbe le conseguenze più disastrose. Mentre i fondamenti di ogni forma di vita e di economia veramente caratteristica dovrebbero essere l'obiettivo, l'orgoglio e il dovere, il tipo dell'onorevole mercante fu sostituito da quello dell'astuto commerciante. Il contadino, il cui lavoro nutre il popolo e rappresenta quindi la base di tutta l'economia, è stato descritto come inferiore e disprezzato. La situazione sociale dell'operaio, che adottava sempre più l'idea della lotta di classe, peggiorava di giorno in giorno. Era schiacciato dai palazzi delle grandi banche e dei grandi magazzini. Il capitale, il cui compito era quello di servire l'economia, era affidato ai suoi padroni e la gestione del capitale stesso era consegnata a poteri anonimi. Si parlava di "estensione infinita dell'economia" e si trascuravano i grandi palazzi e le baraccopoli delle grandi città che si erano create. Si parlava di "economia internazionale" e non si vedeva che le basi interne dell'economia, i contadini e la classe operaia, erano terribilmente colpiti economicamente. La base dell'economia tedesca dei prodotti alimentari e delle materie prime all'estero era stata cambiata perché l'importazione e l'esportazione non avvenivano secondo i punti di vista nazionali, ma rimanevano soggette all'arbitrio del singolo. Si trascurava il fatto che le potenze internazionali avevano messo le mani sulle materie prime più importanti. Ma si trascurava anche il fatto che la guerra economica contro la Germania era iniziata nel 1914 - e continuava in forma diversa. Il pagamento dei tributi da parte della Germania sulla base del piano Dawe e Young, l'indebitamento privato del Paese attraverso una politica di prestiti esteri, l'improvvisa sottrazione di credito estero a breve termine nel 1931 fecero crollare l'intero sistema del fronte. Il boicottaggio della Germania, ma allo stesso tempo l'ingresso di capitali stranieri, fu di fatto la più importante lotta economica di tutti i tempi.

Il nazionalsocialismo come fondamento di un nuovo ordine

Salvando i contadini e gli operai con il primo piano quadriennale, il Führer pose così le basi per un nuovo ordine economico tedesco che poteva essere creato solo sul suolo tedesco dal lavoro tedesco. Il secondo piano quadriennale continua logicamente questo lavoro creativo: aumentare l'efficienza in tutti i settori dell'economia, gestire l'economia estera, organizzare il lavoro secondo obiettivi nazionali, proteggere e migliorare il potere d'acquisto e quindi il potere nazionale attraverso una gestione responsabile dei prezzi. Tutte queste misure sono pensate per il popolo e per la protezione del Paese. Il secondo piano quadriennale incoraggia il popolo a lavorare e a esprimere la propria determinazione, fissa grandi obiettivi che suscitano la volontà morale dell'individuo e la creatività della comunità al servizio della nazione, dimostrando così che la lotta è l'origine di tutto ciò che esiste.

Un nuovo atteggiamento, frutto di una nuova visione del mondo, comincia a emergere in Germania anche nella sfera economica.

SS-Hstuf. Dott. Merkel

Opuscolo SS n. 2. 1939.

Sottovalutare il risultato agricolo, un pericolo per la popolazione!

Il ruolo e lo spirito delle SS è quello di prendere una posizione chiara e distinta su tutte le questioni decisive che riguardano il futuro del popolo. Questo atteggiamento è necessario, anche se potrebbe essere comodo "mettere la testa sotto la sabbia" e ignorare tutto. Il compito di ogni SS non è solo quello di essere consapevole di questa posizione, ma anche di sostenerla in ogni occasione.

Quando il capo della propaganda e compagno di partito Goebbels indicò che uno dei compiti più urgenti del partito era quello di impegnarsi chiaramente nella lotta contro l'"esodo rurale" e la "sottovalutazione dell'importanza del risultato agricolo", le SS ricevettero così il segnale di attacco!

La questione dell'esodo rurale è già stata studiata. Misure come l'accordo tra il Reichsführer SS e il Reichsjugendführer per promuovere *l'istituzione di soldati contadini,* l'attuazione del *servizio agricolo HJ,* l'estensione del *servizio di lavoro femminile,* gli appelli dei *Gauleiter* della Sassonia e del Brandeburgo all'industria, ecc. sono un inizio della lotta contro l'esodo rurale, i cui risultati si vedranno gradualmente. A lungo termine, *anche l'educazione ideologica del popolo tedesco, in particolare delle giovani truppe, contribuirà a far sì che la gioventù tedesca consideri il lavoro della terra come un servizio nobile e molto importante per la nazione.*

Porre fine alla "sottovalutazione dell'importanza del risultato agricolo" è ovviamente la condizione per risolvere il problema dell'esodo rurale in modo naturale e appropriato.

Già dalla metà del secolo scorso, cioè con la crescente industrializzazione della Germania, l'agricoltura ha dovuto fare i conti con una sottovalutazione dell'importanza dei suoi risultati. Naturalmente, senza successo. Era consuetudine, secondo i "principi economici" liberali, "*stimare l'importanza dell'agricoltura per l'economia nazionale sulla base di calcoli*"! Con questo metodo, l'agricoltura tedesca sarebbe naturalmente diminuita, poiché i Paesi stranieri, favoriti da un clima migliore, da salari e prezzi della terra più bassi, potevano fornire cibo a prezzi imbattibili! Inoltre, molto prima della Prima Guerra Mondiale, si era formata l'opinione, grazie a pareri autorevoli, che l'approvvigionamento alimentare del popolo tedesco non doveva essere assolutamente garantito all'interno dei suoi confini. La nota frase dell'"agronomo nazionale" di Monaco Lujo Brentano: "Le nostre mucche pascolano a La Plata", è tipica del precedente atteggiamento irresponsabile nei confronti dell'agricoltura nazionale, e quindi anche di *una delle più importanti questioni vitali del popolo tedesco!* A causa delle possibilità di importazione di prodotti alimentari a basso costo dall'estero, i contadini tedeschi erano disposti a essere sacrificati agli interessi di esportazione dell'industria. Allo *scoppio della Prima Guerra Mondiale, la conseguenza fatale di questa dipendenza dall'estero fu una preparazione economica alimentare del tutto inadeguata, che costò al popolo tedesco più di 750.000 morti per malnutrizione durante la guerra e, infine, la vittoria finale!*

Rifiutando di prendere in considerazione le legittime richieste dei contadini basate sulla *salvaguardia delle scorte alimentari* tedesche, l'*importanza politica* di un contadino numericamente forte e di successo *per l'insediamento fu completamente trascurata.*

Non è quindi straordinario che il governo nazionalsocialista, basandosi sulla consapevolezza che *senza un contadino sano il futuro nazionale è seriamente minacciato, abbia* studiato il problema della sottovalutazione in modo completo e abbia dovuto prendere posizione contro di esso.

È questo il concetto di "sottovalutare l'importanza dei risultati agricoli"?

A freddo, il prezzo dei prodotti agricoli in relazione alla protezione del lavoro e dei costi, che la produzione agricola richiedeva, è insufficiente.

Questa sottovalutazione, che si traduce in un rendimento insufficiente della produzione agricola, è dimostrata anche dai calcoli. Se si sceglie un tipo di *bilancio di produzione* basato sulle attuali vedute mercantili, si ottiene la seguente tabella:

Bilancio di produzione dell'agricoltura nel 1936/37
(in milioni di RM)

Assegnazione di denaro :

Uso personale (pulizia, servizi e altro)	3 033
Salari e stipendi in natura	1 572
Assicurazione sociale (contributo del datore di lavoro)	136
Compensazione dell'imprenditore agricolo con il personale	4 200
Spesa economica di fatto	3 438
Tasso forfettario per le spese generali	450
Rappresentanza professionale	68
Tasse	480
Servizio del debito	630
Pagamento degli interessi sul capitale proprio	2 440
	16 447

Produzioni

Produzione totale: 11 894	
Disavanzo	4 553
	16 447

Il "pagamento degli interessi del capitale proprio" dell'agricoltura (circa 54,3 miliardi di RM) con una percentuale del 4½% corrisponde all'imposta in uso nel Paese. È anche importante, poiché l'agricoltore deve ricavarne i mezzi necessari per sviluppare la tenuta (battaglia per la resa!), per l'equipaggiamento e l'istruzione dei figli, per l'assicurazione sulla pensione di vecchiaia, ecc. Il "salario per il lavoro dell'imprenditore agricolo con la sua famiglia" corrispondente alle linee guida della legislazione fiscale, con 700 RM all'anno per un buon lavoro, non è troppo alto. L'agricoltura ha rinunciato al pagamento degli interessi sul proprio capitale - un requisito ingiusto che potrebbe portare alla chiusura di qualsiasi azienda agricola professionale per "redditività inesistente" - per cui il deficit ammonta a circa 2 miliardi di RM.

Sulla stessa base, calcolando il bilancio di produzione dell'agricoltura tedesca per gli anni dal 1929/30 al 1937/38, si ottiene il seguente prodotto

L'evoluzione della produzione nell'agricoltura tedesca dal 1928 al 1938 (in milioni di RM)

Anno	Disavanzo
1929/30	4 894
1930/31	5 336
1931/32	5 853
1932/33	6 180
1933/34	5 252
1934/35	4 405
1935/36	4 481
1936/37	4 545
1937/38	4 372

Si possono distinguere chiaramente sia *gli* anni peggiori della crisi agricola prima della presa di potere sia *l'efficacia delle misure di politica agraria adottate dal Terzo Reich*. Anche il buon raccolto del 1937/38 può essere visto come una conseguenza, ma anche il fatto che l'agricoltura torna ad arretrare a causa della promozione del settore industriale, necessaria per garantire la sicurezza dello spazio vitale tedesco, e *nonostante la significativa produzione aggiuntiva ottenuta nella lotta per la resa*.

Ciò si evince anche dalla seguente ripartizione del *reddito annuo pro capite della popolazione agricola e non agricola*, nonché dal lavoro svolto su altre basi dall'"Istituto per la ricerca economica" sul tema "agricoltura e reddito nazionale", pubblicato alla fine di marzo di quest'anno.

	Reddito annuo pro capite		
	Popolazione agricola In RM	Popolazione non agricola In RM	In % di
1913/14	1 191	1 665	139,7
1924/25	813	1 953	240,2
1925/26	846	2 006	273,1
1926/27	976	2 058	210,8
1927/28	1 024	2 313	225,8

1928/29	1 171	2 404	205,2
1929/30	1 147	2 404	209,6
1930/31	1 021	2 206	216,0
1931/32	907	1 772	195,4
1932/33	782	1 364	174,4
1933/34	912	1 358	148,9
1934/35	1 084	1 510	139,3
1935/36	1 103	1 687	152,9
1936/37	1 136	1 871	164,7
1937/38	1 172	2 048	174,7

Già alla *Giornata degli agricoltori del Reich a Goslar nel 1938*, il Reichsbauernführer e SS-Obergruppenführer R. Walther *Darré* richiamò l'attenzione su questi fatti. Consapevole del suo dovere nei confronti del popolo tedesco, sottolineò i pericoli che erano già sorti o che sarebbero potuti sorgere se l'agricoltura tedesca non avesse ricevuto presto un aiuto decisivo.

Questi pericoli sono di natura economica e alimentare, oltre che di politica demografica. Ad esempio, non si può evitare l'inizio di un *declino della produzione agricola*, già visibile qua e là. Diventerà sempre più difficile per l'agricoltura realizzare da sola i *miglioramenti tecnici* richiesti dalla lotta per la resa (costruzione di silos per la fermentazione dei foraggi, acquisto di trattori), che aumenterebbero la sua capacità produttiva in misura irrilevante. La situazione economica tesa delle aziende agricole e l'impossibilità di pagare salari elevati come quelli pagati in parte dall'*industria (il deprezzamento del normale salario in natura gioca un ruolo significativo in agricoltura! Il risultato è che, oltre all'eccessivo carico di lavoro soprattutto delle donne contadine, non trascurabile dal punto di vista della salute e della politica delle nascite, *le campagne si stanno spopolando.*

Questo *indebolimento delle risorse alimentari* e la *minaccia alla fonte di sangue del* nostro popolo li costringe a dedicare tutta la loro attenzione non solo al problema dell'esodo rurale, ma anche alla svalutazione dell'agricoltura.

Non è scopo di questo documento esaminare i mezzi per eliminare questa fonte di pericolo per la popolazione. *Un gran numero di misure sono già state attuate dal Reich, dal Partito e dal Servizio alimentare del Reich (Reichsnährstand) o sono in preparazione* (ad esempio, incentivi per la costruzione di alloggi per i lavoratori agricoli, silos per la fermentazione e per i fertilizzanti, fornitura di sussidi e crediti statali per gli scopi più disparati, esenzione fiscale, sostanziale sostegno finanziario per il lavoratore agricolo al momento del matrimonio come segno di riconoscimento per i lunghi anni di lavoro fedele, ecc.) Si tratta, ovviamente, di azioni parziali. *Ma nel loro insieme contribuiscono al risultato finale, che naturalmente può essere raggiunto solo con un'azione globale e sistematica dei servizi partecipanti e, in ultima analisi, dell'intero popolo!*

È comprensibile che l'economia agricola, grazie alla *legge sul dominio ereditario*, debba il suo consolidamento alla *regolamentazione del mercato agricolo* e ad altre misure di politica agraria del Terzo Reich. *Sa anche che è stata salvata dal collasso totale che rischiava di verificarsi prima del minaccioso caos del 1932.* È comprensibile che anche l'economia agricola riconosca che un'epoca governata da visioni politiche superiori di natura nazionale renda difficile fornire assistenza immediata. *Ma il fatto che importanti dipartimenti abbiano riconosciuto l'esistenza di problemi e abbiano preso posizione al riguardo, dà la legittima convinzione che il Führer e i suoi delegati agiranno in tempo utile.* L'agricoltura tedesca si trova oggi nella posizione del soldato al fronte che ha mantenuto un'estrema fiducia nell'autorità e anche il cameratismo sotto il terribile fuoco rotante della Grande Guerra!

Per I maggio 1936
"I Maggio Giornata di primavera della nazione!
Giornata di solidarietà di un popolo che lavora!

Questa giornata deve tradurre simbolicamente che non siamo cittadini di una città e di un Paese, che non siamo operai, impiegati, artigiani, contadini, studenti, borghesi, né sostenitori di alcuna ideologia, ma che siamo membri di un popolo.

La cosa più grande che Dio mi ha dato qui sulla terra è la mia gente. In loro risiede la mia fede. Li servo volentieri e do loro la mia vita. Che questo sia il nostro giuramento comune più sacro in questa Giornata del Lavoro tedesca, che è giustamente il giorno della nazione tedesca.

Adolf Hitler, I maggio 1935

QUADERNO SS N. 2B. 1941.

IN ORIENTE UN NUOVO POPOLO STA CRESCENDO IN UNA NUOVA TERRA

Trapianto e installazione realizzati insieme

Tra tutti gli eventi storici in corso, si può distinguere un processo di carattere speciale: la grande opera di trapianto e colonizzazione del Führer! È passato un anno e mezzo da quando Adolf Hitler l'ha annunciata nel suo discorso al Reichstag il 6 ottobre 1939. Mezzo milione di tedeschi sono tornati a casa. Non si è trattato di una migrazione di *popoli*, ma piuttosto di gruppi e piccole colonie la cui situazione era diventata insostenibile e che sono stati riattaccati al corpo e al suolo del popolo tedesco. Il possesso di un nuovo spazio era la condizione per questo rimpatrio. Questo spazio ci è stato aperto dalla bonifica delle terre tedesche precedentemente popolate e coltivate. Stavamo così prendendo possesso delle future aree di insediamento per centinaia di migliaia di nuovi coloni provenienti dal vecchio Impero.

La mancanza di spazio porta sempre alla miseria delle persone!

Nel corso dei secoli, il nostro destino è sempre stato determinato dal fatto che uno spazio abitativo troppo ridotto ha spinto migliaia di tedeschi a emigrare all'estero. La mancanza di spazio è sempre stata la causa della miseria del popolo!

Da mille anni gli uomini del nostro sangue si spostano nei vasti territori dell'Oriente per conquistare un nuovo spazio vitale attraverso un duro lavoro pionieristico.

Il loro destino ci insegna che un grande Paese popolato da tedeschi può sopravvivere solo grazie a un sano sfruttamento del suolo da parte di un contadino forte e con molti figli.

In futuro, lo spazio vitale tedesco recuperato nell'Est deve essere assicurato, in primo luogo con l'afflusso di tedeschi dall'estero e, in secondo luogo, con l'insediamento di tedeschi del Reich. Questo può essere fatto solo a livello centrale e attraverso un'ampia pianificazione, con l'obiettivo di riorganizzare completamente il nuovo spazio vitale secondo i principi nazionalsocialisti.

Quando il Führer affidò questo compito al Reichsführer delle SS, che fu nominato Commissario per il consolidamento della Germania, alle SS fu affidato un nuovo compito. La sua educazione razziale e natalista offriva condizioni e opportunità così speciali che furono soprattutto gli ufficiali e i soldati delle SS a lavorare a questo compito, insieme ai compagni di altre associazioni e al personale di vari dipartimenti del partito e dello Stato.

Fattoria modello per gli immigrati tedeschi dell'Est.

Gli uomini delle SS svolgono il loro servizio agricolo lavorando nei campi.
I contadini, la nuova nobiltà di sangue e di terra.

Mentre il recupero della popolazione avvenne nonostante la guerra, la colonizzazione e l'organizzazione dei nuovi insediamenti nell'Est iniziarono solo dopo la fine della guerra, secondo l'ordine del Führer. Il soldato tedesco di ritorno doveva contribuire con la sua autorità. L'appello dall'Est è rivolto alle persone migliori affinché assicurino e migliorino, con il loro lavoro e le loro azioni, ciò che ci spetta di diritto da un'antica eredità. Secondo le lezioni della storia, il punto più importante sarà raggiunto questa volta con una politica di sviluppo rurale. Il consolidamento e la crescita della germanità sono la chiave di questa organizzazione, così come della politica generale di organizzazione dell'Est. La separazione e la selezione razziale, così come la creazione di un contadino forte e sano, sono quindi al centro di questo obiettivo. Da un punto di vista territoriale, una sana distribuzione delle terre dovrebbe consentire di legare alla terra il maggior numero possibile di tedeschi. La struttura, le dimensioni e l'ubicazione delle aziende agricole familiari forniranno una base sicura per la vita e lo sviluppo delle famiglie contadine con molti figli.

L'insediamento dei Volksdeutsche rimpatriati fu attentamente pianificato secondo questi principi. Mentre l'organizzazione generale era affidata all'Ufficio di Stato Maggiore del Commissario per il Consolidamento della Germanizzazione, vennero creati degli staff speciali per svolgere il lavoro su scala individuale e per effettuare lo studio pratico dell'insediamento, che era a disposizione del rappresentante del Commissario nelle regioni orientali.

È vero che per sviluppare un piano di lavoro occorrono dati approfonditi. Bisogna sapere quanta terra, quante fattorie, quanti villaggi

sono disponibili, qual è la struttura generale e regionale del Paese. La terra
è buona, media o cattiva? Come sono le fattorie e i villaggi? Quanto sono
grandi in media? È possibile l'insediamento dei tedeschi? Quali distretti sono
adatti all'insediamento di agricoltori tedeschi? Quali sono le possibilità di
traffico, in che condizioni sono le strade? Queste sono solo alcune delle
tante domande che sono sorte. Spesso era difficile rispondere perché il
Paese era stato sotto il dominio polacco. O non si riuscivano a trovare
informazioni, o erano inutilizzabili. È stato necessario creare nuovi dati: un
lavoro enorme! Inoltre, è stato necessario elaborare un piano per
l'insediamento, la distribuzione e il trasporto dei gruppi di coloni. I contadini
delle pianure tornarono in pianura, i minatori in montagna, i minatori
tedeschi dalla Galizia vennero nei Beskid dell'Alta Slesia.

La colonizzazione è una questione di cuore!

Poiché "trapiantare" significa "ripiantare", per un lavoro di pianificazione
organizzato si devono prendere in considerazione diversi aspetti. Tuttavia,
si dovrebbe aspirare a creare per i trapiantati condizioni di vita simili o
equivalenti a quelle della vecchia patria! La struttura comunitaria e i villaggi
principali devono essere preservati. I problemi di vicinato sono quindi presi
in considerazione negli studi complessivi. A seconda delle possibilità, agli
allevatori di cavalli vengono assegnate fattorie circondate da prati, ai
giardinieri vengono assegnati terreni adatti vicino alle città.

Ogni futura azienda agricola deve essere selezionata, così come ogni
villaggio. L'agricoltore appropriato può essere selezionato per ogni azienda
agricola disponibile in base alle indagini condotte nel paese di origine
dell'immigrato, che indicano l'aspetto della sua azienda agricola, e alla mappa
della ZES (Risultato della selezione centrale degli immigrati).

Una volta completata questa pianificazione dettagliata, vengono riuniti i
gruppi da insediare nei villaggi da colonizzare. Lo studio dei trasporti deve
poi stabilire una scadenza per la partenza e l'itinerario da seguire, e garantire
che l'installazione pratica si svolga senza intoppi. I gruppi, riuniti su carta,
devono essere concentrati in campi all'est, esaminati di nuovo, redatti
elenchi di trasporto; devono essere assegnati numeri di fattoria, l'immigrato
e i suoi bagagli devono essere imbarcati, installati in sicurezza in una nuova
casa e infine portati in una nuova fattoria secondo i piani del villaggio.

Una volta attivato il servizio, 180 famiglie partono ogni giorno per
l'ultima avventura!

Nei primi dieci mesi, circa 20.000 fattorie furono assegnate a contadini
della Volynia e della Galizia, soprattutto nel Wartheland e nei dintorni di
Cholm e Lublino.

Contemporaneamente a questo insediamento nelle città (i tedeschi del
Baltico erano in maggioranza anche nelle professioni urbane),
l'amministrazione tedesca iniziò la sua impresa di ricostruzione generale.
L'aspetto del Paese, come sperimentato dal soldato nella campagna di
Polonia, fu completamente trasformato: il disordine incolto e l'economia

polacca lasciarono il posto a un ordine rigoroso, alla dignità e a una vita economica e culturale in continua espansione. L'Est non ha più l'aspetto che aveva durante la campagna polacca, riflesso di uno Stato degenerato e al collasso e dell'incapacità dei polacchi. C'è sicuramente molto da fare per superare definitivamente l'eredità polacca e far nascere una vita nuova, sana e bella in ogni circoscrizione. Ovunque si avverte lo slancio e il ritmo del lavoro tedesco, dell'energica volontà creativa. Per fare un esempio, il lavoro svolto solo nel campo della costruzione di strade e di ponti supera oggi l'attività ventennale dello Stato polacco. Nelle città sono stati e vengono costruiti nuovi edifici; il numero di luoghi di cultura tedesca è in aumento. Gli ebrei sono stati espulsi dai villaggi e dalle città su larga scala e, dove sono ancora presenti in gran numero, sono state loro assegnate aree residenziali proprie.

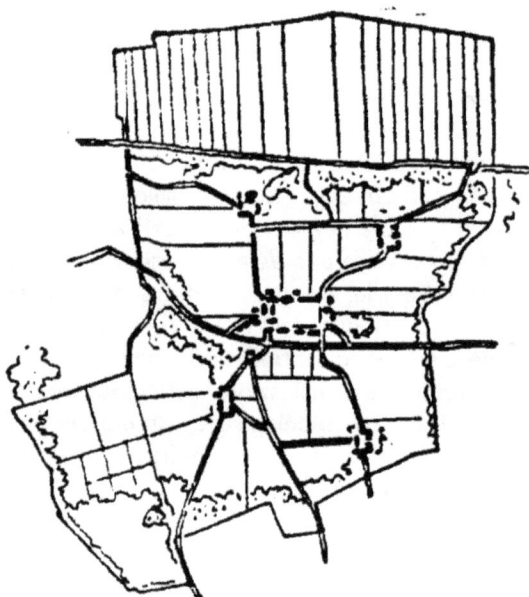

Un villaggio in stile nuovo
Discostandosi dall'immagine abituale dei nostri villaggi nel Reich, questa struttura consiste in un centro abitato circondato da diverse frazioni, come mostrato nello schizzo. Il vantaggio è che ogni contadino vive sulla propria terra. La strada per il centro è a pochi minuti di cammino.

Il lavoro creativo iniziato durante la guerra sarà proseguito, quando arriverà la pace, con una grande ristrutturazione. L'area di insediamento è stata completamente riqualificata secondo un piano che doveva essere stabilito da un attento lavoro scientifico. Questioni come l'armonizzazione tra città e campagna, l'accesso al traffico e ai centri industriali, devono essere risolte in modo organico, così come il problema dell'inserimento intelligente dei nuovi villaggi nel programma generale: non ha senso "rattoppare" semplicemente le conseguenze dell'anarchia che regnava all'Est. Il Paese deve essere visto come una terra nuova. Per la prima volta dal periodo delle grandi invasioni, abbiamo l'opportunità di realizzare una vera e propria pianificazione tedesca del Paese all'Est, questa volta secondo i concetti del 1941. I villaggi che sono e saranno creati avranno nuove ubicazioni che non sono determinate a caso, ma da una scelta consapevole che tiene conto di tutte le leggi scientifiche.

Il modo migliore per raggiungere questo obiettivo è aggiungere a un gruppo di villaggi un villaggio principale facilmente raggiungibile a piedi. Mentre ogni villaggio (300-400 abitanti) deve essere dotato di centri comunitari che si occupano della vita politica, culturale ed economica, il villaggio principale conterrà strutture comunitarie e amministrative che richiedono una maggiore cooperazione. Ogni villaggio avrà quindi una casa del Partito contenente una piccola sala per le cerimonie e sale amministrative del Partito e delle sue associazioni, e gestirà un asilo e un ufficio sanitario. In ogni villaggio sono già presenti edifici per l'istruzione e l'allenamento fisico, un ostello con una sala ed edifici per scopi economici e comunitari. Nel villaggio principale, invece, dovranno essere costruite strutture più grandi, sale e piazze per i festival, stadi, magazzini, officine di riparazione, un campo di servizio per i lavoratori. Inoltre, ogni villaggio deve avere un bel campanile.

La forma e la struttura del villaggio devono corrispondere alle sue dimensioni e alla sua posizione nella provincia. Grande importanza deve essere data alla disposizione dei giardini e all'aspetto che il paesaggio acquisisce con la piantumazione di alberi, arbusti e siepi e con il rimboschimento. Il compito e l'obiettivo è quello di imprimere costantemente ai villaggi uno spirito tedesco in tutte le aree; di fornire ai tedeschi una bella patria in un paesaggio culturale sano e tedesco e di combinare bellezza e redditività.

In questo modo, le fattorie non dovevano solo soddisfare le esigenze pratiche dell'Est, ma anche essere il segno visibile di una nuova cultura agricola tedesca. Per la loro costruzione vengono impiegate le tecnologie più moderne e a risparmio di manodopera e sono costruite con i migliori materiali da costruzione per garantire un'elevata durata. Questo non significa che siano costruiti senza pensare, ma che sono costruiti per adattarsi al paesaggio e alla natura della loro gente.

C'è anche una particolare preoccupazione - e questo è un nuovo sviluppo - per la condizione del lavoratore agricolo e dell'artigiano del villaggio. La distribuzione dei posti di lavoro per i lavoratori agricoli deve essere considerata con attenzione e deve essere garantito loro un futuro sostenibile. I lavoratori agricoli rappresentano anche forme di avanzamento sociale verso lo status di contadino, ma il candidato deve, in linea di principio, aver lavorato per diversi anni in una fattoria straniera come servo e bracciante sposato:

L'artigianato di villaggio, indissolubilmente legato alla funzione contadina, è tanto più fortemente legato al villaggio in quanto l'artigiano è radicato nella comunità di villaggio attraverso una corrispondente assegnazione di terre e una proprietà ereditaria. I posti di artigiano necessari alla comunità del villaggio devono essere creati in questo spirito di lavoro generale.

Tutte queste questioni rivelano l'ampiezza e la profondità dei compiti che ci sono stati assegnati all'Est e rendono chiara la natura di questo alto obiettivo. Innanzitutto, si tratta di collegare organicamente e sentimentalmente gli emigrati con la vecchia vita popolare e culturale tedesca. La loro energia, la loro dedizione e le loro capacità sono state messe al servizio della terra tedesca in modo così importante da garantire un futuro sicuro. Il loro lavoro andrà ancora una volta a beneficio del nostro popolo e del nostro Paese, e non più di un popolo straniero.

Rimane tuttavia un compito più grande, che è quello di salvaguardare quest'area in futuro attraverso un'opera di colonizzazione e di costruzione completa, condotta per la prima volta in modo centralizzato e con il chiaro obiettivo di rafforzare e accrescere il popolo tedesco. Ciò che i pionieri tedeschi hanno realizzato e costruito nel corso dei secoli, ciò che la spada tedesca ha conquistato, l'aratro lo conquisterà ora una volta per tutte!

QUADERNO SS N. 1. 1944.

VILLAGGI VECCHI E NUOVI

...Come saranno i nuovi villaggi e le fattorie contadine di cui si parla tanto ultimamente, quanto saranno grandi e come inizieranno i lavori?...

Queste sono le domande che mi ha posto l'agricoltore che stavo aiutando l'anno scorso al momento del raccolto. Gli ho detto che stiamo innanzitutto cercando di capire l'origine dei nostri vecchi villaggi e delle nostre fattorie. Nel corso di questa ricerca abbiamo scoperto che sono sempre stati influenzati dalle condizioni locali e si sono sviluppati gradualmente. La tribù, la natura del suolo, lo spazio e il clima sono sempre stati importanti nell'influenzare la loro forma. Dove, ad esempio, c'erano le condizioni per un buon pascolo, si sono create fattorie isolate e autosufficienti, gruppi di fattorie e rari villaggi. Al contrario, le valli montane consentivano solo lunghi tratti di terreno e, laddove era possibile arare aree più ampie, si creavano solo cascine isolate. In seguito, però, l'espansione della superficie coltivata portò alla formazione di gruppi di fattorie e infine ai villaggi non allineati che oggi conosciamo bene. D'altra parte, esistono ancora villaggi di varie forme, quelli su terreni pianeggianti. L'acqua o altre condizioni giocano un ruolo importante. Anche se molte di queste strutture di villaggio sono ancora presenti oggi, molte condizioni sono cambiate dalla loro comparsa, rendendo necessaria la loro ristrutturazione.

In Prussia, ad esempio, lo stesso suolo doveva sfamare una popolazione che nel giro di settantacinque anni (dal 1815 al 1898) era raddoppiata rispetto al XVIII secolo . Bisognava trovare il modo di aumentare la produzione del suolo in modo che l'approvvigionamento della popolazione non dipendesse dalle importazioni dall'estero. Ci siamo riusciti fino a un punto che in passato sarebbe sembrato impossibile. Un'azienda agricola della Pomerania di 80 ettari con quattro lavoratori agricoli forniva, ad esempio, nel XVI secolo : 9 grandi unità di bestiame e 21,6 tonnellate di grano (i prodotti della coltivazione a piccone sono convertiti in valore di grano).

Al contrario, oggi un'azienda agricola di soli 15 ettari nello stesso villaggio fornisce anche 9 grandi unità di bestiame e 35 tonnellate di cereali.

Oltre alle crescenti esigenze poste all'economia agricola negli ultimi secoli, si sono verificati importanti cambiamenti dovuti ad altre circostanze. Le nuove industrie e i nuovi mezzi di trasporto hanno occupato vaste aree di terreno, hanno avuto effetti collaterali negativi su interi territori a causa della cattiva gestione e degli sviluppi non pianificati, e hanno particolarmente degradato l'ordine sociale.

Gli agricoltori sostengono che oggi è difficile svolgere i lavori necessari in azienda a causa della mancanza di manodopera qualificata. Un orario di lavoro regolare, paragonabile a quello di un'azienda cittadina, non è sufficiente e quindi il lavoro agricolo in generale non è più richiesto come in passato. Richiamo l'attenzione sul fatto che, dopo l'uso delle macchine, la forza lavoro puramente meccanica è aumentata a tal punto che in media (in tutto il mondo) ci sono quindici volte più macchine che lavoratori manuali.

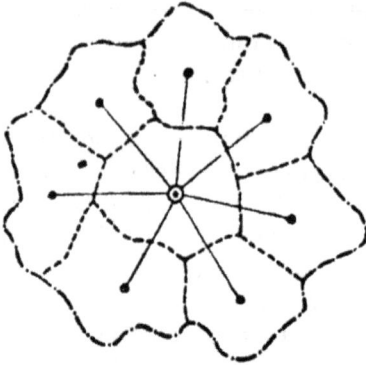

1. Emplacement du village principal

—·—·— Limite du village principal
— — — Limite de village
⊚   Village principal
•   Village

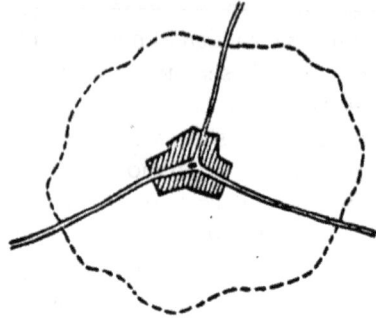

2. Village dense

■   Batiment communautaire
(Grandes distances)

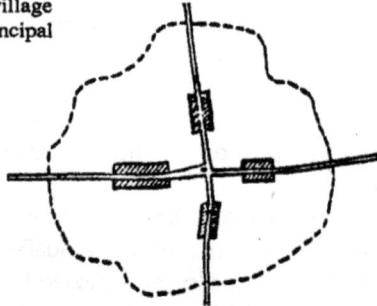

3. Village réparti en hameaux
(Petites distances)

Questo confronto mostra con particolare chiarezza che tutte le aziende che devono svolgere molti compiti fisici difficili sono svantaggiate rispetto alle officine più meccanizzate. Queste ultime hanno la possibilità di svolgere lavori e progetti in modo relativamente indipendente. Le aziende agricole devono tenere conto del tempo e assegnare il tempo di lavoro in modo appropriato.

Se si considera che il 70% di tutto il lavoro agricolo viene svolto in azienda, è prioritario costruire edifici e creare strumenti per evitare il più possibile lavori inutili.

Ma i campi devono anche essere ben situati rispetto all'azienda agricola. Devono essere eliminate le deviazioni e gli ostacoli di qualsiasi tipo, come terreni irregolari, confini mal tracciati, vie di comunicazione, ecc.

Le nostre nuove fattorie e i nostri nuovi villaggi contadini si trovano inoltre di fronte a due importanti richieste:

1. Creazione di edifici amministrativi che facilitino, oltre alle più svariate esigenze, il trasporto di carichi pesanti (piste corte per il trasporto di fertilizzanti e foraggi, fornitura di pinze, ecc.)

2. Riorganizzazione del terreno attraverso la riprogettazione dei campi per ridurre le distanze operative.

I percorsi devono essere pianificati per facilitare un buon lavoro con le macchine. Il vecchio villaggio, troppo denso, deve essere distanziato e il nuovo villaggio deve essere costruito in modo da ottenere la migliore distribuzione possibile del terreno, tenendo conto di tutti i dati.

L'agricoltore chiede come si possa realizzare questa riorganizzazione.

Come per le città, sono stati elaborati piani economici e urbanistici. Vengono creati anche i piani dei villaggi, che definiscono i confini delle proprietà e tengono conto di tutti i miglioramenti relativi alla comunità del villaggio, all'uso del suolo, al traffico e ad altre questioni. Modellare il paesaggio è un compito particolarmente impegnativo. Richiede la considerazione delle diverse relazioni tra suolo, acqua, aria, crescita delle piante e mondo animale. In particolare, è necessario studiare :

Il rimboschimento dei calanchi e dei pendii scoscesi, il miglioramento della gestione delle acque, ad esempio immagazzinando l'acqua proveniente dallo scioglimento delle nevi, la creazione di recinti di neve, lo sviluppo di argini, la rimozione di aree fredde e umide e molte altre cose. La protezione delle piantagioni attraverso la creazione di siepi e cespugli forestali è particolarmente importante nei nuovi distretti orientali. Offrono protezione dal vento fermandolo, proteggono dall'accumulo di neve e dall'eccessiva evaporazione da campi e prati, impediscono l'impoverimento del suolo e la dispersione del vento. Ma devono anche fornirci legna e frutta, offrire riparo al mondo animale e servire a concentrare e distruggere le erbe infestanti. Le piantagioni protettive sono di grande importanza per le regioni orientali svantaggiate. Oltre a migliorare il clima, ci offrono una grande varietà di paesaggi, dando così forma al volto di una nuova patria. L'attrattiva della creazione di nuovi villaggi in Oriente per i progettisti sta nel fatto che possono utilizzare tutta la loro esperienza e conoscenza senza essere ostacolati da situazioni paralizzanti.

Vorrei richiamare la vostra attenzione sulle direttive del Reichsführer SS, Commissario per il consolidamento della Germania, relative alle dimensioni dei nuovi villaggi. Esse definiscono le procedure di attuazione per la loro costruzione nei nuovi distretti orientali. Un villaggio con un'area di 10-15 km² dovrebbe avere circa 400-500 abitanti. Un villaggio dovrebbe essere composto da 30-40 fattorie contadine di diverse dimensioni, ma si tratterà principalmente di fattorie o aziende familiari. Queste hanno una dimensione di circa 25-40 ettari su terreni leggeri o medi. Si prevede che per ogni fattoria ci sia spazio per una famiglia di lavoratori agricoli. Circa otto-dieci villaggi formano, insieme al villaggio principale, una tenuta centrale. Nel villaggio principale dovrebbero essere previste tutte le istituzioni comunitarie e amministrative che non possono essere fornite in ciascuno dei villaggi più piccoli, ad esempio la nuova grande scuola (vedi Fig. I).

La contadina si chiede se il villaggio avrà un campanile con un orologio che batte le ore.

Al centro di ogni villaggio si trovano gli edifici comunitari, ben visibili e facilmente accessibili da tutte le parti del villaggio: la casa del villaggio con le stanze comuni, la scuola, l'asilo e un campanile, gli edifici economici della comunità con una lavanderia, le macchine che i contadini non possono permettersi, una piccola officina per le riparazioni meccaniche e altre strutture. Al centro del villaggio si trovano anche i negozi e le boutique degli artigiani. Se si considerano tutte le condizioni necessarie per la gestione delle aziende agricole e per il modellamento del paesaggio, il nuovo villaggio è meglio organizzato del precedente. Il suolo, il clima e altri fattori determinano la forma del villaggio, che può essere schematizzata come segue (cfr. Fig. 2):

La struttura fortemente articolata del nuovo villaggio facilita una buona disposizione reciproca di fattorie e campi; consente un leggero allargamento e, nonostante l'insediamento distanziato, permette una ricca relazione con gli edifici comunitari del centro. La distribuzione corrisponde anche all'evoluzione metodica e alla nostra attuale rappresentazione spaziale, che incoraggia contrasti più forti tra le frazioni costruite e delimitate, i campi aperti con piante protettive e il centro del villaggio. Se l'ubicazione è su un terreno più alto, la sua importanza sarà ancora più sentita. Anche il cimitero dovrebbe essere ben posizionato e visibile nel paesaggio.

Per concludere la nostra discussione, l'agricoltore e la moglie dell'agricoltore si chiedono se lo standard previsto per le fattorie non contribuisca involontariamente a creare una somiglianza monotona e noiosa nel villaggio. Noto che in tutte le epoche e in diverse regioni i vari tipi di case che conosciamo così bene e che ci sono così cari sono nati per somiglianza di funzione: per esempio, la cascina del Basso Sassone, la cascina alpina o franca e altri stili di cascina. Dobbiamo anche considerare il fatto che oggi possiamo produrre meno stili diversi nella nostra patria, che si estende oltre i vecchi e innumerevoli confini etnici. Sarebbe addirittura un errore cercare di modificare forme architettoniche che hanno la loro ragion d'essere, rischiando così di creare edifici forse più inadeguati. La diversità dovrebbe piuttosto riflettersi nella valorizzazione dell'artigianato in uno spirito tipico che ha già prodotto cose di indiscutibile valore.

Alfred Roth

Quaderno SS n. 9. 1944.

Le città come fortezze del Reich

Un vecchio detto popolare recita: "Solo i muri separano i borghesi dai contadini". C'è indubbiamente molta saggezza in questa frase. Il carattere della fortezza difensiva è determinato dalle sue mura. Questa è una delle caratteristiche essenziali della città. L'altro fondamento della città tedesca è il fondamentale carattere contadino di gran parte della borghesia agricola e lo spirito corporativo delle regioni contadine.

I Germani non potevano integrarsi nelle città dell'Impero romano, come riferisce Tacito. Non importava quanto fosse diverso il carattere romano di queste città renane e danubiane all'epoca. Tutte presentavano i tratti fondamentali di quello stile di vita urbano, che era per natura estraneo alle colonie contadine, prodotto da quel particolare spirito di classe. L'eredità della città-stato greca fu trasmessa alle città sorelle di Roma. Così, anche le dodici grandi città che caddero nelle mani delle tribù germaniche come residui della colonizzazione lungo i vecchi confini romani, da Colonia a Ratisbona, furono ricostruite sulla base di nuovi progetti e di una nuova mentalità. Questi primi edifici simili a città, sorti sul suolo tedesco, erano le comunità delle corporazioni mercantili tedesche e avevano un raggio d'azione più ampio. Una catena di città e fortezze di altra origine si sviluppò poi sui fiumi Elba ed Ems e sul confine orientale dello Stato tedesco. Queste città ospitavano una corporazione di mercanti, ma più importante era la guarnigione di contadini che viveva nelle grandi fortezze come baluardo contro gli attacchi nemici da est. Questa spina dorsale della cintura difensiva contro le orde di cavalieri fu allo stesso tempo il punto di partenza per la penetrazione tedesca nei paesi disorganizzati più vicini.

La storia della fondazione di queste città tedesche è particolarmente legata alla personalità di Re Heinrich I. Magdeburgo fu la più fortunata di tutte, mentre Lubecca, Norimberga e Vienna furono le successive a sviluppare le regioni dell'est. Nel corso di due secoli, gli imperatori sassoni e saliani riuscirono a sviluppare queste comunità di borghesi e a stabilire un diritto municipale sul suolo tedesco, che sembra aver avuto origine dai contadini tedeschi ma che fu adattato ad altri usi. Questo diritto comunale medievale tedesco fu una delle forze più efficaci per proteggere l'insediamento dei cittadini tedeschi durante la migrazione medievale verso l'Oriente.

"Sappiate che i tedeschi sono un popolo libero", dice il Duca di Boemia nello statuto del comune borghese tedesco di Praga, nel cuore dell'ambiente ceco. Il diritto comunale di Magdeburgo, Norimberga e Lubecca nelle città anseatiche lungo la costa del Mar Baltico e il diritto comunale viennese nel sud-est costituivano la base di elaborati rapporti giuridici. Questa legge creò anche l'ordine che non solo permise alle regioni contadine e minerarie delle ex tribù germaniche orientali di prosperare, ma permise anche agli Slavi e ad altri popoli di acquisire una struttura statale.

"Le città divennero le città più fortificate di un tempo e i rappresentanti dell'idea di impero. Fin dall'inizio, il Reichsführer SS adottò questa posizione come Ministro degli Interni per mostrare il suo sostegno ai sindaci. Si pensi all'immenso risultato della Lega Anseatica e alle sue ripercussioni nell'area del Mar Baltico, o al grande lavoro dei mercanti imperiali al tempo dell'imperatore Massimiliano I grazie alle città della Germania meridionale. L'aquila imperiale fu sempre l'animale araldico le cui ali ospitavano le varie ordinanze. I Fugger in Ungheria, così come in Spagna, divennero gli uomini dell'Impero. Oltre ai capi contadini e ai cavalieri del calibro di Hutten e Sickingen, furono i borghesi del tipo di un Tilman Riemenschneider a Würzburg, di un Albrecht Dürer a Norimberga, di un Veit StoB a Cracovia, a essere i messaggeri della fede nell'idea dell'Impero. Innumerevoli sindaci divennero ribelli per fedeltà all'Impero contro i principi.

Durante i secoli in cui la classe principesca tedesca si appropriò gradualmente dei diritti reali dell'Impero e ottenne privilegi, le città tedesche non divennero città-stato, ma città imperiali nel senso più alto del termine. Durante gli attacchi hussiti e turchi, e poi durante la Guerra dei Trent'anni, le città tedesche si dimostrarono i guardiani armati del suolo imperiale e della legge tedesca fino ai giorni nostri. Libere dai vecchi confini e dalle catene principesche di piccoli Stati oppressivi, hanno compiuto la loro missione e sono emerse come detentrici dell'idea imperiale tedesca.

"Se le classi, i principi spirituali e secolari rappresentavano egoismi regionali o dinastici e fecero di tutto per disgregare l'Impero a poco a poco nel corso dei secoli, purtroppo con successo, le città tedesche - con alcune eccezioni - furono il baluardo dell'idea imperiale e i rappresentanti della fedeltà all'Impero. Dalle file dei sindaci tedeschi uscirono innumerevoli grandi uomini che in molti casi divennero i campioni e i difensori dell'unità e della grandezza dell'Impero a costo del loro sangue e della loro vita".

Nelle parole del Reichsführer SS, questa "ricca e gloriosa tradizione" delle città tedesche è il fondamento della volontà di resistenza che sostiene la lotta nel cuore della patria. È proprio perché le città erano il cemento della vecchia struttura imperiale e non il prodotto di ristretti piani nazionalistici che oggi possiedono questa forza unificante. Oggi né le case né le fabbriche e le officine sopravvivono alla pioggia di bombe. È solo questo radicato attaccamento alla città che ne ha dimostrato il valore. Le città che sono rimaste sane interiormente, come rappresentanti dell'Impero sotto attacco e difesa, trovano il loro destino in questa guerra svolgendo i loro nuovi compiti per l'Impero.

V. POLITICA GENERALE

"D'ESTOC ET DE TAILLE", DI GUNTHER D'ALQUEN, 1937.

L'IDEA OPPOSTA AL SISTEMA

Dopo l'insurrezione tedesca sotto il segno della svastica, la nozione di rivoluzione appare in una luce completamente nuova.

Tutte le rivoluzioni dei tempi moderni, la Rivoluzione francese del 1789, la rivoluzione parigina del luglio 1830, le insurrezioni di

Il 1848, i giorni di terrore dal marzo al maggio 1871 dei comunardi parigini, la Rivoluzione russa del marzo e dell'ottobre 1917 e la rivolta tedesca del novembre, ma anche tutte le rivoluzioni dei secoli precedenti, mostrano in genere lo stesso volto sfigurato; finiscono sempre in una logica distruttiva piuttosto che creativa. Sono manifestazioni socio-rivoluzionarie guidate solo da tendenze puramente sociali o economiche, nate da una dottrina lontana dalla terra e quindi ostile alla vita.

In tutte queste rivoluzioni, un sistema freddo si ribella alla vita. Si basano non sulle classi terriere, ma sulle masse cittadine e su quella decadenza spirituale che già si oppone a ogni vita autentica.

La plebaglia e un'intelligenza sradicata! Questi sono i gruppi dal sangue contaminato che si riuniscono intorno alla bandiera della distruzione. L'odio di questi degenerati è rivolto non solo a questo Stato, all'ordine sociale esistente, ma alla vita stessa. Da qui anche le orge di furia sanguinaria in cui questi ribelli si sporcano, perché il loro vero significato sta in questo stupido spargimento di sangue: sacrificare la vita a un'idea dottrinaria.

La grandezza della rivoluzione tedesca può essere vista solo su questo sfondo oscuro. Essa si distingue da tutte le rivoluzioni della storia mondiale non solo per l'estrema disciplina del suo corso esterno, ma ancor più profondamente per la sua forma interna, che non è il prodotto di un modello di pensiero inerte, ma di un'idea viva. Non si limita a raggiungere obiettivi sociali ed economici. Non aspira solo a fare una rivoluzione, ma vuole creare la *nuova rivoluzione* di un mondo intero. La rinascita tedesca non ha scelto per caso l'antico simbolo del sole nordico come emblema. È perché la vita stessa marcia sotto le sue bandiere. È il sangue di tutte le profondità della terra che tuona qui e vuole abolire tutti i sistemi per creare forme proprie nello Stato, nel diritto, nella scienza, nell'arte e in tutti i settori della vita economica.

Non sorprende che questa rivoluzione del sangue e del suolo abbia attirato le migliori forze razziali che, come un'onda di sangue rosso, sventolano le loro bandiere sul Paese.

Sono un simbolo, ma non un sistema; si agitano e si agitano come tutti gli esseri viventi. La vita non deve più essere trasformata in un sistema in questo popolo.

Vogliamo sacrificare tutte le dottrine alla vita, come ribelli della terra tedesca.

Chiunque ritenga che la ripresa tedesca segua le leggi della logica non ha capito nulla. Una rivoluzione interna può avvenire solo secondo le leggi della vita. Perché, come insegna il fallimento di tutti i tentativi dottrinari, la vita non si organizza sotto costrizione e il sangue si vendica sempre.

In passato, il Movimento ha condotto la sua lotta in modo legale seguendo questo grande ordine di leggi organiche; si è purificato dai dottrinari da barricata e si è mantenuto su percorsi legali fino a quando l'evoluzione interna della vita tedesca non è maturata in una svolta storica.

E quando la persecuzione ha strappato ai cuori oppressi il grido di una sanguinosa punizione, hanno perdonato e dimenticato. Ma questa forza morale è il segno distintivo del vincitore che considera le prigioni e le tombe degli eroi come un destino in ultima analisi necessario. Come potrebbero esistere buone spade se non fossero bagnate dal fuoco e dai colpi di martello?

Ma anche l'armonia delle grandi leggi della vita si riflette nel modo misurato in cui la vittoriosa ripresa della nazione si avvia alla costruzione. Lo sconvolgimento era già ricco di per sé. Durante le rivoluzioni delle epoche passate, era attivo solo spazialmente. E mentre si distruggeva tutto per costruire un nuovo sistema sul tavolo da disegno, si nota lo sforzo di lasciare che le cose accadano e portino frutto. Perché, come ogni raccolto, la creazione non avviene tutta in una volta, ma si raccoglie poco a poco.

Nulla è fatto in fretta, nulla è fatto con artificio. Il Führer ebbe la grande saggezza di affrontare solo quei problemi che avevano una soluzione, come un frutto maturo.

Solo uno sciocco potrebbe far notare che le banche e i grandi magazzini non sono stati completamente nazionalizzati, che ci sono ancora resti del vecchio mondo e che molte questioni non sono state certamente risolte. Chi vorrebbe tagliare il grano in primavera, raccogliere in estate, quando si fa in autunno? I dottrinari sono impazienti. Mangiano i frutti verdi - e muoiono.

Il nazionalsocialismo non si esprime nell'esecuzione schematica di un programma, ma si sforza di farci trarre profitto dalle esperienze della vita fiorente. Attualmente, gli obiettivi finali sono ancora lontani o comunque irraggiungibili; solo attraverso uno sviluppo graduale saranno sempre più vicini.

Nel campo della politica interna, gli sviluppi erano avanzati a tal punto che la ripresa tedesca, vedendo il suo tempo, combatteva la grande battaglia della svolta storica. Poteva e doveva quindi colpire duramente, come una falce nel grano maturo. Rimaneva solo la stoppia. E chi potrebbe negare che il lavoro è stato fatto, che i ricordi obsoleti sono scomparsi e che un obiettivo elevato è stato radicalmente raggiunto? Il raccolto era finito e si stava già pianificando il prossimo.

Ciò che si può fare ora e in futuro non deve essere fatto in grande stile. Le misure e gli interventi dottrinari non portano a nulla, anche se in quel momento sembrano auspicabili a molti. Oggi possono rimanere solo due obiettivi: libertà all'esterno, pane e lavoro costruttivo all'interno del Paese. Le dispute accademiche sulle valute e sul sistema economico non sono importanti; solo la vita è sacra, e 67 milioni di persone devono avere la vita assicurata e il pane sulle loro tavole.

Il grano è ormai cresciuto, ma non è ancora giunto il momento di tagliarlo. Il contadino sta affilando la falce per il raccolto; non ha fretta, osserva e aspetta. Quando sarà il momento giusto, il grano cadrà, ma c'è ancora tempo fino ad allora. Allora arerà, erpicherà e seminerà. Arriverà l'inverno e poi di nuovo la primavera, come una marea che va e viene.

Beato il popolo che riconosce la forza della terra! Beato l'uomo che sa agire e decidere al momento giusto. Onora la legge eterna della vita.

"D'ESTOC ET DE TAILLE", DI GUNTHER D'ALQUEN, 1937.

COMUNITÀ O COLLETTIVITÀ?

Quando i vecchi nazionalsocialisti ripensano ai primi anni della lotta, vedono una bella immagine di una vera comunità. Senza vincoli, gli uomini di allora, che avevano un'unica mente, si erano riuniti e avevano creato una comunità come raramente il mondo ha visto. Nonostante la mancanza di un'organizzazione esterna, questi uomini formarono una forza incredibilmente forte.

Realizzarono grandi cose che assunsero una dimensione quasi mistica, esprimendo la fedeltà della truppa germanica e culminando nel sacrificio supremo. Vediamo che la forza del Movimento deriva direttamente da questa fusione volontaria che tuttavia permette all'individuo di esistere come personalità e quindi di essere un combattente indipendente.

Questa comunità di combattenti è stata la prima a dare forza al Movimento. Si tratta di alimentarla in futuro e di fare in modo che, in un'epoca in cui il Movimento deve usare la violenza, non ci sia mai il pericolo che la comunità degeneri in un collettivo. Perché mai la riunione di massa organizzata, distruggendo i valori della personalità nell'uomo naturale, può accrescere la sua forza.

Al contrario, è necessaria una buona dose di violenza per tenere insieme una formazione fondamentalmente non tedesca. Tutto ciò che distrugge la personalità a vantaggio di una massa non è tedesco, e chi pensa solo in termini di massa lo fa in modo bolscevico e alla fine deve arrivare a quell'idea che un marxista espresse una volta quando preferì "avere torto con la massa che avere ragione come individuo".

Ma ogni comunità si basa spiritualmente sulla vecchia falsità marxista dell'uguaglianza di tutti gli uomini. In natura non è così. Al contrario, gli uomini sono diseguali. Alcuni sono buoni, altri cattivi, alcuni sono onesti, altri disonesti, alcuni sono alti, altri sono bassi, alcuni sono grassi, altri sono magri. I difensori spirituali della comunità hanno sempre dovuto affrontare una lotta disperata, resa ancora più difficile dal fatto che dovevano costantemente negare la realtà manifesta.

Non c'è dubbio che, a parte coloro che, come nemici consapevoli del nazionalsocialismo, difendono il vecchio errore dell'uguaglianza, tutti coloro che, per natura e carattere, non possono comprendere il nazionalsocialismo in modo analogo, sono suscettibili di agire inconsciamente in uno spirito collettivista.

Questo tipo di uomo è pericoloso e comico quando, in difesa della vecchia teoria egalitaria marxista, introduce la nozione nazionalsocialista di comunità e sospetta di professare la lotta di classe chiunque si accorga che in un popolo ci sono persone intelligenti e il loro contrario.

No, non ha nulla a che fare con una divisione del popolo, perché questi sono semplicemente fatti naturali. Ma la nostra vecchia visione nazionalsocialista della "minoranza decisiva" è una traduzione politica di questi fatti naturali tanto quanto la richiesta "a ciascuno il suo" che ha sempre opposto il nazionalsocialismo allo slogan marxista "tutti uguali".

Una distinzione fondamentale tra comunità e collettività si manifesta anche nella leadership. La comunità ha naturalmente e necessariamente un leader che detiene il potere sulle anime e sui cuori dei suoi compagni. Il despota di una comunità è il padrone supremo dei corpi degli individui. La sua posizione si basa sulla paura, mentre il leader di una comunità è guidato dall'amore degli uomini che lo seguono volontariamente.

Non è un caso che i veri leader si considerino i servitori della loro comunità grazie alla loro saggezza e al loro senso di superiorità umana. Federico il Grande si considerava "il primo servitore dello Stato". Adolf

Hitler si considerava "l'agente della nazione" e il rappresentante del Führer ha richiamato l'attenzione dei leader politici alla cerimonia di giuramento sul loro compito di essere i servitori della comunità popolare. Vediamo quindi che i sostenitori della comunità vedono il loro ideale nel "dominio". Per il loro senso di inadeguatezza umana, cadono nell'altro eccesso e sono dispotici nei confronti dei loro subordinati, mentre fingono sottomissione alle alte sfere. Non sanno che il leader deve avere una superiore facoltà di comprensione, ma soprattutto quella superiorità d'animo e quella forza d'animo di cui Fichte ci dice che sono queste a portare la vittoria.

Inoltre, si può notare che il capo di una comunità chiama a sé gli uomini più capaci e qualificati, e che il capo di una comunità non ha naturalmente bisogno di collaboratori indipendenti, ma solo di creature che sono i suoi strumenti ciechi e che devono costantemente assicurargli il proprio valore. È chiaro quindi quale mostruoso pericolo, derivante dal pensiero collettivista, possa minacciare direttamente il nostro popolo nel momento della sua rinascita.

Anche in questo caso, il Movimento nazionalsocialista ha dato alla nazione un principio di inestimabile valore, anticipando in forma esemplare il concetto di comunità di compagni di lavoro leali. In questo modo ha dato un esempio per tutti i tempi della vera unione delle forze e ha chiaramente respinto tutte le idee collettiviste.

Ma i vecchi soldati del Movimento non ammetteranno mai che le potenti masse umane delle nostre manifestazioni e organizzazioni possano essere erroneamente considerate come un regno dell'uomo-massa, e che la nozione nazionalsocialista di comunità venga così consapevolmente o inconsapevolmente distorta e trasformata in collettività.

Il coronamento di ogni spirito di sacrificio è la dedizione della propria vita per l'esistenza della comunità.

Adolf Hitler

"D'ESTOC ET DE TAILLE", DI GUNTHER D'ALQUEN.1937.

RIFLESSIONI SUL PRINCIPIO LEADER

Quanto più grandi sono i compiti che un'epoca assegna agli uomini, tanto più si manifesta il gruppo di coloro che sono solo apparentemente qualificati per quei compiti. Quando si tratta dei valori più elevati, gli inferiori cercheranno sempre di assumere l'aspetto e l'atteggiamento degli uomini superiori dell'élite.

Immaginiamo un bravo e del tutto insignificante concittadino il cui ardente desiderio è quello di poter comandare un giorno. Non vuole aspettare che gli venga affidata una missione che gli comporti grandi responsabilità. Perché probabilmente potrà aspettare a lungo; se non ha capacità, ha un'ambizione che si consuma e solo questo gli impedirebbe di realizzarla. Supponiamo che: Il piccolo Moritz, con i suoi complessi di potere, diventa un grande Moritz, e la sfortuna è che prima impara a simulare capacità inesistenti.

Il nostro amico diventa un leader in qualche modo. Sa che l'importanza della sua personalità è ora accettata (solo per un po'). Gli ex compagni che non sono saliti di grado si immaginano inferiori a questa figura. Discorsi enfatici convincono i cittadini dell'autorità del grande Moritz. Nei suoi nuovi uffici, i servizi telefonici sono stati trasformati. Nella stanza del capo viene allestito un tavolo di ascolto per "approfondire la fiducia", le cariche vengono riorganizzate e la prima circolare mette in discussione le competenze stabilite.

Purtroppo, la padronanza del lavoro non è così semplice. Il superiore appena qualificato non ama mostrare che non è ancora del tutto qualificato e che deve essere consigliato. Vede la sua autorità vacillare e non vuole mostrare le stesse piccole debolezze di tutti gli altri, né la sua mancanza di esperienza di base. La mancanza di fiducia interna in se stesso deve essere compensata da una fiducia esterna ancora maggiore. La distanza dagli ex compagni cresce a passi da gigante. Chi è il suo preferito ora?

Il "subordinato" è il suo preferito, perché conferma volentieri e spesso pubblicamente che lui, il "superiore", è un individuo particolarmente meritevole. Nella sua stupidità non si accorge certo che il "subordinato" dice esattamente il contrario alle sue spalle. Ma se notasse qua e là obiezioni realistiche da parte di uno di questi "subalterni" o addirittura controproposte su una qualsiasi questione, allora il "capo" capirebbe infallibilmente di avere davanti a sé un avversario pericoloso. Così lo abbatte e, se necessario, complotta segretamente contro di lui, convinto del proprio indubbio valore e dell'inettitudine dell'altro.

Ma quest'uomo è sempre sull'orlo del baratro. Guai a lui quando arriva il momento in cui ha bisogno che i suoi collaboratori correggano il suo lavoro, in una gioiosa collaborazione, con un senso di assoluta e risoluta devozione al loro capo! Questa prova può accadere ogni giorno, per caso, quando un errore o un compito assoluto lo richiede. Una situazione dolorosa si verifica quando il superiore non ha più la fiducia dei suoi uomini. La sua caduta è quindi certa. Il destino si compie con una logica ferrea.

C'è un altro tipo, oltre agli ambiziosi diventati selvaggi, tiranni tascabili, i pignoli burocrati. Spesso hanno conoscenze indiscutibili. Ma ciò che li distingue dai veri leader è il fatto che non sono assolutamente disposti ad assumersi alcuna responsabilità. Accettano tutto con pazienza ed eseguono alla lettera regolamenti e ordini. Vedono solo l'apparato, l'organizzazione e le sue cellule. Il modo in cui uno York ha agito nelle guerre d'Indipendenza è per loro un abominio. Non avrebbero seguito un Hitler, ma un Kahr.

In entrambi i casi, si tratta di distorsioni caricaturali della natura del leader. La prima vede solo uomini. Vede la leadership esclusivamente come un grado di precedenza delle persone. Il secolo delle democrazie e del parlamentarismo ha avuto successo nell'opporsi a questo dominio degli uomini sugli uomini e ha avuto ragione di quei leader che vedono nei loro diritti solo una preponderanza personale.

La vecchia autorità aveva perso la sua legittimità interna. I principi egoisti e ambiziosi non avevano più alcun diritto al potere, perché non si consideravano più servitori dello Stato, ma vedevano lo Stato come uno strumento di potere personale. Quando questa falsa autorità è diventata una regola e un sistema, è arrivato il momento di un'organizzazione più strutturata del popolo. Così, nel nostro Paese, la falsa autorità viene distrutta dalla logica interna, mentre l'educazione e la selezione producono un'autentica élite che si sviluppa naturalmente. Non si tratta di rimandare questa missione al prossimo millennio, perché la creazione di una nuova classe dirigente non è mai stata nella storia una questione di pochi anni. Ciò che conta è il progresso del nostro popolo in questa storia, non i piccoli informatori e i personaggi indisciplinati. Alla fine, non servono a nulla e non fanno male; la nostra forza sta nell'azione, nella creazione e nel futuro. I combattenti sinceri al servizio di un ideale fanno sempre la storia.

Dal carattere nasce l'azione.

Darré

Opuscolo SS n. 10. 1937.

SS-Staf. Kinkelin: il nazionalsocialismo crea un nuovo mondo da una nuova fede

Con il nazionalsocialismo, il Führer ci ha dato una nuova visione del mondo. Ciò significa che il nazionalsocialista che insegna la dottrina del Führer vede se stesso e il mondo sotto una luce diversa. Ora ha il suo *modo di vedere* e non guarda più attraverso gli occhiali distorcenti che altre potenze, che rappresentano un'ideologia straniera, gli avevano messo addosso.

Il nazionalsocialismo getta una nuova luce sul vecchio sistema di valori e rapporti di forza che governano il mondo. Quando guarda al recente passato, vede che non solo lui stesso - ma anche il suo popolo - è stato espropriato della sua ricchezza spirituale, messo da parte, ma anche ridotto a pedine sulla scacchiera di potenze straniere. Ora sta imparando a differenziarsi dagli altri definendo ciò che è la sua essenza e ciò che è estraneo. Sta confrontando i vecchi valori che gli sono stati insegnati con i nuovi valori, totalmente diversi e sconosciuti, che emergono quando segue le *proprie* regole. Il tedesco ha imparato a distinguere tra *ciò che è proprio* e *ciò che è estraneo* perché è diventato prima consapevole della propria natura interiore, cosa che prima gli era stata negata. In passato, era visto come una delle tante pecore che vivevano in un grande recinto. È fuggito. In questo modo ha riconquistato la libertà ritrovando se stesso. In precedenza, lui e il suo popolo erano solo componenti di un mondo culturale, un universo mentale la cui fonte, il cui spirito e i cui principi guida erano estranei al popolo tedesco.

È chiaro, quindi, che il nazionalsocialista vede il mondo in generale, se stesso e il suo popolo, il suo destino, in una luce completamente nuova e rinnovata. Da allora si è trovato di fronte a un mondo totalmente diverso, che da tempo non era più il suo, di cui non faceva più parte e a cui non poteva più appartenere.

Scopre un nuovo sistema di valori e lo assimila per rifiutare, abolire tanto più facilmente i vecchi valori che sono proprio quelli degli altri, perché non gli vanno più bene. Sa di far parte di un gruppo potente, di una grande comunità la cui portata è illimitata: *Finalmente vive il suo popolo.* E sente di essere un *elemento,* un anello di questa immensa catena, della comunità nazionale.

Mille legami lo legano e lo vincolano a questa comunità. Il suo futuro è inestricabilmente legato alla potente corrente di sangue del suo popolo. Per la prima volta comprende il suo popolo come una grande *comunità razziale.* In passato gli era stato detto che erano la lingua, la nazionalità, il cristianesimo, ecc. a determinare l'appartenenza a una comunità. Ora sa che queste vecchie considerazioni sono superate, perché vede nella sua stessa casa uomini che non appartengono al suo popolo, e dall'altra parte di questi vecchi confini uomini che appartengono al suo popolo tanto quanto lui. Le vecchie barriere stanno cadendo, le vecchie frontiere, i vecchi muri non hanno più valore. Ovunque guardi, vede un grande rinnovamento in corso.

Dal crollo dei vecchi sistemi è emersa una nuova e grande unità: *il popolo tedesco.* I vecchi corruttori stanno tentando di indebolirlo, ma non hanno alcun potere su di esso. Preghiere e minacce non hanno più alcun effetto. Il tedesco nazionalsocialista è sfuggito alla loro presa, si è liberato della loro pressione con la stessa facilità, libertà e naturalezza di un vecchio abito. Il ritiro è in corso! A migliaia, a milioni, si stanno mobilitando per il loro popolo.

È così che il cittadino tedesco ha vissuto il *mistero del sangue.* Ma non solo. Egli vede questo sangue come il veicolo della sua essenza più intima. Riconosce il sangue come l'eredità più preziosa che i suoi antenati più lontani gli hanno trasmesso e che lo lega indissolubilmente a loro. È difficile immaginare fino a che punto, in passato, gli sia stato insegnato a disprezzare, disprezzare e disprezzare il sangue! Fino a che punto sia stato educato a disprezzare e rinnegare i suoi antenati invece di venerarli! Molti paraocchi sono caduti dai suoi occhi. I nemici del popolo furono persino costretti a demonizzare la dottrina del sangue per poter controllare più facilmente questa nozione pericolosa e distruggerla. Ma ora le pressioni e le minacce non funzionano più.

Vivendo nel cuore del suo popolo, il tedesco si sente diverso: sente di esserne parte e componente attiva. Le divisioni in classi e strati sociali del passato sono scomparse. È un'unità viva, immensa, significativamente ordinata e strutturata, un gigantesco esercito di uomini liberi: *il popolo;* un insieme vivente basato su doveri e diritti. Questa professione di fede attiva e fervente per il popolo di oggi va oltre il livello di consapevolezza intellettuale, di insegnamento distaccato, di senso di ricchezza egoistica. *"Ciò che non serve al mio popolo lo danneggia!*

Dotato di questa nuova scala di valori, acquisita ascoltando il messaggio del sangue, il tedesco è ora interessato a tutti gli aspetti della vita. È deciso a ignorare qualsiasi valore che non sia il suo, che non incarni la sua visione del mondo, a non dare più importanza a cose che lui stesso non considera importanti. Nessun settore è immune da questa inversione di valori e da nuove considerazioni. Il tedesco nazionalsocialista ristruttura così tutto il suo mondo.

Questo tedesco consapevole e sveglio volge lo sguardo verso l'interno. *Una nuova fede* vive in lui. Da essa trae la sua più grande forza. Ma questa fede non è un dogma, non è una dottrina di origine straniera; è il frutto del suo antico patrimonio biologico. Il nazionalsocialismo si trova in armonia con il mondo interiore dei suoi padri e si connette *direttamente* con il divino.

La nostra fede è l'origine e la misura di tutte le cose: tutte le creazioni spirituali provengono da essa e ad essa ritornano. È quindi comprensibile che si debba fare un esame generale per vedere se tutto ciò che proviene dai campi creativi spirituali del nostro popolo, dalla filosofia, dall'arte, dalla scienza, ecc. sia conforme alla nostra nuova ideologia, alla nostra nuova fede. Quanto più saremo rigorosi e coerenti, tanto più chiara sarà la nostra visione. Non c'è dubbio che faremo pulizia! Siamo determinati a non lasciare intatto nessun aspetto della vita. Esaminiamo ogni singolo elemento del vecchio mondo con la massima attenzione. Con nostra sorpresa, scopriamo che molti di essi ci appartengono e che il vecchio sistema, con il pretesto che sono di sua proprietà, se ne è appropriato. Li stiamo quindi reintegrando nel nostro sistema. Se abbiamo ancora bisogno dei vecchi elementi, li manteniamo, ma per creare il nostro sostituto. Ci sbarazziamo di tutto ciò che è estraneo e lo gettiamo persino nella spazzatura. Siamo determinati a costruire un nuovo mondo con il nostro sangue e tutto ciò che vi è connesso, sotto il segno vittorioso della svastica.

In passato eravamo considerati intellettualmente minori e tutto il nostro patrimonio spirituale era gestito in modo pretenzioso. Ora facciamo sapere a tutte le potenze nemiche che *il popolo tedesco è diventato* maggiorenne, che intende occuparsi da solo di tutti i suoi beni spirituali, senza eccezioni.

Chiediamo la restituzione del nostro patrimonio ancestrale, che è stato usurpato da procuratori indegni e infedeli. Anche in questo ambito deve essere attuato un piano quadriennale per ricostruire lo spirito del popolo.

Nulla ci impedisce di concepire una nuova legge, una nuova morale o qualsiasi altra regola della vita nazionale. La nostra visione del mondo vede l'economia come una componente del nuovo ordine, che deve servire il popolo, non asservirlo.

Come l'economia, molti altri vecchi idoli sono soggetti alla legge del rinnovamento e all'ordine nazionalsocialista. Nessuna opera, per quanto minacciosa, mostruosa o rispettabile possa sembrare, ci spaventa. Anche se l'epoca sconfitta continua a lanciare avvertimenti minacciosi, queste tavole della legge non terrorizzano più nessun nazionalsocialista. Sono state esorcizzate. Non perché un nazionalsocialista non rispetti nulla, come spesso si lamenta con offesa bigotta. Ma semplicemente perché ha acquisito una nuova fede, una nuova scala di valori che definisce ciò che per lui è sacro e ciò che non lo è, ciò che è divino e ciò che rappresenta idoli arroganti e alieni. Nuovi fondamenti, un estremo senso del divino sentito nel suo popolo, nel suo sangue, gli danno fiducia e invincibilità. La percezione divina del proprio popolo, del proprio sangue e di questa nuova fede, ha sviluppato nel nazionalsocialista un senso del sacro che lo rende rispettoso. Oggi sappiamo che il nostro sangue, il nostro Paese, è sacro per noi, perché questi due nomi sono di essenza divina.

Considerando questo fatto, la dicitura "neopaganesimo" o addirittura "ateismo" sembra meschina, falsa, fuorviante e, in definitiva, una pericolosa illusione per i nostri avversari. Impareranno che è la nostra fede che ci permette di abbattere il vecchio mondo e di costruirne uno nuovo e più bello.

Il popolo tedesco si è liberato politicamente da tutte le catene, dalla dittatura economica e ha purificato la sua razza dall'invasione. In futuro porrà fine anche a quelle tutele, a quella sovranità e a quelle autorità spirituali che sono estranee al popolo e non lo servono. Il popolo tedesco riacquisterà presto la libertà sotto ogni aspetto. Servire il popolo per seguire la legge divina, tornare ai principi originari del nostro sangue e del mondo divino, è il significato del nazionalsocialismo.

Colui che è, non si preoccupa delle apparenze.

Rückert

Quaderno SS n. 5. 1943.

La nostra missione rivoluzionaria

Noi tedeschi abbiamo sempre avuto un ruolo speciale nel mondo. Siamo stati l'elemento inquieto e tormentato tra i popoli. Anche nei periodi di maggiore prosperità commerciale eravamo insoddisfatti del nostro destino. Lo scoppio della Prima Guerra Mondiale fu sentito come una liberazione. La causa non è stata l'esaltazione fanatica della guerra che ci è stata spesso imputata dai nostri nemici, ma il sentimento liberatorio di avere una nuova e decisiva vocazione. Il tedesco non può vivere con la vita del negoziante. Lo stato di riposo e di sazietà è contrario alla sua natura. Si sente chiamato a compiti più elevati rispetto al commercio lucrativo di prodotti agricoli o industriali. Questo modo di essere è stato descritto come una caratteristica faustiana del tedesco. Può essere interpretato come una benedizione o una maledizione; in ogni caso determina la reputazione del germanesimo nel bene e nel male. È stato il destino originario dell'intero mondo germanico. Senza questa ossessione per il movimento, i tedeschi sarebbero stati un insignificante popolo di contadini del Nord Europa. Hanno versato il loro sangue in tutto l'Occidente in continue battaglie, ma hanno anche plasmato il volto di questo angolo di mondo. Ancora oggi, sembrano essere chiamati a compiere il destino di questo secolo.

***

Le gigantesche battaglie della Seconda guerra mondiale segnano la fine di una delle grandi epoche dell'umanità. Il dominio dell'oro viene interrotto, i popoli riacquistano i loro diritti, l'uomo torna a misurare il valore delle cose. Questa guerra si combatte per ragioni diverse dai cambiamenti di confini e interessi. Si tratta del destino di una cultura millenaria che ha dato al mondo le magnifiche espressioni del genio umano. Nella tempesta della battaglia si sta compiendo la più grande rivoluzione di tutti i tempi: la rivolta dei contadini contro i mercanti, del lavoro contro il potere dell'oro. Lo stesso processo che abbiamo vissuto anni fa nella lotta per il potere in Germania si sta ripetendo oggi su scala mondiale, e ci troviamo di fronte agli stessi avversari. Conosciamo troppo bene i loro metodi di lotta per sorprenderci ancora. Siamo ormai nel vivo della lotta e questa guerra non finirà finché il continente non si sarà liberato dei suoi carnefici. Qualunque cosa ci riservi il futuro, è nostro dovere, per amore dei nostri compagni morti, resistere, attaccare incessantemente, finché la forza nemica non sarà distrutta. Non ci possono essere compromessi in questa lotta, perché il perdurare della situazione precedente porterebbe a terribili sconvolgimenti che finirebbero per distruggere l'Occidente. La Germania è diventata il baluardo della libertà europea. I nemici del nostro Paese sono anche i nemici dell'Europa. Non si tratta più di una disputa tra popoli e Stati, ma di diversi principi di configurazione, la cui realizzazione finale decide della morte o della vita. In questo modo, la nostra lotta va oltre la sfera del potere e degli interessi per arrivare a quella dello spirito. Non si tratta in primo luogo di fonti di petrolio o di depositi minerari, ma di mantenere tutti i valori spirituali che permettono alla presenza umana di realizzarsi magnificamente. Cosa c'entrano i magnati delle ferrovie americane e i despoti bolscevichi con l'Europa e la sua cultura plurimillenaria? L'Inghilterra si è da tempo rivolta ai suoi possedimenti d'oltremare e considera il continente solo come il trastullo dei suoi interessi. La Germania, invece, è rimasta legata al destino dell'Occidente, per quanto doloroso possa essere. Ora i popoli europei non hanno scelta se vogliono credere nel loro destino. I fronti sono più che mai affilati, la divinità stessa giudica le nazioni in base alla loro forza e al loro valore.

La guerra si rivela di nuovo, come in passato, come un giudizio di Dio. Nello scontro delle battaglie del nostro tempo, il volto del mondo sarà rimodellato e nessuno riconoscerà il suo vecchio volto. Qualunque sia l'esito della battaglia, non rimarrà nulla del vecchio mondo. Le antiche forze primordiali della vita sono in movimento e non si fermeranno finché le forze della degenerazione e della distruzione non saranno definitivamente schiacciate. Negli ultimi trent'anni si sta svolgendo il più gigantesco processo di trasmutazione che la storia del mondo abbia mai visto. Le forze vive reclamano i loro diritti. I popoli si stanno precipitando fuori dagli atroci confini del loro spazio vitale verso la luce e il sole. È in corso una nuova migrazione di popoli. Con le vecchie potenze, sta crollando un intero mondo spirituale che ha trattenuto l'Europa per duemila anni. L'alleanza delle democrazie con il Cremlino ha posto fine agli ultimi dubbi sulla necessità della nostra lotta. La verità, la giustizia e la vita sono con noi.

* * *

L'Occidente è ancora impegnato in una lotta decisiva per il suo futuro. L'orizzonte sembra spesso oscurato da eventi terribili, ma al culmine del pericolo la forza del cuore umano si rivela. Ci sono ancora ampie zone d'Europa in uno stato di tranquilla contemplazione, ignare della minacciosa gravità della loro situazione. Pazzi ciechi si rivoltano contro l'unico potere che può proteggerli dalla distruzione e dall'annientamento. Queste cose non ci riguardano più. Siamo abituati a combattere da soli, circondati dall'odio e dal disprezzo, perché siamo consapevoli della nostra missione. Il destino del mondo si compie grazie alla nostra azione e alla volontà della divinità. Anche se migliaia di uomini moriranno, se decine di migliaia torneranno storpi, l'Idea continuerà a vivere finché la Germania vedrà nascere uomini. Siamo invincibili perché abbiamo una fede incrollabile. Questa fede ci ha sostenuto in tutte le circostanze della nostra esistenza; ci ha regalato i preziosi momenti di trionfo e ci ha accompagnato nel dolore e nella miseria; un giorno ci condurrà alla vittoria. Gli dei non concedono la loro grazia, ma solo i coraggiosi che resistono ad ogni violenza. Il destino ci ha affidato missioni speciali. Sta a noi compierle. Agli occhi di Dio, un popolo è solo uno strumento della sua volontà onnipotente. Egli sconfigge senza pietà ciò che si dimostra inadatto. Siamo in piedi e combattiamo, perché l'Impero, la forza e lo splendore sono nostri.

Hans Henning Festge

> *L'uomo è superiore alla materia di fronte alla necessità di un grande atteggiamento, e non si può concepire alcun potere esterno di qualsiasi tipo a cui la forza spirituale non sia superiore. Pertanto, chi ne è capace può trarre la conclusione che nell'uomo, nell'uomo vero, vivono valori che non possono essere distrutti né da proiettili né da montagne di esplosivo.*

Ernst Jünger

QUADERNO SS N. 7. 1943.

IDEA E ASPETTO DELL'IMPERO

L'idea dello Stato nazionalista deve essere sconfitta

Così come è chiara la lotta per la difesa della nostra patria contro l'assalto dell'Est, altrettanto chiari sono i contorni di una nuova organizzazione dell'Europa, contorni che non seguono più i confini assegnati da una concezione nazionalista. Ciò che chiama milioni di uomini alle armi in Europa oggi non è solo la lotta per le materie prime e lo spazio vitale, ma anche la volontà di una riorganizzazione radicale di questo continente per cui valga la pena di vivere e morire. Il fatto che migliaia di norvegesi, olandesi, fiamminghi e valloni stiano combattendo sul fronte orientale nelle file delle Waffen SS può essere visto solo come un sintomo di un risveglio di energia tra i popoli germanici, che, al di là dei confini dell'ordine politico in cui hanno vissuto finora, stanno cercando la strada per un nuovo futuro. Non c'è dubbio che la nostra visione di ciò che sarà l'Europa un giorno, quando questa dura e implacabile lotta sarà terminata, ci porta già ben oltre i limiti della vecchia concezione nazionalistica. Nessuna mente pensante in Europa crede che alla fine di questa aspra lotta, come il destino deciderà per sempre, possa avvenire la restaurazione del vecchio ordine politico. Così come i sacrifici dell'attuale guerra legittimano, alla sua conclusione, la creazione di un ordine che corrisponda all'ampiezza e alla profondità della rivoluzione nazionalsocialista compiuta nel cuore del continente. Questo nuovo ordine può essere stabilito solo sulla base dell'idea di *razza*. Gli olandesi, i fiamminghi, i valloni, gli scandinavi, che oggi combattono al nostro fianco nelle file delle Waffen SS, non solo difendono le loro case dall'ondata asiatica, ma sono anche i pionieri di una *riorganizzazione dell'Europa sulle basi* dell'idea germanica. In questo modo, sul territorio europeo si sta verificando un processo simile a quello che settant'anni fa portò alla creazione del Reich di Bismarck.

A sinistra, un giovane volontario danese con il volto di un bambino.
A destra, Heinrich Himmler visita le sue SS sul fronte orientale nel 1941.

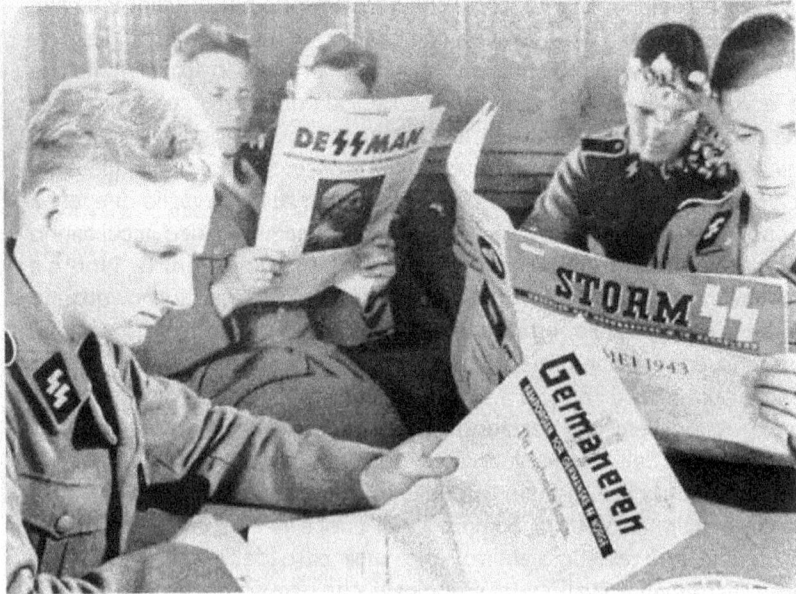

Le SS riuniscono molte nazionalità europee sotto il loro emblema runico.

A quel tempo, i principati tedeschi, sotto l'influenza del principio nazionalista, si unirono per formare un Impero. La rivoluzione nazionalsocialista ha assorbito l'idea nazionalista e l'ha sostituita con l'idea di razza. Pertanto, alla fine di questa guerra, è necessario stabilire un nuovo ordine europeo sulla base della solidarietà germanica. L'idea nazionalista fiorì nel Reich di Bismarck. Nel momento in cui le innumerevoli ondate asiatiche attaccano i confini dell'Europa, il continente torna a quella grande costruzione storica che aveva già edificato secoli prima sulla base della germanità. Siamo giunti a un punto dell'evoluzione in cui il concetto di razza comincia a diventare una realtà storica e politica. Il popolo e la nazione appaiono sempre più come espressioni particolari di questo concetto. La rivoluzione del pensiero politico che ha avuto luogo all'interno del nostro Impero ha presto esteso i suoi effetti oltre i confini del vecchio Reich. Non può più essere contenuta; sta spazzando via i vecchi errori della vecchia dottrina liberale con lo stesso inflessibile rigore con cui sta abbattendo i piccoli Stati artificiali creati dalla politica inglese di equilibrio. La prova della guerra contro il nemico asiatico non consente più la sopravvivenza del sistema di Stati nato a Versailles. E ora ci troviamo nell'ora della lotta e del pericolo di fronte a una nuova organizzazione europea; stiamo assistendo alla *nascita di un Impero razziale*.

Questo è l'obiettivo della nostra lotta. Sono chiamati tutti coloro che sono influenzati nel loro atteggiamento dallo stesso sangue. Il tedesco si sente, ovviamente, il cuore di questo Impero che deve abbracciare l'intera area della nostra razza. Ma non deve considerare questo Impero come un'estensione dell'idea nazionalista. L'idea nazionalista tedesca ha acquisito una nuova dimensione nel 1938. *I nostri avversari vogliono convincere i popoli europei dell'idea che tutto ciò che seguì fu solo la conseguenza dell'imperialismo tedesco.* Anche in questo caso non hanno capito la rivoluzione nazionalsocialista. Essa non poteva portare all'imperialismo, ma doveva, secondo i suoi principi, integrare lo Stato nazionale dei tedeschi in un vasto Impero germanico. Tutti i tentativi di definire in termini politico-giuridici il futuro rapporto degli Stati germanici con l'Impero non possono che fallire, perché i concetti esistenti come federazione, sistema federale, federalismo appartengono al passato e non colgono la rivoluzione del nostro pensiero operata dal concetto di razza. La rivoluzione tedesca sta diventando una rivoluzione germanica. Sui campi di battaglia della più terribile guerra che sia mai stata condotta contro un mondo ostile che cerca di soffocare il germe di un nuovo ordine vitale realizzato dalla rivoluzione tedesca, c'è un potente appello ai popoli germanici a formare *un* proprio Impero germanico.

L'Impero Eterno

L'idea di un Impero Nordico non è un prodotto del nostro tempo. Accompagna tutta la nostra esistenza storica come immagine di un mondo ordinato che invita l'uomo della nostra razza, forte del suo potere artistico creativo, delle sue doti inventive e della sua capacità di fondare un sistema organico coeso sul modello dell'Impero. I secoli orgogliosi della storia dell'Impero tedesco sono ancora abbastanza vicini a noi per ricordarci che tutti gli Stati devono la loro fondazione all'energia dei condottieri nordici: lo Stato del Cherusco Armin, del Battaglione Civilis, di Marbod, quello dei Burgundi, dei Vandali, di Teodorico e di Carlo Magno, il creatore dell'Occidente germanico, lo Stato dei Vareghi che si estendeva dal Baltico al Mar Nero, quello dei Vichinghi e quello dei Normanni. La storia di questi popoli germanici è la nostra storia. Oggi possiamo constatare che nelle file delle Waffen SS ci sono esponenti di spicco dell'etnia germanica che per secoli hanno condotto una lotta difficile e unitaria contro le forze dello straniero e che parlano dell'Impero come di un'idea che hanno difeso con le armi e salvaguardato. Questa è la prova che le strutture storiche del passato hanno ancora un'influenza attiva e che l'idea di impero al di fuori dello Stato tedesco è stata mantenuta viva. Si tratta ora di rivedere questa immagine storica che la propaganda ostile e la falsa scolarizzazione hanno suscitato nelle popolazioni germaniche dell'Ovest e del Nord e di ristabilire relazioni storiche come quelle che per secoli hanno concesso agli olandesi, ai fiamminghi, ai valloni e agli scandinavi, mentre erano membri del Reich, una vita civile, libera e fiorente. Dobbiamo pensare in termini di secoli. La propaganda nemica ha cambiato profondamente il volto originario di questi Paesi. Le organizzazioni statali che la Rivoluzione francese e la politica di equilibrio inglese hanno costruito con tanto artificio e tenacia sono condannate dalla ferrea legge della storia. Le creazioni politiche del XIX secolo stanno ora crollando definitivamente. L'idea di Impero, invece, sta rinascendo, come la fenice dalle sue ceneri; sta rinascendo tra tutti i popoli di sangue germanico che non credono più nella possibilità di un'esistenza politica distinta dal Reich, se non diretta contro di esso. L'idea di Impero è la tradizione più forte del continente e, quindi, la forza reale più decisiva per un ordine storico duraturo.

L'Impero e l'Europa

Oggi siamo d'accordo sul fatto che le creazioni politiche dei tedeschi in passato non potevano che essere effimere, perché l'energia della razza, un sentimento di ricchezza inesauribile, era diluita in un gruppo etnico straniero. L'idea di razza ci impone in futuro di *preservare* e *concentrare la nostra energia nel modo più rigoroso possibile*. La tragica divisione che ha dominato l'Impero del Medioevo è nata dalla sua dispersione e da una coscienza spesso carente o troppo ristretta. Solo questo spiega perché l'Europa di allora, già strutturata secondo il principio germanico, abbia ceduto all'*universalismo della Roma imperiale e del cristianesimo*, e perché sia stato versato sangue prezioso per idee in contrasto con la sua storia e il suo modo di pensare; è necessario riconoscere le colpe del passato per dare forma al futuro. Occorre quindi chiarire che un ordine duraturo in Europa può essere stabilito solo dall'Impero. Il destino dell'Europa in futuro sarà, come in passato, determinato dal destino dell'Impero. L'Europa è stata un'unità, il centro della civiltà umana, finché l'Impero è stato grande e potente. All'epoca in cui raggiunse l'apice della sua potenza, i re d'Inghilterra e di Francia si consideravano vassalli dell'Impero tedesco. Ma l'Europa fu disturbata e lasciata all'aggressione di potenze esterne alla sua area, quando l'Impero si sciolse. Dobbiamo ricordare che il nome, così come la realtà storica che implichiamo nella parola "Europa", è una creazione della razza nordica. Per questo l'Impero è anche in futuro il *cuore e la testa di ponte dell'Europa, il* centro magnetico che attrae e tiene insieme i popoli germanici. Non è nostro compito definire la *struttura politica* che il futuro riserva alla comunità dei popoli europei. La risposta alla questione sollevata dalla situazione di olandesi, valloni e scandinavi rispetto all'Impero potrà essere data solo alla fine della guerra e alla luce della decisione del Führer. Essa risulterà certamente da un esame della partecipazione di questi popoli alla lotta per la rigenerazione di questo continente. Non si formerà in nessun modo sulla base di uno schema fisso, valido per tutti; né procederà dai metodi e dal vocabolario delle teorie nazionaliste e giuridiche liberali. Ciò che emergerà sarà un *vero e proprio ordine comunitario,* all'interno del quale ognuno avrà un posto e un rango in base *ai risultati e ai sacrifici fatti per l'insieme* e alla specificità e alle particolarità del proprio essere. La posizione di una particolare unità di popolo germanico all'interno di questo Impero sarà determinata in base all'energia politica e spirituale che da essa si irradia. La decisione finale non sarà presa a un tavolo di conferenza, ma sui campi di battaglia, dove i popoli germanici sotto la guida tedesca combattono per il loro futuro come membri paritari del futuro Impero. Le Waffen SS sono state incaricate dal Führer di coltivare l'idea germanica. È suo dovere immediato preparare la strada al nuovo Reich, per il quale i membri di tutti i popoli germanici stanno combattendo e morendo nelle sue file.

Ogni Impero diviso si indebolisce. Quindi nessun Impero scompare senza una divisione interna. La costruzione di una casa e la creazione di un Impero richiedono la stessa unità.

Paracelso

EDWIGE THIBAUT

Opuscolo SS n. 9/10. 1943.

La solidarietà germanica dell'Europa

Una voce dall'Olanda

Quando si pensa o si scrive su un argomento, è necessario avere chiaro l'obiettivo. Può capitare di rendersi conto di non aver posto la domanda giusta e di essersi allontanati dall'obiettivo iniziale.

È quello che mi è successo con questo articolo. Avevo già scelto il titolo, sapevo dove volevo arrivare eppure quello che voglio esprimere va oltre la semplice solidarietà.

È sempre utile dare una definizione esatta di una parola. Quando, ad esempio, apriamo la pagina del Brockhaus linguistico alla parola "solidarietà", troviamo: "Sentimento di appartenenza comune". Dobbiamo dare un nome straniero a quello che è il più grande ideale da raggiungere? Non esiste una parola germanica? Non c'è bisogno di cercare molto: "Unità"! Ma cosa significa unità? Il Brockhaus dice: "Qualcosa che è fortemente unito, inseparabile". Quindi la differenza non è grande, ma la parola straniera suona in modo diverso alle nostre orecchie e quindi ha anche un contenuto diverso. Pensiamo ora al linguaggio quotidiano. Stiamo parlando di un'unità organica, l'unità della Germania. Un essere vivente è un'unità solida; è composto da organi, ma questi organi, per quanto diversi, non sono "uniti", formano un'unità. Una "solidarietà organica" è un'assurdità. Ci avviciniamo così al senso della nostra domanda.

È chiaro che non possiamo considerare la Germania come un'unica unità. La parola solidarietà è appropriata per l'Europa. L'Europa è un insieme, ha nemici comuni, può esistere solo se c'è un senso di coesione e comincia a diventare un'unità. La composizione razziale dell'Europa meridionale è diversa da quella dell'Europa settentrionale. D'altra parte, l'arricchimento reciproco è di lunga data, possiamo dire addirittura di lunga data come la civiltà europea, e un insieme è nato dalla situazione geografica e dalla storia. Ma l'unità tedesca è qualcosa di diverso. Si tratta in realtà di un'unità organica, di una forma che è anche un'unità razziale, perché la razza nordica ha permeato l'insieme fin dai tempi più remoti e vi ha lasciato la sua impronta.

Siamo quindi arrivati proprio dove volevamo arrivare. Se la Germania è qualcosa di "fortemente unito, inseparabile" perché razzialmente omogeneo, allora possiamo dire che anche l'unità di tutti i popoli europei dovrebbe basarsi su questo principio. Noi tedeschi che non apparteniamo al popolo tedesco possiamo quindi avere con la Germania un rapporto diverso da quello della solidarietà. E questo altro rapporto, questa unità organica, che per noi rappresenta la cosa più alta e assoluta, la chiamiamo "Impero".

Questo titolo non è corretto? Sì e no. Sì, se pensiamo alla solidarietà di tutti i popoli europei, a cui anche noi, popoli germanici, apparteniamo. No, se comprendiamo che l'unità della Germania è solidale con il resto dell'Europa. Questo si esprime chiaramente in politica. Ci sono molte persone nelle regioni germaniche di confine che comprendono e credono lealmente che la solidarietà sia necessaria. A loro piace anche parlare di "Europa". Pensano come "europei" e si sentono come "nazionalisti", il che è abbastanza compatibile. Per loro, questa solidarietà è il punto di partenza e di arrivo di tutti i loro pensieri. Ci sono altri che parlano raramente di "Europa", che non sono nemmeno nazionalisti nel senso stretto del termine! Dicendo questo, sono consapevole di aprire la porta a qualche malinteso.

Non si può dire che questi uomini non siano fortemente legati al loro popolo, ai suoi costumi e alla sua arte, alla sua patria e al suo modo di vivere; ma aspirano a qualcosa di più alto di questa patria, che non è il semplice prodotto di un volgare sentimento di solidarietà, ma ha una causa più profonda: il grande risveglio germanico, la coscienza del legame razziale, l'esperienza di quello che chiamiamo "l'Impero". Quando parliamo di Impero, non pensiamo primariamente o secondariamente alla solidarietà. L'Impero rappresenta per noi la coscienza di un'unità organica che è semplicemente presente, ma che era scomparsa dall'orizzonte, dalla coscienza del nostro popolo, e che aspetta di prendere forma. Siamo, ovviamente, "nazionalisti", ma in modo diverso dagli altri.

Tutto ciò che vuole diventare un'unità organica deve avere il tempo di crescere e non può essere decretato. Non possiamo professare l'Idea di Impero senza uno sfondo ideologico, e una visione del mondo non può essere una questione di regolamenti. Solo questa unità creata può essere definita "saldamente coerente e indissolubile".

La strada per raggiungere questo obiettivo è lunga. Non vogliamo negare alla solidarietà il carattere di sentimento di coesione. Può anche portare all'Impero, ma dobbiamo essere chiari sul fatto che c'è una grande differenza.

Le SS furono la prima organizzazione che cercò consapevolmente di realizzare l'idea di un "Impero" basato su questa importanza dell'unità, non sulla solidarietà ma su una coscienza razziale interna.

Abbiamo fede nell'Impero. Vogliamo combattere per esso.

Sappiamo che è più di una semplice costruzione statale, che incarna l'intera civiltà germanica unita in una forma statale esterna.

Chi fa il sacrificio più pesante deve avere il posto di comando, ma non per un sentimento "nazionalistico", perché l'"Impero" esisterà laddove è consapevolmente vissuto come al di sopra di tutti i piccoli nazionalismi, anche se questi possono essere di per sé stimabili.

Dopo una lunga divisione storica, la nascita dell'Impero è difficile. Possiamo già dire che non è mai esistito perché i Paesi germanici non ne hanno mai fatto parte. L'Impero non è quindi un recupero del passato ma un *futuro,* sia per l'area centrale che per i popoli vicini.

J. C. Nachenius, Olanda

Come nazionalsocialisti, vogliamo unire gli altri popoli germanici con la forza dei nostri cuori e renderli nostri fratelli.

Heinrich Himmler
(davanti agli Junkers a Brunswick il 12 dicembre 1940)

QUADERNO SS N. 9. 1944.

IL RISVEGLIO DELLA NOSTRA RAZZA

scritto da un olandese

La missione affidata dalla storia ai popoli germanici è ormai inflessibile. Il mondo occidentale delle idee, in cui abbiamo vissuto a lungo, è crollato. Nuove forze sono all'opera. L'Europa è ora sfidata da potenze che vogliono ridurla a colonia. Questa Europa può affermare la sua autonomia, il suo spazio e la sua alta cultura solo se combatte unita. È da questo pensiero continentale, da questa consapevolezza del carattere comune delle comunità germaniche, che sono nate le prime alleanze politiche. Le conseguenze politiche seguirono il risveglio della razza. Tutti i Paesi germanici riunirono una selezione dei loro giovani nell'Ordine delle SS.

Il fatto che la Germania sia più avanti di noi nell'adempimento della sua missione di ridare vigore politico alla razza e allo spirito nordico è dovuto al fatto che noi popoli germanici ci siamo assopiti troppo a lungo all'ombra dell'Inghilterra.

La Norvegia ha la sua flotta, i Paesi Bassi le sue colonie, la Lituania, l'Estonia, la Lettonia, liberate con l'aiuto di Germania e Inghilterra, oscillano tra le due. Ora, per tutti noi, la questione è seria. Spesso si dice con troppa facilità che stiamo vivendo una delle più grandi rivoluzioni della storia del mondo, un'epoca alla fine di molti secoli. In generale, le persone non sono affatto consapevoli della dimensione di quest'epoca, che non è semplicemente un cambiamento di regime governativo. Lo sconvolgimento abbraccia un secolo e quello che stiamo vivendo oggi è la successione della Rivoluzione francese con la Rivoluzione nazionalsocialista. È l'inizio di un'epoca in cui non prevalgono più gli ideali di una cosiddetta democrazia dominata dal grande capitale internazionale, ma un punto di svolta nella storia in cui il rinnovamento del nostro sangue, la rivolta della nostra razza, influenza le nostre vite. Solo così si può comprendere la prestazione sovrumana dei soldati tedeschi di sangue negli ultimi quattro o cinque anni. Gli uomini e le donne non avrebbero sopportato lo spaventoso bombardamento delle città con tanta grandezza d'animo se non avessero saputo che era in gioco la loro stessa esistenza. Tutti questi milioni di esseri umani agiscono, combattono e muoiono in un nuovo slancio religioso. Dal loro sangue nasce una nuova fede che arricchisce le forze naturali e sane della vita. Questa legge del sangue è allo stesso tempo la legge della stessa razza. Chi tradisce il proprio sangue tradisce se stesso. Ogni mescolanza porta alla distruzione. Se una razza deve sopravvivere, gli uomini devono lottare per la conservazione della specie e le donne devono essere pronte a garantire la sopravvivenza della specie per generazioni attraverso i loro figli.

Combattiamo come nazionalsocialisti e SS per una vita conforme alla nostra specie, contro ogni intrusione psichica straniera e contro la mescolanza delle razze. Cerchiamo di tornare alle fonti della nostra vita e della nostra specie. La legge secondo cui il sangue dei popoli imparentati si attrae richiede una lotta contro tutti i poteri che vogliono imbastardirci e frammentarci. Sono le stesse potenze per le quali, nel loro piano di dominio mondiale, i popoli e le razze sono solo bersagli da sfruttare. Sono anche quelli che vogliono impedire alle persone dello stesso sangue di unirsi. Si tratta del potere bolscevico-plutocratico con i suoi nuovi agenti in tutto il mondo, il grande capitale internazionale, il potere del giudaismo, la massoneria internazionale e, come terzo potere, la Chiesa cristiana politicizzata con la sua sete di potere politico. All'altra estremità dello spettro c'è lo slogan per la riunificazione del mondo germanico: la lotta per il Grande Impero Tedesco.

Oggi combattiamo, spesso incompresi dal nostro stesso popolo e bollati come traditori della patria. Sembra che queste persone abbiano assunto il ruolo degli ebrei e dei massoni negli anni Trenta e agiscano al loro posto. I popoli e le razze non si estinguono in guerra se rimangono fedeli al loro sangue, ma per decomposizione interna, nel corso di una lunga pace.

Le guerre non sono altro che prove che la storia impone ai popoli. In Adolf Hitler onoriamo il leader di tutti i tedeschi e quando noi volontari germanici parliamo di Germania, è perché crediamo che in futuro la nostra sopravvivenza sia garantita solo nell'interesse del mondo germanico nel suo complesso.

I piccoli Paesi germanici alla periferia del Grande Impero Tedesco volevano lavorare per un obiettivo generale europeo. Sangue chiama sangue. Dobbiamo contribuire con la nostra forza e volontà a un grande Impero tedesco perché, più della Germania, siamo caduti nella disunione e nella dominazione straniera. Anche se nella storia non ci fosse stato un Impero tedesco, ci sarebbe ancora tempo per costruirne uno. Non solo seguiremmo una legge di natura, ma la nostra sopravvivenza e la nostra libertà, minacciate dall'Unione Sovietica, dagli Stati Uniti e dagli inglesi, sarebbero assicurate.

Dobbiamo entrare a far parte di questa futura comunità di tutti i popoli germanici con uguali diritti, ma si può parlare di uguali diritti solo se si sono adempiuti uguali doveri. Questo è un principio nazionalsocialista per la vita comune dei popoli. L'uguaglianza dei diritti presuppone l'uguaglianza dei doveri e dei benefici. Siamo convinti che tra dieci, venti o trent'anni questa grande comunità germanica diventerà una realtà e che al governo di questa grande Germania siederanno uomini provenienti dalle varie regioni germaniche che oggi combattono nelle SS. Come oggi gli uomini di Olanda, Norvegia, Danimarca e Svezia combattono insieme, così essi lavoreranno nella nuova comunità di popoli, sostenuti dalla lealtà dei loro concittadini, per l'intera nazione. I piccoli disaccordi che sono sorti di tanto in tanto non possono distruggere questo grande quadro, questa speranzosa apertura al futuro. Adolf Hitler ne è la guida e il garante.

Apriamo una parentesi importante sull'Impero tedesco. Mio padre ha prestato servizio nell'esercito olandese ma non ha mai dovuto rischiare la vita, così come mio nonno o il mio bisnonno. E poi, all'improvviso, io stesso sono un soldato in prima linea e questa tranquilla vita di clan borghese viene interrotta per la prima volta dal mio andare al fronte. Questo atto è un contributo importante alla formazione del futuro Impero tedesco. Inoltre, per la prima volta nel nostro clan, mio figlio avrà un padre che è stato un soldato al fronte. In questo modo entriamo nella tradizione eroica che vive in Germania.

Questa nuova tradizione emergente comprende anche un'orgogliosa generazione di mogli di soldati. In questo modo siamo certi del futuro, perché il nazionalsocialismo, nella sua espressione bellica, può basarsi solo sui soldati in prima linea.

In uno dei suoi ultimi discorsi, il Führer disse: "Nessuno Stato borghese sopravviverà a questa guerra". Questa affermazione è stata di grande importanza per molti lavoratori, ma deve essere importante anche per noi. Nessuno Stato borghese sopravviverà a questa guerra; ciò significa che sorgerà una società totalmente rivoluzionaria. La lotta non finirà con la nostra vittoria, e gli uomini al fronte in tutti i Paesi di lingua tedesca dovranno mettersi al lavoro anche dopo la guerra per realizzare il nazionalsocialismo. Le SS devono essere la forza trainante della rivoluzione nazionalsocialista. Le SS non sono il Partito, ma solo la truppa d'assalto dell'ideologia nazionalsocialista.

Si tratta, inoltre, di una comunità dell'Ordine il cui scopo, dopo la battaglia, è quello di trasmettere il patrimonio ideologico senza soluzione di continuità di generazione in generazione.

Come si vede, non c'è quasi nulla che separi l'olandese dal tedesco o dal norvegese. La grandezza che condividiamo tutti è l'eredità sublime della razza nordica e il nazionalsocialismo come ideologia in linea con la nostra specie. Consideriamo la combinazione di queste due cose come la più importante e supereremo le piccole differenze. Fedeli alla nostra missione storica, vogliamo costruire la nuova Europa insieme a tutti i popoli germanici. Non siamo solo soldati, ma anche pionieri e come tali garanti della razza e del futuro dell'Europa.

La realtà dell'impegno eroico di un'élite di popoli germanici su tutti i fronti d'Europa è una prova lampante del valore del sangue nordico in generale.

"ALLE ARMI PER L'EUROPA".
DISCORSO PRONUNCIATO A PARIGI IL 5 MARZO 1944 AL PALAIS DE CHAILLOT DALL'SS-STURMBANNFÜHRER LÉON DEGRELLE.

LA SALUTE DELLE PERSONE

L'unità è fatta, ed è l'unica che trionferà. L'Europa si fa non solo perché è in pericolo, ma perché ha un'anima. Non siamo uniti solo da qualcosa di negativo, come salvare la pelle. Ciò che conta sulla terra non è tanto vivere, quanto vivere bene. Non conta aver trascinato cinquant'anni di inattività, ma aver condotto per un anno, per otto giorni, una vita orgogliosa e trionfante.

Gli intellettuali possono sviluppare le loro teorie. Devono farlo. Sono giochi innocenti, spesso di decadenza. Quanti francesi si compiacciono di queste sottigliezze! *Quanti francesi credono di aver fatto la rivoluzione quando hanno scritto un bell'articolo sulla rivoluzione!* L'Europa è il vecchio paese dell'intelligenza e le grandi leggi della ragione sono indispensabili all'armonia europea. Ma il nostro secolo significa qualcosa di più del risveglio delle sole forze dell'intelligenza. Ci sono state tante persone intelligenti che erano esseri sterili. Risvegliando tutte le forze istintive e rimbombanti dell'essere umano, ricordando che esiste una bellezza del corpo e un'armonia, che non si conducono persone con nani, gringo e esseri deformi, ricordandoci che non c'è azione senza gioia, né gioia senza salute, il razzismo, risvegliando quelle grandi forze che vengono dal profondo del mondo, riporta alla guida dell'Europa una gioventù sana e indomita, una gioventù che ama, una gioventù che ha appetito. Così, quando guardiamo il mondo, non è più per analizzarlo... ma per prenderlo!

La Germania avrà reso un servizio inestimabile a un'Europa decadente portandola alla salute. Quando guardavamo l'Europa dell'anteguerra, quando andavamo in quei serragli che erano le assemblee parlamentari, quando vedevamo tutte quelle facce ghignanti, tutti quei signori vecchi e storditi, con la pancia cadente come se avessero avuto troppe gravidanze, le facce stanche, gli occhi ostinati, ci chiedevamo: "È questo il nostro popolo?". I francesi sapevano ancora essere spiritosi, che in fondo era una forma di ghigno e di rivolta, ma non avevano più questa grande gioia innocente della forza, mentre la Germania aveva questo serbatoio di forza illimitata. Cosa vi ha sorpreso, uomini e donne di Francia, quando li avete visti arrivare nel 1940? Che erano belli come dei, con corpi armoniosi e flessuosi, che erano puliti. Non avete mai visto un giovane guerriero, non lo vedete ancora in Russia, con una barba democratica. Tutto questo è pulito, tutto questo ha fascino, razza, bocca.

Con il razzismo, con questo risveglio di forze sane, la Germania ha restituito la salute prima al suo popolo e poi a tutta l'Europa. Quando partimmo per la Russia, ci dissero: "Ah, laggiù soffrirete, sarete uomini invecchiati prematuramente". Quando tornammo dal fronte e guardammo gli altri, li trovammo tutti vecchi e spompati, mentre noi sentivamo nelle nostre vene una forza che nulla avrebbe fermato.

Rivoluzione popolare

Ovunque in Europa la gente era infelice, ovunque la felicità era monopolizzata da poche decine di mostri anonimi: la felicità materiale chiusa nei caveau delle banche, la felicità spirituale soffocata da ogni forma di corruzione. L'Europa era vecchia perché non era felice; la gente non sorrideva più perché non si sentiva più viva.

In questo momento, cos'altro sta succedendo? Che si guardi a Parigi o a Bruxelles, si trova la stessa gente umiliata nelle periferie, con salari da fame, con scorte da lebbrosi. Arrivi sui viali e trovi questi grandi pascià indolenti, lardellati di bistecche e banconote da mille dollari, e che ti dicono: "È pratico, la guerra: prima della guerra vincevamo, durante la guerra stiamo vincendo, dopo la guerra vinceremo. Oh, che contino alla fine, vinceranno le nostre scariche di mitra, vinceranno le corde dei boia!

Perché ciò che ci interessa di più nella guerra è la rivoluzione che ne seguirà, è restituire a questi milioni di famiglie operaie la gioia di vivere, è che i milioni di lavoratori europei si sentano esseri liberi, orgogliosi, rispettati, è che in tutta Europa il capitale cessi di essere uno strumento di dominio dei popoli, per diventare uno strumento al servizio della felicità dei popoli.

La guerra non può finire senza il trionfo della rivoluzione socialista, senza che l'operaio nelle fabbriche e il lavoratore nei campi siano salvati dalla gioventù rivoluzionaria. È il popolo che paga, è il popolo che soffre. La grande esperienza del fronte russo lo dimostra ancora. Il popolo ha dimostrato di essere in grado di fare la sua rivoluzione senza gli intellettuali. Nelle nostre file, l'ottanta per cento dei nostri volontari sono operai. Hanno dimostrato di avere la testa più lucida e di vedere più lontano di migliaia di intellettuali che non hanno più niente da mettere nel portapenne, niente nella testa e soprattutto niente nel cuore, intellettuali che pretendono di essere l'élite. Tutto questo è finito.

Al fronte si formano le vere élite, al fronte si crea la cavalleria, al fronte nascono i giovani leader. La vera élite di domani è lì, lontana dai pettegolezzi delle grandi città, dall'ipocrisia e dalla sterilità delle masse che non capiscono più. Si crea durante battaglie grandiose e tragiche, come quelle di Cherkasy. È stata una grande gioia per noi trovarci lì tra giovani provenienti da ogni angolo d'Europa. C'erano migliaia di tedeschi della vecchia Germania, uomini del Baltico - e in particolare il Battaglione Narva con i lettoni - c'erano ragazzi alti e biondi dei Paesi scandinavi, danesi, olandesi, i nostri fratelli d'armi fiamminghi, ungheresi, rumeni. C'erano *anche alcuni francesi, che vi rappresentavano in questa mischia, mentre tanti vostri connazionali erano impegnati in altri settori del fronte orientale. E lì, tra tutti noi, si è stabilita una completa fratellanza, perché tutto è cambiato dalla guerra. Quando guardiamo un vecchio borghese dinoccolato nella nostra Patria, non lo consideriamo della nostra razza, ma quando guardiamo un giovane rivoluzionario tedesco, o di altri paesi, lo consideriamo della nostra Patria, perché siamo con i giovani e con la Rivoluzione.*

Siamo soldati politici, il distintivo delle SS mostra all'Europa dov'è la verità politica, dov'è la verità sociale e, unendoci a questo esercito politico del Führer ovunque, stiamo preparando i quadri politici del dopoguerra. Domani l'Europa avrà delle élite che non ha mai conosciuto prima. Un esercito di giovani apostoli, di giovani mistici, animati dalla fede che nulla si fermerà, uscirà un giorno da questo grande seminario al fronte. *È anche lì, francesi, che dobbiamo essere presenti.*

Ogni popolo deve guadagnarsi il proprio posto

Nei partiti nazionali, ora in Francia, ci sono uomini che hanno capito che è necessario lavorare con tutta l'Europa, che hanno capito soprattutto che l'unità rivoluzionaria dell'Europa sono le SS. I primi, i Ds, hanno avuto il coraggio di andare avanti, di colpire duro e di volere la vera rivoluzione socialista. Per un anno o due, al fronte, abbiamo visto la Francia. E ora dentro, vediamo la Francia: la Francia dei de Brinons, dei Déats, dei Doriots, dei Darnands, e soprattutto la Francia dei giovani. Vediamo qualcosa di diverso dai ragazzini all'angolo dei bar, con una sigaretta che cade e un pernod pronto per essere ingoiato. Vediamo ragazzi grandi e ben fatti, capaci di fare la rivoluzione e poi di scegliere una bella ragazza in Francia per darle figli vigorosi.

Per anni avete avuto in proporzione tre volte meno figli dei russi, due volte meno dei tedeschi. Ci si chiede perché in questo Paese dell'amore. L'amore non può stare senza figli! Non sono forse la poesia e la resurrezione dell'amore?

Questa denatalità era uno dei sintomi dell'impotenza generale dei popoli democratici, dell'impotenza di pensare lontano, dell'impotenza di essere audaci, dell'impotenza di fronte al fervore rivoluzionario e dell'impotenza di fronte alle privazioni, di fronte alla sofferenza stessa. Bisogna dirvi, francesi, che avete perso cinquant'anni in un'Europa di soldati, che combatte, che mostra il suo coraggio, che ha bisogno di essere eroica, ma che prepara una rivoluzione sociale e un fondamento morale per ogni popolo. Non è più possibile che queste centinaia di migliaia di uomini siano morti, portati dalle virtù più sublimi, per poi tornare nel letamaio della mediocrità, della bassezza e della smidollatezza. Il fronte non ha creato solo forze di salvezza sul campo militare, forze rivoluzionarie che domani passeranno attraverso tutto, ma sta preparando la rivoluzione più necessaria per l'Europa: la rivoluzione spirituale. Abbiamo bisogno di uomini retti e puri, che sappiano che le gioie più alte dell'uomo sono nell'anima. Non ammetteremo più la mediocrità delle anime, non ammetteremo più che gli uomini vivano per gioie sordide, per il loro egoismo, in un'atmosfera ristretta. Vogliamo elevare il popolo, restituirgli l'appetito, la grandezza. Vogliamo che le persone abbiano la gioia sovrana di elevarsi al di sopra della vita quotidiana.

Per questo, cari compagni, dobbiamo essere uniti. L'Europa, che si erge contro il comunismo, in difesa della nostra civiltà, del nostro patrimonio spirituale e delle nostre antiche città, deve essere unita, e *ogni popolo deve guadagnarsi il suo posto, non sommando il passato, ma dando il sangue che lava e purifica. L'Europa deve essere unita per portare a termine, sotto il segno delle SS, la rivoluzione nazionalsocialista e per portare nelle anime la rivoluzione delle anime.*

Non si elemosina un diritto.
Combattiamo per lui.

Adolf Hitler

Opuscolo SS n. 6. 1943.

Rispetto per l'individuo

Il Movimento deve garantire con ogni mezzo il rispetto della persona; non deve mai dimenticare che il valore di tutto ciò che è umano risiede nella qualità personale, che ogni idea e ogni risultato è frutto della forza creativa di un uomo e che ammirarne la grandezza non solo è un diritto che gli spetta, ma lo accomuna a coloro che ne beneficiano.

La persona è insostituibile. Deve esserlo perché incarna l'elemento culturale creativo di natura non meccanica. Come un famoso maestro non può essere sostituito da un altro che si appropri della sua tela incompiuta, così un grande poeta e pensatore, un grande soldato e un grande statista sono unici. Perché la loro attività è sempre nel regno dell'arte, non può essere instillata meccanicamente e rappresenta una grazia divina innata.

I più grandi sconvolgimenti e le conquiste di questa terra, i loro più grandi risultati culturali, le gesta immortali nel campo dell'arte statale, ecc. sono indissolubilmente legati a un nome che li rappresenta. Rinunciare a rendere omaggio a un grande spirito significa perdere un'immensa forza che deriva dai nomi di tutti i grandi uomini e donne.

Dal *Mein Kampf* di Adolf Hitler

OPUSCOLO SS N. 8. 1938.

IL LIBRO, QUESTA SPADA DELLA MENTE

Probabilmente in Germania c'è stato un periodo in cui l'importanza dei libri è stata sopravvalutata.

La borghesia, sempre più sradicata e intellettualizzata, non sfuggiva al pericolo di vederlo come un feticcio da venerare, una chiave magica che apriva tutte le porte, soprattutto quelle che portavano a una carriera rapida e di successo. Erano i tempi in cui gli adolescenti gangster e quattrocchi che non sapevano fare nulla con le loro dieci dita, divoravano libri giorno e notte, erano coccolati e adorati per i loro risultati accademici. L'atteggiamento dei genitori rimaneva invariato, anche se questi vincitori di premi altamente istruiti scappavano per lo più dalla durezza della vita. La maggior parte delle persone trascura il fatto che una generazione pallida e casalinga è cresciuta nutrendosi di letture ininterrotte, che la mente è stata assecondata e che le forze e le qualità del corpo sono state trascurate. La mente, o ciò che si considerava tale, trionfava. La gioventù tedesca rischiava sempre più di ignorare la vita reale e di formarsi idee di seconda mano attraverso gli strumenti o, cosa ancora più dannosa, attraverso gli scrittori, le vite vissute nelle opere letterarie o le vite simulate nei romanzi superficiali.

La trasformazione generale delle cose riguarda anche questo campo. Il pericolo di sopravvalutare il libro è scomparso. I libri e il sapere librario non sono più un obiettivo assoluto. Devono servire alla rinascita del nostro popolo tedesco attraverso la formazione armonica dell'individuo, attraverso la definizione e l'attuazione di compiti generali.

Ma poiché l'evoluzione non segue mai una linea retta, il pendolo dell'evento oscilla con maggior forza nella direzione opposta. E così il pericolo precedente è stato sostituito dal suo opposto. La sopravvalutazione non è più da temere. Si tratta piuttosto di evitare una sottovalutazione del libro.

Il libro di valore definisce al meglio la realtà della vita; ha il compito di comunicare nuove esperienze a coloro che lo desiderano attraverso la visione spirituale che suscita in loro e le emozioni che nascono dalla sua arte. Un libro veramente degno di questo nome non deve distogliere l'uomo da ciò che gli è proprio, ma scoprire ciò che è più profondo in lui, se possiede il potere magico di tradurre la sua volontà in azione. Un libro di questo tipo sopravvive al momento effimero ed è oggi il fermento, il materiale importantissimo per la riflessione.

Di conseguenza, dopo anni di sopravvalutazione del libro, in tempi di reale pericolo, è necessario evitare che venga messo in disparte con ogni mezzo. In questo senso, la settimana del libro, ecc. è di grande aiuto. L'individuo che prende un libro dalla sua biblioteca e comunica la sua esperienza agli altri membri della comunità, tuttavia, compie l'azione più importante. Insieme a loro, vuole rendere concreto ciò che ha letto e riscoprire ciò che ispira tutti i libri importanti: la vita vissuta in modo esemplare, radicata nella terra, ricca.

Hans Franck

"D'ESTOC ET DE TAILLE", DI GUNTHER D'ALQUEN, 1937.

L'UMORISMO È UNA NECESSITÀ!

Guai a chi non ha senso dell'umorismo!

Guai a chi non riesce a ridere di cuore fino a farsi venire le lacrime agli occhi. Guai a chi teme l'umorismo, a chi lo individua con aria sospettosa in ogni cervello diffidente e non riesce ad avere un atteggiamento spontaneo per mancanza di fiducia interiore e di controllo. Guai, tre volte guai, perché dimostra di essere debole e presuntuoso.

Riceviamo molte lettere, centinaia, che esprimono grande gioia e ci parlano del modo in cui affrontiamo i vari problemi della vita quotidiana o questioni che non sono problemi. E la massa di posta giornaliera, in continuo aumento, ci dimostra che la nostra gente capisce con entusiasmo che non dobbiamo osservare con cipiglio gli occasionali piccoli granelli di sabbia che macinano leggermente la gigantesca macchina del nostro Stato.

Li guardiamo con un sorriso e non li ingigantiamo al punto da suggerire che i piccoli granelli di sabbia possano fermare la macchina.

Un buon amico ci consiglia di non sparare ai passeri con le pistole. Noi "lavoriamo" con le armi pesanti solo in rarissimi casi che lo richiedono. I passeri pensano che la risata minacciosa sia una raffica e già si arrabbiano molto, salvo poi accorgersi che non li prendiamo per aquile reali! Non spareremo ai passeri con i cannoni ma con le balestre, perché non vogliamo sporcare le facciate dei nostri edifici - più per motivi estetici che per paura di scuotere le fondamenta del nazionalsocialismo.

Nessuno può costringerci a prendere le armi con una faccia seria, anche per cose piccole e insignificanti. Ma non tolleriamo di vedere macchie su un bel bicchiere di cristallo. È vero che basta una semplice passata con un panno per farlo brillare!

Per noi l'umorismo è diventato una delle armi essenziali nella lotta per il potere. Deve rimanere un'arma. Abbiamo deriso un intero sistema con risate sonore, abbiamo messo al microscopio ogni leader della cricca di novembre con un umorismo terribile e abbiamo rimosso il falso naso della sua "dignità". La matita affilata di Mjölnir (il famoso vignettista del giornale delle SS *Das schwarze Korps*) li ha presi in giro e ha ridicolizzato un sistema di polizia malvagio e pericoloso. Tutti noi che conosciamo Mjölnir lo apprezziamo e lo onoriamo per il suo umorismo, come un artista serio che usa quest'arma per la lotta.

Più le nostre risate erano sicure, più la lotta si faceva dura. Nei momenti peggiori, i volti ridenti dei nostri commilitoni dicevano al Führer che la sua truppa era intatta e piena di una fede indomabile nella vittoria. Perché gli scettici non ridono mai.

Dobbiamo fare la faccia truce quando siamo al potere e il nazionalsocialismo ha conquistato la sua posizione inespugnabile perché il popolo ha fiducia in lui?

Il nazionalsocialismo non è un'istituzione medievale. Ha catturato il cuore della gioventù tedesca. Questa gioventù, che guarda con gioia al futuro con la sua forza indomabile e traboccante, ha incarnato il nuovo Reich. Questa fiducia consapevole e orgogliosa dà origine a un ottimismo gioioso e felice. È una fonte inesauribile di umorismo contemplativo.

Un giorno vorremmo "fare chiasso" e provocare il malcontento di alcuni e di altri. Ma non faremo altro che arieggiare spesso le stanze piene di polvere della borghesia asmatica. Non è la nostra polvere che respirano. Chi è che si sente insultato quando l'attenzione viene attirata dalla macchia nera sul suo naso? Solo piccoli borghesi e farisei che credono che il tempo dell'evoluzione tedesca sia finito perché sono ciechi, stupidi e non vogliono vedere nulla.

Ma il tempo passa. Non si può fare nulla. Un po' più di umorismo spazza via i pensieri seri e le risate danno sollievo e liberano. Un po' più di umorismo ogni giorno! Altrimenti diventerete scorbutici, vecchi e grigi e non riuscirete nemmeno a sopportare voi stessi.

Ma noi...

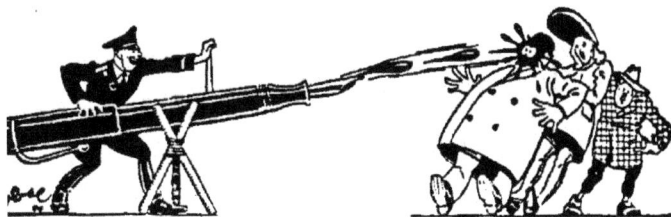

QUADERNO SS N. 9. 1944.

DILLO A TUTTI

Che ognuno dica a se stesso
nel profondo del suo cuore,
ogni minuto:
Quando io sono debole, il mio popolo è debole.
Quando sono ipocrita, il mio popolo è ipocrita.
Quando io fallisco, il mio popolo fallisce.
Quando abbandono il mio popolo, abbandono me stesso.
Quando mi oppongo al mio popolo, mi oppongo a me stesso.
Perdita di coraggio e di iniziativa
significa perdere la vita,
significa tradire il padre e la madre, i figli e i nipoti.

C'è solo un modo
contro la guerra: la guerra!
contro le armi: le armi!
contro il coraggio del nemico: il proprio coraggio!
e contro la sfortuna: lo spirito di sacrificio.
Contro l'odio del mondo, l'unico aiuto,
è l'amore della nostra gente,
pronto a fare qualsiasi sacrificio.

La debolezza del cuore divora tutto ciò che lo circonda
come il marciume,
come tra i frutti,
dove una mela rovina le altre.
Ciò che permettete a voi stessi, lo permette anche il vostro prossimo.
Quando voi tradite, anche lui tradisce.
Quando vi lamentate, anche lui si lamenta.
Quando voi spettegolate, anche lui spettegola su di voi.
E quando uno di noi finalmente tradisce,
ognuno tradisce se stesso.

Chiediamo giustizia.
Ma anche tu devi guadagnarti il tuo destino.
Chi è indegno raccoglie l'indegnità,
colui che è coraggioso il coraggio,
il migliore il migliore.
E anche quando gli dei rifiutano il loro aiuto,
l'uomo giusto ottiene comunque la loro benedizione.

Tutta la vita è pericolosa.
Non si muore semplicemente in un incendio.
Ogni madre rischia il proprio sangue per la vita del proprio figlio,
perpetuare il suo popolo.

Per preservare la vita
tutti rischiano la vita,
alcuni per se stessi, per la loro fame,
la propria necessità,
altri per molti,
e un uomo per tutti:
l'eroe sul campo di battaglia.
Egli concede la vita a tutti. Vive in loro.
Con la sua morte
gli allori eterni coronano il suo sonno
sopravvive alla patria.

Ciò che è avvenuto, rimane attivo,
il bene e il male.
Che nessuno creda
che potrebbe nascondere qualcosa,
e fare segretamente il male.
Ciò che è sano genera salute,
il marcio il marcio.

Niente può tradirci, tranne la nostra stessa bocca.
Nulla ci può perdere, tranne il nostro cuore.
Nulla può colpirci, se non la nostra stessa mano.
Nessuno può liberarci, se non noi stessi.

Wil Vesper

CAPITOLO II

I. LA STORIA

OPUSCOLO SS N. 8. 1938.

IL GIURAMENTO DEGLI EFEBI ATENIESI

"Qualunque sia il nostro obiettivo, non voglio profanare le armi sacre e abbandonare i miei compagni. Voglio combattere per ciò che è grande e sacro, da solo o con molti altri. Non voglio tradire il mio Paese per nessun vantaggio. Devo ascoltare costantemente i leader e obbedire alle leggi presenti e future, perché è il popolo che le crea. E se qualcuno si impegna ad abolire le leggi o a non rispettarle, non posso ammetterlo senza intervenire, da solo o con tutti. Devo onorare le convinzioni dei padri. Che gli dei siano testimoni di questo![3]

OPUSCOLO SS N. 2. 1944.

LA NASCITA DELL'EUROPA GERMANICA INTORNO AL 500 D.C.

Quando nel V secolo d.C. le tribù germaniche sferrarono i violenti colpi che causarono la disintegrazione dell'Impero romano in Europa - in Italia, Gallia e Spagna - crearono contemporaneamente le fondamenta dell'Europa attuale. Con loro iniziò una nuova era. L'Imperium Romanum era già in uno stato di decadenza interna quando, nel gennaio del 406, gli eserciti germanici distrussero definitivamente i suoi confini sul Reno e in Francia. Non solo espansero il territorio germanico attraverso un'incessante colonizzazione, ma fondarono anche città in audaci spedizioni di conquista. Qualche decennio dopo, un romano racconta:

"I funzionari, non solo nelle città, ma anche nei comuni e nei villaggi rurali, sono tutti tiranni. Ai poveri viene tolto tutto, le vedove gemono, gli orfani sono calpestati. La pressione delle tasse e delle estorsioni pesa terribilmente su tutti. Molti di loro, anche uomini di nobile origine e liberi, fuggono verso i Germani per evitare di essere perseguiti e massacrati dal

---

[3] Dal "Breviario del soldato", a cura di Bruno Brehm.

governo. Cercano quindi un'umanità romana tra i barbari, perché non possono più sopportare la barbara disumanità dei Romani. Preferiscono essere liberi sotto l'apparenza della servitù che condurre una vita da schiavi sotto l'apparenza della libertà. Anche i Romani che vivono sotto il dominio dei Goti, dei Vandali e dei Franchi hanno un solo desiderio, quello di non tornare a vivere sotto il dominio romano. L'intero popolo romano implora il cielo di poter continuare a vivere tra i Germani.

Ovunque i tedeschi stabilirono il loro dominio, la legge e l'ordine sostituirono il dispotismo dei grandi proprietari terrieri e dei finanzieri.

Questi nuovi Stati germanici che si stabilirono sul suolo dell'Imperium ebbero un destino ricco di avventure. La maggior parte di loro erano popoli germanici orientali che si erano insediati a sud. Erano arrivati dalla Svezia e dalla Danimarca intorno all'inizio dell'era cristiana e si erano insediati tra l'Oder e la Vistola: Goti, Vandali e Burgundi, oltre a molti altri come i Ruvidi, gli Eruli e i Gepidi. Essi si impadronirono della patria dei Bastarnes e degli Skires che si erano insediati sulla costa della Pomerania un migliaio di anni prima. A partire dal II secolo, i convogli di conquista dei Germani orientali partirono da quest'area della Germania orientale. Mentre alcuni Vandali conquistarono l'Ungheria, i Goti fondarono un potente impero nella Russia meridionale e in Romania. A partire dal III secolo, intrapresero contemporaneamente continue spedizioni belliche contro l'Imperium romano. I Romani, così orgogliosi in passato, potevano difendersi solo con difficoltà dalle truppe attaccanti, e solo con l'aiuto delle truppe ausiliarie germaniche dell'esercito romano. Ma quando, intorno al 370, gli Unni emersero dall'Asia e sconfissero l'Impero goto in Russia, i Visigoti abbandonarono le loro case. Devastarono i Balcani, entrarono in Italia nel 410 sotto la guida del loro re Alarico, conquistarono Roma e consolidarono il loro dominio dopo la morte del loro glorioso re nella Francia meridionale, da dove raggiunsero la Spagna intorno al 460.

In modo simile, i Vandali e i Suevi avevano raggiunto il Reno nel 406, attaccando lungo il Danubio; avevano attraversato la Gallia e conquistato la Spagna. Mentre i Suevi rimasero nel nord-ovest della penisola, i Vandali si spostarono poco dopo verso il Nord Africa e sottomisero questa ricca provincia. Ma la loro forza guerriera si affievolì presto nel clima mediterraneo che si stava addolcendo. E la loro forza numerica non era sufficiente per stabilire una supremazia duratura sugli abitanti del Paese provenienti da altri popoli: l'intero popolo vandalo era composto da soli 85.000 uomini. Non ne rimase traccia quando, un secolo dopo, furono distrutti dalle armate dell'imperatore bizantino.

A quanto pare, il destino degli Ostrogoti in Italia fu simile. Avevano lasciato l'Ungheria intorno al 470 sotto il regno del loro grande re Teodorico - dove avevano vissuto dopo il crollo del loro impero russo meridionale - e avevano conquistato la penisola italiana con le loro spade in breve tempo. Teodorico superò tutti gli altri re germanici del suo tempo in potenza, fama e influenza. Tuttavia, il suo popolo non era abbastanza forte per mantenere il potere. Dopo vent'anni di lotte, nel 553 cedettero alla superiorità dell'Impero Romano d'Oriente. I resti del popolo rimasto nell'Alta Italia si assimilarono ai Longobardi, che ne ricevettero l'eredità e costruirono un forte potere nell'Italia settentrionale e centrale che durò per secoli.

Così, nell'Europa meridionale, si creò un'area in cui i popoli germanici dominavano la popolazione romana: in Spagna i Visigoti e i Burgundi, poi anche i Franchi, in Italia gli Ostrogoti e, più tardi, i Longobardi.

In tutti questi Paesi, i popoli germanici emigrati si erano insediati con mogli, figli, servi e cameriere come una nobiltà combattente che esercitava il potere sugli indigeni che avevano sconfitto. Questi ultimi dovettero cedere parte delle loro proprietà e dei loro schiavi ai nuovi signori, in modo che ogni famiglia germanica potesse avere il proprio dominio. Gli uomini germanici erano quindi sia contadini che guerrieri. In tempo di pace, vivevano per lo più come contadini sparsi per il Paese, mentre molti dei più giovani formavano il seguito del re alla sua corte o combattevano in unità raggruppate che presidiavano castelli e città di confine per mantenere la pace con le loro armi. Ma in caso di pericolo, si riunivano alle vecchie unità militari e riprendevano la spada con animo allegro.

La descrizione che un contemporaneo fa dei Goti che regnano in Spagna rivela la natura dei conquistatori germanici: "I Goti hanno corpi agili e forti, menti vivaci e sicure di sé. Sono alti e snelli, pieni di dignità nell'atteggiamento e nei gesti, rapidi nell'azione e insensibili alle ferite. Si vantano persino delle loro ferite e disprezzano la morte.

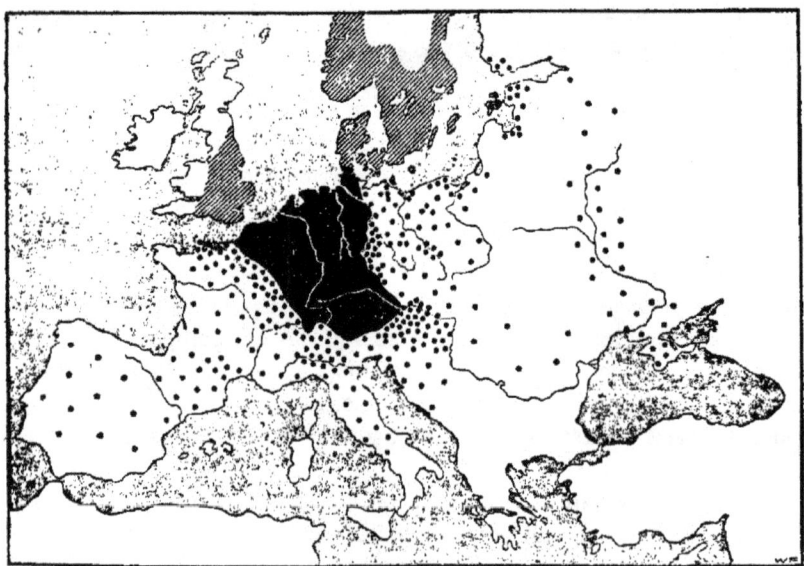

Europa germanica intorno al 900.
Nell'area tedesca, cuore dell'Europa, nacque il centro vitale dell'Europa germanica. I Germani del Nord, che fondarono stati nell'Europa meridionale, permisero al sangue germanico di attecchire anche tra i popoli romani. Intorno all'anno 1000, anche i Germani del Nord entrarono a far parte della cultura germanica continentale, di cui il Reich tedesco era l'espressione più pura. In questo modo, il sangue germanico di tutti i popoli europei si riunì e diede origine ai tratti fondamentali comuni della sua cultura, in un'epoca in cui l'Impero tedesco era la potenza dominante in Europa.

A lungo andare, però, queste numerose tribù, numericamente deboli, non riuscirono a mantenere le distanze dai popoli dominati. Nel corso dei secoli, dovettero fondersi sempre più strettamente con loro. All'inizio, i capi degli indigeni divennero governanti e presto anche i signori germanici impararono la lingua dei loro sudditi e indossarono i costumi meridionali. Gradualmente persero il loro carattere germanico e si confusero con le popolazioni indigene. È deplorevole che tanto sangue germanico sia andato perduto. Ma questo, d'altra parte, è stato il presupposto per la nascita di un'Europa omogenea. Per secoli, anche in epoca moderna, l'eredità del sangue germanico è sopravvissuta nelle classi dirigenti di questi popoli romani.

L'influenza durò a lungo, anche nel Medioevo. La figura chiave del Medioevo, il cavaliere, era totalmente animato nel suo atteggiamento dallo spirito germanico. Fu quindi anche l'eredità del sangue germanico a riflettersi nelle grandi opere di questi popoli nei secoli successivi. L'eredità germanica si perpetuò nei nobili spagnoli che, a partire dal XII secolo, cacciarono gli arabi dalla Spagna e si avviarono come conquistatori verso l'America. È rimasta viva nei cavalieri provenzali che hanno contribuito a proteggere l'Europa sul fronte orientale del Mediterraneo dall'assalto dell'Islam. Si espresse anche in Leonardo da Vinci e in altri grandi del Rinascimento che, intorno al 1500, crearono le conquiste culturali senza le quali la nostra vita attuale sarebbe inconcepibile.

L'annessione dell'Europa meridionale alla comunità dei popoli germanici, la creazione di una base avanzata a sud dell'area di origine germanica, fu di estrema importanza per il futuro complessivo dell'Europa. Fu solo grazie alla classe dirigente germanica che questi popoli poterono collaborare alla civiltà cavalleresca del Medioevo, in cui si manifestò la prima Europa, come la conosciamo oggi.

Ma questa "nostra" Europa è stata realmente fondata solo da quella parte del popolo germanico che ha reso l'Europa centrale, il cuore della Germania, - compresi i Paesi Bassi, il Belgio e la Francia settentrionale - un territorio etnico germanico. Le conquiste dei Franchi sono all'origine di tutto ciò. Nell'VIII secolo potevano dire a ragione, ed erano chiaramente consapevoli del loro significato storico, che l'Europa è la terra dell'Impero franco. Poco prima dell'era cristiana, i popoli germanici si erano spostati a sud e a ovest dalla loro precedente area di insediamento e avevano colonizzato l'intera Germania fino al Danubio, ai Vosgi e alla Mosa. Il territorio tedesco era diventato una "Germania". Per secoli l'Imperium romano aveva contenuto questi popoli, soprattutto i Franchi nel Basso Reno, gli Alamanni nell'Alto Reno e nel Danubio e i Bavari in Boemia, senza poter impedire il crescente insediamento di questi coloni germanici a ovest del Reno. Ma dopo il crollo dell'Imperium, poco dopo il 400, anche queste popolazioni avanzarono; tuttavia, sottomisero solo i Paesi che riuscirono a colonizzare completamente. Così, la Germania divenne germanica fino alla cresta delle Alpi, compresa la Svizzera e l'Alsazia, mentre i Franchi attraversarono il Reno dalla Mosella alla foce e nel giro di un secolo invasero l'intero Paese estendendosi fino alla regione della Senna (poco a nord di Parigi) con densi insediamenti germanici. Contemporaneamente, i Frisoni e i Sassoni avevano occupato i Paesi Bassi a nord della foce del Reno. Più a nord, gli Angli e i Sassoni iniziarono a colonizzare l'Inghilterra dalla foce dell'Elba.

Così lo spazio vitale germanico al centro dell'Europa era diventato un potente blocco, che si estendeva a ovest e a est dal Reno alla Manica e all'Oder. Qui viveva la maggior parte dei popoli germanici, che nei secoli successivi si sarebbero uniti per formare il popolo germanico. Da qui si sviluppò il centro dell'Europa germanica.

I Franchi realizzarono una grande impresa creando un potere politico omogeneo con le tribù precedentemente indipendenti dei Bavari, degli Alamanni, dei Sassoni e dei Turingi. Per secoli furono l'unico popolo veramente dominante in Europa. Il loro re Clodoveo fondò questo Stato quando prese il potere intorno al 500 d.C. Per prima cosa unì le varie regioni franche in un potente Stato franco. Questa unificazione rese i Franchi così potenti che Clodoveo e i suoi figli riuscirono a integrare le altre tribù - Alamanni, Turingi e Bavari - nello Stato franco, creando così un grande blocco germanico nel centro dell'Europa. L'opera fu poi completata da Carlo Magno, che aggregò i Sassoni e i Bavari al Reich. Carlo completò così l'opera di Clodoveo, che aveva già iniziato l'integrazione della Francia meridionale dopo il suo trionfo sui Visigoti e sui Burgundi: in questo modo, dopo aver sottomesso l'Italia longobarda, i popoli romani sotto il dominio germanico - con l'eccezione degli Spagnoli - furono strettamente legati politicamente al potente Impero germanico centrale.

Così come il re Clodoveo aveva ampliato il suo potere con il pugno di ferro, Carlo Magno creò anche la futura base per la struttura interna della Francia. Abbatté ogni resistenza, consolidò ed estese il suo potere reale. Conferì poteri speciali ai capi delle regioni, delle tribù e ai giudici, che dipendevano da lui e dovevano attuare le sue decisioni e non quelle delle assemblee popolari. In questo modo, il re ottenne il potere di guidare il popolo e di dirigere lo Stato con la sua volontà.

Grazie ai suoi capitolari, sotto i suoi successori emerse gradualmente una classe di capi franchi legati al re dalla regola germanica della fedeltà delle truppe, i cui valori di onore e lealtà determinavano le loro azioni. La preoccupazione per i loro subordinati, per coloro che dovevano proteggere e la giusta applicazione della legge erano la loro legge suprema. Essi mantenevano l'ordine e la giustizia in nome del re.

L'Impero franco creò così una struttura nazionale interna paragonabile a quella che poi si realizzò nell'epoca imperiale tedesca, dove i valori dell'anima germanica determinavano la vita dell'intero popolo e di ogni singolo individuo.

La marcatura dei tratti fondamentali della vita nazionale ha dato origine al principio dell'Europa germanica, poiché questo Impero comprendeva la maggior parte dei popoli germanici e divenne una realtà politica europea.

Questa Europa univa i popoli germanici tra la Manica e l'Oder. Le classi dirigenti germaniche dei popoli romani in Italia, Francia e Spagna erano legate ad essa. La cultura germanica del periodo imperiale medievale poté fiorire e permeare i popoli germanici del Nord e dell'Inghilterra. Così l'unità di sangue germanico dei popoli europei, che ha ricevuto un impulso dai popoli germanici intorno all'anno 500, è stata la base per lo sviluppo dell'Europa attuale e della sua cultura.

Hans fürg Boecker

OPUSCOLO SS N. 8. 1939.

LEGGI ANTIEBRAICHE MODERNE, GIÀ ESISTENTI AL TEMPO DEI TEDESCHI!

Prelievo sulla ricchezza ebraica, 1300 anni fa

È ormai universalmente noto che la questione ebraica non è sorta solo dopo la nascita del nazionalsocialismo, ma che già nel Medioevo i contadini e i cittadini tedeschi dovettero difendersi dal giudaismo distruttivo dei popoli. Ma pochi sanno che una tribù *germanica* ha dovuto combattere fino alla morte contro il giudaismo internazionale più di 1300 anni fa.

Purtroppo abbiamo poche testimonianze di questo conflitto tra tedeschi ed ebrei. Tuttavia, sono sufficienti a darci un quadro degli eventi che ebbero luogo nell'Impero spagnolo dei *Visigoti. Siamo* sorpresi di scoprire che le leggi e i decreti contro gli ebrei hanno una notevole somiglianza con le leggi e i decreti antiebraici del III Reich - soprattutto gli ultimi riguardanti l'imposta sul patrimonio.

Come arrivarono i Visigoti a promulgare queste leggi antiebraiche? Durante l'Impero romano, la Spagna era stata una cittadella per gli ebrei. La piovra ebraica aveva attaccato le sue ventose su tutti i centri commerciali, le vie di comunicazione e gli uffici pubblici. Questa preponderanza era stata abolita con la fondazione dell'Impero gotico in Spagna. Gli stessi Visigoti all'inizio consideravano gli ebrei come una delle tante popolazioni che vivevano nella penisola iberica. Gli ebrei furono quindi trattati inizialmente con grande benevolenza. Ben presto, però, i re visigoti si resero conto di avere a che fare con una razza di uomini molto particolare, che si differenziava dal resto della popolazione non solo per le sue credenze, ma soprattutto per le sue predisposizioni criminali. Per questo motivo, il re visigoto *Rekkared I* fu il primo, nel 590, a emanare una legge che proibiva agli ebrei di possedere schiavi, di ricoprire cariche pubbliche e di contrarre matrimoni misti con non ebrei. Il suo successore, *Sisibut,* fu ancora più severo. Naturalmente, questo non fu, come sostengono ebrei e cristiani, il risultato dello zelo religioso cristiano, ma perché questo lungimirante sovrano germanico, descritto dai suoi contemporanei come eccezionalmente colto, generoso e tollerante, soprattutto nel trattamento dei prigionieri di guerra, era convinto del pericolo degli ebrei e della loro nocività. Sisibut emanò due decreti antiebraici, di cui riportiamo le disposizioni più importanti:

1. Gli ebrei non devono più assumere servi o cameriere. Se li hanno ancora, devono essere licenziati dopo un periodo legale.
2. Gli ebrei dovrebbero avere solo dipendenti ebrei.
3. I matrimoni tra ebrei e cristiani saranno immediatamente sciolti.
4. I cristiani che si convertono all'ebraismo saranno severamente puniti.
5. Tutte le attività politiche e pubbliche sono vietate agli ebrei.
6. Ogni ebreo che desidera viaggiare deve ottenere un lasciapassare che deve essere timbrato da un ecclesiastico in tutte le città in cui ha soggiornato e che deve restituire al proprio domicilio.
7. È vietato a qualsiasi cristiano comprare medicine da un ebreo o farsi curare da un medico ebreo.

A conclusione di questa legge, Sisibut, re dei Visigoti, aggiunse: I miei successori sul trono dei Goti che annulleranno questi divieti saranno condannati, insieme agli ebrei colpevoli, alla dannazione eterna.

Sisibut regnò per soli otto anni. *Morì improvvisamente nel 620, avvelenato* da uno sconosciuto!

Suo figlio *Rekkared II* rafforzò ulteriormente le leggi antiebraiche del padre. Regnò solo per quattordici mesi, perché il 16 aprile 621 *anche lui fu trovato avvelenato!* Noi che abbiamo vissuto l'assassinio di Guglielmo Gustloff, Ernest von Rath, Codreanu e altri oppositori del giudaismo, non abbiamo dubbi su chi abbia istigato l'assassinio di questi due re visigoti. Tuttavia, *Svintila,* salito al trono dopo Rekkared II, abolì le leggi antiebraiche di Sisibut!

È vero che alcuni dei successivi re visigoti presero severe misure contro gli ebrei, soprattutto contro quelli battezzati. Sembra, tuttavia, che queste prescrizioni non fossero seguite con il necessario rigore dal basso clero responsabile della loro applicazione. In effetti, l'influenza demoralizzante del giudaismo non si indebolì ma, al contrario, si rafforzò negli anni successivi. Durante i disordini interni che scossero l'Impero visigoto e minarono l'autorità del regno a scapito del clero cattolico, gli ebrei poterono riprendere le loro attività sovversive. Tuttavia, la resistenza contro gli ebrei aumentò anche durante il regno dei migliori re visigoti: il re *Egika* (687-702) invitò il Concilio di Toledo nel 693, dove si presentò di persona, a *estirpare completamente l'ebraismo!* Chiese anche una nuova legge *che proibisse agli ebrei di entrare nei porti per commerciare con i cristiani.* In un altro concilio (Toledo 694) rivelò il *piano ad alto tradimento degli ebrei contro l'Impero visigoto: gli ebrei dell'Impero visigoto avevano stretto una relazione con gli ebrei del Nord Africa. La rivolta ordita dagli ebrei scoppiò nel 694. Gli ebrei nordafricani sarebbero sbarcati in Spagna e questo sarebbe stato il segnale per l'attacco alla piccola classe sociale dei Visigoti germanici!* Dopo la scoperta di questo complotto ebraico che minacciava la stabilità del regno, il re Egika adottò le conclusioni del consiglio, ossia che *gli ebrei, con le loro mogli, i loro figli e tutti i loro beni, sarebbero stati considerati parte del tesoro pubblico, spogliati delle loro case e abitazioni e messi individualmente, come servi del re, al servizio dei cristiani.*

Vediamo qui, con sconvolgente precisione, come i metodi e gli obiettivi degli ebrei siano rimasti invariati, ma anche con quale intuito questo re germanico avesse visto i piani ebraici e avesse, con cognizione di causa, preso provvedimenti, molti dei quali oggi sembrano banali.

L'ostacolo dell'Impero visigoto era che l'agitazione sovversiva degli ebrei si era diffusa troppo in uno Stato disorganizzato e che il re non aveva l'autorità per far rispettare le sue leggi in modo efficace. Il destino dello Stato era tragico e inevitabile. Gli ebrei iniziarono quindi la loro opera di vendetta contro l'Impero germanico, che aveva osato alzare la mano contro il "popolo eletto". Il primo piano di alto tradimento fu scoperto dallo stesso Egika. Il secondo piano per l'annientamento dell'Impero germanico dei Visigoti ebbe successo: *gli ebrei chiamarono in Spagna gli arabi del Nord Africa. Li lusingarono con la promessa di convertirsi all'Islam. Poiché gli Arabi rimasero scettici, essi citarono loro antiche profezie in cui si poteva leggere che proprio in quel momento gli Ebrei sarebbero tornati all'Islam. Gli arabi sbarcarono in Spagna e gli ebrei aprirono loro le porte delle roccaforti. La stessa capitale Toledo cadde in mano agli arabi a tradimento.* Ovunque gli ebrei accolsero il nemico come liberatori. Il nemico dimostrò la sua gratitudine lasciando loro le città di Cordova, Siviglia, Toledo e Gharnatta. Con l'aiuto degli ebrei spagnoli, il generale musulmano Tarik sbarcò in Andalusia e sconfisse Roderich, il re antisemita dei Visigoti, con il suo esercito a Jerez de la Frontera in una battaglia di sette giorni nell'anno 711. L'impero visigoto crollò e gli ultimi Visigoti fuggirono sulle montagne delle Asturie.

Un passo di un'opera dell'ebreo Rosenstock scritta nel 1879 ci mostra con quale giubilo gli ebrei acclamano le "prodezze" dei loro padri: "La crudeltà delle persecuzioni aumentò sotto Erwig ed Egika, non meno, tuttavia, della resistenza degli ebrei e dei falsi convertiti (cioè degli ebrei battezzati), e la dominazione visigota infine crollò quando gli ebrei accolsero gli invasori arabi sotto Tarik come loro liberatori, fecero causa comune con loro e li aiutarono a conquistare l'intera terra. Combatterono per la conquista del potere di alcuni e per la caduta di altri. La caduta dei Visigoti rese la Spagna un paradiso per gli ebrei, che presto occuparono le posizioni più alte a corte e nel pubblico impiego.

SS-Uscha. Büttner

QUADERNO SS N. 6B. 1941.

L'IMPERO GERMANICO DEL MAR NERO

Discussioni sotto il cielo di Crimea

Un tenue sole di settembre splende in un cielo senza nuvole. Sotto di esso si estendono le vaste steppe del Mar Nero, punteggiate all'infinito da piccole colline. Anche le nostre colonne di marcia sembrano infinite e, allungandosi in lontananza, raggiungono il vicino punto di attraversamento del fiume. Non molto tempo fa, le abili mani dei pionieri hanno costruito un passaggio di fortuna. Ora le colonne grigie e polverose si radunano... mitragliatrici e cannoni A.C.D. riempiono il percorso. Dopo le marce forzate degli ultimi giorni, un riposo, anche se breve, è doppiamente gradito.

"Proprio come nelle grandi invasioni..., solo che noi portiamo le mitragliatrici al posto delle lance...", pensa ad alta voce un giovane e snello soldato.

- State ancora pensando ai vostri tedeschi, in particolare ai vostri amati Vandals?

- Questa volta è toccato ai Goti", rideva l'apostrofista. Avevano costruito un potente impero qui in Ucraina quasi duemila anni fa.

- Ma, interviene nella discussione un giovane Rottenführer, i Goti vissero sotto il grande Teodorico in Italia e sprofondarono nella decadenza dopo vent'anni di eroici combattimenti.

- Naturalmente, lo avete capito dal vostro Frederick Dahn, *Fight for Rome!*

- Lasciamo parlare il nostro "trovatore preistorico", come viene chiamato il nostro slesiano in compagnia, dice il renano divertito, battendo le spalle al giovane. Ben presto, altri compagni interessati si avvicinano al gruppo per ascoltare.

- Vi ho detto spesso", esordisce il slesiano, "che molto prima della fondazione di Roma (753 a.C.) i nostri antenati, il popolo germanico, raggiunsero un livello di grande prosperità culturale più di mille anni fa. Ma verso la fine di quest'epoca (intorno all'800 a.C.) nella nostra terra si verificò un cambiamento climatico così brutale che le tribù furono sempre più costrette ad abbandonare la loro terra d'origine in cerca di terre più favorevoli. Hanno vissuto la stessa catastrofe che stiamo vivendo noi oggi: un popolo senza territorio!

Naturalmente, i contadini dell'estremo nord furono particolarmente colpiti. Per questo motivo, l'enorme emigrazione di terre nel corso di molti secoli fu opera soprattutto dei popoli scandinavi. Furono chiamati anche "tedeschi dell'Est" perché inizialmente si stabilirono nelle terre tedesche orientali e nelle regioni di confine del Mar Baltico. I più noti sono i già citati *Vandali*, i *Burgundi,* che in seguito stabilirono il loro impero vicino a Worms sul Reno - li conoscete tutti dalla nostra canzone dei Nibelunghi! - e i *Rugi*, che diedero il nome alla nostra bella Rugia.

Verso l'inizio della nostra era, i *Goti* arrivarono per ultimi dalla Svezia attraverso il Mar Baltico. Lì, le province svedesi sono ancora chiamate Gotland Est e Ovest, così come l'isola di Gotland, dal loro nome. Presero possesso del territorio alla foce della Vistola e presto si estesero a tutta la Prussia occidentale fino alla Pomerania e, a est, all'Ermland e alla Samlandia. Grazie a loro il commercio e i trasporti fiorirono a tal punto che presto dominarono tutte le regioni baltiche. Per questo il nostro Führer chiamò la liberata Gdingen "Gotenhafen", in loro onore e a ragione. Qualcuno di voi ricorda la nostra pericolosa campagna attraverso il Tucheler? Vi ho mostrato le pietre di gesso e i tumuli vicino a Odry, antichi siti gotici del I secolo d.C..

Un convoglio di viaggiatori è partito 2000 anni fa

Ma la regione della Vistola divenne presto troppo stretta per il popolo gotico in espansione. La sua leggenda tribale, poi trascritta in Italia, racconta che un gran numero di loro partì di nuovo sotto il re Filimero (II secolo), per conquistare terre più a sud-est. Questa leggenda del Gottardo descrive anche con molta precisione le difficoltà incontrate dagli emigranti. Noi soldati possiamo capirle perfettamente. Anche loro dovettero attraversare le terribili paludi del Pripet, costruire ponti e costruire sentieri di tavole. E se fossero stati solo uomini, soldati! Ma no! Come i nostri Volksdeutsche, i tedeschi di Russia, i contadini goti partirono con sacchi e fagotti, con donne e bambini, carri, bardature e tutto il necessario. Nonostante tutto erano dei creatori. Questi maledetti hanno fatto più di quanto pensassimo potessero fare. Sapete bene che educazione e disciplina sono necessarie per ottenere questo risultato, ma anche che senso del comando e dell'organizzazione!

- Ma cosa vuol dire che i contadini non emigravano alla cieca con tutti i loro finimenti? Come facevano i Goti a conoscere questi paesi del sud? Non avevano per caso delle mappe?

- Certo che no! - Anche i Goti non sono partiti per caso. Ma tre o quattro secoli prima di loro, altri Germani orientali, i Bastarnes e gli Skires, avevano già raggiunto il Mar Nero. Naturalmente, erano ancora in contatto con la loro ex patria settentrionale. Attraverso di loro, i Goti vennero a conoscenza della fertile Ucraina. Anche molte rotte commerciali e dell'ambra andavano verso sud. Quando la popolazione tornò ad essere troppo numerosa, alcuni di loro si stabilirono sistematicamente nei ricchi campi del sud-est.

- Ma, ditemi, come possiamo sapere tutto questo con tanta precisione? Ci sono molte vecchie leggende ovunque.

- Non dire così. Sono autentici. Per quanto riguarda i Goti e la loro spedizione a sud-est, i nostri ricercatori hanno dimostrato la loro autenticità attraverso il loro instancabile lavoro di scoperta di centinaia di scavi. È un peccato che la nostra offensiva non abbia raggiunto Kowel! Nelle vicinanze è stata trovata una superba punta di lancia con un'iscrizione runica e un ornamento a svastica. Probabilmente era stata persa da un capo goto. È una prova inconfutabile del percorso seguito dai nostri "precursori" in Ucraina.

- Che ne dite? Quindi tutto questo un tempo era terra tedesca?

- No, non esattamente. I Goti si stabilirono in questa regione solo come classe signorile piuttosto dispersa. Ma divennero così potenti che intorno al 200 d.C. riuscirono a fondare un vero e proprio Stato. Il loro signore di allora era il leggendario re Ostrogoto. Fu l'ultimo capo dell'intero popolo gotico. A ovest, il suo impero si estendeva fino alla Romania e all'Ungheria, su tutta l'attuale Bessarabia, Moldavia, Valacchia e Transilvania, e a est oltre l'Ucraina fino al Don.

- A lungo andare, questo gigantesco Impero ebbe difficoltà a mantenersi perché era scarsamente popolato dai Goti. La leggenda narra che lo stesso Ostrogoto abbia disperso il suo popolo tra i Visigoti o Terwingen (Goti occidentali) tra il Dniester e il Danubio e gli Ostrogoti o Greutungen (Goti orientali) tra il Dniester e il Don, dando vita all'Ucraina. Durante il suo regno, anche la penisola di Crimea sul Mar Nero fu annessa all'area di insediamento gotica.

- Ma, ditemi, era così semplice? Questo Paese non era spopolato?

- Naturalmente, durante il III secolo la Gothia era ancora scossa da problemi. C'erano sempre scontri con il potente vicino meridionale, l'Impero Romano. I nuovi governanti dovettero anche imporsi sui nativi. Nel IV secolo l'apice della potenza era stato raggiunto.

Sotto la guida del suo re Ermanarico, della gloriosa stirpe degli Amelunghi, che durò per quasi una generazione, l'Impero ostrogoto non abbracciò solo la vasta regione della Russia meridionale. I Paesi slavi a nord e a est, persino gli Estensi e i Finni, erano già stati sottomessi in precedenza, cosicché la dominazione gotica comprendeva finalmente l'enorme area dal Mar Nero al Mar Baltico. Lo storiografo goto Jordanes riferisce con orgoglio che Ermanarico era spesso paragonato ad Alessandro Magno.

Provenendo da nord, dalle loro case in Svezia, i Goti attraversarono il Mar Baltico e si stabilirono nei territori della Vistola. Ma migrarono anche in convogli verso est e sud-est. Fondarono un fiero impero nelle regioni in cui oggi si combatte.

Ma questo sfoggio di potere politico andò naturalmente di pari passo con l'espansione culturale dei Goti. I centri commerciali e industriali greci un tempo famosi alla foce dei fiumi Dniester e Dnieper, Tyras e Olbia, erano caduti nelle loro mani. Entrambi i siti conobbero un nuovo e costante boom grazie alla fioritura delle arti e dei mestieri gotici. I Goti si dimostrarono anche incomparabili maestri di metallurgia e, in particolare, di oreficeria. Stimolati dal contatto con le popolazioni ariane sorelle greche e scite, svilupparono nella Russia meridionale un nuovo tipo di stile artistico, che ebbe una forte influenza anche sul resto della Germania e sulle arti decorative locali. Le creazioni di questo "stile colorato", una tecnica cloisonné in oro spesso complicata da intarsi di pietre multicolori, sono le più belle creazioni della mente umana. Sotto le loro abili mani sono nati fermagli per abiti dalle forme meravigliose e vari altri gioielli.

L'arte gotica: una prova di civiltà!

Le fibbie gotiche a forma di aquila, le fibbie da cintura indossate dalle donne, con finiture che terminano con una testa d'aquila, sono piuttosto originali. Queste fibbie erano elegantemente decorate in modo artistico e anche ornate con pietre colorate. Una delle più belle proviene da Nokopol, sul Dnieper. In realtà, queste fibbie con aquila risalgono a un periodo più tardo, intorno al VI, VII e VIII secolo.

Al contrario, la tecnicamente famosa corona di Kertsch in Crimea sembra essere stata prodotta durante la vita del vecchio Ermanarico. Si tratta di un diadema d'oro a forma di fascia, riccamente decorato con intarsi in pietra, con una cornice centrale ad arco apparentemente formata da due teste d'aquila, questa volta opposte. - L'aquila svolgeva un ruolo importante nell'artigianato gotico. Anche i pomi delle spade erano decorati con l'aquila, e più tardi furono create anche bellissime fibbie per abiti a forma di aquila. Dobbiamo quindi riconoscere in quest'ultima l'animale araldico gotico che oggi è anche il simbolo della nostra unità imperiale. I Goti devono aver visto e cacciato questo uccello reale nelle grandi steppe del loro impero - ancora oggi è uno spettacolo frequente in questi paesi.

L'unicità dei ritrovamenti culturali dei Goti nella Russia meridionale è tanto più significativa in quanto le scoperte degli scavi effettuati finora sono più o meno frutto del caso. Il lavoro metodico divenne sempre più scarso. Sono stati condotti da ricercatori tedeschi, soprattutto nell'ansa del Dnieper e in Crimea. In particolare, sono stati portati alla luce muri e sepolture. Essi dimostrano ancora una volta che i signori gotici erano in grado di assimilare le influenze straniere senza mai negare la propria capacità creativa e la propria indipendenza.

Per la prima volta nella storia, i Goti crearono una forza organizzativa di prim'ordine nell'est europeo, fino ad allora impenetrabile e incontaminato. Tuttavia, questo sviluppo pacifico e felice fu vittima di una brutale catastrofe proveniente da est, come spesso è accaduto nel corso dei secoli: l'attacco degli Unni (375). Queste orde di cavalieri provenienti dalle steppe asiatiche travolsero l'Impero goto, portando con sé omicidi e incendi, e infine distruggendolo. Secondo la leggenda, il vecchio Ermanarico non sopravvisse alla disgrazia del suo popolo e si suicidò dopo essere stato gravemente ferito in battaglia. I cantori germanici successivi composero una canzone su una tragica lotta tra clan che è tra i preziosi tesori dell'antica Edda cantata islandese (Hamaismal).

I tedeschi, un tempo baluardo dell'Europa!

Il crollo del brillante Impero Gotico in Russia ebbe conseguenze storiche internazionali. Il possente baluardo che si estendeva a est, che aveva protetto una cultura ricca e fiorente, fu demolito. L'Europa era sotto l'attacco degli asiatici. Noi, contemporanei di Adolf Hitler, siamo in una posizione particolarmente favorevole per sapere cosa significa!

Per quasi un secolo, le spedizioni di saccheggio e le devastazioni degli Unni devastarono anche la remota Europa occidentale, diffondendo ovunque terrore e paura. Naturalmente, le tribù germaniche orientali più colpite cercarono di sfuggirvi. L'Europa conobbe così una svolta fatale nel suo destino. A causa del successivo declino dell'Impero romano, il cammino dei Germani conquistatori fu deviato da est verso il sud e l'ovest del nostro continente.

Certamente, i ritrovamenti delle suddette anse d'aquila attestano ancora la presenza di considerevoli resti ostrogoti in Ucraina per lungo tempo. Tuttavia, il grosso del loro esercito era partito. Gruppi ancora più numerosi devono essere tornati nella Vistola e nella Prussia orientale, come dimostra la fibbia con aquila rinvenuta nella regione di Sensburg.

Al contrario, una popolazione gentile è rimasta nella penisola di Crimea chiusa per ben oltre mille anni. Gli oggetti scavati risalgono all'anno 1000. Tradizioni orali e scritte esistono ancora fino al XV e al XVI secolo, dopo di che il nome Goto si perde definitivamente, qui nella Russia meridionale, proprio come era scomparso mille anni prima in Italia e in Spagna, spesso dopo eroiche lotte contro la superiorità numerica...

Un compagno voleva ancora fare qualche domanda, ma gli ordini furono dati. Le colonne si formarono e si preparono ad andare sulla riva opposta. Ma in più di un cuore le parole vibravano. Involontariamente, i busti degli uomini si irrigidirono, consapevoli di essere i custodi di un patrimonio e di svolgere una grande missione tedesco-tedesca in Europa.

G.M.

OPUSCOLO SS N. 2. 1943.

L'ORDINE TEUTONICO IN PRUSSIA

Il 14 settembre 1772, le porte di Marienburg si aprirono davanti al generale prussiano Thadden, che prese possesso della fortezza alla testa del reggimento Sydov. Si concludeva così una dominazione straniera di oltre 300 anni. Tuttavia, l'aspetto del castello era cambiato! I mattoni chiari erano nascosti sotto un intonaco grigio, i sovraccarichi realizzati dai gesuiti in uno sgradito stile barocco disturbavano la seria solennità e la rigorosa purezza dell'antico edificio dell'Ordine; ai suoi piedi si ammassavano luride baracche. I polacchi avevano costruito sottili muri tra i pilastri del castello perché dubitavano dell'audacia della volta. Persino i resti dei gesuiti avevano sostituito quelli dei maestri nelle loro volte!

Tuttavia, con l'arrivo del reggimento prussiano, si stabilì una nuova regola. Dopo le guerre d'indipendenza, iniziarono i lavori di restauro dell'antico castello, che durarono un secolo. Oggi risplende di nuovo con la sua bellezza immortale, testimonianza unica dello spirito dell'Ordine che ha reso questo Paese una terra tedesca.

È notevole quanto la Prussia di Federico Guglielmo I e di Federico il Grande fosse certa che il suo destino fosse la *missione orientale! L'allora* Elettore di Prussia, che non comprendeva completamente l'attuale Prussia orientale, aveva già superato il giogo polacco. Federico Guglielmo attuò una riorganizzazione politica ed economica e il grande re unificò il Paese con la Prussia orientale. La Prussia dimostrò la sua vocazione tedesca sia con questa rinascita dell'antica politica orientale tedesca sia con il suo compito di supervisione sul Reno! Sappiamo che il giovane Federico era profondamente preoccupato per le sorti dell'Ordine e che il declino dello Stato teutonico lo turbava. Non a caso l'ordine di fedeltà di Marienburg richiedeva una lealtà incondizionata all'autorità ristabilita!

Sala dei Cavalieri di Marienburg.

L'Ordine Teutonico fu uno dei grandi riferimenti storici delle SS. In alto, Hermann von Salza, Gran Maestro dell'Ordine Teutonico.

Il ruolo delle SS era anche quello di custodire i simboli dell'Impero.

Raramente si è provata una soddisfazione così profonda nel considerare la storia tedesca come nel vedere la riconquista della terra prussiana a beneficio del popolo tedesco! Perché, come ha dimostrato la storia dello Stato Teutonico nei suoi trecento anni di esistenza, si è trattato di una conquista definitiva! E, proprio come il nome del Paese dell'Ordine, anche lo spirito dello Stato Teutonico ha lasciato il segno sulla grande potenza che divenne tedesca, la Prussia di Brandeburgo. Della Prussia degli Hohenzollern è stato detto che doveva essere il martello o l'incudine, cioè doveva colpire per prevalere o essere spezzata. Il re prussiano doveva essere un re soldato, perché la felicità del suo popolo stava nella punta della sua spada. Anche l'Ordine aveva quindi scelto l'ideale di vita del guerriero ed era governato dalla *legge del combattimento*.

Già in Occidente, la fraternità che si era posta l'obiettivo di assistere i malati si era trasformata in un ordine cavalleresco. Era il 1198, l'anno tragico in cui l'imperatore tedesco Enrico IV morì e perse il suo potere. Nel 1230, il maestro di campagna Hermann Balk si recò con sette confratelli nelle terre selvagge della Prussia, dando così inizio al grande capitolo della storia dell'Ordine che poteva essere scritto solo con il sangue. Non appena i prussiani furono sconfitti e si unirono al nuovo Stato teutonico, l'Ordine si scontrò con i lituani, che gli sbarrarono la strada verso la Livonia. Un ordine simile, l'Ordine dei Portatori dell'Alfiere, aveva lottato duramente per ottenere la sovranità in quella regione, ma nel 1237 era stato assorbito dall'Ordine Teutonico. Così la pretesa di sovranità dell'Ordine arrivava fino a Narva. Tuttavia, i Lituani stavano avanzando tra le parti occidentali e orientali del territorio dell'Ordine, e tutto il XIV secolo è pieno di incursioni bellicose verso Schamaiten e il Memel, entrando nel cuore della Lituania. Anche il ramo della Vistola non poteva rimanere entro i limiti occidentali. La Pomerania orientale e Danzica dovettero essere restituite all'Ordine. Quando la Pomerania orientale fu conquistata, divenne chiaro che l'Ordine non stava perseguendo l'idea di una lotta antipagana, ma stava combattendo per *rivendicazioni specifiche e perfettamente legittime*. La Pomerania orientale era di grande importanza come testa di ponte verso il cuore della Germania a ovest. Per la prima volta, l'Ordine entrò in serio conflitto con la politica polacca, che divenne pericolosa solo nel 1386 con l'unione di Polonia e Lituania. Nel XIV secolo l'Ordine combatté a fianco della Lega Anseatica contro la Danimarca per garantire che il Baltico rimanesse un mare tedesco. L'Ordine divenne così anche una potenza marittima. Nel 1398 si impadronì dell'isola di Gottland nella lotta contro i fratelli Vitaliani.

Il XV secolo fu un periodo di battaglie e ritirate di fronte all'abbraccio polacco-lituano. Abbandonato dal Kaiser e dall'Impero, l'Ordine perse la grande battaglia di Tannenberg contro i Polacchi nel 1410, e dopo il 1466, all'epoca della seconda pace di Thorn, completamente abbandonato, lottò disperatamente per mantenere il resto del suo stato fino alla battaglia finale del 1519. Gli ultimi cavalieri, sotto la guida di un Brandeburghese, affrontarono ancora una volta i Polacchi. Il figlio di Franz von Sickingen, Hans, fornì loro un piccolo esercito su ordine del padre, ma anche questo non li aiutò molto. La perdita di questa battaglia portò alla trasformazione dello Stato teutonico in un ducato occidentale.

È ammirevole vedere tutte le soluzioni che l'Ordine riuscì a trovare ai suoi problemi militari. È anche sorprendente vedere che la conquista della Prussia fu realizzata con pochi mezzi, grazie a una guida metodica e a un'azione tempestiva. Con singolare lungimiranza e audacia, l'Ordine esercitò il suo limitato potere al servizio di una politica di grande potenza sovrana. Si difese tenacemente e ferocemente contro la superiorità di molti avversari esterni e interni! Solo un'élite tedesca era capace di questo. È del tutto falso che *l'Ordine abbia tradito la legge del combattimento* e sia caduto vittima della pigrizia interna, anche se alcuni uomini vollero distinguersi nonostante il patto di alcuni con i polacchi, "che fermò Heinrich von Plauen sul nascere".

Lo spirito combattivo dell'Ordine era superiore, così come il suo *senso dell'autorità statale*. Ed è proprio quest'ultimo che unisce la nuova Prussia alla vecchia. Questo Stato teutonico si distingueva per la sua amministrazione magistrale, attentamente studiata e controllata fin nei minimi dettagli.

Mentre da un lato tutte le forze del Paese lavoravano per raggiungere obiettivi comuni, dall'altro le tasse erano distribuite in modo così flessibile ai singoli individui che tutte le classi prosperavano armoniosamente nel Paese. L'amministrazione dello Stato teutonico, nel suo rigore e nella sua giustizia, è una delle migliori creazioni dello spirito nordico volitivo e strutturato. Possiamo ancora esaminare i conti dell'Ordine, poiché tutti i documenti della sua gestione finanziaria sono stati conservati fino ad oggi. E possiamo constatare che non c'è stata alcuna appropriazione indebita fino alla fine del XV secolo! Questo non può che essere opera di un ordine selezionato di uomini. La regola che i frati si erano dati di non chiudere a chiave gli armadi ne è una dimostrazione! La vita di questa comunità combattente di uomini nordici si basa sulla fiducia reciproca incondizionata.

Una terza idea accomunava gli uomini dell'Ordine, i re e gli statisti della nuova Prussia: la *volontà di colonizzare*. Ovunque sventolassero i vessilli dell'Ordine, vennero prosciugate paludi, disboscate foreste quasi impenetrabili, costruite dighe, tracciate strade, e dove prima c'erano deserti e paludi comparvero campi e prati rigogliosi. La terra dell'Ordine divenne una terra di agricoltori tedeschi. Il suo più grande successo fu quello di attirare i contadini tedeschi nella terra. In questo modo diede alla sua conquista stabilità e valore storico. Ai contadini tedeschi seguirono poi artigiani e mercanti e nacquero le città, protette dalle fortezze dell'Ordine. Nel 1410, l'Ordine aveva creato 1400 villaggi e 93 città! Questa opera di colonizzazione è l'unica giustificazione possibile, ma ovvia, dell'intervento tedesco in Oriente!

Lo sviluppo della terra prussiana a beneficio della cultura tedesca è quindi opera dell'Ordine Teutonico, un'opera comunitaria nel senso migliore del termine. L'Ordine aveva certamente un certo numero di grandi menti nelle sue file: le personalità di spicco erano per lo più fratelli dell'Ordine. Ma la storia riporta solo alcuni nomi. Tutti conoscono Hermann von Salza, consigliere e amico di Federico II, che guidò l'Ordine verso est e influenzò il futuro della Germania. Forse abbiamo sentito parlare di Winrich von Kniproche, che come Gran Maestro condusse l'Ordine al suo apice e sotto il quale fu completata Marienburg. O forse di Heinrich von Plauen che, dopo la sconfitta di Tannenberg, si recò con il resto dell'Ordine a Marienburg e lo difese vittoriosamente. Ma a parte questi tre grandi nomi, conoscere gli altri è una questione di erudizione. Nessuno conosce i nomi dei molti cavalieri dell'Ordine che furono abbandonati a se stessi nelle dure battaglie invernali e che tennero le basi avanzate nelle campagne prussiane, misere trincee fatte di legno e terra, affrontando la marea di attacchi della Prussia e che spesso combatterono per mesi. Ma tutti loro hanno contribuito all'unione delle forze che si è realizzata alla luce della storia, e l'insieme del lavoro svolto dal loro ordine li ha resi immortali. È nella natura di un ordine che la *comunità tragga vantaggio dalla fama, non il singolo*.

Riprendiamo brevemente le *ragioni della decadenza. La* prima è che l'obiettivo ideologico dell'Ordine era condizionato dall'*idea di cristianizzazione*; quando questa idea perse forza a causa della conversione volontaria di Polonia e Lituania, l'Ordine si trovò di fronte a una situazione completamente nuova. Ma non abbiamo dubbi che l'avrebbe superata - le premesse c'erano - se non fosse stato per la seconda ragione, ovvero la *sua forma di vita monastica*. E, come conseguenza negativa del voto di castità, l'Ordine decise di colmare le sue lacune con l'immigrazione dall'esterno del Reich. Con ogni cavaliere teutonico che moriva, si perdeva un nobile frutto del grande albero che rappresentava il popolo tedesco e che doveva germogliare in questa terra. L'ordine non poteva sopravvivere con le proprie forze, perché non aveva più figli. Non furono riconosciuti nemmeno i figli segreti nati quando il voto di castità era stato infranto, e l'ingresso nell'Ordine fu negato anche alla nobiltà prussiana. Una terza ragione è che l'Ordine fece la sua comparsa nella storia *al tempo della decadenza dell'Impero*. L'Imperatore e il Re avevano sponsorizzato la creazione dell'Ordine, ma la Chiesa papale lo abbandonò presto perché troppo indipendente. Alla fine, si è perfino legato alla Polonia. Dopo la morte di Federico II, nessun imperatore si interessò più all'Ordine. Gli interessi politici della casa d'Asburgo si estendevano al nord-est dell'Impero e non c'era nessuno con cui allearsi. L'Ordine affrontò quindi da solo l'attacco lituano-polacco, mentre le ondate della lotta degli Stati - anch'esse conseguenza del crollo dell'Impero - ne minavano le fondamenta. Se l'Ordine avesse avuto dei figli, avrebbe rotto i suoi legami senza l'Imperatore e senza l'Impero.

Sebbene l'ordine sia crollato, le sue conquiste fanno parte della storia tedesca. Dopo un lungo periodo di dominazione straniera, è risorto nella Prussia di Federico il Grande. L'imperatore conferì al Gran Maestro *l'aquila nera del Reich* come suo stemma, in quanto principe dell'Impero, che la Prussia ha conservato. E quando gli Hohenzollern divennero re, ricevettero l'aquila nera, mentre quella degli Asburgo era diventata rossa. L'aquila nera divenne anche il legame con la Prussia di Federico il Grande come animale araldico del nuovo Reich tedesco. Possiamo vedere questo come un simbolo del fatto che il lavoro autentico svolto è immortale?

Heinrich Gaese

OPUSCOLO SS N. 10. 1938.

L'UNIVERSITÀ TEDESCA NELLA LOTTA CONTRO LA CONTRORIFORMA

(Un capitolo sulla tragedia spirituale
della Chiesa cattolica romana)

Anche se oggi non possiamo più vivere la rivoluzione religiosa che la
Riforma scatenò contro la schiavitù spirituale romana, rimane il guadagno
storico che *Lutero* fece quando esortò il popolo a liberarsi dalla morsa
spirituale di Roma. L'appello di Lutero ebbe una forte eco in Germania, dove
poco dopo vaste aree furono liberate dal dominio del papa, ma è vero che
in seguito furono in parte perse di nuovo. *La storia dell'università tedesca* ci
mostra anche come il tentativo di recupero sia stato abilmente portato
avanti attraverso la Controriforma.

Alla fine del Medioevo, la vita spirituale tedesca si concentra nelle
università. La chiesa e le scuole monastiche avevano perso la loro
importanza e i castelli, un tempo depositari della cultura medievale, erano
per lo più caduti in rovina; d'altro canto, le città stavano diventando
prospere e ospitavano i nuovi centri della vita spirituale, le università.

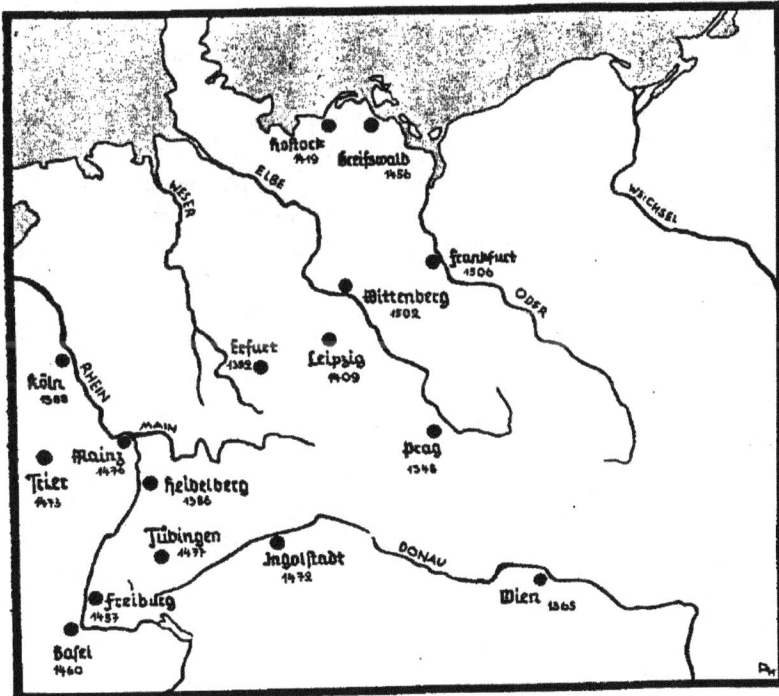

Università tedesche fino alla Riforma

Fin dall'inizio, anche se avevano ancora bisogno del consenso papale per
essere aperte, le università tedesche furono animate da uno spirito tedesco-
tedesco in opposizione al romanico francese, di cui la Sorbona di Parigi era

l'esempio tipico. Prevaleva ancora la Scolastica, una filosofia che vedeva la sua missione come strumento della teologia. Certamente, all'inizio, le prime università tedesche non potevano ancora liberarsi dall'influenza della scolastica. Mentre la Sorbona continuò per secoli a seguire il vecchio schema, le università tedesche seguirono la propria evoluzione e, dopo l'appello di Lutero, si liberarono quasi tutte dal giogo spirituale romano, testimoniando così il magnifico rifiuto dell'anima tedesca di essere asservita. Ma la cosa importante della creazione delle università tedesche fu che, grazie alla nascita di questi centri spirituali, la scienza lasciò le vecchie scuole ecclesiastiche e monastiche, intorpidite dalla meschinità scolastica e dalla sterilità spirituale, per andare in queste nuove università.

All'inizio della Riforma, vediamo una dispersione delle università in Germania (vedi mappa 1). Se si considera che solo un secolo e mezzo separa la fondazione della prima università tedesca (Praga 1348) dalla Riforma, si capisce l'importanza di questa data. La stessa Riforma ha dato vita a tutta una serie di nuove istituzioni, come Marburgo (1529), Königsberg (1544), Jena (1558), Helmstedt (1576) e Altdorf (1578). Marburgo fu la prima università riformata a nascere, nonché il primo istituto tedesco, che non aveva più bisogno del consenso papale, né tantomeno di quello dell'imperatore, ma iniziò a offrire corsi. Ci vollero dodici anni per ottenere il consenso dell'imperatore. Ma il fatto che l'università fiorisse in questo periodo getta una luce significativa sulla ridotta autorità dell'Impero.

Oltre a questi nuovi centri protestanti, la maggior parte delle università esistenti si convertì alla Riforma, con la Wittenberg di Lutero in testa. Questi istituti della Riforma divennero i più importanti centri di influenza per la dottrina non romana.

I gesuiti percepirono chiaramente questo pericolo e iniziarono la lotta contro la "decadenza protestante di Roma". Casinius, il più intelligente e importante dei gesuiti, cercò di influenzare questi focolai di pensiero "eretico" con un "piano di sbarramento" tipico della sofisticata strategia gesuitica.

Uno dopo l'altro, accanto alle regioni passate alla Riforma, sorsero centri cattolici contrapposti (cfr. carta 2). Una cintura a ferro di cavallo di università gesuite circondava la parte della Germania divenuta protestante, estendendosi da Olmütz (1573) a est, Graz (1585), Innsbrück (1606), Würzburg (1582), Paderborn (1614) a Osnabrück (1630). Il collegio gesuita fondato nel 1636 a Breslau divenne un'università nel 1702 e quindi una pietra miliare dell'attacco gesuita.

Il cerchio non si sarebbe chiuso se si fosse dimenticato Dillingen (vicino ad Augusta), che fu il primo istituto della Controriforma fondato già nel 1554, cioè prima della comparsa dei gesuiti in Germania.

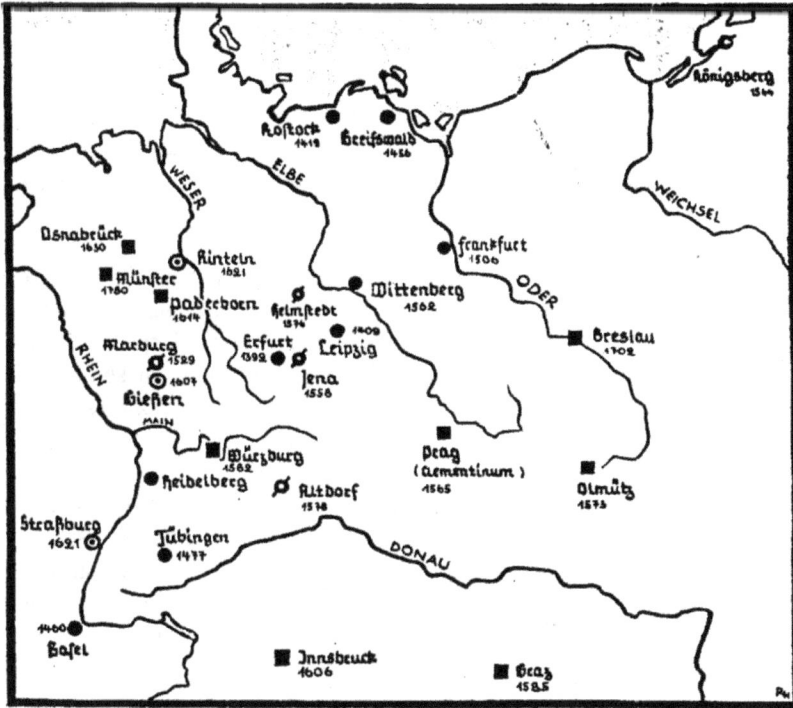

- • Fondations antérieures à la Réforme
- ⌀ · Fondations protestantes avant la Contre-réforme
- ■ · Fondations adverses jésuitiques
- ⊚ · Fondations adverses protestantes

Le università tedesche nella lotta per la Riforma.

Il diagramma mostra come la regione che passò alla Riforma fu metodicamente circondata da una linea di centri gesuiti contrapposti; si segue la linea delle università indicata da un quadrato da Osnabrück a Münster, Paderborn, Würzburg, Innsbrück, Graz, Praga e Olmütz fino a Breslau! All'elenco si aggiunsero anche Friburgo, Dillingen e Vienna, che furono rilevate da Casinius a beneficio della controriforma gesuitica. Le fondazioni protestanti di Rinteln, Giessen, Strasburgo e, in una certa misura, di Altdorf, erano politicamente importanti nel contesto della politica di blocco e di accerchiamento dei gesuiti: costituivano delle brecce in questa "barriera spirituale".

C'è un altro evento che non può essere trascurato in questo contesto! A Praga, la cui prima università tedesca era all'avanguardia nella lotta per la libertà di ricerca e di coscienza, i gesuiti contrattaccarono in un modo che si fa sentire ancora oggi e che distrusse la vita spirituale della città. A partire dal 1565, l'accademia clementiana cominciò a essere favorita a Praga. Nel 1618 i gesuiti vinsero la disputa su questa usurpazione di diritti e occuparono la Facoltà di Teologia e Filosofia. Oggi sappiamo che dietro la disputa tra nazioni si nasconde una battaglia di ideologie *razziali*. A questo proposito, Praga ci fornisce un esempio istruttivo della lotta perpetua dello spirito tedesco-tedesco contro le pretese imperialistiche straniere.

Questo attacco totale alla vita intellettuale e spirituale liberata dalla Riforma dovette essere respinto. Ciò fu dovuto alla lotta rafforzata delle vecchie università e anche dei nuovi centri che erano passati dalla parte protestante in opposizione alle fondazioni gesuitiche. Le università di Giessen (1607), Strasburgo (1621) e Rinteln (1621) devono la loro nascita a questa iniziativa.

Quando questi ultimi centri protestanti sorsero in risposta alla politica di sbarramento dei gesuiti, la Guerra dei Trent'anni infuriava già da tre anni in Germania. La battaglia non si combatteva più con armi spirituali. La Germania doveva essere messa in ginocchio da una guerra; il seme dei gesuiti doveva crescere terribilmente! Due terzi della popolazione tedesca avrebbero perso la vita. Il Trattato di Osnabrück sancì la divisione e l'impotenza della Germania.

L'odierna Università Cattolica di Salisburgo dimostra che le "azioni spirituali" dei gesuiti a livello di base sono sempre rimaste le stesse. Anche qui si vuole creare un centro di resistenza spirituale, una roccaforte cattolica, ai confini diretti del Reich. Uno sguardo alla storia spiega il significato che Roma si aspetta da questo nuovo "insediamento gesuita contrapposto" di fronte alla liberazione tedesca dal giogo spirituale romano.

Dr. H. W. Hagen

Opuscolo SS n. 10. 1936.

SS-Ostuf. Dr. Walter Bohm :
La credenza nelle streghe

Anche se l'Inquisizione non riuscì a causare troppi danni in Germania - il peggior promotore dell'autodafé, San Corrado di Marburgo, fu ucciso in tempo dai nostri antenati - la Chiesa fu comunque responsabile di un'altra grande disgrazia in Germania, molto, molto peggiore dell'autodafé: la caccia alle streghe. La dottrina perentoria della Chiesa, sia cattolica che luterana, afferma che il diavolo esiste. Egli seduce uomini e donne per praticare con loro la lussuria e poi conferisce loro la natura di strega per le donne e di stregone per gli uomini come ringraziamento. Non si dovrebbe sorridere di fronte a queste stupidaggini.

Centinaia di migliaia di persone del sangue migliore, soprattutto donne e ragazze, sono morte sulle rocce durante il Rinascimento, non nel "buio" Medioevo. Sant'Agostino, un africano, e San Tommaso d'Aquino spinsero la credenza nelle streghe per i cattolici; per i luterani fu Martin Lutero, sulla base della Bibbia. Egli predicava dal pulpito della chiesa del castello di

Wittenberg: "Le streghe devono essere uccise perché causano ogni genere di fastidio. Non devono essere uccise solo perché sono dannose, ma prima di tutto perché commerciano (il che significa: praticano la lussuria) con il diavolo.

Come il Concilio, e quindi il nuovo Papa, detiene la verità ultima agli occhi dei cattolici, così la Bibbia lo fa per i luterani. Né il Papa né Lutero riconoscono la libertà di credo. La Bibbia insegna che la donna è inferiore, che il suo grembo è insaziabile (Proverbi 30:15-16), che essa si accorda con il diavolo (Genesi 6:1-7). La Chiesa insegna che anche il diavolo può trasformarsi in una bella donna per sedurre l'uomo. Martin Lutero non abbandonò mai le sue idee del periodo trascorso in monastero, né la sua fede letterale nella Bibbia.

L'Inquisizione conduceva i processi alle streghe. Il tormentone estraeva ogni confessione che i calotini libidinosi - si pensi ai continui processi morali contro i francescani dei nostri tempi - mettevano in bocca alle povere vittime. Il fuoco era la conclusione. Nei processi per stregoneria era impossibile ottenere la grazia, che veniva commutata in carcere o in una condanna alle galere come per gli eretici. Un corpo che si era dato al diavolo doveva bruciare. Solo l'anima poteva essere salvata. I gesuiti e i pastori luterani si preoccupavano allora della beatitudine eterna della vittima.

La caccia alle streghe iniziò intorno al 1454 quando, per la prima volta, si affermò l'esistenza di una "setta di streghe", cioè di persone che si alleavano con il diavolo nella sua lotta contro gli insegnamenti della Chiesa e che quindi erano considerate "eretiche" da perseguire come tali. Sprenger e Institor si presentarono in Germania come inquisitori papali per reprimere questi eretici. In tutti i luoghi incontrarono resistenza, poiché la gente non capiva le loro accuse e i loro sospetti e le autorità secolari non potevano sopportare che essi conducessero o addirittura avviassero processi. In particolare, si dice che il vescovo di Bressanone li espulse dalla sua diocesi e sostenne l'opinione che fossero pazzi.

Nel 1484 ottennero da Papa Innocenzo VIII la "Bolla delle streghe", nota anche come Bolla Summis Desiderantes (le prime parole di questa bolla). La bolla afferma che ci sono ancora streghe in alcune parti della Germania - vengono forniti dettagli - ma che il clero e i poteri secolari hanno creato difficoltà agli inquisitori. Gli inquisitori furono istruiti a usare tutti i mezzi che ritenevano opportuni, in particolare a predicare dai pulpiti di tutte le chiese parrocchiali. Nessuno doveva ostacolare l'esercizio di questo insegnamento o la sua applicazione, pena la scomunica e severe sanzioni. Un editto imperiale di Massimiliano I garantì la piena validità di questa bolla di fronte alle autorità secolari.

Nel 1487 apparve il *Martello delle streghe* di Sprenger e Institor, che fu ristampato in nove edizioni successive fino al 1500, seguite da altre edizioni nel 1511, 1519, 1520, poi una pausa nel 1580, e quindi altre edizioni a brevi intervalli.

Per dare credito a *Il martello delle streghe* alla sua prima apparizione, Sprenger e Institor chiesero una relazione alla facoltà teologica di Colonia, ma non la ricevettero nella forma sperata. Pubblicarono solo gli estratti di questa relazione che si riferivano all'edizione di Colonia. Per quanto riguarda gli estratti al di fuori di Colonia, la relazione è talmente falsificata da soddisfare i magistrati papali e da ricevere - così distorta - l'approvazione scritta dell'intera facoltà.

Nel 1487, il primo rogo di streghe su larga scala ebbe luogo a Strasburgo, dove i primi roghi di eretici avevano già avuto luogo un secolo prima sotto Corrado di Marburgo (80-100 vittime). Per piegare la resistenza della legge e delle autorità secolari, Sprenger e Institor affidarono ai tribunali locali la conduzione dei processi alle streghe, in modo che gli uomini di giustizia si assumessero la responsabilità del processo. Poiché tutte le ricchezze dei condannati venivano confiscate, i processi alle streghe erano una fonte di entrate inaspettate per le autorità locali, il che spiega in gran parte la loro portata: intere regioni venivano bruciate in modo che tutte le proprietà terriere tornassero ai signori locali! Il numero di streghe bruciate a Strasburgo nel 1489 fu di ottantanove.

Ma Sprenger e Institor ebbero il loro più grande "successo" quando diffusero questa credenza tra la gente con il loro *martello da strega*, facilitando così la caccia alle streghe. Dal 1515 in poi, i falò bruciarono ogni giorno: nei vent'anni successivi, solo in questo luogo furono bruciate 5.000

persone. La stessa cosa accadde ovunque il *martello delle streghe* cominciò a funzionare. Possiamo notare che i processi alle streghe iniziarono nello stesso periodo in cui Colombo scoprì l'America (1492) e il dottor Martin Lutero cercò di riformare la Chiesa (1516). Quindi i processi alle streghe non erano un fatto del Medioevo, ma iniziarono all'inizio del periodo che di solito chiamiamo Rinascimento! Questa pestilenza provocò una terribile devastazione! Il numero di vittime a Strasburgo la dice lunga: 5.000 persone in vent'anni. Per la regione di Treviri non si hanno dati ufficiali, ma i *gesta Trevisorum* (storia di Treviri) ci dicono che nel 1588 erano rimaste solo due donne in due località, perché le altre erano state tutte bruciate come streghe. Per "donne" intendiamo tutte le persone di sesso femminile di età superiore agli otto anni. "Non c'erano più contadini, né viticoltori. Nessuna peste, nessun nemico feroce ha devastato la regione quanto la terribile Inquisizione. Nessuno degli accusati sfuggì alla morte; i figli dei giustiziati furono bruciati, le proprietà annesse...". Nel principato vescovile di Breslau, il principato di Neiße, in nove anni furono bruciate più di 1.000 persone, tra cui bambini di età compresa tra 1 e 6 anni, perché le loro madri avevano "confessato" sul patibolo che i loro figli erano stati generati dal diavolo. Nel 1539, solo a Zuchmantel, Freiwaldau, Niklasdorf, Ziegendals e Neiße, furono bruciate duecentoquarantadue streghe e nel 1551 la fondazione religiosa di Zuchmantel aveva otto boia attivi. Nella diocesi di Bamberg, tra il 1625 e il 1630 - cento anni dopo la Riforma - furono bruciate seicento persone e nel 1659 milleduecento. La diocesi contava all'epoca solo 100.000 abitanti, quindi nel 1659 più dell'1% della popolazione fu vittima della credenza nelle streghe. Nella diocesi di Würzburg, a Gerolzhofen, il numero di streghe bruciate nel 1616 fu di novantanove, nel 1617 di ottantotto, nel 1623 di novanta e dal 1627 al 1629, nella sola Würzburg, di centocinquantasette.

Ma sarebbe un errore credere che questo orrore sia stato commesso solo dalle autorità cattoliche. Le regioni protestanti non furono risparmiate. Le streghe furono bruciate sul rogo a Wittenberg sotto gli occhi di Lutero. Lutero diede alla caccia alle streghe un impulso particolare nel trattare la questione delle streghe, insegnando che è una legge giusta uccidere le streghe. Nel Meclemburgo, nel 1532, la caccia alle streghe iniziò con la cremazione di una donna e di un uomo che si presumeva avessero praticato la magia per contrastare la diffusione della Riforma! L'aumento fu tale - purtroppo i dati verificabili sono pochi - che secondo gli storici contemporanei interi villaggi si spopolarono perché tutti gli abitanti finirono sul rogo. Il convento luterano di Quedlinburg bruciò circa sessanta streghe nel 1570, quaranta nel 1574 e centotrentatré nel 1589, su una popolazione di circa 11.000-12.000 abitanti. Quindi anche qui, in un anno, più dell'1% della popolazione fu assassinato a causa di questa follia. Dal 1589 al 1613, il Duca di Brunswick-Wolfenbüttel divenne famoso come cacciatore di streghe: era solito assistere ai supplizi e spesso bruciava più di dieci streghe in un giorno. Alla fine, sul luogo dell'esecuzione di fronte al bosco di Löcheln c'erano così tanti falò da sembrare una foresta. Le regioni riformate calviniste vissero lo stesso dramma: nella sola Ginevra, tra il 1512 e il 1546 Calvino fece arrestare circa novecento persone per stregoneria. La loro sorte rimane un mistero, ma non c'è dubbio che la maggior parte di loro fu bruciata. Ma il peggio avvenne nella regione di origine della Riforma, la Sassonia orientale. Anche il principe elettore Augusto fu coinvolto nelle torture. Egli promulgò una legge che andava oltre la follia di ciò che già esisteva: pena di morte anche per le alleanze malvagie che non avevano danneggiato nessuno! In Sassonia orientale visse il più "brillante" giudice stregone, il famoso giurista Carpzow, che, fino alla sua morte nel 1666, pronunciò o confermò, in modo certificato, circa ventimila condanne a morte.

I falò delle streghe furono diffusi fino al XVIII secolo . In seguito, non diminuirono perché la Chiesa o i suoi sacerdoti e predicatori lo richiedevano, ma perché i governanti assoluti non potevano più ammettere che gli uomini di cui avevano bisogno come soldati, o le donne e le ragazze che li partorivano, fossero messi a morte. L'ultimo rogo ufficiale, con processo e nonostante le proteste del governo - cinque streghe - ebbe luogo il 20 agosto 1877 - quindi appena sessant'anni fa - a San Jacob (Messico) e in quel Paese ci sono stati roghi di streghe fino ad oggi. Ancora oggi sono note cremazioni illegali di streghe, ad esempio in Italia e in Irlanda. Pertanto, non si può dire che la caccia alle streghe sia definitivamente finita.

Vaste aree della Germania furono massacrate e spopolate a causa dei roghi.

Ma la Chiesa ha sempre tenuto fede alla sua vocazione missionaria, che ha portato alle Crociate, alla sua dittatura religiosa, da cui è nata l'Inquisizione, alla sua credenza nel diavolo e nelle streghe, per la quale sono stati sacrificati milioni di persone in tutto il mondo fino al XX secolo .

OPUSCOLO SS N. 5. 1938.

I LANZICHENECCHI

Quasi tutto il Medioevo fu dominato dalla cavalleria che portava la spada. La fanteria ebbe in generale un ruolo secondario: la nobiltà e le sue truppe equestri corazzate dominavano i campi di battaglia e rivendicavano l'onore di essere le uniche a portare le armi.

Georg von Frundsberg.
Creatore e organizzatore dei lanzichenecchi tedeschi. 1473-1528.

Con l'inizio del Rinascimento, intorno al XVI secolo, la loro egemonia sul campo di battaglia fu definitivamente spezzata. Il periodo romantico della cavalleria finì non solo per l'invenzione della polvere da sparo in Occidente da parte del monaco Berthold Schwarz, ma anche per l'affermarsi di un esercito di contadini e artigiani che erano già in grado di difendersi con successo dalle intrusioni di alcuni despoti dominatori.

Poiché questa ristrutturazione definitiva avvenne proprio in un momento in cui brillanti artisti flirtavano con l'antichità, dando così inizio a un'epoca che chiamiamo Rinascimento, potremmo anche parlare di rinascimento guerriero. In effetti, la fanteria romana fu presa ad esempio con alcune variazioni e dimostrò ancora una volta il grande valore dei fanti in molte battaglie per spianare la strada alla cavalleria.

Diversi tipi di lanzichenecchi. Lansquenet con "estramaçon", a destra con alabarda, al centro con flauto, tamburo e portabandiera (disegno di Daniel Hopfer, metà del XVI secolo).

Sebbene l'arte si avvicinasse a quella dell'antichità, soprattutto nella pittura, i nuovi eserciti creati non ebbero successo sul campo; la *disciplina* che aveva reso invincibili le legioni romane era quasi del tutto assente. La forza d'urto della fanteria, decisiva in molte battaglie, si manteneva solo perché un ardente amore per la patria animava ogni soldato; in questo modo, l'assenza di disciplina militare era compensata dallo spirito combattivo.

La saggezza tattica nella costituzione delle truppe si esprimeva soprattutto nei *distaccamenti quadrati*. Da 5.000 a 8.000 uomini erano riuniti in un quadrato compatto, nelle cui prime file si trovavano combattenti già esperti. Le picche, lunghe diversi metri, erano le armi principali che venivano alzate verso il nemico e di fronte alle quali i cavalieri si arrendevano perché non erano in grado di spingere questi "ricci". Nella battaglia di *Granson* del 1476, il cavaliere *Chateauguyon* si rese immortale perché spinse incautamente il suo cavallo contro un riccio svizzero e sconfisse questa formazione da combattimento. Tuttavia, la sua audacia non influenzò sostanzialmente il corso della battaglia. Egli stesso fu ucciso dalla fanteria. Questa fu l'ultima "mossa audace" di successo del tardo Medioevo.

Combattimento di lanzichenecchi. Dal libro di guerra di Frondsberg del 1565. Xilografia dell'incisore svizzero Jost Amman.

La prima forma di combattimento utilizzata dagli svizzeri fu presto adottata da spagnoli e tedeschi. In Italia si tentò contemporaneamente di far avanzare la fanteria *in linee separate, utilizzando* come ripari fosse, muri e siepi, smentendo così la supposizione che la linea di fanteria sia un'invenzione del secolo scorso.

Le continue guerre di un tempo ebbero come conseguenza che molti uomini, per il gusto dell'arte della guerra, abbandonarono la loro professione, se ne avevano una, e si dedicarono interamente a questo nuovo ramo di attività. Nacque così *l'esercito di mercenari* che oggi chiamiamo tutti *lanzichenecchi* (cioè servitori della patria). Non era solo l'avidità, la prospettiva di fare un ricco bottino saccheggiando le città, il motivo principale per cui ci si univa a queste temute unità. Il gusto dell'avventura, la gioia del combattimento aperto con il nemico, la vita libera e varia erano sufficienti a spingere migliaia di uomini a seguire i vari signori della guerra.

Processione di un esercito di lanzichenecchi in marcia. I lanzichenecchi erano accompagnati da mogli e figli. Un particolare funzionario doveva tenere in ordine i vari cantonieri. (Dal libro di guerra di Frondsberg del 1565) Incisione di Jost Amman.

Il più famoso dei capi lanzichenecchi fu senza dubbio *Georg von Frundsberg*. Guerrieri esperti si unirono con orgoglio al suo distaccamento, schierandosi in prima linea in più di una battaglia con il potente spuntone e sferrando con forza erculea colpi che sfondavano le fronti appuntite dei loro nemici. Tuttavia, non era così facile essere accettati nella sua piccola truppa; Frundsberg preferiva persone che avevano già dato prova di sé in qualche battaglia e sottoponeva coloro che volevano essere reclutati a una prova d'armi.

Fu anche Frundsberg che, a suo tempo, cercò di risolvere il problema della disgregazione dei distaccamenti nemici in modo nuovo.

Ben presto si rese conto che la vittoria nel combattimento dipendeva esclusivamente dalle prime sei file del "riccio" e che il resto del quadrato non faceva altro che mettere davanti la prima linea di combattimento. In questo modo, i lanzichenecchi in lotta perdevano la loro libertà di movimento ed erano quindi impossibilitati a parare i colpi di lancia solitamente sferrati dalla terza fila. Quando due "ricci" erano di fatto entrati l'uno nell'altro, iniziava una potente spinta, il cui scopo era quello di spezzare il distaccamento militare avversario, che poi di solito veniva inesorabilmente perso.

Frundsberg allargò il quadrato rigoroso a scapito della profondità, per presentare al nemico un *fronte più ampio*. Questo offriva la possibilità di raggiungere prima i fianchi del nemico, ma allo stesso tempo scongiurava anche il pericolo di soccombere proprio a un attacco laterale. Egli posizionò le poche cannoniere esistenti in questo punto sensibile, poiché non poteva cambiare rapidamente il fronte muovendosi con i suoi lanzichenecchi. Il coraggioso Frundsberg non poté realizzare le sue idee preferite di fronti lunghi con pochi ranghi perché il suo esercito *mancava della necessaria disciplina* e dell'*addestramento individuale,* due condizioni che permettono ai soldati moderni di ottenere risultati solo con linee di truppe disperse.

Lo spirito combattivo dei lanzichenecchi si basava quindi principalmente sull'assunzione di rischi e sull'ambizione di combattere nelle prime file di rinomati distaccamenti militari. Poiché non dovevano esibirsi in armi, avevano molto tempo libero quando non erano direttamente sul campo. Il loro stile di vita era in un certo senso un'inattività forzata, poiché non potevano mai rimanere a lungo in un luogo che veniva raso al suolo dalle truppe di Frundsberg poco tempo dopo, dato che Frundsberg non era in grado di inviare i rifornimenti necessari alle truppe. Inoltre, gli stipendi dei soldati venivano troppo spesso ritardati. Per questo motivo, i governanti dell'epoca permisero loro di saccheggiare per placare le rivolte.

Tuttavia, l'esercito in sé non costituiva il pericolo principale per le regioni attraversate; chiaramente più pericoloso era *lo strascico di equipaggi* che lo seguiva. Non erano solo le mogli dei lanzichenecchi a cucinare per i loro mariti, a tenere in ordine i vestiti e, inoltre, ad occuparsi di una famiglia per natura nomade. L'accezione peggiorativa della parola "adjudant" nel linguaggio popolare deriva dal ruolo di quest'ultimo di sorvegliare il treno degli equipaggi.

Il lansquenet stesso aveva l'impressione di essere un signore del paese. Era colui che dava il giusto tono alla moda e che i borghesi imitavano, che indicava come tagliare il pourpoint e come portare le piume sulla toque. Tuttavia, i cambiamenti radicali nel taglio del costume non derivavano sempre dai capricci del gusto mercenario. Gli abiti aderenti divennero fuori moda anche in un solo giorno.

Quando la fortezza di *Stuhlwei-Benburg fu* presa d'assalto dai lanzichenecchi durante il regno dell'imperatore Massimiliano, essi non riuscirono a scalare le alte mura a causa dei loro abiti stretti. Senza esitare, tagliarono con i loro coltelli i pantaloni alle ginocchia e le doppiette ai gomiti per dare alle loro membra la necessaria libertà di movimento. E quando l'assalto ebbe luogo, gli assalitori misero con orgogliosa soddisfazione della seta giallo zafferano sulle fessure dei loro abiti, ponendo così la prima pietra della moda delle "fessure" che presto regnò in tutta la Germania.

Lansquenets sedotti dalla voluttà e minacciati dalla morte.
Xilografia realizzata dall'incisore svizzero Urs Graf intorno al 1520.

Tuttavia, sono stati fatti progressi anche a livello militare e sono state formate vere e proprie truppe d'assalto. L'esperienza bellica era migliorata da tutte le parti nella stessa misura e divenne sempre più difficile rompere il riccio del nemico. Anche in questo caso, fu la scienza strategica di Frundsberg a trasformare radicalmente il modo in cui la guerra veniva combattuta all'epoca.

Egli divise il suo bando in un distaccamento "perso" e in uno "di riserva", esaurendo così - salvo innovazioni tecniche - le possibilità di attacco della fanteria, che nel corso dei secoli aveva abbandonato il tipo di combattimento dei suoi antenati. Tuttavia, durante la Grande Guerra, fu riadottato e offrì l'unica possibilità di condurre attacchi vittoriosi con un numero ridotto di perdite umane.

Il compito del "distaccamento perduto", i cui mercenari erano chiamati *"scambiatori di colpi"*, armati di spade corte e robusti bastoni, era quello di assaltare il "riccio" nemico, di infilarsi sotto le lance e di permettere, con un combattimento corpo a corpo, a diversi compagni di spingere le ingombranti lance da entrambi i lati con le mazze. Quando questo trucco riusciva, il corpo principale del "distaccamento di riserva" arrivava ed entrava nel quadrato nemico attraverso la breccia così creata per disperderlo.

Dopo la vittoria, divenne evidente il terribile pericolo a cui è esposta una truppa senza disciplina. Incapaci di riorganizzarsi in breve tempo o di battere una ritirata ordinata, scapparono tutti e furono inseguiti dalla cavalleria leggera e fucilati.

L'esperienza di due anni di guerra non sarebbe stata necessaria per capire l'importanza di avere truppe d'assalto se si fosse imparato qualcosa dalla storia dei lanzichenecchi. Migliaia dei migliori tedeschi austriaci non sarebbero stati sepolti nelle steppe desertiche della Russia per aver cercato di spezzare la resistenza del nemico con attacchi di massa suicidi. O forse le nostre valorose truppe d'assalto erano qualcosa di diverso dagli "scambisti" che nel Medioevo penetravano nella tana dell'avversario, dotati della "tecnica moderna" dell'attacco con mazze e pugnali e preferivano le temute picche da campo al fucile in una mischia? La compagnia li seguiva anche dopo sorprese di successo - il "distaccamento di riserva" - che attaccava e teneva pienamente la posizione.

I lanzichenecchi erano compagni rozzi; più di una città fu saccheggiata da loro e più di un contadino torturato. I loro capi si resero colpevoli della maggior parte di questi eccessi, assoldando più mercenari di quanti ne potessero sostenere i loro portafogli e abbandonando così interi tratti di campagna come compensazione. Ma erano tutti ragazzi coraggiosi e combattevano bene quando le cose andavano male e mettevano il loro onore nell'essere affidati alle sorti di una battaglia, anche se non avevano ricevuto la paga per mesi.

V. J. Schuster

OPUSCOLO SS N. 2. 1939.

LA TERRA PROMESSA

In questo Paese le ombre sono marcate: non c'è affatto uno stato intermedio tra la luminosità accecante e l'oscurità profonda; il giorno non sorge, ma irrompe, improvviso, radioso. La sera non cala lentamente e dolcemente come in Germania; la palla di fuoco scende rapidamente dietro le nude montagne rocciose, il deserto e le steppe riarse si immergono in tonalità bluastre-violacee, la notte irrompe improvvisamente sul paesaggio scuro, allungandosi in lontananza.

Questa è dunque la Terra Promessa, la Terra Promessa! L'imperatore Federico II guardava la notte profonda, su cui il cielo stellato a sud si estendeva in una scintillante diversità. Solo Hermann von Salza, l'uomo fedele e discreto, il padrone della corte tedesca, gli era vicino. L'imperatore riflette seriamente. Infine, parla, con calma e circospezione: "Mi fido del Sultano egiziano: sta giocando un gioco onesto. Io e lui siamo una coppia solitaria in questo mondo. Abbiamo capito che nessuno può essere costretto ad adottare un credo che non è il suo. Vuole lasciare a me Gerusalemme e la tomba, il libero accesso e la via di pellegrinaggio. Cosa vogliamo di più? Se porto queste conquiste in Germania, non ci saranno più crociate. La Santa Sede smetterà finalmente di inviare ogni anno migliaia di guerrieri in questo Paese, costringendo i principi ad abbandonare i loro importanti compiti e cercando di liberare una tomba che in realtà nessuno ha disturbato.

Hermann von Salza annuì: "Non credo che al Papa piacerebbe affatto se un giorno non ci fosse più motivo di fare crociate in Palestina. Noi tedeschi non sprecheremo più le nostre forze in questo Paese straniero, ma costruiremo un grande Impero a nord e a est, molto più grande di quello che vogliono i papisti. Ho notizia che l'Ordine del Tempio e l'Ordine Giovannita vogliono fare di tutto perché questo progetto imperiale fallisca e che il trattato con il Sultano egiziano non venga concluso".

L'imperatore non dice nulla; spia la notte. In lontananza si sente il rumore degli zoccoli dei cavalli. La sagoma di un cavaliere si avvicina all'accampamento, attraversando le linee degli avamposti. Due uomini di guerra conducono il cavaliere sul suo piccolo cavallo fino alla tenda dell'imperatore. L'arabo salta in piedi, incrocia le mani sul petto, si tocca la fronte e la terra con la mano destra. È un giovane bello e snello, con un naso fine e occhi a mandorla molto grandi. Tira fuori dalla sua giacca ricamata a colori un rotolo di pergamena e lo porge all'imperatore con un inchino misurato, poi rimane in silenzio. Federico risponde al saluto, in modo formale, educato, ma comunque con l'atteggiamento di chi si trova in un rango superiore, come è consuetudine in Oriente. Apre la pergamena - contiene una lettera in arabo, ne porge una seconda in caratteri latini.

L'imperatore legge prima il testo arabo, poi la lettera latina, afferra spontaneamente il pugnale gioiello che ha al fianco e lo porge al cavaliere arabo: "Presenta al Sultano Malik al Kamal i miei ringraziamenti imperiali - che il Signore gli conceda la vita per cento anni! Si è comportato con me come un avversario cavalleresco. Prendi questo pugnale da me come ricordo, perché il messaggio che mi hai portato potrebbe avermi salvato la vita".

Il messaggero si inchina. Due dei più giovani cavalieri tedeschi lo conducono in una tenda per dissetarsi.

Ma Federico II, parlando a scatti con profonda eccitazione, afferrò la mano del maestro dei cavalieri della casa tedesca: "Ermanno, sai di cosa si tratta? I superiori dell'Ordine del Tempio e dei Giovanniti hanno scritto congiuntamente al Sultano e lo hanno informato che domenica intendo recarmi al Giordano per compiere il consueto pellegrinaggio all'acqua in cui fu battezzato il Signore Gesù Cristo. Hanno consigliato al Sultano di sopprimermi in questo pellegrinaggio e di lasciarmi per morto. Il Sultano mi invia la lettera e mi avverte personalmente Questo è il risultato di ciò che Papa Gregorio ha tramato contro di me!".

Il vecchio caravanserraglio è affollato di pellegrini tedeschi diretti a Gerusalemme. Il Sultano ha fatto visita all'Imperatore. Con pochi consiglieri, entrambi sono seduti già da quattro ore nella grande sala tappezzata - ma fuori aspettano i cavalieri tedeschi, e ci sono i compagni del Sultano, i suoi giganteschi negri, immobili nelle loro armature persiane, eleganti signori arabi con piccoli elmi a punta, scudi rotondi, lunghe vesti bianche, capi della cavalleria curda nei loro abiti scuri, con lunghi baffi cadenti tinti di rosso, sceicchi con turbanti verdi che li distinguono come lontani discendenti del Profeta e barbe venerabili. A dominare su tutti, snello, dal viso d'avorio, con una corta barba a punta nera e grandi occhi a mandorla, è il generale del Sultano, Amir Said, che chiamano "Rukned Din", "il pilastro della legge".

Gli uomini di guerra di entrambi i signori si riunirono rapidamente. Uno dei cavalieri tedeschi ha abbozzato la pianta di un castello su una vecchia lastra di sabbia e ora stanno giocando all'assedio; esaminano come distruggere le torri, come accendere il fuoco sotto le mura e come costruire dei contropassaggi. Il grande emiro osserva interessato.

Di tanto in tanto, alcuni di loro guardano verso la finestra dove l'imperatore è a colloquio con il sultano.

Quando scende un vecchio arabo con la testa bianca, l'emiro lo ferma: "Devo salire?

- La vostra presenza non è più necessaria. Il trattato è pronto da due ore; l'imperatore ottiene Gerusalemme senza la moschea e, inoltre, la via di pellegrinaggio. La città rimane non fortificata. L'imperatore non vi collocherà alcun uomo di guerra.

Nel frattempo, uno dei cavalieri tedeschi chiede goffamente in arabo: "Se il trattato è già pronto, cosa ci fanno ancora lassù?

Lo sceicco ride un po', un po' per educazione e un po' per la gioia di aver svelato i segreti di grandi uomini: "Non ci crederete. Parlano di matematica e del significato profondo dei numeri.

Il cavaliere teutonico scuote la testa.

In quel momento c'è un'agitazione alla porta; il patriarca Gerold di Gerusalemme entra circondato dai suoi ecclesiastici e da alcuni uomini armati. La conversazione si interrompe come se fosse un segnale. Era come se fosse arrivato uno spirito a seminare discordia. Il patriarca, un grande uomo, va in mezzo agli uomini, distribuisce la sua benedizione qua e là. Alcuni cavalieri si inchinano, altri fanno finta di non vedere la benedizione. Sono vassalli dell'imperatore e il patriarca è il rappresentante del papa che lo ha bandito. Gli arabi stanno fermi; solo uno di loro, un uomo con la barba lunga e il volto sfregiato, fa il segno di difesa dal "malocchio" durante la benedizione del patriarca e sussurra: "Mi appello all'unico dio contro le menzogne di coloro che servono i tre dei! Senza che il patriarca dicesse una parola, era come se lo spirito dell'odio religioso, che ha già bevuto tanto sangue qui sulla terra, camminasse tra le file. Il patriarca attraversò lo stretto ingresso a volta della casa dove l'imperatore stava ancora parlando con il sultano. Solo due dei suoi sacerdoti lo seguirono, gli altri rimasero vicini all'ingresso. Nel cortile, le discussioni si sono ridotte al silenzio, comprese quelle dei cavalieri sul gioco. Si sentono voci sempre più forti e poi la figura del patriarca appare a una delle finestre. Si appoggia al bordo arrotondato della finestra aperta e parla all'imperatore, ma a voce così alta che tutti i presenti lo sentono:

" ... Questa pace, imperatore, è un tradimento di tutta la cristianità, un compromesso insultante, ma ciò che è più grave è la vendita del Santo Sepolcro agli infedeli. Avete tollerato con indifferenza che questa città rimanesse senza protezione. Senza mura, senza guarnigioni, solo sulla parola di un sultano miscredente, siete disposti ad accettare questa città, per il ridicolo dono di questo ingannevole possesso, per farvi riscattare il sacro privilegio della cristianità di combattere con la spada per il Santo Sepolcro e di glorificare il nome di Cristo nel sangue dei pagani!

Il Patriarca avanza mentre l'Imperatore gli sta già voltando le spalle con disprezzo: "In nome del Santo Padre della Cristianità, pronuncio il divieto di Gerusalemme, nessuna campana suonerà, nessuna santa messa sarà celebrata dove è approdato il piede bandito di questo Imperatore, che ha fatto un trattato insultante con gli infedeli, che ha spogliato la Chiesa del suo illustre privilegio di chiamare a combattere contro gli infedeli la causa del Santo Sepolcro! Sia maledetto chi sta al fianco dell'imperatore bandito, sia maledetto ogni suo passo, sia maledetta la sua amicizia con gli infedeli, con il loro falso profeta!

La voce stridula riecheggia nel cortile. È la voce dell'odio che ha devastato questo Paese per oltre un secolo. Riemergono tutte le orribili immagini delle lotte dei popoli per questa tomba. Gli emiri e i guerrieri arabi hanno il terribile ricordo, tramandato di generazione in generazione, del primo esercito crociato che attaccò Gerusalemme e massacrò la popolazione islamica a tal punto che il sangue nei vicoli raggiungeva le giunture delle gambe dei cavalli. Ai crociati venivano ricordate tutte le cose spaventose che venivano raccontate sulla crudeltà dei maomettani, sulle segrete dove venivano torturati i prigionieri, sulla sanguinosa barbarie dei turchi. Naturalmente i due gruppi si separarono. Quando il patriarca terminò il suo velenoso e penetrante discorso, uno dei capi della cavalleria curda gridò verso la finestra una delle più volgari imprecazioni arabe usate dagli asini e dai cammellieri. Già qua e là si alzano le mani sulle armi. Quando il patriarca, seguito dai suoi chierici, avanza verso la porta del cortile, i guerrieri dell'Ovest e dell'Est formano una siepe, alcuni alla sua sinistra e altri alla sua destra. Ma il patriarca alza la croce sul petto di fronte ai guerrieri dell'imperatore: "Beati coloro che non cessano di alzare la spada contro gli infedeli!

Basterebbe una piccola scintilla in quel momento per mettere le due truppe l'una contro l'altra. Quando uno dei servitori dell'imperatore arriva disarmato, nella sua veste di seta multicolore, con solo un piccolo e leggero pugnale al fianco, gli occhi del popolo si rivolgono a lui. Quasi involontariamente, gli occhi si rivolgono a lui. Un arabo, il giovane messaggero che ha portato la lettera all'imperatore, gli va incontro. I due uomini si salutano, il tedesco un po' più impacciato dell'altro, cresciuto nel clima dell'Oriente: "Ti ricordi che mi hai dato pane e acqua nella tua tenda quando sono andato dal tuo imperatore!

- È stata solo una piccola cosa, ma che sia un segno di pace", disse l'altro, recuperando rapidamente le sue conoscenze linguistiche.

Così la tensione è caduta. Le mani lasciano gli amori - come se lo spirito dei due uomini che stanno parlando lassù, o forse che sono stati a lungo assorbiti in una conversazione profonda e amichevole, si trasmettesse al gruppo.

Il grande Amir Said si rivolse anche al valletto: "Voglio anche ringraziarti per aver accolto mio figlio come ospite. La mia casa è tua, è aperta a te per sempre.

- Non vedo l'ora di vederlo - l'imperatore dice che possiamo fidarci della vostra amicizia, nonostante le differenze di credo".

L'emiro alza un po' le sopracciglia, forse sorpreso che il giovane discuta con lui di questioni così serie. Poi fa un gesto verso uno dei cavalieri teutonici più anziani e dice: "Anche quest'uomo del vostro esercito dice che l'imperatore vuole porre fine alle lotte di credenza!'".

Il tedesco dai capelli grigi china il capo: "Senza pregiudicare, naturalmente, la verità della nostra fede, che ci è stata rivelata da Gesù Cristo.

L'Amir lo contempla e riflette per un attimo: Tu sai che anche la nostra fede ci è stata rivelata, anche se è stata rivelata molti secoli dopo il tuo Cristo.

- Lei sa", disse il tedesco, "che abbiamo la parola di Dio scritta nella Bibbia.

L'Amir sorrise leggermente: Sapete che abbiamo la parola di Dio scritta nel Corano - come volete dimostrare che le vostre rivelazioni e il vostro messaggio sono corretti?

- Noi ci crediamo, Amir! Crediamo di avere il messaggio esatto di Dio!

- Anche noi ci crediamo, solo che il nostro messaggio divino è più recente. Avete vissuto abbastanza a lungo in questo Paese e sapete che tutto ciò che i vostri sacerdoti dicono del nostro profeta è una menzogna, che era piuttosto un uomo stimabile che all'epoca della sua vita era davvero convinto che Dio gli avesse parlato. Come volete dimostrare che non abbiamo la parola giusta?".

Il vecchio cavaliere lo considerò con attenzione. Sì, era giusto - e non si poteva semplicemente respingere l'obiezione con forti rimproveri di "falsi profeti" come erano soliti fare i predicatori, forse aveva anche ragione? Quindi Dio aveva parlato due volte? Alla fine, il vecchio cavaliere si ricompose: "Allora Dio deve aver parlato davvero, visto che voi vi rivolgete a Dio e io a voi, e ognuno di noi ha un libro sacro e una propria rivelazione.

- Dio ha parlato al modo in cui mi sento", ha detto l'emiro. Conoscete questa terra. Quando un uomo è solo nel deserto, sente le voci nella sabbia e nel vento, le sente in se stesso. E quando un uomo viene scelto, allora Dio lo chiama al suo cospetto e gli parla dalla solitudine del deserto e lo rende partecipe dei suoi misteri che altrimenti non potrebbe scoprire. Perché vedete, l'uomo è minuscolo davanti a Dio, un granello di polvere nella mano del Signore. Non può sapere cosa sia giusto o sbagliato. Ma nella solitudine del deserto, nel grande isolamento, Dio lo chiama a sé, lui che è un vero profeta. E così ha dato la sua verità per misericordia anche a un maomettano - sia lodato il suo nome - che era un uomo come noi. Gli rivelò ciò che l'uomo non poteva sapere, perché nessuno è grande se non Dio".

Nel circolo degli uomini di guerra arabi ci furono molti cenni entusiastici, come se l'alto emiro avesse espresso ciò che tutti sentivano.

I due uomini si guardano, il giovane arabo ha un'espressione emozionata.

Il vecchio cavaliere rifletté: "Noi non ci sentiamo così. Non abbiamo un deserto, né sentiamo voci in esso; non abbiamo sabbie morte, né vento morto. Tutto vive in noi. Il seme vive nella terra, ancora sotto la neve, in primavera la foresta è verde, in Germania il campo è verde, tutti i fiori sbocciano, in estate i campi di grano fremono, in autunno la foresta è rosso scuro, ma tutto vive in noi. Dio è anche nel più piccolo seme. Dio è nella foresta e nell'anno, è in tutte le cose che portano vita. Dio è anche in noi. Vedete, io non sono nemmeno un sacerdote, dico solo quello che penso. In ogni uomo c'è una piccola scintilla di Dio. Quindi l'uomo non è affatto piccolo, ma piccolo e grande allo stesso tempo. È una parte di Dio... Ma come posso spiegarvi questo? - Dio è proprio tutto ciò che vive, è nella nostra coscienza, nel nostro cuore.

L'Emiro lo considera con molta attenzione: Dio è il creatore di tutte le cose, quindi potrei riassumere i suoi pensieri. Ma so che vi renderei un cattivo servizio. Più a nord, in Persia, ho incontrato molti uomini che professano la fede del nostro profeta e che tuttavia la pensano come voi. Tra loro c'erano molti biondi; forse le persone con i capelli chiari la pensano tutte come lei. Ma tutto quello che mi avete detto è nella Bibbia, e cosa insegnano i sacerdoti al riguardo?

Il vecchio cavaliere lo guardò stupito, sorpreso e un po' sconcertato. Ho solo espresso come immagino Dio e come mi sento nei suoi confronti - no, i nostri sacerdoti non ne parlano molto!

- Quindi avete due tempi: da un lato siete cristiani; ma se volete essere fedeli a voi stessi, dovete pensare in modo diverso e avete una seconda fede. Vedete, questa è la differenza tra voi e noi. Voi siete andati a conquistare il Santo Sepolcro e avete sempre voluto crederci in battaglia - ma il vostro cuore è sempre andato verso l'altra fede. Noi abbiamo una fede del miglior uomo del nostro popolo in cui Dio ci parla davvero come lo sentiamo e lo capiamo; per questo tutti i vostri eserciti non sono riusciti a toglierci questa terra. Si può convincere solo con il proprio Dio.

In quel momento, l'imperatore e il sultano varcano la porta della casa: le discussioni si interrompono e i guerrieri li salutano.

Una luce si sprigiona dai volti dei due sovrani. Accompagnando il Sultano alla porta, Federico II dice ancora una volta: "C'è più pietà nella matematica che in tutti i patriarchi di Gerusalemme e nei dervisci che ora brontoleranno contro di voi. La matematica è eterna e vale per tutti i popoli - ma Dio parla a ogni popolo nella sua lingua.

Il Sultano annuisce: Posso dire una cosa e sapere se non vi fa male? Perché i vostri preti parlano al vostro popolo in latino e perché il Papa non può mai essere un ghibellino?

L'imperatore sorride: Sì, è un mondo alla rovescia. I sacerdoti dovrebbero cercare la pace di Dio e predicare la guerra delle religioni, ma i governanti che dovrebbero condurre le guerre religiose, concludono la pace al loro posto, si occupano di matematica e si chiedono perché ci siano tante concezioni diverse di Dio.

Ma nella sua stanza, il patriarca si siede e scrive al papa: "E da un rapporto così blasfemo con i Saraceni non può nascere altro che il dubbio. Si è già arrivati a un punto tale - è terribile dirlo! - che gli uomini che sono andati a liberare il Santo Sepolcro si chiedono ora se la rivelazione di Maometto non sia preferibile a quella di Cristo, o addirittura se le due rivelazioni siano giuste o sbagliate, o addirittura - orrore supremo - nelle battaglie si appellano alla ragione e lasciano che sia essa a decidere quale religione sia migliore. Santo Padre, vedo con timore un nido di eresie che sta nascendo in questo Paese, posso solo immaginare con timore cosa accadrà a Lei, al Suo potere e alle Sue rendite se si propagherà questo appello alla ragione, e persino la terribile dottrina erronea secondo cui ogni popolo vive il suo dio a modo proprio..."

Una razza è un'unità di corpo e anima, di qualità fisiche e spirituali. Il sentimento religioso più profondo di un uomo è in ultima analisi condizionato dalla sua razza. È per questo motivo, quindi, che il valore delle religioni per i membri di razze diverse non può essere messo in discussione. Semplicemente, ogni popolo deve vivere in accordo con la propria specie. Il pericolo sta solo nel fatto che una religione universalista si arroga il potere di violentare spiritualmente uomini di razze diverse e di fanatizzare un clero ambizioso per scopi spesso molto secolari.

SS-Stubaf. Dr. Johann v. Leers

QUADERNO SS N. 1. 1944.

I COSACCHI

Resti germanici in Oriente

La storia russa è spesso piena di lacune perché gli storici erano vincolati agli ordini e alle istruzioni dei padroni zaristi o dei tiranni sovietici. Così, gli storici russi hanno affermato che gli Ostrogoti sono andati a ovest dopo la morte di Ermanerich. Non sanno delle tre battaglie dei Goti e dei Colchi contro gli Unni nella regione della Colchide, il fatto è che gran parte dei Goti rimase ancora lontana nella regione del Caucaso settentrionale e nel Caucaso stesso. Erano così indeboliti che non fondarono più uno Stato. Un libro di memorie dei Colchi dice che in seguito un goto divenne vescovo della Chiesa ortodossa della Colchide. Melanchton riferisce anche che alcuni testimoni gli dissero che i Turchi trovarono un goto nelle vicinanze di Colchus durante la conquista della Crimea. Dice anche che gli abitanti di questo Paese parlano una lingua germanica. È quindi provato che i Goti se ne andarono solo in piccolo numero verso ovest dopo la morte di Ermanerich.

I Varegi e i Vichinghi fondarono l'Impero di Kiev. Intorno all'anno 1000, alcuni di loro si spinsero a sud-est e probabilmente crearono il principato di *Tumtarakan* sul Mar Nero. Questi popoli del nord si fecero strada con la forza nell'Impero bizantino. Il principe Mistislav di Tumtarakan racconta di aver sottomesso i cosacchi intorno al 1022 e che i cosacchi si mescolarono con gli abitanti di Tumtarakan. A quel tempo, nella regione a est del Mar Nero, esisteva anche l'Impero Kazar. Nei vasti spazi dove i popoli dell'Oriente mongolo spesso combattevano contro l'Occidente ariano, dove si incontravano le razze nordiche e dinariche, il russo pensava di aver cancellato tutte le tracce dei popoli germanici come i Baskari, gli Sciti, i Russi, i Goti e i Normanni. Non era così.

Nel II secolo, i cosacchi comparvero nella regione di Zaporogue e sul Don. Chi erano i loro antenati? Non lo sappiamo. Gli storiografi russi a volte sostengono che fossero una tribù slava pura, oppure che fossero discendenti degli Unni o dei Pecheni - ma le caratteristiche razziali esterne ci dicono che si tratta di un popolo misto norreno e dinarico. È certo che questi resti di popoli germanici scomparsi nella steppa si mescolarono con gli slavi ceceni e con altri popoli ariani caucasici. Questo popolo di cavalieri combattenti della steppa, che respingeva tutti gli invasori, intraprendeva volentieri anche incursioni in altri Paesi.

I cosacchi dovettero subire dure rappresaglie dopo l'assalto mongolo. Alcuni di loro fuggirono sulle montagne, altri andarono dai granduchi a Mosca dove vissero in fortezze (Gorodnoje) o come cosacchi liberi (Wolnje).

Un autore genovese ci dice che nel XV secolo i cosacchi, chiamati Brodnikis dai turchi, parlavano una lingua mista. Ciò non coincide con il fatto che avessero sempre parlato ucraino o russo. Nelle dispute tra Polonia, Mosca e Turchia, a volte erano dalla parte di Mosca, a volte dalla parte della Polonia. A volte combattevano anche da soli contro i turchi.

Nel 1654, lo zar riuscì a conquistare i cosacchi del Don con un trattato di amicizia. A loro furono concessi diritti e privilegi speciali e da allora conducono una vita che ha molte analogie con quella dei contadini-soldato germanici. Questi liberi contadini-soldato della steppa non solo presero più di una caratteristica dalla cavalleria occidentale, ma anche dai principi ariani del Caucaso. Combattevano sempre contro i popoli invasori dell'Asia interna orientale e proteggevano l'Europa occidentale in un momento in cui essa stessa si stava indebolendo nelle lotte religiose (Crociate, Riforma, Controriforma).

Oltre agli Zaporogue e ai cosacchi del Don, ci sono anche i cosacchi del Kuban, del Terek, della Montagna, di Orenburg, di Semir, di Sibier, di Saheikul, di Yenisei, di Usur e di Amur.

I cosacchi vivono in villaggi chiusi, chiamati staniza. Una piccola colonia è chiamata chuter, mentre diversi chuter possono unirsi in una staniza. Al vertice di una staniza c'è l'ataman. Viene scelto da un'assemblea di uomini. Come segno del suo rango, nelle occasioni solenni porta uno scettro d'argento con un teschio inciso sopra. Ai tempi degli zar, sullo scettro erano incise le seguenti parole: "Per Dio, lo zar e la patria! Non appena l'atamano alzava lo scettro durante un raduno, dava il messaggio di fare silenzio. I cosacchi obbedivano liberamente a questo atamano eletto. Le principali decisioni riguardanti la tribù venivano prese durante le riunioni popolari degli uomini. Vengono discusse la guerra e la pace, l'assegnazione delle terre e le sentenze. Tre cosacchi fungono da consiglieri, segretari e tesorieri accanto all'ataman, mentre dieci cosacchi armati formano la polizia. L'atamano è anche responsabile di giudicare i reati minori. L'onore e la fedeltà sono i principi fondamentali, insegnati non solo in famiglia, ma anche al giovane soldato. I ladri sono esclusi dalla comunità. Le donne non possono partecipare alle riunioni popolari.

Le donne sono responsabili della casa e godono di grande considerazione. La scelta di una moglie è soggetta a una rigida selezione. Quando un cosacco vuole sposarsi, può farlo solo con una cosacca, oppure deve rubare belle ragazze a un popolo caucasico vicino. Quando prende una ragazza cosacca, il padre della ragazza deve dare il suo consenso al matrimonio. Non esistevano divorzi. Quando una donna era infedele, veniva punita dal suo stesso marito. In questo caso egli aveva il diritto di picchiarla. I cosacchi non potevano sposare donne mongole, ma in seguito anche donne ebree. In occasione di feste come i matrimoni, si poteva bere per giorni e giorni. La coppia era di solito accompagnata in chiesa da compagni a cavallo.

Dopo la conversione, si sono uniti alla Chiesa ortodossa. Vivono rigorosamente secondo le regole della loro fede; a Natale e a Pasqua digiunano, cioè non mangiano latte o carne per lunghi periodi. Sono i difensori della Chiesa. All'età di 19 anni, i cosacchi dei fiumi Zaporogue, Don e Terek furono riuniti in un campo militare su un'isola. Lì prevalevano un ordine e una disciplina rigorosi. I cosacchi dello Zaporozo avevano il loro campo militare sull'isola di Kortiza, i cosacchi del Don sull'isola di Don, vicino alla città di Novotcherkask; i cosacchi del Terek sull'isola di Tchetchen (foce del Terek nel Volga). Anche i Varegue normanni si trovavano in questi accampamenti militari. Anche l'esercito familiare dei cosacchi è germanico.

All'epoca dello zar, il cosacco diciannovenne si presentava al servizio militare. Durante l'ispezione veniva indirizzato, a seconda del suo grado di attitudine, alla cavalleria, all'artiglieria o alla fanteria. Partecipò a un corso di addestramento di nove mesi. Nel dicembre dello stesso anno, il giovane cosacco entrò nel suo reggimento con un cavallo, una sella e una spada. Doveva procurarseli a proprie spese. Il cosacco povero entrava nel reggimento di fanteria o di cavalleria con una spada. Riceveva anche un cavallo e una sella, un cappotto, due uniformi, tre set di biancheria, un berretto, un fucile, una pistola e una spada.

L'equipaggiamento era sempre controllato dalle commissioni militari. Il servizio attivo durava tre o quattro anni. Il reggimento era diviso in secoli (secoli germanici). Erano riuniti in base ai colori degli animali. Grande importanza era data alla disciplina e al cameratismo. Venivano assegnati premi per le prestazioni nell'equitazione e nel tiro. I più meritevoli venivano ammessi alle scuole di formazione per ufficiali. Dopo il periodo di servizio attivo, il soldato tornava a casa. Dopo cinque anni nella riserva, dove spesso doveva presentarsi con il suo equipaggiamento, passava alla seconda riserva. Poi gli fu permesso di vendere il suo cavallo.

Dopo il servizio militare, aveva il diritto di presentarsi armato alle riunioni degli uomini e poteva anche votare. Aveva anche il diritto di richiedere la terra, diventando così un contadino indipendente. Poteva disporre del suo surplus di reddito come voleva. Nelle riunioni popolari, l'atamano doveva rendere conto dei beni comuni della comunità del villaggio. Come nelle tribù germaniche, esisteva anche una proprietà comune: i pascoli, lo stallone, il toro del villaggio, la pesca e la caccia.

Avevano anche una scuola comune. I figli dei popoli stranieri non potevano frequentare la scuola cosacca. La proprietà comune era amministrata dall'atamano. Nel tempo libero, il cosacco era felice di cacciare e pescare.

Come già detto, i cosacchi di Zaporozo avevano il loro campo militare sull'isola di Kortiza. Per ragioni politiche, furono trasferiti da Caterina II e si stabilirono sul Mar Nero, dove da allora sono chiamati cosacchi del Mar Nero o del Kuban. Per rispetto a questa grande imperatrice, fondarono la città di Ekatherinenburg (oggi Krasnodar), dove eressero un monumento in suo onore. I cosacchi ricevettero dallo zar non solo privilegi economici, ma anche militari. Erano la guardia del corpo dello zar. Per questa unità venivano scelti gli uomini più alti, più forti e più belli. A uno di questi uomini fedeli veniva anche ordinato di sorvegliare i figli dello zar. Ancora oggi i cosacchi mostrano con orgoglio la foto di un cosacco del Kuban con l'ex figlio dello zar.

I cosacchi del Don avevano il loro campo militare sull'isola del Don. Solo nel 1624 lo zar concluse contratti di amicizia con i cosacchi del Don e, in seguito, con gli altri cosacchi, di cui si può dire che sono in realtà contadini e guerrieri liberi. Essi divennero i più fedeli difensori dell'Impero zarista.

I cosacchi del Terek vivevano sul Terek e avevano la loro fortezza militare sull'isola di Chechen. Non volevano sottomettersi allo zar Ivan Net e furono quindi attaccati da lui sulla loro isola. Dopo duri combattimenti, si arresero alla superiorità del nemico. I sopravvissuti fuggirono sulle montagne e si chiamarono Cosacchi di Montagna. Poco dopo, riconobbero lo zar che li inviò a combattere contro i Tatari. Dopo una vittoria sui Tartari, diede loro il permesso di tornare nelle pianure. Per aumentare il loro numero, fece insediare sul Terek mille famiglie di cosacchi del Don e cinquecento famiglie provenienti dalle regioni del Volga.

Non c'è molta differenza tra gli usi e i costumi e lo stile di vita di ogni tribù. Le usanze si adattano alle caratteristiche provinciali. I tratti caratteriali includono coraggio, audacia, grande senso dell'onore e orgoglio. Eccessi e incoerenza sono i difetti dei cosacchi. La grande ospitalità è una caratteristica notevole dei cosacchi. Nessuno viene respinto. Se un visitatore trova un oggetto straordinariamente bello, gli viene regalato. I cosacchi delle montagne e degli Urali si sono adattati alle condizioni di vita delle montagne. Tutte le tribù dei cosacchi derivano dai cosacchi del Don, del Kuban e del Terek. Gli zar insediarono i cosacchi ovunque l'Impero fosse minacciato dai nemici o quando si dovevano fare delle conquiste. I cosacchi svolsero un ruolo importante nella conquista dell'Asia orientale e occidentale. Come truppe d'assalto, invadevano i Paesi nemici, vi si insediavano e fondavano piccole fortezze, gli "Ostrogi", per poi pacificare il Paese. Queste truppe d'assalto erano composte da cinquanta a cento uomini e venivano chiamate centurie. Il comando degli stranieri fu rimosso, il resto della popolazione fu sconfitto e politicamente messo alle strette. Oltre al loro carattere guerriero, i cosacchi facevano svolgere il lavoro agricolo ai servi della gleba che ricevevano dallo zar. Al culmine della servitù della gleba, accolsero un afflusso di contadini in fuga da ogni parte dell'Impero. Questi furono ammessi nella comunità tribale dopo aver prestato giuramento. Inoltre, alla riunione di Stanize, veniva loro assegnata della terra. Lo zar fece stabilire nelle regioni cosacche dei soldati in pensione per rafforzare l'insediamento cosacco. Nel 1835, i cosacchi del Don furono costretti a chiedere allo zar un ukase che promulgasse il divieto di ulteriori insediamenti nella regione cosacca del Don.

Dopo il crollo dell'Impero zarista, i cosacchi lottarono per una libera repubblica. Nel 1917 la proclamarono nel Caucaso settentrionale. I bolscevichi tentarono con ogni mezzo di distruggere il neonato impero. Dopo quattro anni di combattimenti, i

I cosacchi furono sconfitti dai bolscevichi. Si dice che i commissari ebrei abbiano trattato la popolazione in modo crudele. Quelli che sopravvissero furono mandati all'interno del Paese o in prigione. Nel 1929, i cosacchi si ribellarono e divennero controrivoluzionari. Si rifiutarono di accettare la kulakizzazione. La rivolta fu stroncata. Dovettero cedere la loro indipendenza e le loro peculiarità allo Stato bolscevico. Lo scoppio della guerra nel 1941 spinse i bolscevichi a restituire ai cosacchi la loro indipendenza. Ora potevano indossare di nuovo i loro costumi e le loro armi e avevano una personalità nazionale. Si sperava di riconquistare questi coraggiosi guerrieri. Ma la maggior parte dei reggimenti cosacchi colse la prima occasione per schierarsi con i tedeschi, nella speranza di vincere con loro. Sognavano anche che dopo la guerra avrebbero potuto costruire uno Stato indipendente sotto la guida tedesca.

Fu il sangue germanico a motivare i contadini-soldati amanti della libertà a compiere questo passo.

Non ho mai sentito parlare di leggi matriarcali slave o di usanze slave o addirittura unne tra i cosacchi. In nessuno dei resoconti ho trovato peculiarità straniere.

Non c'è forse un'analogia tra la descrizione dei Gatti germanici e quella dei Cosacchi quando Tacito dice di questi ultimi: "In questa nazione, corpi più duri, membra nervose, volti minacciosi e maggior vigore d'animo. Per i Germani, una grande quantità di ragionamento e di abilità: prendere per capi uomini d'élite, ascoltare i loro capi, mantenere i ranghi, riconoscere le opportunità, differire gli attacchi, ordinare i loro giorni, fortificare le loro notti, prendere la fortuna per incerta, la virtù per sicura, e infine, cosa molto rara e concessa solo alla disciplina romana: aspettarsi più dal capo che dall'esercito.

ANNALI N° 1. GENNAIO 1944.
EDIZIONE DELLA BRIGATA SS VALLONIA.

I BASTONCINI DI BORGOGNA

Molto prima del loro arrivo nei Paesi Bassi, i duchi di Borgogna avevano come emblema bastoni incrociati a forma di croce di Sant'Andrea. La scelta di tale croce non fu fatta a cuor leggero, ma in contrasto con le croci dei re francesi e inglesi, la Croce di San Denis e la Croce di San Giorgio.

I duchi di Borgogna avevano un santo patrono: Sant'Andrea. Era una prova di clericalismo? No, perché ogni Paese ha il suo santo patrono.

È con Filippo l'Ardito che vediamo per la prima volta nelle nostre province i bastoni borgognoni, che diventano nodosi sotto Giovanni il

Temerario. Da allora sono rimasti il simbolo delle province occidentali, soprattutto durante l'Impero. Le nostre prime due pagine di illustrazioni sono un esempio di come venivano considerati i bastoni nodosi. Queste pagine, tratte dal magnifico manoscritto del Toson d'Oro, di proprietà del signor Léon Degrelle, mostrano le armi di Carlo V, in cui si distinguono quattro volte i bastoni annodati e gli accendini del Toson d'Oro, e un ritratto dello stesso imperatore. Sull'abito cerimoniale indossa i bastoni ricamati; il colletto è decorato con una ghirlanda di accendini e il Vello d'Oro.

È noto che le città della Vallonia non sono mai state facili da governare e spesso i duchi di Borgogna hanno dovuto reprimerle. Tuttavia, di loro spontanea volontà, hanno inciso i bastoni annodati sui loro monumenti. Non possiamo citare un esempio migliore di quello che si può vedere a Liegi, la città ribelle per eccellenza. Nel vecchio camino del municipio è stato inciso con orgoglio il vecchio emblema dei duchi di Borgogna.

Durante l'Impero, molti valloni si unirono al servizio armato dell'Imperatore. Il principe Eugenio, glorioso in più di una battaglia, era non poco orgoglioso di combattere con le bandiere militari con la croce di Borgogna al suo fianco, mescolate alle bandiere con l'aquila. I Valloni avevano sempre i bastoni nodosi sulle loro bandiere militari e a pagina 84 delle Battaglie del Principe Eugenio, pubblicate all'Aia, c'è una grande tavola che mostra il Principe in battaglia accanto a una bandiera con la Croce di Borgogna nella battaglia di Audebarde.

D'altra parte, le monete dell'Impero coniate per le province occidentali da Carlo V a Giuseppe II erano regolarmente contrassegnate con il bastone nodoso insieme all'aquila.

Durante la Rivoluzione francese, migliaia di tedeschi delle nostre province si ribellarono per fedeltà all'Impero contro la Francia giacobina. I loro stendardi recavano la Croce di Borgogna rossa su sfondo bianco.

Così, gli ultimi soldati valloni fedeli alla comunità germanica resistettero eroicamente all'invasione francese sotto le pieghe di vecchie bandiere con bastoni nodosi.

Le nostre province non hanno mai avuto altri simboli. Ci sono voluti gli sforzi incessanti della propaganda francese per far dimenticare i bastoni nodosi e per far apparire un nuovo emblema: il galletto, simbolo delle mire annessionistiche della Francia in Vallonia. Il galletto apparve solo intorno al 1913 come distintivo antifiammingo e antitedesco.

Ancora oggi, è sotto il segno dei nodosi bastoni della Borgogna che i migliori figli della Vallonia combattono a fianco delle aquile germaniche.

Dp.

II. STORIA CULTURALE

OPUSCOLO SS N. 10. 1937.

FORMAZIONE DI UN GRUPPO DI LAVORO SULL'ETNOLOGIA NAZIONALE

Il Reichsleiter Darré, Hierl, Himmler, Rosenberg e V. Schirach formarono un gruppo di lavoro sull'etnologia nazionale tedesca all'inizio di gennaio. Schirach formarono un gruppo di lavoro sull'etnologia nazionale tedesca all'inizio di gennaio.

Quali sono gli obiettivi della formazione del Gruppo di lavoro nazionale di etnologia?

Ancora oggi, i nostri avversari ideologici provenienti dai vari campi della reazione e delle Chiese cercano, sia potenzialmente che efficacemente, di distruggere il nostro lavoro e di denigrarlo, proprio come i nemici del popolo hanno attaccato il loro patrimonio più sacro durante lo scorso millennio.

Questo gruppo di lavoro deve agire con la massima energia per mettere fuori gioco questi nemici. Inoltre, deve permettere al lavoro etnologico di trovare applicazioni all'interno del Partito e delle sue associazioni, data la sua grande importanza per l'educazione e la formazione.

Che cos'è l'etnologia nazionale?

L'etnologia nazionale è "la scienza che studia ciò che costituisce il popolo". Il modo di vivere del popolo tedesco è quindi al centro dell'etnologia nazionale scientifica, ad esempio le credenze popolari, i canti, le danze, la lingua, i costumi, i simboli, l'intera gamma di storie (racconti, leggende, storie divertenti, indovinelli, proverbi, ecc.), l'artigianato, l'abbigliamento (costumi), i mobili, l'edilizia, le abitazioni.

La recente scienza nazionalsocialista dell'etnologia nazionale basa la protostoria del nostro popolo sulla conoscenza della psicologia razziale e della razziologia. Essa considera uno dei suoi compiti principali quello di sottrarre il patrimonio tradizionale alle influenze straniere introdotte nell'ultimo millennio.

Quanto è importante per noi l'etnologia nazionale?

A differenza della scienza "oggettiva" e "assoluta" del passato, noi consideriamo l'etnologia nazionale non come un fine in sé e per sé, ma dal punto di vista della visione del mondo nazionalsocialista, che è al servizio del popolo. Lo sfruttamento delle scoperte scientifiche serve a educare ideologicamente il popolo, perché il patrimonio popolare tradizionale esprime e chiarisce perfettamente la visione del mondo del nostro sangue.

La religiosità germanica e la fede nel Dio nordico si ritrovano tanto nel mondo tradizionale delle storie, delle leggende e delle canzoni quanto in quello dei costumi. Si ritrovano nei segni e nei simboli sacri che troviamo ovunque nelle nostre case di campagna e nei nostri prodotti artigianali.

Non si tratta affatto di elaborare un sistema religioso a partire da questi resti di una visione del mondo precedente, ricorrendo a interpretazioni affrettate. Ciò significherebbe seguire un processo inorganico che darebbe origine a un nuovo dogmatismo. Ma conoscere la storia della movimentata evoluzione del mondo spirituale e materiale tradizionale dei nostri antenati può affinare i nostri sensi per permetterci di discernere ciò che è nostro e ciò che è estraneo. In questo modo, possiamo cogliere meglio le interazioni e gli effetti delle forze spirituali del nostro popolo che hanno attraversato la notte dei tempi e che oggi si esprimono in modo puro nelle celebrazioni delle organizzazioni combattenti del Movimento e nelle grandi feste della nazione. Queste ultime esprimono la nuova unità recuperata dal nostro popolo.

Le grandi parole di Ernst Moritz Arndt esprimono questo desiderio di concretezza: "Essere un popolo è la religione del nostro tempo; attraverso questa fede deve essere unito e forte, e attraverso di essa sconfiggere il diavolo e l'inferno. Abbandonate tutte le piccole religioni e seguite il grande messaggio di colui che è superiore al Papa e a Lutero, unitevi in lui in una nuova fede.

I compiti pratici di un'etnologia nazionale tedesca.

Si occupano principalmente della progettazione di feste e dello stile di vita quotidiano. I festeggiamenti che scandiscono la vita, l'anno e le grandi feste nazionali erano soprattutto un ampio campo di attività per una scienza consapevole dell'importanza del suo lavoro nazionalsocialista. Lo studio della preparazione delle serate festive in tutte le principali organizzazioni del movimento e dello Stato pone molte questioni all'etnologia nazionale. Essa ha quindi una responsabilità fondamentale e deve studiare i campi dell'architettura, dell'abbigliamento e dell'artigianato creativo.

SS-Ostuf. Ziegler,
Direttore dell'ufficio specializzato della Commissione del lavoro.
SS-Hstuf. Strobel,

capo del dipartimento educativo dell'ufficio.

QUADERNO SS N. 3. 1944.

NASCITA E FINE DEL MONDO
NEL MITO ARIANO

Da dove vengono i mondi, gli dei, gli uomini e tutte le cose tra cielo e terra? E qual è il loro destino, soprattutto quello degli dei e dei mondi, anche se sopravvivono alla vita terrena dell'uomo e sono soggetti a una grande legge cosmica?

Sono le eterne domande che l'uomo si è sempre posto, in tutte le epoche e presso tutti i popoli. Lo studio comparato di miti e leggende rivela una sorprendente concordanza, sia nelle domande che nelle risposte. Ma non si tratta semplicemente di notare una differenza razziale nello studio dei miti. Il mito ariano della nascita del mondo è in linea di principio diverso da quello cinese, babilonese o azteco. Sebbene le rappresentazioni di un ordine cosmico sembrino, a prima vista, ugualmente divergenti nell'area razziale ariana, esiste, nonostante le differenze spaziali e temporali, una struttura di base comune che viene riconosciuta. La stessa conoscenza di una legge universale eterna è ravvisabile nell'esperienza emergente del Nord germanico, in quella dei pensatori dell'India vedica e nelle preghiere del grande mistico ariano Zarathustra.

Il Rig-Veda e l'Edda forniscono la più magnifica testimonianza di miti di nascita del mondo provenienti dalla sfera razziale ariana. Quasi duemila anni prima che la percezione filosofica del mondo iniziasse in Grecia, la saggezza ariana indiana raggiunse i limiti della conoscenza umana oltre i quali regna l'ignoranza. Oggi non possiamo che avere un grande rispetto per l'irresistibile purezza della saggezza ariana che si manifesta in tutta la sua profondità nel decimo libro del Rig-Veda, al capitolo 129:

1 "Nel passato non c'era il non-essere, né l'essere. Non c'era spazio e non c'era cielo. Che cosa si muoveva? Dove si muoveva? In quale distesa? L'acqua era insondabilmente profonda?

2. Nel passato non c'era morte, né immortalità, né differenza tra notte e giorno. L'Uno respirava senza vento dalla sua stessa potenza; non c'era nient'altro che questo.

6. Chi sa con certezza, chi può annunciare qui dove è nata, da dove viene, questa creazione? Gli dei sono al di qua della creazione dell'universo. Ma chi sa da dove viene?

7. Da dove proviene questa creazione; se è creata o increata. Colui che veglia su di essa dal cielo. Lo conosce bene! O non lo conosce di più?

Agli occhi del pensiero cristiano, quest'ultima domanda potrebbe sembrare un grave oltraggio e una negazione dell'onnipotenza divina. La mente ariana dell'India non conosce tali pastoie, né alcuna rivelazione divina assoluta che maledica a priori qualsiasi idea umana ad essa relativa. Come i Greci di Omero, come i Germani dei canti eroici dell'Edda, l'Indiano si presenta ai suoi dei con un'orgogliosa coscienza di sé e una calma quasi serena. Sa anche che gli dei sono "al di qua della creazione dell'universo" e che, come l'uomo, sono soggetti a un ordine mondiale superiore. E, per comprendere questa causa ultima del mondo alla lettera, investe interamente in se stesso, isolato nei campi attraenti e promettenti della mente. Né è stato in grado di definire ciò che non esisteva all'inizio. Ma come un viandante che non riesce più a spiegarsi nulla, cerca e lotta per la conoscenza, esplora la parola nei suoi fondamenti più profondi e trova molto prima di un Platone e di un Aristotele la nozione fondamentale assoluta: Atman e Brahman - l'uno e il tutto - sat e âsat - essere e non-essere. Così, il nostro testo illustra in modo esemplare il fatto che l'India ariana ha trasformato la creazione multipla e pittorica dell'esperienza poetica in una ragione pensante, in una nozione astratta.

Nell'Edda, il destino dei mondi è rimasto un mito genuino e strutturato dalla profonda predizione delle Norne e dei saggi veggenti con i loro volti intrisi di mistero. Laddove l'India manifesta già la sacralità del pensiero astratto, la predizione della Volva germanica avvolge il Paese nordico con il suo canto sussurrante, dove ogni parola riflette l'ambiente terreno.

Le domande e le risposte sono certamente molteplici, ma il "volto del veggente" agisce come una musica potente, che ruggisce in accordi fatali, per poi sussurrare di nuovo e parlare dolcemente di cose eterne - mentre nell'India ariana è esplicito solo il linguaggio nudo e crudo.

L'Edda inizia con la predizione del veggente. L'importanza che un tempo le veniva attribuita è già evidente. I tentativi di trovare in questo poema sul destino dei mondi uno scopo religioso di natura aliena sono sempre falliti. La predizione della Volva non è una religione e non vuole esserlo. È una visione di grande stile, mitica, di un'epoca che sapeva ancora imparare dallo studio del mondo esterno, che era intenta a spiare i tanti segreti delle foreste e dei mari.

La veggente esprime la sua scienza misteriosa con una voce che fa cessare ogni rumore e impone un silenzio solenne:

Silenzio Chiedo a tutti
Esseri sacri,
Piccoli e grandi
Figlio di Heimdall ;
Volete che io, Valfüdr,
Rivelo
Le antiche storie degli uomini,
Il più remoto che io ricordi,

Ricordo i giganti
Nato originariamente,
Loro, molto tempo fa,
Mi ha fatto nascere;
Nove mondi che ricordo,
Nove enormi distese
E il glorioso albero del mondo
Seppellito sotto terra.

È stato nella prima epoca
Dove non c'era nulla,
Né sabbia né mare
Né onde fredde ;
Non c'era terra
Né cieli alti,
Il vuoto è stato colmato
E l'erba da nessuna parte

Che abisso tra l'"essere e il non essere" del Rig-Veda e il "Né sabbia né mare/ né fredde onde" della nostra poesia! Ecco i limiti delle riflessioni solitarie della mente, ecco i tratti vissuti del paese nordico! Da un lato, si esprime il primo grande tentativo dell'arianità, che è sempre rimasta estranea a questo ambiente, di comprendere le cose in modo puramente razionale; dall'altro, il visto e il vissuto vengono trasposti in parole mitiche e anche poetiche, che rivelano un rapporto estremamente vivo con questo ambiente. Si possono notare le lacune particolarmente evidenti che hanno portato la mente ariana a seguire percorsi diversi nel corso dell'evoluzione.

Il mito germanico della nascita del mondo è una testimonianza immortale della viva interazione tra esperienza e creazione. E quando la veggente evoca per la prima volta i tempi antichi della memoria mitica, dispiega immediatamente davanti ai nostri occhi un'immagine grandiosa del mondo che sintetizza passato, presente e futuro con inflessibile necessità. Nascono gli dei e gli uomini, una creazione, una costruzione, e "la guerra è venuta al mondo", un fatto che deve essere affrontato eroicamente.

Si ha l'impressione di assistere a un processo di evoluzione del mondo presentato come una grande sinfonia in chiave maggiore, ma la veggente maledice presto i primi accordi minori. Sente il destino che nessuno può evitare. Il crepuscolo degli dei e dei mondi sta prendendo forma. Gli dei si stanno preparando e anche gli uomini. Inevitabilmente, Volva interpreta i segni infallibili della fine imminente:

I fratelli si combattono tra di loro
E si sono messi a morte,
I genitori si contaminano

Il proprio strato;
Tempo difficile nel mondo,
Adulterio universale,
Tempo di asce, tempo di spade,
Gli scudi sono incrinati,
Tempo di tempeste, tempo di lupi
Prima che il mondo crolli;
Persona
Non risparmiate nessuno.

Il sole si sta oscurando,
La terra sprofonda nel mare,
Le stelle che brillano
Sfarfallio nel cielo;
Raggirate i fumi,
Le fiamme ruggiscono.
Un ardore intenso
Giocare al cielo.

Il crepuscolo degli dei e dei mondi: questo è il pensiero ariano più audace. Conclude il mito della nascita dei mondi e il grande inizio si conclude con un finale altrettanto potente. La mente ariana non conosce un mondo perfetto, che nasce e poi crolla, né un giudizio finale. Il mondo è piuttosto "una ruota che gira su se stessa", simboleggiata dalla svastica. I testi vedici si riferiscono spesso all'ordine cosmico come alla "grande ruota del divenire", che rotola irresistibilmente insieme al destino. La decadenza degli dèi e del mondo non è nemmeno il fine ultimo che continua con una vita in un aldilà eterno.

Da Nietzsche in poi, il concetto di "eterno ritorno di tutte le cose" è stato un grande pensiero in divenire. L'insegnamento del ritorno trova la sua forma più sublime nel Völuspa. Sì, il crepuscolo degli dei è del tutto assurdo senza un nuovo mattino dei mondi nella prospettiva germanica. La trasformazione vittoriosa del male in bene si compie quando "il male diventa migliore e Baldr ritorna". La più sacra certezza ariana è che la luce trionferà infine sulle tenebre, il bene sul male. Essa ha trovato la sua manifestazione senza tempo nell'insegnamento del grande ariano persiano Zarathustra in un'epoca illustre.

Fritz Reich

OPUSCOLO SS N. 3. 1938.

LA VISIONE GERMANICA DEL CIELO

Per millenni la Terra ha ruotato intorno al Sole e alle stelle e ha portato con sé l'autocoscienza dell'umanità. E continuerà a farlo per milioni di anni, ma è solo nell'ultimo milione di anni che gli occhi umani si sono rivolti consapevolmente verso il Sole e le stelle più vicine al "loro cielo".

A parte l'adozione di uno stile di vita estremamente semplice, non sappiamo nulla dei primi lignaggi umani sviluppatisi centinaia di migliaia di anni fa. Solo intorno al 100.000 a.C. si distinguono le tracce della loro migrazione terrestre e intorno al 30.000-20.000 a.C. si cominciano a trovare alcuni dettagli. Tuttavia, è solo intorno a 10.000 anni fa che l'uomo appare alla *luce della storia*, e da quel momento in poi cominciamo a sapere di più su di lui, sulla sua vita quotidiana e spirituale e anche sul suo rapporto con le stelle. Infatti, dopo la garanzia dei bisogni quotidiani, non c'è nulla a cui l'uomo sia più intimamente e originariamente legato che al Sole e alle stelle. I poeti, che esprimono la coscienza popolare, cantano e parlano sempre delle stelle. L'uomo ha imparato a conoscerle sempre meglio e ha creato la sua immagine del mondo, la sua *immagine del cielo*.

Gli astronomi ci descrivono le visioni terrestri e celesti dei popoli, siano essi greci, romani, egizi o babilonesi. Troviamo opere astronomiche molto dettagliate degli ultimi cinquant'anni - non manca nemmeno l'astronomia degli arabi - solo che non c'è nulla sulla visione celeste dei tedeschi! Ci sono alcune osservazioni sul sito di *Stonehenge,* perché un astronomo inglese ha scritto qualcosa al riguardo - ma anche in questo caso gli studiosi non si sono trovati a lungo d'accordo.

Nella letteratura specializzata si trova una nuova e molto approfondita storia dell'astronomia che, in seicentocinquanta pagine, ne dedica sette all'astronomia dei Germani. L'autore fa affermazioni come: "I Germani appresero dai Romani l'uso del mese e della settimana di sette giorni", e per il resto fornisce cautamente poche informazioni. Opere di giovani studiosi li contraddicono, ma non si va lontano quando, ad esempio, uno di loro sostiene la seguente opinione:

"Nei siti originari dei popoli germanici, nella Germania settentrionale, in Danimarca e nella Svezia meridionale, il clima non è praticamente cambiato dall'Età del Bronzo, all'Età del Ferro e oltre. Per lo più, a causa dei cieli coperti e delle frequenti precipitazioni, è eccezionale poter osservare il cielo e le sue manifestazioni ogni notte e notare i cambiamenti, tranne che in un corpo celeste chiaro e luminoso come la Luna".

No, questa tesi non può essere accettata perché i cieli dell'Età del Rame (dal 5000 al 2000 a.C. circa) e dell'Età del Bronzo (dal 2000 al 500 a.C. circa) erano diversi da quelli dell'Età del Ferro (dal 500 a.C. ai giorni nostri, quando è già iniziata l'età dei metalli leggeri). Un'epoca più calda, soleggiata e meno piovosa ha lasciato gradualmente il posto a un clima più freddo e piovoso a partire dal 3000 a.C..

Fu proprio all'inizio dell'Età del Ferro che i cambiamenti climatici scomparvero e si stabilì la situazione che conosciamo ancora oggi. Questo fatto non può essere ignorato. Quindi, durante l'Età del Bronzo e molto prima, l'area germanica all'inizio del Neolitico aveva un clima sostanzialmente più favorevole, soprattutto per l'osservazione del cielo.

I disegni rupestri nella Svezia meridionale descrivono le precipitazioni di questo periodo.

Queste incisioni riguardano principalmente l'osservazione del sole e le feste solari. La loro ricchezza indica che veniva effettuato un esame meticoloso e costante del cielo e non riguarda solo il periodo diurno. Non si può essere interessati all'anno solare e alle sue cause e ignorare il cielo notturno! Infatti, le tracce di conoscenze astronomiche risalenti a questo periodo lo confermano.

Se torniamo indietro di undici secoli, possiamo leggere la preghiera del chiostro di Wessobrunn:

Dat gafregin ih mit firahim firiwizzö meistä,
da ëro ni era noh ufhimil...

Questa mi è sembrata la più profonda saggezza degli uomini,
Che un tempo non c'era né terra né cielo,
Ancora niente alberi, niente montagne,
Nessuna stella o sole splendente
La luna non brillava, il mare non esisteva.
Il nulla regnava, non c'era fine né divenire...

Incisione del Medioevo
"Che conosco il mondo nella sua natura più intima.
Goethe

Ci sono altri tre versi in cui "il Dio onnipotente è chiamato il più misericordioso degli uomini", un atteggiamento puramente germanico e totalmente non cristiano nei confronti di Dio! Qui la preghiera stessa termina in prosa. Nonostante la rielaborazione cristiana alla fine della preghiera, in questa prima parte traspare una traccia di tradizione nella sua descrizione spirituale che lascia stupiti. Ciò diventa ancora più sorprendente se confrontato con l'*Edda* e il suo *Völuspa*, che risale a tre secoli dopo:

È stato nella prima epoca
Dove non c'era nulla
Né sabbia né mare
Né onde fredde ;
Non c'era terra
Né cieli alti,
Il vuoto è stato colmato
E non c'è erba da nessuna parte.

In entrambe le poesie la descrizione è equivalente: in passato "non c'era terra, né cielo". Inoltre, troviamo la stessa cosa anche nella preghiera di Wessobrunn, quando dice che non c'erano alberi, mentre il Völuspa riferisce che il verde - letteralmente l'erba - non si vedeva da nessuna parte. L'Edda, così come la preghiera di Wessobrunn, sono stati trascritti da una mano cristiana, e si potrebbe generalmente pensare che questa concordanza possa derivare da una concezione cristiana. Ma abbiamo altre fonti indo-germaniche che sono molto più antiche - quasi 3000 anni. Così nel Rig-Veda si dice:

Una volta era (l'universo),
Né il non-essere né l'essere ;
Non c'era spazio
Né il cielo sopra di noi...

Nella seconda metà dei versi del Rig-Veda, c'è una concordanza quasi letterale con gli altri due testi. Si riconosce così il paganesimo germanico. I termini Rig-Veda di essere e non essere sono perfettamente equivalenti e analoghi ai versi da ultimo citati della preghiera di Wessobrunn.

Questa preghiera è stata scritta intorno all'800 in un chiostro bavarese e l'Edda risale al X secolo . Ma il passaggio dalla comune visione del mondo germanica corrisponde al periodo germanico e, come dimostra il Rig-Veda, risale a millenni fa. Ma anche la tradizione trascritta nel Rig-Veda è stata portata in India dalla patria originaria e non sembra essere stata creata in Germania immediatamente prima della partenza dei migranti per l'India. Quindi questa idea della creazione del mondo è certamente ancora più antica.

È così che i nostri antenati immaginavano lo stato originario e la nascita dell'universo e della Terra. A seguire, possiamo citare anche il successivo racconto della creazione nell'Edda. Una strofa del *Wafthrudnismal racconta il* destino del gigante originario, *Ymir.* Egli era stato ucciso da *Odino* e dai suoi fratelli, i figli di *Burr,* e si dice più avanti:

Dalla carne di Ymir
La terra è stata modellata,
E dalle sue ossa, le montagne,
Il cielo, dal cranio
Un gigante freddo come il gelo,
E del suo sangue, più lento.

Così, il povero Ymir fornisce con il suo corpo la materia prima per la costruzione del mondo. Torniamo al Völuspa:

Poi i figli di Burr si mettono in agitazione sulla terraferma,
Coloro che hanno creato Midgard la gloriosa;
Da sud splendeva il sole
Sul pavimento della stanza,
Poi la terra fu coperta
Foglie verdi.

Il sole del sud,

La compagna della luna
Esteso il dritto
Verso il limite del cielo ;
Il sole non sapeva
Il suo posto,
La luna non sapeva
Che forza aveva,
Le stelle non sapevano
Dove avevano il loro sito.

Allora tutti gli dei salirono
Sui seggi del giudizio,
Divinità supreme,
E si sono consultati tra loro;
Alla notte e all'assenza di luna
Hanno dato un nome, hanno dato il mattino
E a metà giornata,
Il fresco e il marrone
E contava il tempo in anni.

La creazione è dunque completa e ha le sue leggi. È chiaro che l'istituzione di questa legislazione mitica poteva avvenire solo dopo che l'uomo avesse osservato attentamente queste leggi della natura. Ciò dimostra ulteriormente l'antichità delle conoscenze astronomiche germaniche.

Secondo le testimonianze dei disegni rupestri nella Svezia meridionale, i nostri antenati conoscevano perfettamente il corso dell'anno non solo durante l'Età del Bronzo, ma anche molto prima, durante l'*Età della Pietra*. Lo dimostrano anche le loro costruzioni in pietra, gli enormi luoghi di culto del sole che risalgono a quest'epoca. Non c'è dubbio che una tale conoscenza non sia stata accumulata in due decenni o addirittura in due secoli, ma che abbia richiesto un periodo molto più lungo.

Inoltre, sappiamo che l'acquisizione di queste conoscenze non è avvenuta per caso, ma che i nostri antenati hanno agito *in* modo assolutamente sistematico *perché erano già agricoltori in quei tempi remoti!* Tutte queste conoscenze sono nate dal lavoro del contadino che coltivava il suo campo, forse inizialmente con una zappa su un terreno fertile.

QUADERNO SS N. 6. 1944.

ALBERO DELLA VITA E ALBERO DEL MONDO

Trasformazione di un simbolo ariano

In varie parti della Germania, esistono monumenti in pietra risalenti al XVII secolo la cui costruzione materializza la morte del recluso in modo caratteristico e significativo.

Ad esempio, nel bassorilievo della lapide funeraria, vediamo un bouquet di bellissime rose di grandi dimensioni. La morte, rappresentata da uno scheletro, siede con nonchalance e sceglie ironicamente la più bella di esse. Nessuno può confondere il significato di questa immagine: il fiore viene improvvisamente reciso, il fluido vitale non passa più attraverso di esso, né attraverso il bouquet; tale era il destino del morto in questa tomba.

La dolce malinconia e il tono sottile di questa illustrazione sono stati sostituiti in altri monumenti funerari da una violenza selvaggia, altera, quasi brutale. La morte, sempre rappresentata da un orribile scheletro, è vista tagliare un albero con un unico gesto. Il taglio è già profondo; il risultato fulmineo è evidente.

In altre rappresentazioni, l'albero è già caduto sotto i suoi colpi; a volte un fulmine distruttivo si alza dalle nuvole. Ma ovunque si sentono le parole, con il loro chiarissimo significato: "Come cade l'albero, così cadrai tu, figlio degli uomini! Non c'è dubbio, dunque, che l'albero rappresenti l'albero della vita dei morti, che la sua vita simboleggi quella dell'uomo.

L'uomo e l'albero sono qui presentati in profonda simbiosi interiore. L'albero non è un'immagine della realtà, né un riflesso della natura, né un'opera d'arte da apprezzare esteticamente. Per lo scultore del XVII secolo c'è un significato, probabilmente inconscio, che affonda le radici nella profondità delle nostre convinzioni. Possiamo solo accennare alla portata dell'uso di questo "albero della vita". La mitologia del frassino affonda le sue radici nella prima tradizione indo-ariana. L'albero vive nelle leggende come albero della casa, albero protettivo, albero piantato per un bambino appena nato. Si trova nelle fiabe come il *Machandelboom* o le *Mele della Vita*. Si ritrova nelle canzoni e nelle usanze dell'albero di maggio e dell'albero di Natale, inchiodato in cima alle case e conservato per un anno. Ovunque, la vita di un uomo o di una famiglia è segretamente legata alla buona salute di questo albero. Si tratta quindi di un vero e proprio "albero della vita".

Sarebbe illusorio credere che queste rappresentazioni di un albero abbattuto siano nate nel XVII secolo, quel secolo triste e doloroso che è stato così spesso e così duramente segnato dalla scure della morte. Non è così. L'idea della morte che abbatte l'albero con la scure è apparsa molto prima. Una stampa incisa nelle canzoni di Sebastian Brant, pubblicata intorno al 1500, riproduce già un'immagine paragonabile. Più significativo, tuttavia, è il fatto che non si tratta di un solo uomo, ma di diversi, seduti sull'albero che cade in una fossa prima di essere abbattuto.

Ancora più caratteristica è la scena finale della Danza della morte di Nicolas Manuel Berner. Nell'albero attaccato con l'ascia, vediamo molti uomini che la morte sta abbattendo con le frecce. Come abbiamo già accennato, non si tratta dell'albero della vita di un solo uomo, ma di quello dell'intera razza umana. Questo è ancora più chiaro in un'incisione del maestro del 1470: l'albero della vita è in realtà un albero del mondo, perché mostra le persone in buon ordine e in tre file, simboleggiando un mondo ben strutturato.

In alto vediamo il clero, in basso i signori, gli imperatori, i re, i principi e i conti, e in basso i borghesi e i contadini. Nel Medioevo in declino, vediamo l'esistenza di questa antica suddivisione dell'umanità in tre classi diverse, conosciuta dalla poesia e dalla filosofia degli indo-tedeschi. L'albero, tuttavia, non viene intaccato; viene rosicchiato notte e giorno da due bestie e posto in una barca che naviga sulle onde, a simboleggiare il passare del tempo. La Morte alza il suo arco e scaglia la sua freccia contro gli uomini seduti sull'albero.

Come individui, non siamo altro che foglie sull'albero; oggi sono verdi, una foglia è più grande, l'altra più piccola. Una appassisce, poi l'altra. Tutto questo è irrilevante finché l'albero rimane vivo.

Adolf Hitler

Questo albero è quindi molto più di un albero della vita, più di un "albero delle classi" come è stato erroneamente chiamato; è infatti l'albero del mondo che abbraccia tutti gli uomini in un ordine preciso. Possiamo fare riferimento al frassino nordico che ospita tra i suoi rami dei e uomini e anche ad altri alberi del mondo indo-germanico. Non solo offrono riparo, ma danno anche gioia e felicità. Oggi possiamo solo sospettare che cosa fosse questo grande mito proveniente dalle profondità della nostra razza nelle remote tenebre del passato. Possiamo però seguirne l'evoluzione grazie alle poche testimonianze che abbiamo appena riportato.

In questa incisione tardo-medievale, alcune tracce della grandezza nordica sono ancora vive e si sente la cosmologia mitica che emana dalla rappresentazione dell'albero sacro. Le forme successive del libro di Sebastian Brant e della Danza della Morte di Berner sono più semplici, più evidenti e crude, ma ancora piene di simbolismo. In questo periodo il significato cambia molto. Il generale lascia il posto al particolare, che raramente si trova nelle rappresentazioni medievali degli alberi della vita. Grazie a questo particolarismo, le immagini diventano più semplici e comprensibili; perdono il loro significato nascosto e la loro grandezza mitica; diventano sensibili, persino sentimentali, e suscitano emozione, malinconia e pietà.

Ma alla fine il contenuto simbolico scompare e il lettore considera queste immagini solo come allegorie o opere d'arte di cui ammira la bellezza e l'efficacia estetica. Si conclude così l'evoluzione dell'antico simbolo dell'albero del mondo e dell'albero della vita. Non ci resta che guardare con attenzione, attraverso le testimonianze, alle profondità del passato e percepire questo segno di maestosità.

QUADERNO SS N. 4. 1942.

TUMULI E DISEGNI RUPESTRI

Un contributo alla fede germanica

I monumenti culturali più impressionanti del lontano passato dei popoli germanici - dolmen e incisioni rupestri - si sono conservati fino ad oggi nella loro regione natale. Quasi 4.000 anni fa, un forte popolo di contadini onorò i propri morti nel nord della Germania e della Scandinavia erigendo sepolture monumentali alle quali sono ancora legate leggende preistoriche e usanze sconosciute al pensiero cristiano. Le tombe testimoniano la forza morale di questo popolo e il suo forte senso della comunità. In un'epoca così precoce, incontriamo già, non senza emozione, l'idea di famiglia, che ha acquisito grande importanza in termini di nozione di dovere dei vivi verso i morti. Essa aveva santificato l'eterno e immutabile ritmo vitale della nascita e della morte. Lo vivevano nell'inconcepibile corso degli astri e vi si sentivano legati come contadini. Avevano una percezione interiore dei poteri della vita. È così che è nato il loro senso del dovere verso la vita, verso il loro mondo morale. Era un mondo assoluto e omogeneo che poteva essere concepito solo in modo spirituale.

Il morto lascia la vita di quaggiù, ma continua a vivere, non fisicamente in modo terreno, ma in un'unità di anima e spirito simile al corpo, come i discendenti del suo clan. Ha persino bisogno delle sue armi, del cibo, delle bevande, della memoria e della cura degli esseri umani. È diventato un esempio e certamente anche un protettore del suo clan.

Per i nostri antenati pagani, le pietre e gli alberi esprimevano il potere e la saggezza degli dei.

La camera di sepoltura di Kivik.

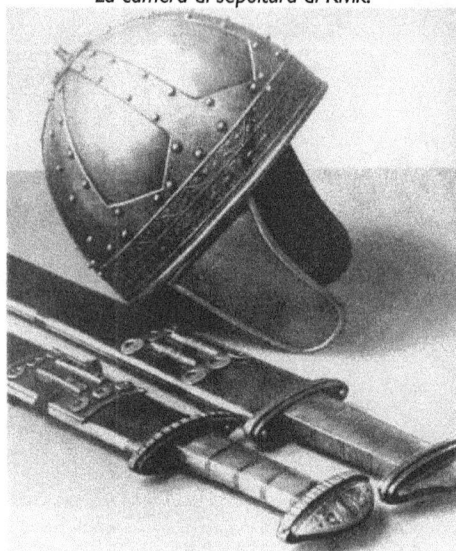

Armi germaniche dal cimitero di Gültlingen.

Sotto questo aspetto severo, era in connessione con le forze del destino e influenzava la vita dei vivi.

Gli abitanti di quest'epoca mistica dei dolmen esprimevano i loro sentimenti religiosi con simboli, proprio come fanno i tedeschi oggi. Troviamo scalpellati sulle lapidi la ruota del sole e il segno dell'ascia come segno dei poteri vivificanti. Troviamo l'ascia nascosta sotto il camino della casa. Non si trattava di magia, ma solo di una fede nella forza dei poteri di cui l'uomo aveva bisogno.

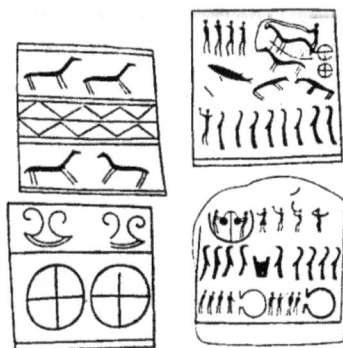

Rappresentazioni simboliche dei poteri della vita (a sinistra) e delle usanze religiose del culto degli antenati (a destra) sulle lapidi della tomba di Kivik.

L'universo religioso e anche le leggi morali dei contadini nordici erano radicati in questo mondo. I poteri erano accessibili ai loro sani sentimenti religiosi perché agivano sulla vita e non si ritiravano in un "aldilà senza sostanza".

A Kiwik-on-Schonen (Svezia meridionale), nel 1748 è stata scoperta una tomba in pietra sotto un dolmen, che ci dà una nuova visione della rappresentazione religiosa dei nostri antenati. Risale alla prima età del bronzo (circa 1800 a.C.) ed è una forma avanzata di tumulo funerario. Le pareti interne delle lastre della camera sono decorate in modo diverso, artistico e ornamentale, in parte con segni simbolici, in parte con scene illustrate che devono sicuramente riguardare eventi culturali. È evidente il rapporto con le potenze vitali, il sole (la ruota solare), il fulmine (l'ascia), la terra (la fascia a zig-zag come segno semplificato del serpente) e il culto degli antenati. Essi sono sempre concepiti come un'unità, come il grande cosmo insondabile.

A destra:
Rappresentazioni simboliche delle usanze religiose dei nostri antenati germanici.
In alto: portatori della ruota solare, barche solari trainate da cavalli, il serpente nella barca. Al centro: il dio con ascia e lancia, simbolo delle forze vitali. Il corso dell'anno del dio con l'ascia contro l'arciere. L'albero della vita come simbolo di vita eterna. Sotto: l'aratro sacro trainato dai buoi. Il dio con l'ascia che trasporta il potere vitale (la ruota del sole).

Le immagini rupestri scandinave parlano delle rappresentazioni religiose dei nostri antenati germanici in modo ancora più penetrante. Incise su nude sporgenze rocciose, si trovano in mezzo a fertili terreni coltivabili. Una strana usanza preistorica che è sopravvissuta fino ai nostri giorni. Si tratta di simboli di fede e di rappresentazioni di usanze religiose. Le persone non attribuivano alcuna importanza a una rappresentazione iperrealistica di ciò che conteneva l'essenza delle loro credenze. Si tratta quindi di divinità dalle forme multiple, personificate o astratte: il sole attraverso il simbolo della croce nella ruota o il dio portatore di lancia, sopravvissuto fino all'era cristiana nella forma del misterioso Wotan-Odin, il fulmine come dio con l'ascia, che era considerato contemporaneamente datore di vita e di fertilità e che appare nelle vesti del dio tardo-germanico Thor-Donar. La terra, e presumibilmente anche l'acqua, è simboleggiata anche da un serpente o da uno zig-zag. Nel complesso, le immagini rupestri illustrano le celebrazioni cultuali del passaggio da un anno all'altro. Su un carro trainato da cavalli o su una barca, il Sole attraversa l'universo e feconda la Terra con i suoi raggi. È il centro del pensiero contadino. Dopo la fine dell'inverno nel Nord, il giorno del suo ritorno veniva celebrato con feste religiose. La terra veniva dissodata con l'aratro sacro con il simbolo del Sole.

La vita si riferisce al mondo della rappresentazione terrena e non si perde nella "speculazione trascendentale".

Dietro questi simboli delle forze fondamentali della vita si nasconde la coscienza dell'essenza del mondo. La coscienza dell'uomo tedesco ha impiegato molto tempo per percorrere questo lungo cammino. Ma non è questo l'importante. Ciò che conta è l'atteggiamento nei confronti della vita. Le radici della forza morale dell'antica Germanità non sono la magia o qualsiasi altra forma primitiva della mente o dell'anima, ma la fede e il culto.

Werner Mahling

Un popolo vive felicemente nel presente e nel futuro finché è consapevole del suo passato e della grandezza dei suoi antenati.

Heinrich Himmler

QUADERNO SS N. 4. 1942.

SULL'ORIGINE RELIGIOSA DELLE RUNE

Pochi immaginano che la lingua che parliamo ogni giorno non è solo un mezzo di comunicazione nelle relazioni umane, ma è l'espressione dell'anima nelle sue radici più profonde. La lingua del poeta esprime i più grandi misteri e influenza sempre la creazione linguistica. Il suono di una parola, la sua sfumatura, il suo contenuto musicale, spesso esprimono più dei concetti logici. Infine, il linguaggio e la scrittura hanno un'origine religiosa, proprio come l'arte. I nostri antenati ne erano consapevoli. Nel canto dell'Edda sul risveglio della Valchiria, la creazione delle rune, cioè dei segni che i nostri antenati hanno inciso in piccoli caratteri, è attribuita a Odino: "Le interpretò/ Le incise/ Le concepì Hopt". Ma in epoca vichinga, Odino era il dio dei guerrieri e degli scalmanati e quindi anche il detentore della misteriosa saggezza originaria. Il mito dell'essenza delle rune ci viene fornito in due versi dell'Edda. Odino parla di sé:

So che sono appeso
Al 'arbre battu des vents
Nove notti intere,
Mi dispiace per una lancia
E consegnato a Odino,

Io stesso ho dato,

...

Ho guardato sotto,
Ho raccolto le rune,
Urlando li ho raccolti,
Da lì, ho ripiegato.

Nella sua estrema angoscia, Odino si liberò raccogliendo i caratteri runici. Nel sublime poema dell'Edda, "La predizione del veggente", c'è il verso "Gli Aesir si riuniscono.../ Ricordando/ I grandi eventi/ E le antiche rune/ Di Fimbultyr". Fimbultyr è Odino.

La pietra di Nobely, risalente al 600 circa, attesta la stessa concezione dell'origine delle rune attraverso l'iscrizione: "Ho dipinto le rune dal consigliere" (Odino). Per i tedeschi, le rune fanno parte della creazione, del potere che guida il mondo.

Le parole "rune" non si riferiscono solo ai caratteri della scrittura runica, ma ai sacri e misteriosi segni di forza, che donano la grazia divina, proteggono da tutti i pericoli che minacciano il corpo e l'anima, e sono anche in grado di danneggiare e distruggere. La credenza popolare nell'immenso potere dei segni runici è continuata nei Paesi del Nord fino ai tempi moderni, soprattutto nei casi di malattia o di delusione amorosa. Ma ha vissuto e regnato anche nell'antica Germania. Il verbo "becheren" (regalare) ce lo dice. Il suo significato originario era: creare o realizzare qualcosa per qualcuno incidendo delle rune. Anche il nome della radice magica della mandragola (Alraun), dotata di poteri misteriosi, è legato a questo. La chiave per comprendere questa credenza popolare germanica risiede nell'interrogare il destino lanciando piccoli pezzi di legno, come menzionato da Tacito. I segni prodotti dall'incantesimo erano così potenti che gli stessi dei ne erano soggetti; dovevano quindi essere potenti, sacri e provenire proprio dai poteri del destino.

Le antiche rune utilizzate dalle tribù germaniche.

ᚠ	f	bétail, richesse		ᛈ	p	
ᚢ	ur	Auroch			z	élan, défense
þ	th	Thurse, géant			s	Soleil
ᚨ	a	Ase, dieu			t	Tiu, dieu de la victoire, la rune de la victoire la plus ancienne
ᚱ	r	course, mouvement continu		ᛒ	b	branche de bouleau, nouvelle vie
ᚲ	k	maladie		ᛗ	e	cheval (ehwaz nordique original)
ᚷ	g	cadeau			m	homme
ᚹ	w	joie, pâturage			l	poireau, prospérité
ᚺ	h	Hagel, corruption subite			ng	
ᚾ	n	nécessité			o	Odal
ᛁ	i	glace, corruption sournoise			d	jour

Questi caratteri godranno di un certo rispetto già a causa della loro grande età. Infatti, le ricerche condotte nell'ultimo decennio hanno probabilmente scoperto che almeno un quarto, se non la metà, delle rune del comune Futhark germanico sono riconducibili a simboli preistorici ormai scomparsi.

I caratteri Futhark citati derivavano da nomi che abbracciavano l'intero mondo concettuale del popolo germanico: riflettevano il mondo dei contadini germanici nell'area di insediamento germanico-nordica. Ogni segno corrispondeva quindi a una parola particolare, per esempio la quarta runa alla parola "anzuz", cioè Ase. Al momento del sorteggio, si prendevano tre bastoncini e si scriveva a mano un verso a partire dalle parole-segno che rappresentavano la risposta al destino. Ma questo poteva essere fatto solo se il segno veniva considerato sia come un segno con un suono iniziale, sia come un carattere, il cui suono iniziale, ad esempio "anzuz", fungeva da lettera "a". Questo duplice aspetto delle rune è diventato chiaro solo nell'ultimo decennio.

I tedeschi possedevano anche, attraverso i loro caratteri predittivi, una serie di lettere che potevano essere utilizzate per comunicare per iscritto. Chi abbia avuto l'idea creativa di questo uso e dove sia avvenuto sono domande che per il momento rimangono senza risposta. Alcune indicazioni fornite dagli autori romani portano a concludere che quest'arte fu praticata molto presto dai capi spirituali delle tribù germaniche.

Tuttavia, è chiaro che i nostri antenati erano consapevoli dell'origine religiosa della scrittura runica e quindi anche della lingua. Nel 1938, la ricerca ha portato alla conclusione che le rune erano più di un semplice mezzo di comunicazione. La loro incisione ha una base religiosa e uno scopo simile agli antichi disegni rupestri: rafforzare e immortalare.

Edmund Weber

Opuscolo SS n. 2. 1939.

Autorità tedesco-tedesca

Il destino di un popolo è legato alla grandezza e al valore della sua classe dirigente. In essa si esprime la forza rivoluzionaria del coraggio, della volontà e dell'aspirazione. Le leggi da cui dipende, che regolano le sue azioni, sono atemporali ed eternamente valide. Solo gli uomini che amano il rischio e il pericolo, i suoi instancabili promotori, sono chiamati a essere leader; non perdono mai la febbre creativa, indossano l'elmetto dopo ogni vittoria e cercano costantemente prove più difficili e più attraenti in nuove battaglie. In passato, la storia della nostra nazione è stata plasmata da queste forze. I periodi di debolezza e di vuoto storico per il nostro popolo regnavano quando fallivano e con loro questo spirito coraggioso. Ma dopo questa decadenza, e molto prima che la forza popolare appassisse in una desolata rinuncia, la nazione fu presa in mano da un leader forte, raddrizzato da una nuova volontà. La storia del nostro popolo è la storia dei suoi leader. Chi vuole capirla e trarne insegnamento deve risalire alle sue fonti.

L'associazione di tutte le forze popolari e la loro unione al servizio di una comunità superiore, basata sull'idea di una classe dirigente e di una truppa, non sono invenzioni dell'ideologia nazionalsocialista, nate dopo il periodo di impotenza politica e di frammentazione interna del dopoguerra. Al contrario, li ha fatti risorgere. Perché la nozione di leader è una componente essenziale della natura dell'uomo tedesco-tedesco. È, per così dire, una legge intrinseca del sangue, un'espressione vitale dell'essenza razziale che aspira all'ordine nella comunità e corrisponde al bisogno più intimo di impegnare la propria vita in una causa o in un'opera. Dà senso alla vita dell'individuo solo all'interno del gruppo e gli permette, in quanto parte della comunità, di mettere in atto i valori nazionali in senso creativo. Senza l'unità organica dei capi e delle truppe, non ci si poteva aspettare alcun risultato nazionale e sociale da parte del popolo germanico, nemmeno in passato. Tutti i periodi di espansione nazionale hanno trovato alla loro guida figure che possiamo guardare con orgoglio e ammirazione. Ma il loro successo si è sempre basato sul riconoscimento volontario e fedele della loro capacità di guidare la comunità.

Chef d'élite

Ogni vera classe dirigente nello spirito tedesco-tedesco è salita dal basso, dal popolo, verso l'alto, e questo per forza di personalità, per predisposizioni e valore. Questo processo selettivo naturale risale molto indietro nella storia recente del nostro popolo e corrisponde alla concezione politica del contadino germanico, dall'individuo e dalla sua economia alla comunità, estendendosi in cerchi sempre più ampi ai popoli e alle etnie. L'intelligenza di un'interazione organica tra tutte le forze presenti nei blocchi comunitari organizzati che nascevano dalle necessità quotidiane è stata suscitata dalla particolarità dell'azienda agricola contadina in cui tutti i membri lavorano insieme. Come il contadino che guida la fattoria, che è parte di un tutto, un capo era a capo di comunità più grandi e di gruppi popolari, concentrando tutte le unità sulla base di una subordinazione volontaria. Tuttavia, la volontà del capo non influenzava l'ordine comunitario; solo l'autonomia dei membri liberi era decisiva. Il popolo aveva tutti i diritti, il capo non aveva alcun potere giuridico proprio. Era un semplice delegato del popolo e aveva dei doveri da rispettare nei confronti del suo gruppo.

La scelta o l'accettazione del leader germanico si basava sulla sua origine e sul suo valore personale. L'uomo germanico riteneva che la sua capacità di guidare la comunità derivasse dalla qualità del suo sangue, dal clan da cui proveniva. A questa selezione razziale si aggiungeva il giudizio sulla personalità: ciò che l'origine razziale prometteva in virtù, carattere e valore dell'individuo, veniva valutato nelle sue realizzazioni e la sua approvazione veniva fatta dal clan e dalla comunità. È in base a questi due principi che gli uomini germanici cooptavano i loro capi. È stato giustamente detto che la vita germanica era una "valutazione dell'uomo" in cui le attitudini e le azioni venivano giudicate reciprocamente per individuare i migliori della comunità. Solo il migliore, il più nobile, il più coraggioso e il più orgoglioso poteva essere eletto capo, il primo di tutti.

Il leader e la truppa

Il sovrano germanico non governava sui sudditi. Il suo rapporto si basava su un'alleanza fedele e su un patto di assistenza tra uomini liberi e uguali nei diritti; questo patto era stabilito su un sentimento volontario, sulla dignità, sull'amore per la libertà, sull'orgoglio e sul senso di responsabilità. Tutti i diritti e i doveri tra il capo e la truppa erano reciproci e determinati da aspetti puramente pratici, giuridici, economici e politici della vita, dando così origine a un elevato standard morale. Il capo considerava il diritto della sua truppa come suo, la sua sofferenza come sua, il suo onore e la sua fama come suoi, e il suo affronto o oltraggio come di tutta la truppa. "Sul campo di battaglia", scriveva lo scrittore romano Tacito nella sua Germania, "è una vergogna che il capo sia sconfitto nel coraggio, è una vergogna che i compagni non siano all'altezza del coraggio del capo. Ma soprattutto è una rovina per la propria vita e una vergogna essere tornati da una battaglia in cui il proprio capo è perito; difenderlo, salvarlo, portare a gloria le proprie imprese, è l'essenza del loro impegno: i capi combattono per la vittoria, i compagni per il loro capo".

Il clan deteneva la fonte della vita terrena, alimentata dalla posizione ereditaria indissolubilmente legata alla stirpe. Il prodotto dei campi, l'Odal, era la linfa vitale di ogni uomo germanico legittimo, sia capo che soldato. Poiché le comunità etniche erano composte esclusivamente da contadini, i capi contadini erano anche capi di popolo. Né il confronto con il mondo romano e i problemi delle grandi migrazioni, né la gloria e la gioia della battaglia distrussero le radici contadine dei Germani. Il loro obiettivo era quello di preservare a tutti i costi la libertà della casa e della terra, di proteggere il lavoro e la fatica dei contadini. Quando Bojokal, il capo degli Angrivari, incontrò i monarchi romani con l'intenzione di trovare terra, parlò guardando il sole con le braccia alzate: "Come il cielo è dato agli dei, così la terra è data agli uomini, e ogni terra abbandonata deve diventare possesso di qualcuno". Il legato romano si era sbagliato sulla legittima richiesta degli Angrivari; voleva solo dare la terra coltivabile al loro capo, con l'intenzione di farne un alleato. Tuttavia, Bojokal rifiutò tale assurdità, "in segno di tradimento", dicendo: "Ci può mancare la terra per vivere, ma non per morire". In questo atteggiamento si esprimeva la lealtà del capo germanico legato alla sua truppa nel bene e nel male, che preferiva la morte all'accettazione di un vantaggio di cui il suo popolo sarebbe stato privato.

Senso di libertà

I nomi dei grandi leader germanici e le loro gesta politiche sono indimenticabili. Le parole di Ermanno il Cherusco esprimono quanto fosse forte la loro coscienza etnica: "Se essi (i Germani) preferivano la patria, gli antenati e gli antichi costumi ai despoti e alle nuove colonie romane, allora dovevano seguirlo come loro capo per ottenere fama e libertà". E quando più tardi incontrò suo fratello Flavus (quello dai capelli chiari), che si era unito ai Romani, rise della "scarsa ricompensa per la sua servitù" e parlò dei "sacri diritti della patria che avevano ereditato dai loro antenati". La dignità e l'abilità politica con cui Ariovisto, il capo germanico, affrontò il generale in capo di Cesare è esemplare: "Non impongo al popolo romano come deve usare il suo diritto. Se Cesare dichiara di non voler considerare l'ostilità degli Edui senza reagire, allora deve sapere che nessuno ha mai combattuto con me senza cadere. Se Cesare se la sente, può combattere: vedrà che gli invincibili Germani sono degli eroi". Queste parole esprimono lo stesso orgoglio nazionalistico del discorso del Führer a Wilhelmshaven sulla politica di insolente ingerenza inglese nelle questioni della vita e del territorio tedesco.

Sebbene l'idea di Stato germanico mancasse di una solida cornice esterna - il concetto di confine - e fosse quindi priva di una forza d'urto omogenea, si distingueva per una giustizia elaborata e una buona struttura. L'estensione dell'ordine comunale a diverse tribù e popoli dipendeva ancor più dalla capacità del singolo capo tribù di creare uno Stato che dalla parentela. Così, lo storiografo romano Velleius Paterculus riferisce che Marbod, il capo dei

Marcomanni, "non conquistò il potere tra i suoi compatrioti con un colpo di forza o con il favore della sorte; dopo aver consolidato fortemente il suo impero, prese il potere regio e poi portò il suo popolo fuori dalla sfera di influenza romana". Poiché alcuni popoli avevano ceduto alla superiorità delle armi, decise invece di avanzare dove poteva accrescere il suo potere personale. Si impadronì dei ... campi circondati dalla foresta ercinica ... e sottomise l'intero circondario con guerre o trattati. Sotto la sua autorità, la massa di coloro che proteggevano il suo Impero e che si erano avvicinati ad acquisire attraverso un costante addestramento la solida struttura della disciplina militare romana, raggiunse in breve tempo un grande livello di sviluppo, pericoloso per il nostro Impero (romano).

Ma quando Marbod si trasformò da leader etnico e contadino in un governante ostinato e si alleò con i Romani "per accrescere la loro tirannia", il suo orgoglioso impero marchigiano entrò in guerra con i Cherusci che combattevano "per la loro antica fama e per la libertà presto recuperata". Racconta Tacito (Annali II): "La forza dei due popoli, il valore dei loro capi erano uguali, ma il titolo di re rendeva odiosi quelli di Marbod, mentre Armin (Ermanno) otteneva tutti i favori come combattente per la libertà". La resistenza del popolo non era contro la regalità in sé, che è una forma di espressione germanica, ma solo contro gli abusi del potere reale, e per questo motivo la maggior parte delle truppe di Marbod passò al suo nemico Hermann per combattere sotto il suo comando per il loro antico diritto e la libertà. Durante tutto il periodo germanico e nel Medioevo si verificarono rivolte guidate dalla classe dirigente unita al popolo contro governanti considerati degenerati perché non volevano più essere leader del popolo, prima di tutto, ma padroni dei loro sudditi e quindi mettere la museruola al vecchio ordine e alla libertà. Giulio Civilis, il capo dei Batavi, espresse questo sentimento di libertà germanico con queste parole: "Che la Siria, l'Asia Minore e l'Oriente, che sono stati conquistati al re, rimangano nella loro servitù: in Gallia c'è ancora molta gente che è nata prima che fosse imposto un tributo al paese... la natura dà agli animali muti il senso della libertà. D'altra parte, la virtù virile è il segno distintivo della razza umana. E gli dèi sono favorevoli a chi ha il maggior coraggio. (Giuseppe, Bell. Giud. IV).

Esempio e atteggiamento

Il quadro dell'ordine comunale germanico apparve solo in eventi straordinari. Era più evidente negli eventi politici esterni, nelle colonizzazioni e nelle spedizioni belliche. I compiti del capo andavano allora ben oltre quelli della vita quotidiana e, oltre al coraggio e all'audacia, richiedevano una particolare abilità politica, intelligenza e prudenza. Nelle assemblee nazionali, il più meritevole tra gli innumerevoli piccoli capi tribù veniva innalzato sul podio. "I re sono scelti in base alla loro nobiltà, i capi in base al loro coraggio", riferisce Tacito, "ma il potere dei re non è illimitato o arbitrario, e i capi, con l'esempio più che con l'autorità, se hanno decisione, se attirano l'attenzione, se combattono davanti al fronte, si impongono per l'ammirazione".

In guerra come in pace, il condottiero germanico fu un esempio di valore e di azione. Quando la sua competenza veniva messa alla prova in tempi turbolenti e pieni di battaglie, le truppe si stringevano attorno a lui e chiedevano che esprimesse il suo senso del dovere senza riserve fino alla morte. Il potere sovrano del capo, tuttavia, non era illimitato; un diritto più elevato implicava solo maggiori doveri. L'uomo della truppa non doveva tanto obbedienza quanto fedeltà al suo capo. Questo era il legame, la base del rapporto di responsabilità reciproca. Se il capo tradiva, perdeva il diritto all'obbedienza della sua truppa, perché l'uomo tedesco-tedesco deve obbedienza solo finché la lealtà lo richiede. Il dispotismo e l'obbedienza cieca gli sono estranei.

Il rapporto puramente umano tra capo e truppa è sano e naturale solo quando è determinato dall'amicizia e dal cameratismo e non viola la distanza naturale condizionata dal valore e dal suo rispetto. Ma sarebbe un errore confondere questa distanza dalla truppa da parte di un vero leader con una mancanza di cameratismo. La mancanza di distanza e la cruda familiarità escludono anche qualsiasi nozione di autorità; la persona in questa posizione è un individuo tra gli altri. Il leader deve condividere gioie e dolori con la sua truppa nella buona e nella cattiva sorte, essere un tutt'uno con loro nella prosperità e nella disgrazia. Deve però mantenere costantemente la propria dignità, essere un esempio nel senso migliore del termine, evitare eccessi e sfoghi, mantenere il senso della misura e rispettare i buoni costumi. Queste qualità sono una manifestazione della natura dell'uomo tedesco-tedesco, soprattutto del contadino, che può mantenere la sua autorità sui membri e sui subordinati con cui convive sotto lo stesso tetto solo attraverso la distanza, il potere e la dignità. In una vera classe dirigente, il sentimento di distanza riflette l'eredità vivente del sangue germanico. Non deve essere perso in nessuna circostanza e vieta persino l'esibizione di emozioni davanti alle truppe.

Un'autentica comunità giuridica tedesco-tedesca è caratterizzata dalla partecipazione di tutto il popolo libero alla vita politica e dal ridotto divario sociale tra i leader e il popolo. L'estensione di questo principio elementare si rivela oggi nella naturalezza del nostro sistema statale nazionalsocialista, la cui struttura interna si basa sul chiaro riconoscimento della nostra particolarità. Quando il contadino nordico Aki risponde al suo re nell'Heimskringla: "Se io sono il tuo uomo, re, allora anche tu sei il mio", esprime ciò che sentiamo ancora oggi, ossia che il rapporto tra capo e truppa si basa sul dovere reciproco di lealtà e assistenza.

Missioni di pace

La classe dirigente germanica non solo partecipava efficacemente alla guerra e ai combattimenti, ma influenzava anche la pace della patria, il diritto e la civiltà, l'onore, la calma, l'ordine e la prosperità. A quel tempo mancava ancora un quadro di riferimento esterno, perché "durante la pace", dice Cesare (B. G. VI), "non c'è un'autorità comune, ma i capi delle tribù delle province e dei distretti discutono con il loro popolo, di diritto e di liti benigne...". Il fatto che questi capi di piccole comunità appartenessero a comunità razziali nobili o che fossero grandi contadini liberi determina in modo essenziale le loro peculiarità e i loro compiti. Negli antichi testi norreni, sono tutti generalmente indicati come capi tribù o clan, "il primo della regione" o "il sovrano della provincia", in contrasto con la loro truppa di "gente Thing". Tali comunità Thing costituivano unità giuridiche e amministrative; i loro capi erano considerati "i primi di tutti" in base alla loro origine, ai risultati e all'onorabilità, e costituivano il pilastro portante dell'ordine politico e della struttura comunitaria. Questa relazione tra i Thing e la classe dirigente all'origine dell'ordine politico della comunità può essere meglio definita come una felice connessione tra un principio democratico (sovranità popolare) e uno aristocratico (sovranità nobiliare).

Oltre all'autorità militare in guerra, i compiti del capo germanico si estendevano all'esercizio della fede religiosa, alla tutela della legge e all'amministrazione. In quanto leader, il capo tribù era anche il più autorizzato a celebrare cerimonie religiose in pubblico e nella comunità e a presiedere le grandi feste culturali. La classe dirigente, infatti, toccava tutti gli ambiti della vita che ancora formavano un tutt'uno, come la fede, la morale e la legge. La conoscenza del sacro non era monopolizzata dai maghi, ma era proprietà comune di tutti, e gli atti di consacrazione erano compiuti sia da ciascun contadino nella propria comunità sia dal capo della Cosa.

Per quanto riguarda la tutela della legge, il capo aveva solo il potere di esercitare il diritto di riunione, la convocazione e lo svolgimento dell'Assemblea Thing. Aveva poca influenza sulla giurisprudenza in sé, perché pronunciare, promulgare e fare leggi era compito dell'assemblea dei Thing. "Allora il re o il capo", dice Tacito, "ciascuno secondo la sua età, secondo la sua nobiltà, secondo la gloria delle sue campagne, secondo la sua eloquenza, si fanno ascoltare con l'ascendente della persuasione piuttosto che in virtù del loro potere di comando. Se il consiglio è piaciuto, lo respingono con mormorii; se è piaciuto, si agitano i loro inquadrati: l'assenso più onorevole è la lode con le armi". Solo la sua grande conoscenza giuridica permetteva al capo di farsi valere, di salvaguardare i diritti del suo popolo e di garantirne la protezione. Negli antichi testi norreni, l'enfasi è posta sulla conoscenza della legge, ad esempio nel Njala: "C'era un uomo di nome Mörd... un potente capo tribù e un grande consigliere legale, così esperto di legge che nessuna sentenza era considerata legittima se non vi assisteva". "Skapti e suo padre erano grandi capi tribù e grandi studiosi della legge".

La conoscenza giuridica, la disponibilità, la rettitudine e l'intuizione avevano lo stesso valore della fama bellica. In un'epoca in cui non esistevano trattati e giurisdizione neutrale, ma solo l'autodifesa e la legge del litigio, erano il miglior strumento a disposizione del capo tribù per risolvere i problemi in modo pacifico e mantenere l'ordine della comunità attraverso accordi e arbitrati onorevoli. Le parole del grande capo legale nordico Njal esprimono l'importanza attribuita al mantenimento della legge e delle leggi per garantire la pace: "Il nostro Paese è costruito dalla legge, ma devastato dall'illegalità.

I popoli germanici si ponevano volontariamente sotto la protezione e l'autorità del capo; si rivolgevano a lui per un aiuto amichevole, non solo con parole e consigli, ma anche per un energico sostegno sociale quando soffrivano per i cattivi raccolti e le vecchie seccature. Nelle saghe nordiche, il capo generoso viene definito "l'uomo più amato della regione" o "uno dei più nobili dell'era pagana". Il rapporto umano tra il capo e la truppa era un patto di assistenza animato da un genuino spirito di cameratismo che imponeva al primo uomo della comunità il senso del dovere di aiutare quando la miseria colpiva. "È consuetudine", dice Tacito, "che le città, con contributi volontari e individuali, offrano ai capi grandi quantità di bestiame e di grano, che, ricevuto come tributo, provvede alle loro necessità". Il capo riceveva tanto quanto dava; i doni fatti a lui erano considerati capitale cooperativo per il soccorso che egli distribuiva in modo patriarcale. Per l'uomo della truppa, i suoi contributi erano volontari, non forniva al capo servizi o contributi imposti, ma un aiuto amichevole e doni come è consuetudine tra uomini liberi e uguali.

La legge dell'onore

La classe dirigente germanica non si occupava solo della "guida della provincia", dell'ordine giuridico e dell'amministrazione a livello esterno, ma anche della definizione della moralità. Le leggi generalmente riconosciute come valori morali ne costituivano il fondamento. La legge morale suprema era la "vita con onore", alla quale il sovrano era legato ancor più di ogni altra. Per l'uomo dell'antico periodo germanico, l'onore aveva un'importanza decisiva, in quanto gli permetteva di giudicare il valore della sua vita e del suo carattere. A livello di giudizio pubblico, l'onore era anche la prova delle proprie capacità e del proprio valore per la comunità. Dall'onore dipendevano l'autostima e l'impegno dell'individuo, la consapevolezza del proprio valore. Determinava la sua autorità e la sua posizione politica e sociale. Era legato all'orgoglio personale e al giudizio pubblico ed era generalmente considerato come la legge riconosciuta che regolava la vita umana e in base alla quale veniva emesso il giudizio.

La comunità sentiva di avere il mandato di giudice per applicare la legge dell'onore al capo. Quest'ultimo doveva dimostrare la sua onorabilità e difenderla. Perché l'onore del capo era anche l'onore della truppa. Se l'onore di un cittadino o il proprio era danneggiato, lo era anche quello dell'intera comunità, e tutti avevano il dovere di rimediare. Il capo mostrava un senso dell'onore, una virtù estrema di fronte alla truppa ed esercitava la sua influenza morale sulla comunità. Questi valori morali comprendono l'atteggiamento eroico, il coraggio e l'affermazione di sé, il senso di dignità, la responsabilità individuale e comunitaria, l'adempimento incondizionato del dovere nei confronti della comunità che fa affidamento su di lui. Oltre a ciò, sono state celebrate altre particolari virtù del leader, come la magnanimità, la generosità, la disponibilità e la costante dedizione a sostenere nei fatti e nelle parole coloro che hanno bisogno di aiuto.

Tutte queste qualità e virtù di leadership non sono esclusive di un'epoca. Non solo caratterizzano la struttura comunitaria interna dei nostri antenati germanici, ma determinano anche costantemente la natura dell'autentica classe dirigente, principalmente nordica. Partecipare ad esse, emularle, è per noi l'azione più nobile, perché mancano sempre i leader, gli uomini che non possono vivere senza un obiettivo e una lotta, senza il desiderio e la febbre dell'azione, gli uomini che sono abitati da una forza creativa e il cui autocontrollo li chiama a guidare gli altri.

La nostra generazione è sola nel fugace presente. Dobbiamo imparare di nuovo a conoscere le leggi della vita più caratteristiche della nostra esistenza popolare, che ci sono state negate dalla via diretta della trasmissione naturale. Il passato recente, fino allo scoppio della Grande Guerra, ci mostra solo generazioni appagate e rammollite, che manifestano la propria mancanza di cultura e partecipano da lontano alla lotta. Non possiamo trarre alcuna forza dal vuoto della loro esistenza, perché siamo ormai alle soglie di un mondo nuovo. Dobbiamo cercare un sentiero vergine e camminare con coraggio nell'oscurità del futuro. Dobbiamo trovare la nostra scala di valori nella fonte serena della nostra storia, nell'antica storia germanica, e scegliere i modelli dei suoi combattenti e leader per guidare la nostra pericolosa esistenza. Siamo una generazione risvegliata e creativa che non può vivere senza i suoi legami storici e i suoi fratelli del passato.

Chi oggi pretende di comandare deve sapere qual è stata l'origine della classe dirigente nel corso della storia, deve essere consapevole dei grandi doveri che deve assolvere a tutti i livelli, verso il passato e verso il futuro. Deve guardarsi dallo spirito di compiacimento ed essere pieno di un ardente orgoglio germanico che supera e abbatte tutti gli ostacoli.

SS-Hstuf. Ernst Schaper

QUADERNO SS N. 11. 1943.

L'ONORE DELLA DONNA GERMANICA

L'asse della morale e della vita germanica è stato giustamente considerato il senso e la consapevolezza dell'onore. Per l'antico tedesco, l'onore è la legge che regola la sua esistenza, la scala di valori con cui giudica se stesso. Ma è anche - nella misura in cui è costantemente soggetto al giudizio esterno - la pietra di paragone della sua conferma, del suo merito e del suo valore per la comunità. La posizione sociale e politica dipende anche dall'importanza attribuita all'osservanza della legge dell'onore da parte dell'individuo.

L'onore implica l'orgoglio e lo slancio personale e il valore personale e comunitario. Il senso dell'onore è proporzionale al rispetto di sé dell'individuo. Ma onore significa anche considerazione e posizione sociale. Per il suo carattere bilaterale, legato all'orgoglio e al giudizio di chi lo circonda, l'onore è la legge generalmente riconosciuta a cui la vita umana germanica è soggetta e che funge da riferimento giuridico. Ma questo non significa altro che l'uomo germanico si subordina completamente a un'idea, a un valore sovramateriale, spirituale, che la mente germanica ha stabilito. L'onore è il bene più grande dell'uomo. È ciò che per primo gli conferisce autorità, ciò che lo rende uomo, per così dire. Un uomo senza onore non conta nella comunità germanica. L'onore è più importante della vita, che è molto apprezzata dal contadino. "Preferisco morire con onore che vivere nella vergogna". Preferisco perdere te che avere un figlio disonorato". "I beni scompaiono, i clan scompaiono, anche tu muori. Conosco solo una cosa che non perisce mai: la fama che il morto ha acquisito.

La stretta unione di tutti i genitori biologici, che comporta doveri e diritti, fa sì che ciò che riguarda l'individuo riguardi il clan e viceversa. In linea di principio, acquisisce il carattere di legge generale. L'onore dell'individuo diventa quello del clan, così come l'onore del clan è anche quello dell'individuo. Se viene leso l'onore di un membro del clan, viene leso anche quello degli altri e tutti hanno il dovere di discolparsi. Anche la donna, che è riconosciuta come membro del clan tanto quanto l'uomo e la cui personalità è rispettata, è parte integrante di questo grande patrimonio dell'uomo germanico. Tuttavia, non possiamo accontentarci di questa affermazione generale, ovvia per l'uomo che vive nell'antico mondo germanico ma incomprensibile per l'uomo ostacolato da una visione del mondo orientale. A noi interessa soprattutto capire in che misura le donne abbiano contribuito allo sviluppo di questa legge di vita germanica e principio di tutta la morale, come l'abbiano concretizzata, difesa e perpetuata nel corso della loro esistenza; come abbiano vissuto l'onore.

L'ONORE È L'IDEALE COMUNE DI DONNE E UOMINI

I nostri testi parlano del senso dell'onore della donna come di quello dell'uomo. È significativo che per una donna cosciente dell'onore si usi lo stesso termine che per un uomo, senza alcuna differenza di genere tra l'onore dell'uomo e quello della donna. L'uomo e la donna sono definiti "drengr-godr", l'"onore dell'uomo" (letteralmente un individuo retto e orgoglioso) del Vecchio Nord. Possiamo notare che l'ideale del drengr-godr ha radici più profonde della sopravvalutazione delle cosiddette "qualità maschili". Ma ci sembra importante che questo ideale del senso dell'onore, l'Essere-in-possesso-dell'onore, necessario per entrambi i sessi, si incarni nei due individui che lo hanno valorizzato. A noi, che ci sforziamo di eliminare l'etichetta allogena che classifica tutte le manifestazioni vitali come "maschili" o "femminili" dal nostro uso linguistico e dal nostro pensiero, questa formulazione sembra a dir poco pericolosa. È nostro dovere agire seriamente e porre fine a questa concezione che considera il coraggio, la disciplina, la selezione e l'onore come virtù "maschili". Solo le abitudini di pensiero orientali e occidentali ci hanno inculcato questa visione limitata. *L'antichità germanica dimostra che le contadine germaniche sono animate dallo stesso coraggio, dalla stessa audacia, dall'amore per la libertà e dall'autodisciplina dei loro uomini, e che sono anche disposte a mettere in gioco la loro vita per questi valori.*

Non furono solo le donne dei Cimbri e dei Teutoni, degli Ambroni e dei Tipurini, il cui intrepido coraggio nelle guerre romane, il selvaggio amore per la libertà e l'ardente senso dell'onore furono immortalati per sempre anche da una mano nemica, a fornire la prova delle loro qualità "maschili". Le contadine germaniche, rimaste all'ombra dei grandi eventi politici, si trovavano nella stessa situazione; il loro stile di vita, l'indissolubile attaccamento alla comunità e al clan che non conosceva tregua dalla guerra, le spingeva a pensare e ad agire per il clan con coraggio e fermezza. Dovevano aspirare solo al bene del clan e seguire una disciplina. Non affermeremo che il coraggio, la disciplina e il senso dell'onore siano virtù maschili o femminili, poiché sono fortemente presenti in entrambi i sessi. Né insulteremo le nostre vecchie madri dicendo che non sono femminili se possiedono queste virtù "maschili". Ma non possiamo nemmeno dare credito a quelle affermazioni che attribuiscono lo spirito drengrgodr esclusivamente agli uomini. Conoscendo la visione del mondo germanico, la struttura della comunità, la valutazione della personalità indipendentemente dal genere, non sorprende vedere le donne contadine germaniche costantemente a contatto con uomini che muoiono per l'onore e animati dallo stesso senso dell'onore. È naturale che un popolo che considera le proprie donne "sacre e misteriose" non neghi loro ciò che le rende pienamente umane agli occhi dei germanici, ossia l'onore. D'altra parte, ci sembra importante notare che nel corso dell'evoluzione, una visione del mondo orientale ha gradualmente soppresso il carattere germanico del senso dell'onore femminile o ne ha sostituito un altro contenuto. L'onore femminile diventa - secondo lo stile di vita orientale - solo ed esclusivamente una questione fisico-sessuale e in definitiva significa solo verginità e purezza fisica. Qui i concetti sono invertiti.

IL PIÙ GRANDE ONORE DI UNA DONNA STA NELLA MATERNITÀ

Anche in Germania la castità è naturalmente prescritta; ma questo requisito riguarda in primo luogo entrambi i sessi e in secondo luogo ha una motivazione diversa da quella della regola di vita orientale: "Avere rapporti con una donna prima di aver raggiunto il ventesimo anno era considerato estremamente vergognoso". Coloro che sono rimasti casti per molto tempo ricevono le più alte lodi dalla propria gente; essi credono che ciò favorisca una buona statura e aumenti la forza e il desiderio".

Il testo di Cesare mostra che il norreno apprezzava la castità per evitare il pericolo di eccessi sessuali - a cui la mentalità orientale è più soggetta rispetto alla natura riservata del Nord - e inoltre non la confondeva con l'idea di onore. La mancanza di castità a partire da una certa età, o più precisamente i rapporti sessuali troppo precoci, sono considerati in Germania un pericolo per la psiche e il corpo dell'uomo. Significa un disturbo dell'ideale di perfezione umana e una minaccia per altri principi di vita germanici. La richiesta di purezza sessuale del giovane fisicamente e spiritualmente immaturo si basa sul desiderio di non minacciare la purezza del sangue, da un lato, e dall'altro comporta il principio morale generale dell'autodisciplina che regola l'intera vita del tedesco.

In Germania, la castità è richiesta agli uomini immaturi per preservare il sangue che si deve trasmettere intatto ai propri discendenti e per dovere verso se stessi, a partire dal suo valore basato sull'amor proprio e sulla dignità. D'altra parte, quando l'uomo germanico è diventato pienamente adulto fisicamente e moralmente, è naturale che non contravvenga alla legge della creazione e alle disposizioni che la natura gli ha dato, ostacolando la sua fecondità e la sua volontà di riprodursi con una castità troppo prolungata, a causa di una malata inversione dovuta a menti deformate. Il tedesco non vive contro la natura e le sue leggi, ma in armonia con essa. Non lascia appassire i doni che lei gli ha dato per pensare svilendosi in modo umano, ma ritiene che l'uomo si realizzi mettendoli a frutto; che la natura vuole uomini e donne, non esseri asessuati e neutri. Quindi la richiesta di una castità eccessiva, la scelta di una vita celibe e astinente che produce un'umanità "superiore", non è affatto naturale in Germania. Sono addirittura considerate una contraddizione e un'offesa alla stessa legge della vita eterna. Per i tedeschi, quindi, la castità è solo una necessità condizionata dalla regola di vita, non un valore morale assoluto che regola in modo inflessibile la condotta dell'uomo. La *vergine e il monaco non sono esempi germanici o esseri superiori, ma piuttosto il contrario, poiché non hanno sviluppato pienamente le forze che sono in loro.*

In Germania, questa concezione del valore preciso della castità, imposta solo all'essere immaturo, si applica ugualmente a uomini e donne. Le ordinanze che prescrivono pene per il concubinato e l'omicidio di donne dimostrano in modo eclatante che la verginità, la purezza della donna non è affatto fondamentale, e non viene nemmeno presa in considerazione nel giudicare il valore della donna libera tedesca. La legge popolare sveva prescrive che il concubinato con una donna sposata (mulier) sia punito due volte più severamente del concubinato con una vergine (virgo). Non sono la verginità, la castità e la purezza a determinare il valore. I libri di legge saliani, ripuariani e turingi prescrivono che la pena per l'omicidio di una donna idonea a partorire o che ha già partorito vale tre volte quella di una vergine che non ha ancora partorito. Questo tipo di legge che segna una differenza tra vergine e donna (virgo e mulier) mostra chiaramente che la nozione di verginità non è fondamentale per giudicare il valore delle donne. Viene semplicemente ignorata perché l'omicidio di una donna è considerato tre volte più grave di quello di una vergine! Non è la castità, ma il valore biologico che, a differenza della condizione di vergine, è legato al raggiungimento della maternità, ad essere fondamentale per la valutazione delle donne. L'idea germanica del valore determinato unicamente dalla castità non può essere più chiara di così. La donna che partorisce, la madre il cui concepimento non è mai una contaminazione, è tenuta in maggiore considerazione in Germania perché segue la legge della vita, sia individualmente che nella mente del popolo. Ma il valore della donna dipende, come già detto, dalle sue qualità, dalle sue conquiste, dalla sua anima e dal suo cuore, dalla sua mente e dal suo carattere.

Come mai la castità è stata considerata un concetto morale? Come mai la purezza è stata equiparata all'"onore della donna" nella concezione morale? Ricordiamo che l'ideale femminile germanico, la "santa germanica", era sempre rappresentato dalle madri, le madri originarie (Frigg, Lady Holle); che, secondo il sentimento germanico, il concepimento non era una macchia, una contaminazione e una degradazione. Al contrario, un'idea del genere sarebbe stata considerata un'offesa alle madri germaniche. Nelle saghe, vediamo centinaia di volte che le vedove sono ambite quanto le vergini e che nessun uomo germanico penserebbe che una vedova è inferiore perché non è più pura.

La mente giudeo-orientale, invece, considera la vergine più desiderabile della donna: la parola "desiderabile" è scelta intenzionalmente perché non c'è quasi nessuna questione di valutazione morale della castità nella valutazione della vergine da parte della mente orientale. Quando il libro sacro dell'Islam, il Corano, promette al musulmano ortodosso nel giardino del paradiso "giovani donne che nessuno spirito o uomo ha ancora toccato" come ricompensa per il suo uso personale, vediamo che la castità femminile deve effettivamente avere un valore speciale per l'orientale, poiché costituisce, per così dire, una ricompensa e una gioia paradisiaca.

La verginità e la purezza nel "Giardino dell'Eden" non potevano avere alcun valore morale, ma piuttosto un valore sensuale. Infatti, la castità di una donna ha senso solo se è promessa all'uomo che la distrugge in quella vita paradisiaca. Il possesso della "vergine dagli occhi neri come perle in una conchiglia", l'amore di Dio dei seguaci del paradiso, rivelano chiaramente che la castità della donna orientale è richiesta solo per il maggior piacere dell'uomo.

Abbiamo così visto quale razza attribuisce un ruolo così evidente alla purezza della donna e cosa c'è realmente dietro il requisito della castità. L'uomo germanico non avrebbe potuto concepire una madre vergine, né le avrebbe attribuito un valore superiore. Le sue dee e le donne a lui care hanno tratti materni e sono madri. La maternità è la loro natura. Quindi la Vergine Madre di Dio sostituì la divinità materna della Germania a causa dell'intrusione di un sistema di valori straniero. Le monache sono state privilegiate rispetto alle madri dei clan germanici e un maggiore rispetto per la verginità piuttosto che per la maternità è stato forzato nel cranio dell'uomo germanico fino a farlo accettare nella sua concezione morale. Possiamo quindi apprezzare la profondità del violento sconvolgimento che colpì la visione del mondo germanico e l'enorme scossa dell'istinto germanico. Le giovani ragazze di un intero villaggio ne erano la prova. Tutte avevano preso il velo, rivelando quanto questa idea avesse turbato il loro essere togliendo la serenità della loro sana e pia visione del mondo.

IL CONCETTO DI ONORE SOPRAVVIVE NELLA MORALE CONTADINA

Ancora oggi, la morale rurale non assomiglia a ciò che la nuova dottrina potrebbe desiderare. Ancora oggi, alcune usanze sono animate da una forza antica. Un senso morale le aveva stabilite, che non corrispondeva più al successivo insegnamento straniero. Nonostante la minaccia dei tormenti infernali e del purgatorio, il "vedersi alla finestra" è sopravvissuto tra le tribù della Germania meridionale come diritto riconosciuto dei giovani, e nessuno avrebbe pensato di considerarlo un peccato. Persino le autorità pubbliche, che si credono custodi e giudici del buon costume, chiudono un occhio impotente, anche se riluttante. Nonostante il cristianesimo preveda un requisito assoluto di castità, ostile alla maternità, non è raro che le giovani contadine offrano un figlio ai loro futuri mariti prima della benedizione cristiana e del matrimonio. Ma non vengono svergognate e vituperate dai contadini nelle cui case vivono, e i figli prematrimoniali non sono considerati figli del peccato con un difetto. Questo accade solo quando una ragazza mostra debolezza di carattere, quando viene rifiutata dallo spirito morale della comunità, ma non accade affatto quando sposa il padre del suo bambino subito dopo la sua nascita. L'apprezzamento straniero e orientale della castità ha poco a che fare con questo, ma piuttosto con l'antica legge morale germanica della conservazione del sangue e della disciplina interiore. Ancora oggi, la perdita della castità non è considerata una perdita d'onore, come non lo era nell'antica Germania. In Germania, il requisito della castità è un valore in sé, complementare all'onore, un bene la cui perdita può, in certe circostanze, svalutare la donna, ma che non equivale mai alla perdita del suo onore. Chi avrebbe mai pensato di rimproverare una figlia di Thordis Sur per essersi disonorata? Il giudizio della comunità germanica non è così dogmatico, ma dipende dalle circostanze particolari. Lo testimoniano anche i libri giuridici, che stabiliscono pene per il concubinato solo quando una donna ha commesso un atto sessuale con quattro o cinque uomini, dimostrando così la sua debolezza morale. Nello stesso spirito, si può notare che la verginità nell'antichità non è mai stata considerata un ideale, nemmeno un concetto, poiché non esiste una parola che la definisca. Anche questa è una prova dell'importanza attribuita alla vita femminile che si realizza nella maternità considerata come una missione e un ideale. Soprattutto, è chiaro che la castità dell'uomo immaturo costituisce uno dei tanti valori che venivano tenuti in Germania, ma l'onore è la legge assoluta della vita.

La castità non è l'onore di una donna. Questa restrizione, conseguenza di un senso dei valori estraneo e nocivo alla femminilità germanica, produce quelle sconvolgenti visioni di fustigazione da parte dei mariti che infestano gli antichi testi del Medioevo. Ma ci permette anche di comprendere i segni della decadenza della vita femminile moderna. Infatti, cosa resta della donna se la sua personalità viene svalutata fin dall'inizio, se come istigatrice del peccato, come incarnazione cammellata e materiale del principio del male, viene contrapposta al polo spirituale maschile buono? Che cosa le resta se, inoltre, viene allontanata dal quadro del clan unito e il suo ego viene incolpato dei peccati, o se viene asservita all'uomo considerato il suo "padrone"? È ancora consapevole di se stessa, della sua libertà e responsabilità, condizioni prime di ogni moralità?

La frase "Deve essere il tuo padrone" non significa altro che la distruzione di tutti i valori femminili germanici, di tutte le possibilità di collaborazione costante nel lavoro della comunità, e implica un'alterazione patologica della comunità nella misura in cui la donna ne è l'altra componente. In particolare, ciò significa che l'uomo assume anche il monopolio della morale, diventa per così dire il padrone della morale. Ha un'influenza decisiva sulle questioni morali, sull'etica o, come si diceva, le "insegna" secondo principi dogmatici scritti. Ora che le donne sono state private del senso del bene e del male, che sono state più o meno convinte della loro inferiorità e che sono state descritte come portatrici di una cattiva morale di sangue, ovviamente non è più molto difficile escluderle dalle questioni morali.

Margarete Schaper-Haeckel

QUADERNO SS N. 8. 1943.

EDWIGE THIBAUT

Amore e matrimonio

"Quando ero giovane, sono stato affidato a Njal e gli ho promesso che avremmo avuto un destino simile.

La contadina di Bergthora

Quando vogliamo parlare di amore e di matrimonio, dobbiamo fuggire dallo spirito delle grandi città verso nord, verso le montagne dall'aria pulita e salubre, dove le antiche stirpi vivono sotto le querce e i frassini. Dalla patria del contadino Bergthora guardiamo il vasto paese, antico e venerabile, dignitoso e fiorente, in cui la gioventù canta di nuovo le vecchie canzoni d'amore:

Vuoi darmi il tuo cuore?
allora viene fatto in segreto,
e il nostro pensiero comune
nessuno può indovinare
e
Conoscere un cuore fedele,
vale il più grande tesoro.
È un piacere dargli il benvenuto,
Colui che conosce un cuore fedele.

È la nostra patria che, spesso sporcata, parla costantemente della purezza dell'amore e del matrimonio nelle magnifiche opere della sua arte. Rivediamo Njal e Bergthora in Heinrich e Mathilde di Brunswick. Ma i nostri genitori in patria ci stanno già dando l'esempio di una vita dignitosa.

In questo bellissimo Paese, di cui Walther von der Vogelweide cantava "la virtù e il puro amore cortese", il popolo sta ancora lottando contro il veleno della spudoratezza giudaico-liberale che da decenni svilisce l'amore e il matrimonio. In questo campo, non è stata stabilita un'etica nazionale a livello pubblico. Non sono la dignità e l'abbigliamento, né la consapevolezza di un dovere sacro verso i nostri antenati e il futuro del nostro popolo a influenzare la vita amorosa, ma piuttosto la voce della "musa leggera". Vedremo sempre l'espressione dei sensi superficiali e del sangue caldo. Ma non ci accorgiamo che l'ebreo può usarli per influenzare il nostro popolo e quindi raggiungerci nella nostra sostanza.

L'amore e il matrimonio sono la fonte della vita culturale e popolare della nostra nazione. L'amore tra i sessi genera non solo la vita, ma anche l'arte, la vera conoscenza, la religione e l'ordine della società (moralità). Ma se tutto nasce dall'amore, il destino di un popolo dipende anche dall'etica dell'amore che prevale nel suo Stato.

Consideriamo due aspetti dell'amore e del matrimonio: *l'esperienza dell'amore* e la legge *naturale* che regola l'amore.

Qual è l'esperienza dell'amore? I due sessi sono attratti l'uno dall'altro, si emozionano l'uno con l'altro, si infiammano l'uno con l'altro e si commuovono per un abbandono che non si trova in nessun altro luogo della vita. Questa esperienza d'amore è generale. Ma a parte questo, ci chiediamo il come. Come ama il tedesco, come ama l'uomo nordico? Che valore attribuisce all'amore? O cosa considera il valore dell'amore? In ogni caso, dipende molto dal valore personale della persona che cerca l'amore o dell'amante stesso. Anche la sua natura influenza il modo in cui ama. A volte può dimenticare completamente la sua origine, considerare la civiltà giudeo-americana del tango (oggi diremmo del rock) come una creazione culturale nordica e non accorgersi in quali mani è caduta. Ma può anche riuscire a manifestare pienamente il suo valore razziale personale attraverso il suo amore. Il valore di una personalità si rivela nel suo modo di pensare, nella sua inclinazione e quindi nei suoi sentimenti. Ogni persona esprime il suo vero carattere nell'amore, se si "lascia andare", se si lascia trasportare, diventa prigioniera degli impulsi sessuali elementari e non considera più l'unione amorosa come qualcosa di diverso dalla soddisfazione del piacere sensuale. D'altra parte, il suo carattere può conservare la sua dignità nell'amore. Allora venera il valore personale del partner amato. Può anche cercare l'aspetto religioso dell'evento amoroso, l'esperienza di una volontà divina della creazione. Allora è in grado, attraverso il piacere e la felicità dell'unione amorosa, di sperimentare il desiderio divino di vedere molti figli procreare. E poi, per alcune persone, anche il senso dell'onore è legato all'amore. Quando il senso dell'onore è legato al senso dell'identità, allora l'uomo nobile sentirà un forte senso dell'onore nel suo amore, perché l'amore non è questo "peccato segreto", ma una relazione personale di onore reciproco. Al di là della vita amorosa, l'uomo d'onore deve anche essere consapevole di dover sostenere la dignità e la cultura dell'amore tra il popolo nel suo complesso. Non sono le donne a essere colpevoli quando il loro fascino e la loro grazia vengono sviliti e resi immodesti. Non sono le ballerine a essere colpevoli quando mettono in mostra le gambe in uno spettacolo, ma l'uomo che ha la responsabilità di guidare la comunità dove la vita amorosa è importante.

Quando chiamiamo *matrimonio* quel legame tra i sessi che è determinato dal valore e non dalla follia sensuale, e che vuole incarnarsi in figli ed è quindi virtuoso, allora possiamo dire: l'"amore" di alcuni non merita questo nome; tanto meno può essere considerato un'unione, anche se fosse celebrato da dieci sacerdoti. Ma l'amore di altri è un amore nel vero senso della parola e costituisce un'unione, anche se non fosse mai stato benedetto e consacrato. Il divorzio rappresenta quindi una grande disgrazia.

Interroghiamoci ora sulla legge naturale che regola l'amore. L'origine di ciò che sentiamo come amore, l'attrazione tra i sessi, è piuttosto sottile.

Questa legge fa nascere l'amore solo tra esseri specifici. Diciamo allora che i coniugi sono uguali. Gli sposi che si amano si abbracciano in un atto creativo. Una nuova vita nasce nell'ovulo fecondato, dove la parte materna e quella paterna si "accoppiano" nell'embrione. Si amano anche nei loro gusti reciproci. Chi cerca l'amore, quindi, pratica la scelta. Cercano ciò che soddisfa i loro occhi, i loro sentimenti e il loro spirito critico. Per l'uomo - solo un certo rapporto di proporzioni fisiche nella donna e un certo tipo di forma lo soddisfano. Tutti noi abbiamo una forte preferenza per un certo aspetto, un particolare gesto. Lo sguardo, la forza dei tratti del viso, la curvatura delle linee della bocca, del naso e degli occhi, il mento, le orecchie, le tempie e la fronte contribuiscono a formare un'opinione. Già in questa fase si avverte l'affinità o l'antipatia. Ma prima sono decisive le qualità del carattere, che non si manifestano nella pura apparenza, ma solo attraverso una conoscenza approfondita della persona, collocata in varie circostanze della vita o della storia del clan: il suo senso della bellezza e della bontà, i suoi giudizi su questioni importanti, la sua dignità, la sua conseguenza, la sua disponibilità e il suo temperamento, la prova della sua incrollabile fiducia in un dio, la sua fede e un amore puro e disinteressato per Dio. I valori a cui gli uomini in cerca di amore "danno un prezzo" di solito rivelano, come si è detto, qualcosa di apprezzabile. Tuttavia, tutti noi siamo più o meno attratti da ciò che ha un valore indiscutibile, da ciò che è puro, anche se non ne valiamo la pena. La maggior parte delle persone ammirerà con rispetto una Venere greca, una statua femminile di Kolbe, così come le loro incarnazioni viventi. Più di uno di noi vorrebbe amare un essere che si avvicina alla perfezione, anche se è inferiore. Lo desidera anche nel caso in cui dovesse sbagliare e non essere amato. La natura stessa fa sì che l'amore non sia basato sulla reciprocità. A parte questo, il clan influenza ancora la scelta matrimoniale dei suoi giovani. Una relazione d'amore autentica nasce solo quando le qualità decisive per la costruzione del carattere sono corrisposte da altre persone. Pertanto, chi "assomiglia" a se stesso "si ama".

Dobbiamo anche vedere che questa legge naturale dell'amore è quella che governa il matrimonio, perché il matrimonio serve proprio a procreare figli ereditariamente sani e ad avere una buona educazione che crei un forte sentimento familiare tra caratteri simili. Di conseguenza, si spera che i discendenti si riuniscano sempre volentieri. È così che nasce lo spirito della stirpe.

Oggi l'amore (il più delle volte confuso con la vita sessuale, che è solo l'aspetto organico dell'amore) è considerato un momento piacevole ("L'amore porta grande gioia, e tutti lo sanno...") in contrapposizione al matrimonio, che è degno di pietà ("matrimonio = corda"). Ciò è dovuto a un generale fraintendimento della natura più profonda dell'amore che deriva dalla mentalità artificiale, egoistica e di ricerca del piacere delle persone di oggi. Il problema di "amore e matrimonio" si risolve anche quando sappiamo qual è l'obiettivo finale dell'amore. Ogni amore autentico aspira al matrimonio. I matrimoni che rispettano la legge naturale sono matrimoni d'amore, consolidati da una buona eredità. Si può davvero parlare di paradiso in terra. Si realizza così la combinazione di obiettivi: *l'evento procreativo* desiderato si unisce *alla* felice *esperienza* amorosa.

Poiché, da un lato, la felicità, la pace e la salvezza del popolo risiedono nel maggior numero possibile di matrimoni, ma dall'altro lato è straordinariamente difficile trovare un buon coniuge nella nostra vita moderna e nella massa del popolo, il compito fondamentale di uno Stato etnista sarà quello di creare le condizioni per trovare un coniuge sano. Questo è anche l'obiettivo pratico più importante di tutto il nostro lavoro culturale.

J. Mayerhofer

L'amore assoluto risiede solo nella forza assoluta.

Hölderlin

QUADERNO SS N. 3. 1943.

SIGURD, IL CAVALIERE GIORGIO
E LA LOTTA CON IL DRAGO

La lotta per la patria costringe tutti a tornare a un'esistenza naturale. Tutti coloro che avevano perso il loro legame con la terra, sentono di nuovo il richiamo dell'eredità del passato, un'eredità contadina che incoraggia l'amore per la patria.

Fuori, la natura è ancora dormiente. Ma la luce del giorno sta già crescendo, la primavera non è lontana. Questa parola commuove tutti i cuori perché significa la fine della lotta annuale per la rinascita della vita.

La mente contadina ha prodotto meravigliose allegorie della lotta delle stagioni, che sono anche simboli di una visione del mondo caratteristica della razza. Si tratta di simboli che non possono essere perfettamente definiti da parole e concetti, perché comprendono l'intero mondo dell'esistenza. A volte sono nuovi, eppure sono legati, per quanto possano sembrare, a un passato vicino o lontano, al passato germanico del nostro popolo. I racconti e le leggende, anche quelle cristiane, contengono simboli di antica saggezza e conoscenza. Chi dei nostri bambini, nel rigido clima invernale, non accoglierebbe con piacere gli ospiti della terra delle leggende? Quale cuore genuino e giovanile non batterebbe con orgoglio quando ascolta per la prima volta la storia di una battaglia eroica?

Felice è il mondo i cui costumi e l'arte hanno conservato i simboli della lotta per la vita. In molti luoghi, l'inverno viene ancora messo a morte sotto forma di drago, la gentile regina della primavera liberata e unita al re di maggio. Dietro queste figure pittoriche si cela l'antico mito del rinnovamento della vita. Solo l'eterna veglia può vincere la morte. Ovunque il destino, il mostruoso drago, ci ostacola e ci nega l'accesso alla fonte della giovinezza, ci impedisce la conquista della bevanda vitale, il "tesoro scintillante".

Il dio del sole Wotan.
Placca ornamentale su un elmo proveniente da Vendel, in Svezia.

I due aspetti della vita, la nascita e la morte, il giorno e la notte, l'estate e l'inverno, si ritrovano in varie forme e il nostro patrimonio popolare li ha conservati nel suo ricco immaginario, anche sotto l'abito cristiano, che non poteva vincere altrimenti la forza dell'anima popolare germanica se non mettendola al servizio della Chiesa. Così il cavaliere San Giorgio, che uccide il drago, è rimasto la più germanica delle figure eroiche. Bernd Notke ha tratto il suo San Giorgio dalla forza d'animo germanica. Un antico documento dice: "È proprio in questo periodo - la Pasqua - che bisogna trionfare con Giorgio, quando l'inverno viene scacciato dal vento del sud, quando la terra entra nella sua adolescenza e fa nascere piante e fiori.

E quando cerchiamo nel passato germanico i simboli di questa vita assicurata, siamo sorpresi dall'abbondanza di testimonianze e dalla franchezza delle espressioni. Innanzitutto, guardiamo a quel sublime simbolo di vita che è l'Edda: "So che si erge un frassino/ Si chiama Yggdrasill/ L'albero alto, cosparso/ Di bianche volute/ Da lì viene la rugiada/ Che nella valle cade/ Eternamente verde si erge/ Sopra il pozzo di Urd". Ma nelle sue profondità abita Nidhögrr, l'orribile destino che custodisce la fonte della bevanda dell'immortalità e rosicchia le radici dell'albero della vita. "Arriva volando/ Il drago oscuro/ La vipera scintillante, scesa/ Da Nidafell;/Porta nel suo piumaggio/ - Si libra sulla pianura-/ Corpi morti, Nidhôgg/ Ora scomparirà". E il drago dice di sé: "Ho sputato veleno/ Quando giacevo sull'eredità di mio padre/ Enorme/ Più forte di me stesso/ Pensavo di essere, più di tutti/ Incurante del numero dei miei nemici".

Ornamento con drago e ruota del sole.
Disegno di un'antica porta islandese.

Odino e Thor, i magnifici dei, sono essi stessi coinvolti nella lotta contro questo drago oscuro per la sopravvivenza del mondo. La loro forza divina si perpetua in eroi come Sigurd e Dietrich, le cui imprese d'armi erano cantate nelle corti reali germaniche. "O potente serpente! / Hai fatto grandi sputi / E sibilato con un cuore duro; / L'odio sale tanto più / Tra i figli degli uomini / Quando uno ha questo elmo in testa". La vita non può essere conquistata senza la morte: "Ora ti consiglio, Sigurdr/ E tu segui questo consiglio:/ Vattene da qui! / Il suono dell'oro / E l'argento rosso come il rovo / Gli anelli, ti porteranno alla morte".

Questo atteggiamento germanico è già attestato dalle più antiche testimonianze che abbiamo, risalenti al III millennio a.C.. Sulle pietre incise della Svezia - simbolo di antiche usanze - compaiono il serpente di Midgard, l'albero della vita, la lotta di Thor e il drago. Ma fu soprattutto durante il periodo delle grandi invasioni, l'epoca della grande svolta politica della germanicità, già nota nell'Età del Bronzo, che le forze spirituali di una concezione incontaminata della vita animarono l'artigianato. Con l'arte dei Vichinghi del nord, questa forza trovò una grande rinascita e sopravvisse fino all'era cristiana.

La lotta di Sigurd con il drago.
Disegno su uno stipite di una porta a Hyllestad, Svezia.

Il dio del sole, sicuro di sé e controllato, raffigurato sulla pietra del cavaliere di Homhausen, cavalca attraverso il mondo senza temere le potenze maligne dell'abisso. Il motivo del drago compare in varie forme anche negli abiti e nelle xilografie delle prime chiese del Nord. Le mani degli artisti hanno raffigurato la lotta di Sigurd con il drago sulla porta di Hyllestad. Un motivo islandese illustra magnificamente il trionfo della vita sulla morte. In questo simbolo sono rappresentati i due aspetti dell'universo e ci viene spiegata l'essenza del mitico dio Odino. In tutte queste personificazioni è costantemente evidente che i popoli germanici erano consapevoli che il destino divino della vita risiedeva in loro stessi, nella loro fede, nel loro potere di azione. Da sempre, la sua forza era in grado di affrontare le sfide divine. Solo i deboli soccombono alle forze oscure.

Le nostre storie, i racconti e le leggende, la nostra arte popolare sono simboli della vita spirituale e morale degli antenati del nostro popolo. Non dobbiamo confondere la semplicità e la chiarezza di queste rappresentazioni psichiche con l'ingenuità. Non aspiriamo forse anche noi a recuperare quell'unità di vita che si irradia dall'antica tradizione, da cui persino la Chiesa medievale attingeva energia per rafforzare la sua dottrina estranea? I fondamenti morali della nostra volontà non sono forse gli stessi dell'antichità?

Non conosciamo ancora le forze profonde che portarono la Germanità ad adottare un pensiero cristiano che le era estraneo. Forse fu nel momento pericoloso in cui stava acquisendo una nuova consapevolezza di una vita superiore. Scoprì concetti seducenti, quasi simili, ma congelati nella prospettiva formale della vita romano-cristiana.

La conoscenza della nostra identità ci ha riportato all'ordine divino di cui siamo parte, dal quale nessuna trascendenza spirituale può separarci. Corpo, anima e spirito sono di nuovo un'unità. Il ritmo eterno della vita batte in noi, ora come prima, e la vita sembra essere la manifestazione divina presente in tutte le cose.

Dott. Mähling

QUADERNO SS N. 3. 1944.

COME LOKI E HEIMDAL HANNO COMBATTUTO PER LA COLLANA DI FREYA

Le leggende germaniche hanno perso molto di ciò che raccontavano delle azioni e delle sofferenze degli dei.

In un famoso poema, lo scaldo Ulf Uggissohn cantò del duello di Heimdal con Loki per la bellissima e scintillante collana della dea Freya. Di questo poema e della leggenda che celebrava il duello, rimangono solo due versi che ci dicono che Heimdal vinse il duello con il malvagio compagno degli dei. Il saggio islandese Snorri racconta anche che entrambi avevano l'aspetto di foche durante il combattimento.

Concediamo al poeta la possibilità di ricostruire una visione generale da questi pochi frammenti.

"Una volta Loki, figlio instabile di un gigante che gli dèi avevano incautamente accettato nella loro comunità, volò sul mare sotto forma di falco e vide sotto la superficie un grande pesce le cui squame e pinne brillavano d'oro.

Nella sua bramosia per il gioiello, Loki si lanciò verso le onde, ma mentre i suoi artigli si immergevano nell'acqua per afferrare il prezioso pesce, la rete invisibile del gigante marino Ran li circondò. Con astuzia e illusioni, aveva attirato l'avido essere in questa trappola e poi lo aveva portato in fondo al mare nel suo regno oscuro.

Lo tenne in prigione per nove giorni tra i marinai annegati negli abissi, finché egli non promise, con il più sacro dei giuramenti sulla testa della sua fedele moglie Sigrun, di portare la splendida collana di Freya come riscatto al terribile dominatore dei mari.

Questa collana di stelle della dea, che brilla ogni notte chiara nel cielo, era l'orgoglio degli dei e la felicità degli uomini. Freya non se la toglieva mai dal collo. Ma Loki, l'astutissimo figlio del gigante Laufey, sapeva quale linguaggio usare perché lei gli affidasse l'ornamento celeste.

Freya, la radiosa dea della bellezza che infiammava i cuori degli dei e degli uomini e la cui grazia faceva ardere di desiderio i pesanti giganti, era lei stessa infelice in amore. Aveva donato il suo cuore a un uomo di nome Od e lo aveva sposato, ma lui l'aveva abbandonata e lei lo aveva cercato invano in tutte le terre. Quando Loki tornò ad Asgard, nel castello degli dei, andò da Freya e le parlò: "Ho trovato Od, che tu chiedevi. Ran, il gigante ladro, lo ha attirato nel suo nido mortale e lo tiene prigioniero in fondo al mare. Tuttavia, è disposta a restituirtelo se le darai la tua collana scintillante come riscatto".

Freya non si sarebbe mai separata dal suo magnifico abbigliamento, ma l'amore richiedeva il prezzo più alto. Lacrime dorate di gioia le rigarono il viso. "Prendi il gioiello!", disse. "Nessun gioiello è troppo prezioso per me per la vita di Od, l'amato. Porta lo sposo vicino al mio cuore e te ne sarò eternamente grata!

Loki, esultante, si slegò il gioiello dal collo e si tuffò sotto forma di foca nelle profondità del mare per portare allo spietato Ran l'ornamento estratto.

Ma qualcuno aveva ascoltato le parole dell'ingannatore, Heimdal, il grande guardiano del cielo, il cui occhio onniveggente giorno e notte non si assopisce mai e il cui orecchio è così acuto da percepire ogni suono. Lui, che poteva vedere nel cuore della terra, sapeva della prigionia di Loki a Ran e intuì l'inganno. Con la velocità di un fulmine assunse l'aria di una foca e si tuffò verso Loki.

Tra le onde del mare si scatenò una furiosa battaglia tra la forza di Heimdal e la perfida astuzia di Loki, che sfuggiva sempre alla morsa soffocante del guardiano del castello celeste. Ran, l'orribile, voleva andare in aiuto di Loki, ma le nove madri delle onde di Heimdal, il figlio del mare, la afferrarono e glielo impedirono. Gjalp, la ruggente, Greip, l'afferrante, Eistha, l'attaccante, Eyrgjafa, la creatrice di sabbia, Ufrun, la lupa, Angeyfa, l'opprimente, Imd, la sussurrante, Atal, la peritura, Iarnsasea, quella dal coltello di ferro, tutte coloro che hanno dato vita a Heimdal, si precipitarono sul gigante ladro e le impedirono di intervenire nella lotta.

Così le onde rotolarono furiosamente, così rabbiosamente che la schiuma bianca volò nel cielo, le barche degli uomini si infransero contro le onde del mare e sollevarono persino la terra intorno a loro.

Alla fine, Heimdal riuscì ad afferrare Loki e a sottrargli il gioiello splendente. Loki, privo di forze, affondò sotto l'acqua, ma Heimdal lo sollevò e volò come un'aquila verso le altezze divine. "Come hai potuto fidarti del corruttore?", lo rimproverò Freya, restituendogli il gioiello scintillante. "Sai che non rivedrai Od fino a Ragnarök, il crepuscolo degli dei. Lo cerchi invano a Ran. Solo Odino e io conosciamo il segreto che lo nasconde. Ma lo rivedrete il giorno della battaglia dei mondi, prima che il nuovo mondo sorga dalle onde tra lacrime e sangue. E allora Loki riceverà la sua punizione, lui la cui malvagità ha fatto così spesso torto a noi dei.

Quando l'Esir bianco tornò sui ponti celesti, controllando che i giganti non assaltassero il castello degli dei prima del tempo, prese il bastone di legno dentellato e vi fece una tacca accanto alle tante altre che ricordavano le malefatte di Loki, il cattivo. Mentre giaceva nel suo letto con un sorriso amaro sul volto, improvvisamente sentì un dolore al petto e gemette per un tormento che aveva previsto; tuttavia sua moglie Sigrun, la sua fedele moglie, lo confortò".

Hermann Harder

III. Usanze e religione

"D'estoc et de taille", di Gunther d'Alquen, 1937.

Forma e contenuto

Una delle questioni più importanti del nostro tempo riguarda l'atteggiamento religioso. Negli ultimi anni, alla ricerca di un percorso conforme alla concezione nazionalsocialista, un numero straordinario di cittadini tedeschi ha affrontato spontaneamente questo difficile problema trovando le soluzioni più diverse.

Non è nostro compito definirci a favore o contro questo o quel tipo di soluzione. Ma è nostro dovere fornire chiarimenti senza prendere posizione su tutte queste questioni.

Come sempre, in questo esame, il nostro obiettivo non è negativo: un'esperienza religiosa non deve mai basarsi su un conflitto con un'altra concezione religiosa. Ciò sarebbe in contraddizione con lo spirito del programma del Partito, con la nostra etica. Pertanto, nell'esaminare il problema, va ribadito che come nazionalsocialisti non siamo interessati alla sostanza di nessuna di queste dottrine; l'importante è solo fino a che punto esse corrispondono al principio della nostra visione del mondo, perché la religione è una questione privata.

Il nuovo Stato ha definito chiaramente la sua posizione sulla questione religiosa in due dichiarazioni fondamentali. L'articolo 24 del nostro programma garantisce: "la libertà di tutte le confessioni religiose all'interno dello Stato, nella misura in cui non mettano in pericolo la stabilità dello Stato o contravvengano al sentimento morale e ai buoni costumi della razza germanica". L'istinto razziale diventa così il criterio assoluto per la concezione religiosa.

Nella cosiddetta legge sulla libertà di coscienza, lo Stato nazionalsocialista ha definito chiaramente come questo sentimento debba essere interpretato: "La fede è una questione del tutto personale e si è responsabili solo della propria coscienza. Il risultato è che :

Lo Stato nazionalsocialista si rifiutava di interferire nelle questioni religiose a patto che i suoi rappresentanti non intervenissero nella sfera politica.

Questo è l'unico modo in cui un cristiano, cattolico o protestante, o un seguace di un'altra religione, può vivere la sua fede all'interno del Partito e della Germania, se lo fa per convinzione e scelta personale.

Ma ciò non deve far pensare che questa libertà possa essere interpretata in modo negativo e malevolo.

Il Reichsführer SS lo disse chiaramente in un discorso sui compiti delle SS:

"Ma per questo non tolleriamo di essere chiamati atei a causa dell'uso improprio della parola pagano, perché come comunità non dipendiamo da questa o quella denominazione, né da alcun dogma, né esigiamo che i nostri uomini vi siano legati".

Aspiriamo a un sentimento religioso e a un rinnovamento, e questo significa che non abbiamo nulla a che fare con quella concezione storica materialista che rifiuta per principio ogni religiosità, perché nega l'esistenza del metafisico a causa della sua sottomissione al mondo terreno. Secondo il Reichsführer SS, consideriamo coloro che non credono in nulla come "presuntuosi, megalomani e stupidi".

Di conseguenza, la nostra posizione non ha nulla a che vedere con coloro che, privi di qualsiasi religione, sono liberi da legami spirituali. Le chiese confessionali non hanno tutti i torti quando osservano che da questi ambienti non ci si può aspettare alcun risveglio o rinnovamento di natura religiosa, perché la sola negazione non costituisce un terreno valido per l'emergere di nuove idee. Un'esperienza religiosa veramente originale può nascere solo da un desiderio di concretizzazione positiva, che porta al tentativo di creare un nuovo contenuto religioso.

Ma, secondo le leggi naturali, solo un individuo può fare questo lavoro: un uomo che deve avere in sé la stoffa del riformatore o del profeta, anche se non è necessario che si comporti come tale.

Né si capisce perché i tedeschi che, per motivi ideologici, non vogliono avere nulla a che fare con il cristianesimo, perché rifiutano di accettare come legge morale quegli elementi della morale cristiana che sembrano loro estranei, non debbano organizzarsi in forma di comunità pubblica e giuridica.

Questo sarebbe di per sé auspicabile, perché è l'unico modo per trattare le persone e le loro famiglie in modo equo, il che è necessario e persino urgente.

Per queste ragioni, crediamo anche che a lungo andare non sarà possibile pretendere da tutti i nostri concittadini che sono fedelmente e convintamente attaccati alla legge morale della nostra razza, che i loro discendenti e promessi sposi siano privati di tutte le benedizioni pubbliche e, alla fine, le loro sepolture di ogni solennità. Ma sappiamo anche che una nuova forma di religione, per non diventare una buffonata, deve svilupparsi gradualmente e radicarsi organicamente in vecchie usanze autentiche ancora oggi esistenti, e quindi non può essere "creata" all'improvviso da nessuna organizzazione.

Tuttavia, riteniamo soprattutto che queste consuetudini, che da sole giustificano la regolamentazione, non debbano mai portare a una "organizzazione ideologico-religiosa". Infatti, non tollerare una tutela di qualsiasi tipo o una concezione collettiva in questo ambito è il segno tipico di un atteggiamento religioso veramente germanico.

Per i tedeschi la religione era e rimaneva una questione privata. I capi delle famiglie germaniche fungevano anche da sacerdoti e non tolleravano alcuna classe sacerdotale.

Ciò di cui abbiamo bisogno non è un vago entusiasmo per una società segreta o settaria pseudo-religiosa, ma un abbraccio onesto e in buona fede di quelle concezioni religiose e "soprattutto morali" dei nostri antenati.

Questo è stato uno degli errori più disastrosi commessi da quelle tante piccole leghe che volevano rinnovare la religione della nostra razza legandosi alla tradizione viva che la cristianizzazione violenta aveva un tempo imbavagliato.

È impossibile cancellare mille anni di evoluzione umana e nazionale e considerarla inesistente.

Wotan e Thor sono morti - e quegli spiriti sognanti che una dozzina di anni fa hanno sacrificato un cavallo su una vecchia pietra sacrificale sono stati dei tristi sciocchi che hanno inutilmente compromesso la buona causa. Non è possibile utilizzare né l'usanza religiosa precristiana né le rappresentazioni che la sottendono. Se si cerca di esprimere la propria coscienza morale in forme religiose esterne, si deve cercare di fare riferimento al libro sacro dei nostri antenati, l'Edda, come il cristianesimo ha fatto con i libri dell'Antico Testamento. Se vogliamo creare una sorta di legge morale, dobbiamo ispirarci ai bei passi poetici, soprattutto a quelli che esprimono la visione del mondo. Ma non cerchiamo di andare troppo lontano.

La religione è una questione spirituale e può basarsi solo sullo spirituale. Il nostro compito è solo quello di agire in modo da non offendere un tedesco che ha rinunciato alle dottrine orientali e si sforza da solo di recuperare l'eredità ancestrale.

"D'ESTOC ET DE TAILLE", DI GUNTHER D'ALQUEN, 1937.

LA CRISI SPIRITUALE

Quando gli oppositori del nazionalsocialismo si rendono conto che la resistenza palese o occulta sul piano politico è senza speranza, si rivestono di una veste adeguata e ricompaiono per cercare di creare una facciata ancora più mimetica. Questo camuffamento può essere molto diverso: può essere puramente religioso o tinto di "scienza". Tuttavia, ciò non ci fa perdere di vista il fatto che sono sempre gli stessi circoli che, come in passato, cercano di ostacolare il nazionalsocialismo nel suo sviluppo.

"Nel suo nuovo libro, Il *socialismo tedesco*, Werner Sombart ha cercato di rivedere la situazione attuale nella sua interezza e di far luce sulle cause della crisi in cui si trovano la nostra patria e l'intero mondo civilizzato. Egli cerca giustamente le cause ultime dell'enorme caos che sta scuotendo e minacciando la nostra intera esistenza - nell'ambito della visione del mondo piuttosto che negli eventi politici ed economici.

Con queste parole, la Deutsche *Bergwerkszeitung* di Dusseldorf inizia il suo editoriale con una chiara dichiarazione. Siamo naturalmente abituati a tutti i tipi di attacchi odiosi alla nostra visione del mondo - ma raramente ci è stato detto con tanta impertinenza che non siamo solo responsabili dell'attuale indebolimento del cristianesimo, ma anche della futura decadenza del mondo intero.

L'autore, che si fa chiamare Spitama, sa fino a che punto può spingersi senza incorrere nella legge con il suo mucchio di insulti abilmente mascherati contro il nazionalsocialismo. Dimentica che non giudichiamo le parole ma lo spirito e che, inoltre, non siamo così stupidi da non considerare questa "discussione scientifica" per quello che è, cioè un testo politico.

Ma una reazione autoritaria da parte nostra servirebbe sia al signor Spitama sia alla *Deutsche Bergwerkszeitung*, che ha permesso che questo insolente disprezzo per la visione nazionalsocialista fosse espresso nelle sue prime due pagine su otto colonne. Una sfera spirituale attaccata non può essere purificata da alcuna misura coercitiva. Siamo determinati a far capire ai cittadini tedeschi a cui si rivolge la *Deutsche Bergwerkszeitung* che l'"attuale crisi spirituale" è totalmente diversa da quella presentata dal signor Spitama, e in particolare che ciò che egli considera una "causa di malattia" è l'unico rimedio e l'unica via d'uscita per il futuro tedesco.

Non avevamo idea di vivere in un "caos spaventoso, che minaccia e mina la nostra intera esistenza". Avevamo l'impressione che i cittadini che non condividono ancora i nostri ideali (nel caso ce ne siano ancora tra i lettori della *deutsche Bergwerkszeitung) fossero* d'accordo con noi sul fatto che il nazionalsocialismo ha posto fine proprio a questo "caos spaventoso" e lo ha sostituito con un ordine tanto produttivo quanto fertile. Ma gli sviluppi dell'ultimo anno non sono stati evidentemente percepiti dal signor Spitama e dal suo collega, perché essi presumono che il popolo tedesco viva ancora nell'inferno della distruzione che presentano - questo è il vero senso del loro articolo - come l'inevitabile risultato dell'abbandono del cristianesimo.

Con giustificazioni oggettive altisonanti, Spitama dimostra nel suo articolo, che chiama "la causa della malattia", che il marxismo si è posto l'obiettivo di distruggere la religiosità nel pensiero occidentale. Egli dimostra con numerose citazioni che l'effettivo abbandono del cristianesimo, o meglio della Chiesa cristiana, soprattutto nell'ultima metà del secolo scorso, è stato un ovvio concomitante della visione del mondo materialista.

Ci sarebbe poco da obiettare in campo storico, religioso e filosofico se lo scopo del saggio non fosse quello di attribuire al nazionalsocialismo tendenze simili proprio in questi campi. La saggezza di Spitama culmina nella sua conclusione: "La salvezza e la liberazione della Germania possono risiedere solo nel ritorno a Colui che è la via, la verità e la vita (cioè Cristo!) Solo così l'Occidente potrà sfuggire alla decadenza prevista.

Eccoci qui! Il nazionalsocialismo, con la sua ovvia ostilità alla Chiesa, è responsabile della fine dell'Occidente. Perché la scristianizzazione "è la malattia da cui siamo afflitti e da cui dobbiamo morire se non riusciamo a superarla".

Ciò è dimostrato dall'intera gamma di argomenti clericali. L'ingenuo e polveroso professor Sombart è citato in una frase un po' oscura, che il signor Spitama considera "piena di carattere":

"Ciò che abbiamo vissuto può essere spiegato solo come opera del diavolo. Possiamo vedere chiaramente le strade lungo le quali Satana ha condotto gli uomini a se stesso: ha minato sempre più la fede in un mondo ultraterreno e ha così lanciato gli uomini nella perdizione di questo mondo".

Il signor Spitama ci avrebbe rimproverato per il fatto che oggi la sua "fede nell'aldilà" è di fatto scomparsa e non è più sostenuta dalla maggioranza dei nostri concittadini. Perché, come la descrive lo scrittore, è il più orribile dei terrori:

L'uomo moderno non è più soggetto alla paura di inferni minacciosi e la promessa di una ricompensa nell'aldilà non lo consola più per le sgradevolezze di questo mondo.

Non c'era certo bisogno di tenderci una trappola mobilitando nientemeno che Heinrich Heine a sostegno di queste tesi, come se il pensiero ebraico, che è quindi subdolo, avesse previsto esattamente il corso dell'evoluzione credendo che potessimo abbandonare volentieri il cielo agli angeli e agli uccellini.

Certo, la nostra religiosità, e quindi la nostra fede nel nostro popolo e nel suo futuro, è fortemente radicata nella realtà. Ma non si dica che queste visioni "hanno cercato di sostituire il dio presente nella coscienza".

Non tolleriamo che il nostro credo più sacro venga definito una pseudo-religione perché la nostra fede è inferiore a quella della comunità confessionale. Crediamo nell'eternità allo stesso modo dei cristiani religiosi. Crediamo che le forze che hanno permesso al nostro popolo di sfuggire alla morte siano altrettanto "religiose" di quelle rappresentazioni molto diverse che, quasi sepolte sotto dogmi medievali, costituiscono il vero nucleo della dottrina religiosa attuale. Se possiamo, è proprio perché siamo in grado di vedere e sperimentare l'eternità in questo mondo - una facoltà che il cristianesimo, ovunque sia vissuto e viva, ha coltivato e alimentato.

"La fede in Dio e nell'aldilà è di fatto il fondamento della morale, da cui trae la sua forza d'azione. La morale autonoma, che non vede più Dio come legislatore e giudice, è il prodotto di riflessioni intellettuali. Non può sopravvivere e resistere agli attacchi delle grandi tentazioni della vita. L'autonomia morale, questo prodotto del soggettivismo moderno, porta all'adorazione dell'uomo. Eccola, la subdola pugnalata!

Per noi, questa morale che viene dall'alto e viene imposta al popolo è condannabile come quei modi ipocriti che, ad esempio, usano le colpe più comprensibili attraverso il segreto della confessione per dominare politicamente i deboli di mente.

L'astrusa dottrina del peccato originale rende necessaria la redenzione. La caduta, e persino la nozione di peccato secondo la concezione cristiana, con una ricompensa e una punizione nell'aldilà, è insopportabile per gli uomini della nostra razza perché non è compatibile con la visione del mondo del nostro sangue.

Al di là di tutte le controversie confessionali - e in Germania non si può certo discutere di problemi religiosi - riteniamo indiscutibilmente importante per il futuro del nostro popolo che la religione al servizio dello Stato crei forme spirituali nuove e adeguate per realizzare l'ideale eroico di vita della nostra razza. Allora - e solo allora - il cristianesimo, purtroppo ancora influenzato dal Sud, potrebbe davvero radicarsi nel nostro popolo, cosa che, come sappiamo, non è stato affatto in grado di fare mille anni dopo la cristianizzazione forzata.

Ecco perché Spitama è insolente quando definisce la forma dogmatica cattolica del cristianesimo proprio come "la fede dei nostri padri"; come se non ci fossero voluti secoli di dure lotte per imporre questa religione dell'amore ai nostri padri con la spada e la tortura!

Inoltre, oggi sappiamo quanto il sentimento religioso del germanesimo permea il cristianesimo "tedesco" e che la morale sociale, che la Chiesa vorrebbe considerare come la sua creazione più fondamentale, si basa più sulle qualità etiche della nostra razza che sulla dottrina pulpata dei secoli medievali.

Infine, non dobbiamo dimenticare che gli ultimi mille anni sono stati un'alienazione del principio del nostro essere e della nostra specie sotto ogni aspetto. Non vogliamo certo ignorarli o eliminarli completamente dalla nostra coscienza, ma non vogliamo dimenticare che questo millennio non è che "un giorno e una notte rispetto a Dio - all'eternità che sentiamo in questo mondo", che è l'origine del nostro essere e della nostra religione.

Di fronte ai millenni di esistenza del nostro popolo e alle decine di millenni di esistenza della nostra razza, i fieri errori di una falsa dottrina estranea al popolo non contano molto. Questo va detto a coloro che, con cattiva volontà e con abiti presi in prestito, pensano di poter calunniare impunemente la nostra sensibilità religiosa.

"D'ESTOC ET DE TAILLE", DI GUNTHER D'ALQUEN, 1937.

POTENZA E CUORE

La trinità di corpo, mente e anima forma un'unità armoniosa e viva nelle persone sane. Ma queste tre essenze, che per noi sono perfettamente equivalenti, possono essere valutate in modo diverso. Nel corso della storia, ciò è sempre stato dannoso per l'uomo.

Conosciamo, ad esempio, il punto di vista religioso medievale che dava legittimità solo alla cosiddetta "anima", cercando così di dirottare le sfere intellettuali dell'uomo verso l'aldilà e non interessandosi più al corpo. Conosciamo anche quelle tendenze che prendevano in considerazione solo lo spirito, la ratio, e riducevano tutto a un puro meccanismo, a una causalità senza anima.

Queste posizioni parzialmente false sono malsane quando si scontrano con la pura realtà. È una visione che non è forte come la realtà e non coincide con essa. È inadeguata e insostenibile.

Si può parlare di un'eccessiva affermazione dell'aspetto "morale" rispetto al principio nazionale. Laddove un tempo il liberalismo enfatizzava solo la materia, vediamo sorgere, come reazione al liberalismo, lo stesso errore opposto, solo più esclusivo nel concetto e nell'ideologia. In questo caso, la realtà nazionale, l'idea razziale e, in breve, il nostro amore per questo mondo diventano un'illusione senza fondamento e lasciano il posto a considerazioni che analizzano il popolo in modo metafisico o scolastico, a speculazioni chimeriche e a una falsificazione del significato mistico della realtà nazionale.

Vediamo questo misticismo "nazionalista" all'opera qua e là. I loro rappresentanti sono calotini e intolleranti come i domenicani del Medioevo; le loro concezioni hanno a che fare con "usanze", ginnastica runica e magia misteriosa. Si riuniscono in sette e credono che combattere altri calotini dia loro un alibi. Odiano i concetti chiari. La scienza e l'economia sono per loro a priori solo campi liberisti e invenzioni del diavolo.

Il nazionalismo si considera una realtà popolare. Insiste sul primato della visione del mondo, ma senza trascurare altri aspetti della nostra esistenza.

La decomposizione dell'intera umanità e la dissociazione dei regni fisico, spirituale e morale si manifestarono anche dal punto di vista dello Stato. Non era solo l'individuo a essere ingannato e l'essenza del popolo a essere violata, ma anche lo Stato e l'autorità mancavano di un'autentica armonia. Inoltre, l'arte fu costretta a limitarsi alle esigenze politiche del potere e quest'ultimo non possedeva più quei valori spirituali e morali che sono il segno distintivo della vera umanità.

La Germania ha così trovato nella nostra presenza potenza e spirito, potenza e anima. Così l'arte diventa indipendente e il potere fa lo stesso. La ragione di questa separazione dei due domini risiede in ultima analisi in questa ostilità e estraneità. L'arte non può prosperare a lungo termine senza potere politico, e uno Stato si blocca e diventa reazionario se lo spirito e l'anima non gli forniscono una vita interiore.

Siamo andati oltre l'ideale di un apparato statale puramente attivo, perché l'intero popolo ora influenza lo Stato e quindi lo spirito e l'anima della nazione. Pertanto, la spiritualità tedesca non si evolve più senza un contatto positivo con il potere. Pertanto, non rischia più di cadere nelle mani degli ebrei come un tempo. Ma, a differenza del passato, lo Stato non considera più lo spirito come un nemico deliberato, indesiderabile e proibito, bensì come una manifestazione vitale della nazione.

Il nostro compito è quello di sintetizzare il potere e lo spirito che regnavano molto tempo fa. L'arte ha spesso trovato protezione in piccoli e potenti principi, ma i grandi spesso sono rimasti in silenzio. Perché ciò avvenga, potere e spirito devono andare di pari passo. Si parla di dati morali che il popolo tedesco possiede in abbondanza. Il problema più serio non è quindi solo quello di creare un'armonia tra potere e spirito, ma di raggiungere una sintesi perpetua tra potere e anima.

Il compito più grande che è stato affidato al nostro popolo oggi è quello di combinare e mantenere costantemente questi principi. Allora il potere non si fisserà, non diventerà mai una facciata e sarà sempre in stretta connessione con i tedeschi.

Ma l'anima tedesca si guarderà indietro e si libererà da queste fantasticherie estranee perché prenderà la realtà come punto di partenza.

Si sforzerà sempre di osservare la realtà più alta che esiste su questa terra: un popolo felice e la sua continuità.

QUADERNO SS N. 4. 1942.

LA PIETÀ GERMANICA

Attraverso la loro religione, i nostri antenati onoravano le forze soprannaturali di cui credevano di poter percepire l'azione e il potere nei campi e nella foresta, nel cielo e sulla Terra, certo, ma soprattutto nella loro stessa esistenza. Questo è sempre stato l'aspetto essenziale. Anche l'uomo è figlio della natura, ma in quanto essere dotato di parola e spirito, il suo legame con la comunità è totalmente diverso da quello dell'animale. La relazione originaria con la famiglia, il clan e il popolo in cui è nato influenza la sua vita a un livello molto maggiore rispetto alla relazione con la "natura", che è il campo della sua attività. La comunità popolare gli fornisce anche la sua religione, oltre che la sua lingua! Attraverso il culto e il mito che apprende, gli trasmette la specificità del suo rapporto con la divinità. Meglio ancora, egli distingue la volontà della divinità stessa, che si esprime nell'azione e nella motivazione di questa comunità, nelle leggi e nelle regole che la governano, nei valori morali che le sono propri. La scorge innanzitutto nella comunità, perché queste regole e relazioni traggono la loro forza sacra dal fatto che sono stabilite, secondo l'antica credenza, dagli stessi dei, sono soggette alla loro supervisione e protezione.

In questo contesto, le saghe islandesi che descrivono le feste sacrificali norrene sono particolarmente istruttive. Apprendiamo che nelle grandi feste annuali si facevano sacrifici da un lato "per il raccolto" (o per una "buona annata") e per la "pace", dall'altro per la "vittoria" e per il regno del re. Ciò dimostra che il sacrificio organizzato dalla comunità popolare rappresentata dal culto comunitario era legato alla vita e al destino di quella comunità. Un buon raccolto e la pace da un lato, la vittoria e la sovranità dall'altro; questi sono i due poli attorno ai quali si muove la vita di un popolo: l'aspetto biologico naturale e l'aspetto storico-politico. Da un lato c'è la pace, che coinvolge il lavoro del contadino e culmina nel raccolto; dall'altro c'è la guerra che, coronata dalla vittoria, porta onore e potere. Il fatto che agli dei venissero chieste queste cose durante le feste sacrificali dimostra che essi erano considerati i fornitori e i protettori di questi beni, cioè di tutto ciò che costituiva l'anima e la ragion d'essere della comunità etnica. L'uomo germanico credeva che gli dei decidessero sia la prosperità del suo lavoro pacifico - coltivare il suo campo - sia la conquista della vittoria in guerra che assicurava la sopravvivenza del popolo.

Ma la formula "til ärs ok fridar" porta con sé un insegnamento più grande della traduzione "per un (buon) anno e per la pace"; infatti la parola "pace" caratterizza non solo lo stato di pace, in contrapposizione alla guerra, ma anche l'ordine morale e giuridico su cui poggia la pacifica vita comune della comunità umana. Niente può esprimere meglio il significato religioso di questa antica formula delle parole di Schiller:

"Ordine sacro, figlio celeste che porta la benedizione che unisce tutta la comunità nella libertà e nella gioia. Gli dei sono i dispensatori del bene, dei beni della vita; sono i padroni della guerra, i dominatori della vittoria e determinano così il destino dei popoli. Sono anche i custodi della pace sacra, che si basa sulla legge e sul diritto.

Rispetto alla conoscenza del culto e all'impatto della religione sulla vita pubblica, è difficile immaginare l'atteggiamento religioso interiore del popolo germanico, la sua pietà. La santità e il potere della divinità danno ai credenti un senso di dipendenza. Ma per l'uomo germanico, questo sentimento di dipendenza dal proprio dio era privo di qualsiasi sottomissione servile. Al contrario, era sostenuto da una fiducia forte e coraggiosa. Nel Nord, trua ("fiducia") è un'espressione di fede religiosa e il dio su cui l'islandese faceva affidamento sopra ogni altra cosa nelle miserie e nelle difficoltà della vita. Lo chiamava il suo "Fultrui", cioè colui che merita piena fiducia. Come il norvegese Thorolf Mosterbart, molti uomini germanici cercavano la salvezza dal loro dio quando dovevano prendere decisioni difficili e chiedevano il suo consiglio. Sapevano di essere al sicuro sotto la protezione del potente dio, o era solo una reazione istintiva a vederlo come un "amico" sicuro? Ci sono ampie prove che Thor sia stato il primo a essere considerato così. Nella saga viene chiamato Astvinr ("l'amico gentile"). Un rapporto così bello e dignitoso non sminuisce il divario tra l'uomo e Dio su cui poggia ogni credenza pia; ne derivava una pietà che dava all'uomo fiducia e forza; è la caratteristica più nobile presente nella concezione della religione germanica.

Walter Baetke

L'uomo deve cogliere Dio al centro delle cose.

Maestro Eckhart

OPUSCOLO SS N. 6. 1942.

CORPO E ANIMA

La concezione dell'antichità e del cristianesimo stabilisce una differenza di natura tra il corpo e l'anima. Entrambi hanno un'origine diversa: il corpo è di origine terrena e materiale, l'anima di essenza divina e spirituale. Ognuna segue un destino diverso: il corpo muore e si decompone, l'anima è immortale e vive dopo la morte. Hanno anche un valore molto contrastante: il corpo è fonte di istinti, bassezze, inferiorità e nefandezze; l'anima è il supporto di ciò che è grande e bello, e quindi di valore assoluto. Un abisso invalicabile li separa; ostili, si fronteggiano. Il corpo, profano, è la catena che trattiene l'anima dal suo volo immateriale e divino verso l'alto. È la camicia di forza terrena e impura.

La nostra visione del mondo e le nostre credenze etniche contraddicono questi principi di un mondo decadente e morente.

Sappiamo che questi due aspetti, anima e corpo, ci sono stati concessi dal Creatore. Entrambi sono per noi la manifestazione della natura divina sempre creativa, eterna e meravigliosamente attiva.

Sappiamo che i nostri antenati ce li hanno trasmessi e che vivranno nei nostri figli. Sappiamo che noi stessi siamo responsabili della loro sopravvivenza o della loro morte. Siamo pienamente consapevoli che la nostra missione è continuare l'opera del Creatore e migliorarla nel tempo.

Sappiamo che la nobiltà e la purezza del nostro corpo è anche la nobiltà e la purezza della nostra anima e, viceversa, chi corrompe il suo corpo corrompe anche la sua anima. L'educazione della nostra anima e lo sviluppo del nostro corpo vanno di pari passo.

Sappiamo che il nostro corpo e la nostra anima sono in definitiva un tutt'uno e che onorare l'uno significa onorare l'altra.

L.E.

Quaderno SS n. 8a. 1941.

Cosa significa "solstizio"?

Il Sole, padre dell'universo,
crea primavera e inverno, caldo e freddo

Essere di guardia a est non ha francamente nulla a che fare con l'astronomia. Eppure il soldato che si trova lì, di fronte al nemico, può diventare un "esperto confermato di questioni astronomiche", soprattutto se osserva il sorgere del sole.

L'alba sulle vaste pianure orientali è uno spettacolo indimenticabile per chiunque l'abbia visto! Un rosso acceso annuncia l'evento nel cielo del mattino, poi i raggi appaiono sopra l'orizzonte; un pallido Sole invernale sorge e prepara un nuovo giorno. Sono cose che tutti possono vedere ogni giorno.

Ma ora vorremmo studiare questo spettacolo naturale da un punto di vista astronomico. Non abbiamo bisogno di un telescopio, di una bussola o di un orologio, ma solo di un punto fisso per alcuni giorni e di alcuni bastoncini. Ogni giorno, al sorgere del sole, segniamo il nostro punto d'incontro conficcando nella neve un bastone a qualche decina di passi da noi.

Il giorno dopo o qualche giorno dopo andiamo nello stesso posto. L'alba è imminente - ed è qui che la maggior parte delle persone rimane sorpresa! Il Sole non appare più dietro il nostro bastone come in passato, ma un po' più a sud, quindi a destra. Poiché abbiamo iniziato le nostre osservazioni all'inizio di dicembre, il Sole si sposterà più a destra ogni volta che sorgerà... fino al 22 dicembre. Il 21, 22 e 23 dicembre, anche se non siete in servizio, vale la pena di essere svegli prima dell'alba e di osservare il sorgere del Sole a est da un punto prestabilito.

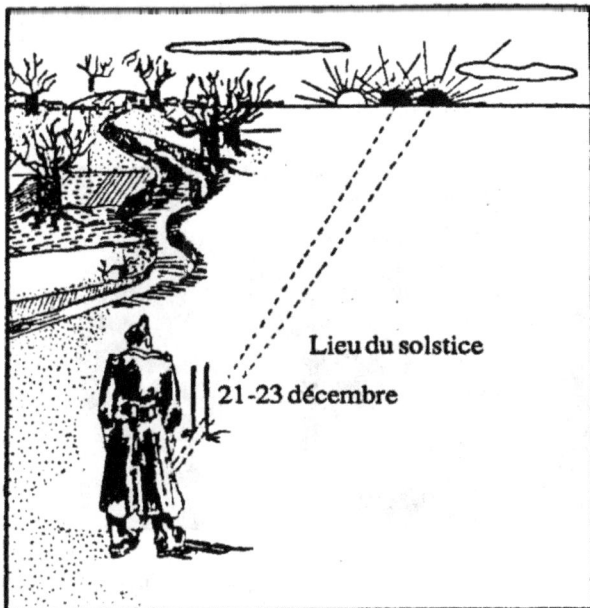

Lieu du solstice
21-23 décembre

Cosa succede in questi tre giorni? Il Sole, che il 21 si muove ancora verso sud dal punto orientale, il 22 raggiunge il punto più alto dell'alba a sud e il 23 *si sposta* nuovamente verso nord. Il fatto di aver rinunciato al sonno ci permette di assistere allo svolgimento del *solstizio*. Abbiamo assistito a questo evento due volte l'anno - con devota ammirazione - come facevano i nostri antenati germanici, che si alzavano presto, come ogni contadino, e che determinavano le loro feste più sacre. Infatti, il cambiamento del corso del sole prometteva loro - e a noi - un aumento della luce del giorno e del sole! Indica anche che l'inverno buio è finito e che ci sarà di nuovo la primavera. Consideriamo ora il nostro disegno che riflette questa osservazione.

Ma ci si può chiedere perché il solstizio d'inverno indica un giorno così corto, mentre il solstizio d'estate indica proprio il giorno più lungo? Per Berlino, la differenza di durata del giorno è effettivamente di 7 ore in inverno e di 17 ore in estate.

Il secondo disegno ci spiegherà perché. Immaginiamo di poter salire sopra la Terra con un pallone stratosferico, e supponiamo anche che ciò che i nostri occhi vedrebbero sarebbe preciso: la superficie terrestre avrebbe la forma di un disco e il cielo quella di una mezza sfera.... Potremmo quindi seguire la traiettoria del Sole su questa semisfera, perché resteremmo un giorno intero con il pallone a questa altezza. Se salissimo esattamente il 22 dicembre, vedremmo il Sole apparire a sud, sfiorare il sud durante il giorno in un arco verso ovest e tramontare di nuovo a sud-ovest.

Il 21 giugno, invece, vedremmo il sorgere del Sole alto a nord-est, poi l'arco che sale direttamente sul cielo verso ovest e il tramonto a nord-ovest. Il disegno rivela che questi archi giornalieri hanno lunghezze diverse e che la radiazione del Sole può avere una durata variabile.

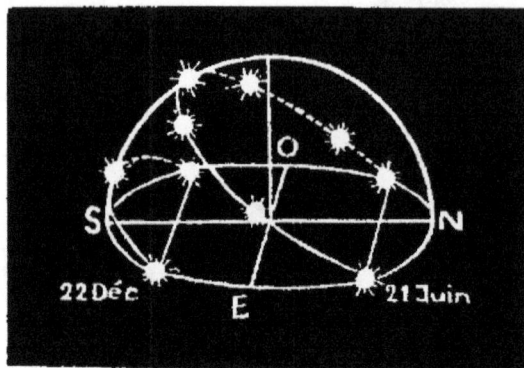

Ma forse questo non risponde ancora alla nostra domanda. Ci diciamo giustamente che la Terra non è un disco e che il Sole non si muove affatto nel cielo in questo modo. Allora portiamo il nostro pallone stratosferico a qualche migliaio di chilometri nell'universo e vediamo come sono l'estate e l'inverno nell'universo da questa enorme distanza. Dobbiamo partire per un anno intero, altrimenti non saremmo in grado di vedere le differenze così chiaramente.

Quando siamo abbastanza lontani nello spazio, possiamo vedere il Sole. Al centro delle ellissi descritte dai pianeti del sistema solare. Insieme a Mercurio, Venere, Marte e agli altri pianeti, la nostra Terra orbita intorno al Sole, gira intorno al suo asse ogni giorno e, per un anno, gira esattamente una volta intorno al Sole. I poli ghiacciati della nostra Terra ci appaiono come calotte chiare, ma curiosamente i poli nord e sud non si trovano nei punti più alti e più bassi del globo, bensì sfalsati lateralmente, in modo che l'asse terrestre sia *obliquo* nello spazio.

Questa inclinazione dell'asse terrestre, o eclittica, fa sì che alle nostre latitudini temperate sperimentiamo un caldo mite in estate, un freddo in inverno, giornate lunghe in estate e corte in inverno. L'inclinazione dell'asse terrestre spiega le nostre stagioni. La nostra terza immagine lo spiega.

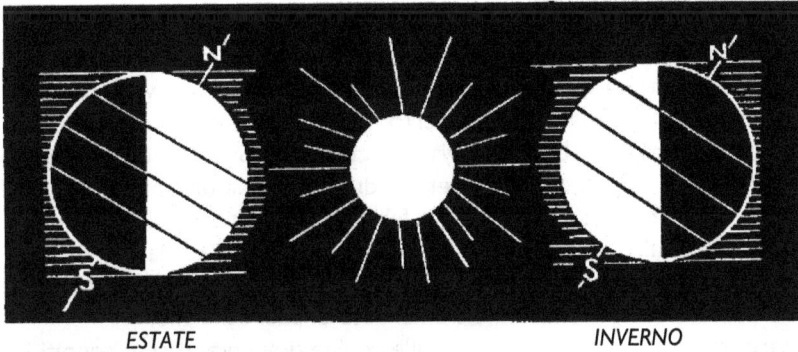

ESTATE   INVERNO

Al centro c'è il Sole che brilla, a destra e a sinistra c'è la nostra Terra in questi due punti che designano il 21 giugno e il 22 dicembre. Ora, con una torcia e una mela o una patata rotonda che avrete bucato obliquamente con un filo di ferro, dovrete imitare queste due posizioni. L'asse terrestre punta costantemente verso lo stesso punto del cielo (verso la Stella Polare) e anche il Sole rimane costantemente nello stesso punto. I suoi raggi illuminano quindi un'area più ampia a nord e sei mesi dopo un'area più ampia a sud. Possiamo riprodurre l'intero fenomeno con la torcia.

La parte centrale della Terra, la zona verso l'equatore, riceve costantemente la stessa quantità di luce. Ogni giorno dura esattamente dodici ore e il Sole passa ogni giorno in verticale sopra le teste degli abitanti dei tropici. Ma durante l'estate il Sole brilla molto di più nella parte settentrionale del globo. Nell'estremo nord, il sole non tramonta e i nostri compagni di Narvik sperimentano persino il sole di mezzanotte, la grande meraviglia di questa regione. Più a sud, l'alba sorge alta nel nord, il giorno è lungo e il tramonto è a ovest. Allo stesso tempo, nella metà meridionale della Terra le giornate si accorciano e al Polo Sud regna costantemente la notte invernale. Dopo un anno, quando le giornate si sono gradualmente accorciate per noi, la metà meridionale della Terra sperimenta esattamente il fenomeno opposto.

Noi esseri umani siamo quindi soggetti, come tutti i pianeti, la Terra e tutti gli esseri viventi, alla grande legge divina e solare. Questa è anche l'idea che attraversa la nostra mente nel giorno del solstizio.

OPUSCOLO SS N. 7. 1938.

SOLSTIZIO

Il contadino camminava con passo pesante nella neve alta. La sua figura alta e larga spiccava, nera, contro il bianco bluastro del paesaggio invernale e il cielo stellato della notte. L'uomo che lo accompagnava era secco e smunto. La sua pelliccia svolazzava al vento e camminava con un tale gusto che sembrava appena uscito dall'adolescenza. Il freddo pungente che aveva ipnotizzato e pietrificato la brughiera e la foresta non sembrava toccarlo, perché il suo gilet di lana era semiaperto. Di tanto in tanto, con la mano sinistra, si grattava la barba grigia in cui il respiro si condensava continuamente in piccoli cristalli. Dietro i due uomini, a distanza, come si addice al rispetto dovuto all'età, seguiva Eib, il figlio maggiore del contadino. Portava, come gli altri, le sue armi: la spada lunga, il pugnale e la lancia. Aveva gettato indietro lo scudo e sul fianco destro pendeva un corno lavorato ad arte, conservato per generazioni e tramandato di padre in figlio.

I marciatori passarono in silenzio sulle colline dove erano stati sepolti i loro antenati. Qui dovevano aver dormito re e principi che un tempo erano stati potenti e il cui valore guerriero era stato celebrato nelle canzoni. Anche l'anziano smunto che lo precedeva alla destra del padre era un iniziato che vagava di fattoria in fattoria raccontando storie e che "sapeva più del suo breviario". Eib vide che l'uomo brizzolato, quando passava davanti a un grande tumulo, lo salutava con la lancia. Durante questa passeggiata solitaria, probabilmente conversava segretamente con i morti?

Il giovane contadino ricordava le storie che il commerciante dai capelli neri del sud aveva raccontato qualche luna prima. Ci sarebbero state persone che evitavano le dimore dei morti perché avevano paura dei morti. A questo ricordo, Eib scosse la testa. Perché temere i morti quando fanno ancora parte del clan? I legami che legavano le generazioni non risalivano così indietro nel tempo che nessuno sapeva da dove venissero, e non sarebbero continuati attraverso le generazioni future in un futuro che nessuno sapeva come sarebbe finito? I morti non avevano forse trasmesso il loro patrimonio ai vivi come un'eredità sacra che esigeva rispetto?

Antichi simboli pagani furono ripresi dalle SS. Qui, il famoso candelabro che veniva regalato a ogni nuova coppia di SS al solstizio d'inverno.

La SS celebra il solstizio d'inverno, la notte che annuncia il ritorno del Sole.

L'uomo del sud aveva parlato di demoni e fantasmi, di esseri inquietanti nei cui corpi vivevano i morti, esseri che facevano un brutto gioco con gli uomini, intenzionati solo a far loro del male e a portargli sfortuna. Poteva la morte cambiare così tanto i padri che giacevano sotto queste colline? Incredibile, no, impossibile: il giovane contadino rispose alla sua stessa domanda. Chi era rimasto naturale in vita non poteva essere diverso nella morte. Chi aveva lavorato per il bene e il futuro del suo clan e del suo popolo non poteva, una volta che le sue ceneri fossero state sepolte nella terra, diventare nemico della sua stessa razza.

È possibile che tra i popoli del Sud essi spaventassero i vivi durante le notti solitarie. Gli uomini dai capelli neri erano di natura così diversa, di carattere così oscuro; forse i loro morti erano diversi dai nostri. Il giovane contadino decise di chiedere informazioni all'anziano dai capelli grigi, che era stato ospite di suo padre per alcuni giorni. Sapeva che quell'uomo magro aveva visto molti paesi e popoli.

I tre uomini avevano ormai raggiunto l'altopiano centrale della brughiera, meta del loro viaggio. La notte gelida sembrava essersi schiarita. I cerchi di massicci blocchi verticali erano chiaramente visibili e il contadino e il suo ospite si avvicinarono. Si fermò davanti a un blocco al centro del cerchio. Questa pietra aveva un piano secante che sembrava diretto verso un punto del cielo. Con un gesto silenzioso della mano, il contadino spinse indietro lo strato di neve che copriva la punta della pietra.

Sapeva cosa doveva fare. Non era venuto in questo luogo per anni con suo padre, al momento del solstizio, in estate e in inverno? Si girò verso nord, camminò tra due cerchi di pietre fino a un terzo, al centro del quale si trovavano due blocchi vicini tra loro. Tolse con cura la neve che lo ricopriva come un mantello e tornò da suo padre. Nel frattempo, il padre aveva ispezionato attentamente il cielo stellato e poi si era voltato verso sud-est, dove brillava una debole luce che annunciava l'alba di un nuovo giorno. Il sud divenne sempre più luminoso, mentre il nord dormiva ancora nel blu più scuro.

Poi il contadino alzò la mano. "È giunto il momento", disse solennemente. La stella del giorno (Arktur) si inchina alla terra". Si inginocchiò dietro il menhir in modo che lo spigolo vivo della sua superficie piatta fosse una linea davanti ai suoi occhi. Questa linea sembrava passare attraverso lo stretto spazio tra due blocchi dell'altro cerchio e raggiungere la stella luminosa che scintillava appena sopra l'orizzonte. Poi si alzò e fece strada al vecchio, che puntò con la stessa attenzione attraverso la fessura verso la stella, che stava scomparendo sempre più nel vapore del nord mentre il cielo si schiariva a sud.

"Hai ragione", disse il più magro, "la stella del giorno sta tramontando nella direzione che annuncia la festa: tra tre giorni festeggeremo il pieno inverno.

L'anziano si alzò e, a un cenno del padre, prese la proboscide di Eib, la portò alle labbra e suonò il tradizionale segnale sulla brughiera. Per tre volte suonò e per tre volte il richiamo risuonò. Gli uomini rimasero in ascolto nelle prime ore del mattino. Poco dopo il richiamo fu risposto. Il suono della tromba era stato udito nei villaggi lungo la brughiera, perché ora sembrava che a ogni orizzonte le trombe si svegliassero e facessero risuonare il richiamo di fattoria in fattoria, annunciando la festa del solstizio in cui i clan e la gente dei villaggi si sarebbero riuniti di lì a tre giorni.

(Questi osservatori, che servivano a studiare le stelle per determinare le festività, in particolare i solstizi d'inverno e d'estate, erano molto numerosi nelle regioni tedesche. Furono distrutti dai monaci e dagli zeloti cristiani. Tuttavia, ne abbiamo conservato uno. Si tratta dei cerchi di pietre nella brughiera di Tuchel, vicino alla foce della Vistola. Questi cerchi rocciosi, con le loro pietre di avvistamento, sono in parte orientati in direzione nord-sud ed est-ovest, in parte verso i due solstizi. Una quinta linea indica il tramonto della stella fissa Arktur, chiamata dai nostri antenati "stella del giorno", con la quale il solstizio viene annunciato con tre giorni di anticipo. Questo osservatorio solare e stellare degli antichi tedeschi è stato studiato dal professor Rolf Müller dell'Istituto di Astrofisica di Potsdam e certificato scientificamente come posto di osservazione).

Disposti per clan e villaggi, gli uomini ben armati come se fossero in battaglia, le donne con i loro abiti e gioielli più belli, tutti circondavano l'alta collina della Cosa su cui ardeva un grande fuoco. Le fiamme si alzavano nella notte che avvolgeva la terra. Gli anziani del clan si avvicinarono al fuoco e ascoltarono, come i loro compagni di clan, le parole pronunciate dal vecchio brizzolato, che spiegava nuovamente il significato della cerimonia.

Il giovane Eib aveva sentito spesso il padre parlare di questa pietra, ma gli sembrava di aver compreso solo ora il significato di queste parole tradizionali. Ora il padrone di casa del contadino, che tutti i clan veneravano e di cui riconoscevano la saggezza, parlava dell'ordine eterno che governa il cielo e la terra, il sole e le stelle, gli alberi, gli animali e gli uomini. Il simbolo secolare di questo ordine eterno è il corso del sole. In inverno, si inabissa sempre di più nel seno della Terra. Ritorna alla Madre Terra, che gli ridà vita, e sale sempre più in alto nel cielo fino al solstizio. Un'eterna morte e rinascita.

Sentì il vecchio parlare: "La morte non è la fine della vita: è l'inizio di un nuovo divenire. Il Sole fa nascere una nuova vita dal seno della terra. L'erba e i fiori, le foglie e gli alberi rinverdiscono e rifioriscono. Il giovane seme viene allevato, il bestiame si rafforza nella brughiera, una nuova generazione cresce nelle fattorie. L'anno degli uomini passa come l'anno solare della crescita. La neve dei capelli pesa sui vecchi, come la neve sui campi. Ma come la luce rinasce, così è la generazione dopo la generazione. La fiamma che onoriamo come immagine del Sole e a cui affidiamo i corpi dei defunti, purifica e illumina. Libera l'anima da ciò che è mortale e la conduce di nuovo alla rinascita nella luce eterna. Ciò che esce dal grembo materno non cessa mai, così come la natura non si ferma mai e compie il suo ciclo allo stesso modo del Sole.

Eib stava ancora riflettendo su queste parole, mentre l'anziano era ormai da tempo in silenzio. Intorno al focolare luminoso, costantemente alimentato da alcuni giovani, le ragazze iniziavano il loro giro. Sarebbero diventate madri e avrebbero dato la vita, come il seno della terra alle piante e agli animali. Tre donne si distinsero dal cerchio. Andarono di clan in clan, offrendo alcuni doni.

"Sai cosa significano queste tre donne?", gli sussurrò Eib.

Si guardò intorno e fissò gli occhi chiari del vecchio brizzolato.

"Queste tre donne sono le Norne", disse la voce dell'anziano. "Urd, Werdandi e Skuld. Urd, l'antica, che giace nella terra, Werdandi, il presente, il sangue che batte nelle nostre arterie, Skuld, il dovere, questo destino che ogni essere porta dentro di sé e che si trasforma in una colpa quando si devia e non lo si obbedisce".

Il giro di danzatori si era ingrandito, i loro passi e gesti mimavano il gioco del bene e del giusto contro il male e la malvagità. Poi arrivarono le figure ammantate che simboleggiavano la lotta tra la luce e le tenebre, e dietro di loro una troupe chiassosa che, a ogni schiocco di frusta, con fragore e frastuono, scacciava l'inverno affinché il grano diventasse erba verde e tutte le creature terrestri fossero in salute.

Il rigido ordine dei clan e dei villaggi si allentò; da una parte i vecchi, riservati e taciturni, dall'altra i giovani, giocosi, le cui prime coppie, fidanzatesi durante le calde notti estive, si lanciavano e saltavano sulle fiamme.

Quando poi arrivò il mattino, i clan si misero di nuovo in fila e accesero le loro torce alla fiamma del fuoco del solstizio morente, per rianimare le anime morte nelle loro case. Anche il contadino si rivolse ai suoi compagni di clan, osservando attentamente la fiamma sacra che portava con sé.

Eib sapeva che i compagni avrebbero trovato il pasto ben preparato nella stanza superiore. Tornò dietro la sua gente, verso la fattoria, stringendo il braccio della ragazza che aveva scelto tanto tempo prima, con la quale aveva saltato le fiamme e che ora, secondo l'antica usanza, stava conducendo alla fattoria di cui un giorno sarebbe stato l'erede. Legato alla natura e alla terra, come tutti i contadini del Nord, si era unito in questa notte di madre con colei che avrebbe dato alla luce i suoi figli e prolungato il clan. Quello che era solo un simbolo sarebbe presto diventato vita, come comandava l'ordine eterno. Una grande gioia gli riempì il cuore quando pensò che la sua promessa di matrimonio sarebbe stata convalidata dai membri del clan nella grande sala, a casa, davanti al nuovo fuoco del focolare e sotto il ramo verde, simbolo della vita eterna e degli immensi alberi che si innalzano verso il cielo. I compagni del clan non si sarebbero opposti alla felicità che la fiamma del solstizio d'inverno aveva già benedetto.

Attaccati alla natura come i nostri antenati, vedevano in questa festa del solstizio d'inverno la legge divina della morte e della nascita.

La notte della mamma, la notte santa, era, più di ogni altra festa, la festa del clan, così come è ancora oggi la più sacra e maestosa delle feste familiari. Quando accendiamo le luci sull'albero, sappiamo ancora che è il simbolo della luce e della vita che si rinnova in eterno? Quando ci riuniamo intorno all'albero sempreverde, sospettiamo ancora che i nostri antenati un tempo lo consideravano un simbolo della continuità della nostra razza? Sappiamo ancora che abbiamo davanti a noi il grande albero le cui radici affondano nel passato, il cui tronco rappresenta la vita intensa e i cui rami si protendono verso il cielo, verso il futuro?

Gli antichi racconti e le usanze di tutti i nostri popoli ariani testimoniano il significato di questa festa per i nostri antenati. Dobbiamo ascoltare attentamente per partecipare a questa antica saggezza.

Kurt Pasternaci

QUADERNO SS N. 3A. 1941.

SOLSTIZIO NEL CERCHIO SACRO

I cerchi di pietra celebrano il Sole

L'alba nel santuario di Odry

Nei pressi del villaggio di Odry, nella Prussia occidentale, nel cuore della vasta brughiera di Tuchel, si trovano una decina di cerchi di pietre che, nonostante le ripetute distruzioni, hanno ancora una forma perfetta. È vero che la posizione dei cerchi sembra essere stata scelta in modo anarchico e casuale. Alcuni di essi sono allineati in una direzione, ma queste direzioni si intersecano secondo assi il cui significato è difficile da discernere.

Forse si tratta solo di un luogo di sepoltura? In effetti troviamo tumuli circondati da cerchi di pietre. I siti di Odry sono stati descritti come luoghi di sepoltura di tribù gotiche, senza attribuire loro alcun altro ruolo.

Ci sono solo due giorni all'anno in cui Odry rivela il suo significato più profondo: è il giorno del solstizio d'estate e il suo opposto, il solstizio d'inverno.

Quando, il 21 giugno, osserviamo il sorgere del sole nel cerchio di pietre più occidentale del gruppo settentrionale e guardiamo oltre i due cerchi fino a quello più orientale, con due massi massicci uno accanto all'altro al centro, allora il nostro sguardo raggiunge l'orizzonte. Quando il sole sorge - è un momento di grande intensità - lo vediamo apparire esattamente dietro le due pietre del cerchio più lontano. Un angolo di visuale diretto attraversa così i quattro cerchi di pietre fino al Sole nascente dove, posti al centro del primo cerchio, formiamo il "fuoco", le due pietre centrali dell'ultimo cerchio formano il "focus".

Mesi dopo, il 21 dicembre, possiamo, collocati in un altro cerchio, guardare il Sole anche nel solstizio d'inverno verso il cerchio più meridionale. Concludiamo che i cerchi di pietra di Odry non sono stati collocati per caso, ma "individuati" esattamente al solstizio d'estate e d'inverno.

I tedeschi erano cattivi osservatori?

Ma l'osservatore critico ribatterà che la mattina del solstizio di Odry, il Sole non sorge del tutto dietro le nostre pietre marcanti: i primi raggi di sole dovrebbero apparire esattamente al centro dell'apertura, del "doppio punto focale" delle pietre centrali.

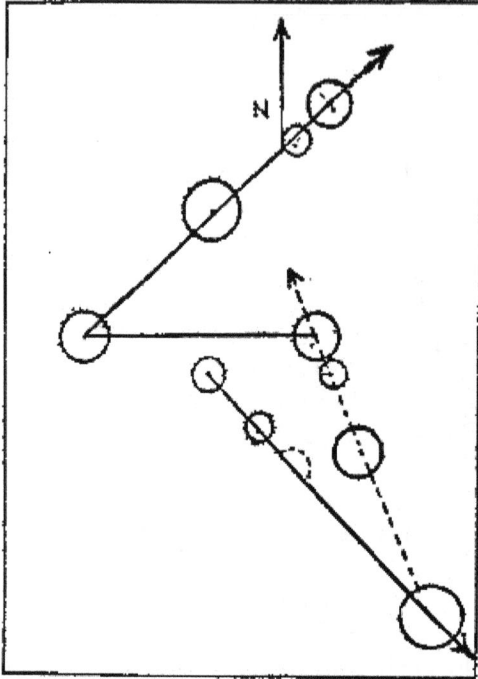

L'orientamento dei cerchi di pietre di Odry
Le linee collegano i centri dei cerchi. La linea superiore a destra indica esattamente il solstizio d'estate. La linea inferiore a sinistra indica il solstizio d'inverno. La linea tratteggiata può indicare la direzione di una stella.

Non è questo il caso. Appaiono dietro una delle due pietre. E quando determiniamo l'angolo esatto con il nord con una bussola e degli occhiali da puntamento, otteniamo un angolo di 48,1 gradi al solstizio d'estate, che in astronomia si chiama "azimut". I nostri antenati o i costruttori germanici di cerchi di pietre sembrano aver commesso un errore in questo caso. O forse erano così scarsi osservatori da non riuscire a posizionare le pietre esattamente nel punto in cui sorge il sole?

È difficilmente ipotizzabile che abbiano fatto una "falsa localizzazione". Le persone che erano così vicine alla natura, soprattutto i contadini, sapevano come prendere misure perfettamente precise. Ma potrebbe esserci un disaccordo su cosa si intendesse in passato per "alba": si trattava davvero dei primi raggi del sole, o dell'apparizione dell'intero disco solare, o ancora del momento in cui il sole lascia completamente l'orizzonte? È chiaro che questo comporta differenze angolari già significative. Se, ad esempio, consideriamo in Odry il momento in cui il sole si allontana completamente dall'orizzonte.

Quando il sole raggiunge la sommità dei due cippi, la linea di vista sembra piuttosto precisa.

Ma gli astronomi si intromettono ora nella nostra discussione e fanno notare che il Sole non sorge oggi nello stesso punto in cui sorgeva al solstizio di 2.000 o 3.000 anni fa. Hanno fatto calcoli precisi e anche se le differenze non sono enormi, sono comunque misurabili. Per Odry, ad esempio, l'"azimut" per l'anno O è di 47,4 gradi e per l'anno 1000 a.C. è di 47,1 gradi. Non è quindi più sorprendente che il nostro angolo di vista non corrisponda, ma ci chiediamo quale sia la data che corrisponde all'allineamento esatto. Questo ci permetterà di determinare facilmente la data di erezione di questi gruppi di pietre. La risposta ce la fornisce il Sole quando sorge!

Questo sarebbe certamente possibile se solo sapessimo quando gli astronomi di Odry presero il loro punto di riferimento. Possiamo stabilire un valore medio in base alle diverse possibilità e otteniamo approssimativamente l'anno O come data di erezione del santuario di Odry. Naturalmente, potrebbe anche essere stato qualche centinaio di anni prima, e gli scavi nell'area dei cerchi di pietre indicano il 150 a.C.. Ciò significa che sono opera delle tribù gotiche che un tempo popolavano la Prussia orientale.

Stonehenge - santuario solare

Dalle conoscenze fornite da Odry, potremmo concludere che molti - se non tutti - i cerchi di pietre della regione settentrionale erano orientati verso il Sole. Ma l'impossibilità di misurazioni esatte, le confusioni di cui abbiamo parlato e la distruzione di molti cerchi di pietre rendono difficile la conferma. Ad esempio, la famosa Externsteine e la grotta con un foro nella parete rivolto a nord pongono ancora molti enigmi alla scienza, anche se sembra essere un chiaro santuario di culto solare.

Le cose sono abbastanza chiare sul magnifico sito di Stonehenge, in Inghilterra. Il sito delle pietre è circolare ed era circondato all'esterno da bastioni e fossati per un diametro di 100 metri. A nord, i fossati permettono il passaggio di una strada rettilinea lunga 400 metri. Il cerchio esterno del santuario era un tempo costituito da trenta pietre giganti, disposte in colonne, collegate in alto da mensole. All'interno c'erano cinque coppie di pietre a forma di ferro di cavallo aperto in direzione del sentiero nord-est.

La strada stessa è costruita dall'uomo e al di là di essa, a 33 chilometri di distanza, si trovano lunghe costruzioni terrestri lineari poste esattamente in linea con una linea che va dal centro del sito di pietra al centro del cancello di pietra e che si dirige dal centro della strada verso nord-est. Oggi, al solstizio, il sole sorge su questa linea, o almeno varia di appena un grado. L'azimut è di 49,34,3 gradi oggi su questa linea, ma l'azimut nell'anno 1900 era di 50,30,9 gradi quando Stonehenge fu studiato astronomicamente. La differenza di 56 minuti e 6 secondi è dovuta all'età del sito e indica, con una variazione di 200 anni in più o in meno, che è stato costruito intorno al 1700 a.C..

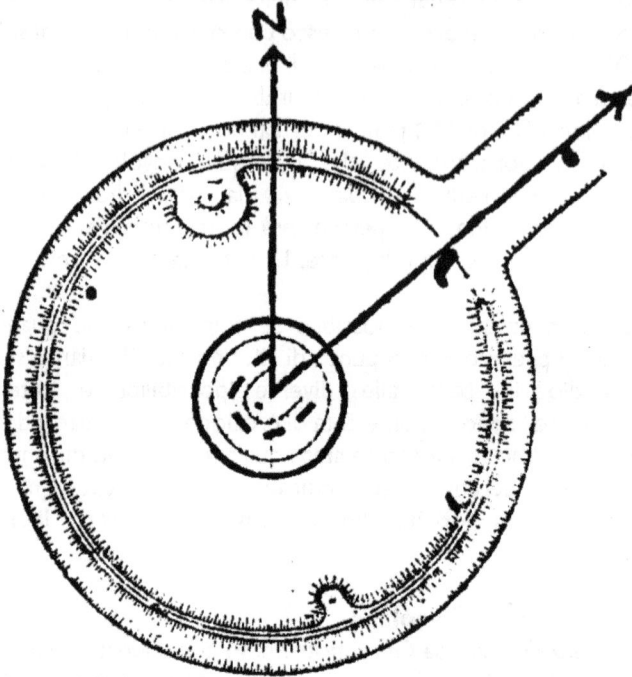

L'orientamento dell'Osservatorio solare di Stonehenge

I maestosi cerchi del sito si aprono su una direzione centrale che si riflette anche in una strada e in una pietra di riferimento: l'esatta direzione del solstizio d'estate.

Stonehenge è un sito enorme, costruito con rocce che hanno richiesto molto lavoro e sono state trasportate per oltre cento leghe. Ma anche siti piccoli come Odry non sono stati costruiti in due giorni. La Germania settentrionale, che è "ricca di pietre", non ha ovunque massi così grandi da poter costruire dieci cerchi di pietre con una media di 178 pietre di 80 centimetri di altezza. Una forte volontà e una fede ancora maggiore sono alla base di un tale sforzo. Il culto del Sole universale è qualcosa di naturale anche per noi, uomini di oggi, come lo era per i nostri antenati che eressero il loro santuario...

W.J.

QUADERNO SS N. 7. 1942.

LA NOTTE DELLA MAMMA

Ovunque i tedeschi vivano e mettano radici sulla vasta terra, l'albero di Natale viene acceso al solstizio d'inverno. L'albero sempreverde, che fiorisce di luci nel cuore della notte santa, è diventato il simbolo della Germania e l'archetipo della sua presenza. L'area di insediamento si estende molto a est e a sud-est del Reich. I tedeschi con l'aratro irrompevano nel caos delle tribù e dei popoli stranieri; ma ovunque, nella foresta boema, negli Zip, negli insediamenti sparsi dei Carpazi e lontano, nel fiammeggiante oltremare, a Natale si accendono le luci sull'albero che è diventato l'albero dei tedeschi.

Quando un popolo espande il proprio spazio vitale, porta con sé le proprie divinità domestiche per rimanere fedele a se stesso; possono essere il suolo della patria sacra, le colonne della grande sala o le usanze solenni che contengono la saggezza popolare. Molti precursori e tradizioni equivalenti hanno adottato il simbolo dell'albero del mondo. È la cima dell'albero che i valorosi vichinghi portarono dalla loro patria nordica all'Islanda e attraverso gli oceani al lontano Vinland. La fiamma blu che oggi accendiamo sull'albero per tutti i fratelli vicini e lontani sulla Terra è strettamente legata alla fiamma che un tempo veniva accesa per le "minne" di coloro che viaggiavano lontano in viaggi pericolosi o che cercavano nuove terre oltre le Marche per portare la luce della vita popolare.

È lo stesso evento che si ripete oggi, come nei tempi antichi. Gioiosi messaggeri della nostra storia antica, antichi autori ci parlano delle usanze e delle credenze dei nostri antenati, che ci commuovono tutti perché, nel corso dei millenni, lo stesso sangue, la stessa anima, continua a vivere. I popoli germanici hanno viaggiato in lungo e in largo e con le loro spade e i loro aratri hanno conquistato nuovi territori oltre i confini dell'Impero romano. Ma vi conservarono fedelmente ciò che era nato nella loro patria. Gli Angli avevano lasciato la loro patria nell'Holstein per stabilirsi in Britannia e infine diventare cristiani; ma intorno all'anno 700, il sacerdote cristiano Beda descriveva ancora le loro usanze natalizie:

"La notte per noi così sacra veniva chiamata con il termine pagano "Modranicht", che significa "notte delle madri"; probabilmente per le usanze di benedizione che si celebravano durante la notte.

Il nome "Notte della Madre" dell'adolescenza del nostro popolo non ci tocca forse, ricordandoci la nostra stessa infanzia? È la notte che viene dedicata al mistero della maternità, alludendo a quella grande esperienza della rinascita del Sole dall'abisso del mondo, dal grembo materno di ogni essere. Se la madre con il bambino è oggi in gran parte l'oggetto della festa, si tratta anche di un'eredità antica, perché la coppia con il bambino sotto l'albero del mondo è una rappresentazione che è certamente strettamente legata a queste usanze di benedizione nella Notte della Madre. Ma il nome è ancora più significativo: attraverso le numerose opere, (le nostre usanze e leggende popolari lo testimoniano ancora oggi), sappiamo che le tre madri sono tra le figure più familiari delle nostre credenze locali. A quel tempo, esse viaggiavano per il Paese, custodendo la saggezza femminile e i beni materni, distribuendo doni, dando buoni consigli agli uomini - soprattutto quando un bambino dormiva in una culla.

Duemila anni fa, questo pensiero era già così radicato nel nostro popolo che persino i Germani, diventati dipendenti romani che governavano il Reno tedesco, erigevano pietre sacre in onore di queste tre madri che proteggevano i neonati. I Romani cedettero e arrivarono nuovi Germani. Anche loro, mille anni dopo, conoscevano ancora le tre madri. Nelle notti sante, le casalinghe si preoccupavano di coprire la tavola, di mettere cibo e bevande e di disporre tre coltelli in modo che le tre sorelle, come venivano chiamate, potessero mangiare. I pii zeloti le castigavano; ma le sorelle materne erano troppo presenti nel cuore della gente e fu persino costruito un monumento per loro nella cattedrale di Worms, con i nomi di Einbede, Waebede e Willibede.

Le leggende e i racconti germanici hanno conservato le loro caratteristiche in modo ancora più fedele. A loro sono dedicate anche le notti sante in cui nascono la nuova luce e il nuovo anno; gli elfi si avvicinano alla culla del neonato e portano i loro doni. In Baviera sono chiamati i "grandi consiglieri", più frequentemente i "Perchten", che significa i luminosi perché accompagnano la luce durante la sua nascita. Sono invitati dagli uomini e si dimostrano amichevoli e utili a chi è buono. Appaiono - certamente anche altrove - nella favola della Bella Addormentata, alla quale fanno dono della vita. Nonostante l'influenza malvagia della tredicesima fata, rimangono le più forti. Nell'antica storia norrena dell'"Ospite delle Norne", le monache accendono la fiamma della vita del bambino; il profondo legame con la nostra luminosa festa di Natale è particolarmente chiaro. E poiché si manifestano fin dall'antichità sotto forma di ternario sacro, portando al bambino i loro doni, pieni di saggezza, potrebbero aver trasmesso gran parte del loro carattere ai saggi d'Oriente, di cui non si conoscono né il numero né il nome, e potrebbero persino essere all'origine degli innumerevoli giochi dei tre re.

I miti originari e le leggende senza tempo ci raccontano delle tre madri che siedono ai piedi dell'albero del mondo e che fanno girare tutti i futuri.

La notte di Natale, che celebriamo come i nostri antenati, è dedicata a loro. Come ha detto un grande poeta, per provvedere a queste madri dobbiamo tornare a noi stessi, alle radici vive della nostra esistenza popolare, che oggi ha trovato un simbolo universale nel radioso albero del mondo.

J.O. PlaBmann

QUADERNO SS N. 4. 1943.

USANZA PRIMAVERILE E ABBONDANZA DI BAMBINI

Quando il sole di primavera illumina il cielo, quando le giornate si allungano e diventano più calde, quando sugli alberi si gonfiano le gemme e appaiono timidamente i primi fiori, i villaggi sono attraversati da gioiose bande di bambini che portano felicità, benedizioni e chiedono regali ai contadini. A questo punto il nostro Martedì Grasso è finito da un pezzo; l'abito di carnevale è di nuovo appeso tranquillamente nell'armadio; i fuochi sulle montagne sono spenti; le ruote infuocate con le loro scintille che corrono verso valle sono solo un ricordo familiare.

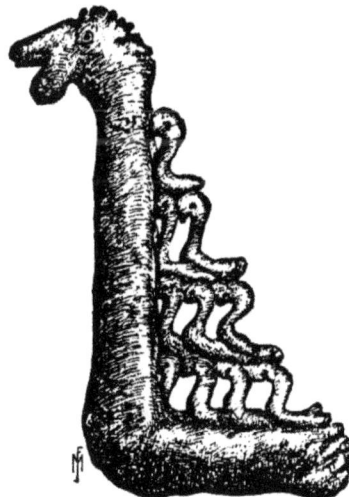

A sinistra, lo staff di Meppel nei Paesi Bassi.
A destra, un cigno con palme e tanti piccoli, simbolo di fertilità che nei Paesi Bassi viene cucinato per Pasqua.

Ma la Pasqua sta arrivando. La processione dei bambini passa di casa in casa con un canto forte e bastoni o arbusti primaverili decorati. Questa usanza è diffusa in tutta la Germania centrale, dalla Slesia al Palatinato a ovest e dai Paesi Bassi a sud fino alle Alpi. Naturalmente, ogni regione ha il proprio modo di esprimerla; a volte è la domenica di metà Quaresima, la "Domenica Laetare" o una domenica vicina. La processione può anche svolgersi solo a Pasqua o nella settimana precedente la Pasqua, e anche la Domenica Santa è molto diffusa, ma l'usanza è sempre la stessa. Le cime degli alberi, decorate con carta e dolci multicolori o, secondo le antiche usanze, con gusci di lumaca dipinti, vengono portate come simbolo della primavera. I bastoni sono decorati con carta plissettata multicolore e verde fresco. Su di essi vengono appesi grossi pretzel in segno di benedizione, fortuna e fertilità. Spesso sono delicatamente guarniti, impreziositi da trecce e fissati amorevolmente con rametti di bosso verde. Non mancano nemmeno le mele, antico simbolo di fertilità. Nonostante l'estrema differenza di carattere tra gli individui, le foglie di palma sono simili, rivelando così la loro autentica origine popolare e non cristiana. Grandi o piccole, modeste o ricche, portano dolci e verde, catene multicolori e bandierine, mele e un insieme di paillettes luminose. Nella Bassa Germania e nei Paesi Bassi, queste foglie di palma sono particolarmente significative. I meravigliosi dolci a forma di ruota, spesso riccamente e artisticamente intrecciati, svolgono un ruolo importante. Gli uccelli cotti al forno, di dimensioni molto diverse, che adornano e decorano le punte di questi bastoncini di palma non mancano quasi mai.

Nonostante il cristianesimo, molte usanze pagane si sono conservate nel mondo contadino. Sopra, pane decorato.

A sinistra, un simbolo di fertilità alla festa di primavera di Questenberg, nello Harz. A destra, rune Hagal su una sedia contadina.

Danze per il Festival di maggio nella foresta di Bregenz.

Sono galli o cigni, animali che provengono dai miti della nostra preistoria e che hanno conservato un'eco del loro profondo significato in questi dolci, ma soprattutto nei racconti e nelle leggende. Una specie, la gallina, è particolarmente divertente nel suo aspetto, ma ha un significato molto profondo e delicato. Il fornaio pone sul dorso di questo uccello tre, quattro, anche otto, nove, dieci piccoli di pasta, mescolati in una folta schiera, così graziosi e vivaci che sembra di sentirli cinguettare. Esiste un simbolo più bello dell'abbondanza della gioia, dell'anno pieno di ricchezza, della grande primavera ricca di fertilità, di questa rappresentazione della madre e dei suoi piccoli? La credenza popolare erige qui un evidente monumento a lei. Vediamo il simbolo della vita che l'uomo tedesco porta in sé. È la convinzione che una prole numerosa sia una benedizione, un bene e una benedizione sotto mentite spoglie. I bambini felici, amanti della vita e ridenti portano questa felicità di casa in casa. Felici e sorridenti, accettano volentieri i doni che vengono loro distribuiti. Il buon vecchio spirito del nostro popolo rivive in questa modesta usanza primaverile.

Ciò che questi dolci olandesi a forma di uccello suggeriscono non è un caso unico, un'eccezione o una rarità; altri dolci esprimono idee simili. In

Tirolo, a Natale, viene offerta qua e là come regalo di Natale per le ragazze una grande gallina cotta al forno, con molte lumache sulle sue ampie ali a mo' di pulcini. Possono esserci fino a trenta conchiglie. La bambina è orgogliosa di avere questa ricchezza, che viene vista anche come la felicità e la fortuna di avere molti figli. La gallina, con la fedele attenzione che riserva ai suoi piccoli, simboleggia perfettamente la vera maternità. Accompagna i suoi piccoli, li protegge dai pericoli, li prende sotto le sue ali. In Svezia, la gallina dorata dei dolci natalizi è anche circondata da tanti pulcini gialli, raccolti intorno a lei come tanti bambini. Questo evento ci porta molto indietro nel tempo. Più di 1300 anni fa, la regina longobarda Theudelinde fece inviare al Duomo di Monza una gallina d'oro con sette pulcini d'oro. Il costoso lavoro di oreficeria richiesto per questo uccello, che si è conservato per noi, ha senza dubbio un significato profondo. Ancora oggi è visibile, insieme a una corona di ordinazione e ad altri doni, nell'arco sopra la porta del Duomo. Considerando l'usanza attuale, ancora viva in molte regioni, è certo che la regina abbia voluto trasmettere qualcosa di speciale e che stia seguendo un'usanza germanica. Un'altra tradizione ancora oggi praticata in Sassonia prevede che i padrini regalino al figlioccio un salvadanaio di argilla a forma di gallina che porta sul dorso tanti pulcini. Il simbolismo è facile da capire e l'augurio è che il denaro sia abbondante e prospero a lungo termine. L'uccello con i suoi piccoli dovrebbe quindi portare fortuna, come nelle feste di primavera. Avere molti figli è un segno di immensa felicità, che garantisce la vita eterna, un germoglio nella primavera della vita. Questo è il significato della gioiosa processione dei nostri bambini che passa nel periodo pasquale. I nastri svolazzano nel vento, i ramoscelli scricchiolano, le ciambelle, le ruote e gli uccelli esalano un dolce profumo. Ma l'osservatore attento percepisce un significato più profondo e immemorabile dietro queste cose.

Friedrich MöBinger

QUADERNO SS N. 5. 1943.

SPOSA DI MAGGIO - REGINA DI MAGGIO

Il soleggiato mese di maggio risveglia nella Germania tradizionale tutta una serie di belle usanze che ancora oggi hanno un significato profondo. L'albero di maggio si innalza nel cielo blu, che il Reich risorto mantiene ancora bello e forte. Al calar della sera, i fuochi di maggio, le ultime gemme dei fuochi primaverili, divampano in molte regioni e portano felicità. Avvolto da un fitto fogliame, l'"uomo di maggio", il "Maimann", attraversa i silenziosi villaggi delle nostre montagne dalla Saar alla Foresta Boema, e anche un po' nel nord della Germania. Ha anche altri nomi. I fieri lottatori di maggio e di

Pentecoste e i numerosi giochi di quel periodo sono diventati rari. Con rumori fruscianti e scoppiettanti, le ghirlande di maggio e di Pentecoste pendono da corde nelle strade dei villaggi e delle piccole città. Durante il giorno, i bambini si tengono per mano nella loro cura e la sera, i ragazzi e le ragazze fanno giri allegri durante i quali gli anziani rimangono nella gioia della casa e si scambiano ricordi.

Un'usanza delle bambine persiste ancora, spesso dimenticata e trascurata. Si riuniscono in silenzio e decorano una di loro con una corona di fiori in una moltitudine di colori vivaci e scintillanti. Rappresenta la sposa di maggio guidata da due ragazze decorate allo stesso modo e accompagnata da molte compagne, senza ornamenti, che iniziano un giro nel villaggio. Il corteo passa di casa in casa. Ovunque la troupe intona una canzone gioiosa e vengono distribuiti molti regali. Spesso, durante la canzone, la piccola sposa di maggio viene circondata da tutte le altre in un giro solenne e, come si usa in Alsazia, spesso porta con sé un albero di maggio elegantemente decorato attorno al quale vengono eseguite tre danze.

Le due ragazze incaricate a volte reggono un arco decorato con molti nastri legati sopra la piccola sposa, ma molto spesso la sposa siede in un piccolo carro riccamente decorato. È completamente nascosta sotto il fogliame verde; la processione assume un carattere solenne e misterioso. È più di un gioco per bambini. Questo si riflette nelle canzoni. Ad esempio, in una filastrocca del Basso Reno si parla di un carro dorato e di un manico di frusta d'argento.

Ciò che le ragazze del villaggio fanno in tutta semplicità e fantasia sembra essere una gioiosa distrazione per l'osservatore attuale, ma in realtà è lo scarno residuo di un'antica e significativa usanza, originariamente praticata da ragazzi e ragazze adulti. Ancora oggi, la piccola sposa spesso non è sola, ma è accompagnata da un ragazzo che è il fidanzato di May. In passato, un ragazzo e una ragazza interpretavano il ruolo della coppia di maggio. I giovani si riunivano in un grande e ricco corteo nuziale che attraversava tutto il villaggio, con danze gioiose eseguite sotto l'albero per gran parte della notte, quando questo veniva decorato con luci che lo facevano risplendere di meravigliosa bellezza. La Regina e il Re di Maggio, la Contessa e il Conte di Maggio, fungono spesso da modello per i due giovani bambini che rappresentano la primavera del Paese, la nuova crescita e la prosperità, la rinascita della natura attraverso la loro simbolica unione nuziale. Come l'unione felice di due esseri produce molti figli, così la pienezza dei doni della natura si realizza attraverso l'unione dei due sessi. Questo ci dà una visione profonda e chiara dei fenomeni naturali del mondo, e possiamo vedere fino a che punto l'uomo è inscritto nella natura, fino a che punto queste rappresentazioni sono antiche e radicate. Già nel XII secolo si parla del viaggio di una regina pentecostale riccamente decorata. Il racconto di Tacito del viaggio del carro della dea Nerthus della fertilità e della terra deriva senza dubbio dallo stesso spirito. Questa antica descrizione e quella usata nel Nord dimostrano che già tra i Germani gli stessi pensieri animavano gli uomini durante la primavera: quelli della preoccupazione per il futuro, la forza della vita, le forze del clan e anche del popolo.

Nella maggior parte dei casi, è evidente che oggi le usanze di maggio trasmesse ai nostri figli non conservano più l'antico significato, sono solo loro a perpetuarle. Ma chi sa guardare, percepisce i legami che li collegano al passato e alle credenze dei loro antenati.

Friedrich MöBinger

QUADERNO SS N. 5. 1942.

USANZE DEL RACCOLTO

La festa del raccolto inizia nelle fattorie quando in autunno il vento soffia sulle stoppie fresche e porta fili di paglia negli ultimi campi di patate. Con essa si conclude un anno di duro lavoro e di grande gioia, perché il contadino è consapevole di partecipare, con il suo lavoro, al grande ciclo naturale della vita e della morte, della crescita e del raccolto.

Questa comunione con l'evento naturale caratterizza tutte le usanze delle feste e del lavoro contadino. Queste tradizioni ci mostrano che il contadino non è solo motivato dal desiderio di nutrirsi, grazie ai benefici del suo lavoro, ma che è intimamente legato alla terra che lavora. Quando a Pasqua "incorona" il campo con il ramo della vita e vi gira intorno a cavallo, si augura che il seme sia buono. Per questo motivo, nel campo viene spesso collocato un arbusto decorato, un "albero della vita", e per lo stesso motivo un tempo si vedevano brillare i "fuochi di Hegel", che portavano felicità alla terra.

Il contadino parla del grano in fiore, dice che "wodelt" nei campi, che la "capra" o il "cinghiale" passano attraverso il grano. Queste curiose espressioni non riflettevano solo l'immagine del campo di grano ondeggiante, le cui spighe vengono spazzate via dal vento, ma erano associate alle forze divine da cui dipende la fertilità del suolo.

L'agricoltore inizia il periodo del raccolto, il culmine del suo lavoro, con lo stesso senso di gratitudine.

I raccoglitori escono addobbati di fiori e la raccolta inizia con la recita di un detto o di una canzone. Il più delle volte, il contadino della tenuta taglia lui stesso i primi rametti e li distribuisce al pubblico. A volte anche un bambino lo fa e dà la prima spiga al contadino. Questi primi rametti vengono spesso conservati e, come i chicchi dell'"ultimo covone", vengono mescolati con i semi dell'anno successivo, poiché simboleggiano la fertilità della terra. Vengono anche dati in pasto al gallo di casa o agli uccelli, come in Transilvania.

Il duro lavoro di raccolta che inizia è, tuttavia, un momento di gioia. I mietitori spesso si scambiano fasce e sciarpe prima dell'inizio della mietitura e la sera, quando il primo compito della giornata è terminato, nel Meclemburgo e in Pomerania si svolge una festa solenne, la degustazione della "birra della corona" e un ballo. Il contadino o un altro conoscente arriva inaspettatamente nel campo. Viene quindi "legato" a sorpresa, oggi di solito con nastri e fiocchi verdi, in origine con due spighe di grano.

Viene rilasciato solo in cambio di un riscatto per i mietitori. Questa usanza ha lo scopo di portare fortuna, come si evince da diversi detti del mietitore:

Attacco il cerchietto di spighe
Il link che non fa vergognare nessuno.
Non è necessario indossarlo a lungo,
Non devo nemmeno dirle di toglierselo.
Tuttavia, come è consuetudine,
Ascoltate prima il mio desiderio:
Che il cielo vi conceda felicità e gioia
Per tutta la vita!

Lo stesso pensiero è espresso negli "Henseln" degli sposi in Assia, ai quali viene legata una spiga di grano alle braccia, o nella decorazione degli alberi da frutto con spighe di grano a Natale, in modo che possano dare bei frutti l'anno successivo.

Il lavoro delle settimane successive al raccolto non lascia spazio ai festeggiamenti. C'è solo la "coppa notturna" carinziana, alla quale un contadino oberato di lavoro invita mietitori e spigolatori, che si conclude con un pasto e danze solenni. Questa usanza carinziana ha trovato la sua controparte più seria in Svevia e in Svizzera nella tradizione dei "ragazzi della notte" che vengono segretamente ad aiutare il raccolto di notte quando un contadino ha subito una disgrazia o una vedova non riesce a completare il suo lavoro. Questo esempio *illustra in modo particolare* lo spirito comunitario del mondo contadino.

Le usanze si arricchiscono e si diversificano alla fine del periodo del raccolto. Quando le spighe cadono sull'ultimo campo, il "lupo" (o "capra", "cinghiale" o "gallo") "viene messo all'angolo". I covoni vengono rimossi con impazienza e il legatore, che ha finito l'ultimo covone, viene legato ad esso come "sposa del grano". Oltre a questi divertenti giochi, in altre regioni si respira una grande pietà popolare quando, ancora oggi, il mietitore e la mietitrice danzano intorno all'ultimo covone legato, particolarmente grande, della "capra del raccolto", del "gallo del raccolto", degli "anziani" o dell'"uomo di paglia". Lo portano poi alla fattoria con l'ultimo carro del raccolto.

L'ultima corona è decorata, ricoperta di vestiti. Vi si infila un arbusto verde, un bastone decorato con fiori. Al suo posto viene talvolta posto un albero decorato, un noce in Westfalia, un piccolo abete sulle rive della Mosella. In più di una regione, alla fine del raccolto si può anche fare un mazzo di spighe e metterlo nel luogo sacro della casa o della fattoria.

Spesso l'ultimo covone viene lasciato nel campo, a volte anche l'"ultimo grano" che non è stato tagliato, il "Waul-rye", come nella regione dello Schaumberg, dove un bambino pianta un bastone decorato con fiori o nastri, il "Waul-stick". I mietitori poi danzano intorno al grano, gridando nove volte "Wold" o "Wauld", oppure lo legano in un mazzo e ci saltano sopra. Non solo il richiamo a Wode o Wold dimostra che questa usanza è un segno di rispetto e di riconoscimento delle forze divine, ma anche i versi tradizionali mostrano la stessa cosa:

Wode, hal dynem Rosse nu voder (Futter),
Nu Distel und Dom,
Thom andern Jahr beter Korn.

(Da Mecklenburg)

Fru Gode, haletju Feuer (Futter)
Dat Jahr upden Wagen,
Dat andre Jahr upde Karr (Karren).

(Dalla Bassa Sassonia)

Per questo motivo, si dice anche che le ultime spighe sono per il "cavallo Wode" (Wotan), per la "signora Gode" o "signora Holle", per gli "uccellini del Signore" o - in linguaggio religioso - "per le povere anime". Anche i frutti e i fiori che decorano la sala dell'altare non sono altro che doni fatti in segno di ringraziamento al Signore e che ora vengono raccolti dalla Chiesa.

Ma il ritorno dell'ultimo carro rappresenta il culmine e la chiusura solenne del raccolto: cavalli e carri vengono ricoperti di fiori, i mietitori si recano alla fattoria cantando, dove li attende il contadino o l'erede della proprietà. La contadina spruzza acqua sul carro, in riferimento alle forze benefiche dell'acqua della vita. In cima al carro c'è la ghirlanda del raccolto fatta ad arte, decorata con tutti i tipi di grano. La ghirlanda o corona che viene donata al contadino esprime ancora una volta l'augurio di felicità:

Ora auguriamo all'agricoltore di essere felice
E portiamogli la ghirlanda.
Questo è il capolavoro del mietitore,
Che è più prezioso del luccichio dell'oro.

Nelle fattorie contadine, il lavoro delle settimane del raccolto si conclude con una gioiosa celebrazione, che inizia con un'abbondante festa e la "birra del raccolto, Wodel o oldtimer". Gare e giochi, combattimenti di pentole e galli, corse, corse nei sacchi, pesca nel Buntwater (Germania Inferiore), giochi equestri come il luccio Golia della Slesia o la corsa dei galli nel Waldeck si alternano alla danza del raccolto, che spesso si protrae fino al mattino. La festa, che un tempo si celebrava in un'unica fattoria, si è trasformata in una festa comunitaria di paese, che inizia con una gioiosa processione e la consegna della corona del raccolto ai sindaci del paese. In primavera, gli abitanti della comunità rurale girano per i campi e le comunità agricole tornano ancora una volta nei campi dove hanno seminato e raccolto.

La guerra ha posto fine a tutte queste celebrazioni sonore. Ma l'unione del contadino con le potenze è troppo profonda per impedirgli di ringraziarle. Tutto il popolo tedesco lo fa con lui. Come in tanti altri settori della vita, la guerra purificherà anche l'usanza del raccolto. Solo le cose che hanno un significato profondo possono rimanere nelle usanze. Ciò che è più antico può rivivere attraverso questa guerra necessaria, può essere attualizzato. La grande festa del raccolto, celebrata solennemente dal Führer sul Bückeberg, incarnava questa rinascita, potente come la comunità popolare, ricca e varia come i fiori e i frutti della terra tedesca, come le particolarità delle etnie e dei paesaggi tedeschi.

J. Kern

(Nota dell'autore: gli animali citati, come la capra, il cinghiale e il gallo, sono antichi simboli pagani di fertilità che sono stati maledetti dalla Chiesa cristiana. I termini Wode, wauld o wodelt si riferiscono al dio norreno Wotan che presiedeva al destino del mondo. I fuochi di Hegel derivano dalla runa Hagal, simbolo di fortuna, felicità e ordine del mondo).

QUADERNO SS N. 5. 1942.

IL PANE SACRO

La nostra infanzia è stata cullata dall'antica leggenda della fiera donna Hitt che disprezzava il pane, lo malediceva e veniva punita con la trasformazione in una pietra gigante. Come nella maggior parte delle leggende tedesche, anche in questa si è perpetuato un mito dei tempi più antichi. Il pane della vita e della salvezza era sacro a Mitgard, nel mondo umano protetto dagli dei. Chi alzava la voce contro di esso doveva tornare a Udgard, il mondo deserto dei giganti di pietra, in cui un po' di grano veniva messo nella tomba dei morti; il luogo della casa in cui si conservava il grano era una stanza sacra, e le sale germaniche contenevano un santuario in cui dimorava la vita divina stessa. Miti antichissimi di popoli a noi affini parlano della sofferenza e del sacrificio vissuto dal detentore della salvezza divina; uno dei nostri racconti parla della figlia del re, la nuova vita, che deve essere liberata soffrendo costantemente tutte le ingiustizie. I Greci raccontavano che Dioniso, figlio di Zeus, fu fatto a pezzi e divorato dai Titani; ma i Titani in frantumi generarono la stirpe degli uomini, tutti portatori di parti di Dioniso. I Germani hanno creato il mito del pane su una base molto simile; Wodan, che vive ancora oggi tra i nostri contadini, si offre in sacrificio, così come prende anche le vite degli uomini quando è necessario. Ma sopravvive in forme diverse: nel pane sacro come nella bevanda inebriante, di cui viene onorato l'inventore e con la quale trasmuta ed eleva lo spirito dell'uomo.

L'antico spirito del grano vive ancora nel nostro folklore attraverso vari simboli: l'uomo di paglia che scaccia i bambini dal grano per proteggere il frutto sacro, il "gallo di segale" o il "maiale di segale" che rappresentano immagini dello spirito vitale e danno anche il nome all'ultimo covone. Un'idea mitica molto antica è rappresentata dal gallo del raccolto, che in molte regioni tedesche decora l'ultimo carro e viene posto sulla porta del fienile come simbolo di legno.

Il pane e tutti i dolci sono quindi sacri; già in epoca arcaica al pane veniva data la forma dei simboli del cerchio che rappresenta il mondo sacro, la forma del dio dell'anno o delle sue vittime, ma soprattutto il segno dell'eterna rinascita e della vita vittoriosa, la svastica. Ad ogni nuovo anno, questi dolci venivano mangiati in onore della divinità che dona la vita. Il consumo del pane riuniva simbolicamente Dio e l'uomo, per cui partecipavano anche i morti del clan e del popolo. Ancora oggi, nella festa dei morti, si distribuisce il "pane di tutte le anime", perché anch'esse sono soggette alla grande legge dell'universo.

Il contadino è quindi nobile e svolge il lavoro più sacro: è il custode e il protettore del pane sacro in cui vive il divino. Rispettare il pane sacro significa rispettare le leggi della vita, le fonti dell'immortalità.

J.O. Plaßmann

IV. L'ARTE

OPUSCOLO SS N. 6. 1943.

IL COMANDO SUPREMO IN OGNI APPREZZAMENTO ARTISTICO

Solo ciò che è veramente grande viene conservato in eterno e garantisce una considerazione duratura. Il fatto che le grandi opere siano innumerevoli non è nemmeno un inconveniente!

È un errore contrapporre le grandi creazioni culturali di eminenti eroi artistici alla raffica, spesso condizionata dal tempo, di concezioni artistiche dominanti ed effimere. Solo una natura totalmente insensibile all'arte potrebbe concepire un simile processo. In realtà, si tratta di un errore e di una mancanza di rispetto per il nostro grande passato e, inoltre, di una stupidità storica. Solo una persona irrispettosa condannerebbe il "Flauto magico" di Mozart perché il testo è contrario alle sue concezioni ideologiche. Allo stesso modo, solo una persona ingiusta rifiuterebbe il "Ring" di Richard Wagner perché non corrisponde alla sua visione cristiana; o il "Tannhauser", il "Lohengrin" e il "Parsifal" di Wagner perché non è in grado di apprezzarli da un'altra prospettiva. La grande opera ha un valore assoluto in sé. Questo valore non può essere giudicato sulla base di una concezione esterna all'opera artistica stessa e condizionata da un'epoca!

Se, inoltre, ogni generazione rivendicasse il diritto di sbarazzarsi delle opere artistiche di un diverso passato politico, ideologico o religioso, allora ogni sconvolgimento politico significherebbe la distruzione della cultura estranea all'ambiente politico del momento.

È per questo motivo che il comandamento supremo di ogni apprezzamento artistico prescrive la massima tolleranza per le vere creazioni culturali del passato. Una grande epoca può permettersi di rispettare il lavoro dei suoi antenati (che vuole anche per sé) sia politicamente che culturalmente, solo se la sua epoca trova credito presso i suoi discendenti.

Adolf Hitler, al Reichsparteitag del Lavoro nel 1937.

"Il bacio", di Auguste Rodin.

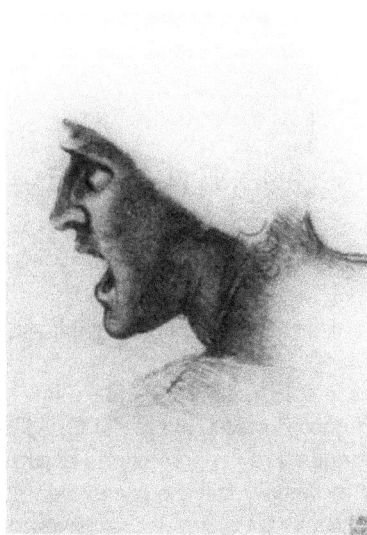

"Guerriero urlante", sanguigna di Leonardo da Vinci.

"Ragazza meditativa", di Schnorr v. Carolsfeld.

Chi vuole creare deve essere gioioso.

Goethe

QUADERNO SS N. 1. 1943.

ARTISTA E SOLDATO

Ogni libretto SS è governato da un'idea guida specifica. In questo abbiamo un'intenzione chiara.

Il nostro obiettivo non è solo quello di rendere interessanti i quaderni. Chi cerca solo intrattenimento non lo troverà nei Quaderni delle SS. Anche la via più semplice, cioè conquistare l'approvazione di tutti scrivendo articoli facili da digerire, sarebbe molto più facile e piacevole. Ma ci sono altri libri e quaderni per questo scopo.

Nei Quaderni delle SS non vogliamo disperdere e distrarre il lettore, ma piuttosto concentrare le sue forze migliori e farlo riflettere su se stesso, cioè sulla sua vera sostanza. Solo così possiamo aiutare i compagni a realizzarsi e a compiere la loro missione all'interno della comunità clanica delle SS e del popolo. Quando vediamo ripetersi nelle lettere la stessa frase in formule simili: "Per me i quaderni delle SS sono un conforto prima di ogni nuova battaglia", o quando un giovane artista ci scrive: "... Questo articolo mi ha fatto sentire per la prima volta cosa devo ancora trovare dentro di me per diventare un artista", questi esempi indicano chiaramente il percorso che stiamo seguendo.

Questo opuscolo è governato dal principio guida della "durezza". Il soldato sa quanto sia necessaria la durezza per resistere in battaglia e per sopportare le battute d'arresto. E sente anche che è la durezza a rendere possibile qualsiasi lavoro.

Ma non gli viene in mente che per capire l'arte bisogna anche varcare la soglia della durezza.

Alcuni prendono per arte tutto ciò che piace loro a prima vista. Pensano di essere già entrati nel santuario e spesso si rifanno alle parole del grande maestro: "Grave è la vita e gioiosa è l'arte". Non sanno che l'arte gioiosa è spesso il risultato di una lotta difficile, come quella che ci ha dato Mozart.

Altri dicono: "Non lo capisco", quando si tratta di arte. Prima di imparare l'arricchimento che l'arte potrebbe apportare alla loro vita, chiudono la porta ai suoi punti di forza. Si accontentano invece di surrogati, di cibi più facilmente digeribili, di opere insipide e superficiali di nessun valore. Preferiscono una fotografia a un'opera d'arte la cui profondità non è evidente a prima vista. Ingoiano libri da tre centesimi a dozzina, mentre si suppone che non abbiano tempo per leggere un libro di valore. Questa non può essere la nostra posizione.

Chi ha partecipato alla dura guerra in Oriente sa anche che ci sono momenti di raccoglimento in cui, appunto, si cerca la semplicità nell'arte e se ne traggono forze nascoste.

Eppure molti dicono: "Come possiamo paragonare il nostro senso del combattimento e il nostro senso artistico! Il combattimento è lavoro, fatica, dolore e sacrificio. Ma dall'arte ci aspettiamo relax e distrazione.

Dici "relax e distrazione"? Perché sei così modesto, tu che puoi pretendere il massimo da essa? Perché chiedete così poco all'arte? Perché non le chiedete forza creativa, vita eterna e gioia divina? Non sapete che l'arte può dare tutto questo? Ma forse non conoscete il vero significato dell'arte. Per troppo tempo ha perso il posto che le spetta nella vita. Era, come la religione, solo un bell'accessorio per una serata di festa e per la domenica. Era un uccello colorato, un lusso di cui si poteva fare a meno nel momento del bisogno.

Ma cos'è la vera arte? È l'incarnazione più pura della comprensione del mondo. Con il dono dell'arte, Dio ha concesso agli uomini la capacità di rappresentare la sua legge.

Un esempio: attraverso l'osservanza delle leggi razziali possiamo, con la giusta scelta del matrimonio, avvicinare la nostra razza all'immagine che corrisponde alla volontà divina. Nello sport possiamo lavorare il corpo nella forma corretta per il suo scopo predestinato. Nell'arte, invece, il genio può modellare un corpo umano ideale in accordo con la legge naturale.

Un altro esempio: in origine, i paesaggi riflettono solo in modo approssimativo l'impronta del Creatore. Quelli modellati da razze pure ci si avvicinano. Tuttavia, per riflettere l'immagine di questo paesaggio in tutto il suo splendore, è all'artista che Dio ha concesso questo dono, cioè a questo artista (un altro non merita questo nome) che, lui stesso, obbliga il Creatore a manifestarsi a lui.

Il fatto decisivo è che l'artista riesce a sentire Dio solo attraverso un lavoro estremo su se stesso. Egli restituisce la sua immagine nel corpo umano o nel paesaggio che rappresenta. Catturare questa immagine nella pietra o sulla tela è ancora un compito difficile.

Non è possibile giudicare nel modo consueto quanto sia difficile per un creatore portare a termine la sua grande missione. Leggiamo le biografie di un Rembrandt, di un Andreas Schlüter, di un Tilman Riemenschneider, di uno Schiller, di un Mozart, di un Beethoven. Hanno dovuto lottare contro se stessi per liberarsi di tutti gli ostacoli, tutti gli impedimenti esterni o interni, per liberare l'opera, in modo che solo l'anima creativa rimanesse libera di percepire e portare a termine la missione divina. C'è solo un paragone che si può fare, ed è la durezza del soldato che rischia consapevolmente la vita.

In questo campo, soldato e artista sono legati dal successo ottenuto grazie al duro lavoro.

In caso di pericolo estremo, quando tutte le debolezze vengono superate, molti di voi non hanno provato quel momento in cui, improvvisamente, si liberano forze prima sconosciute? È come se si aprisse un involucro in cui siete sempre stati rinchiusi. Ne uscite e vi sentite come un dio o un bambino. Non ci sono più esitazioni, riflessioni, dubbi o considerazioni. Si agisce liberamente e giustamente, e si può fare tutto ciò che, in quel momento, deve essere fatto. È questo il sentimento di cui parlava Schiller quando scriveva: "Chi può guardare in faccia la morte, solo il soldato è l'uomo libero".

Un giovane poeta del nostro tempo deve aver sentito con particolare chiarezza questa parentela creativa tra il soldato e l'artista. Ci ha scritto di recente, nel bel mezzo dei combattimenti più feroci sul fronte orientale: "Non so dire quale gioia e quale orgoglio provo. Vorrei raccontare una leggenda in cui un intero popolo sarebbe nato, sarebbe vissuto per generazioni. So che un giorno sarò in grado di esprimere ciò che il mio cuore racchiude in quest'ora di guerra. Voglio diventare un cercatore d'oro nel mio cuore, per trasmettere tutto ciò che vivo e arricchire tutti gli uomini.

Naturalmente, la durezza *da sola* non può portare conoscenza né al soldato né all'artista. Sono necessarie altre virtù e doti. La durezza, tuttavia, è un fattore significativo.

E questo è il tema del mio articolo. È proprio questa conoscenza del carattere comune esistente tra artisti e soldati che deve permettere a voi, compagni, di entrare in un nuovo rapporto con la vera arte, che sola è degna di voi. Il cammino non è facile. Ma chi può percorrerlo se non voi che avete superato i combattimenti più duri e la superiorità dei bolscevichi? La comprensione dell'arte non è ovviamente ciò che molti di voi ancora immaginano. Ma non è in conflitto con l'esperienza che avete fatto come soldati e combattenti. Al contrario, è strettamente correlata.

Nonostante tutto, ci siete arrivati più facilmente degli artisti stessi. Vi precedono sul sentiero; cercano il pendio ripido e ve lo indicano. Ma loro stessi devono seguirlo. Questo costa sudore e perseveranza.

In cambio, la ricompensa divina vi chiama dalla vetta più alta.

Lo troverete sicuramente perché è dentro di voi. Alcune persone ci sono già riuscite "per caso". Avendo esaurito tutto, hanno dovuto ricorrere alla lettura di "cose serie" per disperazione, prima con riluttanza, poi con entusiasmo. Alla fine hanno capito che non si può ingoiare la poesia classica come un romanzo di Kolbenheyer, ma che una vera opera di poesia può dare più forza e gioia di vivere di un mucchio di letteratura superficiale. Chi si è reso conto di questo in un momento di lucidità deve anche trovare la forza di enfatizzare i principi superiori.

Un giorno raccoglierà i frutti dopo aver vissuto i momenti difficili in cui cercava di capire la grande arte, che sono paragonabili ai momenti più pericolosi del combattimento. Troverà tesori che fino a quel momento non sospettava e di fronte ai quali passava alla cieca.

Hans Klöcker

QUADERNO SS N. 5. 1944.

GLI ARTISTI TEDESCHI E LE SS

Mostra d'arte a Breslau

C'è stato un tempo in cui lo spirito militare e l'arte erano considerati reciprocamente incompatibili. Quando il primo era considerato l'attività di uno sciabolatore e la seconda l'impulso bohémien di un abitante della soffitta. In realtà, queste forme di espressione di due mondi erano solo la loro caricatura. Le vere nature del mondo militare e di quello artistico sono totalmente diverse, perché in fondo hanno molto in comune. Hanno la stessa origine, cioè la razza che dal suo sangue ha fatto nascere soldati e artisti. L'osservatore attento non sarà sorpreso dal fatto che i nostri più grandi soldati abbiano avuto un'indole da artisti e che anche i nostri più grandi artisti abbiano avuto un'indole da soldati. Federico il Grande non solo ha creato Sans-Souci, ma ha anche fecondato con le sue idee tutte le arti del suo tempo. Ricordiamo anche il grande imperatore Federico II di Hohenstaufen. Il principe Eugenio non consigliò per caso i più grandi artisti e architetti del suo tempo quando commissionò a Lukas von Hildebrandt e Fischer von Erlach la costruzione del Belvedere di Vienna. Egli stesso era un artista. Leonardo da Vinci, l'artista più versatile di tutti i tempi, lavorò per i suoi principi come architetto, inventore di armi e consulente di nuovi piani militari, oltre che come artista. Ci sono anche molti esempi in cui il talento militare non era direttamente visibile. Non possiamo immaginare le opere di Goethe, Schiller, Lessing, Kleist, contenenti scene di guerra, senza un vivo interesse e una genuina familiarità con il mondo militare. Tuttavia, in entrambi i casi, quando grandi soldati manifestano il loro genio artistico e quando grandi artisti si rivelano eminenti soldati, non si tratta mai del risultato di un interesse speciale unilaterale. Per questi uomini creativi, questi due mondi erano solo forme diverse di espressione di una grande idea. Le idee non sono altro che riflessi dell'anima, espressione di un'essenza. La grande idea che governerà il millennio che sta iniziando è il nazionalsocialismo. Il suo creatore, il Führer Adolf Hitler, soldato e artista, ne ha già inciso i contorni con uno stilo di ottone alle soglie della nuova era - lo spirito militare e artistico. Anche le SS, l'ordine del Führer che, come Waffen SS, deve rappresentare l'aspetto militare della nostra visione del mondo, si sente chiamato a partecipare in modo attivo e stimolante alla creazione artistica dell'era futura. Il motivo è che la natura del nazionalsocialismo è creativa e quella delle SS è di guidare questa idea. La mostra "Artisti e SS" a Breslau è solo l'inizio. La cosa più importante è che si svolge nel quinto anno di guerra. Viene lanciato un appello a tutti gli artisti presenti e futuri del Reich affinché scelgano l'idea dell'impero e dell'ordine sempre più potente come tema del loro lavoro, in modo che l'espressione militare del Reich su tutti i fronti trovi il suo equivalente in forma artistica.

QUADERNO SS N. 2A. 1941.

BELLEZZA SOTTO IL SEGNO DELLE RUNE SS

Allach, compiti e finalità

Nessun popolo vive più a lungo dei documenti della sua cultura!

Le parole del Führer sono un punto di riferimento per tutte le questioni culturali che riguardano il popolo tedesco e regolano lo spirito della fabbrica di porcellane Allach di Monaco.

Molti si chiederanno perché la SS produce porcellana. La spiegazione è semplice. Il Reichsführer aveva già pianificato da tempo di intensificare lo spirito culturale delle SS, cosa che fu possibile solo dopo la sua ascesa al potere. Nel 1935, quindi, fondò la fabbrica di porcellane Allach a Monaco, il principale strumento della sua volontà in questo campo.

Per il Reichsführer non si trattava di fondare una nuova fabbrica di porcellana con l'obiettivo di produrre valore economico, cioè di fare soldi. Fin dall'inizio, il compito principale di Allach fu quello di utilizzare il materiale più attraente a disposizione, la porcellana, per creare opere d'arte e oggetti di uso quotidiano che riflettessero lo spirito del tempo e testimoniassero il sentimento artistico e la volontà creativa del nostro tempo per le generazioni a venire.

Ogni epoca produce le proprie forme espressive e le adatta al proprio stile culturale. Lo stesso vale per la nostra. Con le grandi costruzioni del Führer, assistiamo alla nascita di un nuovo stile - il nostro stile - la cui arte decorativa comprende anche lo sviluppo di nuove forme ceramiche.

In questo spirito, il Reichsführer SS incaricò Allach di dare l'esempio nella creazione artistica, nella qualità del materiale, nell'esecuzione e nella lavorazione e nel prezzo.

Una retrospettiva può mostrare quale fosse lo spirito della produzione di porcellana: in passato, quasi tutte le fabbriche di porcellana erano fondate da principi (Berlino da Federico il Grande, Meißen da Augusto il Forte, Sèvres dalla Marchesa di Pompadour, per citarne solo alcune). Con poche eccezioni, la loro missione era quella di produrre nobili porcellane di grande valore artistico per la gloria dei loro fondatori, trascurando qualsiasi beneficio economico. Venivano assunti grandi artisti che potevano realizzare i loro progetti in pace e in isolamento, liberi da ogni preoccupazione materiale. Il risultato fu una porcellana meravigliosa che rifletteva lo spirito dell'epoca, il Rococò e l'Impero, opere artistiche che ancora oggi conservano il loro valore e meritano la massima ammirazione perché esprimono il sentimento artistico dei loro creatori.

Copie singole e articoli prodotti in serie

Ma i tempi cambiano. Per quasi tutte le fabbriche di porcellana (si noti il significativo nome "manifattura" [manu= con la mano], il cui lavoro richiede ancora oggi la mano artistica dell'uomo), le questioni finanziarie ed economiche divennero sempre più importanti. Ben presto il profitto divenne il fattore decisivo: i mecenati delle arti e i commissionari principeschi lasciarono il posto ai mercanti. Troppo spesso l'arte era considerata di scarso valore. In questo periodo di declino artistico, alcune manifatture rinomate riuscirono a rimanere fedeli al loro spirito.

L'arianità come rappresentante di un certo tipo di valori diventa il riferimento assoluto nell'arte. Porcellana della fabbrica delle SS di Allach.

Diverse porcellane di Allach: a sinistra, un vaso con motivi protostorici. A destra, un candeliere regalato a ogni bambino nato nelle famiglie delle SS.

Amazon.

In primo luogo, c'è la scultura. Spesso dava luogo a orrori domestici a causa della mancanza di spirito artistico o di una lavorazione approssimativa. Allach vedeva quindi come primo compito quello di contribuire a far rivivere il vero senso artistico nazionale. A dire il vero, non era facile e non tutti i progetti potevano ancora essere realizzati. Prima di tutto, bisognava trovare e ingaggiare artisti che creassero opere artistiche con il loro genio ispiratore e il loro talento creativo.

Ma il Reichsführer disse: *l'arte deve essere presente in ogni casa, ma soprattutto nella casa delle mie SS!* Ogni tavola deve essere arredata con piatti eleganti, non solo negli alloggi ma anche - e soprattutto - nelle mense, in modo che l'operaio tedesco e il combattente possano trarre nuova forza dall'armonia dell'ambiente nelle ore di riposo. Non c'è dubbio che il piatto più semplice in un bel piatto sia più buono dell'arrosto più costoso in una mensa! Allach vuole servire al meglio il piano del Reichsführer.

Nei pochi anni trascorsi dalla sua fondazione, la fabbrica di Allach ha acquisito una posizione privilegiata nel campo della produzione di porcellana. *Figure di giovani eroici* della Wehrmacht o di associazioni di partito, *figure popolari contadine* sorprendentemente autentiche e, soprattutto, *nobili sculture di animali* che mostrano l'animale in tutta la sua bellezza, sono state prodotte con la nostra sensibilità odierna. Sono opere che devono essere considerate come la prova di un sentimento artistico naturalmente forte e di una volontà creativa consapevole del proprio dovere.

Ceramiche, brocche, vasi, candelabri racchiudono una bellezza che giova a ogni famiglia tedesca. Così l'obiettivo del Reichsführer SS di rendere ogni oggetto utilitario - anche la più semplice brocca d'acqua - di impeccabile bellezza è stato magnificamente raggiunto. I grandi tesori culturali scoperti in numerosi scavi fornirono ispirazione per il design e la decorazione tradotti nello stile del nostro tempo. È stato così costruito un ponte che collega le creazioni naturali dei nostri antenati con il sentimento artistico di oggi.

Sono stati creati - e saranno creati - oggetti utilitari che già spazzano via tutte le critiche per la loro bellezza e utilità. Nel corso del tempo, tutte le forme brutte e inadatte dovranno essere eliminate e sostituite da stoviglie belle e utilitarie.

Consapevole del fatto che l'ambiente ha un'enorme influenza sul benessere e sull'atteggiamento umano, il Reichsführer ordinò alla sua fabbrica di porcellana di Allach di agire in questo spirito. La casa di ogni SS, o semplicemente di ogni tedesco, dovrebbe contenere solo oggetti artistici e stoviglie del miglior gusto. In questo modo, Allach offre all'uomo che lavora nel suo ambiente quotidiano la bellezza che lo rigenera e lo rende degno dei grandi compiti affidatigli dalla nostra epoca eroica.

W.

Opuscolo SS n. 4. 1938.

La legge della bellezza

Tutto ciò che per noi ha un valore eterno è soggetto a leggi ferree. Anche se volessimo fermare il corso delle stelle, esse continuerebbero il loro percorso secondo leggi eterne, così come anche la natura segue la legge ritmica della nascita e della morte. Le leggi eterne rifiutano il caos, la decadenza e la distruzione di tutti i valori.

Molto prima che l'uomo riconoscesse la giustezza delle cose, ne obbediva già la legge nella sua attività creativa. Chi si è aggirato con contemplazione nelle nostre ricche gallerie d'arte capisce perché le statue classiche in marmo degli antichi greci lo colpiscono con il loro fascino tanto quanto le più belle opere contemporanee. Tremila anni sono passati senza intaccare l'ideale di bellezza che animava i Greci e per il quale anche noi nutriamo una profonda ammirazione.

Un tempo era di moda considerare l'arte come qualcosa di morto, cosa che ancora oggi viene spacciata in quegli ambienti ottusi che si interessano alle cose "del bel pensiero". Sono molto preoccupati per la presunta mancanza di nuove idee creative e cercano quindi di dimostrare che gli artisti del nostro tempo possono solo copiare l'antico.

Ma nessun artista creativo può veramente creare allontanandosi dalla legge classica della bellezza. Come in passato, la Venere di Milo rimane un ideale di forma, e le opere immortali di un Michelangelo non cercano di imitare quelle dei grandi maestri greci Policleto o Lisippo, ma sono creazioni intuitive realizzate secondo le leggi eterne della bellezza.

Leonardo da Vinci fu il primo a riconoscere il principio di bellezza. A lui è attribuita la formula del "rapporto aureo": a : b = b : (a+b). Ciò significa che il corpo umano, dalla sommità del capo all'ombelico, è soggetto allo stesso rapporto delle altre parti inferiori, e viceversa con l'intero corpo. Trascurare la regola del "rapporto aureo" non porta a una nuova forma d'arte, ma alla negazione della legge della bellezza e quindi al caos.

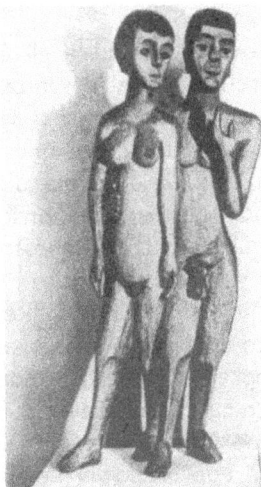

Scultura dalla mostra "Arte degenerata".

La sensibilità artistica riflette l'incompatibilità di alcune concezioni dell'uomo. A sinistra, "Giovane ragazzo" di Fritz von Grävenitz.

A destra, la "coppia" di Josef Thorak.

Ricordiamo solo quei "rivoluzionari" che si divertivano a negare il "rapporto aureo". Erano gli artisti dadaisti e tutti coloro che si consideravano a buon diritto tra i "primitivi" e che pensavano di essere i precursori di una nuova era. Quello che ci hanno lasciato sono mostri, non ritratti umani, la cui vista dovrebbe elevarci, non inorridire. Quale pittore può impunemente ignorare le regole della prospettiva senza produrre opere fittizie che giustamente consideriamo arte degenerata? L'architetto deve sempre tenere conto di due elementi fondamentali, le parti portanti e le parti di sostegno, per assemblarle in un insieme armonico.

Anche in architettura si è ritenuto di dover contraddire gli esempi classici, osservando che la facciata deve essere adattata all'organizzazione dello spazio e non il contrario. L'edificio veniva diviso in due parti opposte e incompatibili. Ma l'arte dell'architettura sta nel combinare questi due elementi in modo armonioso. La degenerazione delle regole d'oro si esprime in quelle case le cui pareti hanno finestre asimmetriche di dimensioni diverse, il che dimostra solo l'incapacità di questo stile architettonico che crede di poter omettere le leggi della bellezza.

Non molto tempo fa, le nostre gallerie d'arte si sono arricchite di un pezzo unico acquistato dal Führer: il discobolo di Myron. In esso vediamo la presenza di tutte le leggi della bellezza, compresa la perfetta armonia del corpo. È rappresentato nel momento preciso in cui fa oscillare il disco e poi lo lancia. È il momento in cui subentrano due movimenti diversi: l'oscillazione del braccio, il "punto morto" prima del lancio vero e proprio.

Non si può scegliere a caso un momento circoscritto nel movimento. Che si tratti di un cavallo che salta o di un uomo che corre, si può sempre trovare un "punto morto" all'interno dei movimenti che compongono l'azione.

"Sankt Georg", xilografia di Lucas Cranach (1472-1555).

Oggi conosciamo la regola di bellezza che governa le opere artistiche, la loro costruzione e composizione. Gli artisti antichi non conoscevano la formula del "rapporto aureo", ma erano guidati da un sano sentimento artistico.

Per molto tempo si è pensato che nessuna legge assoluta ed eterna governasse l'arte. Si pensava al gusto del tempo e si credeva che ognuno avesse il proprio ideale di bellezza. L'arte veniva così confusa con la moda. Se si visita una galleria d'arte con le opere più belle degli ultimi secoli, si scopre che nessuna di esse corrisponde al "gusto pubblico", cioè è "alla moda". Oggi ci troviamo di fronte a questo tipo di opere, senza capirle, perché lo spettatore deve sentire attraverso la creazione il sentimento che ha animato l'artista quando l'ha creata. Infatti, nessuna opera d'arte può essere compresa se prima deve essere spiegata in modo intellettuale. Un'opera d'arte parla da sola, altrimenti non è un'opera d'arte. Ed è notevole che tutti gli "artisti" che, per nascondere la loro incapacità, seguono nuove strade nella convinzione di poter così eludere le leggi della bellezza, siano ostili a tutta la vera arte, che considerano polverosa. Cercano di liquidare chiunque rispetti le leggi eterne della bellezza come un volgare imitatore dell'antico.

L'arte dà tutto a chi rispetta le sue leggi. Se oggi guardiamo un uomo che indurisce e tempra il suo corpo con esercizi fisici, può avvicinarsi all'ideale e assomigliare al discobolo di Myron.

La bellezza è un concetto ben definito che ha dimostrato la sua validità nel corso dei secoli. Ogni razza può avere il proprio ideale di bellezza, ma esso rimane unico e assoluto per quella razza.

Possiamo notare che anche l'artista è vincolato da leggi ferree nella sua libertà creativa, che non può aggirare se non vuole sprofondare nel caos, nella decomposizione e nel bolscevismo culturale nichilista.

SS-Ustuf. V. J. Schuster.

L'opera d'arte è la religione materializzata.

Wagner

Opuscolo SS n. 3. 1938.

L'ARCHITETTURA COME ESPRESSIONE DELLA COMUNITÀ

Si cerca sempre di dividere l'architettura in due forme di espressione: architettura sacra e architettura profana, confondendo l'oggetto e il fine che può servire. Una cattedrale gotica non è espressione della cultura cristiana perché vi si celebrano le messe. Altrimenti lo stile gotico si esprimerebbe solo nella costruzione di chiese. Ma se si va in giro per la Germania di oggi, si vedono con altrettanta ammirazione municipi e torri cittadine gotiche. Tutti questi edifici sono stati costruiti *dalla comunità per la comunità.* Servivano come luoghi di riunione, amministrazione o difesa. Sono davanti a noi come monumenti alla grandezza della comunità.

Chi oggi guarda il tempio di Atena, il Partenone sull'Acropoli di Atene, prova una profonda ammirazione per l'architettura dei Greci e sicuramente non pensa al rito religioso che riuniva la comunità nelle sue sale. In molti casi, non siamo affatto sicuri dello scopo che un monumento poteva avere. Gli studiosi non hanno ancora deciso all'unanimità se la più grande piramide di Giza sia stata progettata come *tomba* per il re *Cheope* o se sia stata costruita per suo volere per trasmettere *formule* e *regole matematiche* alle generazioni successive attraverso un monumento che sfida i millenni, anche se la maggior parte degli studiosi la considera un gigantesco luogo di sepoltura.

Solo persone miopi o speculatrici parlano di architettura "cristiana" e considerano il bene culturale del nostro popolo, che si esprime nelle cattedrali, come lo stile più intrinseco di una denominazione. Su questa base, l'Occidente avrebbe dovuto essere francamente povero di monumenti architettonici prima che il cristianesimo si diffondesse in Europa.

Ma è proprio la "città eterna" vicino al Tevere che contiene un gran numero di edifici "pagani", e il Colosseo è almeno pari per bellezza architettonica a San Pietro; anche se sarebbe inappropriato confrontare due edifici di epoche diverse, uno dei quali è stato eretto 1500 anni dopo l'altro.

In ogni caso, entrambi gli edifici avevano *un solo* scopo: servire la comunità popolare come luogo di incontro. Ma quando parliamo di "arte cristiana", vediamo che era estremamente primitiva, come dimostrano gli scavi che hanno estratto dalle "catacombe" vari utensili appartenenti ai primi cristiani.

Gli stessi papi, che amavano costruire, non erano buoni costruttori. *Bramante, a* cui fu affidata la costruzione della Basilica di San Pietro, progettò la forma greca della croce per dare alla cattedrale più potente del mondo la massa imponente che doveva avere anche in prospettiva. Dopo la morte di Bramante e dei suoi successori, il vecchio *Michelangelo* assunse la direzione dei lavori.

Quest'uomo geniale volle migliorare i progetti del Bramante e dare così più forza all'impressione generale che si voleva ottenere. Alzò la cupola per enfatizzarla, semplificò la pianta accorciando i bracci della croce.

Tuttavia, il suo progetto non fu seguito. Dopo la sua morte, il papa chiese al suo successore *Maderna*, nonostante le varie obiezioni, di prolungare il braccio occidentale in una lunga navata che ricordava un po' troppo la pianta della Roma orientale, Bisanzio.

Il risultato fu che il disegno unico di Michelangelo perse tutto il suo effetto. L'architetto Maderna cercò di "salvare" ciò che poteva essere salvato. Ma fu solo Bernini, il creatore del colonnato, a dare alla facciata il suo pieno significato, utilizzando un effetto prospettico che crea deliberatamente un quadrato ovale che lo spettatore pensa sia rotondo. È difficile credere che il Papa, suo finanziatore dell'epoca, fosse a conoscenza di questo trucco ottico. In ogni caso, tre generazioni di architetti furono costrette a correggere i desideri architettonici dei papi con costruzioni non previste in origine.

La maggior parte dei monumenti architettonici ha servito e serve tuttora a scopi "secolari". Lo dimostra il municipio di Alstadt a Brunswick: questo edificio gotico non ha nulla da invidiare a nessuna cattedrale. La comunità ha costruito una "casa amministrativa" che corrispondeva al suo senso di sé e alla sua volontà culturale. Va inoltre ricordato che i membri del consiglio non avevano poteri illimitati, ma che gli abitanti avevano affidato loro il compito di costruire un municipio, per così dire, attraverso i loro rappresentanti, che doveva simboleggiare la comunità verso l'esterno.

Non c'è spazio a sufficienza per citare i nomi dei numerosi municipi, magazzini, case di tessuti, pescherie, ecc. È certo che gli edifici ecclesiastici non sono superiori agli edifici pubblici né per l'arte architettonica né per il tipo di esecuzione. Al contrario: venivano commissionati solo "maestri costruttori di cattedrali" che si *erano già* fatti un nome con il loro lavoro. Era quindi la *comunità nazionale* a impiegare i capomastri, i cui rappresentanti avevano sufficiente senso dello stile per distribuire grandi contratti architettonici con l'aiuto di progetti.

Tra i costruttori di cattedrali non si trova nessuno che non abbia già dato prova di sé, e nessun papa o vescovo costruttore può affermare di aver *scoperto* un architetto.

Michelangelo era all'apice della sua fama quando gli fu commissionata la costruzione di San Pietro, e Fischer von Erlach sarebbe passato alla storia dell'architettura se non fosse stato per la Karlskirche di Vienna, anche se abbiamo la fortuna di avere questo edificio barocco, uno dei più belli del suo tempo.

Tra i monumenti, troviamo anche molte "porte". Si tratta di fortificazioni, "punti strategici di appoggio" nella consueta cinta muraria, che non avevano altro scopo che quello di proteggere la comunità. La maggior parte di esse si trova oggi nel cuore di una città che ha superato le sue vecchie mura e non le costruisce più perché non avrebbero ragione di esistere nel nostro tempo(!).

Infatti, nessun edificio è mai stato costruito per se stesso e quasi nessuno è entrato nella storia dell'architettura servendo solo l'individuo e non la comunità. Se si pensa di poter obiettare che ci sono stati castelli e borghi, va notato qui che tutti gli imperatori, i re, i principi e i cavalieri personificavano simbolicamente una comunità e che nessun popolo orgoglioso avrebbe permesso che il proprio rappresentante vivesse in un luogo non conforme a ciò che la dignità e il livello culturale del popolo richiedevano da lui. E quando la comunità si sollevava con rabbia contro un sovrano, non era perché questi aveva eretto troppi "edifici cerimoniali" a suo uso e consumo, ma perché *non era degno di* rappresentare il *popolo*.

È stato un argomento di propaganda a buon mercato del marxismo paragonare la magnificenza architettonica delle classi dominanti alle "baracche" degli operai. Sono proprio gli operai a mostrare il desiderio di creare valori culturali duraturi nella storia dell'architettura, che si esprime al meglio nelle magnifiche case delle corporazioni di Gand, Bruges e Memel.

I sarti, i fabbri, i macellai, i pescivendoli e i tessitori erano però solo *lavoratori* che si erano riuniti in corporazioni e avevano pagato di tasca propria la costruzione delle case delle corporazioni. Erano l'edificio rappresentativo della loro corporazione, la casa della loro comunità professionale dove si riunivano per passare le serate insieme e coltivare il cameratismo. In questi edifici si rafforzava la loro coscienza di classe, il loro senso di unione e di aiuto reciproco conosceva una sola legge, quella del "tutti per uno, uno per tutti", che regolava le loro azioni e la loro condotta. Il loro senso di comunità era così forte che in tempo di guerra parteciparono come *corporazione* alla battaglia, vincendo più di una volta.

L'architettura non è solo musica trasformata in pietra, ma riflette anche lo spirito della comunità popolare. Anche il costruttore più talentuoso non può realizzare i suoi sogni più audaci senza la comunità che fornisce i lavoratori manuali che realizzano i suoi progetti. E quando oggi guardiamo con rispetto alle nostre cattedrali, esse non sono il risultato dell'"arte cristiana", ma della prestazione culturale di migliaia di mani che le hanno create. Gli scalpellini non erano sempre "cristiani timorati di Dio", come testimoniano ancora oggi molti dei doccioni, francamente compromettenti per i monaci.

Né le città con più cattedrali erano "le più cristiane". In realtà, c'è stato un tempo in cui le città ricche, per dimostrare a Roma che non erano né l'invidia né l'avarizia a farle rifiutare di pagare i tributi al papa, fornivano generosamente ai monaci mendicanti i mezzi per costruire chiese, come avvenne alla fine del XII secolo . Gran parte dell'architettura "francescana" deve la sua nascita a questo. Quando il papa voleva costruire come "rappresentante della cristianità", le città si rifiutavano di permetterglielo perché non lo consideravano degno di parlare a nome della "loro" cristianità. Anche le cattedrali non sono altro che l'espressione della volontà della comunità popolare, che è diventata pietra.

La storia architettonica di tutti i popoli civilizzati ci insegna che l'architettura, come forma di espressione di un popolo creatore di valori, è stata trascurata o addirittura estinta quando la comunità stessa è degenerata ed è scomparsa dalla storia. In realtà, noi stessi abbiamo sperimentato il caos architettonico quando la comunità popolare è stata lacerata. Impotente e priva di vitalità, ha assistito impotente al tentativo di elementi non autoctoni di monopolizzare la forma di espressione artistica come mezzo egoistico di guadagno.

Ma l'arte può nascere solo dalla comunità e da uno stile creativo che abbraccia l'universo. Ecco perché l'architettura è anche il riflesso di un popolo omogeneo, della comunità popolare.

SS-Ustuf. V. J. Schuster

OPUSCOLO SS N. 2. 1938.

NOTE SULLO STILE

Due uomini si trovavano di fronte a uno dei nostri nuovi edifici e parlavano in modo riflessivo dei valori culturali del nostro nuovo stile. Si chiedevano se si potesse davvero definire uno *stile tedesco che fosse in* linea con la natura del nostro popolo e avesse radici profonde in esso.

Si tratta di due critiche.

Il critico è abituato a guardare il mondo apertamente e con un'opinione solida. Ma i giudizi espressi a prima vista non possono che essere pregiudizi, che il critico superficiale contesterà con decisione. Tuttavia, non c'è quasi nessun settore dell'arte e della storia che non sia stato ancora giudicato dai critici. Nessun critico si è ancora lamentato del fatto che ci sono più critici che artisti. Inoltre, è proprio l'artista creativo a chiedere al critico di esprimere un giudizio. È un dato di fatto che l'attività del critico incoraggia l'opera.

Non stiamo dicendo che si debbano accettare tutti gli argomenti esplicativi che vengono proposti senza dire una parola. È indubbiamente molto più difficile creare un'opera che criticarla. Poiché l'arte ha bisogno di tempo, è tragico che i critici non ne abbiano mai.

Nella terra della "critica classica" a Parigi, i critici d'arte si prendono la libertà di visitare i pittori nei loro studi per contemplare l'opera che poi propongono di esporre nei saloni. L'artista obietterà invano che l'opera non è completamente finita. Il critico lo rassicura: ne è soddisfatto e cerca di esprimere in modo razionale ciò che già evoca. Quando scese le scale, la sua mente era già pronta, anche se il pittore stava ancora lavorando dietro il cavalletto da tre settimane.

In alto, il rosone della Cattedrale di Strasburgo.

Navata centrale del chiostro di Chorin.

La Cancelleria di Berlino. Quando l'arte sacra e quella profana si uniscono nella stessa aspirazione all'elevazione.

Non si dica che questo esempio è eccessivo. I due uomini davanti al nuovo edificio fanno lo stesso quando, dopo un giorno di analisi, non riescono a definire che lo stile è tedesco. Il loro giudizio non è affatto migliorato quando ce lo sottopongono dopo tre mesi di maggiore riflessione.

Il barocco regnava duecento anni fa e noi lo abbiamo vissuto come uno stile. Gli intenditori d'arte parlano di edifici barocchi sacri e profani, mobili barocchi, vasi, sculture lignee, stoviglie barocche e parafuoco. È impensabile che un argentiere dell'epoca si sia seduto al suo tavolo da lavoro con l'intenzione di lavorare a una fruttiera in stile barocco. Né era consapevole di essere seduto su una sedia barocca. Tuttavia, l'esperto che oggi possiede questa fruttiera la daterebbe al periodo barocco.

Lo stile esprime l'atteggiamento spirituale di un popolo in un particolare momento della sua storia. Siamo solo all'inizio della *nostra* nuova era e dobbiamo dare alle generazioni future l'opportunità di apprezzare i beni culturali che abbiamo creato. Il nazionalsocialismo non sarebbe una visione del mondo se credesse di aver raggiunto il suo obiettivo con la presa del potere. Il nostro compito è quello di lottare per tutti e di educare un popolo che non ha più bisogno di una linea ideologica semplicemente perché ha interiorizzato la visione del mondo nazionalsocialista. Se si esprimono artisticamente, questi uomini creeranno valori tipicamente tedeschi e personali, perché questa è la loro natura e questo è proprio il loro stile.

Ovunque troviamo tracce di uno stile che lo hanno legato a un altro periodo culturale. È quindi impossibile parlare di un'influenza significativa quando architetti brillanti la personalizzano e la influenzano. È quindi impossibile giudicare uno stile architettonico solo in base ai suoi valori creativi, senza tener conto delle forze che lo hanno generato. La storia dei popoli mostra chiaramente che i grandi periodi dell'architettura coincidono con il livello di evoluzione dei popoli. I popoli *che degenerano* non ci hanno lasciato alcuno stile. Ciò che esprime la loro grandezza sono i risultati dei loro antenati, di cui disperdono l'eredità.

La storia dell'arte è inestricabilmente legata alla storia del mondo, l'architettura allo sviluppo potente di un popolo. Nell'antichità, i valori della guerra determinavano il destino e il futuro di una comunità popolare. Non conosciamo nessun popolo che ci abbia lasciato uno stile architettonico classico e che abbia svolto un ruolo secondario sul campo di battaglia. Questa è la prova migliore che il popolo dei soldati non è affatto ostile alla cultura, ma anzi appare nella storia come elemento di civiltà.

Anche lo stile è un bene che i nostri antenati ci trasmettono per gestirlo. E noi lasceremo uno stile architettonico ai nostri discendenti. Dobbiamo quindi educare i giovani allo spirito di creare un nuovo stile. Se ne prenderanno cura perché rappresenterà per loro un segno dell'unione con il loro popolo nel corso della storia.

Le auto attraversano rumorosamente le città della Germania. Gli argani scricchiolano e raschiano la pietra. Si costruiscono edifici il cui scopo e le cui dimensioni non sono dettate solo dalle esigenze del momento, ma che devono testimoniare il nostro desiderio di creare valori duraturi per le generazioni future, anche se non potremo goderne i frutti. In seguito, non dovremo rimproverarci di aver avuto le migliori *intenzioni* ma di non essere mai riusciti a realizzarle. I posteri sono spietati e accettano solo ciò che *dura*. Dare buoni consigli non significa altro che rendere i discendenti responsabili dei nostri peccati di omissione.

Sappiamo ancora oggi cosa significa. L'architettura non viene risparmiata. Le grandi arterie stradali sono la prova di ciò che i mastri costruttori progettavano quando cercavano solo di soddisfare il gusto *del singolo* e costruivano queste case individuali. Non cercavano di imporsi sugli altri, ma piuttosto di *sorprendere* se stessi. Solo così si possono spiegare le file di case costruite negli anni tristi della fondazione dell'Impero. Dominate dall'effimero, si dava la precedenza al "tocco personale" e si evitava curiosamente tutto ciò che oggi chiamiamo stile. Si era invece "moderni", "al passo con i tempi" e si immaginava innocentemente che anche la generazione successiva avrebbe seguito questo spirito.

Ora questa generazione sta abbattendo stucchi e intonaci senz'anima con un piccone, e nessuno sente alcuna mancanza di rispetto per i nostri antenati. Abbiamo bisogno di spazio per i compiti che la storia ci ha affidato. Ciò che è prezioso, perché lo *sentiamo* tale, lo conserviamo come parte del patrimonio culturale con cui abbiamo un rapporto sentimentale e ideologico. Ed è per questo che l'uomo che dà al nostro popolo la consapevolezza di un'identità nazionale è anche il nostro primo costruttore.

V.J. Sch.

"D'ESTOC ET DE TAILLE", DI GUNTHER D'ALQUEN, 1937.

OMOSESSUALITÀ E ARTE

Non è necessario dimostrare che l'omosessualità ha avuto un ruolo importante nella vita artistica tedesca dell'ultimo decennio. Per chi non lo sapesse, basti dire che c'erano scene teatrali in cui più del 50% degli artisti rivendicava il "diritto di condurre questa singolare esistenza". D'altra parte, c'è un silenzio totale sulle donne. Purtroppo non si tratta di casi isolati.

Per il nazionalsocialismo, le manifestazioni della vita non sono considerate un problema con leggi proprie. Ogni "problema" del passato entra nella sfera della decisione politica attraverso il suo rapporto organico con la comunità. Il nazionalsocialismo ha restituito alla politica il suo significato originario; non è quindi un'opera limitata a se stessa che può affiancarsi ad altri valori uguali o superiori. Si deve concludere che in tutti gli ambiti della vita solo i suoi valori sono soggetti alla realizzazione politica. Qualsiasi altra scala di valori non può che portare logicamente alla nozione di liberalismo, cioè al riconoscimento del carattere anarchico.

La nostra politica attuale si basa chiaramente su questi risultati fondamentali e l'arte vi occupa il posto che le spetta. Quando l'odierno branco di scrittori emigrati inveisce contro la presunta "violazione politica dell'arte" in Germania, questi ululati dimostrano ai duri d'orecchi quanto sia importante il nuovo orientamento nazionalsocialista.

Non c'è più motivo di lamentarsi che l'intervento della polizia minacci l'esistenza dell'arte. D'altra parte, la distruzione di un principio artistico di rilevanza internazionale farà sempre molto più rumore. Non riusciremo certo a placare l'isteria dei combattenti della barricata letteraria sul Kurfürstendamm, ma ci dimostrano che siamo sulla strada giusta.

I risultati fondamentali della politica culturale nazionalsocialista sono semplici. Hanno quella semplicità senza tempo che è tipica di tutte le richieste nazionalsocialiste. Riducono l'arte a un processo creativo e ricollocano gli artisti nella legittimità dell'ordine divino, che solo concretizza il senso della vita, lo preserva e lo trasmette nel futuro.

Vista in questo modo, l'arte trova nel nostro popolo ciò che le ha dato il suo dinamismo in tutte le epoche e tra tutti i popoli, cioè la polarità naturale, e quindi divina, della creazione.

Se il nazionalsocialismo sostenesse di aver scoperto questa legge fondamentale, negherebbe le creazioni eterne delle generazioni passate. No, esse gli hanno trasmesso direttamente questa legge indistruttibile. Ma può giustamente affermare di aver scoperto una determinazione artistica - si potrebbe quasi dire sistematica -. E grazie a questo, può affermare di aver fatto un'interpretazione unilaterale di tutte le creazioni artistiche e di aver definito la loro unica scala di valore.

Così, l'eterna nozione di libertà dell'arte è stata trovata dal nazionalsocialismo. Il nostro concetto artistico ha definitivamente liberato l'arte. Ha trionfato sul concetto di individualità.

Le generazioni successive giudicheranno il significato di questo evento per la creazione artistica.

Un'arte è governata dalla legge originaria della creazione, ma questo impulso non deve essere frenato limitandosi a una forma o a una valutazione individuale. Non deve nemmeno essere isolata da un ambito di autentica realizzazione artistica, né dall'area della comunità nazionale, e quindi dall'ordine divino, a causa dell'instabilità di una volontà individuale che rappresenta sia il gusto del tempo sia un carattere solitario. Tale arte esprime incondizionatamente la personalità dell'artista nella creazione dei valori eterni più puri. L'io dell'artista si traduce infatti nell'esperienza significativa (non occasionale e transitoria) della polarità creativa maschile-femminile nell'interpretazione dell'ordine divino, e questa esperienza fondamentale diventa il punto di partenza per tutta la creazione comunitaria al di là dell'individuo.

Così l'arte è stata purificata dai puri impulsi istintivi, da una problematica erotica perfettamente sterile, da tutte le ideologie dell'autocompiacimento e dell'autoliberazione. Si basa decisamente sull'esperienza dell'amore, che non è fine a se stesso, ma coglie l'ordine divino attraverso le sue forze creative e protettrici della vita.

L'uomo non è violato da tale arte, né da un'ideologia ostile alla vita o da forme istintive e anarchiche. È liberato perché accoglie ciò che è il compimento del suo destino nella sua divina grandezza.

Solo ciò che ha senso parla il linguaggio dell'eternità. L'incoerenza è una fonte di disordine causata da tutte le forze asociali e distruttive. Il Führer ha definito i fondamenti dell'arte quando ha detto che la salute è l'unico terreno che può produrre vera arte.

La salute nazionale è l'unica garanzia di vita del popolo. Questo è l'obiettivo della politica igienica e razziale nazionalsocialista. Solo essa può garantire la sopravvivenza del popolo attraverso tutte le vicissitudini della storia. Questo è il significato profondo della politica di difesa tedesca. I principi vitali sono serviti dall'economia e dall'industria, non da scopi egoistici. Questo è il patrimonio di cui ogni giovane generazione è responsabile e che rappresenta la più grande ricchezza nazionale del passato.

L'arte tedesca è immutabilmente incorporata in questo programma, che è un creatore della cultura tedesca.

Perché ha senso solo se riflette un'epoca il cui obiettivo ha abbattuto tutte le barriere temporali delle vecchie fazioni politiche; ma è tollerata solo se ha percepito e realizzato nelle sue creazioni la grandezza di questo obiettivo e se serve un ordine mondiale eterno attraverso il suo principio morale. Il significato dell'arte, il significato della creazione culturale nel Nuovo Reich esprime la volontà di plasmare questo futuro. È diventato così un rifiuto storico dell'individualismo, del liberalismo e dell'internazionalismo, un rifiuto totale di tutte le ideologie ostili alla vita.

Il lettore superficiale, attratto dal titolo dell'articolo, avrà notato con un certo stupore che finora si è parlato solo di arte, e non di omosessualità, anche se questo era il tema.

Ma ora siamo noi che ci vergogniamo di criticare per il gusto di criticare, ma ci arroghiamo questo diritto perché riteniamo che ci permetta di mettere da parte tutto ciò che potrebbe ostacolare la nostra volontà e la nostra creatività. Vogliamo definire il significato di arte e cultura per noi. In questo modo, lottiamo contro le forze dissolutrici sulla base del fatto che la conoscenza del vero è il modo migliore per distruggere il falso.

Il lettore, infastidito e stanco perché ha già capito che tale arte non può produrre nulla di patologico o anormale, è il nostro migliore amico. Bisogna però aggiungere una cosa. Come la questione dell'omosessualità può essere affrontata dal punto di vista penale ma soprattutto politico, così la questione dell'omosessualità e dell'arte costituisce per noi un problema evidente.

Ha due aspetti da cui si trae la stessa conclusione.

Se consideriamo l'evoluzione dell'arte nei secoli XIX e XX, possiamo dire che la progressione degli omosessuali nel campo dell'arte e della creazione artistica appartiene certamente al capitolo della questione ebraica.

Dopo l'acquisizione della cultura tedesca da parte degli ebrei, è stata fatta propaganda anche per gli omosessuali. Si tratta di uno strumento molto utile in questo lavoro, perché nella misura in cui include persone dotate, rappresenta un personaggio asociale; proprio come l'ebreo nel campo della cultura tedesca.

L'omosessuale non potrà mai essere un creatore o trasmettere arte dalle capacità creative perché queste persone di un'altra specie non hanno l'esperienza creativa di una natura biologica pura. L'omosessuale è quindi escluso dalle leggi eterne della vita. Non è quindi un caso che il principio dell'"arte per l'arte" e la sua estetica diventino dominio degli omosessuali. Né è un caso che il degenerato adotti logicamente l'ideologia ebraica della distruzione della vita, il bolscevismo; più di un emigrante di oggi ne è una testimonianza vivente.

Vediamo che la gestione dell'arte da parte degli omosessuali non può che tradursi in un rigido rifiuto della comunità naturale della vita.

Ma queste scoperte hanno un effetto puramente politico, perché rivelano conseguenze che sono contrarie alla comunità per la base stessa di questa "arte". Per le nostre sane sensibilità, purtroppo, non esiste un grado nel concetto di ostilità allo Stato; tutti coloro che intendono parlare in questo ambito devono fare i conti con la realtà. L'ordine divino della natura immutabile procede con lo stesso rigore e non ci permettiamo di giudicare il Creatore e le sue leggi.

Proprio perché consideriamo l'arte un superamento della realtà e l'espressione di ideali senza tempo, dobbiamo respingere con forza le opere di esseri umani incapaci di adattarsi alle leggi della vita e che vogliono violare le leggi del popolo come critici o creatori. Essi produrranno lo stesso processo di degenerazione dei risultati degli artisti ebrei bolscevichi, le cui opere sono diventate gli elementi formali e tematici della decomposizione.

L'altro aspetto del problema è tipicamente individualista. Originato dallo spirito di indipendenza dell'individuo, si manifesta nel campo dell'omosessualità come un riconoscimento incondizionato della natura diversa.

Si può semplicemente dire che è un crimine dell'individualismo intellettuale che, attraverso le sue concezioni fondamentali dell'omosessualità, ha prodotto il miglior incentivo in questa direzione. Infatti, dalla rivendicazione del diritto all'individualità libera, la strada per "essere diversi" non è lontana. Non è quindi difficile comprendere l'affermarsi della nozione di "uomo artista", che rappresenta la somma delle specializzazioni individualistiche. L'"uomo collettivo", la massa "caratteristica" nella sua legittimità, si oppone all'artista che deve essere diverso per poter veramente creare. Si vedrà che molti artisti tedeschi adottano questo tipo di discorso cinico dei maestri artistici:

"Sei ebreo, omosessuale o viennese (cioè una particolare varietà di artisti ebrei)? Allora cosa ci fai al teatro daitsche? (Nota dell'autore, distorsione yiddish di deutsch).

Le nostre affermazioni ideologiche vengono così dimostrate. L'essere diverso, sia in termini di razza che di disposizione sessuale, diventa il punto di partenza del fatto artistico. Il forte odore degli strani animali che compongono il bestiario della produzione artistica giudeo-bolscevica è sufficiente ad attirare la curiosità delle masse.

Il concetto di differenza si collega alla nozione di artista e infine se ne distacca. Gli istinti primitivi dei direttori delle fiere, che mostrano nani gobbi e una donna barbuta, sono stati completamente liberati nel campo della creazione artistica. Di conseguenza, le attrazioni dovevano essere rinnovate per mantenere un fatturato positivo. Perché questo manufatto è estraneo a qualsiasi sentimento popolare.

Ciò che è ostile alla comunità, e quindi asociale, divenne l'archetipo! La bolscevizzazione dei concetti culminò nella nozione di "terzo sesso".

Ma questa conseguenza diretta ha una seconda inversione, non meno pericolosa. L'esistenza delle donne non poteva essere totalmente disconosciuta nel quadro di questa linea "politico-culturale". Ricordare che l'omosessuale è estraneo alla donna, di cui per natura non coglie l'essenza, ci permette di comprendere l'emergere di un nuovo tipo femminile e la sua affermazione. Non è solo la "lesbica" a corrispondere al gusto omosessuale, ma anche tutte quelle nature femminili che sono fondamentalmente incapaci di seguire la loro autentica vocazione. Non concentriamoci su questa categoria; abbiamo una concezione della donna ben definita dal nazionalsocialismo. Senza mostrare ristrettezza di vedute e pruderie, in questo capitolo dobbiamo ignorare la mascolinizzazione delle donne avvenuta negli anni passati. Infatti, la nozione di cameratismo tra uomo e donna diventa evidente se tra questi due esseri un bambino simboleggia l'ultimo sacrificio di sé nell'amore, nel dovere e nel sacrificio.

I destini umani sono quindi tragici quando non possono o non vogliono incontrare il desiderio di fondare una vita naturale; quando questa grande esperienza viene negata alla coppia.

Il diritto all'esistenza della comunità storica del nostro popolo richiede la rimozione di tutti gli elementi che disturbano questa comunità. Questa è la politica dell'igiene.

Questa legge fondamentale non risparmia nessuna area.

Nemmeno l'arte lo è!

V. Scienze naturali e fisiche

Opuscolo SS n. 8. 1939.

Le leggi eterne della vita

Come disse il Führer, "il nazionalsocialismo insegna rigorosamente la realtà della conoscenza scientifica più precisa e la esprime chiaramente. La nostra pietà si inchina incondizionatamente alla grandezza delle leggi divine della vita. Abbiamo una sola preghiera: compiere con coraggio i doveri che ne derivano".

Il nazionalsocialismo trae la sua verità dall'osservazione del mondo. È quindi una vera filosofia. Ma avere una filosofia significa anche comportarsi nei confronti della vita e dei valori della vita in modo da essere in armonia con la propria visione del mondo. Ogni essere umano vede il mondo con i *propri* occhi e lo vive al ritmo del *proprio* sangue. La visione del mondo è quindi sempre specifica per ogni popolo.

Come vediamo il mondo noi tedeschi?

Quando un tedesco cammina per i campi in una bella giornata d'estate o in una bianca notte d'inverno, contempla con riverenza la bellezza del mondo: la limpidezza del cielo azzurro e del sole, o la legione di stelle eternamente scintillanti, il corso oscuro delle nuvole, intorno a lui i raccolti che maturano e i vasti prati di erbe e fiori, il lago splendente, la dolce caduta dei fiocchi di neve. E quando sente, nelle notti d'autunno, il tamburellare della pioggia, le foreste nelle tempeste, la lotta delle dune contro le onde lungo il mare, capisce allora che il mondo è un luogo di bellezza, allo stesso tempo l'immenso campo di battaglia dell'eterna lotta.

L'uomo forte prende il mondo così com'è.

Il pensiero che la terra non sia altro che una "valle di lacrime" non verrebbe mai in mente a un tedesco. Il potere divino della creazione in questo mondo è, secondo le nostre convinzioni, troppo nobile e troppo ricco per aver creato una "valle di lacrime".

Il tedesco che cammina lungo i sentieri fioriti in primavera e ascolta il dolce canto di un uccello che si annida tra i rami dove cinque pulcini stanno per seguire il loro destino, non potrebbe mai immaginare che questi pulcini siano nati con la maledizione del peccato originale. Ma mentre ascolta il bel canto dell'uccello, sente la gioia della natura che proclama che la procreazione e la nascita sono applicazioni delle leggi divine. Nel nostro popolo, una madre non obbedisce forse a una legge divina anche quando dà dei figli alla nazione? Nessun genitore potrebbe mai credere che la felicità paterna o materna sia contaminata dalla maledizione del peccato originale. Mai i bambini sono venuti al mondo così contaminati!

Le cose della vita nascono dalla procreazione e dal parto e passano con la morte. Quando le foglie cadono in autunno, quando il vecchio albero cade per il vento, questo è il destino. La morte dell'essere vivente non è però il "riscatto del peccato".

L'osservazione del mondo ci dà quindi la certezza che l'ambiente in cui viviamo non è una valle di lacrime, ma è la terra della nostra patria. La procreazione e la nascita non sono né peccato né colpa, ma il compimento della volontà divina. La morte non è la conseguenza del peccato, ma la legge della vita, della necessità e del destino. Il Führer una volta disse:

"Alla testa del nostro programma non c'è l'intuizione misteriosa, ma la conoscenza lucida. Ci sono stati tempi in cui l'oscurità era la condizione necessaria per l'efficacia di certe dottrine; ora viviamo in un'epoca in cui la luce è il fondamento della nostra attività di successo."

La luce della scienza illumina così le verità eterne dell'ideologia nazionalsocialista. È il culmine della lotta per la scienza e l'affermazione della nostra natura specifica.

Lottare per la conoscenza, per la luce e la verità è sempre stato considerato dal mondo oscurantista come un'eresia. Così la conoscenza e il rispetto delle leggi dell'universo hanno subito la maledizione dei sacerdoti e ancora oggi l'anatema della Chiesa non li risparmia.

Giordano Bruno fu bruciato vivo come eretico per aver proclamato con eroica passione, totalmente nello spirito della nostra fede: "Cerchiamo Dio nella legge inalterabile e inflessibile della natura, nell'armonia rispettosa di un'anima che si sottomette a quella legge. Lo cerchiamo in un raggio di sole, nella bellezza delle cose che provengono dal seno della nostra madre terra, nel vero riflesso della sua creazione, nella contemplazione delle innumerevoli stelle che scintillano nell'immenso cielo...".

Fin dall'inizio, l'anima tedesca ha avuto un approccio diretto con Dio: riverente e pia, quest'anima si è compiaciuta della legge della terra, del fruscio delle foreste, del fragore dei mari e delle tempeste, della contemplazione del cielo stellato. Era questo rispetto che lo spingeva a seguire le leggi naturali. Rispettarle significava affermare Dio. Trasgredirle significava allontanarsi dal divino.

Oggi sappiamo di nuovo che la legge del mondo è anche la legge della nostra vita umana. Come la Terra rimane nell'orbita del Sole, così noi uomini dobbiamo rimanere fedeli alle leggi della vita. Come i nostri antenati, con i meravigliosi istinti della nostra razza, vivevano all'unisono con le leggi della natura, così noi, arricchiti dall'esperienza e dalla scienza, possiamo consapevolmente portare la nostra vita in accordo con le leggi del mondo.

Il rispetto per la vita è sempre il fondamento di una fede viva e di una vera pietà. Colui al quale il mondo appare divino perché creato da Dio, non perderà mai il rispetto per la vita e le sue leggi. La separazione tra Dio e il mondo deriva da un modo di pensare estraneo. Negare il carattere divino della natura significa disprezzare il mondo e la vita sulla Terra. Mentre l'uomo primitivo, consapevole di essere il detentore della vita divina, rispetta se stesso e la vita, l'uomo che rappresenta Dio solo nell'aldilà non conosce il vero rispetto per la propria persona né quello per ciò che cresce e fiorisce sulla Terra. Rispetta solo ciò che immagina essere al di sopra del mondo e di se stesso, solo attraverso il sentimento di essere una creatura, cioè una creazione di Dio.

Vediamo il paradiso nella bellezza della Terra benedetta e sacra. All'alba dell'anno, milioni di fiori, l'oro fremente dei campi di grano, la brillantezza della neve e la purezza dei fiocchi a Natale, la nascita della vita nel grembo materno, sono per noi una manifestazione del paradiso.

È qui che si applicano le parole di Rosenberg: "Se si considera questa grande venerazione come empia e atea, si può rispondere a questa affermazione infondata che se, in effetti, si insegna l'esistenza di un Creatore e lo si celebra in inni e preghiere, non si può poi considerare l'osservanza e l'applicazione delle sue leggi come sacrileghe e la loro trasgressione come un dovere sacro".

Se guardiamo alla storia di tutti i popoli della Terra, vediamo che ogni popolo ha il destino che si merita. Da quando gli uomini sono nati per volontà della vita, sono responsabili del loro destino. Ecco perché è così vero il seguente adagio: non c'è nessun Dio che decide cosa è giusto o sbagliato nella storia: le persone sono padrone di se stesse.

La fine di un popolo è la naturale conclusione della sua sconsiderata trasgressione delle leggi naturali. Solo l'accettazione rispettosa e l'osservanza consapevole delle leggi divine dell'esistenza assicura la continuità di un popolo. La vita eterna del nostro popolo è l'obiettivo del nostro lavoro e di tutte le nostre lotte. Infatti, "la vittoria della vita è la ragione dell'universo".

Ovunque vediamo la presenza della vita, riconosciamo la volontà di mantenere e preservare l'essenza della specie. "La legge sacra di ogni essere è salvaguardare e difendere il proprio carattere" (H. St. Chamberlain). Ogni organismo lotta quindi per la propria vita e il mondo diventa un luogo di lotta perpetua. La lotta è il modo in cui la natura mantiene una vita vigorosa. Assicura la "Grande Salute" del mondo, perché ciò che non può vincere deve necessariamente perire.

"Per l'occhio iniziato, tutto indica la traccia di un dio.
Schiller

La "Casa della Natura" di Salisburgo aveva il compito di acquisire e sviluppare una migliore conoscenza della natura, che oggi si chiamerebbe "ecologia". Studiava l'origine e l'essenza dell'ambiente naturale nelle sue molteplici forme, le interazioni nella vita dell'uomo, la sua posizione nella natura e anche in relazione ad essa.

La natura è l'eterna maestra degli uomini, che insegna costantemente la natura effimera dell'individuo, ma anche la durata del gruppo e l'eternità delle relazioni della vita. Mostra anche come garantire la sopravvivenza.

La natura è infinitamente varia e si presenta in modo unico in milioni di aspetti diversi, ma ogni organismo e ogni evento in natura comporta leggi specifiche. Sono necessarie perché senza questa legittimazione la natura non sarebbe strutturata. L'ordine fa parte dell'essenza della vita. È dovere dell'uomo comprendere l'ordine della natura e riconoscerne la legittimità.

Il rispetto germanico per la vita è stato rinvigorito dal nazionalsocialismo. Lottando per la nostra visione del mondo, abbiamo capito che onoriamo Dio solo rispettando le leggi eterne che, per sua volontà, governano il mondo.

SS-Hscha. Dott. Schinke

OPUSCOLO SS N. 10. 1938.

COMPAGNO AL MIO FIANCO...

Quando si cammina sulla neve si prova, a seconda dell'individuo, dolore nel camminare o gioia nel contemplare il meraviglioso paesaggio invernale.

Non sappiamo che esiste una logica anche nella struttura della neve. Ma quando si osservano i fiocchi di neve con un forte ingrandimento, si capisce che la natura è una grande artista.

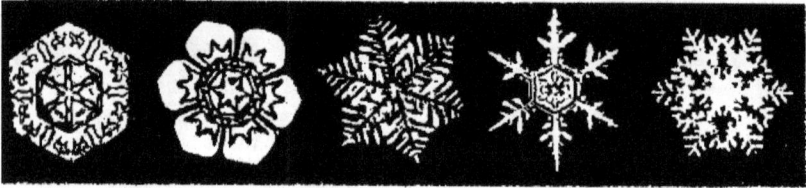

Ecco, compagno, alcune illustrazioni che mostrano la bellezza della ramificazione dei cristalli di neve, degna di un disegno di ricamo. La struttura è sempre in sei parti. In tutte le illustrazioni troviamo la runa Hagal, la runa del mondo, il simbolo dell'organizzazione del mondo, la ruota a sei raggi. Questi cristalli sono così belli che potrebbero essere usati come modelli per pizzi, ornamenti, ecc. Immaginate il ferro battuto come nella prima illustrazione. La seconda immagine non ha forse la forma di una rosa, la terza di sei piccoli alberi di Natale?

Perché ci interessano queste cose?

Perché tu, compagno, devi imparare che un *ordine divino,* che possiamo anche chiamare *legge mondiale,* governa anche le più piccole cose naturali - che noi consideriamo insignificanti come un fiocco di neve.

Ogni cosa ha la sua regola. Ogni cosa ha la sua legge che determina la sua essenza, la sua esistenza, come voi! Riconosciamo la grandezza della creazione attraverso l'ordine, lo scopo e la bellezza della natura che ci circonda.

SS-Standartenführer Dr J. Caesar

OPUSCOLO SS N. 4.1938.

LA NOSTRA MODERNA CONOSCENZA DELLA STRUTTURA DELL'UNIVERSO

La scienza che studia la struttura dell'universo è una branca dell'astronomia. È quella parte che si occupa dell'organizzazione della materia nell'immenso spazio che chiamiamo universo, della posizione delle stelle, delle dimensioni e della distanza dei corpi celesti. Di seguito presenteremo in forma sintetica ciò che attualmente sappiamo su questa costruzione dell'universo.

Tutti sanno che il nostro ristretto habitat nello spazio cosmico è il *sistema planetario* costituito dal corpo centrale, il *Sole,* e da nove grandi pianeti che gli orbitano attorno: *Mercurio, Venere, Terra, Marte, Giove, Saturno, Urano, Nettuno* e *Plutone.*

L'ultimo, Plutone, è stato recentemente stimato in calcoli teorici dagli americani e da loro effettivamente scoperto. Mercurio è il più vicino al Sole, Plutone il più lontano dei nove pianeti. Le dimensioni dei pianeti variano notevolmente. I pianeti più piccoli, da Mercurio a Marte compresi, rientrerebbero in gran parte nei pianeti più grandi, da Giove a Nettuno. Giove, ad esempio, è più di dieci volte più grande della Terra, che ha un diametro di quasi 13 000 km.

Anche se è diventato più piccolo a causa della tecnologia e del traffico, il globo è già una figura enorme per noi umani; tuttavia, non è nulla in confronto al corpo centrale del nostro sistema, il Sole. Il suo diametro è di 1,3 milioni di chilometri. Questo si può immaginare se si considera che il corpo celeste più vicino alla nostra Terra, la Luna, dista in media 384.500 chilometri da essa. Il Sole è così grande che l'intero sistema Terra-Luna potrebbe facilmente rientrare al suo interno. Se immaginiamo la Terra con la Luna trasposta nel Sole, con il centro della Terra che coincide con il centro del Sole, l'area del Sole supera di gran lunga l'orbita della Luna. Le dimensioni stesse del nostro sistema solare sono caratterizzate dal fatto che, ad esempio, Nettuno, il penultimo dei nove pianeti a partire dal Sole, dista in media 4,5 miliardi di chilometri dalla nostra stella centrale, mentre la Terra dista in media solo 149 milioni di chilometri dal Sole.

Se lasciamo il sistema solare per andare nello *spazio,* la misura in km adattata alla nostra scala umana è già insufficiente per definire l'ambiente vicino al Sole. Se volessimo esprimere le dimensioni attuali in chilometri, si creerebbe un handicap insormontabile che impedirebbe la comunicazione di informazioni astronomiche e scientifiche a causa del numero di cifre. Gli astronomi hanno quindi adottato un'altra unità di misura, l'anno luce. Come sappiamo, la luce viaggia a 300 000 km/sec. Un anno luce significa quindi la distanza percorsa in un anno dalla luce a 300 000 km al secondo. Espresso in chilometri, l'anno luce corrisponde a una distanza di 9,4 trilioni di chilometri (un trilione è un milione di volte un milione).

La stella fissa più vicina al nostro Sole dista quattro anni luce; la sua luce ha bisogno di quattro anni per raggiungerci. Possiamo concepire una tale distanza facendo il seguente confronto. Immaginiamo che tutte le distanze e i rapporti nell'universo siano così piccoli che il diametro del Sole, che in realtà è di 1,3 milioni di km, sia di *40 m;* in questo caso, questa stella fissa sarebbe ancora più lontana dal Sole della distanza effettiva tra la Terra e la Luna, cioè sarebbe 380.000 km più lontana. E lo stesso vale per le stelle fisse più vicine a noi!

Ne consegue che le stelle sono così poco distribuite che è praticamente impossibile che il Sole entri in collisione con altre stelle. Ciò è confermato dal fatto che quello che chiamiamo l'ambiente "più vicino" al Sole è quella parte dell'universo che la luce percorre dal Sole in 70 anni su tutti i lati, cioè una sfera con un raggio di 70 anni luce. *In questa enorme porzione di spazio ci sono solo duecento stelle.* Se la immaginiamo ridotta in modo che le stelle formino delle capocchie di spillo, la loro distanza reale sarebbe ancora di 60-100 km. Le stelle e tutta la materia nello spazio sono così rade che sono sparse come capocchie di spillo su distanze di 60 e 100 km. Di conseguenza, una collisione tra due stelle nell'universo è molto rara o addirittura impossibile.

Le dimensioni delle stelle, che non sono altro che Soli lontani, enormi sfere di materia ad altissima temperatura, variano enormemente. Ci sono stelle molto più piccole del Sole e altre in cui entra l'intero sistema Terra-Sole e che quindi sono così grandi che la loro superficie supererebbe la sua orbita se si potesse far coincidere il loro centro con quello del Sole. Di conseguenza, le stelle si dividono in *giganti* e *nane.* Nonostante ciò, il Sole è già un gigante rispetto al nostro ristretto spazio vitale, il sistema solare. Tuttavia, appartiene al gruppo delle *stelle nane.* Nell'universo ci sono dimensioni completamente diverse da quelle del grande sistema planetario, che è già enorme rispetto alla Terra.

Il nostro sistema solare e i suoi immediati dintorni sopra menzionati sono solo una piccola parte di un sistema stellare più grande, la *Via Lattea.* La Via Lattea si manifesta indirettamente a noi attraverso la luce vaporosa che attraversa il cielo nelle notti limpide. Questa fascia è prodotta da un numero quasi infinito di stelle, cioè di Soli luminosi che sono così distanti tra loro che solo il più grande telescopio è in grado di scomporre le nubi della Via Lattea in una miriade di punti luminosi. Molte stelle sono raggruppate nello spazio attorno a una superficie piana e sono molto distanti tra loro, la cui luce si aggiunge a quella della Via Lattea che vediamo a occhio nudo. Il numero totale di stelle nella Via Lattea può essere stimato in dieci miliardi, ma è comunque inferiore al numero reale. L'estensione della nostra Via Lattea è di 60 000 anni luce. La luce impiega quindi 60 000 anni per raggiungere l'altra estremità.

I confini della nostra Via Lattea non sono ancora i limiti raggiungibili dalla scienza moderna. Al di fuori della nostra Via Lattea, ce ne sono molte altre che si raggruppano in un numero quasi infinito di stelle. Questo sistema extragalattico - cioè al di fuori della Via Lattea - viene chiamato nebulosa, anche se questo tipo di denominazione non corrisponde alla vera natura di questa immagine. Essa risale all'epoca in cui non si sapeva che queste immagini sono in realtà *conglomerati di stelle*.

Ad oggi si conoscono circa due milioni di "Vie Lattee". La più vicina a noi è *la galassia di Andromeda, che* dista un milione di anni luce. Le nebulose extragalattiche sono distribuite in modo molto sproporzionato nell'universo. Non si sa ancora se questi sistemi della Via Lattea, queste isole di mondi, siano interconnessi o sparsi a caso nello spazio. Quel che è certo è che la nebulosa è un conglomerato. La più lontana di queste nebulose, che rappresenta il limite raggiunto dalla mente umana, *dista 180 milioni di anni luce.* La luce che percepiamo oggi è partita quando la nostra Terra era al culmine dell'era sauriana e l'uomo non esisteva ancora.

Questo è l'aspetto dell'universo per quanto ne sappiamo attualmente. Proviamo a ridurlo di nuovo a scala umana per renderlo più concreto. Le dimensioni sono così piccole che la distanza dal Sole alla Terra, che in realtà è di 149 milioni di chilometri, è grande un millimetro. Il Sole dovrebbe avere un diametro di $1/_{100}$ mm, la nostra Terra $1/_{10\,000}$. Non sarebbero più visibili a occhio nudo. Quanto sarebbe piccolo l'uomo su questa scala! - Il sistema solare, la nostra casa, sarebbe grande sei centimetri. La stella fissa più vicina sarebbe a 260 m di distanza, le nubi della Via Lattea tra 80 e 100 km (!). Il punto più lontano della nostra Via Lattea si troverebbe a 13 000 km di distanza, cioè all'altro capo della Terra. Poiché la Via Lattea è così vicina a noi, la galassia di cui sopra si troverebbe a più di 20 milioni di km di distanza - e tutto questo su una scala in cui la distanza tra il Sole e la Terra è di 1 mm.

Questo è ciò che sappiamo oggi sulla natura dell'universo, e senza dubbio le ricerche future riveleranno cose che non abbiamo mai immaginato.

Ma non ci resta che inchinarci con rispetto a quest'opera prodigiosa e al suo creatore.

Giuseppe Meurers

QUADERNO SS N. 4. 1943.

LOTTA IN NATURA

Oltre a tutti gli altri dubbi doni offerti dalla schiavitù quasi bimillenaria del Vicino Oriente, l'uomo nordico ha ereditato anche la rappresentazione forzata di un paese immaginario con un mondo chiamato "paradiso" che non è mai esistito e non esisterà mai. Blandizie e addolcimenti sono gli accordi principali di questo insieme di idee semitiche che parlano di amore, dell'indolenza propria della debolezza dell'uomo del Sud, e che riuniscono leoni feroci pieni di dolcezza e un asino paziente.

Queste chimere sono l'espressione di un carattere estraneo e decadente. L'intelligenza sana e vivace di un tedesco non avrebbe mai potuto inventare simili sciocchezze, perché è ancora troppo vicino alla natura, sta con entrambi i piedi per terra nella lotta con - e nella - cruda realtà. Viviamo quindi in un'epoca in cui ci stiamo finalmente liberando dei fardelli stranieri che ostacolano la nostra spiritualità ariana e stiamo riscoprendo la verità della nostra anima.

Su questa Terra, tutti gli eventi e tutte le forze della natura si basano su pro e contro. Ogni spinta incontra una reazione opposta, ogni evoluzione richiede un corrispondente declino. La vita di uno spesso significa la morte dell'altro. È sempre stato così e sarà sempre così, almeno fino a quando la Terra porterà la vita. A causa di questa legge naturale, ogni essere vivente deve costantemente lottare per la propria esistenza, sia esso una pianta, un animale o un uomo. Questa lotta può variare molto, così come le armi di attacco e di difesa. Si potrebbe quasi dire che esistono tanti metodi di lotta quante sono le forme di vita e le specie. Inoltre, la lotta per la vita di una natura evoluta è più dura di quella di una singola cellula. Un uomo buono ha più avversari di un essere insignificante: non c'è uomo senza nemico, altrimenti è una nullità che deve essere messa da parte. Di conseguenza: quanto più grande è un popolo, tanto più numerosi sono i suoi invidiosi e quindi i suoi nemici.

La lotta naturale si estende a tutte le fasi della vita. Il primo momento di vita di una creatura è già una forma di lotta per l'aria e il cibo. La ricerca del cibo continuerà per tutta la vita fino all'ultimo respiro. Ma segue tutta una serie di altre lotte che si esprimono sia in attacco che in difesa; la lotta contro l'ambiente, contro le intemperie, il caldo e il freddo, contro la siccità e l'umidità, l'ombra e la luce o per la luce. Inoltre, c'è la lotta per il partner sessuale, per la riproduzione, per il bambino, per la casa, per lo spazio vitale e infine contro il nemico personale. Le forme di lotta possono essere dirette o indirette. Possono riguardare la forza fisica e la forma del corpo, il colore, la velocità, il tipo di movimento, la resistenza, la grandezza o la piccolezza, il numero di figli o innumerevoli forme speciali, ma anche le facoltà spirituali.

Nel corpo di ogni essere vivente, sia esso un'ameba unicellulare o una pianta pluricellulare, un animale o un essere umano, avviene una continua assimilazione di aria, terra o cibo, che viene restituita come materia energetica. Inoltre, ogni essere vivente è soggetto a un processo di costante evoluzione. Non ci sono tempi morti. Cresce dalla nascita alla maturità; ma cambia anche continuamente, in modo retrogrado. Avvizzisce, invecchia, si estingue una funzione dopo l'altra e infine non offre più terreno fertile per la forza motrice della vita e si spegne.

Così la comunità cambia continuamente, proprio come l'individuo. L'unica differenza sostanziale è che la vita della comunità è molto più lunga di quella dell'individuo. Un popolo, ad esempio, è in grado di vivere per millenni, anche se i suoi membri, i concittadini, vivono solo per il tempo della loro breve esistenza. Ma poiché vengono costantemente sostituiti da nuovi arrivati, la stabilità e l'omogeneità popolare sono garantite per un periodo di tempo immenso. La durata della vita di una generazione, di un gruppo etnico o di un popolo dipende principalmente dalle circostanze interne ed esterne, che sono in gran parte legate ai principi vitali. Un popolo chiaramente consapevole del naturale legame umano, che non abusa eccessivamente delle sue possibilità di evoluzione civile, non invecchia né si indebolisce mai. Ma grazie all'esatta applicazione delle leggi della natura, e quindi del Sangue e del Suolo, si rinnova continuamente ed è di gran lunga superiore in valore e durata di vita ai popoli che non soddisfano questi presupposti. In effetti, questa regola richiede una lotta perpetua in molte forme. Soprattutto, è la lotta per la conservazione della razza, del territorio e della sopravvivenza.

La lotta per la riproduzione è il culmine della lotta naturale. Esiste anche nel mondo delle piante. La magnificenza dei fiori è un elemento. Un fiore supera un altro per colore, forma o profumo, al fine di indurre la fecondazione e quindi garantire la riproduzione. La colorata famiglia delle farfalle, ma anche innumerevoli altri insetti, svolgono questo compito, anche se involontariamente, ma per istinto naturale. Ai tropici ci sono anche molti uccelli, come i piccoli batuffoli di piume noti come colibrì, gli splendidi colibrì colorati e molti altri. Anche i mammiferi possono fare da ambasciatori tra fiori maschili e femminili.

Tuttavia, la forma più bella di lotta amorosa ha luogo durante i periodi di accoppiamento o di corteggiamento, quando spesso si verificano combattimenti feroci. Questo accade sia nei mammiferi che negli uccelli, nei rettili e persino negli insetti. Ricordiamo, durante la nostra infanzia, le lotte tra maschi di lucano e anche i duelli tra cervi.

Questa lotta è l'espressione più evidente del potente istinto di riproduzione. Chi l'ha sentito non dimenticherà mai il muggito dei cervi nella foresta autunnale avvolta dalla nebbia. È un richiamo. Due potenti guerrieri si incontrano e intorno a loro risuona lo scontro di corna possenti. Due vecchi combattenti, pieni di forza ed esperienza, si misurano in un duello cavalleresco. Per molto tempo il combattimento rimane indeciso, la femmina si tiene in disparte e segue con sensi acuti l'azione virile dei suoi pretendenti. Infine, il combattimento si conclude. Lo sconfitto si ritira e lascia il vincitore a compiere il suo dovere supremo. Ma non è tutto, perché nel gioco esiste anche il femminile naturale. La lotta per la femmina è seguita da quella per conquistare la sua docilità. La vita degli animali è molto simile a quella degli esseri umani. Il comportamento della femmina della mantide religiosa dopo l'atto d'amore è sconcertante, ma comunque significativo. È una cugina della nostra cavalletta che vive nel Sud ma anche in alcune zone più calde del nostro Impero. Dopo la fecondazione, uccide il maschio. Avendo adempiuto a sufficienza al suo compito e scopo procreativo, viene poi catturato dalla femmina più grande e divorato a dovere. Questo è un buon esempio di come la natura tenda a conservare la specie e non l'individuo.

La sopravvivenza della specie dipende dal tasso di incremento. Più basso è il numero di figli, più l'esistenza della specie è minacciata. È per questo che le specie animali i cui piccoli vivono in condizioni particolarmente pericolose producono un gran numero di figli. Non solo i pesci depongono centinaia di migliaia o addirittura più di un milione di uova. Si tratta di una forma di difesa contro gli innumerevoli pericoli che minacciano la prole in acqua. D'altra parte, ci sono animali come il gipeto o l'avvoltoio che si accoppiano solo ogni due anni e producono un solo pulcino. In queste specie, il pericolo di estinzione è naturalmente grande, soprattutto quando un altro pericolo si presenta nella vita dell'animale. Questo è stato il caso del gipeto, la cui sopravvivenza è stata minacciata dai cannoni a lunga gittata dell'uomo. Di conseguenza, questo potente uccello è purtroppo scomparso da tutte le parti delle Alpi circa cinquant'anni fa. L'uomo ha distrutto ogni tipo di animale, non solo per motivi di conservazione o di utilizzo, ma spesso per incuria. In questi tristi casi, la lotta per la vita ha superato di gran lunga il suo limite naturale. Inoltre, l'uomo si confronta costantemente con l'ambiente vivente e non vivente. Basti pensare alla lotta contro i parassiti. Ma la proliferazione dei cosiddetti parassiti, siano essi topi, ratti o insetti di ogni tipo, è quasi sempre il risultato di un'azione unilaterale dell'uomo. La maggior parte degli insetti si moltiplica e diventa infestante proprio perché l'uomo coltiva le sue piante nutrienti in campi chiusi innaturali. Lo stesso vale per le arvicole che vivono nei campi di grano. I topi e i ratti di città, invece, devono la loro sovrappopolazione alle scorte alimentari dell'uomo. Ma i ratti non sono solo economicamente dannosi, sono anche portatori di batteri. La lotta dell'uomo contro il microscopico mondo vivente è semplicemente spaventosa. Molte piccole creature invisibili a occhio nudo rappresentano un pericolo costante per piante, animali ed esseri umani. Di conseguenza, molti ricercatori si occupano esclusivamente della lotta contro i batteri patogeni.

Questi pochi esempi ci mostrano quanto l'esistenza dipenda dalla lotta e che una vita senza lotta è assolutamente inconcepibile.

QUADERNO SS N. 8. 1944.

LA FORESTA COME COMUNITÀ DI VITA

I popoli germanici hanno un amore forte e profondo per la foresta. Come ricordo dell'antico ambiente forestale in cui vivevano i loro antenati, essa risuona ancora in canti e leggende, miti e racconti. L'uomo nordico ha un senso innato dell'essenza e della particolarità della natura e anche della comprensione pura e diretta del miracolo della vita che si rivela a chi ha l'opportunità di percepirlo. Vediamo in essa un insieme vivente, anche se non scorgiamo ogni aspetto particolare dell'armonia con questo grande inno vitale. Nelle sue canzoni regionali e tradizionali, l'uomo nordico ha sempre cercato di definire come sente il mistero della "foresta". Che parli delle "foreste che cantano eternamente", che racconti della sua "patria forestale" o che canti delle "foreste e dei laghi sacri", "che si estendono oltre i confini delle tranquille alture fino al mare verde", si percepisce sempre la stessa caratteristica espressione di unione con la natura. In nessun luogo l'uomo nordico sperimenta il sacro meglio che nelle foreste della sua patria.

La consapevolezza della natura della foresta, della sua composizione mutevole e della sua struttura locale permea chiunque lasci la pianura per la montagna o salga dal basso verso l'alto. Il terreno è generalmente adatto a sostenere una foresta. Due fattori particolari contribuiscono alla nascita delle foreste in circostanze naturali: la temperatura e l'umidità. Il calore e le precipitazioni influenzano la crescita e la vita di una foresta. Quando la Terra si trovava in periodi più caldi della sua storia, la foresta aveva un certo numero di specie ma non era densa. È diventata densa solo quando le epoche della pietra levigata e del bronzo si sono raffreddate e inumidite con il passare del tempo, ed è nata la *foresta boreale*. In passato, c'erano faggi rossi e carpini, e nei luoghi più alti abeti e abeti rossi; essi rendevano la foresta più densa e impenetrabile di prima. La foresta nordica sviluppa tutta la sua forza e la sua magnifica bellezza con il tempo favorevole. È così che è nata nella nostra epoca.

Il suolo della foresta impedisce il deflusso dell'acqua piovana, mantiene e preserva la fertilità di queste aree e forma i tappeti vegetali naturali. La corona di alberi della foresta raccoglie la pioggia in modo che cada in modo sparso, non venga dilavata e non insabbi il terreno. Il fogliame stesso favorisce la formazione di rugiada e brina. Le tempeste e il vento vengono fermati dalla foresta, riducendo i loro effetti di inaridimento e presto dannosi per il paesaggio. Il suolo della foresta assorbe come una spugna l'acqua proveniente dallo scioglimento della neve, dalla pioggia e da altre precipitazioni e può ricevere un'enorme quantità d'acqua senza che questa defluisca dalla superficie. L'acqua fluida può defluire o ristagnare sulla superficie dura del suolo forestale. Anche quando è in piedi, il flusso dell'acqua nella foresta è molto ostacolato. Il suolo è costantemente attraversato da sorgenti e acque sotterranee per garantire la vita e la crescita. Gli strati superiori del suolo irrigato vengono trattenuti ampiamente e profondamente dalla foresta attraverso le radici delle piante. Gli alberi si muovono all'incrocio del suolo, che si alza e si abbassa sotto l'effetto della grande leva formata dal tronco e dalle radici. È così che la foresta compie il suo unico "lavoro del suolo".

Lo strato superiore ricco di vita del suolo forestale, che chiamiamo terra madre o humus, è formato dal fogliame della foresta che cade a terra ogni anno. Quindi la terra madre, lo strato vivente ricco di humus, è la fonte di vita del suolo forestale. Quando l'agricoltore trasforma un pezzo di foresta in un campo, come accadeva un tempo nelle regioni contadine dell'Europa centrale, questo humus produce il raccolto. L'agricoltore lo considera il suo regalo. In genere, la foresta non viene trasformata in un campo e l'agricoltore stesso provvede a fertilizzare il terreno che un tempo era stato ottenuto dalla foresta.

È facile dimenticare che la stragrande maggioranza dei terreni utilizzati per scopi agricoli in Germania sono originariamente terreni forestali. Solo i terreni neri o i terreni di loess sono terreni di grano e non di foresta. Ma su tutti i terreni rimanenti, un tempo la foresta produceva la madre terra e quindi dava loro vita e fertilità. L'agricoltore ha rispettato questo e tutti gli esseri viventi fino ad oggi. Anche noi siamo quindi un popolo forestale!

Attualmente, la foresta viene spinta pesantemente fuori dall'habitat delle popolazioni del Nord, di solito in quelle aree che possono essere rese redditizie solo dall'economia forestale. Alla fine del XIX secolo, la creazione di un diritto forestale per mantenere le caratteristiche delle sue specie e la forza dipendente dal sito era appena presa in considerazione. Si trattava di un investimento a basso interesse. Questo era il modo di pensare dell'epoca e una foresta veniva chiusa a cuor leggero, spesso per reinvestire il ricavato in altre operazioni. In questo modo, vaste aree di terra hanno perso definitivamente le loro foreste, compresa la loro fertilità e, in ultima analisi, anche la possibilità di vita per grandi insediamenti umani.

In alto, "La foresta", di P. Karl.

A fianco, "Escherndorf sul Meno", di Bodo Zimmermann.

"Primavera tedesca", incisione di Hennemann.

La posizione profondamente ecologica della Germania nazionalsocialista mette tutto in gioco per consentire il mantenimento di una foresta sana. Nell'era precedente, le misure per la creazione e il rinnovamento delle foreste erano considerate solo ai fini della produzione di legname, secondo le aspettative di queste aree, e tenevano conto solo dei benefici degli investimenti forestali. Sebbene la produzione di legname sia essenziale anche per la nostra economia e soprattutto per l'economia di guerra, essa è solo una manifestazione secondaria nella vita del bosco. Nel sistema naturale, la foresta non ha solo il compito di fornire legna all'uomo. Abbiamo bisogno di molto di più per sviluppare e mantenere una vita ricca e sana. Una foresta che ricopre solo parzialmente il territorio nazionale assolve a questo scopo alle nostre latitudini. Tutto ciò che serve è una rete estesa di aree con foreste ben distribuite. Allora la foresta e la sua ricchezza persisteranno, rimarranno fertili e dense. Con una vasta rete di aree boschive, come quelle che ci sono oggi nell'area dell'Europa centrale, il Paese ha anche il carattere di un paesaggio forestale e quindi si armonizza con la natura dell'uomo nordico.

Opuscolo SS n. 5. 1938.

Ciclo eterno

Stiamo sulla riva di un fiume e osserviamo il gioco dei gorghi, gioendo dell'azzurro del cielo riflesso nell'acqua. Siamo orgogliosi che l'uomo abbia riconosciuto la grandezza della natura, che sia in grado di guidare le navi sull'ampio dorso delle onde, che la sua forza spinga i mulini. Pensiamo ai tempi lontani in cui i nostri antenati stavano sulla riva di questo fiume in cui pescavano e risalivano la corrente con le loro barche.

Per secoli, per millenni, questo flusso si estende nella sua valle, portando via un pezzo di terra qui, un altro là, e cambiando il suo volto quasi di secondo in secondo.

Un fiume eterno? - Sì, per quanto si possa parlare di eternità, è un fiume eterno. Versa la sua acqua a valle nel mare e lì si perde. Ma il mare restituisce l'acqua all'aria che, satura, risale sopra i mari. Questo si chiama nuvole nel cielo! Esse trasportano l'aria piena d'acqua sopra di noi e si spostano verso l'interno, producendo la nebbia.

Poi, da qualche parte sopra la terra, le nuvole incontrano strati d'aria più freddi o colpiscono le cime delle montagne coperte di neve. Non possono più trasportare il loro carico d'acqua e lo lasciano indietro. E allora nevica quando l'aria è fredda in inverno, o piove in estate.

L'acqua che scendeva dalle alte cime delle montagne, prima come piccolo ruscello, poi come torrente, fiume e mare, e infine come mare, tornava al punto di partenza.

Questo è *uno dei* cicli dell'acqua.

Un altro è più modesto, ma altrettanto importante.

Quando piove, la terra assetata beve avidamente l'acqua e la immagazzina nel suo seno. Le piante assorbono ciò di cui hanno bisogno per vivere, e lo stesso fa l'uomo attraverso una sorgente. L'acqua si diffonde poi nel corpo dell'animale, dell'uomo o della pianta. Apporta sostanze nutritive alle foglie della pianta e poi evapora e ritorna nell'atmosfera, salendo nell'aria calda o cadendo come rugiada.

L'acqua esce costantemente da tutti i pori degli animali e delle piante e ritorna alla terra. Non potremmo vivere senza acqua. Senza il ciclo perpetuo dell'acqua, presto non ci sarebbe altro che un grande oceano e terre sterili e aride come il Sahara o altri luoghi del mondo dove piove così poco che nessun essere vivente potrebbe sopravvivere.

Quando l'uomo disturba stupidamente questo ordine terreno, non possono che verificarsi disastri che inevitabilmente distruggono tutta la vita. Chi disbosca le montagne i cui alberi custodiscono l'acqua non deve stupirsi se le sorgenti cessano di sgorgare. La vita si spegne perché l'acqua lava via il terreno che un tempo conteneva la foresta e lascia le rocce nude. Quando la neve si scioglie, le alluvioni devastano la pianura. La montagna è scomparsa dal ciclo dell'acqua. Non immagazzina più l'acqua, non la rilascia più lentamente; ora è solo una zona di precipitazione.

Così proteggiamo la foresta di montagna perché non vogliamo seguire la strada che hanno seguito altre persone. La loro terra è diventata arida, distrutta a causa della stupida intrusione nel ciclo della vita (della natura).

Chi disturba sconsideratamente l'ordine naturale muore per la forza originaria della natura.

SS-Staf. Dr. Caesar

QUADERNO SS N. 1. 1943.

I LIMITI DELLA VITA

Fino a poco tempo fa, i batteri erano considerati i più piccoli esseri viventi conosciuti. Costituiti da una sola cellula, raggiungono dimensioni tali da essere invisibili a occhio nudo. Solo il mondo del microscopio ci permette di dare un'occhiata ai processi vitali di questi microrganismi. Le scoperte rivoluzionarie di Pasteur e Robert Koch hanno dimostrato che un numero immenso di questi piccoli esseri viventi è la causa di terribili epidemie e gravi malattie. Ma oggi sappiamo che esistono anche molti batteri utili, senza che la loro esistenza danneggi il processo necessario alla conservazione della vita.

Secondo i risultati delle ultime ricerche, sembra che parallelamente a questi batteri esistano forme di vita ancora più piccole. La conclusione è che, nonostante i grandi successi della ricerca batteriologica, quasi tutte le malattie umane, animali e vegetali sono causate da questi "microbi". In molti casi, tuttavia, non si sono ottenuti risultati positivi, nonostante la natura contagiosa della malattia fosse innegabile. Si rafforzò così l'ipotesi che solo l'incredibile piccolezza di questi esseri viventi ostacolasse la ricerca.

Solo negli ultimi anni è stata fatta luce su questa oscurità. La "malattia del mosaico" è diventata una malattia temuta dagli agricoltori, poiché attacca molte piante come patate, rape, pomodori, tabacco, ecc. Oltre all'enorme riduzione della resa, le foglie delle piante attaccate si colorano come un mosaico e si coprono di macchie bianche e gialle. Gli afidi si sono rivelati i veicoli di questa malattia. Aspirando il microbo con la linfa della pianta, lo trasportano in un'altra pianta sana. Il microbo di questa malattia rimane invisibile. La scienza gli ha dato il nome di "virus ultravisibile", che significa "veleno oltre i limiti della visibilità".

Nel frattempo, in pochi decenni, la ricerca sui virus è diventata una scienza molto ampia. Oggi si conoscono più di duecento specie di virus.

Ma è soprattutto conoscendo la natura del microbo che il ricercatore acquisisce la possibilità di scoprire i mezzi e i metodi per combattere la sua azione distruttiva che agisce in un organismo vivente. Così la temuta poliomielite, il vaiolo, la rabbia, il morbillo, la malattia dei pappagalli e molte altre gravissime malattie sono causate da specie di virus, la cui lotta guadagna terreno ogni anno.

In alcuni casi, il mistero dell'invisibilità dei virus è stato risolto. Il ricercatore tedesco Paschen è riuscito a scoprire il microbo del vaiolo, che è uno dei più grandi del suo genere e raggiunge le dimensioni di circa centocinquanta milionesimi di millimetro. I batteri ci sembrano giganteschi, mentre finora sembravano le più piccole unità di vita conosciute e, per fare un esempio, il microbo della tubercolosi raggiunge da 1,3 a 3,5 millesimi di millimetro. A titolo di paragone, la differenza di dimensioni tra virus e batteri è pari a quella tra una pulce e un elefante.

Le specie virali parassitano solo le cellule viventi. Si moltiplicano enormemente e distruggono alcuni tessuti o causano gonfiori. È molto difficile sviluppare un siero per le malattie virali umane. Per esempio, il trattamento della poliomielite è riuscito con un siero estratto da sangue umano che ha sconfitto la malattia e che quindi possiede l'"anticorpo" appropriato.

La ricerca sui virus non solo ha portato alla luce considerazioni completamente nuove nella lotta contro alcune malattie, ma sta anche ampliando profondamente la nostra visione della natura della vita. Un ricercatore è persino riuscito a conservare in forma di cristallo il microbo della malattia monarchica. Altri risultati mostrano che in più di una specie di virus abbiamo a che fare con forme migliaia di volte più piccole dei batteri.

Il vecchio concetto di cellula come componente più piccolo della vita è quindi superato.

Come per molte altre cose, l'uomo si trova particolarmente in imbarazzo quando si trova sulla soglia tra l'inanimato e l'animato. Passare dallo studio di un insieme di particelle piccolissime, le molecole, allo studio dell'intero organismo riserva molte sorprese. Ci mostra il metabolismo e lo sviluppo di forme di vita che noi umani difficilmente possiamo sospettare. La mente umana riuscirà ad ampliare e approfondire la scoperta dei misteri della natura. Ma quando, attraverso la comprensione della vita, riesce a sorprendere una delle sue leggi eterne, prova ancora più rispetto per la grandezza della creazione.

Karl Weiß

QUADERNO SS N. 11A/B. 1941.

LA VITA IN ERBA

Un capitolo dedicato all'inizio della primavera

Ogni anno sarebbe impossibile prevedere l'arrivo della primavera secondo il calendario se fosse rara come un'eclissi di Sole o l'apparizione di una grande cometa. Le persone si riuniscono e si meravigliano di questa meraviglia!

Non è forse un miracolo? Attraverso il bianco della neve e il nero della terra scongelata crescono spighe verdi che diffondono boccioli di fiori verso la luce. Dalla corteccia senza vita dei rami, palline apparentemente senza vita che chiamiamo gemme puntano verso la luce dopo molti mesi trascorsi nella calma invernale sotto il gelo e il vento gelido. Sbocciano verdi teneri e varie foglie piene di fiori. Ma da dove viene questo verde, dove si forma, come fa a crescere così rapidamente, da dove vengono i colori e - domanda difficile - come fa l'albero a sapere che l'inverno è finito, quando il nevischio di marzo imperversa?

Per coloro che sono cartesiani e non si rendono pienamente conto di quanto sia sorprendente questo processo, citiamo alcune cifre stabilite dai nostri scienziati sui ciliegi in fiore. Un ciliegio di medie dimensioni ha circa 40.000-50.000 gemme sui suoi rami, alcune per i fiori e altre per le foglie. Il ciliegio fiorisce prima che si sviluppino le foglie, quindi possiamo contare circa 20.000-30.000 fiori. Il tempo di maturazione dalla gemma nella sua capsula chiusa al fiore splendente dura in media tre o quattro giorni. In termini di tempo di crescita, ciò significa un segmento di circa 2 cm al giorno, cioè la crescita di miliardi di cellule, che devono anche dividersi in cellule staminali, sepali, petali: stami. E se anche questi cartesiani non fossero convinti dallo splendido candore dei fiori di ciliegio, ammireranno almeno il numero di questi fiori nati in tre giorni in trentamila punti contemporaneamente: sono quasi 50 chili, mezzo quintale di fiori!

Come fa l'albero a raggiungere questo obiettivo? La natura utilizza per le piante gli stessi processi che utilizza per gli animali e gli esseri umani, che hanno un impatto anche sul regno spirituale: i processi di selezione per valore e di evoluzione. Le gemme che l'albero crea lentamente e con cura durante l'estate precedente non sono palline morte, ma un insieme di cellule che inizialmente non hanno alcuno scopo, ma sono strutturate secondo la natura della specie madre. È questo minuscolo insieme che costituisce la gemma. In primavera, una legge naturale fa salire la linfa in tutte le gemme, che poi subiscono il loro sviluppo: le cellule si moltiplicano grazie alla linfa nutritiva immagazzinata che affluisce.

La pianta ha così superato il periodo difficile del nostro clima ibernando le gemme, ma non ha perso forza e vitalità durante l'inverno. Questo ci insegna anche che spesso dobbiamo "mettere a riposo" i nostri desideri e il nostro bisogno di agire, affinché possano sbocciare con forza in tempi più favorevoli.

QUADERNO SS N. 1. 1944.

LA TERRA RACCHIUDE LE FORZE DELLA SALVEZZA E DELLA MORTE

I contadini dei piccoli villaggi del Giura Svevo avevano sempre pensato che la puntura delle api fosse una cosa innocua. Un insegnante che aveva due arnie nel suo giardino veniva spesso punto senza che gli accadesse nulla. Ma c'era la storia del giovane Stiegele: uno sciame di api aveva attaccato la sua auto e aveva fatto ammalare i cavalli, tanto che uno di loro era morto. Alcune api punsero anche lui, che fu trovato ansimante e convulso accanto alla carrozza rovesciata, sdraiato sul bordo di un campo. Quando il medico arrivò, scoprì che era morto Una paralisi respiratoria aveva posto fine alla sua vita. -

Gli agricoltori locali annuirono con la testa. Se le api possono uccidere le persone, queste devono essere protette dal loro veleno. Il fatto che l'erede della tenuta Stiegele abbia perso la vita può essere compensato dall'utilità di fertilizzare i fiori e raccogliere il nettare? Ciò che è velenoso deve essere eliminato, dicevano i contadini. E l'incidente del giorno prima aveva dimostrato loro che le api sono talvolta diabolicamente velenose.

*

Un'altra storia dei paesi svevi è degna di nota. In lunghe file, giovani ragazze siedono davanti ad arnie appositamente costruite, afferrano le api con una pinzetta e le pungono con una carta appositamente preparata. Prendono il veleno, lo stesso che ha ucciso il giovane contadino nel Giura Svevo. Le persone vengono curate con questo veleno, soprattutto i pazienti reumatici. È sia benefico che dannoso.

Paracelso diceva che non esiste il veleno in sé, ma che solo la dose è pericolosa. Non è forse vero anche per le api? L'insegnante di questo villaggio svevo soffriva di reumatismi prima di acquistare un alveare e di essere punto. Ora sono scomparse: una "dose" di punture occasionali di api aveva mostrato il suo effetto benigno. Tuttavia, due api avevano punto l'agricoltore Stiegele direttamente nelle arterie e il veleno era stato trasportato dal flusso sanguigno ai nervi. La dose era stata troppo forte.

Le cose non sono pericolose di per sé. Due studiosi tedeschi, Arndt e Schultz, hanno stabilito molti anni fa una legge che chiarisce la formula di Paracelso. Essi affermano che tutte le irritazioni, e quindi anche i veleni, stimolano le attività vitali, in media quantità le favoriscono, in grande quantità le paralizzano e le più forti le interrompono. Per quanto riguarda i veleni, va detto che la parola veleno in senso stretto va usata solo al di sopra di una certa dose.

*

In realtà, questa dose è spesso piccola. Tuttavia, il veleno che il cobra inietta in un morso attraverso le sue zanne è sufficiente per uccidere un uomo. In un modo o nell'altro, il veleno del serpente può essere usato per il bene dell'uomo. I lebbrosi soffrono spesso di dolori lancinanti che possono essere alleviati solo dalla morfina. Una quindicina di anni fa un lebbroso fu morso da un ragno tropicale, il ragno delle miniere. Il risultato straordinario è stato che il paziente ha cessato rapidamente e per lungo tempo i suoi forti dolori nervosi. I medici che hanno scoperto questo caso hanno seguito il caso e condotto delle prove. Si sapeva che il veleno del cobra e del serpente a sonagli avrebbe dovuto produrre lo stesso effetto di quello del ragno minerario. Poiché i serpenti erano più facili da ottenere, venivano preferiti ai ragni.

Nel frattempo, il veleno di serpente è stato raccolto in molte parti del mondo. Anche in Germania l'interesse era particolarmente intenso. Il veleno di serpente veniva utilizzato in quantità molto ridotte soprattutto per alleviare il dolore e non direttamente come rimedio. Tuttavia, recentemente sono stati segnalati miglioramenti in alcune condizioni, anche se non si possono trarre conclusioni definitive. I maggiori successi sono stati ottenuti finora nella lotta contro le condizioni dolorose, come il morbo di Pott - noto come "tabes" - e alcuni casi di cancro.

Tuttavia, possiamo notare con molto più interesse che il veleno del minaccioso serpente degli occhiali può essere una benedizione per alcuni pazienti. In un laboratorio viene posto un serpente occhialuto, che morde furiosamente un bicchiere ricoperto di mussola al posto della carne della vittima, e il succo mortale viene lasciato gocciolare a lungo. Le mascelle dell'animale vengono allentate con cura per non rompere le zanne velenifere e, per la gioia del rettile martirizzato, viene lasciato in pace per un periodo di due settimane per ricostituire il suo veleno.

*

Le farmacie dei tempi antichi e moderni sono piene di questi veleni che sono stati trasformati in benefici grazie a una saggia limitazione del dosaggio. Il grande giardino medico della natura è ricco di veleni curativi: la belladonna, il mughetto, la volpina, il giusquiamo e molti altri. Tra queste, le sostanze curative per il cuore presenti nella volpina, nel mughetto, nella rosa di Adone, nell'oleandro, nella cipolla gigante africana e in molte altre hanno dato nuove conoscenze. Le dobbiamo a un cardiologo, IY Karl Fahrenkamp. I suoi pazienti gli hanno permesso di scoprire un tipo di soluzione completamente nuovo.

Dopo migliaia di esperimenti, egli sapeva, come tutti i cardiologi, quali benefici può apportare la volpina per prevenire un pericoloso attacco di debolezza cardiaca. Il polso torna al suo ritmo naturale, la forza del battito cardiaco risponde di nuovo alle richieste dell'organismo. Si dice che il cuore viene "compensato". Questa è un'antica esperienza clinica che è alla base di tutte le nostre conoscenze sulla volpina e sulle sue varianti ad azione comparabile, come il mughetto, la cipolla gigante africana e le specie tropicali di strophantus. Lo strophantus, o erba di volpe, è diventato uno strumento indispensabile per il medico moderno, consentendogli di scongiurare temporaneamente un pericolo di vita per innumerevoli persone. Ma la durata di questa compensazione, e quindi dell'equilibrio tra forza e sforzo cardiaco, rimane incerta. L'unica cosa che si poteva fare era riprendere l'erba cipollina quando si verificava un nuovo attacco cardiaco. Non sarebbe possibile prevenire l'attacco? Karl Fahrenkamp ha seguito questa strada e ha affrontato un problema biologico vasto e fondamentale. Scoprì che esistono differenze fondamentali tra le soluzioni prodotte dall'intera pianta o dalla sua parte attiva e il "veleno" cristallino e purificato. In alcuni casi il veleno era più efficace, in altri casi di malattie cardiache era di nuovo la soluzione.

Per questo motivo somministrò ai suoi pazienti già compensati alcune soluzioni a basso dosaggio come misura preventiva. Ottenne buoni risultati e concluse che si trattava evidentemente di una carenza a cui si poteva porre rimedio allo stesso modo di una mancanza di vitamine o di ormoni. I suoi risultati non furono creduti, così cercò un test, una prova. La ricerca sugli animali, come era stata tentata fino ad allora con sostanze attive sul cuore, non ebbe successo. Fahrenkamp iniziò quindi a sperimentare con le piante. I risultati, ottenuti dopo molti anni di tenace lavoro, sono così importanti che verranno estesi in misura finora imprevista. La loro reale importanza si rivela soprattutto da quando gli esperimenti sono stati condotti su larga scala negli ultimi quattro anni. Essa risiede in quanto segue:

Quando, in autunno, innumerevoli volpoche, mughetti e rose Adonis, lavati dalla pioggia, restituiscono alla terra le loro sostanze benefiche per il cuore, la loro carriera non è finita. Al contrario, è solo all'inizio. Le piante rimanenti, che sono interessate dal flusso di sostanze, ne ricevono alcune e si attivano. Se si attivano artificialmente verdure, fiori e cereali con questi succhi vegetali, si può semplicemente osservare la differenza. Lo abbiamo visto centinaia di volte nei campi e nei banchi di prova: in breve, le piante diventano più sane. Resistono meglio al vento e alle intemperie, si conservano più a lungo, rimangono più fresche, come le patate e le carote. Molte sono più succulente, altre più forti. In breve, l'impressione ricavata da questa ricerca è che la sostanza prodotta da queste piante attive sul cuore rafforzi lo stato di salute. Anche alcuni esperimenti sugli animali sono giunti alla stessa conclusione.

Fahrenkamp chiamava questa sostanza "funzione". Aveva ragione nel pensare che qui sono presenti vere e proprie sostanze vitali, che svolgono un ruolo decisivo nello sviluppo della vita. Gli esseri umani ne hanno bisogno, come dimostrano i suoi pazienti, per prevenire i disturbi della circolazione. Tuttavia, poiché queste piante non crescono in aree coltivate in modo intensivo, devono essere classificate come piante medicinali. Queste sostanze hanno anche la particolarità di rallentare il processo di invecchiamento. Non si è ancora capito fino a che punto questo possa avere conseguenze importanti per la conservazione della freschezza di verdure e carne. Il nostro intenso lavoro scientifico dimostra che questo vasto problema sarà studiato con maggiore intensità e acutezza nel corso della guerra. Ma la cosa più importante è procedere con cautela nel campo della salute nazionale, cioè dalle sostanze alimentari, fino a quando non sarà completato tutto il lavoro preliminare pratico e teorico. Allora i veleni diventeranno benefici.

*

Padroneggiare un veleno non significa estrapolarlo direttamente alla salute. I calici viola del colchico possono svolgere compiti inaspettati anche a livello scientifico. Il veleno è stato testato sulle piante e i risultati sono notevoli e promettenti.

Come è noto, ogni cellula di un organismo ha un nucleo che contiene cromosomi che sono costantemente presenti in un certo numero, specifico per le specie animali e vegetali. Nell'uomo i cromosomi sono 48, nel moscerino 8. Con l'aiuto della colchicina, il veleno estratto dal colchico, è possibile raddoppiare il numero di cromosomi nelle piante. Ciò è accompagnato anche da un aumento della crescita, che spesso può sfociare in una forma gigante. Questo significa che, se necessario, possiamo ottenere nuove piante più grandi e anche più produttive dalle piante medicinali. Le prove pratiche, soprattutto sugli alberi, sembrano molto promettenti.

Ma la colchicina ha assunto anche un'altra importanza, certo provvisoria e ancora teorica. Dobbiamo all'oncologo Lettré di Göttingen questa ricerca. A una certa dose, la colchicina rallenta la divisione cellulare che la scienza chiama mitosi. Questo processo di rallentamento della divisione cellulare è chiaramente dimostrato nelle colture di tessuti animali. Sono stati scoperti numerosi veleni per la mitosi a partire da sostanze chimiche correlate, e si è cercato di trovare quello che impedisce in modo unico la divisione delle cellule cancerose. L'importanza universale di una tale scoperta, ancora ipotetica, è chiara a tutti.

In presenza di queste precisazioni che abbiamo potuto fare sul ruolo dei veleni e delle loro varianti in natura, è ovvio che ciò che dice Paracelso, cioè che nulla è un veleno in sé, sembra acquisire un grande significato per la nuova ricerca che è della massima importanza per il destino della razza umana. La guerra non deve obbligarci a chiudere i laboratori e ad aspettare i giorni di pace. La salute generale, che è l'oggetto della maggior parte di questa ricerca, richiede quindi che il ricercatore lavori duramente anche nel bel mezzo del conflitto internazionale.

Heinz Graupner

QUADERNO SS N. 8. 1944.

L'ORIGINE DI TUTTE LE COSE

Sotto il cielo si stende la catena montuosa azzurra, e anche la patria familiare si trova ai margini dell'anno. I volti della gioventù la fronteggiano, emana dalla corteccia delle rive.

Le stelle si alzano sopra i campi, nel folto delle foreste si respira ancora la leggenda, dalle bocche delle sorgenti parlano gli spiriti: il sentiero termina in un antico incanto.

Le città diventano più dense, ma sulle montagne tuonano le onde delle tempeste, le pianure sono ricche di fiumi in ritardo.

L'uomo canta le sue radici ovunque, ma la patria è il suo bene più prezioso. È il calice dei secoli e l'origine di tutte le cose.

Kurt Heynicke

CAPITOLO III

I. BIOGRAFIE

RIVISTA "STORIA DEL REICH".

CARLO MAGNO, IL FONDATORE DELL'IMPERO

Nel caos delle grandi migrazioni, solo una tribù germanica occidentale, i *Franchi,* era riuscita a sviluppare una propria struttura statale. I Franchi non erano migrati molto lontano e ricevevano costantemente rinforzi dalla madrepatria. Sotto *Carlo Martello,* l'Impero franco aveva ancora una forte influenza settentrionale e aveva raggiunto i principali centri culturali del Reno e dei suoi affluenti. Egli protesse l'Occidente dagli attacchi *dei Mori* nella battaglia di *Poitiers* del 732. La donazione *di* suo figlio *Pipino* al Papa, con la quale confermò il possesso delle regioni di Roma, Ravenna e Ancona, istituì gli *Stati della Chiesa,* giustificando così la pretesa secolare del Papa, ed ebbe le conseguenze più nefaste per la politica religiosa tedesca.

Il regno franco raggiunse l'apice della sua potenza sotto *Carlo I* , nipote di Carlo Martello. Egli riuscì a unificare le tribù tedesche della Baviera, della Sassonia, della Turingia e degli Alamanni, riunendole nel regno franco e creando così una grande potenza. Ma il suo impero non raggiunse l'unità tra popolo e territorio. In sostanza, non governava più un regno franco ma un impero franco-tedesco, come dimostra la sua residenza ad Aquisgrana.

CARLO E WIDUKIND

Tuttavia, questo grande Impero avrebbe acquisito caratteristiche germaniche soprattutto per volontà di Carlo, e infatti Carlo Magno fu per la prima volta padrone di un grande Impero di tipo germanico. Egli organizzò anche le prime misure di espansione verso est.

Nel perseguire i suoi piani politici imperialisti, non rinunciò a costringere le tribù in rivolta a riunirsi. E il duca sassone Widukind, il più grande avversario di Carlo, dovette piegarsi a questo duro destino. Per quanto disapproviamo i suoi metodi violenti, dobbiamo riconoscere che Carlo Magno fece dell'Europa una potente unità. *Widukind,* il difensore dell'anima germanica, e Carlo, il grande creatore di Stati, testimoniano la grandezza e l'atrocità della prima storia germanica e tedesca.

Tutte le regioni dell'Impero carolingio, unite e gestite centralmente, fiorirono. Grazie alla sua eminente personalità, Carlo tenne unito l'Impero e dettò legge alla Chiesa. Sotto i suoi successori, tuttavia, i poteri che tendevano a dividere l'Impero divennero sempre più dominanti. La Chiesa subordinata allo Stato lasciò il posto alla Chiesa romana politica e il figlio di Carlo, Luigi il Pio, divenne il docile strumento di questo nuovo potere. Col tempo, le parti romane dell'Impero si separarono sempre più dalle regioni germaniche. Gli incompetenti eredi al trono seguirono la politica peggiore e l'Impero fu diviso nei trattati di Verdun nell'843 e di Mersen nell'870.

A Niedersachsenhain, vicino a Verden, un monumento eretto dalle SS in memoria dei 4.500 sassoni decapitati per ordine di Carlo Magno.

SS di guardia alla tomba del re Heinrich I.

Il Reichsführer Himmler depone una corona di fiori sulla tomba della regina Matilde per la cerimonia in onore di Heinrich I.

DISCORSO DEL REICHSFÜHRER SS HIMMLER NELLA CATTEDRALE DI QUEDLINBURG, 2 LUGLIO 1936.

HEINRICH I

Nella storia dei popoli si dice spesso che bisogna onorare gli antenati, i grandi uomini e non dimenticare mai la loro eredità, ma questa saggezza viene rispettata troppo raramente. Oggi, 2 luglio 1936, ci troviamo davanti alla tomba del re tedesco Heinrich I, morto esattamente mille anni fa. Possiamo dire in anticipo che fu uno dei più grandi fondatori dell'Impero tedesco, e allo stesso tempo uno dei più dimenticati.

Quando il quarantatreenne Heinrich, duca dei Sassoni proveniente dai contadini di Ludolfinger, divenne re nell'anno 919, gli fu trasmessa l'eredità più terribile di tutte. Egli divenne re di un Impero tedesco solo di nome.

Negli ultimi tre secoli, e in particolare durante il decennio del debole successore di Carlo Magno, l'intera Germania orientale era stata abbandonata agli Slavi. Gli ex insediamenti germanici, sui quali le maggiori tribù germaniche avevano vissuto per secoli, erano stati occupati da popoli slavi che combattevano l'Impero tedesco e ne contestavano l'autorità. Il nord fu conquistato dai danesi. A ovest, l'Alsazia-Lorena si staccò dall'Impero e divenne parte dell'Impero dei Franchi occidentali. Per una generazione, i ducati di Svevia e Baviera avevano combattuto e sfidato i re tedeschi pigri - soprattutto Ludovico il Puerile e Corrado Ide Franconia.

Le ferite causate dall'introduzione brutale e sanguinosa del cristianesimo erano ancora aperte ovunque. L'Impero era indebolito dall'interno dalle perenni rivendicazioni dei principi vescovi e dall'ingerenza della Chiesa negli affari internazionali.

L'evento storico della creazione da parte di Carlo Magno di un potere imperiale che unisse le tribù germaniche rivali fu vicino al fallimento totale, e questo per sua stessa colpa, poiché il sistema di questo potere centrale puramente amministrativo e non tedesco non era più moralmente e biologicamente basato sui contadini germanici di Sassonia, Baviera, Svevia, Turingia e dell'Impero franco.

Questa era la situazione quando a Heinrich I fu affidato il pesante fardello di diventare re. Heinrich era il vero figlio della sua patria contadina sassone.

Già da duca aveva mostrato un carattere tenace ed energico, ma solo quando divenne re ne ebbe la conferma.

In occasione della sua investitura reale a Fritzlar, nel maggio del 919, rifiutò - pur senza usare parole offensive - di essere unto dalla Chiesa, dimostrando così a tutti i tedeschi che aveva una corretta percezione della situazione politica dell'epoca e che non avrebbe tollerato alcuna interferenza negli affari politici tedeschi da parte della Chiesa durante il suo regno.

Nel 919, il duca svevo Burkhart si sottomise al re Heinrich, che unì la Svevia all'Impero tedesco.

Nell'anno 921 si recò in Baviera con un esercito e anche lì non si impose con la forza delle armi ma con la forza persuasiva della sua personalità e il duca Heinrich di Baviera lo riconobbe come re dei tedeschi. La Baviera e la Svevia, che all'epoca rischiavano di essere perse, furono così annesse all'Impero tedesco da Re Enrico e vi sono rimaste fino ad oggi e, ne siamo certi, vi rimarranno anche in futuro.

L'anno 921 portò a Heinrich, politico esperto, cauto e tenace, il riconoscimento dell'Impero franco occidentale, ora francese, ancora governato da un carolingio. L'Alsazia-Lorena tornò all'Impero negli anni 923 e 925.

Ma non immaginiamo che questa ricostruzione della Germania sia avvenuta facilmente e senza ostacoli dall'esterno. Ogni anno, per una generazione, la nazione tedesca, fino ad allora debole, fu costantemente vittima delle incursioni, quasi sempre riuscite e vittoriose, degli *ungheresi*. In tutta la Germania, direi in tutta l'Europa, regioni e popolazioni furono oggetto di rapina da parte di queste orde ed eserciti di cavalieri straordinariamente diretti dal punto di vista politico e strategico. Gli annali e le cronache dell'epoca ci raccontano dell'attacco a Venezia e del saccheggio dell'Alta Italia, dell'attacco a Cambrai, dell'incendio di Brema e della ripetuta distruzione delle regioni bavaresi, franche, turche e sassoni. Da soldato lungimirante, Heinrich si rese conto che il tipo di esercito esistente tra le tribù e i ducati tedesco-tedeschi, così come le tattiche utilizzate all'epoca, non erano adatti a difendersi da questi nemici o addirittura a distruggerli. La fortuna gli venne in aiuto. Nel 924 riuscì a catturare un importante capo dell'esercito ungherese durante un'invasione ungherese delle zone sassoni intorno a Werla, vicino a Goslar. Gli ungheresi offrirono favolose somme d'oro e tesori per riscattare il loro capo. Nonostante le opinioni dei contemporanei stupidi e di mentalità ristretta, che già all'epoca erano numerosi, l'orgoglioso re scambiò il capo dell'esercito ungherese con un armistizio di nove anni da parte degli ungheresi, prima per la Sassonia e poi per l'intero Impero, e si impegnò a pagare un modesto tributo agli ungheresi durante questi nove anni.

Ebbe il coraggio di adottare una politica impopolare, avendo il prestigio e il potere per farlo. Iniziò quindi la sua grande opera creativa, che consistette nel radunare un esercito e nel mettere il Paese in grado di difendersi, creando fortezze e città per rischiare una battaglia definitiva con l'avversario, prima invincibile.

All'epoca esistevano due tipi di unità militari: da una parte il bando germanico dei ducati tribali, che veniva richiamato in tempi di crisi, e dall'altra la prima unità militare tedesca composta da guerrieri professionisti e uomini mobilitati, creata dai Carolingi. Heinrich I unì queste due unità in un'organizzazione militare tedesca. Decise inoltre che un uomo su nove dovesse essere inviato nelle fortezze per far parte di una guarnigione di uomini mobilitati dalle corti reali e ducali. Per la prima volta in Germania, addestrò realmente le sue unità mobilitate e fece perdere ai guerrieri l'abitudine di combattere in isolamento. Organizzò la cavalleria in modo tattico e le truppe furono strutturate e disciplinate.

In meno di un anno, un numero infinito di piccole e grandi fortezze circondate da bastioni e fossati, in parte con muri di pietra e in parte con palizzate, sorse sul confine orientale della Germania dell'epoca, lungo la linea dell'Elba e in particolare nell'intera regione dello Harz. Contenevano arsenali e magazzini di rifornimento in cui doveva essere immagazzinato un terzo del raccolto del Paese, secondo un ordine reale. Già all'epoca di Heinrich I , queste fortezze diedero origine alle *famose città tedesche* di Merseburg, Hersfeld, Brunswick, Gandersheim, Halle, Nordhausen, ecc.

Dopo questi preparativi, Heinrich I iniziò a creare le condizioni per una battaglia finale con gli Ungari. Dal 928 al 929 intraprese *grandi spedizioni contro gli Slavi.* Da un lato, voleva addestrare il suo giovane esercito e temprarlo per la grande battaglia, dall'altro voleva sottrarre agli Ungheresi i loro alleati e le risorse belliche mobilitate contro la Germania per distruggerli.

Durante questi due anni di guerra, che gli permisero di sottoporre il suo giovane esercito alle prove più difficili, sconfisse gli Havolani, i Redari, gli Abodriti, i Daleminzi, i Milzi e i Wilzi. In pieno inverno conquistò la città apparentemente inespugnabile di Brennabor, oggi Brandeburgo; dopo un assedio invernale di tre settimane, conquistò la fortezza di Gana e nello stesso anno costruì la città di Meissen, che rimase di grande importanza strategica negli anni successivi.

Nell'anno 932, quando il re, perseguendo inflessibilmente il suo obiettivo, ritenne che tutte le condizioni fossero state soddisfatte, convocò i *principi-vescovi* in un *sinodo* a Erfurt e il popolo in un'assemblea nazionale, in cui li esortò con un discorso persuasivo a rifiutare d'ora in poi di pagare il tributo agli ungheresi e ad accettare la guerra nazionale per liberarsi una volta per tutte dal pericolo ungherese.

Nel 933 gli *ungheresi attaccarono* e subirono una cocente sconfitta a Riade sull'Unstrut a causa di una controffensiva tedesca strategicamente magistrale.

Nel 934 Heinrich intraprese una campagna contro la Danimarca per difendere la frontiera settentrionale dagli attacchi danesi e slavi e per annettere all'Impero i territori settentrionali persi in passato per colpa dei suoi predecessori. L'allora importante città commerciale di Haitabu, nell'ex Schleswig, fu annessa all'Impero.

Dal 935 al 936, Heinrich I, famoso e stimato sovrano europeo, soprattutto nella sua *patria sassone,* fedele alla sua natura contadina e sentendo che la sua fine era vicina, scrisse il suo testamento e raccomandò il figlio Ottone ai duchi e ai signori dell'Impero come suo successore alla Dieta di Erfurt.

Il 2 luglio morì all'età di 60 anni nel suo castello imperiale di Memleben, nella valle dell'Unstrut. Fu sepolto a Quedlinburg, in questa cripta dell'attuale cattedrale.

Questa vita intensa è piena di insegnamenti. Molti altri hanno regnato più a lungo e non possono vantarsi di aver fatto un'opera così grande per il loro Paese come Heinrich I. E ora noi, uomini del XX secolo, che viviamo nell'epoca della grande ricostruzione tedesca guidata da Adolf Hitler dopo un periodo di terribile crollo, vorremmo sapere cosa ha reso possibile a Heinrich I di compiere ciò che ha fatto La risposta ci viene data se cerchiamo di conoscere Heinrich I come personalità germanica. Come raccontano i suoi contemporanei, era un sovrano che superava la sua corte in forza, grandezza e saggezza. Governava con la forza del suo cuore forte e generoso e l'obbedienza che riceveva era assolutamente sincera. Reintrodusse l'antico ma eterno principio germanico di lealtà tra duca e cavaliere, in violenta opposizione ai metodi di governo religiosi cristiani dei Carolingi. Fu tanto intrattabile con i suoi nemici quanto fedele e riconoscente con i suoi compagni e amici.

Era uno dei più grandi leader della storia tedesca e sapeva perfettamente che, nonostante la forza e l'affilatezza della spada, la vittoria è maggiore e più duratura quando gli altri tedeschi vengono integrati nella comunità attraverso una discussione franca piuttosto che attraverso pregiudizi meschini e l'uccisione di uomini di valore per l'intera Germanità.

Per lui la parola data e la stretta di mano erano sacre. Onorò fedelmente i trattati stipulati e godette della rispettosa lealtà dei suoi grati seguaci durante i lunghi anni della sua vita. Rispettava tutto ciò che è sacro per gli altri uomini e conosceva così bene i principi della Chiesa, fino a ricorrere all'omicidio, che per questo rifiutava sprezzantemente di interferire negli affari dell'Impero e non interveniva nelle questioni religiose. Frenò la tendenza devota dell'amata moglie che lo accompagnò per tutta la vita, la regina Matilde, pronipote di Widukind. In nessun momento della sua vita dimenticò che la forza del popolo tedesco dipende dalla purezza del suo sangue e che il contadino odalico è legato alla libertà del suolo. Sapeva che il popolo tedesco, se voleva vivere, doveva rimanere fedele alle proprie origini e ampliare il proprio spazio vitale. Tuttavia, era consapevole delle leggi della vita e sapeva che non ci si poteva aspettare che il sovrano di un ducato respingesse gli attacchi ai confini dell'Impero da un lato, se dall'altro veniva privato di tutti i suoi diritti e della sua sovranità, come voleva l'amministrazione carolingia. Egli pensò in grande, costruì l'Impero e non dimenticò mai che le grandi tribù germaniche avevano una forza che si basava su una tradizione millenaria.

Esercitò la sua autorità con tale saggezza che le qualità naturali delle tribù e delle regioni divennero fedeli e docili aiutanti nell'unificazione dell'Impero. Creò un potente potere imperiale e salvaguardò con intelligenza l'indipendenza delle province.

Dobbiamo essergli profondamente grati per non aver mai commesso l'errore che gli statisti tedeschi e anche europei hanno commesso nel corso dei secoli fino ai nostri giorni: considerare il destino del suo popolo al di fuori del suo spazio vitale - oggi diciamo lo spazio geopolitico. Non ha mai ceduto alla tentazione di oltrepassare i limiti posti dal destino delle aree di vita e di espansione del Mar Baltico a est, del Mediterraneo a sud e di valicare le Alpi. Come possiamo ben immaginare, ha così consapevolmente rinunciato al titolo altisonante di "Imperatore del Sacro Romano Impero".

Era un nobile contadino del popolo. Quest'ultimo era sempre ricevuto liberamente nella sua casa e vedeva di persona i provvedimenti dell'amministrazione statale.

Era il primo tra i suoi compagni e gli veniva mostrato un rispetto più umano e sincero rispetto agli imperatori, ai principi e agli altri re che richiedevano un cerimoniale bizantino straniero. Si faceva chiamare duca e re ed era un leader mille anni fa.

Devo ora rivelare un fatto umiliante e profondamente triste per il nostro popolo: le ossa del grande leader tedesco non giacciono più nel loro luogo di sepoltura. Non sappiamo dove siano. Possiamo solo fare delle ipotesi. Può darsi che partigiani leali abbiano seppellito il suo corpo, che consideravano sacro, in un luogo sicuro, in modo dignitoso ma segreto; può darsi che, spinto dall'odio risentito, un dignitario nemico abbia disperso le sue ceneri al vento. Allo stesso modo, le misere ossa degli uomini più fedeli torturati a morte furono sepolte appena fuori da questa cripta, come dimostrano gli scavi davanti alla cattedrale, e che noi ci facciamo un dovere di seppellire con dignità. Oggi, davanti alla tomba vuota, rappresentiamo l'intero popolo tedesco, il Movimento e lo Stato, per delega del nostro Führer Adolf Hitler, e abbiamo portato delle corone come simbolo di rispetto e di ricordo. Abbiamo anche deposto una corona di fiori sulla tomba della regina Matilde, la nobile compagna del grande re che fu sepolta accanto al marito più di nove secoli e mezzo fa. Crediamo di onorare il grande Re anche pensando alla Regina Matilde, grande esempio di dignità femminile tedesca.

Situata sulla collina abitata per millenni da uomini del nostro sangue, questa antica tomba con la sua splendida aula religiosa in stile germanico dovrebbe essere un luogo di memoria dove noi tedeschi veniamo in pellegrinaggio per ricordare Re Heinrich, per onorare la sua memoria e per impegnarci in questo luogo sacro a seguire le virtù umane e di comando con cui egli rese felice il nostro popolo mille anni fa; e di impegnarci a onorare al massimo in questo modo, a servire fedelmente nel pensiero, nella parola e nell'azione, per la Germania e per i tedeschi, l'uomo che, dopo mille anni, ha raccolto l'eredità umana e politica di Re Heinrich, il nostro Führer Adolf Hitler.

Colui che vuole salvare il suo popolo
non può che avere una mentalità eroica.

Adolf Hitler

OPUSCOLO SS N. 4. 1938.

JOHANN GUTENBERG

L'epoca di grandi sconvolgimenti in cui viviamo difficilmente sarebbe stata possibile senza il funzionamento della radiodiffusione. Essa ha permesso a un uomo di parlare a milioni di altri e di condividere i grandi eventi che costituiscono il suo destino. Senza la radio, certamente non avremmo preso coscienza *in così pochi anni* di essere un popolo, e il nostro popolo non sarebbe maturato così rapidamente. D'altra parte, la radio sarebbe rimasta un giocattolo per ricchi se non si fosse sviluppata in un momento in cui la gente voleva diventare una vera comunità.

Il progresso della mente umana non è frutto del caso. La *necessità* lo precede sempre. È a questo punto che sentiamo, consciamente o inconsciamente, il bisogno di progresso, di invenzione, e allora un uomo dotato - un inventore - esce dal nostro popolo e soddisfa i nostri desideri.

"Arte nera" Laboratorio di stampa nel XVII secolo.
(Incisione su legno di Abraham von Werbt, 1676).

Benz e *Daimler* inventarono l'automobile quando i mezzi di trasporto esistenti *non erano più sufficienti* a soddisfare il nostro desiderio di viaggiare. *Lilienthal* prese il volo quando intere generazioni avevano già *tentato il* volo umano. *Marconi* creò i principi della radio quando era già chiaro che il metodo di trasmissione delle notizie tramite cavi telegrafici *non soddisfaceva più* le esigenze. Oggi abbiamo *bisogno di* un'automobile accessibile a tutti - e il costruttore *Porsche* ha realizzato ciò che ieri era impossibile. Il genio umano è la migliore motivazione per chi si dice: *"Devo creare questo perché la mia gente lo richiede"*.

Dobbiamo quindi vedere in ogni inventore un *esecutore della volontà dei suoi contemporanei*. Solo così possiamo capire lui, la sua lotta, i suoi sacrifici sovrumani e l'ossessione con cui persegue il suo obiettivo.

Johann Gutenberg. Gesso nero, XVI secolo.

Si tratta di *Johann Gensfleisch zu Gutenberg*, o in breve Johann Gutenberg, l'inventore *della macchina da stampa*. Anche lui visse in un'epoca di grandi rivolgimenti e dovette far fronte alle sue esigenze. Il XV secolo, durante il quale visse a Magonza (nacque nel 1400 e morì nel 1468), vide il "buio" Medioevo scomparire rapidamente, poiché la Chiesa guardava con sospetto alla vita spirituale come a un suo monopolio e cercava di impedire alla gente di avere una propria spiritualità, identità e cultura popolare.

Nel XV secolo, audaci *marinai* scoprirono il Nuovo Mondo, rovesciando così il dogma della scienza biblica. In Oriente, l'Islam bussa alla porta del cristianesimo autocratico. La gente metteva in discussione l'onnipotenza del papa, le dottrine morali assolute e le visioni scientifiche delle chiese. Ovunque c'era un desiderio di conoscenza e di *scambio di notizie e di sapere*. La trasmissione orale aveva smesso da tempo di essere sufficiente. La gente doveva avere accesso alla conoscenza, cosa che finora era stata riservata a pochi monaci e a grandi chierici. Ma che tipo di uomo userà la lettura se *non c'è nulla da leggere* e se Fon possiede solo poche copie manoscritte di libri e opuscoli, che naturalmente sono costosi?

Johann Fust, che ha preso i frutti della sua brillante invenzione da Gutenberg.

Gutenberg, un piccolo artigiano che oggi chiameremmo tecnico, viveva in questo tempo e nel mondo delle sue esigenze. Si chiedeva come sviluppare un processo di stampa che potesse soddisfare il desiderio dei tedeschi che uscivano dal sonno del tardo Medioevo. Voleva stampare *libri* e *opuscoli, il più* possibile e il più *rapidamente possibile.*

Il concetto di stampa esisteva già. Le illustrazioni venivano intagliate in tavole di legno, rivestite di colore e stampate (pressate) su carta. Anche le lettere, le parole, le frasi, le intere pagine dei libri venivano ricavate dal legno e si producevano interi libri, ma quanto tempo e quanto costo! Un abile intagliatore di legno aveva bisogno di due settimane per realizzare una sola pagina! Era un'arte che poteva essere goduta solo da pochi privilegiati.

Gutenberg aveva due compiti da portare a termine - diremmo oggi: due problemi tecnici da risolvere. In primo luogo, al posto di intere pagine di libri, doveva utilizzare piccoli blocchi composti *da una singola lettera* che potevano essere assemblati a piacere. Poi, rendere questi piccoli blocchi così resistenti da poter essere riutilizzati. Trovò la soluzione a entrambi i problemi. Sviluppò un processo di fusione delle lettere *in piombo* e una macchina da stampa con tutti gli strumenti necessari in modo così perfetto che i principi della sua "arte nera" sono rimasti immutati nei secoli e ancora oggi sono visibili sotto il magico mantello della tecnologia moderna.

Officina di stampa risalente al 1440.

Si potrebbe pensare che tutto ciò sia molto semplice. Eppure, questa invenzione richiese a Gutenberg un'abnegazione incessante, tutto il suo lavoro, la sua gioia di vivere e le sue speranze. Come tutti i grandi uomini, e come la maggior parte degli inventori, si scontrò con l'incomprensione, la stupidità e la cattiveria dei suoi simili. Un misero negoziante di nome Fust, che lo aveva "finanziato", lo frustrò con i frutti del suo lavoro, si coronò di una gloria usurpata e costrinse l'uomo che aveva forgiato *l'arma della liberazione spirituale* per le generazioni successive a condurre una vita povera e miserabile fino alla morte; una vita che, tuttavia, fu dedicata al perfezionamento della sua arte fino all'ultimo giorno.

La vera grandezza degli inventori importanti si rivela nel loro destino, nella loro inflessibile tenacia, nella fede nella loro vocazione, nel disprezzo per tutte le cose materiali.

Una pagina della Bibbia di Gutenberg con 42 righe.

Siamo facilmente portati a giudicarli solo dalle loro invenzioni e dalle cose buone e utili che ci hanno trasmesso. Ma non è solo questo a costituire il loro genio, e li sottovaluteremmo se ci limitassimo a questo aspetto. Perché è certo che un progresso che - come si dice - "è nell'aria" sarà raggiunto in ogni caso, se non da uno di loro, da un altro. Nel XV secolo, la stampa fu inventata perché un popolo voleva vedere le parole riprodotte in forma scritta. E se Gutenberg non l'avesse fatto, due decenni dopo sarebbe apparso un uomo con un altro nome. Anche noi guideremmo senza Benz e Daimler, voleremmo senza Lilienthal. E se dovessimo limitarci allo stretto risultato, potremmo giustamente dire: un Gutenberg, un Benz, un Lilienthal hanno fatto solo ciò che altri avrebbero fatto al loro posto se non ci fossero stati!

Ma questi uomini sono superiori alle loro azioni, perché hanno avuto il coraggio di essere i *primi*. Erano più visionari di altri. Avevano una vocazione più alta degli altri. Non hanno seguito percorsi già tracciati, ma sono entrati in una *terra di nessuno*. *Hanno lottato in condizioni così difficili che la maggior parte di loro ha dovuto compiere un atto di abnegazione per amore del proprio lavoro.* Hanno sacrificato la loro felicità e la loro tranquilla esistenza alla fede, affinché le generazioni future potessero vivere del loro lavoro. In questo modo, non sono diventati immortali solo grazie alle loro azioni, ma a un livello superiore grazie al riconoscimento che il popolo deve loro da tutta l'eternità.

QUADERNO SS N. 7B. 1941.

ALBRECHT DÜRER, "CORRISPONDENTE SPORTIVO

O come il grande artista apprezzò la legge del combattimento

Albrecht Dürer - un genio che supera la massa degli artisti tedeschi! La menzione del suo nome evoca davanti ai nostri occhi superbi dipinti dalle forme nobili e sublimi, in lode della Madonna, dei santi o di altre figure religiose. Noi, gente di oggi, che non siamo più sensibili al cristianesimo e alla dottrina dell'aldilà, ammiriamo comunque i tratti nobili delle opere di Dürer, espressi intenzionalmente da questo uomo del Rinascimento che era già lontano dalla religione. Ma in passato tutta l'arte aveva a che fare con la Chiesa o con Dio, e anche in questo caso Albrecht Dürer creò figure di indimenticabile grandezza.

Se dovessimo immaginare la vita dell'uomo Albrecht Dürer in termini di "opere ufficiali", allora, come insegnano i libri, lo vedremmo come il genio vittorioso, l'aspirante trascendente, il principe coccolato, il pittore che, ignorando le miserie e le sofferenze del suo popolo, vive e crea in una cerchia illustre di imperatori, principi, cavalieri e vescovi, al fine di perpetuarne la fama.

Tuttavia, alcune opere semplici e modeste di Dürer, che non rientrano completamente in questo quadro, ci toccano spesso più delle creazioni monumentali. Si tratta di acquerelli che raffigurano la patria di Dürer, i dintorni di Norimberga e le tranquille valli della Franconia. Sono disegni come il "piccolo filo d'erba", la "lepre" e il "mazzo di violette". In passato sono stati liquidati come "studi" del pittore e non sono mai stati considerati rappresentativi della sua personalità.

A VIENNA VIENE SCOPERTO UN NUOVO DÜRER

Così passarono gli anni e i secoli. Dürer, nato nel 1471, rimase presente nei cuori dei tedeschi come un genio che dominava l'arte religiosa e cortese, ma non sapevano nulla della sua vera natura. Tuttavia, all'inizio del 1800, trecento anni dopo l'epoca di Dürer, accadde qualcosa. Gli archivi delle biblioteche e degli uffici vennero stravolti nel corso di mostre e modifiche a gloria degli Asburgo. Nella biblioteca dell'amministrazione fiduciaria la polvere si alza in dense nuvole e, tra i tesori e i pandetti accatastati, i consulenti dell'archivio austriaco estraggono carte piene di strani disegni antichi - illustrazioni e serie di disegni di uomini che combattono e si scontrano con diversi tipi di armi, e anche testi scritti a mano con i caratteristici caratteri curvi dello stile tardo gotico, dell'epoca di Dürer.

Ciò ha suscitato un certo stupore a Vienna, ma ancora di più tra gli scienziati e gli specialisti d'arte che esaminano queste carte del patrimonio asburgico con occhi esperti. Il significato di questa serie di disegni di schermidori e lottatori e l'identità dei committenti e del creatore sono stati messi a lungo in discussione. Anche i leggeri schizzi di questi fogli, che raffigurano centinaia di figure e posture, portano l'impronta della mano di un maestro, lui stesso esperto di scherma e lotta.

ALBRECHT DÜRER - IMPOSSIBILE, EPPURE!

Nella massa delle riviste di critica d'arte si levò un mormorio. Si ipotizzava questo o quello, si passavano in rassegna tutti gli artisti vissuti prima e dopo il 1500, e ci si soffermava anche su Albrecht Dürer. La data e il genio della matita potevano tradirlo. Ma era possibile attribuire queste immagini quotidiane e volgari, che odorano di sudore e polvere di armeria, al creatore ascetico, amante delle Madonne e dei piccoli Gesù? No, anche solo immaginare una cosa del genere sembrava degradante per i critici d'arte di tre, quattro, cinque decenni fa. Dürer non aveva certo nulla in comune con "il popolo" e soprattutto con un popolo così litigioso, che si picchiava e si picchiava!

Eppure - esperti e ricercatori che hanno portato altri libri d'armi di un periodo leggermente successivo hanno dimostrato che disegnatori e imitatori scadenti si sono ispirati a questi disegni viennesi. Gli storici hanno anche stabilito che nel 1500 il grande mecenate di Dürer, l'"ultimo cavaliere", l'imperatore Massimiliano I, commissionò ad Albrecht Dürer una serie di xilografie sulle arti cavalleresche, che il maestro realizzò intorno al 1502 nel trattato "Freydal". Era forse inconcepibile che questo imperatore, ultimo rampollo di una grande epoca civilizzata, volesse che la mano di un maestro raffigurasse anche le arti cavalleresche della scherma e della lotta? Dürer eseguì questo compito, ma il lavoro non fece molta impressione, così i disegni del maestro rimasero negli archivi e alcuni fogli sembrano essere stati copiati in altri libri.

Ma come - ed è questa la domanda importante - Dürer è riuscito a produrre queste "illustrazioni ovviamente sportive"? Mostra persone del suo tempo, anche se i personaggi della Bibbia erano dipinti in costume d'epoca, e solo modelli viventi potevano fornirgli esempi di precise posture di lotta. Esistevano all'epoca scherma e lotta così perfette?

Anche su questo punto ci siamo sbagliati completamente per molto tempo e fino ai tempi più recenti. Il Medioevo è stato visto come un'epoca buia di guerre religiose, di persecuzione di tutto ciò che è secolare e soprattutto di tutto ciò che è fisico. Il crepuscolo delle vetrate gotiche sembrava coprire quei secoli e tutti i popoli del Medioevo. Solo di recente sappiamo che il cristianesimo e la Chiesa, dagli albori dell'epoca germanica fino all'epoca delle guerre di religione, erano solo una copertura superficiale per un libero stile di vita nazionale profondamente influenzato dall'anima germanico-nordica. L'ostilità della Chiesa nei confronti del corpo non poteva mai essere imposta, non solo ai contadini che lavoravano duramente, ma anche ai cavalieri che dovevano combattere fisicamente in battaglia. Così, ad esempio, i giochi, le danze, i bagni e l'esercizio fisico hanno sempre avuto il loro posto nella società tedesca medievale, anche all'epoca di Dürer.

È plausibile che l'imperatore Massimiliano abbia voluto produrre un manuale su queste arti cavalleresche perché sentiva che i tempi minacciosi delle guerre di religione si stavano rivelando pericolosi.

Ma è possibile che Albrecht Dürer stesso abbia osservato nella nuova città di Norimberga e nella borghesia emergente la pratica di queste arti cavalleresche che usavano per difendere le loro città. In tutte le città tedesche dell'epoca c'erano scuole di scherma, maestri di scherma, palme e bagni. Albrecht Dürer non dovette andare lontano per trovare modelli adatti ai suoi disegni. Oggi anche altre fonti hanno confermato che fu Albrecht Dürer a creare questi "disegni di sportivi".

IL JIU-JITSU NON È SOLO UN'INVENZIONE GIAPPONESE!

Siamo molto felici di poter sfogliare questo libro sulla scherma e sulla lotta del grande maestro. Ma ci riserva anche delle sorprese.

Nel campo della scherma, i grandi estramaçon e le spade ricurve, il piccolo scudo che vediamo in molti disegni, sono certamente scomparsi. Ma queste illustrazioni ci mostrano molte cose che sono sempre state conservate nelle nostre scuole di scherma. Quelle che siamo soliti chiamare illustrazioni di lottatori sono, tuttavia, le più sorprendenti per noi.

Questo non è il wrestling come lo conosciamo. Le prese del nostro sport provengono dalla scuola di lotta greco-romana, basata su esempi classici. Il punto di attacco è solo la parte superiore del corpo e rifiuta le prese "volgari" come il blocco delle braccia e delle gambe.

Queste ultime sono proprio molto abbondanti nei disegni di Dürer. Si afferra, si rovescia, si interpone la gamba e si inganna l'avversario, come in tutte le prese che conosciamo nel jiujitsu. Un disegno con la descrizione della presa nella mano dello stesso Dürer è esemplare a questo proposito. "Item so du mit einem ringst, so prich aus mit der rechten hant und far zu stunt damit deinen arm in sein rechten elpogen und fas im den arm starck in dein peid hend und flaipf an seinen arm pis an das gelenk und zuck in starck an dich und ker den dein lingke seiten gegen im an sein rechte seite, als hie stett, und prich im dem arm...". Nella nostra lingua significa qualcosa come :

"Quando lottate con qualcuno, lanciate violentemente la mano destra e lanciatevi contro di lui mettendo il braccio al suo gomito destro. Afferrate con forza il suo braccio con entrambe le mani e tiratelo verso l'articolazione della spalla, girate il vostro fianco sinistro contro il suo fianco destro nel modo qui indicato e rompetegli il braccio".

Si tratta sicuramente di jiu-jitsu, utilizzato per difendersi da un attacco pericoloso. Per usare un linguaggio moderno, è uno sport difensivo usato in caso di ultima necessità!

Queste arti difensive sono state introdotte in Europa solo pochi decenni fa attraverso le arti difensive giapponesi del judo e del jiu-jitsu. La cosa incredibile è che sono state descritte da un tedesco vissuto 400 anni fa e da un artista tedesco che fino ad oggi è stato considerato un poeta e un pittore di Madonne.

Questa scoperta in un ripostiglio viennese ha quindi avuto una conseguenza doppiamente positiva: Albrecht Dürer si è rivelato un uomo solido che viveva nella comunità del suo tempo, e la nostra "recente" arte della difesa si è rivelata un vecchio sport tedesco-tedesco che non riguarda il "vulgum pecus" perché insegna cose importanti.

L'ANTICA ARTE TEDESCA DELLA DIFESA SECONDO IL MANUALE DI ALBRECHT DÜRER

N° 19

Albrecht Dürer scrive: Se qualcuno vi ha afferrato, si è girato e vi ha preso per le spalle, allora piegatevi fortemente in avanti, afferratelo con la mano sinistra dietro la gamba e sollevatelo come mostrato nel disegno. Gettatelo a faccia in giù o dategli un calcio con le ginocchia.

N°20

Dürer scrive: Quando lotti con qualcuno, lancia la tua mano destra con violenza e lanciati contro di lui, mettendo il tuo braccio al suo gomito destro. Afferrate con forza il suo braccio con entrambe le mani e tiratelo verso l'articolazione della spalla, girate il vostro fianco sinistro contro il suo fianco destro nel modo qui indicato e rompetegli il braccio.

N°21

Dürer descrive questa presa come segue: Se volete lottare con qualcuno che è molto forte, afferratelo con coraggio come se voleste lottare con lui con tutte le vostre forze. Ma quando vi fa pressione con la sua forza, mettetegli un piede sullo stomaco, lasciatevi cadere sulla schiena e gettatelo sopra di voi, tenendolo saldamente per le mani. A questo punto cadrà a faccia in giù sul terreno.

Questo è ciò che ci insegna il libro di scherma di Dürer. Ma Dürer conferma anche che le persone fisicamente sane sono i detentori di una buona razza e di un sangue puro, anche se le professioni e le vocazioni portano in un'altra direzione, nel regno dello spirito e dell'arte. L'uomo non è solo ciò che la sua professione gli permette di essere, ma deve cercare di diventare ciò che la razza e il popolo gli hanno trasmesso e ciò che la razza, il clan e il popolo esigono da lui.

LIBRETTO SS N. 2. 1939.

L'OPERA DEI FRATELLI GRIMM

"Le storie e le leggende per bambini dei fratelli Grimm": una formula magica per ogni tedesco la cui infanzia lega le prime nozioni pure di narrazione ed esperienza a questo nome.

Nelle varie regioni della nostra patria e ovunque nel vasto mondo in cui vive un uomo del nostro sangue e della nostra lingua, il nome dei Fratelli Grimm è rispettato e il libro di fiabe che esprime la nostalgia e i sogni dell'anima tedesca è generalmente considerato un'opera nazionale. È caratteristico e allo stesso tempo significativo che "la loro fama internazionale e l'interesse di molte generazioni non siano legati al mero prodotto artistico o intellettuale, ma all'amore messo nella meticolosa raccolta e conservazione di un discreto e quasi disprezzato, anonimo patrimonio popolare". L'opera dei fratelli Jacob e Wilhelm Grimm, infatti, non è solo una fervente raccolta di vecchie fiabe popolari tedesche: con una diligenza da api, sono andati alla ricerca dei tesori dimenticati e in gran parte trascurati delle fiabe e delle leggende popolari, dei giochi per bambini, dei canti popolari, delle credenze e delle leggi nazionali, perché in essi vedevano la testimonianza viva e rigorosa di un mondo scomparso. Queste forme, nate secoli fa, sono puri prodotti della cultura e dell'arte popolare tedesca e sono per loro le fonti autentiche della storia di questo popolo, ma soprattutto testimoniano l'evoluzione della nostra amata lingua madre tedesca.

Jacob Grimm nacque il 4 gennaio 1785 e un anno dopo, il 24 febbraio 1786, Wilhelm Grimm ad Hanau. In un discorso tenuto poco dopo la morte di Wilhelm, nel 1859, Jacob parlò della stretta, fedele, fervida e feconda intesa tra i due fratelli, che si concluse con la morte di uno dei due: "Dopo gli anni della scuola ci trasferimmo in una piccola stanza con un letto, lavorando spesso allo stesso tavolo. Poi, sempre con due tavoli da lavoro, abbiamo vissuto in due stanze affiancate, condividendo fedelmente i nostri beni e i nostri libri, tranne solo quando dovevamo avere a portata di mano lo stesso lavoro, che quindi veniva duplicato. Sicuramente anche i nostri letti per l'ultimo viaggio saranno uno accanto all'altro. Quattro anni dopo anche questo malinconico desiderio si realizzò.

I due fratelli si dedicarono inizialmente allo studio del diritto, per rispetto al padre che aveva esercitato quella professione. Savigny era il loro professore di diritto a Marburgo e nel 1805 Jacob collaborò al grande compito di *scrivere la storia del diritto romano* di cui Savigny si era precedentemente occupato. Jacob Grimm stesso racconta del suo interesse per lo studio del diritto romano: "Studiai diritto in un'epoca in cui il grigio monotono dell'oppressione e dell'umiliazione incombeva pesantemente sul cielo tedesco. Per tutta la sua ricchezza, il diritto romano lasciava un vuoto notevole nelle mie aspettative e mi rammaricavo che il diritto tedesco non fosse insegnato quanto avrei voluto. La ricchezza che conteneva (il diritto romano) non era abbastanza stimolante e attraente da insegnarmi. Così ho cercato compensazione e consolazione nella storia della letteratura e della lingua tedesca. Il fatto che le cose semplici ma inalterabili contenessero qualità e saggezza che la nostra coscienza poteva riscoprire era un'arma invincibile che ci proteggeva dall'orgoglio nemico. Abbandonando la grammatica e i suoi poveri frutti, studiai a fondo la *poesia, le leggende e le usanze del Paese;* esse non potevano che condurmi alla *legge nazionale!* Tutte le cose sono legate da fili visibili o invisibili che ci permettono di spiegarle o di capirle. *L'antichità del diritto e della religione* è ancora impregnata delle vestigia del paganesimo; la *lingua* ha un aspetto pagano ancora più marcato che non può essere compreso senza il suo intermediario. Da queste righe, possiamo già percepire quale fosse l'obiettivo dei fratelli Grimm e anche la caratteristica essenziale del loro metodo di lavoro.

Nel 1812 fu pubblicato il primo volume delle "Storie per bambini", che i fratelli Grimm avevano compilato durante tredici anni di ricerche sulle trasmissioni orali delle regioni del Meno e del Kinzig, l'ex contea di Hanau. Il secondo volume fu pubblicato nel 1815 e conteneva tutte le storie regionali dell'Assia. Inizialmente i ricercatori non si erano prefissati di trascrivere le discussioni più sentite per renderle comprensibili ad adulti e bambini. Il loro intento era più alto ed era infatti quello di rendere l'anima dei racconti e delle leggende popolari ancora vivi ma che rischiano di estinguersi, per percepire le leggi che regolano l'evoluzione del nostro popolo.

Infatti, l'etnologia nazionale odierna non tiene più conto dell'opinione di Wilhelm Grimm, secondo cui nelle fiabe (in cui classificò anche saghe, barzellette, storie di animali e leggende nel 1812 e nel 1815) "si percepiscono miti tedeschi originali, che si credevano morti ma che sopravvivono ancora in questa forma". Come ha dimostrato la scienza, la narrazione che si è tramandata nei secoli tra i nostri popoli tedeschi è "sicuramente un residuo di ciò che essi hanno creato o ereditato dal loro passato germanico o indo-germanico". Il patrimonio narrativo tedesco è un insieme di storie a cui - soprattutto durante le crociate dell'Alto Medioevo - si sono aggiunte storie provenienti da tutto il mondo" (Friedrich Ranke). E ancora! "Anche se ci sono sempre arrivate dall'estero, in Germania hanno perso da tempo il loro carattere straniero: il nostro popolo le ha assimilate nel corso dei secoli attraverso numerose trasmissioni e le ha adattate al suo modo di vedere e di capire. Infatti, se prima abbiamo detto che le stesse storie si tramandano tra i popoli più diversi, lo psicologo sa che una storia tedesca è diversa da una storia francese, russa o addirittura turca. *Ogni popolo ha il suo modo di raccontare le leggende*. Ma anche tenendo conto di questo riadattamento della scienza e della sua scala di valori, il lavoro svolto dai fratelli Grimm nella raccolta di fiabe e leggende conserva un valore di importanza senza precedenti per il futuro.

Le fiabe del primo volume (del 1812) provengono principalmente da tradizioni orali della patria assiana dei fratelli Grimm. I loro narratori erano membri della borghesia - ad esempio, un racconto di Dortchen Wild: "La gente intelligente" e di Marie (Müller) della famiglia Wildschen: "Cappuccetto rosso", "Il re ranocchio", "Fratellino e sorellina", "Biancaneve", "La bella addormentata", "Pollicino", "La ragazza senza mani", "Lo sposo ladro", "L'ondina nello stagno", "L'uccellino d'oro" (Wilhelm Schoof). Tuttavia, nel secondo volume (del 1815) incontriamo per la prima volta una "autentica" narratrice di villaggio, la signora "Viehmannin" di Zwehren, vicino a Cassel. Nella prefazione ai suoi "Racconti per bambini" Wilhelm Grimm dice di lei: "Ma fu una di quelle fortunate coincidenze che nel villaggio di Niederzwehrn, vicino a Kassel, incontrammo una contadina che ci raccontò la maggior parte delle storie del secondo volume, comprese le più belle. Ricordava le vecchie leggende e diceva lei stessa che questa non era la sorte di tutti. Parlava con tono calmo e sicuro, usando un linguaggio attento, e chiaramente si divertiva. All'inizio lasciava parlare la sua spontaneità e poi, quando le veniva chiesto, ripeteva più lentamente, così che con un po' di pratica era possibile scrivere sotto la sua dettatura. Molte storie furono così conservate alla lettera e non persero nulla della loro autenticità. Tra i diciannove racconti citati dal "Viehmannin" ve ne sono alcuni tra i più noti e più belli dell'insieme, ad esempio "Il fedele Giovanni", "I dodici fratelli", "Il diavolo dai tre capelli d'oro", "I sei che possono fare tutto", "Il guardiano delle oche", "Il dottore onnisciente", "Il fratello del diavolo coperto di fuliggine", "Hans, il mio riccio".

I fratelli Grimm lavorarono alle loro memorie con costante attenzione. "Nel modo in cui abbiamo proceduto all'assemblaggio di questi racconti, siamo stati guidati soprattutto da criteri di fedeltà e verità. Non abbiamo aggiunto nulla di nostra invenzione, né abbiamo abbellito alcuna circostanza o caratteristica della leggenda; abbiamo semplicemente riprodotto il suo contenuto così come ci è stato comunicato. È evidente che lo stile e il trattamento dei dettagli sono dovuti in gran parte al nostro intervento, ma abbiamo cercato di conservare ogni dettaglio incontrato per mantenere la naturale ricchezza della storia. I racconti dell'edizione semplice sono stati trascritti in modo sempre più intuitivo e semplice. Tuttavia, rispecchiano l'anima del popolo perché i fratelli Grimm erano detentori di un sapere nazionale.

All'epoca delle guerre d'indipendenza dell'Assia, il codice giuridico napoleonico divenne lo standard assoluto, il che significava che la giurisprudenza non aveva più alcun legame con la pratica legale tradizionale. Questo cambiamento estraneo alla vita giuridica portò i fratelli Grimm ad abbandonare definitivamente la carriera di giuristi e a dedicarsi con ancora più entusiasmo allo studio dell'antica saggezza che ospitava ancora i valori popolari nazionali. Jacob Grimm scrisse *L'antichità del diritto tedesco*, prendendo le distanze dalla solita erudizione libresca, interessandosi a tutto ciò che è nobile e grande e comprendendo le relazioni organiche del diritto germanico. Dimostrò che la poesia è presente nel diritto, considerò il "meraviglioso" e il "degno di fiducia" come suoi fondamenti.

Mentre il lavoro di Jacob riguardava lo studio del diritto, l'energia di Wilhelm era dedicata alla raccolta e alla selezione di storie e leggende; ma la missione di entrambi i fratelli era quella *di esplorare la lingua tedesca*. Nel contesto di un singolo articolo, è impossibile valutare il loro brillante e instancabile lavoro in questo campo. Ci limitiamo a ricordare che il loro principale risultato fu la "grammatica tedesca", "in cui è contenuta l'intera cultura del popolo e il suo sviluppo secolare in tutte le sue varie manifestazioni", e il "dizionario tedesco", a cui si lavora ancora oggi. Tuttavia, la lingua tedesca non era qualcosa di inanimato governato da teorie e regole morte, ma una "natura viva in cui sono impressi i movimenti e le vibrazioni più sottili della vita popolare tedesca storica e morale dei secoli passati". Jacob Grimm ha anche interrogato il linguaggio nella sua "mitologia tedesca". I nomi dei giorni della settimana, delle piante, degli animali, delle montagne, dei luoghi, i detti e le leggende, così come le usanze e le superstizioni - ma soprattutto a livello grammaticale - erano i portatori della mitologia del popolo tedesco. Ciò che la poesia nordica ha conservato come tesoro di conoscenze sulla religione germanica è stato unito ad alcuni splendidi reperti della letteratura e delle leggende tedesche per creare la "mitologia".

Jacob Grimm divenne così il padre di quelle scienze che oggi chiamiamo "germanistica", "etnologia nazionale". I fratelli Grimm appartenevano agli impavidi e leali "Sette di Gottinga", ovvero quei professori universitari che si opposero coraggiosamente all'azione costituzionale reazionaria del re di Hannover.

"Tutti i tedeschi sono liberi e il suolo tedesco non tollera la schiavitù" (Jacob Grimm).

Will Erich Peuckert ha definito perfettamente l'importanza dei fratelli Grimm per noi tedeschi del XX secolo: "In un'epoca silenziosa - e cento anni prima della nostra - sono stati i primi a parlare del popolo tedesco. Hanno ritratto la grandezza passata di questo popolo e hanno visto la grandezza presente che richiedeva la liberazione del Paese. Non hanno imposto nulla. Per la prima volta, hanno riscoperto la bellezza delle cose prodotte dai tempi antichi. *La Germania del futuro è la Germania dei fratelli Grimm!*

Walther Ohlgart

QUADERNO SS N. 11A/B.1941.

IL MATRIMONIO DEL PRINCIPE BISMARCK

Il "Cancelliere di ferro" è un esempio anche in questo caso

Non vedono cosa mi ha fatto questa donna.

Otto von Bismarck

Bismarck simboleggia per tutti noi il "Cancelliere di ferro". Ferro nel suo lavoro, ferro nella sua determinazione, ferro nelle sue azioni, era soprattutto ferro nella sua fede nel Reich.

Sappiamo molto di questo grande uomo, ma così poco della sua personalità intima.

Bismarck costruì la sua vita attorno a un asse, forse il più inaspettato, che ci permette di giudicare le sue azioni: il suo matrimonio!

Lo stesso Bismarck scrisse alla giovane moglie Johanna: "Ti ho sposato per amarti in Dio, per un bisogno emotivo e perché il mio cuore potesse trovare un posto in questo mondo straniero. Trovo in te il calore di un camino, accanto al quale sto quando fuori soffia e gela. Voglio curare il mio camino, metterci la legna, soffiare sul fuoco e proteggerlo dai malvagi e dagli estranei, perché non ci sono cose più vicine, più care, più gradite e più necessarie per me, dopo la misericordia di Dio, del vostro amore e della casa natale". Con queste parole degne di un grande poeta, Bismarck dimostra che la sua natura geniale cercava il suo complemento autenticamente femminile.

Il nostro Führer e il Reichsführer SS ci hanno insegnato a pensare in modo razziale. Non solo a livello politico, ma anche nella nostra vita personale, nella scelta del matrimonio. In questo contesto, studiare la natura del matrimonio bismarckiano è tipico e illuminante per noi.

Quali sono le ragioni che hanno contribuito alla felicità di questo matrimonio, alla sua armonia, alla sua stabilità, che ha trionfato su tutte le prove?

Bismarck e Johanna provenivano entrambi dalla stessa classe sociale, la nobiltà prussiana. Il loro stile di vita si sposava perfettamente. Anche se la loro vita subì una grande svolta a causa dell'attività politica di lui, rimasero sempre ciò che erano: persone semplici e naturali della loro patria rurale, che vivevano in un ambiente leggermente tinto di modi cortesi. Anche quando era cancelliere, Bismarck preferiva parlare in basso tedesco ogni volta che si sentiva in mezzo alla gente della sua cerchia. Adolf Willbrandt testimoniò durante una visita alla tenuta di Friedrichsruhr: "Qui tutto è meravigliosamente prussiano. Niente di ostentato, niente di esagerato". E un altro, un uomo di corte, si lamentò con un sospiro: "I Bismarck non si libereranno mai dell'aspetto di nobili provinciali di piccola fortuna!".

È ammirevole la capacità di Johanna di adattarsi alle mutate circostanze del marito. Quando Bismarck divenne ministro e rappresentante prussiano a Francoforte nel 1851, si trovò per la prima volta di fronte a queste esigenze. Mentre stava ancora con i figli a casa dei genitori, avvertì Johanna per lettera dei suoi futuri doveri. "La mia povera bambina dovrà ora sedersi rigidamente e rispettabilmente in salotto, dire "eccellenza", essere saggia e sapiente con le eccellenze". All'inizio Johanna era sconcertata da questi obblighi. Tuttavia, la sua naturale adattabilità di donna amorevole tornò a emergere. Tuttavia, c'era un'altra questione più difficile da risolvere rispetto all'atteggiamento esterno. Bismarck conosceva l'orrore della moglie per il francese e sapeva quanto fosse difficile per lei imparare le lingue. Ma dovette pregarla di imparare il francese. Il calore della sua natura si esprime nella forma che assunse il suo tentativo: "In primo luogo, tu sei mia moglie e non quella di altri diplomatici che possono imparare il tedesco così come tu puoi imparare il francese. Solo, se avete tempo libero o volete leggere, prendete un romanzo francese. Ma se non ci trovi piacere, lascia perdere". Poteva Johanna rifiutare una richiesta così affettuosa?

"MIO MARITO È CERTAMENTE IN BOEMIA... MA...".

Ecco un altro aneddoto tipico: a Pietroburgo, Bismarck stava raccontando una storia e, come nei suoi discorsi al Parlamento, fece una pausa deliberata. Johanna, che era sempre di guardia, era preoccupata. Al mattino, il marito aveva sofferto di dolori ai piedi e pensava che la pausa fosse dovuta a questo. "Ma, Otto, perché indossi i tuoi stivali di vernice, siamo in privato! Bismarck si rese conto che Johanna non lo aveva capito. Tuttavia, il suo volto si illuminò di una luce serena. Con calma disse: "Hai ragione, amore mio, sarebbero state meglio altre scarpe". E continuò. Quando si pensa a quei litigi tra coniugi che sono provocati da parole o allusioni pungenti, si dimostra la grande unità interiore della coppia.

Johanna si abituò sempre più al ruolo che il destino le aveva assegnato: essere la moglie del grande statista, non avere ambizioni proprie, ma fare tutto in sintonia con la sua grandezza. Bismarck si godeva la serena vita familiare, amava più di ogni altra cosa la socievolezza della sua piccola cerchia. Anche Johanna si divertiva molto, ma la sua attività si limitava ai compiti puramente domestici. Doveva tenere sotto controllo la casa e tutto ciò che ne dipendeva. Così, nonostante la sua modestia, non pensava ad altro che alla vita sociale con Bismarck.

Grazie a queste qualità naturali, l'uomo e la donna si completavano a vicenda sia nel matrimonio che nella personalità. La grande lungimiranza di Bismarck, la sua dignità, la sua inclinazione all'indipendenza andavano di pari passo con la gentilezza e l'amore della moglie. La freschezza e la franchezza della sua natura, la sua totale mancanza di sentimentalismo, erano una compensazione per lui, l'uomo forte, che tante volte aveva dovuto soffrire di debolezza sentimentale e, come diceva, si era trovato immerso in un "mare di lacrime". Così, durante gli anni della guerra, la moglie del Primo Ministro, donna "senza uomini" ed estremamente delicata, non fu mai debole. Una toccante avventura ne è la prova: una sera si sedette da sola su una panchina in giardino. Una sera, seduta da sola su una panchina in giardino, vide improvvisamente un uomo dall'aspetto scuro che saltava oltre il muro del parco. Poco dopo afferrò con decisione una vanga dall'aiuola e mise in fuga l'intruso con questa "arma" sollevata, dicendo: "Mio marito è certamente in Boemia, ma...". Una vera donna non ha motivo di avere paura.

IL LEGAME PIÙ PROFONDO :
I FIGLI DI BISMARCK

Ma uno dei sentimenti più forti che univa la coppia era l'amore per i figli. Il rapporto con i tre figli, Maria, Herbert e Wilhelm, era puramente affettivo, soprattutto durante la loro crescita. Lo stesso Bismarck, che dopo la morte prematura della madre aveva avuto un'infanzia triste e un'educazione in collegio, riteneva che i suoi figli non avessero mai ricevuto abbastanza amore e affetto. Così, fin dall'inizio, decise di adottare un tono di cameratismo piuttosto che di autorità. Non poteva pensare a una gioia più grande che fare del figlio maggiore il suo collaboratore. Johanna era esausta della sua maternità. Vedeva nei suoi figli il senso della sua vita e del suo lavoro, nei quali riscopriva la natura di suo marito. La sua naturale forza materna era così forte che superava facilmente la più dura fatica fisica di un figlio. La figlia Maria era la sua "amica più sincera" e la sua gioia per il matrimonio fu seriamente offuscata quando Maria si trasferì in Italia.

I due coniugi si sentivano particolarmente a loro agio solo quando tutta la famiglia si riuniva intorno a loro. Soffrivano ancora di più per le separazioni obbligate in mezzo a loro. I figli divennero quindi il legame naturale più forte. Nella vita privata, il Gran Cancelliere era un padre premuroso ed esemplare. Sentì sempre in modo molto crudele le separazioni in famiglia. Scrisse lettere commoventi alla sua famiglia tra una sessione e l'altra del Parlamento, tra un rapporto importante e l'altro e sul campo di battaglia. Quando, durante la campagna militare del 1870n1, assistette uno dei suoi figli feriti, un visitatore lo descrisse così: "La contessa Bismarck parlava come parlavano le mogli degli dei quando il corno di guerra suonava contro il nemico; accanto al letto di suo figlio mi sembrava incarnare l'antica leggenda: Kriemhild sul campo dei suoi eroi.

Ma in questo contesto non si poteva ignorare uno dei loro rapporti: quello con Dio e la religione. Bismarck aveva una fede profonda e naturale, ma era poco interessato alla Chiesa e alla sua funzione. Johanna, invece, proveniva da una famiglia molto religiosa. Così Bismarck iniziò a guidare la futura moglie nella sua direzione non appena si fidanzò. Lo fece con umorismo, conoscenza e abilità, senza mai dimenticare di rispettare la sua fede e senza mai offendere la sua pietà. La consolò davvero "diplomaticamente" facendole credere di aver trasformato lui, lo stravagante e spensierato junker, mentre in realtà la stava educando secondo i suoi desideri.

C'è stato uno scambio costante tra loro per tutta la vita. I loro istinti morali si sono espressi in uno stile di vita armonioso grazie alla loro origine comune. Questa è una delle cause della "felicità" di questo matrimonio. D'altra parte, le loro qualità spirituali e psichiche si completavano a tal punto, nelle piccole come nelle grandi cose, da raggiungere una perfetta armonia *reciproca* senza saperlo.

Bismarck lo percepì perfettamente.

QUADERNO SS N. 7. 1943.

"TUTTO HA UN ORDINE".

Sull'opera e la vita del medico e mistico Paracelso

Paracelso fu una delle guide più ardenti e geniali del popolo tedesco, e per questo ci commuove tanto. Seguì il suo destino, sperimentando a turno vicissitudini e grandezza, gioia e dolore, affronti, diffamazioni e miserie, ma anche potere e fama. Tuttavia, rimase solitario. Non riuscì a trovare una casa, iniziando a viaggiare in giovane età e compiendo così il suo destino.

Come vagabondo, gira il mondo e quasi tutta l'Europa, cercando con cuore valoroso gli ultimi segreti della natura. Si affida ai consigli della gente semplice: spia le conoscenze del contadino della foresta, del carbonaio e della vecchia. Siede con i pastori e gli ossari che gli insegnano molto, elabora le sue idee nella tempesta e nella grandine. Attraversa la campagna tedesca sotto la pioggia e la neve, un viaggiatore inquieto accompagnato solo dalla sua arte, la medicina. Ma questo era il suo destino e la sua missione. Solo nella morte questo "viaggiatore e vagabondo di campagna", come si definiva, trovò riposo. Morì nel 1541 a Salisburgo all'età di 48 anni, troppo presto. La gente comune non voleva rassegnarsi al fatto che questo grande medico non fosse più in vita, che non potesse più rivolgersi a lui per essere aiutata nelle sue angosce e malattie. Tuttavia, i suoi pensieri e le sue idee sono sopravvissuti ai secoli e sono oggi più vivi che mai.

Le conoscenze acquisite da Paracelso, medico e mistico svevo, sono molteplici. Il suo principio decisivo è che solo la natura può dare una risposta alle molte domande del cuore umano. Egli disprezzava i piccoli borghesi e i "medici infatuati" che cercavano la loro saggezza nei libri coperti dalla polvere dei secoli. "Le creature sono come le lettere, e chi vuole esplorare la natura deve leggere i suoi libri mentre cammina. Si studia la scrittura attraverso l'alfabeto, ma la natura da regione a regione. I suoi occhi chiari sono le sue armi più potenti.

Paracelso ruppe con i vecchi metodi della scienza. Il suo approccio alla scienza naturale era completamente nuovo. Fino ad allora, Dio era stato l'origine di tutte le creazioni; ora era la natura e, con essa, l'uomo. Egli è pieno di rispetto per quest'ultima, che è la forza portante di tutta la vita. Gli si manifesta ovunque sotto forma di misura, ordine e legge, e scopre che la stessa forza divina vive e agisce nei sassi del torrente come nelle stelle del cielo, nella pianta del prato come nell'uomo. Ma l'uomo non è altro che il mondo in una forma più piccola, il microcosmo. Perciò è anche soggetto alle stesse leggi divine ed eterne della natura. Le stesse leggi che governano il corso degli astri, che fanno crescere le piante e lottare gli animali per la vita, governano anche l'uomo. Ogni uomo è quindi soggetto alle inesorabili analogie e leggi della vita. Le leggi umane e quelle naturali sono identiche. Ma chi si allontana da queste regole eterne della vita perisce, come perisce l'albero che l'uomo sradica. Spesso Paracelso, pieno di dolore e di speranza, guardava alle stelle per trovare risposte alle sue domande. La grandezza e l'eternità di Dio sono così chiaramente espresse in esse, viaggiatori solitari e lontani da tutta l'umanità. Si sente legato alle stelle dal destino. Per l'uomo microcosmico, il destino dei mondi diventa anche il suo. Le leggi dell'universo diventano le leggi dell'io.

Questo nuovo atteggiamento nei confronti della natura e del cosmo condiziona anche il suo rapporto con la religione e con Dio. La vita è piena di sorprese per la mente. Tutto è in movimento, tutto è un eterno cambiamento perché tutto è vivo. Ma la vita è l'attività creativa di Dio. Quindi il mondo è il grande dono di Dio e anche questa terra è animata da Dio. Egli adora il suo Creatore nella bellezza e nello splendore della natura. Compie il servizio divino comprendendone il significato più profondo attraverso questa fedeltà alla natura. La natura si esprime in modo sacro e con essa l'uomo. Per Paracelso la natura è la regola assoluta e profonda. La legge che Dio ha posto nella natura, l'ha posta anche nell'uomo, e chi vive secondo queste leggi naturali vive moralmente. Pertanto, essere fedeli è per noi un'esigenza e un dovere sacro. Significa comprendere la ricchezza della propria essenza interiore. Chi rimane fedele a se stesso non fallisce". Questa è la grande legge morale che Paracelso ci ha dato. Aveva la certezza istintiva che la voce del cuore è quella di Dio. Si sentiva inscritto nell'universo, in Dio e tutt'uno con la natura.

In sostanza, Paracelso viveva la sua visione del mondo come uno sfogo eroico e positivo della realtà divina che portava dentro di sé, presente nella natura e persino nel mondo intero. Dio non è solo il creatore del mondo, ma è anche l'origine dell'essenza del mondo, la forza che infonde vita e struttura. "Tutte le cose hanno un ordine. Il mondo è quindi buono, così come l'uomo, e "noi usciamo puri e casti dal corpo della madre". La terra non merita di essere disprezzata, proprio perché tutto è divino. Egli è quindi costantemente in netta opposizione al cristianesimo del suo tempo.

Paracelso segue le leggi della vita, ma riconosce anche che la lotta riflette l'egoismo della vita che è ovunque. Ciò che si oppone alla vita non merita di vivere e deve essere costantemente eliminato. Per questo ha lanciato un assalto alla debolezza e alla decadenza. Fu il primo a sfidare il disprezzo cristiano per il corpo, e già richiamava l'attenzione sul pericolo delle malattie ereditarie.

Ma in che cosa risiede il senso della vita per Paracelso, e qual è la vocazione dell'uomo? Nessuno è esente dal lavoro, nessuno è nobilitato dall'ozio". "Le mani sono state create per lavorare, non per benedire". Per questo disapprova i sacerdoti e i monaci. "Predicano per denaro, digiunano per denaro". "La casa della preghiera è nei cuori". Vuole che il lavoro produttivo sia svolto al servizio del popolo e dello Stato. Paracelso vede nel lavoro il senso della vita e cerca un socialismo concreto, non parole vuote.

Paracelso si interessò a quasi tutti i settori della vita umana. Chiedeva l'istituzione di una legge radicata nel popolo e derivata dall'ordine vivente.

Egli prese posizione contro il celibato in termini forti e duri. Anche il matrimonio è una legge naturale, fa parte dell'ordine divino del mondo. "È benedetto il frutto del tuo corpo, non la tua verginità. Il matrimonio permette di realizzare il desiderio della comunità. Dobbiamo inchinarci con rispetto alla maternità.

Si è opposto all'ebraismo, ben sapendo che una cultura e uno spirito estranei sono dannosi per il popolo, sostenendo che solo il legame con la terra è fecondo. Ma qual è la patria dell'ebreo?

Ciò che aiutò Paracelso a fare le sue grandi scoperte mediche fu la consapevolezza della stretta e speciale relazione tra l'uomo e la natura e il cosmo. Il ritmo vitale dell'universo e quello dell'uomo seguono lo stesso corso. Come la natura, anche l'uomo ha ritmi stagionali, ha le sue stagioni nel senso letterale del termine. Pertanto, ogni malattia deve essere trattata per se stessa, perché ha un carattere unico. Il grande medico rifiutava qualsiasi generalizzazione nel trattamento dei pazienti. Le forze psichiche, il rapporto umano tra medico e paziente e la volontà di guarigione hanno un'influenza decisiva. La conoscenza della malattia e il tipo di trattamento sono strettamente legati non solo alla struttura del corpo, alla sua forma e al suo aspetto, ma anche all'ambiente - e non solo a quello terreno, ma anche a quello cosmico - in cui vive il paziente. Paracelso si spinse a cercare l'origine della malattia nel carattere spirituale-psichico. Ma l'amore era diventato per lui il modo migliore per comunicare con il paziente e quindi per guarirlo.

Paracelso rimase solitario fino alla morte. Aveva sempre creduto che le menti meschine potessero essere superate dalla generosità e dalla benevolenza, ma era solo una convinzione. In silenzio si tenne dentro il suo dolore. Si arrese al suo destino con disponibilità e umiltà. Sì, lo amava perché era in armonia con le leggi della vita, perché anche la nascita e la morte costituiscono la grande legge naturale a cui l'uomo è soggetto. Era in armonia con l'eterno ordine cosmico, che vuole che tutti gli esseri abbiano il loro raccolto e il loro autunno. L'uomo si congeda dalla vita solo quando il suo lavoro è finito. Nulla muore finché non porta frutto". Questa era la sua convinzione.

Eppure, nonostante la sua vita fosse fatta di solitudine, lotta e speranza, Paracelso amava la vita con tutta la forza del suo grande cuore. Era nel cuore della vita. Si è riconosciuto in questa terra bella e fiorente e l'ha accettata nonostante tutte le difficoltà.

Anche Paracelso era figlio del suo tempo: non riusciva a liberarsi dalle numerose superstizioni. Integrò anche la magia e la cabala, l'astrologia e l'alchimia nel suo grande sistema ordinato. Paracelso fu sempre integro, anche nelle sue contraddizioni. Visse e soffrì per la sua scienza e con la gente del suo secolo.

Non era uno spettatore del suo tempo; era un combattente e un creatore, ed era tedesco. Anche in questo caso era integro e diretto. Nel 1525 fu il primo professore a insegnare in tedesco in un'università. Confessò con orgoglio: "Sono un filosofo tedesco con una mente tedesca". Ma la sua professione di fede non era solo tedesca, ma anche l'inclinazione faustiana verso la verità, la profonda sete di conoscenza del mondo, il desiderio e l'aspirazione a comprendere l'infinito e la passione con cui esplora le profondità dell'essere. La sua vita e la sua opera erano tedesche, tedesco era lo spirito insaziabile che viaggiava costantemente per raccogliere nuove esperienze, tedesco era il suo atteggiamento combattivo. Era uno di quelli che navigano nella tempesta e sono disturbati dalla calma.

Le forze trainanti della sua fertile creazione erano il rispetto per le leggi eterne della vita, l'amore per la natura e per l'uomo.

Quando Paracelso sarà stato dimenticato per molto tempo, ci chiederemo perché questo solitario "predicatore dell'esistenza" abbia condotto una vita ricca e nostalgica di lotta costante. Ci rimane il suo invito a rimanere fedeli a se stessi e a riconoscere la verità dell'ordine naturale. Questa consapevolezza è espressa al meglio nelle sue parole: "Tutto ha un ordine.

Friedrich Oesterle

Pensieri di Paracelso

Esiste una gioia più grande che sentirsi vivere in armonia con la conoscenza della natura? Esiste una disgrazia più grande di un'intrusione nell'ordine naturale? Abbiamo il nostro posto nella natura.

Ippocrate ha fatto due esempi che ci permettono di capire cosa sono le disarmonie, ovvero: il troppo e il troppo poco, il superare la natura di troppo o il superare la natura di meno. Questo non va bene, perché bisogna mantenere la misura in tutto; il vuoto deve essere equivalente all'abbondanza. Quando si rompe l'equilibrio, la natura viene danneggiata e non lo tollera. Infatti, se consideriamo la natura come è nella sua essenza, allora dobbiamo ordinare tutte le cose, in numero, peso, misura, circonferenza, ecc. e nulla al di fuori di questo, né meno né più. Tutto è vano se non teniamo conto di questo.

Felice e di più è colui che ha la giusta misura e non ha bisogno dell'aiuto degli uomini, ma segue la strada che Dio gli indica.

La storia dell'umanità è la storia di pochi uomini.
Gli altri non c'entrano più dei pesci nel mare.

René Quinton

QUADERNO SS N. 5. 1942.

NIETZSCHE, IL PROFETA

Nato a Röcken, vicino a Lipsia, il 15 ottobre 1844, Friedrich Nietzsche apparteneva a quella generazione per la quale lo scoppio delle guerre d'indipendenza era ormai solo un ricordo d'infanzia. Ma la morte del padre spinse il bambino di cinque anni dalla canonica del villaggio alla città, e il quattordicenne dalla casa della madre e della sorella alla cerchia di amici della scuola del villaggio di Pforta. Gli anni dell'università furono trascorsi principalmente nell'ambiente culturale di Lipsia e nella cerchia di amici. All'età di ventiquattro anni fu accettato come professore di filologia classica all'Università di Basilea, e così la Svizzera divenne la sua casa professionale per dieci anni. Poté partecipare alla guerra franco-prussiana solo come infermiere volontario, soprattutto perché una ferita aveva interrotto prematuramente il suo primo anno di servizio.

In mezzo allo spirito competitivo e alla valorizzazione del successo industriale da parte dei suoi contemporanei, il ventottenne iniziò a lottare spietatamente per il diritto alla vita dell'anima tedesca per quindici anni in crescente solitudine. Dopo dieci anni, il fronte comune della borghesia arretrata e del materialismo liberale, che si opponeva alla sua dottrina della vita orgogliosa e pericolosa, vinse finalmente la sua resistenza fisica. Sulle Alpi e in Italia, l'uomo solitario medita, in costante lotta con il dolore che ha trionfato nel 1889. Il 25 agosto 1900 fu liberato dopo anni di follia, assistito dalla madre e dalla sorella.

Straniero in un secolo che rinnegava, nemico di coloro che gli stavano intorno e che gli erano antipatici perché vedevano la sua mancanza di valore e la esprimevano senza mezzi termini, Nietzsche visse la vita di un fuorilegge volontario, scrutando l'orizzonte in cerca di tempi migliori nell'isolamento delle alte montagne. Dalle rocce dell'Engadina, dove si era ritirato, osservava con preoccupazione l'uragano di civiltà, democrazia e conquiste materiali in cui l'Europa rischiava di sprofondare. Ciò che i suoi contemporanei consideravano un'espansione perpetua, lui vi scorgeva una crescente decadenza che cominciava a dissolvere tutte le nobili esistenze nel più dannoso materialismo. Più vicino alle stelle che al trambusto della città, l'abitante di Sils Maria volgeva il suo sguardo visionario verso un futuro con un tipo di uomo più elevato, verso un'epoca dominata da un nuovo ideale e da nuovi valori, che potevano essere raggiunti solo con un volontario distacco dagli eccessi del XIX secolo . Nietzsche vide il segno più fatale nella generale mancanza di motivazione, nella crescente pigrizia, nell'inerzia di anima, mente e volontà, nella felicità gregaria dell'agio borghese.

"Accolgo con favore tutti i segni dell'inizio di un'epoca virile e bellicosa che restituirà l'onore del coraggio! Perché deve aprire la strada a un'epoca ancora più grande e raccogliere la forza di cui avrà bisogno quell'epoca che esprime l'eroismo e incita alla guerra con il suo ideale e la sua logica guerriera. Uomini che, silenziosamente, solitariamente, risolutamente, capiscono che devono realizzarsi lavorando in silenzio. Uomini che, per natura, aspirano a tutto ciò che costituisce una prova. Uomini che animano con il loro spirito le feste, il lavoro e i giorni di lutto, essendo solidi leader e pronti quando necessario a obbedire, orgogliosamente nell'uno come nell'altro caso, uguali a se stessi: uomini pericolosi, produttivi, felici. Perché, credetemi! Il segreto di una vita veramente ricca e redditizia è vivere pericolosamente!

Critico e profeta allo stesso tempo, Nietzsche mostra la minacciosa decadenza ai suoi contemporanei presi dall'ebbrezza del progresso, ma allo stesso tempo rimprovera i pessimisti che si permettono disperatamente di credere nel declino, a causa della loro tracotante rassegnazione, mentre presenta loro la sua visione del futuro dai colori brillanti. Non siamo vittime di un destino inevitabile, ma solo la volontà decide della ripresa o del declino. "Volere è liberare, perché volere è creare. La creazione di una grande cultura e la realizzazione delle aspirazioni dell'umanità sono la missione dei tedeschi. Verso questo obiettivo, il nostro sforzo deve essere quello di "ripristinare la suprema unità tra la natura e l'anima del nostro popolo". È a questa unità tedesca che aspiriamo, ancor più ardentemente della riunificazione politica: l'unità dello spirito e della vita tedesca". Nietzsche notò le lacune dell'opera di Bismarck. L'unità interiore del popolo, l'armonia tra i suoi pensieri e le sue azioni, doveva essere riscoperta. "Formate in voi stessi un'immagine che corrisponda al futuro e non siate più esseri superstiziosi, epigoni". Nietzsche ha pronunciato la parola decisiva. Invita gli uomini a liberarsi dalla paura, perché sono solo epigoni, deboli discendenti di un grande passato che oscura tutto il futuro perché è un esempio irraggiungibile. Non dobbiamo vivere come epigoni la cui esistenza serve da misura, ma come precursori la cui grandezza deve ancora venire. Iniziare una nuova epoca, un'epoca di grandezza e di sovranità, senza guardare al passato, è coraggio. Per questo, Nietzsche privilegia il coraggio come fonte di tutte le virtù.

"Il coraggio e l'avventura, il desiderio dell'incerto, del rischio, il coraggio mi sembra la preistoria dell'uomo". Anche la guerra è sostenuta da Nietzsche. "La guerra e il coraggio hanno fatto cose più grandi dell'amore per il prossimo. Non è stata la vostra compassione, ma il vostro coraggio a salvare le vittime. Che cos'è il bene? Essere coraggiosi è un bene... Dovete andare incontro ai vostri nemici, dovete combattere la vostra guerra per le vostre idee! Quindi vivete la vostra vita nell'obbedienza e nella guerra! Che importanza ha una lunga vita! Quale guerriero vuole essere risparmiato? Io non vi risparmio, vi amo profondamente, miei fratelli di guerra!

Il leader va alla testa dei suoi guerrieri in una rinuncia eroica, sacrificata a se stesso. "Non importa cosa sacrifica il signore, il principe, l'individualista!

Non è il pericolo, ma ciò per cui lottiamo che ci deve unire come un popolo guerriero che lotta fino alla morte per il suo ideale. "Dobbiamo avere un obiettivo, e attraverso di esso amarci! Tutti gli altri obiettivi sono buoni solo per essere abbandonati! Lo spirito del soldato deve penetrare in tutte le classi lavoratrici, in tutte le professioni, perché è questo spirito che abolisce le differenze di classe e basa l'azione politica sull'atteggiamento. "Gli operai devono imparare a sentire le cose come i soldati. Un compenso, un salario, ma nessuna ricompensa. Nessuna relazione tra pagamento e risultato! Ma solo valutare l'individuo in base a ciò che può ottenere di più nel suo campo. Un giorno gli operai vivranno come i borghesi; ma al di sopra di loro, come dimostra la loro mancanza di bisogno; la casta superiore: quindi più povera e più semplice, ma detentrice del potere".

Nietzsche si presenta come il messaggero della vita con un entusiasmo per tutto ciò che rende l'uomo degno di vivere, che lo rende forte e orgoglioso, cioè che lo rende aristocratico. Nelle mani della natura, la guerra è un mezzo per preservare l'ordine vitale aristocratico.

Una società che rifiuta l'istinto di guerra e di conquista è in decadenza: è matura per la democrazia e il potere dei negozianti". Anche per questo motivo nutriva una fanatica avversione per la democrazia espressa dal parlamentarismo dell'Europa occidentale. "La democrazia europea non è uno scatenamento di forze. È soprattutto uno sfogo di pigrizia, stanchezza, debolezza. La democrazia è sempre stata una forma decadente di organizzazione delle forze. Nietzsche esprime così lo scopo dell'esistenza: l'uomo non cerca affatto la propria felicità, vuole qualcosa di totalmente diverso. "Non si può che essere inglesi per credere che l'uomo sia sempre alla ricerca di un vantaggio. Non è il liberalismo - l'ottundimento di massa tedesco, come diceva Nietzsche - ma la guerra a rendere l'uomo libero. "Perché cos'è la libertà?

È avere la volontà di essere responsabili. Di mantenere la distanza che ci separa. Che si diventi indifferenti alla fatica, alla durezza, alla privazione stessa della vita. Che si sia pronti a sacrificare gli uomini al proprio ideale, compreso se stessi. Libertà significa che gli istinti virili, guerrieri e vittoriosi hanno la supremazia su altri istinti, per esempio l'istinto di ricerca della felicità. L'uomo che è diventato libero, e ancor più lo spirito che è diventato libero, calpesta il genere spregevole sognato da negozianti, cristiani, pecore, donne, inglesi e altri democratici. L'uomo libero è un guerriero. In base a cosa si misura la libertà negli individui e nei popoli? Dalla prova che si deve superare, dallo sforzo necessario per andare avanti. Bisogna cercare il tipo superiore di uomo libero dove si presenta la sfida più grande. Nietzsche parla di filosofia come nessun altro pensatore prima di lui, e sa perché. In uno dei suoi ultimi aforismi afferma profeticamente: "La guerra attuale si è trasformata in una guerra di ideologie. La nostra superiorità non si basa solo sulle armi tedesche, ma anche sullo spirito tedesco.

Claus Schrempf

QUADERNO SS N. 3. 1942.

RICHARD WAGNER

Il rapporto del Führer con il Gran Maestro

Non è un caso o un capriccio che, tra tutti i grandi maestri della musica tedesca, Hitler nutrisse un particolare rispetto e ammirazione per Richard Wagner. Aveva anche una considerazione principesca per il gioiello culturale tedesco di Bayreuth. Il Maestro ne fu privato in vita dai governanti del Reich tedesco, all'epoca sotto il dominio prussiano.

Fin dall'inizio, i membri della famiglia del Maestro di Bayreuth hanno dimostrato la più profonda comprensione e la più fedele speranza.

I fratelli Grimm sono riusciti a far rivivere lo spirito delle vecchie leggende dei nostri antenati. "Racconto", xilografia di Switbert Zobisser.

In una lettera aperta del 1° gennaio 1924, nei tempi più bui, il genero di Richard Wagner, H.-St. Chamberlain, marito della figlia minore Eva, recentemente scomparsa, elogiò la personalità e l'opera di Adolf Hitler in modo profetico e con grande conforto di migliaia di tedeschi. Egli si è basato sulla forte parentela tra i grandi uomini, Wagner e Hitler, quando ha detto in questa lettera che il cuore è il fulcro dell'entusiasmo che forgia i pensieri di Hitler e che il leader tedesco ama il suo popolo con una passione ardente. Anche Wagner amava appassionatamente il popolo tedesco e non chiedeva altro che il suo "amore sincero" per ciò che gli stava dando. Fu ricompensato, ma forse non in modo così estremo e travolgente come il Führer. Il popolo poteva solo ringraziarlo con il suo amore costante e appassionato.

Incontro tra due grandi artisti: Richard Wagner di Arno Breker.

Ma il fatto che il Führer ricordi la simpatia e la lealtà dimostrate dalla Casa di Wahnfried molto prima del 1933 non spiega ancora la sua passione e il suo rispetto per il Maestro di Bayreuth: nello stesso modo in cui mantiene Bayreuth, il Führer vuole permettere a migliaia di suoi connazionali di godere dei più grandi beni culturali dell'umanità non pagando grandi somme di denaro, ma gratuitamente, come Richard Wagner desiderava fare fin dall'inizio. In questo modo, Adolf Hitler sta anche pagando questo vecchio debito al Maestro della musica tedesca, perché nessuno dei grandi compositori tedeschi ha mostrato una tale preoccupazione per la Germania. Nessuno ha lottato così instancabilmente con le sue opere per tutta la vita per il dominio della Germania, e nessuno ha visto così chiaramente e chiaramente come Richard Wagner "dove si nascondono i veri nemici della Germania".

Il Führer sa che l'arte magnifica e profonda di Richard Wagner significa soprattutto per il visitatore del Festival di Bayreuth un aumento del dinamismo, un'elevazione della vitalità a lui necessaria e che gli procura una gioia di vivere, un "divertimento dell'esistenza sempre basato sulle belle illustrazioni delle forze ideali della natura umana". Il Führer era un fedele ed entusiasta visitatore del Festival di Bayreuth, ammirando la purezza e la libertà di quest'arte ideale. Nel terzo anno di questa terribile lotta per la libertà della Germania e del mondo intero, la grande arte solenne di Richard Wagner riempie migliaia di persone di speranza creativa, quel figlio dell'amore eterno che dà forza agli uomini in lotta.

Si può paragonare la movimentata esperienza della prima rappresentazione di Lohengrin a Linz, a cui assistette il dodicenne Adolf Hitler, con il giorno in cui il Cancelliere, ora leader di tutti i tedeschi, alza la mano protettiva sull'opera del Maestro di Bayreuth! La descrizione nel *Mein Kampf* mostra l'impatto che questa rappresentazione di Lohengrin ebbe su Hitler. Il Führer ne ricorda le evocazioni luminose con queste parole: "Questa canzone mi aveva stregato. Il mio entusiasmo giovanile per il maestro di Bayreuth non conosceva limiti. Le sue opere erano per me il riferimento assoluto e considero un'opportunità speciale aver potuto sostenere una passione crescente grazie alla semplicità della rappresentazione locale. L'azione di forze misteriose può essere vista se pensiamo alla predizione fatta al re Heinrich e messa in bocca a Lohengrin dal poeta Richard Wagner:

"A voi, i Puri, è concessa una grande vittoria. In Germania, in giorni lontani, le truppe orientali non andranno mai vittoriose.

Ora i nostri tempi difficili professano questa grandiosa confessione: *il* potente *combattente* che da bambino conservava questi versi nel suo cuore camminerà su questo pianeta finché esisterà!

Hans Gansser

OPUSCOLO SS N. 7. 1938.

GUSTAVO KOSSINNA

Il vecchio maestro della ricerca preistorica tedesca

La preistoria tedesca, vista dal punto di vista della razza, costituisce oggi la chiave di volta della nostra ideologia nazionalsocialista e abbiamo il dovere di conoscere il livello culturale raggiunto dai nostri antenati germanici. Impariamo a conoscere il nostro passato razziale non solo in tutte le scuole, ma anche attraverso l'educazione di tutti i nostri cittadini da parte del Partito e delle sue organizzazioni. Mentre altre nazioni da tempo insegnano ai loro giovani il loro passato più antico, sotto l'influenza di un "ideale culturale umanistico unilaterale", in Germania si è sviluppata una preferenza per lo studio di popoli e culture straniere, in particolare le culture classiche dei Paesi mediterranei. Questa visione ristretta ha portato i nostri libri di testo a trascurare il nostro passato!

La cultura degli antichi egizi, greci e romani viene messa in primo piano, mentre il nostro passato germanico viene presentato come quello di una civiltà rozza e barbara. I Germani si sono liberati dalla loro barbarie e sono stati portati a un livello superiore di civiltà solo grazie al contatto con le correnti provenienti dal sud; ciò è stato particolarmente marcato nella parte occidentale della nostra patria al tempo della conquista e della dominazione romana.

Mentre ogni anno si spendevano ingenti risorse per lo studio delle culture straniere, per lo studio della preistoria tedesca erano disponibili solo budget molto modesti. Questo fa capire il significato delle parole lasciateci da un poeta: "A Roma e tra i lapponi scavano in ogni angolo, mentre noi ci facciamo strada a tentoni nella casa dei nostri padri".

Dobbiamo esclusivamente a Gustav Kossinna, l'antico maestro della preistoria tedesca, il fatto che sia stato raggiunto un punto di svolta in questo senso e che sia stato portato alla luce il vero valore del nostro passato. Kossinna ci ha insegnato: "Non saremmo nulla di ciò che siamo oggi se non avessimo l'immenso patrimonio dei nostri antenati".

Gustav Kossinna nacque il 28 settembre 1858 a Tilsitt, nella Marca tedesca orientale. Come i suoi antenati, anch'essi originari della Prussia orientale, mantenne per tutta la vita profonde radici nella sua terra d'origine. L'amore per la sua terra d'origine è costantemente evidente in una serie di opere importanti che ha dedicato esclusivamente ad essa. I suoi genitori erano rigorosamente conservatori; da qui il suo forte sentimento nazionalistico fin dalla prima giovinezza.

Dal 1876 al 1881 si dedicò alla filologia a Gottinga, Lipsia e Strasburgo e poi, più in generale, allo studio dell'antichità tedesca.

A Berlino, il suo insegnante, il famoso Müllenhoff, ebbe un'influenza decisiva su di lui e indirizzò i suoi studi in una nuova direzione. Lavorando sulla base delle ricerche del suo master, Kossinna si rese presto conto che la scienza linguistica aveva molto meno da contribuire alla sociologia, all'antropologia e alla storia della colonizzazione tedesca rispetto all'esplorazione del patrimonio culturale concreto del suo passato.

Dopo aver completato gli studi a Strasburgo, nel 1881 ottenne il dottorato in filologia e si dedicò alla professione di bibliotecario per guadagnarsi da vivere in fretta. Una lunga carriera di bibliotecario lo portò da Halle a Bonn e a Berlino. Durante tutti questi anni si dedicò ardentemente allo studio della preistoria tedesca, acquisendo attraverso innumerevoli visite ai musei tutte le conoscenze necessarie per affrontare le questioni razziali dell'antichità con notevole facilità. Sappiamo che spesso si sottrasse all'ambito ristretto della sua professione per dedicarsi alla ricerca scientifica. Lo dimostra il fatto che i suoi superiori lo accusavano di abbandonare il lavoro professionale per i suoi studi scientifici.

Quando nel 1895, in occasione di un incontro di antropologi a Kassel, ottenne la notorietà con un trattato sull'"Espansione preistorica dei popoli germanici in Germania", la direzione del suo lavoro futuro era ben definita. In questo trattato, che rappresentò una pietra miliare nella sua carriera di ricercatore, Kossinna presentò il suo nuovo metodo di insediamento archeologico, che sarebbe stato la chiave per comprendere la diffusione delle tribù preistoriche.

Dobbiamo ricordare rapidamente il momento in cui è nata l'indagine preistorica nazionale, foriera di una scienza rivoluzionaria.

Per mostrare l'importanza di questo sconvolgimento, è necessario descrivere la situazione della preistoria in quel periodo. Non era rappresentata nell'istruzione superiore ed era solo una scienza accessoria in tutti i settori. Storici, archeologi, antropologi ed etnologi la adottarono nella loro sfera di lavoro. Solo molte società locali tiranniche se ne interessavano e l'antichità tedesca era stata bollata come una scienza di seconda categoria. Solo la Società Antropologica, in quanto grande associazione scientifica, fece uno sforzo notevole per studiare il passato. Inoltre, l'intera ricerca era influenzata dallo spirito del "romanismo", una visione unilaterale dal Sud che non lasciava spazio alle intuizioni del Nord.

In quel momento risuonarono le parole di Kossinna: "Se oso mettere in relazione l'archeologia della patria con la storia e considero la mancanza di resoconto dei ricchi reperti raccolti dal nostro attuale lavoro nel suolo natio..." parole che aprirono la sua dichiarazione a Cassel e che suonarono come una tromba rivoluzionaria che annunciava uno studio sconvolgente della ricerca preistorica nazionale.

Il profondo amore dell'ardente e patriottico precursore dell'antichità germanica è espresso nelle sue conclusioni di allora: "Il carattere nazionalista tedesco e la civiltà tedesca, nella sua vigorosa supremazia, non hanno alcun bisogno, per sostenere la loro futura espansione o anche per la sicurezza della loro esistenza, di fare riferimento a titoli di proprietà di millenni passati, come hanno fatto altre nazioni non senza fare violenza ai fatti storici. Noi tedeschi, e con noi tutti gli altri membri delle famiglie germaniche, non possiamo che essere orgogliosi e ammirare la forza del piccolo popolo nordico, vedendo come i suoi figli hanno conquistato, nella preistoria e nell'antichità, l'intera Scandinavia e la Germania, diffondendosi nel Medioevo in tutta Europa e, ai nostri giorni, nelle parti più lontane del globo".

In questo trattato fu decisivo l'uso di un nuovo metodo di ricerca da lui inventato, "il metodo della colonizzazione archeologica", che aprì la strada a nuove scoperte. In seguito riassunse questo metodo di lavoro in una frase: "Regioni archeologiche strettamente limitate hanno sempre corrisposto a popoli o gruppi etnici ben definiti.

Sebbene questo nuovo metodo di indagine abbia incontrato molte ostilità, la sua accuratezza è diventata sempre più evidente, tanto che ancora oggi costituisce la base per lo studio della nostra preistoria.

Dopo molti sforzi, nel 1902, grazie al sostegno di molti amici che avevano chiaramente riconosciuto in Kossinna un ricercatore eccezionale, riuscì a ottenere la prima cattedra di archeologia all'Università di Berlino, dove poté sviluppare un'ampia attività didattica per un periodo di ventitré anni.

Non capiamo che abbia dovuto lavorare tutta la vita come professore, certamente notevole, e che non sia mai riuscito a ottenere una cattedra universitaria adeguata. Questo si spiega solo con le grandi difficoltà incontrate durante la sua carriera. La forte connotazione "nazionalistica" di tutto il suo lavoro gli procurò molti nemici, ma gli fece guadagnare molti amici entusiasti. D'altra parte, egli si oppose a una certa scienza "oggettiva", sottolineando in tutte le sue ricerche la forza imponente delle razze del passato.

Solo chi conosce gli ostacoli che ha affrontato, chi si rende conto di come questo ricercatore, pieno di ardente sentimento nazionalista, uno dei più grandi del nostro popolo, abbia lottato per lo sviluppo della sua scienza, può comprendere appieno l'opera della sua vita.

Non si trattava solo di porre fine alla menzogna sulla barbarie dei nostri antenati, ma prima di tutto di esorcizzare l'ottica che, sotto la copertura della parola feticcio "ex oriente lux" (la luce viene dall'Oriente), cercava il punto di partenza di ogni sviluppo culturale. Del resto, la prova era lì: queste culture orientali avevano spesso tratto ispirazione dal Nord. Inoltre, questo ramo innovativo doveva essere liberato dalla morsa nociva delle discipline vicine prima di potersi sviluppare.

Kossinna ha consapevolmente condotto a buon fine questa lotta, una lotta in cui si è trovato molte volte da solo contro molti avversari. È comprensibile che si sia fatto molti nemici da tutte le parti. Siamo stupiti di vedere un singolo individuo, privo dei grandi mezzi a disposizione dei suoi avversari, nel bel mezzo delle peggiori prove della guerra e della decadenza nazionale, portare a buon fine il suo lavoro e, allo stesso tempo, fondare la società per la preistoria tedesca che vi è legata.

Gli era chiaro che, oltre a insegnare ai suoi studenti, che poi avrebbero lottato per il vero valore del proprio passato, doveva guidare un'importante società che avrebbe diffuso le scoperte fatte sul passato tedesco nei più ampi ambiti popolari.

Per questo motivo, nel 1909 fondò la "Società per la preistoria tedesca", che aveva come organo di stampa la rivista Mannus. Fino alla sua morte, riuscì a pubblicare ventitré volumi di questa rivista. Questa società è oggi il nucleo del "Reichsbund für deutsche Vorgeschichte" (Lega per la Preistoria Tedesca) nazionalsocialista.

I suoi avversari hanno spesso rimproverato a Kossinna di aver presentato l'aspetto germanico delle sue scoperte in modo troppo unilaterale e quindi di aver superato il suo obiettivo. A questo dobbiamo rispondere che il vecchio maestro è stato il primo a permetterci di apprezzare la nostra cultura di fronte alle culture europee straniere. La consapevolezza della Germania delle conquiste e dei risultati dei propri antenati può essere attribuita esclusivamente alla costante lotta di Kossinna contro la vecchia routine scientifica tedesca, entusiasta dei "popoli classici del Sud" e incomprensibilmente contraria alla "barbarie" dei nostri antenati.

I suoi numerosi scritti, pubblicati in articoli di giornale, nel periodico *Mannus* e nella sua raccolta, la "Biblioteca Mannus", ebbero il massimo successo. I cinquantuno volumi della raccolta pubblicati prima della morte dell'autore testimoniano in modo eloquente lo spirito creativo di Kossinna.

I suoi libri: *Preistoria tedesca, una sorprendente scienza nazionale* (I ed. nel 1912), *L'età dell'oro germanica nell'età del bronzo* (1913), *Gli indo-germanici* (1921), *L'alta civiltà germanica* (1927), *L'ascesa e l'espansione dei Germani* (1928), *La cultura germanica del primo secolo d.C.* (1931), ci hanno fornito una fonte inestimabile di documentazione sul nostro passato.

Quando Kossinna morì, dopo una breve malattia, all'età di settantatré anni, il 20 dicembre 1931, la Germania nazionalista perse in quest'uomo straordinario un pioniere dell'esplorazione dell'antichità tedesca che non nascose mai, nemmeno nei giorni più bui della nostra patria, le sue convinzioni.

La sua vita fu povera di onori; la sua cattedra fu rifiutata e spesso si cercò di farlo tacere. Il suo lavoro fu onorato solo poco prima della sua morte, quando una folta delegazione dell'Università di Berlino, guidata dal rettore, venne a congratularsi con lui per il giubileo d'oro del suo dottorato.

Se il valore del suo lavoro fosse stato riconosciuto prima e lo Stato gli avesse fornito l'assistenza necessaria, la scoperta dell'antichità tedesca avrebbe potuto svilupparsi in un quadro completamente diverso. Possiamo solo ringraziarlo per il suo magnifico lavoro continuando l'opera iniziata nella direzione da lui desiderata.

(Si veda anche R. Stampfuß: *Gustave Kossinna, une vie consacrée à la préhistoire allemande*. Kurt Kabitsch, Leipzig 1935, e il catalogo *L'antiquité vue sous l'optique nationaliste*, pubblicato dallo stesso editore).

II. LA GEOPOLITICA

CASA DELLE TRUPPE SS N. 3 SPECIALE. 1940.

SS-USTUF. DR JULIUS SCHMIDT, PARIGI :
FRANCIA

Quando Laval incontrò il Feldmarschall generale von Brauchitsch, fece il paragone con il generale Gamelin; *allora capì, come dice, perché la Francia aveva perso la guerra.*

Laval dimostrò così di aver intuito le cause del mostruoso crollo militare e morale della Francia: *nell'ora decisiva, il Paese non possedeva uomini con una personalità e un'idea, una concezione ben definita dell'ordine.*

L'intelletto francese era pronto ad accettare questa verità solo nei primi giorni del crollo. Oggi non lo è. All'epoca, quando le armate tedesche si precipitavano in una corsa vittoriosa dalla Mosella a oltre la Garonna, quando a Bordeaux i politici preparavano febbrilmente la fuga, quando i cadetti della scuola di cavalleria di Saumur si lanciavano disperatamente contro i tedeschi lungo la Loira, l'intelletto francese, sotto la pressione degli eventi, era pronto ad ammettere il fallimento delle qualità umane della Francia. Ma ora che le strade sono di nuovo vuote di migliaia di rifugiati sudati, di madri e bambini vaganti, di cavalli sfiniti sulle loro barelle, che a Parigi si può di nuovo bere il proprio aperitivo familiare e che si può di nuovo immergere la canna da pesca per ore e ore nei fiumi senza essere disturbati, non si vuole più crederlo. Da *quando la vita è tornata alla normalità, abbiamo trovato il tempo di studiare il problema da un altro punto di vista.*

Ora giudichiamo gli eventi in modo razionale, come si addice a un francese. Se chiedete a un ufficiale le ragioni della sconfitta, vi risponderà: non eravamo abbastanza motorizzati. Se lo chiedete a un civile, vi dirà che i politici avevano da tempo sottovalutato le invenzioni della guerra. Se chiedete a un uomo intelligente, vi risponderà: i nostri politici erano *stupidi.*

Questa è la caratteristica dell'opinione corrente da parte francese. Si crede che, da parte tedesca, il buon equipaggiamento e la pura intelligenza abbiano avuto la meglio, ma si dimentica che l'equipaggiamento rimane una cosa morta se non viene usato da uomini di cuore, e che, laddove l'intelletto fallisce, la sola fede può forzare il destino. *Se i francesi fossero stati consapevoli di questa verità, oggi non si chiederebbero perché i loro carri armati da 32 tonnellate, i mostri d'acciaio su cui il comando francese aveva riposto le sue speranze decisive, non sono riusciti a contenere lo sfondamento di Arras.*

L'importanza del *sentimento* e della *tradizione francese* è stata ripristinata. Gli intellettuali cercano nuova forza in una storia glorificata dai suoi monumenti sulle rive della Senna, ma dimenticano ciò che potrebbero imparare da essa. Molti francesi oggi leggono i nomi scolpiti sulla pietra dell'Arco di Trionfo in memoria dell'esercito del grande corso e fanno tristi paragoni con il tempo presente. *Nei loro commenti, però, dimenticano che quell'esercito portava la sua ideologia nelle mense, che Napoleone non partì per la sua marcia attraverso l'Europa solo con il suo equipaggiamento e la sua nuova linea di fucilieri voltigeurs,* ma che i suoi soldati - si può discutere sulla successiva attuazione - avevano fede. Si trascura il fatto che, per questo esercito, "Lunga vita all'Imperatore" e "Guerra ai palazzi, pace ai casolari" erano più che semplici parole.

Il francese che traccia un ritratto della Francia si rifiuta di accettare questa evidenza. Il nazionalsocialismo è al di là del suo pensiero cartesiano. Non vuole capire che è entrato in guerra senza idee ed è stato travolto da una nuova ideologia.

Su questo sfondo spirituale, iniziò l'annuncio di una collaborazione franco-tedesca. I francesi accettarono a loro vantaggio. Il popolo, i cui leader erano principalmente avvocati e la cui politica degli anni precedenti era stata segnata dal "contratto collettivo", iniziò immediatamente a pensare come gli avvocati: un contratto di lavoro con paragrafi precisi sarebbe nato nel prossimo futuro. Il maresciallo Pétain si è recentemente espresso contro l'opinione dei suoi compatrioti quando ha sottolineato che l'era degli avvocati era finita e che la "collaborazione" doveva essere considerata in fase di sviluppo.

Vecchie idee e opinioni caotiche vengono abbandonate alla ricerca di una nuova direzione. I gruppi che basano il loro programma sull'esempio nazionalsocialista o fascista credono che una rivoluzione nazionale si ottenga solo con l'uniformità. I leader di questi gruppi si recano nelle sedi tedesche per ricevere la letteratura nazionalsocialista e poi la utilizzano a scopo formativo. *Nella loro foga dimenticano una cosa: le rivoluzioni sono strettamente legate alla razza e al tipo di vita del popolo.*

Così ci sono partiti come il "Parti Français National Collectiviste" che hanno creato una "Garde Française", una "Garde Spéciale" e un "Jeune Front" nello spirito delle SA, SS o HJ. Esiste un "Parti Français National-Socialiste" che ha creato "Troupes d'Assaut" e un "État-Major". Anche questi gruppi hanno tra le loro fila un'opposizione che sostiene di aver compreso il nazionalsocialismo nella sua forma più pura.

Doriot scrive su *Le cri du peuple*. Ex comunista, è passato al campo nazionalista. Afferma che, come in passato in Germania, i comunisti devono essere convertiti al nazionalismo. Aderisce alla politica del maresciallo Pétain, il "Grand Vieux". Vale la pena notare quanto egli voglia fare un parallelo tra la sua posizione e quella del vecchio, da un lato, e l'evento del 30 gennaio 1933 in Germania, dall'altro.

Le potenze si propongono di ricostruire la Francia, che difficilmente svolgerà il suo vecchio ruolo nelle prossime rivoluzioni. I *realisti* avevano annunciato le loro rivendicazioni e credevano di poter accedere al nuovo ordine europeo attraverso una Restaurazione. Avevano piazzato a Vichy i loro uomini di fiducia che dovevano preparare il terreno per il futuro regno di Francia, per il Conte di Parigi. L'"alta società" dei castelli della Loira, nella zona occupata, sembrava esteriormente apolitica. *In realtà, l'idea della Restaurazione era così forte che i politici dovevano tenerne conto e lo fecero.*

La Chiesa offrì i suoi servizi, il cui sviluppo tenne a bada il secolarismo e la massoneria. A Vichy aveva un'influenza dominante e si aspettava una protezione speciale dal Maresciallo. Non aveva mai sperato di rafforzare la sua posizione come oggi. Anche i *comunisti* hanno avuto il loro posto in questa lotta. È vero che agiscono illegalmente, ma sanno bene chi sono i loro alleati: *la situazione sociale tesa che segue una guerra persa. Il loro appello è rivolto alle masse, che soffrono maggiormente per le restrizioni quotidiane. Si chiede del *contadino*. La risposta si trova quando vediamo che anche la maggior parte degli *insegnanti* non ha imparato o dimenticato nulla.

Al di là del corso apparentemente normale degli eventi quotidiani, molte persone ottengono le informazioni da una cosiddetta "fonte affidabile" e le diffondono nelle discussioni familiari, negli uffici o nei salotti parigini. Il tema di queste informazioni è sempre lo stesso: *Roosevelt e l'America. Si cercava di risollevare il morale, visto che il colpo finale non era stato sferrato contro l'Inghilterra. Qui, in questi salotti, circolano idee che erano ugualmente valide nel 1900 e nel 1918. L'analisi del carattere tedesco si limita ai "racconti d'inverno" di Björn o Heine, analisi che non si preoccupa nemmeno di distinguere tra "prussiani" e "tedeschi" nell'anno 1940. Inoltre, il logoro slogan di Daladier, secondo il quale non stavamo combattendo contro la Germania di Goethe ma contro la Germania di Hitler, continua a ossessionare le menti. Questo si chiama avere "spirito".

Il vecchio *amor proprio* è radicato nelle combinazioni politiche. Non si vuole riconoscere che la mancanza di uomini, nel vero senso della parola, di uomini di qualità, è stata la causa essenziale della sconfitta. *Così, ad esempio, si tendeva a interpretare i colloqui franco-tedeschi come una richiesta di sostegno francese.*

La Francia è sempre stata conosciuta come una vecchia nazione di rentiers e non ha perso, nemmeno oggi in tempi di difficoltà, questa mentalità di tranquillità borghese e di comodità quotidiana. Certo, siamo disposti a imparare le lezioni della guerra, ma non a pagarne il prezzo. Così si credeva che dopo il primo contatto tra il Führer del Reich e Pétain, una massa di benefici si sarebbe riversata in Francia. Poiché ciò non avvenne, seguì la delusione. La gente vuole solo guardare alla ripresa della Germania al suo culmine, ma non vuole considerare che questa ripresa è stata ottenuta attraverso l'occupazione della Ruhr, attraverso la miseria dei disoccupati e attraverso enormi sacrifici personali e politici. *La Francia crede che il destino farà un'eccezione per lei; non vuole credere, nelle sue ore di dolore, che la sua rinascita avverrà solo attraverso il dolore.*

Forse la situazione cambierà un po' quando la vita della Francia non sarà più influenzata dagli intellettuali "nascosti", ma quando i migliori dei suoi figli, che di recente hanno difeso con ostinato coraggio la linea Weygand sull'Aisne e sulla Somme, saranno tornati dai loro stalag. Tuttavia, le perdite umane non possono essere compensate, il che è molto preoccupante per la Francia, un Paese che manca di bambini.

Il tentativo di trovare un nuovo rapporto franco-tedesco basato sulla generazione dei veterani del 14-18 fallì. Il simbolo di questo tragico fallimento fu la morte del professor von Arnim, presidente della Società franco-tedesca, che aveva dedicato molti anni alla riconciliazione franco-tedesca; cadde alla testa del suo reggimento nel giugno 1940.

Ci si chiede cosa ne sarà dei giovani di 39-40 anni che hanno impugnato di nuovo una pistola. Oggi non si può dire nulla.

La tomba del maresciallo Foch si trova agli Invalides di Parigi. I Poilus trasportano il loro comandante in capo su una barella. La tomba è trattata con il rispetto che un soldato deve al suo avversario. Ma ci si chiede se noi tedeschi dovremmo considerare questo monumento come un simbolo: abbiamo seppellito certi principi con Foch?

Un opuscolo dà la risposta: distribuito recentemente a Parigi, evoca il processo Riom. In un disegno, il vecchio Clemenceau avanza verso il tavolo del giudice e, indicando se stesso, dice: "e io?"

Lo spirito che emerge da questo opuscolo ci insegna che dobbiamo tenere gli occhi aperti. Dietro il volto educato che i francesi ci mostrano ogni giorno, potrebbe nascondersi la crudeltà che abbiamo sperimentato il Venerdì Santo a Essen nel 1923.

Questo ci insegna a non avere una visione sentimentale del problema franco-tedesco; dobbiamo mantenere la calma, rimanere *totalmente obiettivi, puramente politici!*

SERVIZIO POLITICO PER LE SS E LA POLIZIA.

LINEE GUIDA PER L'EDUCAZIONE IDEOLOGICA DEGLI ALSAZIANI

Storia dell'Alsazia
nel contesto della storia del Reich e dell'Europa

a) Il paesaggio dell'Alsazia, quel giardino benedetto tra il Reno e i Vosgi, corrisponde in tutto e per tutto al paesaggio del Baden. La natura ha creato due regioni assolutamente simili su entrambi i lati dell'Alto Reno. Il carattere di questo paesaggio di fiumi e montagne trasformati dall'uomo in campi e vigneti, città e villaggi, è identico in entrambe le regioni.

È vero che l'Alsazia e le sue città sono ancora più intrise di sogni storici, più vicine al Medioevo e alla sua sovranità rispetto al Baden, più aperto al traffico e all'industria. Tuttavia, l'unità del territorio rimane. I secolari tentativi dei francesi di annettere questa regione rurale e "geopolitica" erano quindi chiaramente innaturali. Testimonianze memorabili del Reich e della sua cultura, nel Baden meridionale, la magnifica Cattedrale di Friburgo, nell'Alsazia settentrionale, il capolavoro unico di Erwin von Steinbach, la Cattedrale di Strasburgo, si fronteggiano.

Grandi opere dell'arte tedesca sono nate in Alsazia (Mathias Grünewald, Martin Schongauer, Baldung Grien).

b) Gli abitanti dell'Alsazia, come quelli del Baden, appartengono allo stesso ceppo alemanno. Gli alsaziani parlano uno dei più antichi dialetti tedeschi, l'"Elslisser Ditsch". D'altra parte, non bisogna trascurare il fatto che il carattere alsaziano è stato plasmato dalla storia, dalle tempeste secolari del suo destino veramente europeo, diversamente da quello del Baden. Il destino è stato più clemente con quest'ultimo; è più calmo, più sicuro di sé rispetto all'alsaziano più originale, spesso più scontento e sciovinista, che è riuscito a conservare il suo particolarismo per secoli, ma ha anche sviluppato una naturale contraddizione al limite dell'*opposizione di principio*. È così che dobbiamo comprendere, almeno in parte, i contrasti con i cugini del Baden che sono ancora vivi oggi. È comprensibile che l'alsaziano sia orgoglioso e ami la sua bella patria e le sue ricche tradizioni culturali. L'Alsazia fa parte della sfera germanica da 2000 anni. Nel 58 a.C., il fertile territorio era già stato rivendicato dai Suevi, il cui straordinario generale *Ariovisto* fu sconfitto da *Cesare* davanti a Mulhouse. In seguito, l'Alsazia divenne parte della provincia romana dell'*Alta Germania*. All'epoca delle grandi invasioni, l'Alsazia fu occupata quasi ininterrottamente dagli Alamanni.

Dopo la vittoria di *Clodoveo* sugli Alamanni a Tolbiac nel 496, l'Alsazia divenne un centro regionale dell'Impero franco. Dopo il crollo dell'Impero di Carlo Magno, il Paese fu annesso prima al regno di *Lotaringia* nell'843, al momento della spartizione di Verdun, e poi nell'870 all'Impero franco-tedesco d'Oriente, con il *trattato di Mersen*.

Da quando Heinrich I, il vero fondatore dell'Impero tedesco, e il suo potente figlio Ottone I il Grande, che fece dell'Impero una potenza europea, la Francia è stata respinta al confine dei quattro fiumi, la Schelda, la Mosa, la Saona e il Rodano. L'Alsazia conobbe il suo boom culturale e religioso già prima dell'anno 900. Dopo gli imperatori sassoni, la nuova fusione degli Alamani con la stirpe dei duchi di Svevia e Alsazia e la promozione degli Hohenstaufen svevi alla dignità imperiale furono l'inizio di un'epoca brillante per il Paese. Federico Barbarossa risiedeva nel suo castello imperiale di *Haguenau* e il suo brillante nipote Federico II considerava l'Alsazia il suo "bene ereditario più prezioso".

Ora, situata quasi al centro dell'Impero, l'Alsazia rappresenta l'asse dell'Europa unita al suo interno. Qui sono nati grandi storici e poeti (Gottfried di Strasburgo, l'autore di "Tristano e Yseult", Reimar von Haguenau).

Dopo la caduta degli Staufen, nel 1268 la regione di confine passò nelle mani dei conti asburgici della successiva generazione di imperatori. Poco dopo, tuttavia, nel corso dei secoli successivi, una crescente pressione da parte della Francia iniziò a essere esercitata sui confini occidentali del Reich. Più l'unità tedesca declinava nel corso di questi secoli, più l'Alsazia, priva di una dinastia madre, si frammentava in un mosaico di piccoli principati. Il labirinto di piccole città libere, principati, città imperiali, capitoli e monasteri ricorda in piccolo la decadenza dell'Impero stesso.

Nel XV secolo, un primo attacco francese fu coraggiosamente respinto. Un secolo dopo, nel 1552, il tradimento dell'Elettore *Moritz di Sassonia,* che consegnò i *vescovati di* Metz, Toul e Verdun al re di Francia, annunciò i maggiori pericoli per la regione, mentre a partire dal XV secolo l'intera vita spirituale dell'Alsazia raggiunse il suo apice. (1439, completamento della Cattedrale di Strasburgo, 1440, invenzione della stampa a caratteri mobili da parte del Mayençais *Gutenberg,* a Strasburgo).

Il Paese vive la Riforma mentre è ancora sotto la sovranità tedesca e allo stesso tempo una potente rivoluzione scientifica (umanesimo dell'Alto Reno) e letteraria. (Butzer e Jacob Sturm, riformatori di Strasburgo, si confrontano con il grande poeta satirico cattolico Thomas Murner). Gli sforzi riformisti imperiali e socio-rivoluzionari del movimento contadino, che nasce in Alsazia con una forte tendenza antiebraica, mettono in fermento il Paese; anche in Alsazia il particolarismo spirituale e mondano dei principi laici e religiosi ha la meglio sui cavalieri fedeli all'impero contadino e cittadino. La situazione era matura per la Francia e l'Alsazia divenne il focolaio della politica europea.

Il XVI secolo vide l'estrema povertà del Reich e del popolo tedesco. La Guerra dei Trent'anni sancì il trionfo del feudalesimo e delle divisioni religiose e locali. La dinastia cattolica degli Asburgo, sempre più lontana dalla Germania, dovette combattere una guerra su due fronti, a ovest e a est (Turchia, Ungheria, Boemia) e si impantanò con la Spagna in una sfortunata politica sovranazionale. Ma la Francia, il cui regime reale controllava le tensioni partigiane e fondava lo Stato amministrativo assolutista, sfruttò l'opposizione politica e religiosa nell'Impero e, nel XVIII secolo, il dualismo Prussia-Austria, per raggiungere il suo obiettivo: l'*egemonia in Europa.* L'Alsazia, punto centrale, sarà la posizione chiave per tutti i suoi sforzi.

Nel 1629, il grande Cardinale de Richelieu scrisse il suo famoso programma che, nonostante il mutare dei regimi politici, rimase alla base della politica estera francese fino al 1940. Richelieu apprezza con acume la posizione cruciale dell'Alsazia "... per conquistare con Strasburgo una via d'invasione verso la Germania, lentamente, discretamente, prudentemente".

La Francia era già riuscita a prendere piede in Alsazia durante la Guerra dei Trent'anni. *Il Trattato di Westfalia del 1648,* che per gli storici francesi del XX secolo è ancora la grande carta della politica estera francese, trasferisce alla Francia (con una terminologia giuridica molto ambigua) i possedimenti e i diritti della Casa d'Asburgo.

Luigi XIV, il "Re Sole", annesse la terra tedesca dell'Alsazia pezzo per pezzo attraverso gli editti dei suoi famosi "parlamenti" con la scusa di una procedura legale spudorata.

L'Impero riuscì a radunare un esercito sulla riva sinistra del Reno contro il brigantaggio di Luigi XIV, con l'aiuto del *Grande Elettore* di Brandeburgo. La superiore diplomazia francese giocò le sue carte contro l'Austria asburgica e brandeburghese in Svezia e in Polonia (e più tardi con i turchi contro Vienna) per proteggere la sua politica ladresca. Il Grande Elettore lasciò l'Alsazia alla fine del 1674. Nel 1675 ottenne una brillante vittoria a Fehrbellin contro gli svedesi, ma la Francia aveva raggiunto il suo obiettivo: nel 1681, in piena pace, un forte esercito francese catturò la libera città tedesca di Strasburgo. La perdita dell'Alsazia fu così sancita per 189 anni. La grande indignazione di tutto il popolo tedesco per questa infamia non servì a nulla, anche se il *Grande Elettore* e altre importanti personalità tedesche come il Margravio Ludovico di Baden si pronunciarono contro l'oltraggio al Reich. Nel 1684, il Reich dovette concludere un armistizio ventennale con Luigi XIV a Ratisbona, in base al quale conservava tutte le regioni che aveva posseduto fino al 1 agosto 1681, compresa Strasburgo (rubata il 30 settembre).

Per inciso, *il vescovo* locale, *Franz Egon von Fürstenberg,* svolse il pietoso ruolo di traditore nella presa di Strasburgo. Quando Luigi XIV fece il suo ingresso solenne nell'ex città imperiale, il principe della Chiesa di origine tedesca lo salutò con ripugnante blasfemia e iniziò il suo discorso con le parole bibliche: "Signore, lascia che il tuo servo vada in pace, perché i miei occhi hanno visto il tuo unto".

Verso la fine del secolo, anche la Prussia tradì egoisticamente gli interessi superiori dell'Impero nel Trattato di Basilea (1795) e cedette l'Alsazia alla Francia. Sotto la monarchia borbonica, non ci fu alcuna romanizzazione fino alla grande Rivoluzione. Politicamente, è sì una proprietà della Francia, ma è trattata come una provincia straniera. In ogni caso, culturalmente, il legame con il germanesimo è stato mantenuto. Quando Goethe studiò a Strasburgo, questa era ancora una città fondamentalmente tedesca.

Ma la Rivoluzione francese manifestò direttamente in Alsazia, come nel resto d'Europa, la sua forza centralizzatrice sul popolo nel senso di una totale francesizzazione. Le onde del più grande sconvolgimento della storia europea inondarono anche l'Alsazia e la propaganda rivoluzionaria fu portata avanti con grande insistenza non solo nella sfera politica e sociale, ma anche a livello culturale. Da allora, l'influenza culturale francese in Alsazia è stata esemplare: l'inno della nuova Francia, la Marsigliese, fu cantato per la prima volta dal suo poeta entusiasta, *Dietrich,* nel salone del borgomastro di Strasburgo (il fatto che Dietrich sia dovuto andare al patibolo un anno dopo non ha danneggiato questo ricordo). Così, il fatto che i tedeschi dell'Alsazia salissero alle più alte cariche nelle guerre rivoluzionarie e nelle campagne napoleoniche contribuì alla francizzazione.

Durante il periodo rivoluzionario e l'epoca napoleonica, il nuovo sistema centralizzato della Francia fu oggetto di una completa revisione politica.

Culturalmente e politicamente, la borghesia alsaziana si afferma sempre più a Parigi, e questa evoluzione è costante fino al 1870. La classe dirigente fu così ampiamente romanizzata, mentre i contadini e le classi medie rimasero fedeli alla loro lingua e ai loro costumi sotto l'influenza di leader coraggiosi.

Dopo il 1870, quando Bismarck realizzò il vecchio sogno della maggior parte dei tedeschi e ripristinò l'Alsazia-Lorena come "provincia imperiale" nel nuovo Impero, questa classe superiore emigrò in Francia o seguì la problematica strada dei "contestatori".

Il periodo dal 1870 al 1918 rivela purtroppo, oltre ai brillanti risultati ottenuti nell'amministrazione e nella gestione economica, una serie di errori politici. Già l'istituzione di una regione imperiale, per di più legata alla Lorena, era considerata una soluzione sbagliata dagli alsaziani, che la vedevano come una sorta di status coloniale. Gli alti funzionari prussiani non sempre dimostrarono le necessarie capacità psicologiche, il che valeva anche per l'educazione degli alsaziani nell'esercito. Non ci furono proposte culturali e politiche tedesche di ampio respiro; la città universitaria imperiale di Strasburgo fu fonte di un notevole lavoro scientifico, ma ebbe scarso impatto. Uno dei maggiori pericoli risiedeva nel fatto che l'amministrazione tedesca faceva generalmente affidamento su questa classe superiore di notabili francofili, invece di radicarsi negli ampi strati popolari, che erano stati in gran parte conquistati alla coscienza tedesca.

A volte si è troppo deboli nei confronti dei nemici e dei traditori pubblici, mentre manca il tatto necessario quando ci si confronta con l'uomo semplice, con le sue qualità originali, con il suo sciovinismo. Purtroppo, questi errori e queste spesso semplici idee sbagliate screditano nella coscienza popolare il grande risultato raggiunto dall'Impero nella sfera politica ed economica, essendo' la causa di un'insospettabile espansione del Paese.

Quando nel 1918 l'esercito tedesco, stanco ma imbattuto, dovette evacuare il Paese, i francesi furono inizialmente accolti con grida di gioia come "liberatori". Tuttavia, questo atteggiamento non durò a lungo e presto la fedeltà alla patria e alla coscienza tedesca tornò a farsi sentire tra i contadini. Il disagio causato dalla cattiva gestione amministrativa e politica della Terza Repubblica si diffuse. Gli "autonomisti" aspiravano almeno - e questa è un'altra prova della loro mancanza di cultura politica - a una sorta di status indipendente nell'amministrazione, nella giurisprudenza e nella cultura. Più di un alsaziano avrebbe approvato una piena indipendenza statale come quella della Svizzera.

I campioni della libertà furono condannati nei grandi processi (nell'inverno del 1939, il vecchio Karl Roos cadde come martire a Nanzig (Nancy) per la sua fedeltà al sangue tedesco).

Nonostante ciò, non si può negare che l'influenza francese fosse forte su gran parte delle classi dirigenti intellettuali ed economiche. Tuttavia, nel 1940, dopo il crollo totale della Terza Repubblica ebraica, arrivò il momento in cui gran parte dei gruppi alsaziani riprese coscienza della propria identità. Nel frattempo l'amministrazione e l'autorità tedesca avevano stabilito l'ordine nella regione. È fin troppo comprensibile che ora, nelle prove della guerra, il "campanilismo" degli alsaziani torni a farsi sentire. Ciò si spiega con la peculiarità del loro carattere che, come nel 1870, mostra ancora una volta simpatia per la Francia. È l'opposizione di principio, sempre contro la potenza dominante! Si possono anche citare errori psicologici nelle relazioni umane. Ma l'Alsazia appartiene ancora una volta - e questa volta definitivamente - all'Impero. Deve diventare un membro consapevole della comunità popolare tedesca e dell'ordine della nuova Europa.

L'ALSAZIA E L'IMPERO

Il quadro storico sopra descritto contiene elementi sufficienti per rafforzare e provocare negli alsaziani il risveglio del sentimento tedesco e della coscienza europea. L'appello all'orgoglio nazionale sarà il prologo della nuova Europa.

L'Alsazia è stata più volte al centro della grande politica europea e, nel periodo di massimo splendore dell'Impero, il Paese costituiva il centro dell'unità europea del Sacro Romano Impero, con le sue fortezze, i suoi castelli imperiali, le sue città, il suo spirito di fedeltà all'imperatore e la sua mentalità molto occidentale. Dalla sua storia futura si evince chiaramente che la disintegrazione dell'Impero è paragonabile a quella di un organismo che perde la testa e gli arti. Il periodo della dominazione straniera francese dimostra l'impossibilità di egemonia da parte dell'estremità continentale. Il periodo successivo alla Rivoluzione francese porta alla grande frammentazione dell'unità economica e politica, attraverso l'intermediazione dell'ideologia grande borghese e dell'idea di Stato nazionalista, che diventa sempre più prevalente. Va notato che la "civiltà" francese, nonostante una patina esteriore di "società europea", non era un'idea veramente unificante, né sufficiente a costituire la base per la riunificazione europea.

L'Impero bismarckiano, come grande potenza nel cuore del continente, deve essere visto anche come il primo passo verso un nuovo ordine, come dimostra la politica di pace e di alleanze di Bismarck dopo il 1870. L'Inghilterra doveva essere vista come il nemico di una società europea stabile, la Francia come la sua arma continentale che minacciava l'Impero e la sua missione europea.

La Prima e la Seconda Guerra Mondiale devono essere viste come un tutt'uno, il tentativo di raggiungere la definitiva liberazione e indipendenza di un'Europa minacciata da potenze sovrappopolate. La nuova Europa nacque nel mezzo delle tempeste della Seconda guerra mondiale e trovò la sua prima espressione nel cameratismo delle Waffen SS.

È proprio tra gli alsaziani che deve nascere e rafforzarsi l'orgoglio della fratellanza in armi con la migliore gioventù d'Europa. Le Waffen SS, avanguardia dei popoli liberi contro il bolscevismo (si veda anche il libro "L'Europa e il bolscevismo"), combattono per il centro vitale del continente, l'Impero, ma anche per la vita di tutti i popoli europei. La nuova Europa conserverà e rafforzerà la ricca cultura dei suoi popoli e delle sue razze, le loro tradizioni millenarie, la loro diversità e individualità, finché saranno forti e vive, per un futuro migliore. L'alsaziano non deve essere ferito nel suo amore per la patria, nella sua coscienza etnica e nel suo orgoglio di vita. Non deve essere "standardizzato", ma deve capire che questa lotta internazionale non è condotta per preservare certe tradizioni o per riconquistare l'agio materiale e spirituale, ma per l'esistenza stessa dell'Europa. Questa esistenza può essere prolungata solo in un nuovo e migliore ordine di vita, una vera e forte comunità di popoli sotto la guida dell'Impero. L'originalità e il particolarismo provinciale ad ogni costo sarebbero grotteschi di fronte alla terribile realtà delle potenze mondiali straniere, del bolscevismo e dell'americanismo, della schiavitù dell'umanità sotto il dominio feroce della potenza mondiale ebraica.

La vita comune degli uomini e dei popoli dovrà poggiare su nuove basi. La nuova Europa sarà forgiata sotto la bandiera del socialismo rivoluzionario. L'importanza del socialismo tedesco nella sua estensione europea sarà compresa dalla lettura della letteratura contemporanea. La nostra posizione sulla proprietà privata dovrà essere esaminata più da vicino. Le linee fondamentali per la futura organizzazione del continente in ambito sociale sono state fornite dalle grandi conquiste socialiste del nazionalsocialismo tra il 1933 e il 1939.

Inoltre, va sottolineato che l'alleanza tra la plutocrazia e il bolscevismo e l'ebraismo sottostante avvenne come risultato della paura provocata dalla volontà rivoluzionaria della nuova Europa e dal *vero socialismo* di Adolf Hitler (si veda la prima edizione di "Political Service for SS Officers", pagg. 13, 21 e il libro "Europe and Bolshevism").

Gli alsaziani devono anche essere informati del concetto di sangue e suolo, dell'alto valore della vita contadina e dell'agricoltura come fonte di vita biologica per le persone, un concetto sostenuto dal nazionalsocialismo.

Il concetto di Impero e l'idea di identità europea devono essere trattati dall'inizio alla fine dell'insegnamento in uno spirito di pratica e di formazione della conoscenza e della volontà.

ANNALI N. 2. 1944.
EDIZIONE DELLA BRIGATA SS VALLONIA.

TEDESCHI E TEDESCHE

Tra gli storici tedeschi contemporanei c'è una chiara tendenza ad ampliare la visione storica.

E questa tendenza non è affatto quella che si potrebbe definire una tendenza "annessionista" basata su un ristretto sentimento nazionalista tedesco.

In passato, gli storici tedeschi tendevano a confondere la storia dei tedeschi con quella dei tedeschi.

Si stanno ora facendo alcuni chiarimenti molto utili, che fanno molta chiarezza sulle intenzioni tedesche dal punto di vista della politica europea.

Nel suo notevole libro *Le grandi epoche della storia tedesca,* lo storico tedesco Johannes Haller fa le seguenti curiose osservazioni su questo argomento

"È tale la forza dell'abitudine, anche tra gli studiosi, che non prestano attenzione a questa confusione di termini: equiparano i tedeschi ai tedeschi. Con quale diritto? I popoli scandinavi sono indubbiamente tedeschi e non è mai venuto in mente a nessuno di incorporare la loro storia nella nostra. Anche gli inglesi sono germanici, che lo vogliano o meno - in tempi moderni non lo vogliono, ma questo non fa differenza. Per essere onesti, si dovrebbe addirittura dire che, nella storia, i rappresentanti più influenti del germanesimo sono stati gli inglesi...".

Tedeschi e tedeschi non sono sinonimi. Tutti i tedeschi sono tedeschi, ma non tutti i tedeschi sono tedeschi. Tra i popoli germanici, i tedeschi costituiscono un gruppo speciale e, cosa di fondamentale importanza, un gruppo originariamente frammentato. In origine non vivevano insieme, affatto, e solo con il passare del tempo si sono riuniti e sviluppati insieme. In breve: il popolo tedesco non è il risultato di un'unione naturale, ma la sua unità è stata forgiata dalla storia. Ci si è preoccupati molto di determinare il grado di parentela tra i vari popoli germanici, nella speranza di dimostrare che alcuni di essi erano, per natura, vicini tra loro; in particolare, si è cercato di dimostrare che le tribù la cui successiva unione ha formato il popolo tedesco costltulvano, proprio per natura, un gruppo coerente, una famiglia speciale tra le tribù.

Questi sforzi sono destinati al fallimento. Se tra le tribù germaniche c'era un grado più o meno elevato di parentela, non si può dire lo stesso delle tribù germaniche successive, così come appaiono nella storia: non c'è una comunità naturale tra loro. Ciò può essere facilmente compreso da un'osservazione molto semplice. Tutti coloro che hanno avuto occasione di confrontare gli Hannoveriani, gli Amburghesi o i Bremeniani con gli Inglesi, sanno che sono molto vicini, straordinariamente simili in molti aspetti, in breve, quasi uguali. È possibile discernere lo stesso grado di parentela naturale tra un Hamburger e uno Svevo, tra un Oldenburger e un Bavarese, quando li si vede e li si sente parlare il loro dialetto?

Ho dei dubbi.

Possiamo quindi stabilire quanto segue: le tribù tedesche non si sono trasformate in un popolo tedesco perché unite da legami naturali, ma sono state riunite dal destino, in altre parole dalla storia.

Conosciamo queste tribù; esistono ancora oggi, sono vive e riconoscibili: Franchi, Svevi, Bavaresi, Turingi, Sassoni, Frisoni. Il loro destino comune e le loro imprese costituiscono la storia tedesca. Di conseguenza, la storia tedesca può iniziare solo quando le sei tribù sono unite.

Ciò avvenne relativamente tardi e per gradi. Questa riunione fu opera di uno di questi popoli, i Franchi. I re franchi portarono gli altri popoli sotto il loro dominio, uno dopo l'altro. Clodoveo e i suoi figli, nella prima metà del VI secolo , sottomisero gli Svevi, che allora si chiamavano Alamanni, Turingi e Bavari. Dopodiché, tutto finì. Nel VII secolo ci fu addirittura una regressione: gli sconfitti riacquistarono la loro indipendenza. Solo nell'VIII secolo una nuova dinastia franca riuscì a completare l'opera interrotta. Carlo Martello sconfisse i Turingi e i Frisoni; i suoi figli sconfissero gli Svevi; Carlo Magno sconfisse i Bavari (788) e infine i Sassoni dopo una lotta trentennale. Nell'804 il processo era completato. Circa un secolo dopo ebbe inizio la storia tedesca vera e propria. E tutta questa storia, nel corso di mille anni, sarà un lungo processo di unificazione nazionale, con alternanza di progressi, passi indietro, integrazione e disintegrazione.

Toccò ad Adolf Hitler coronare questo grande risultato storico istituendo il Grande Reich tedesco.

Ma dobbiamo già guardare più in alto e più lontano. Questa unificazione tedesca, che non fu il risultato di un determinismo storico ma di una volontà storica, è in un certo senso la prefigurazione della grande unificazione germanica ed europea.

Ciò che i Franchi hanno fatto nel VI e nell'VIII secolo, perché portatori di una volontà storica, i Tedeschi possono farlo nel XX secolo perché anch'essi sono portatori di una volontà storica e perché sono il popolo germanico più forte e potente.

Il ritmo della storia sta accelerando e non si tratta più di stabilire la supremazia dell'Impero tedesco, ma di costruire un nuovo Impero tedesco che riunisca tutti i popoli di sangue germanico.

L'Impero tedesco non è solo un'estensione dell'Impero tedesco. È qualcosa di diverso che si sta affermando su un piano più alto. Che cosa sarà questo grande Impero tedesco della nuova era, nessuno, nemmeno in Germania, può ancora dirlo con precisione, perché non si tratta di una costruzione architettonica secondo piani teoricamente predeterminati. Si tratta dello sviluppo di un organismo vivente guidato dalla volontà comune di tutti i popoli di sangue germanico.

Tuttavia, il fatto che la distinzione tra tedeschi e popoli germanici venga fatta già oggi con tanta chiarezza è una preziosa guida per capire cosa non sarà il nuovo Impero germanico.

Così possiamo già vedere che, in questo grande Impero, tutti i tedeschi potranno entrare non come conquistatori, ma come uomini liberi.

OPUSCOLO SS N. 3. 1938.

SS-USTUF. DR KARL VIERERBL :
CECOSLOVACCHIA

Sintesi storica del Paese e della sua struttura politica

Più di 2.000 chilometri di confine tedesco, dall'Oder attraverso i Monti Sudeti, l'Erzgebirge e la Foresta Boema fino al Danubio vicino a Preburg, separano lo Stato tedesco da quello ceco. Il *confine di Stato* non è *il confine dei popoli,* ma attraversa la carne viva del popolo tedesco e rende tre milioni e mezzo di tedeschi cittadini cechi.

La storia dei Sudeti, la parte occidentale dello Stato ceco, dimostra che questo Paese è stato abitato per secoli dai tedeschi.

Tuttavia, *la politica della Cecoslovacchia* indica che è stata creata *per adempiere a una missione antitedesca.*

Viel lieber gestritten
und ehrlich gestorben,
als Freiheit verloren
und Seele verdorben.

BANNERSPRUCH DER FREIEN REICHSSTADT STRASSBURG

Piuttosto lottare
E morire con onore,
Che perdere la libertà
E corrompere la sua anima.
Motto della Città Libera di Strasburgo

Il Castello di Praga, testimonianza dell'ingegneria tedesca.

Tomba vichinga rinvenuta nella zona.
I Vichinghi sono stati i fondatori della città di Praga.

STORIA DEI SUDETI

I Sudeti facevano un tempo parte della sfera d'influenza della cultura nordica. La prima popolazione conosciuta, i celti *boiari,* diede il nome alla Boemia.

I rami germanici dei *Marcomanni* e dei *Quadri* immigrarono nei Sudeti nel secolo scorso. Sotto il regno di *Marbod nacque* un grande impero germanico che sfidò il potere di Roma. Dopo la loro partenza verso le montagne tra i fiumi Lech ed Enns, altri rami germanici li seguirono nell'area di insediamento abbandonata, come i *Longobardi, gli Ermundi, i Ruggi, i Turingi* e *altri.*

Solo all'inizio del VII secolo si ha notizia dell'insediamento dei rami slavi nei Sudeti. Non erano uomini liberi, ma *soggetti agli Avari,* dai quali furono liberati dal mercante franco *Samo,* che sposò la loro causa e li sostenne nella lotta. Alla fine della guerra lo elessero re, ma dopo la sua morte l'Impero si disgregò nuovamente e gli *Avari* ripresero il loro dominio sui rami slavi.

Per la seconda volta, furono i *Franchi* a liberare gli Slavi dalla loro sottomissione da parte degli *Avari.* Fu sotto Carlo Magno che i Sudeti furono incorporati nella sfera tedesca come Paese vassallo. L'unificazione dei rami slavi e la nascita del popolo ceco in territorio tedesco avvennero sotto il dominio della famiglia *Przemysl.* Come il Paese e il suo popolo avevano prosperato ai tempi di Samo, così vissero un'epoca insperata di stretta unione con l'Impero tedesco.

L'arrivo delle principesse tedesche alla corte di Przemysl portò nel Paese nobili, monaci, borghesi e contadini tedeschi e con loro l'*arte tedesca.* L'immigrazione tedesca non solo riaccese in Boemia e Moravia il fuoco della tradizione tedesca, che ardeva ininterrottamente dall'epoca germanica, ma influenzò anche il comportamento del popolo ceco con il suo *modello* ed *esempio* e ridusse il divario tra tedeschi e cechi.

I primi vescovi di Praga erano tedeschi. I monaci e le monache tedeschi nei monasteri non erano solo ambasciatori della nuova fede, ma anche araldi della cultura tecnica tedesca. Dissodarono foreste, prosciugarono paludi e fondarono fattorie. I monasteri divennero anche centri di cultura spirituale e politica e i castelli locali fecero loro concorrenza. I trovatori tedeschi cantavano qui le loro canzoni. La corte di Przemysl era modellata su quella tedesca e lo stesso re Venceslao suonava la lira.

Tuttavia, nelle città sorte in campagna, tutte ispirate al modello tedesco, l'artigianato fiorì. Furono introdotte *le leggi di Norimberga* e *Magdeburgo.* La tradizione tedesca e il carattere nazionale ebbero presto una grande influenza sul Paese e sul popolo ceco. Ciò fu riconosciuto dai duchi e dai re boemi, che concessero ai tedeschi grandi privilegi nel Paese. Nel documento storico rivelatore in cui il duca *Vratislao* (1061-1062) concedeva ai tedeschi alcuni privilegi nel Paese in generale e a Praga in particolare, documento rinnovato cento anni dopo dal duca *Sobieslao, si* legge testualmente

"Prendo i tedeschi... sotto la mia grazia e la mia protezione e, poiché come popolo sono diversi dai cechi, voglio che siano diversi anche nei loro diritti e costumi. Perciò concedo loro di vivere secondo la legge e il diritto dei tedeschi, che sono loro dai tempi di mio nonno. Sappiate che i tedeschi sono un popolo libero.

Il flusso di immigrati tedeschi chiamati nel Paese da re e nobili aumentò all'inizio del XII e durante il XIII secolo. In quel periodo furono fondati più di 700 villaggi.

La linea di Przemysl si estinse nel 1306. La personalità più energica fu Ottokar II che, in preda a una cecità senza misura, attaccò la corona reale tedesca. La corona e il Paese passarono quindi alla dinastia tedescolussemburghese. Nel 1310, *Giovanni di Lussemburgo* salì al trono boemo. Suo figlio *Carlo/V* realizzò il sogno di Ottokar I Przemysl e fece di *Praga* il centro del grande Impero tedesco. Gli emblemi dell'Impero furono conservati per decenni nella città di Karlsburg, fondata da Carlo IV.

Sotto questo re, Praga conobbe il suo *massimo sviluppo* e ancora oggi gli edifici di questo periodo testimoniano la prosperità del Paese in quel periodo. Gli architetti e gli artigiani tedeschi modellarono l'aspetto della città. Nel 1348 fu fondata a Praga la *prima università tedesca*.

Anche l'interno del Paese testimonia la prosperità di questo periodo. Carlo IV, che aveva dedicato tutto il suo amore alla Boemia, fu giustamente definito il "padre fondatore" del Reich.

Dopo questo periodo, il Paese entrò in un'epoca turbolenta. Le forze ceche si sollevarono nel Paese e resistettero all'influenza tedesca. Sotto il debole re Venceslao IV, che perse anche il trono tedesco, ripresero il sopravvento. Il loro portavoce fu il professore universitario praghese *Giovanni Hus,* che abbracciò le tendenze religiose nazionali e sociali dell'epoca e, seguendo l'esempio dell'inglese *Wycliffe,* iniziò a predicare il proprio Vangelo.

Quando, nel 1415, fu condannato a morte e bruciato vivo come eretico dal Concilio di Costanza, il popolo ceco ebbe il suo martire. La tempesta si scatenò poi durante le guerre hussite contro tutto ciò che di tedesco c'era nel Paese e che si identificava con il cattolicesimo. Alla fine delle guerre, la prosperità del Paese era scomparsa, le città erano impoverite, i campi e i pascoli abbandonati, l'industria e il commercio distrutti. Questa fu una grande perdita per i tedeschi.

Ma fu quest'ultimo a riportare il Paese alla vita e alla prosperità nel XVI secolo e a sanare le ferite causate dalle guerre hussite. Dopo le guerre hussite, i cechi posero sul trono boemo il più potente signore boemo, *Giorgio di Podiébrad,* fondando così un regno nazionale. Tuttavia, l'attesa ripresa del Paese non ebbe luogo.

Nel 1526 i Sudeti, dopo un periodo di disastro economico e culturale, tornarono agli Asburgo. Negli anni successivi, il suo sviluppo fu bloccato dai disordini religiosi dell'epoca, ma grazie all'influenza tedesca si sviluppò fortemente e divenne uno Stato indipendente.

Gli Stati cechi riservarono al governo asburgico le difficoltà più terribili. Le relazioni tra gli *Hradcany* e la *Hofburg furono* ulteriormente messe a dura prova dall'opposizione religiosa. Quando la nobiltà boema, dopo la morte dell'imperatore *Mattia,* dichiarò che gli Asburgo erano stati privati del trono degli Stati boemi, si scatenò una dura battaglia. Il 6 novembre 1620, a Weillen Berg, vicino a Praga, gli imperiali sconfissero i protestanti. I cechi, viste le conseguenze di questa battaglia, considerarono questa sconfitta come una vittoria dei tedeschi contro i cechi. In realtà, fu una vittoria del potere centrale imperiale contro il dominio di classe in Boemia e, se vogliamo, una vittoria di Roma su Wittenberg. Le proprietà degli insorti furono confiscate; l'intera popolazione dovette diventare cattolica. Chi non volle abiurare perse tutti i suoi beni. I beni confiscati alla nobiltà tedesca e ceca furono dati alla nobiltà cattolica fedele alla Chiesa. La loro nazionalità non giocava alcun ruolo. I nuovi proprietari terrieri erano italiani, spagnoli, francesi, tedeschi o cechi, perché, come abbiamo detto, i criteri per l'assegnazione delle terre erano la fede cattolica e la fedeltà agli Asburgo.

Dopo la battaglia di Weillen Berg, la nobiltà boema cambiò atteggiamento. I ribelli divennero cortigiani che trasferirono la loro residenza alla corte imperiale e condussero una vita brillante, che la massa del popolo ceco dovette pagare con la fatica e la servitù della gleba. I nobili boemi divennero così gli oppressori del popolo ceco, che fu liberato dal principe tedesco *Giuseppe II* e dal contadino tedesco Hans *Kudlich* attraverso l'abolizione della servitù della gleba. I cechi non vogliono ammettere questa realtà. Non rientra nel loro mito storico dell'oppressione dei cechi da parte dei tedeschi, eppure è la verità storica.

LA LOTTA PER L'INDIPENDENZA
DELLO STATO CECO

Il risveglio della coscienza nazionale dei cechi alla fine del XVIII secolo portò alla loro aspirazione a uno Stato indipendente. Quando *Napoleone* entrò a Vienna, una delegazione ceca gli rese omaggio e gli consegnò un *memorandum* che dimostrava che la creazione di uno Stato ceco indipendente nel cuore dell'Europa sarebbe stata la *migliore garanzia per la sua sovranità in Europa centrale.*

Questo libro di memorie fu considerato un'esplosione di entusiasmo romantico e i colloqui del primo Congresso dei Panslavisti a Praga, che si svolsero in concomitanza con il rientro del Parlamento tedesco a Francoforte, annunciarono la realtà politica della lotta ceca per l'indipendenza. In politica interna, si trattava di una lotta contro la centralizzazione dello Stato su base federale, che avrebbe dovuto concedere *ai* cechi l'*autonomia nel proprio territorio.* Allo stesso tempo, i cechi stabilirono legami con *Parigi* e *San Pietroburgo.* Tuttavia, non immaginavano ancora la distruzione della vecchia monarchia danubiana, ma contavano su un suo indebolimento, dal quale speravano di realizzare le loro speranze in politica interna. I loro calcoli di politica estera erano i seguenti: l'alleanza dell'Austria-Ungheria con l'Impero tedesco significava un rafforzamento del governo di Vienna e la sua centralizzazione. Qualsiasi indebolimento della potenza tedesca avrebbe significato anche un indebolimento della politica asburgica. Perciò accolsero con favore il riavvicinamento franco-russo alla Germania, che portò a un'alleanza militare, perché si aspettavano che avrebbe indebolito l'Impero tedesco e di conseguenza l'Austria-Ungheria. Alla fine di una guerra persa, si arrivava a una rivoluzione sociale o nazionale.

In un caso il risultato sarebbe stato una riorganizzazione federale dell'Austria-Ungheria, nell'altro la nascita di uno Stato ceco indipendente.

La Grande Guerra scoppiò per il Reich su due fronti, contro la Francia e la Russia; i cechi videro che era arrivato il loro momento. La politica interna ceca iniziò la sua *opera di sabotaggio* e lavorò per indebolire la monarchia danubiana. I politici cechi all'estero, in particolare *Masaryk* e *Benès*, cercarono di convincere il mondo che l'*obiettivo della Grande Guerra doveva essere* la liberazione dei popoli più piccoli e quindi la soluzione del problema delle nazionalità in Europa. Ciò non sarebbe stato possibile, tuttavia, senza la distruzione dell'Impero asburgico. La guerra mondiale sarebbe stata la grande guerra di demoralizzazione dell'Europa, la guerra della libertà contro l'oppressione degli Asburgo, degli Hohenzollern e dei Romanov. Queste erano le argomentazioni dei cechi.

Quando all'inizio del 1918 il presidente americano pubblicò i suoi famosi 14 punti, in cui costruiva la futura Europa sulla base del diritto dei popoli e dei gruppi etnici di determinare il proprio destino politico, il destino dell'Austria-Ungheria fu deciso.

I cechi resero noti i loro progetti su Sudeti, Boemia, Moravia, Slesia, Carpazi, Slovacchia e Rutenia. Spiegarono che questo era l'unico modo per svolgere la loro funzione antitedesca: il muro contro il "Drang nach Osten". Il diritto all'autodeterminazione non è concesso a tutti. Inoltre, sarebbe stato "*ingiusto che qualche centinaio di migliaia di cechi venisse sacrificato al pangermanesimo*", scrisse Masaryk nel suo libro presentato alla Conferenza di pace: *La nuova Europa,* in cui spiegava le ragioni della costruzione di un nuovo Stato ceco indipendente. Il fatto che più di tre milioni di tedeschi siano stati sacrificati ai cechi non sembrava ingiusto al filosofo umanitario Masaryk. Come compensazione per la privazione dell'autodeterminazione, ai gruppi etnici incorporati *contro la loro volontà doveva essere* concessa la più ampia *autonomia amministrativa possibile. Doveva* addirittura nascere una "*nuova Grande Svizzera*", in cui sarebbe stata garantita la specificità dei gruppi etnici.

I cechi e gli slovacchi, che avevano già deciso a *Parigi nel* 1915 e successivamente a *Mosca* e a *Cleveland* di formare uno Stato insieme, il 30 maggio 1918 firmarono a *Pittsburgh* un trattato in cui ribadivano la loro volontà di fondare uno Stato. Il trattato prometteva agli slovacchi *piena autonomia e un parlamento indipendente.*

LO STATO INDIPENDENTE CECOSLOVACCO

La Repubblica cecoslovacca fu proclamata il 28 ottobre 1918 a *Praga.* La vecchia monarchia danubiana era in punto di morte. L'Impero asburgico, su cui non tramontava mai il sole, si stava sgretolando. Il fronte austriaco cedeva. Due giorni dopo, i deputati della vecchia monarchia danubiana si riunirono e proclamarono la Repubblica austro-tedesca, alla quale si aggiunse la regione tedesca dei Sudeti. Pochi giorni dopo, la decisione finale: l'*Austria tedesca fa parte dell'Impero tedesco*.

A Praga, la dichiarazione di intenti dei tedeschi e dei sudeti non fu riconosciuta. Le orde militari ceche invasero sia la Slovacchia che la regione dei Sudeti e ne occuparono il territorio. Quando il 4 marzo 1919 i tedeschi dei Sudeti manifestarono nuovamente per il loro diritto all'autodeterminazione, i soldati cechi uccisero i dimostranti disarmati.

A Parigi la gente è rimasta sorda agli spari e alle grida delle vittime. Erano solo tedeschi! La creazione dello Stato cecoslovacco fu ratificata il 10 settembre 1919 a Versailles. Dalla ricca eredità dell'antica monarchia danubiana, gli fu assegnato un territorio di 140.493 chilometri quadrati, comprendente la ricca regione della Foresta Boema fino alla zona delle sorgenti di Theiss, le foreste intervallate da terreni coltivati a cereali, persino i giacimenti di carbone e minerali, la catena di montagne metallifere, le sorgenti termali famose in tutto il mondo, Karlsbad, Frauzenbad, Klösterle, Giesshuebel ecc.

All'interno dei confini dello Stato cecoslovacco, vivono :

3 235 000	Tedeschi
7 406 000	Cechi
2 230 000	Slovacchi
700 000	Ungherese
550 000	Ucraini
82 000	Polacco
187 000	Ebrei
50 000	vari

Mentre i tedeschi dei Sudeti occupavano le regioni di confine dei Sudeti, i cechi abitavano *l'interno del* Paese. Esattamente 27.000 chilometri quadrati di superficie abitabile tedesca sono concentrati in Cecoslovacchia. Slovacchi, ungheresi, ucraini e polacchi abitano la regione dei Carpazi e i suoi confini settentrionali e meridionali. Gli ebrei vivono principalmente nelle grandi città e sono sparsi in tutto il Paese. Nella parte orientale dello Stato costituiscono addirittura la maggioranza della popolazione. È in queste aree di insediamento più monolitiche che il bolscevismo riceve il maggior numero di voti!

Gli attuali confini dello Stato ceco non soddisfacevano i desideri dei cechi. Essi presentarono alla Conferenza di Pace una mappa di un ufficiale di nome Hanush *Kuffer* che estendeva i confini dello Stato ceco fino alle *porte di Berlino, Norimberga* e del *Danubio*. Questa mappa riflette ancora una volta le aspirazioni dell'imperialismo ceco, che sono vive ancora oggi.

LA COSTITUZIONE

La Cecoslovacchia è una repubblica democratica basata sul massimo grado di centralizzazione. Le promesse di autonomia fatte a slovacchi, tedeschi dei Sudeti e ungheresi *non sono state mantenute*. *La* Costituzione prevede una soluzione autonoma dell'amministrazione statale per gli *ucraini*, ma i decreti in merito non sono ancora stati emanati. La Costituzione è stata creata senza la partecipazione degli slovacchi e degli altri cittadini ed è stata loro concessa.

Secondo la Costituzione, tutto il potere è nelle mani del "popolo cecoslovacco" che esercita la propria sovranità attraverso i deputati eletti alla Camera dei Deputati e al Senato. Le elezioni parlamentari si tengono ogni sei anni. La Camera dei Deputati è composta da 300 membri, il Senato da 150. Entrambe le camere eleggono il presidente. Entrambe le camere eleggono il presidente, che resta in carica per sette anni.

POLITICA INTERNA CECA

La politica interna si basa sulla finzione di uno Stato nazionale ceco. Non riconosce i diritti dei gruppi etnici all'identità nazionale e cerca, con tutti i mezzi a disposizione del governo, di denazionalizzarli in vari modi, ad esempio

Con una "riforma agraria", i Sudeti tedeschi *furono privati di un terzo delle foreste e delle terre coltivabili*. Le grandi proprietà terriere *tedesche furono* smembrate e divise tra i coloni cechi. Ma la foresta fu posta sotto la gestione dello Stato e i lavoratori forestali e i boscaioli furono licenziati e sostituiti da cechi.

Una legge sui dipendenti pubblici ha sostituito più di *40.000 dipendenti tedeschi* con altrettanti cechi. I restanti dipendenti pubblici vengono costantemente spostati nella regione, in modo che i loro figli siano costretti a frequentare una scuola ceca.

L'industria tedesca dei Sudeti fu costretta da una serie di misure a investire in capitale *ceco*. Le amministrazioni fiduciarie approfittarono della loro situazione per collocare funzionari e lavoratori cechi nell'industria privata tedesca. In questo modo, le aziende tedesche dovevano dare la priorità ai *cechi quando assumevano* e ai *tedeschi quando* dovevano *licenziare*.

Grazie alle misure sopra citate, la regione dei Sudeti fu nuclearizzata con elementi cechi. Allo stesso tempo, però, la massa dei disoccupati nei Sudeti crebbe fino a raggiungere proporzioni gigantesche a causa della crisi commerciale.

Contemporaneamente alla denazionalizzazione del territorio, ebbe luogo anche *la denazionalizzazione delle persone*. Le scuole tedesche furono chiuse. *Più di 19.000 scolari tedeschi dovettero frequentare le scuole ceche*. Ma in queste scuole, dove la lingua d'insegnamento era il tedesco, l'istruzione veniva impartita in uno spirito ceco. Ai giovani tedeschi doveva essere mostrata una storia sfigurata del popolo tedesco. D'altra parte, dovevano essere mostrati loro i colori più brillanti della storia ceca. La caratteristica più evidente dell'educazione ceca nelle scuole tedesche è la scomparsa dai libri delle immagini del castello di Sans-Souci e del monumento della Battaglia delle Nazioni a Lipsia.

Come risultato di questi tentativi di denazionalizzazione, negli ultimi anni è stato introdotto *il divieto* di importare *libri e giornali tedeschi dal Reich*. In questo modo, i tedeschi dei Sudeti dovevano essere spiritualmente tagliati fuori dal popolo tedesco e preparati alla "cecoslovacchizzazione".

POLITICA ESTERA CECA

Come i cechi si aspettavano la creazione di uno Stato indipendente dall'alleanza franco-russa, così vedevano in questa alleanza la garanzia della loro indipendenza. La conclusione di un *patto militare con la Francia* fu il primo risultato di questa politica. L'allora ministro degli Esteri Beneš avrebbe concluso contemporaneamente un trattato con i sovietici, se non gli fosse stato impedito dall'opposizione della maggioranza parlamentare, ma perseverò in questo obiettivo e lo raggiunse nel 1935, consegnando così la Cecoslovacchia al bolscevismo. La Piccola Intesa era la speranza dei cechi di impedire il *rafforzamento dell'Ungheria e l'adesione dell'Austria al Reich tedesco*.

LA LOTTA DELLE NAZIONALITÀ CONTRO LA CENTRALIZZAZIONE DI PRAGA

I tedeschi dei Sudeti risposero alla costituzione concessa da Praga con la più vigorosa ostruzione, ma la maggioranza del Parlamento di Praga poté annullare tutte le proteste dei partiti tedeschi dei Sudeti e ignorarle. Tutte queste *misure legali volte alla denazionalizzazione del territorio e del popolo si* susseguirono in quel periodo. Questi gravi pregiudizi causarono un certo nervosismo nella politica dei tedeschi dei Sudeti e li fecero cedere alle ingannevoli proposte di Praga. Ai partiti tedeschi fu detto che l'orientamento duro del governo di Praga sarebbe stato cambiato se i partiti tedeschi dei Sudeti avessero posto fine alla loro ostruzione. Ben presto nel cuore del germanesimo sudista si creò un conflitto di opinioni sul futuro atteggiamento nei confronti del governo. Alcuni erano pronti a unirsi al governo di Praga per respingere gli attacchi previsti. Gli altri rimanevano sospettosi e diffidavano dal compiere questo passo senza una garanzia da parte del governo, poiché l'esperienza aveva dimostrato che non ci si poteva fidare delle promesse ceche.

Nonostante ciò, nel 1926 la *Lega dei contadini* e il rappresentante del *cattolicesimo politico* entrarono nel governo di Praga. La partecipazione al governo dei partiti tedeschi durò fino al marzo 1938. L'ingresso dei tedeschi in Austria, in primavera, spazzò via Schu8nig, causando così il fallimento dell'azione tedesca nel governo ceco. Anche i marxisti tedeschi dei Sudeti furono costretti a richiamare i loro rappresentanti dal governo in cui erano rientrati nel 1929.

Nei giorni della lotta per l'opinione pubblica tra l'opposizione tedesca dei Sudeti e i partiti di governo, i nazionalsocialisti sudeti sventolarono le bandiere del movimento per l'autonomia dei Sudeti e innalzarono lo slogan: "La regione dei Sudeti ai tedeschi dei Sudeti" anche nell'ultimo villaggio e nell'ultima fabbrica. Sotto queste bandiere iniziò l'unificazione del germanesimo sudeto. Quando le elezioni per i delegati municipali del 1931 mostrarono che il Partito Nazionalsocialista dei Lavoratori dei Sudeti stava diventando un movimento popolare, i cechi pensarono di poter fermare lo sviluppo sciogliendo il partito. Le misure adottate nell'autunno del 1933, in cui lo spirito poliziesco di Metternich celebrò una gioiosa resurrezione, chiarirono ai tedeschi dei Sudeti che non si sarebbero tirati indietro di fronte a una grande persecuzione. La tristezza e la disperazione stavano già minacciando di insinuarsi tra le sue fila, quando uno dei suoi membri uscì dalle righe e alzò di nuovo la bandiera vacillante: *Konrad Henlein*.

Egli chiese la formazione di un fronte patriottico sudista, che presto si sarebbe chiamato Partito Tedesco dei Sudeti. Sotto la sua guida si compì l'opera di unificazione del germanesimo sudista, confermata dalle elezioni comunali di maggio e giugno dello stesso anno. Konrad Henlein fu legittimato come portavoce del germanesimo sudeto e avanzò la sua richiesta di pari diritti e autonomia. Il governo di Praga pensava di intimidire i gruppi popolari tedeschi con *un'occupazione militare dei Sudeti* e di indurli a ritirare le loro richieste. Era vero il contrario. L'unità si rafforzò proprio in quei giorni.

Gli *slovacchi* seguirono la stessa strada. Anche i cechi non pensavano di poter mantenere le promesse fatte nel Trattato di Pittsburgh e di concedere loro l'autonomia. Anche loro hanno cercato, prima con l'ostruzionismo e poi con la partecipazione del governo, di indurre i cechi a mantenere le loro promesse e a costringerli a trasformare la Cecoslovacchia in una federazione. Gli eventi degli ultimi mesi hanno scosso il popolo slovacco, che ora chiede con forza il rispetto del Trattato di Pittsburgh.

Lo stesso destino è stato condiviso da altri gruppi popolari dello Stato che oggi adottano nei confronti del governo di Praga lo stesso atteggiamento dei tedeschi e degli slovacchi dei Sudeti.

*

Il fronte unito dei nazionalisti nei confronti del governo di Praga dimostra che esso è l'unico responsabile delle tensioni odierne nello Stato, che preoccupano l'intera Europa. L'atteggiamento diviso della politica ceca, che annuncia i principi che pensava di non rispettare nella realtà, caratterizza il popolo ceco, che nel corso della sua storia non ha dimostrato né un senso giuridico né un senso dello Stato.

Il ventesimo anniversario della fondazione dello Stato, che i cechi hanno voluto commemorare quest'anno, è stato segnato da una *crisi di Stato*. Un giornale ungherese scrisse all'epoca che "la campana a morto ha suonato per il grande peccatore europeo". A Praga sembra che nessuno voglia sentirlo.

Il presidente della Repubblica Ceca ha detto che le democrazie tendono all'anarchia e alla decadenza se la loro borghesia non è matura per questo. I rapporti nel suo stesso Stato gli dimostrano quanto abbia ragione. Eppure, proprio in Cecoslovacchia esistevano tutte le condizioni per una fioritura all'interno dello Stato. Infatti, un *filosofo* è stato alla sua guida per più di 17 anni. Un filosofo greco come Platone era favorevole a uno Stato guidato da un filosofo.

La realtà della Cecoslovacchia confuta gli antichi greci.

QUADERNO SS N. 5. 1944.

SASSONIA, TERRA DI LAVORO E D'ARTE

Lo spirito della Sassonia è perfettamente comprensibile se si considera questa regione come un punto di intersezione delle correnti culturali tedesche e se le si attribuisce una posizione intermedia.

La Sassonia esprime innanzitutto una sorprendente diversità e una significativa varietà. Il paesaggio sassone assomiglia a un gioco di mimica molto animato ed espressivo. La Sassonia si presenta come Vogtland, Erz o Lausitz, a seconda delle parti di queste regioni montuose e aspre che comprende all'interno dei suoi confini. È il mondo agricolo con le sue vaste pianure, la regione commerciale ed economica lungo i corsi d'acqua, nei porti dell'Elba e nelle vivaci fiere di Lipsia. È la terra dell'artigianato domestico, dove da secoli le mani di donne e ragazze producono fiori artificiali o merletti a tombolo. I giocattoli in legno sono realizzati grazie al genio creativo e armeggiante della gente, le forti doti musicali e altri fattori esterni favorevoli hanno permesso la produzione di strumenti musicali locali. Nei centri più rumorosi si estraggono carbone e lignite, si lavorano tessuti e metalli; l'ingegneria meccanica, l'industria dell'abbigliamento e centinaia di altri rami industriali forniscono pane e lavoro alla grande massa di cittadini nei pressi delle grandi città come Chemnitz, Zwickau, Plauen e nei villaggi remoti dell'Erzgebirge, del Vogtland e dell'Alta Luzace. Questa varietà fisionomica del paesaggio sassone corrisponde alla varietà con cui la Sassonia partecipa alla storia della nazione e allo sviluppo dello spirito tedesco. In innumerevoli casi si può notare una combinazione di forze multiple e un'ampia gamma di influenze.

Quando ancora esistevano aree di insediamento preistorico, la battaglia per la supremazia in Germania tra Ermanno il Cherusco e Marbod il Marcomanno fu probabilmente combattuta in una delle sue pianure o vicino a uno dei suoi fiumi. I contadini germanici occidentali, gli Ermunduri, che un tempo vivevano nell'area sassone, erano dalla parte di Marbod. Dopo la sua sconfitta, costruirono un potente regno. Lo scontro tra Hermann e Marbod decise le sorti delle innumerevoli lotte armate, battaglie, incontri, attacchi a sorpresa e scontri che ebbero luogo nel cuore del territorio sassone e che furono di grande importanza per una parte o per tutta la nazione. In seguito, l'altra battaglia di questo tipo, la Battaglia dei Magiari del 933, in cui il re Heinrich I sconfisse bande di cavalieri ungheresi che avevano fatto da briganti dopo aver fondato la Marcia di MeiBen quattro anni prima, permise alla politica di insediamento tedesca di proseguire verso est per anni. Gli ungheresi erano stati chiamati in aiuto da una tribù di slavi penetrata nella desolata patria tedesca, i Daleminze, che volevano liberarsi dal dominio germanico. Nei secoli successivi, la giovane Marca Orientale dovette lottare con questi slavi dell'est - sorbi, polacchi o cechi. La sua germanizzazione, avvenuta intorno al 1089 con la nomina a margravio del Wettin Heinrich von Eilenburg da parte dell'imperatore Heinrich N e durata fino al 1423, quando la Marca di MeiBen fu annessa all'elettorato di Sassonia, fu un atto importante da parte dei reggenti di stirpe Wettin. Nel periodo successivo, il Paese divenne una roccaforte contro il turbolento e rapace vicinato dei Cechi; superò con esemplare tenacia la miseria causata dalle spedizioni hussite. Prima che i fratelli elettori Ernst e Albrecht, noti per il "rapimento" da parte del cavaliere Kunz von Kaufungen, commettessero l'errore di dividere i loro possedimenti nel 1485, l'intera Germania centrale era dominata direttamente o indirettamente dall'Elettorato di Sassonia. Tuttavia, nonostante la divisione di Lipsia, la regione di Erz conobbe il suo grande destino storico all'epoca della Riforma. Durante i tumulti delle Guerre di Religione, la figura dell'Elettore Moritz fu ben visibile, perché fu un uomo lungimirante che, con le forze del suo Paese, resistette al vorace dominatore cattolico Carlo V e salvò così la causa del protestantesimo. Sotto "Padre Augusto", la Sassonia divenne il protettorato del luteranesimo ortodosso, posizione che perse presto nella Guerra dei Trent'anni a causa dell'egoismo e della grettezza politica dei suoi principi. Perse la sua posizione di primo piano nel cuore dell'Impero Brandeburghese perché divenne intransigente in materia religiosa. L'handicap fu compensato dalla politica polacca di Augusto il Forte. In passato, questa politica e i mezzi utilizzati da Augusto il Forte furono fortemente criticati, ma il senso politico odierno percepisce che la scelta dell'Elettore sassone come re polacco significò una vittoria polacca del germanesimo sulla politica orientale di intrighi della Francia. L'Impero fu rafforzato dall'auspicabile espansione dell'area economica tedesca.

La guerra dei Sette Anni causò alla Sassonia una disgrazia che si ripeté nelle guerre napoleoniche. Divenne un centro di schieramento regolare e la base operativa preferita dagli eserciti nemici. Ma in quel periodo le regioni tedesche dimostrarono una grande tenacia e una sorprendente vitalità, e ciò che avevano perso come grande potenza politica cercarono di riconquistarlo in tutti i settori della vita culturale. Divenne così un campo di sperimentazione e applicazione soprattutto nel settore industriale. Ha dato un contributo essenziale allo sviluppo del Secondo Reich. Qui, come ovunque, non si poteva evitare che l'aumento della popolazione e dell'industria in uno spazio molto limitato, la concentrazione dei lavoratori manuali nelle città e il conseguente sradicamento delle loro radici, costituissero un pericoloso terreno di coltura per idee corrotte, anti-popolari e anti-stato. Ma questo fu anche il motivo principale per cui la Sassonia sviluppò la grande idea del nazionalsocialismo prima di molte altre regioni tedesche e divenne una risorsa importante per le forze di Adolf Hitler.

Se si considera il ruolo della Sassonia come punto di intersezione nello sviluppo della civiltà tedesca, la fioritura della poesia dei trovatori alla corte di Meißner fu seguita dallo sviluppo della regione in seguito all'istituzione dell'Università di Lipsia nel 1409. Il margravio Federico il Belligerante fu abbastanza lungimirante da offrire protezione e sicurezza nel suo Paese alla spiritualità minacciata a Praga dai cechi. Fondò quindi l'Università di Lipsia che, insieme all'Istituto di Vienna, divenne una fucina della cultura tedesca in Oriente e un istituto che ancora oggi lavora con serietà scientifica e zelo oggettivo nel campo della germanistica e in molti altri campi.

Si è già detto che la Sassonia acquisì un'importanza storica senza precedenti per tutto l'Occidente come centro della Riforma e teatro di una rivoluzione spirituale. Nel corso di questa missione politico-culturale, essa acquisì una forza e un significato insoliti: l'aspetto poetico del luteranesimo si arricchì del primo tocco artistico proveniente dalla magia dell'Erzgebirge. Nelle città di Zwickau e Joachimsthal, che rappresentano crocevia di scambi, fiorì un misticismo unito ad aspirazioni sociali che fu fecondo sotto molti aspetti. Georg Agricola, il rettore di Zwickau nato a Glauchau, divenne il primo scrittore ingegnere minerario dell'Occidente. La nazionalizzazione di tutte le proprietà clericali da parte dell'Elettore Moritz ebbe la notevole conseguenza di fondare le famose scuole principesche Schulpforta, Grimma e Meißen. Molti pionieri germanici furono inviati nei quattro punti cardinali durante l'attività di queste tre scuole! Lo stesso vale (oltre alle università della regione dell'Alta Sassonia costruite parallelamente a Lipsia, come Wittenberg, Jena, Halle) per la Scuola mineraria statale e la Scuola forestale di Tharandt, e dimostra che il Paese divenne una "regione pedagogica" soprattutto in questo periodo. È noto che la lingua delle cancellerie di Meißen fiorì grazie alla traduzione della Bibbia in tedesco accademico da parte di Lutero; come risultato della linea ricevuta, la regione divenne un centro di educazione linguistica e tedesca.

Un'influenza simile fu esercitata sull'intera civiltà tedesca dalla seconda ascesa dello spirito sassone, il periodo associato all'esuberante barocco di Augusto il Forte e quello immediatamente successivo all'Illuminismo. Sotto Augusto, che amava lo sfarzo, Böttger di Meißen scoprì la porcellana, Bach di Lipsia ci incantò con i suoi meravigliosi oratori, passioni e cantate. L'insolito principe, che capì l'importanza di dare un'impronta barocca non solo alla sua capitale sassone, ma anche alla sua residenza polacca, permise al talento di scultori e decoratori come Permoser e Pöppelmann di fiorire. Silbermann di Erz trovò chiese degne dei suoi organi. Il mastio, la cattolica Hofkirche di Chaiveri e un'incomparabile collezione di porcellane rare furono creati da questo principe, mentre la magnifica pinacoteca da suo figlio. Le strade furono completate; le strade sassoni erano già ben conosciute all'epoca.

Durante l'Illuminismo emersero alcune grandi figure intellettuali sassoni: Leibniz, che definì l'intera ricerca scientifica di un'epoca come una filosofia e prevedeva nientemeno che una fusione dei movimenti religiosi cattolico e protestante; Thomasius, il primo professore di istituto che teneva le sue lezioni in tedesco; Lessing, il grande poeta, animatore, critico, ricercatore e difensore della verità che accese nuove e brillanti fiaccole davanti all'altare dell'umanità. Queste erano alcune delle figure spirituali che provenivano solo dalle città di Dresda e Lipsia! La pittura barocca, che riempiva le gallerie di Augusto e dei suoi successori e si basava soprattutto sull'espressione intensa di sentimenti ardenti, conobbe in Sassonia una nuova prosperità grazie al Romanticismo e, soprattutto, una trasformazione interna; è legata ai nomi di Philipp Otto Runge, Caspar David Friedrich, Carl Carus, Ludwig Richter e appare indissolubilmente legata ad alcune parti del paesaggio della Valle dell'Elba. Oltre a Dresda, anche l'antica città di Meißen e i suoi dintorni non sono da meno per quanto riguarda l'influenza di eventi spirituali sullo sfondo. I baroni di Miltitz auf Siebeneiche e Schafenberg giocarono un ruolo importante. Il primo fece del povero figlio di un lavoratore a giornata, Fichte, uno studente del villaggio di Rammenau nell'Alta Luzace, che in seguito avrebbe avuto un effetto profondo sulla coscienza della nazione; lo stesso Miltitz era amico del poeta Friedrich von Hardenberg (Novalis), che era uno studente delle miniere di Freiberg (come l'eroe nazionalista Theodor Korner) e che in seguito avrebbe rivelato gli ultimi misteri del misticismo tedesco come poeta.

Ancora oggi, un'eco romantica e anticonformista può essere udita da più di una gola selvaggia nelle montagne di arenaria dell'Elba. In molti luoghi della Sassonia si sono verificati eventi musicali straordinari. La memorabile prima rappresentazione di "Rienzi" ebbe luogo nel teatro dell'opera di Dresda e durò fino a mezzanotte. Seguirono molte esecuzioni di opere importanti! E quale credito si è guadagnata la Casa degli Arazzi di Lipsia nel campo della musica nazionale! Lipsia, città della musica, città delle librerie, città delle mostre nazionali, è un capitolo della storia delle tendenze culturali tedesche! Questa città ha ispirato il prussiano orientale Gottsched nelle sue preoccupazioni estetiche. L'arte teatrale della Neuberïn, la prima grande attrice tedesca, gli diede un impulso impetuoso e ricco di prospettive. Librai, stampatori ed editori come Johann Gottlob Immanuel Breitkopf, Karl Christoph Traugott Tauchnitz, Benedictus Gotthelf Teubner, Anton Philipp Reclam, crearono i nuclei delle loro imprese internazionali.

La Battaglia delle Nazioni del 1813, che portò alla sconfitta di Napoleone e travolse la città nel suo vortice, non poté ostacolare il potente sviluppo di tutte le forze spirituali ed economiche qui concentrate; ma per la prima volta rivelò al mondo tedesco una comunità di lotta e di destino composta dalla maggior parte dei gruppi etnici tedeschi. Dal 1833, Friedrich List vive a Lipsia e disegna una rete ferroviaria su larga scala con PleiBestadt come centro. Qui ebbe inizio la prima grande linea ferroviaria della Germania; due anni dopo fu aperta al pubblico la linea Lipsia-Dresda. Un altro passo decisivo fu compiuto per collegare le regioni tedesche.

"L'istruzione rende liberi. Lo spirito dà la vita!". Questi motti illuminano e impreziosiscono l'intero Paese con una franchezza tanto più importante in quanto può vantare una tradizione venerabile.

Kurt Arnold Findeisen

Solo i popoli coraggiosi hanno un'esistenza sicura, un futuro, un'evoluzione. I popoli deboli periscono, e giustamente.

Heinrich von Treitschke

IL NUMERO SPECIALE DELLA CASA DELLE TRUPPE SS. 1940.

NORVEGIA

Alla Germania manca in parte l'auspicabile chiarezza sulle reali relazioni nel Nord; prevalgono invece spesso concezioni idealizzate e un'illusione ottimistica sulla vittoria dell'idea nordica negli altri popoli germanici a noi così vicini. La forte espressione di questo ideale ha portato involontariamente all'errore di credere che le relazioni nel Nord siano migliori e più sane delle nostre e che questi Paesi siano semplicemente maturi per un nuovo ordine. Si credeva che lo stesso sentimento che animava noi dovesse dominare anche gli altri.

Per la prima volta dai tempi della Lega Anseatica, l'occupazione tedesca portò il popolo tedesco e quello norvegese a stretto contatto. Le opinioni preconcette che i tedeschi avevano erano piuttosto amichevoli. Tuttavia, poiché non corrispondevano alla realtà, la delusione non tardò ad arrivare.

Il fatto che potesse sorgere un conflitto tra i due Paesi era già un'indicazione del fatto che da parte norvegese mancavano le basi spirituali per un lavoro comune. La seconda delusione, che ogni tedesco deve aver provato personalmente e che ha avuto l'effetto di smorzare i suoi sentimenti, è stata causata dall'umore ostile della popolazione nei suoi confronti. Solo di recente è migliorato. La terza e forse più grande delusione è stata che le speranze esagerate che i tedeschi avevano portato con sé in Norvegia non si sono realizzate. I norvegesi non corrispondevano alle rappresentazioni ideali immaginate. Erano anche uomini con grandi difetti, il cui aspetto esteriore corrispondeva solo in parte all'ideale nordico. Anche quando l'immagine esteriore sembrava corrispondere alle aspettative, mancavano ancora una volta l'atteggiamento spirituale e la chiara espressione delle buone caratteristiche proprie della razza nordica.

I pregiudizi da parte norvegese erano totalmente diversi. Bisogna innanzitutto tenere conto del carattere geografico perduto e di decenni di isolamento dal resto dell'Europa. Siamo arrivati in un Paese in cui il liberalismo era in pieno svolgimento, dove la lunga pace e la dipendenza dall'economia mondiale avevano trasformato il pacifismo in una visione di base quasi naturale. Non c'erano problemi acuti che richiedessero una soluzione immediata, tranne forse il problema sociale. Non c'era una miseria economica critica e la disoccupazione, nessuna minaccia politica diretta dall'esterno, nessuna questione razziale propria, nessun problema religioso. A differenza della Germania, la Norvegia è un "Paese senza popolo". Tutti gli elementi esterni che avrebbero potuto determinare un cambiamento nello spirito del nazionalsocialismo erano più o meno assenti; per questo motivo, non c'era l'intelligenza dei processi tedeschi. In realtà, questa è certamente una finzione, perché molte delle questioni citate esistono. Ma poiché non si manifestano così apertamente, hanno potuto essere trascurati fino ad oggi. A tutto ciò si è aggiunta l'impressione della costante crescita della potenza tedesca e la sistematica eccitazione della popolazione in patria e all'estero. Il popolo norvegese, che abbiamo incontrato nell'aprile di quest'anno, aveva obiettivi e anche forme di vita totalmente diverse dalle nostre; nessuno potrà pretendere da un tedesco di considerare giusti lo sviluppo e l'atteggiamento norvegesi, ma bisogna almeno capire le condizioni che li hanno generati.

Per noi tedeschi, la Norvegia non è direttamente un problema economico o una questione di spazio, ma soprattutto una questione di valore razziale dei suoi uomini. Sarebbe straordinariamente deplorevole se, attraverso false visioni di questo punto elementare, la maggior parte dei tedeschi ora impegnati in Norvegia diventasse delusa e prevenuta. L'immagine che si formerà nel Reich della Norvegia non sarà tanto segnata da una pubblicazione, quanto dai resoconti di coloro che torneranno da essa. Se sorgeranno malintesi, la comprensione della legittimità interna del nostro lavoro e anche della futura creazione dell'Impero sarà molto danneggiata. D'altra parte, la realtà di questi malintesi è anche una prova della chiarezza ideologica che spesso ancora manca.

Basta prendere alcuni punti della dottrina razziale nazionalsocialista per giungere immediatamente a giudizi sostanzialmente diversi sui rapporti norvegesi.

1. Il Führer ha anche menzionato la grande importanza della diversa composizione delle razze affini del nostro popolo e ha parlato di una felice mescolanza. Senza dubbio la varietà dei risultati ottenuti dal nostro popolo in tutti i campi deve essere attribuita a questa influenza. La pretesa di leadership politica della razza nordica è rimasta intatta.

2. Nella dottrina razziale viene costantemente sottolineata la differenza tra apparenza e immagine di sé. Ciò si riferisce non solo alle diverse caratteristiche esterne, ma soprattutto a quelle peculiarità che hanno origine in trasformazioni puramente spirituali e, in questo senso, anche in certe manifestazioni legate a ogni generazione.

3. Strettamente correlato a questo aspetto è il rapporto tra eredità ed educazione. Non si può ignorare la realtà che una generazione attualmente in vita non è solo il risultato del carattere ereditario esistente, ma che il suo atteggiamento e tutti i suoi modi sono anche determinati essenzialmente da fattori educativi, fattori educativi che possono cambiare nel corso del tempo. Ma l'eredità non ne risente.

4. Come è noto, ogni razza ha caratteristiche sia positive che negative. Nel corso della storia, la razza nordica ha sempre dimostrato di possedere le sue caratteristiche più valide solo quando si trova ad affrontare condizioni difficili o compiti gravosi. D'altra parte, ha la sfortunata caratteristica di diventare languida nei momenti di tranquillità. Non solo la Norvegia, ma anche l'intero Nord germanico sta attualmente vivendo un periodo di languore.

5. Secondo la concezione nazionalsocialista, la sostanza razziale di un popolo è l'unico fattore decisivo per giudicare il suo valore. Ma questa sostanza razziale si dimostra, dopo tutti gli accurati esami in merito, assolutamente solida in Norvegia. La percentuale di sangue nordico è straordinariamente alta tra i norvegesi. Se la generazione attuale ha un atteggiamento che corrisponde solo in parte all'immagine dell'uomo nordico, la prossima generazione potrebbe già avere un aspetto totalmente diverso.

Per apprezzare l'attuale situazione politica del Paese, bisogna anche ricordare le condizioni che ne hanno influenzato lo sviluppo finora. Il forte allineamento con l'Inghilterra, che non è iniziato nemmeno ieri, è stato il risultato di una serie di fattori. La situazione geografica, le tradizioni storiche molto lontane nel tempo e infine le esperienze politiche radicate da generazioni hanno giocato un grande ruolo. Per quanto riguarda l'ultimo punto, ricordiamo che più volte nella storia, terribili carestie hanno travolto la Norvegia a causa del blocco inglese. Ad esempio, il blocco durante le guerre napoleoniche ebbe conseguenze così devastanti che è rimasto nella coscienza popolare ancora oggi. Il blocco della Grande Guerra non fu altrettanto grave, ma ebbe conseguenze piuttosto spiacevoli. Altri eventi che contribuirono a favorire la politica anglofila furono le numerose affinità, le relazioni personali e i metodi di propaganda inglese che si adattavano all'ambiente. Inoltre, dopo tutti i calcoli di stima militare, un intervento tedesco in Norvegia sembrava così impensabile, ma un intervento britannico così concepibile, che le decisioni politiche corrispondenti furono prese con maggiore facilità.

La domanda sulla futura forma delle relazioni tedesco-norvegesi, che viene costantemente sollevata dai norvegesi quando iniziano a comprenderne lo sviluppo, è quella che riguarda il principio di creazione o l'idea dell'ordine del futuro Impero: imperialismo o associazione razziale? Dal punto di vista tedesco, è chiaro che non esiste un problema norvegese particolare, ma che la Norvegia può essere vista solo come una parte dell'insieme nordico, il punto di partenza del nuovo ordine politico e spirituale anche in questa parte d'Europa. Da questo punto di vista, la missione tedesca in Norvegia assume il suo vero significato. Il fatto più decisivo è se i norvegesi si rendono conto che la Germania non vuole che siano oppressi o sfruttati economicamente, ma che devono essere incoraggiati a cooperare responsabilmente per costruire la nuova Europa. Con l'insediamento del nuovo governo e il trasferimento della guida politica del Paese al movimento Quisling, la Germania ha cercato di dare alla Norvegia le possibilità necessarie a questo scopo. È ancora troppo presto per valutare l'esito di questo sviluppo.

Attraverso quanto detto, la situazione politica della Norvegia e la situazione spirituale attuale sono state brevemente tratteggiate. Non sono stati toccati i numerosi problemi interni della Norvegia e gli immensi compiti che il nuovo governo deve affrontare. Infine, possono essere menzionati solo brevemente. Nel settore culturale, si riducono alla riabilitazione e al rinnovamento. Vorrei prendere la parola cultura in senso lato e riferirmi ai principi ideologici e al sentimento generale della vita, oltre che all'arte e alla scienza. Vorrei scegliere solo tre questioni particolarmente salienti: La creazione di sane condizioni spirituali per una nuova politica demografica, la riforma della scienza, compreso l'utilizzo pianificato del grande surplus di studenti e, per la prima volta, l'adozione di un chiaro stile architettonico adatto al paesaggio. Nella sfera sociale, il compito è quello di equilibrare i contrasti esistenti. In campo economico, è necessaria una riorganizzazione totale. Le principali industrie del passato, la navigazione e la pesca, potrebbero perdere la loro importanza, ma dovranno comunque essere completamente rinnovate. Lo sviluppo del Paese è determinato dagli insediamenti e dalla risoluzione del problema del traffico. La Norvegia ha tre fonti di ricchezza che finora ha sfruttato poco e che promettono nuova prosperità: l'elettricità, la foresta e le sue ricchezze sotterranee.

Tuttavia, il percorso verso un'ulteriore espansione politica e l'utilizzo delle opportunità economiche esistenti, e quindi verso la partecipazione della Norvegia alla costruzione della nuova Europa, può essere seguito solo in stretta collaborazione con la Germania.

H.H.

Opuscolo SS n. 8. 1938.

Inghilterra - Irlanda

L'interesse internazionale si è recentemente concentrato sulla questione cecoslovacca e in particolare sull'invio a Praga dell'inglese Lord *Runciman*. Sarebbe interessante, tuttavia, considerare un problema interno dell'Impero britannico che ha qualche analogia con quanto sta accadendo in Cecoslovacchia. Quando pensiamo alla Gran Bretagna europea, siamo portati a pensarla come un'entità unificata. Dimentichiamo troppo facilmente che esiste un problema di nazionalità per l'Inghilterra sul territorio europeo, in particolare in Irlanda, che è stata oggetto di continui scontri e spargimenti di sangue per quattrocento anni.

Al di là degli interessi economici, è la comunità di sangue che tiene unita l'alleanza britannica - il Commonwealth britannico delle nazioni. L'amministrazione dei Dominions è nelle mani di immigrati inglesi che sono stati in grado di imporsi ovunque e di anglicizzare al massimo gli immigrati di altre nazioni. In questo modo, nel corso dei secoli si è creata una sorta di comunità di destino che si è estesa a tutto il mondo e che, basata sulla comunità di sangue e di stile di vita, ha costituito la base della dominazione inglese nel mondo.

Solo lo Stato Libero d'Irlanda occupa una posizione speciale in questo senso. Gli irlandesi sono l'unica vera nazione, oltre agli inglesi, all'interno dell'Impero britannico. La loro richiesta di indipendenza è nettamente diversa dalle aspirazioni degli altri Dominion. L'Australia, ad esempio, ha sempre più rifiutato il paternalismo troppo insistente di Londra e, sentendosi una nazione importante, ha chiesto il diritto all'autonomia, naturalmente nel quadro costituzionale dell'Impero britannico. L'Irlanda, invece, si affidò alla consapevolezza della sua forte originalità nazionale per chiedere l'assoluta indipendenza. Le dichiarazioni dei suoi leader politici dimostrano che sono pronti a mantenere questa rivendicazione di indipendenza anche a scapito degli interessi dell'Impero britannico.

Per comprendere la profonda opposizione tra inglesi e irlandesi, bisogna considerare tre elementi: primo, la forte differenza etnica, secondo, la differenza confessionale e terzo, il diverso sviluppo storico delle due nazioni. Nonostante gli interessi economici generali comuni, queste differenze non hanno mai portato all'unificazione delle due isole.

Nel primo periodo storico, Inghilterra e Irlanda erano popolate da Celti. Con l'invasione delle legioni romane iniziò lo sviluppo separato delle due isole. Mentre l'Irlanda rimase invasa fino alla metà del Medioevo, i Celti inglesi si mescolarono nel corso dei secoli con legionari romani, Sassoni, Angli e Normanni latinizzati. La successiva conquista inglese dell'Irlanda fu solo un evento militare. Inizialmente i contrasti erano così grandi che non era possibile procedere a un'amalgama.

La differenza religiosa fu il secondo fattore che impedì lo sviluppo comune delle due isole8 . A causa della loro forte predisposizione al misticismo, che deve essere attribuita alla loro origine celtica, furono fin dall'inizio molto aperte al cattolicesimo. Fin dai primi decenni, i monasteri fiorirono in Irlanda con grande varietà. I monaci irlandesi svolsero un ruolo importante nella cristianizzazione dell'Europa. All'epoca della Riforma, gli inglesi cercarono più volte di allontanare gli irlandesi dalla loro fede cattolica. Gli irlandesi si opposero con sanguinose rivolte. La questione religiosa separa ancora oggi inglesi e irlandesi e questo non è l'ultimo motivo per cui non è possibile un compromesso definitivo tra i due Paesi.

Il dominio dell'Inghilterra sull'Irlanda risale al XII secolo, ma la prima invasione fallì perché i pochi signori inglesi furono assorbiti dalla comunità irlandese. L'Inghilterra non prese sul serio la conquista dell'Irlanda finché non divenne una potenza marittima. Nel tentativo di diventare una potenza mondiale e la principale potenza marittima, non poteva più permettersi di trascurare quest'isola geograficamente importante.

L'Irlanda era una testa di ponte per tutte le rotte marittime verso i possedimenti d'oltremare e proteggeva la costa occidentale dell'Inghilterra dalle imprese nemiche. In possesso del nemico, invece, l'Irlanda avrebbe minacciato la linea di vita inglese e sarebbe stata una base eccezionale per un'invasione dell'Inghilterra. L'appoggio che gli irlandesi ricevettero, direttamente o indirettamente, dalla Spagna e, in seguito, dalla Francia, portò a dure misure di guerra da parte degli inglesi e, in seguito, quando alla fine vinsero, l'Irlanda dovette pagarne tutte le conseguenze.

Queste dure azioni dell'Inghilterra, soprattutto nella sua smania di strappare la fede cattolica agli irlandesi, resero impossibile l'incontro tra i due popoli. La colpa maggiore dell'Inghilterra fu quella di punire severamente qualsiasi matrimonio tra inglesi e irlandesi e di trattare questi ultimi come cittadini di seconda classe. Questa politica perniciosa e la pressione religiosa furono il motivo per cui i cattolici irlandesi non riuscirono a fondersi con la comunità inglese, nonostante i grandi vantaggi che avrebbero potuto trarre dall'unificazione.

La colonizzazione inglese dell'Isola Verde rimase, ad eccezione dell'Ulster, opera di un sottile strato di nobili, proprietari terrieri agricoli, che imposero sempre il loro dominio sugli irlandesi. Questa colonizzazione continuò fino al punto che il suolo e la terra vennero confiscati dal re inglese e dati in concessione a servitori dello Stato in pensione. I servitori in pensione affittavano i loro diritti ai veri proprietari, i contadini irlandesi. Questi ultimi furono così economicamente sottomessi ai loro nuovi signori.

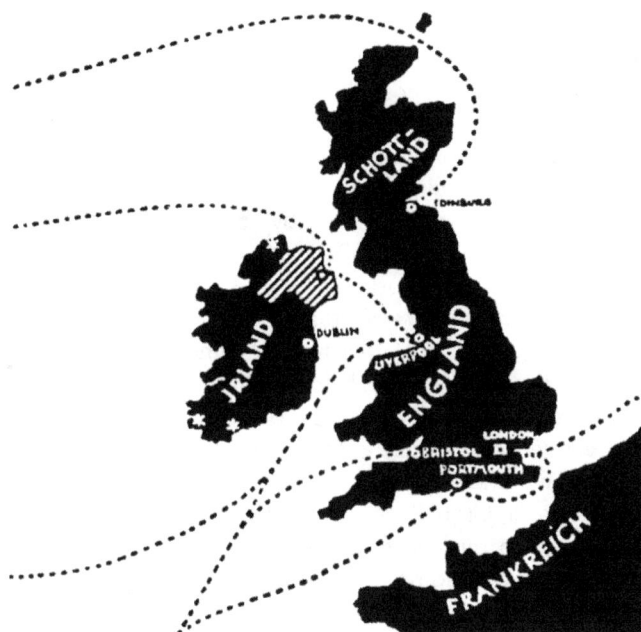

L'incapacità, la non volontà di questa classe superiore di inglesi di comprendere il popolo irlandese si spinse a tal punto nel XVIII e XIX secolo che non solo le locazioni non vennero in alcun modo alleggerite nonostante i raccolti catastrofici, ma non furono permessi rifornimenti in Irlanda, cosicché gli irlandesi furono costretti a lasciare la loro patria. Questo fu l'inizio della grande ondata di emigrazione irlandese. Nel 1846-51 la popolazione scese da 8,5 milioni a 6,5 milioni. La maggior parte di loro emigrò negli Stati Uniti d'America. Nel 1846, una grave carestia vide circa mezzo milione di irlandesi morire di fame o malnutrizione. Da quel momento in poi la popolazione diminuì sempre fino al 1871, quando raggiunse il livello più basso di 4 milioni, cifra che ora sta lentamente risalendo.

La Gran Bretagna riconobbe l'ingiustizia della distruzione dell'economia irlandese e cercò di rimediare. Incoraggiò il riscatto delle terre attraverso la concessione di crediti, cosicché nel 1914 gli irlandesi avevano riacquistato i due terzi delle loro proprietà precedenti, ancora ipotecate. Ci volle tutto questo tempo per ricostruire l'economia irlandese, almeno per quanto riguarda l'economia agricola integrativa.

L'Inghilterra aveva raggiunto il suo obiettivo dopo i lunghi anni di guerra: assegnare all'Irlanda il solo ruolo di paese zootecnico nel mercato inglese e riportare la sua precedente notevole autarchia entro i limiti del programma generale.

Oltre all'opposizione Inghilterra-Irlanda, il comportamento dell'Irlanda del Sud-Ulster aggrava ulteriormente la storia dell'Eire. L'origine dell'inasprimento di questa vecchia opposizione fu la creazione degli "Ulster Volunteers" nel 1912, una truppa di combattimento della popolazione evangelica dell'Ulster contro gli irlandesi del Sud. Questi ultimi fondarono gli "Irish Volunteers" per rappresaglia e solo lo scoppio della guerra nel 1914 evitò una soluzione sanguinosa.

Solo nel 1916 ebbe luogo la famigerata Rivolta di Pasqua dei nazionalisti irlandesi, che costò agli irlandesi 450 morti e 2.600 feriti. Il governo britannico colse ovviamente l'occasione: fucilò 15 leader irlandesi, ma gli inglesi non riuscirono a controllare la situazione.

La guerriglia durò fino al 1921. Anche se l'Inghilterra riuscì a ridurre militarmente gli irlandesi, la pressione bigotta dell'America si fece sentire. Il diritto all'autodeterminazione dei piccoli popoli era stato proclamato a gran voce per abbattere le potenze dell'Europa centrale, e i diversi milioni di irlandesi-americani avevano messo l'opinione pubblica americana contro l'Inghilterra. Alla fine la Gran Bretagna cedette e nel 1921 gli irlandesi ottennero un trattato in qualche modo accettabile che conferiva loro lo status di "dominio autonomo" all'interno dell'Impero britannico, escludendo le sei province settentrionali intorno all'Ulster.

Il Sinn-Fein, il partito nazionalista irlandese che aveva condotto da solo la lotta di liberazione, cadde a questo ostacolo. *Cosgrave, il* suo leader, si accontentò del compromesso del 1921, mentre *de Valera, il* secondo in comando del partito, passò all'opposizione. Gli scontri ripresero immediatamente. Il suo obiettivo era - ed è tuttora - un'Irlanda libera e unita (compreso l'Ulster), in condizioni di parità con l'Inghilterra e liberamente unita ad essa. Riuscì a rovesciare Cosgrave in Parlamento nel 1932 e da quel momento in poi guidò la politica irlandese in direzione del suo obiettivo principale; i suoi risultati si riflettono chiaramente nella nuova Costituzione e nel Trattato con l'Inghilterra.

Il principale problema politico di de Valera è oggi la gestione dell'Ulster, che non è ancora riuscito a risolvere nel nuovo trattato anglo-irlandese. Il suo obiettivo è la riunificazione dell'intera isola sotto un unico governo. La popolazione dell'Ulster, come il governo inglese, si oppone a questo obiettivo. Le sei province settentrionali dell'Ulster sono l'unico territorio in Irlanda in cui l'insediamento anglo-scozzese è stato saldamente stabilito. Questo insediamento, tuttavia, non era abbastanza profondo perché la nobile classe superiore inglese riuscisse a eliminare i braccianti irlandesi.

Quest'area, con la sua popolazione eterogenea, è sempre stata una regione difficile e ancora oggi gli antagonismi confessionali si scontrano fortemente: ad esempio, nell'estate del 1935, nel giorno della commemorazione della battaglia del fiume Boyne, otto persone furono uccise e 75 ferite. Gli unionisti dell'Ulster commemorano la battaglia del luglio 1680, quando Guglielmo d'Orange sconfisse Giacomo II e salvò la colonia dell'Ulster.

Tuttavia, l'antagonismo non è solo storico e confessionale. Oggi gli anglo-irlandesi rifiutano l'unificazione irlandese soprattutto per motivi economici.

I nobili proprietari terrieri, i mercanti e gli industriali di Belfast difesero la loro sicurezza religiosa, l'indipendenza commerciale e la libertà politica insieme alla nazionalità delle loro sei province. La secessione dell'Irlanda del Nord al momento della fondazione dello Stato Libero era l'unico modo per il Nord protestante di proteggersi dalla maggioranza cattolica del Sud. Almeno nel Nord, dove la popolazione totale è per due terzi protestante (rispetto all'8% dell'intera Irlanda), è rimasta la preminenza sociale e il dominio politico che avevano esercitato in precedenza su tutta l'isola.

In un'Irlanda riunificata, gli unionisti dell'Ulster non sarebbero più il popolo dominante, ma una minoranza confessionale popolare a cui la piccola isola non può lontanamente concedere i benefici del grande Impero in cui vengono offerte carriere nell'esercito, nell'amministrazione e nel governo, in quanto cittadini dell'Impero. L'attaccamento all'Inghilterra è stato vantaggioso anche per il commercio nordirlandese. L'industria di Belfast perse il suo hinterland con la secessione, ovviamente, ma fu compensata dal fatto che l'intero mercato britannico rimase aperto senza tariffe. La sua industria era essenziale per integrare l'economia agricola e dovette lottare duramente nella competizione con l'Inghilterra dal 1932 al 1937.

De Valéra, poco dopo essere entrato nel governo, aveva sospeso il pagamento delle cosiddette rendite agricole.[4] L'Inghilterra si vendicò con una guerra economica sostenuta da tutti i mezzi moderni. Questa guerra economica e il conseguente nazionalismo economico di de Valera divennero un ulteriore motivo di protesta per gli unionisti dell'Ulster, per puro egoismo, per proteggere il loro benessere commerciale contro la riunificazione. In questa lotta economica anglo-irlandese degli ultimi anni, l'Irlanda avrebbe avuto la meglio nel lungo periodo. Così, nell'accordo raggiunto nel maggio di quest'anno, De Valera ha messo da parte la sua richiesta di riunificazione dell'Irlanda del Nord con l'Eire e si è accontentato del ritorno della pace commerciale e della piena indipendenza nazionale per l'Irlanda del Sud. Si è così conclusa la guerra economica tra Inghilterra e Irlanda. La grande disputa sulle rendite agricole terminò quando de Valera eliminò le richieste inglesi con un pagamento unico di 10 milioni di sterline. La causa della guerra economica dal 1932 non era più presente. Emerse una

---

[4] Pagamento ai proprietari terrieri inglesi espropriati.

rinascita del commercio irlandese, che si affiancò liberamente a quello inglese.

L'Irlanda ottenne anche la piena sovranità militare. Le precedenti basi della flotta britannica furono cedute in cambio della garanzia che la flotta britannica sarebbe stata considerata una minaccia per l'Irlanda. La cooperazione militare e politica tra Irlanda e Inghilterra è quindi obbligatoria. L'Inghilterra ha così aggiunto un elemento all'equipaggiamento diplomatico-militare complessivo che sta costruendo con ogni mezzo dalla sconfitta nel conflitto abissino.

Ma è facile capire come la questione irrisolta dell'Ulster possa danneggiare ancora una volta l'unione anglo-irlandese. Al suo ritorno da Londra a Dublino, De Valera ha dichiarato ancora una volta che non avrebbe mai rinunciato alla lotta per l'Ulster. La stampa irlandese, nonostante la dichiarazione di de Valera su una difesa congiunta anglo-irlandese, arrivò a chiedere il riconoscimento dell'Irlanda come Stato neutrale come passo successivo. D'altro canto, il Primo Ministro nordirlandese, Lord Craigavon, ha dichiarato in occasione della Festa Nazionale del luglio di quest'anno che l'Ulster non si piegherà mai al Parlamento di Dublino e non tradirà l'Inghilterra. L'Ulster non vuole altro dall'Irlanda che essere lasciato in pace. Queste parole dei due statisti e i ripetuti disordini in occasione della festa nazionale di quest'anno dimostrano quanto sia forte l'opposizione tra la popolazione, dopo come prima, nonostante i trattati.

Il problema anglo-irlandese dimostra ancora una volta che i vecchi trattati sono solo carte inutili e vuote se non esprimono la volontà dei popoli interessati.

LIBRETTO SS N. 1. 1939.

TEDESCHI IN AFRICA SUD-OCCIDENTALE

Nella storia della Germania, ci sono innumerevoli esempi di tedeschi che lasciano le regioni boscose della Germania per le terre secche e calde del Sud. Come l'acqua che evapora al sole, i tedeschi perdono gradualmente la loro identità nei Paesi caldi. Questo era già il destino delle tribù germaniche che, al tempo delle grandi invasioni, si misero a costruire nuove città nelle regioni meridionali. Dopo un breve periodo di prosperità, queste creazioni scomparvero e poco dopo il germanesimo si diluì nel sangue scuro del Sud. Questo è accaduto in molti modi negli ultimi 1500 anni. I discendenti degli emigranti tedeschi furono spesso i soldati più coraggiosi nella lotta contro la Germania, ostacolando così la sua lotta per la vita.

Sapendo che in passato i tedeschi avevano perso il loro carattere nazionale abbastanza facilmente, l'Unione del Sudafrica si era astenuta, a differenza di altri conquistatori di colonie tedesche, dall'espellere completamente i residenti tedeschi nell'Africa sud-occidentale. 7.000 dei 13.000 residenti furono espulsi nel 1919-1920. Dei rimanenti 6.000, ai quali fu "generosamente" permesso di rimanere su questo pezzo di terra strappato al deserto a costo del loro sangue e del loro sudore, si prevedeva che sarebbero stati gradualmente assimilati dai boeri. Questa speranza era ritenuta tanto più giustificata in quanto i boeri stessi erano principalmente di origine basso-tedesca. Nell'Africa sud-occidentale, come in altre parti del mondo, era consuetudine compensare l'insufficiente demografia locale con l'immigrazione di buoni tedeschi. Un politico sudafricano dichiarò una volta che la popolazione bianca del Sudafrica non poteva essere sostenuta senza un'immigrazione permanente di europei. Nell'autunno del 1932 erano ancora in corso trattative per l'insediamento di altri residenti tedeschi.

Come sono nate le speranze sudafricane di germanesimo nel Sud-Ovest? La prima generazione di sudafricani, ovvero i soldati e i coloni che si stabilirono nel Paese durante il periodo tedesco e, in alcuni casi, anche più tardi, difesero con determinazione la loro germanità, anche se non sempre in modo appropriato. Mentre in Germania infuriava la faida dei partiti, nel Sud-Ovest si unirono e non permisero a nessuno di affiliarsi a uno dei tanti partiti tedeschi. L'opinione pubblica rimase conservatrice come ai tempi della Germania, cioè la maggior parte dei tedeschi sperava in una restaurazione della monarchia in Germania e, di conseguenza, in un "ritorno alla Germania coloniale". In Sudafrica non ci si rallegrava molto di questa posizione della popolazione tedesca, ma si riteneva che i giovani tedeschi, cresciuti nel frattempo, fossero più disponibili alla mescolanza razziale con i boeri. Si pensava che, viste le contraddizioni sorte durante la Grande Guerra, la scomparsa della germanità nel Sud-Ovest sarebbe avvenuta solo gradualmente. Questa era l'opinione della comunità boera, allora al potere in Sudafrica. Per i circoli anglicani e liberali, invece, questo lento sviluppo sarebbe arrivato al momento giusto, poiché non si sarebbe dovuto temere un risveglio troppo rapido della comunità nazionale boera attraverso l'afflusso di gruppi di popolazione tedesca di valore. Tuttavia, fu una grande delusione per entrambe le parti quando divenne chiaro, soprattutto dopo la presa del potere da parte dei nazionalsocialisti, che le giovani generazioni di tedeschi erano ancora più attaccate alla loro germanità dei loro genitori e professavano con entusiasmo il nazionalsocialismo. Le conseguenze di ciò si manifestarono nel fatto che l'afflusso di nuovi immigrati tedeschi fu bloccato da decreti che vietavano l'immigrazione.

KHORAB - AFRICA SUD-OCCIDENTALE - LUGLIO 1915

Le truppe sudafricane "vinsero". 70 000 uomini conquistarono il Paese difeso da 5 000 tedeschi. La pace fu conclusa dopo che i tedeschi avevano sparato i loro ultimi colpi. 3 000 riservisti, agricoltori, commercianti o artigiani tornarono alle loro occupazioni e 2 000 soldati professionisti furono internati. La guerra era finita, iniziava la resistenza.

WINDHURK 1924

La comunità tedesca in Sudafrica occidentale protesta contro la violenza dei vincitori e la mancanza di principi dei monaci tedeschi. Protesta contro il fatto di essere stata svenduta. Nel 1923, il governo sudafricano rappresentato dal generale Smits aveva concluso il "Trattato di Londra" in base al quale i tedeschi del Sud-Ovest dovevano essere naturalizzati, cioè diventare sudafricani (boeri). Per rendere questa pillola meno amara per i tedeschi, fu concessa loro la possibilità di mantenere la cittadinanza tedesca oltre a quella sudafricana. Questo fu avvilente e umiliante.

1932

L'invasione boera era finita. Erano arrivati così tanti boeri dal Sudafrica e dall'Angola che l'immigrazione dalla Germania, che aveva portato la comunità tedesca da 7.000 a 13.000 persone, non poteva competere con la comunità boera: 17.000-18.000 boeri vivevano accanto a 13.000 tedeschi del Reich nell'Africa sud-occidentale.

Il 1932 fu un anno di assoluta disperazione per la comunità tedesca. La crisi economica mondiale, un periodo di siccità durato diversi anni e le conseguenze catastrofiche della politica coloniale sudafricana portarono il Sudafrica occidentale sull'orlo della rovina. Nel momento di maggiore sconforto, la comunità boera si dichiarò disposta ad agire insieme ai tedeschi sul governo sudafricano per far sì che il destino dell'Africa sud-occidentale fosse consegnato ai bianchi di quel Paese in misura maggiore rispetto al passato. La lingua tedesca sarebbe inoltre diventata una lingua ufficiale e sarebbe stata richiesta la cittadinanza automatica per gli emigranti tedeschi del dopoguerra.

Il germanesimo si rivolgeva con ansia alla Germania; non capiva più il processo politico della sua patria. Elezioni parziali, Hitler contro Hindenburg, nazionalismo tedesco contro nazionalsocialismo. Non si capisce più nulla. Solo una cosa è chiara: si sta preparando un evento senza precedenti. 1932, l'anno della tempesta soffocante.

PRIMAVERA 1933

Il terzo anno di siccità nell'Africa sud-occidentale, eppure un nuovo anno. La gioventù del Paese si raduna sotto la bandiera di Adolf Hitler. A Windhuk nacque e crebbe rapidamente una cellula regionale della NSDAP;

l'organizzazione giovanile tedesca, come gli scout tedeschi, passò sotto il controllo della Hitlerjugend.

1934

La Hitlerjugend e la NSDAP vengono bandite nel Sudafrica occidentale. I giovani tedeschi iniziano a emigrare in Germania, un movimento che continua fino al 1937.

Allo stesso tempo, gli africani del Consiglio Generale del Sud-Ovest approvarono una mozione che proponeva che l'Unione del Sudafrica amministrasse l'Africa del Sud-Ovest come una quinta provincia. Tuttavia, l'Unione del Sudafrica non cambiò i termini del suo mandato.

1935

In Germania, 600 giovani tedeschi del Sud-Ovest si uniscono nella Truppa Nazionale dell'Africa del Sud-Ovest. Questa truppa sudafricana portò rapidamente ordine e disciplina nelle file dei giovani del Sud-Ovest e li guidò ideologicamente.

1936-1937

Nel dicembre 1936, il governo dell'Unione annunciò misure dure contro la popolazione dell'Africa sud-occidentale. In una dichiarazione, l'Unione annunciò che si aspettava che, dopo la concessione della cittadinanza ai tedeschi nel 1925, essi avrebbero prosperato nella comunità, cioè sarebbero diventati boeri. Ulteriori misure dell'agente costrinsero i tedeschi dell'Africa sud-occidentale a sciogliere la loro unica organizzazione, la "German Alliance".

PRIMAVERA 1939

Qualche anno fa, nel Sud-Ovest è stata fondata una nuova organizzazione scoutistica, le cui attività sono limitate da decreti molto severi. Inoltre, un nuovo partito, l'"Alleanza del Sud-Ovest", a cui possono aderire solo i tedeschi naturalizzati, ha preso in mano le sorti politiche della comunità tedesca del Sud-Ovest. Da circa un anno, i giovani tedeschi che si erano uniti alla truppa nazionale tedesca del Sud-Ovest si sono ritirati nel Sud-Ovest, individualmente o in piccoli gruppi. Dopo essersi formati ideologicamente e professionalmente, vengono ad assumere la difesa del gruppo etnico tedesco nell'Africa sud-occidentale. Vogliono affermarsi a dispetto di tutte le influenze straniere. Erano tutti spinti dalla speranza che il Sudafrica occidentale tornasse alla Germania.

***

La comunità tedesca ha ormai raggiunto quell'unità interna necessaria per non essere abbattuta dalle rappresaglie politiche ed economiche del governo mandatario. È risaputo che i gruppi popolari tedeschi che hanno raggiunto un tale stato di unità e armonia interna non possono che rafforzarsi di fronte a ogni tentativo di pressione esterna. Guardando allo sviluppo del popolo tedesco nel suo complesso, si può parlare di un enorme cambiamento, cioè la nascita di una nuova classe dirigente con alle spalle la gioventù della nazione, ha cancellato il passato e creato nuovi tempi. Questo sviluppo della nazione tedesca nel suo complesso si può riscontrare in maniera più ridotta nei gruppi nazionali del sud-ovest. Dalle file della generazione più giovane sono emersi alcuni uomini capaci che, insieme ai leader della prima generazione, hanno assunto la guida dell'intera comunità tedesca del Sud-Ovest. Da allora, la comunità ha superato la sua disunione interna ed è ora pronta a sfidare qualsiasi attacco.

SS-Uscha. Kurt P. Klein

Paesaggio sassone.

Il Gran Muftì di Gerusalemme passa in rassegna i volontari bosniaci delle Waffen-SS.

OPUSCOLO SS N. 2. 1939.

L'ISLAM, LA GRANDE POTENZA DI DOMANI

L'improvvisa morte del giovane re iracheno Ghazi I, che circa un mese fa si è schiantato con la sua auto contro un albero ed è morto dopo poche ore per le gravi ferite riportate, ha riunito l'intero mondo arabo in uno spirito di comunità e solidarietà. La prima risposta spontanea a questo evento è stata l'assassinio del console britannico a Mosul, che è stato lapidato dagli arabi. Il motivo: negli ambienti arabi, il cui istinto era stato affinato da anni di combattimenti difensivi, il giovane re non era ritenuto un caso, ma era visto come una nuova vittima dei servizi segreti britannici, responsabili anche della morte del padre di Ghazi, re Feyçal I . Re Feyçal morì improvvisamente e inaspettatamente nel 1933 a Berna. In un primo momento, la sua morte fu attribuita ad alcuni magnati del petrolio. Oggi si sa con certezza che Feyçal fu avvelenato dagli inglesi.

Ma la morte di Ghazi richiama ancora una volta l'attenzione sullo sfondo in cui si sono svolti negli ultimi anni eventi di grande importanza nel mondo arabo. L'osservatore politico attento si porrà quindi inevitabilmente la domanda: quali connessioni esistono in questo caso e fino a che punto è possibile collegare un fenomeno politico, religioso o ideologico a questi eventi? Tuttavia, bisogna evitare l'errore di considerare la nozione di "mondo arabo" come qualcosa di completamente omogeneo in sé, perché l'arabismo del Nord Africa francese obbedisce a leggi completamente diverse da quelle dell'Egitto, e le forme di espressione religiosa dei wahabiti di Ibn Saud divergono completamente da quelle degli arabi della Transgiordania. Le esigenze nazionalistiche determinate dalla tribù e le differenze culturali e religiose creano un quadro così complesso e turbolento, gli interessi dinastici e i legami politici con alcune grandi potenze europee hanno ripercussioni così diverse che è difficile parlare semplicemente di uno stile di vita unico e organizzato basato su leggi stabili. Eppure questo stile di vita esiste. Non in senso statale. Non nel senso di una totale somiglianza di credenze religiose - basti pensare alle tante sette dell'Islam - ma questa alta comunità si basa su una realtà molto difficile da comprendere per l'europeo.

Ciò che accomuna in una certa misura gli arabi nella loro lotta di liberazione dal dominio straniero britannico è l'ardente nazionalismo e il desiderio di libertà e di uno Stato indipendente. Alla base di tutto ciò c'è la religione che, come dottrina del Profeta Maometto, è diventata una potenza internazionale di prim'ordine, che vuole manifestarsi in condizioni completamente nuove e che attualmente si sta dimostrando una potenza politica mondiale, sebbene diversa da tribù a tribù, ma che alla fine forma un'unità. Tuttavia, quando si considera la natura di ciò che costituisce queste forze che attingono la loro vitalità da questa fonte inesauribile, bisogna risalire al momento in cui l'Islam è entrato in contatto con il mondo occidentale. In questi confronti tra il mondo occidentale-cristiano e quello orientale-islamico, che hanno avuto un'influenza decisiva su tutta l'evoluzione dell'Islam, l'Oriente è stato l'elemento attivo fino alla fine del XVII secolo. Poi ci fu una temporanea pausa negli scontri, finché Napoleone, da parte sua, estese l'ardore bellico dell'Occidente all'Oriente, dando così il via a uno sviluppo caratterizzato da una costante lotta tra Oriente e Occidente che culminò nella Grande Guerra con la decadenza dell'Impero turco di Osman. Per la prima volta nella storia della comunità araba, gli anni successivi hanno forse messo a fuoco il problema a tal punto che è ora possibile definire più realisticamente la natura delle molteplici forze di questo movimento e delle sue dinamiche emanazioni.

È un fatto assodato che l'Islam abbia cessato di essere una semplice dottrina religiosa e abbia invece rappresentato una liaison tra nazionalismo puro e fanatismo religioso. Ma oggi, l'universo comune dell'Islam è plasmato in modo più vivido che mai dal senso di una comunità di destino islamico-orientale naturalmente ostile a tutto ciò che è occidentale. Essa trova la sua espressione più forte e potente in questa opposizione all'Occidente e al cristianesimo. Dobbiamo però fare una parentesi: questa comunità di destino del mondo arabo a sfondo islamico non ha nulla a che vedere con la cosiddetta idea panislamica propagandata in passato dai califfi turchi e che mirava alla creazione di un grande impero islamico unito. Soprattutto nel periodo prebellico, questo movimento era un elemento da tenere in considerazione dal punto di vista politico, poiché era il risultato di una necessità politica. Ma si è interrotto con la caduta dell'Impero di Osman, quando le rivendicazioni tribali e i molteplici movimenti nazionali si sono riaccesi tra gli arabi, con i musulmani che si combattevano tra loro quando ciò serviva ai loro scopi politici. Il ricordo della "guerra santa", a cui il penultimo sultano chiamò i fedeli di Maometto contro gli Alleati, è ancora vivo ovunque e fu una pessima testimonianza di un'idea panislamica. Sarebbe molto meglio oggi, invece di un movimento panislamico nello spirito del Sultano, parlare di un nazionalismo islamico che, certo, ha origini diverse come quelle di ogni tribù, ma che ovunque - e in questo sta la sua importanza decisiva - rappresenta la stessa alleanza tra forze nazionali e religiose. Ma questa correlazione si esprime probabilmente meglio in quella parte del mondo islamico che divenne anche il punto di partenza della dottrina di Maometto: lo spazio vitale arabo del Medio Oriente. (In questo contesto, non va dimenticato che i seguaci dell'Islam non sono solo arabi, ma anche in India, Giappone, Indie Orientali Olandesi, Balcani, ecc, E qui, nel mondo esclusivamente arabo, l'Islam ha creato un movimento legato alle idee nazionali, che è stato chiamato panarabismo, e nel quale si è espresso il più forte fronte difensivo o, più precisamente, la più violenta ostilità verso l'Europa e il cristianesimo che sia stata lanciata in questo territorio dall'avanzata dei Mori in Spagna. (A questo proposito, confrontiamo i mirabili monumenti culturali e i tesori artistici che i Mori hanno prodotto in Spagna con le miserevoli tracce lasciate dal cristianesimo, frutto di una volontà artistico-culturale di menti e sensibilità totalmente squilibrate!) Questa opposizione è particolarmente evidente laddove le forme della vita politica sono ancora visibilmente intrise di spirito di lotta, come in Palestina, in Algeria e in altri centri di lotta per il potere. E qui, nel cuore di questa zona di combattimento, si trova anche il luogo che è la forza trainante del movimento panarabo e che rappresenta il cuore spirituale e religioso di questa gigantesca lotta, cioè la secolare e famosa Università del Cairo El-Ashar. Da questo punto di enorme concentrazione di energie religiose e politiche, innumerevoli professori e leader si recano ogni anno in tutte le parti del mondo arabo per predicare l'odio verso ogni dominazione straniera. Anche i restanti istituti musulmani di Damasco o Fez sono punti di raccolta dell'élite islamica al potere, da dove i professori musulmani, chiamati "ulama", si recano sul fronte di battaglia e creano un nuovo impulso bellico nelle piccole moschee e nei remoti villaggi beduini.

In relazione agli sforzi panislamici del califfato turco, è importante ricordare quanto segue: L'abolizione del califfato da parte di Kemal Ataturk, il creatore della nuova Turchia, scomparso pochi mesi fa, non era in alcun modo diretta contro l'Islam in quanto tale. In sostanza, era imperativo sottrarre la giovane Turchia ai problemi dei restanti Stati arabi che avevano lasciato il vecchio Impero di Osman, assicurando così la costruzione del giovane Stato turco che duri sacrifici avevano reso possibile. Questo è ciò che determinò la separazione tra il Sultanato e il Califfato, a cui seguì, più avanti nel corso dell'evoluzione, l'abolizione completa ma non del tutto definitiva del Califfato (e quindi dell'autorità religiosa di tutti i maomettani). Il fatto che il califfato stesso sia stato poi abolito non deve essere attribuito a determinate personalità arabe che volevano distruggere definitivamente alla fonte tutte le speranze reazionarie di una rinascita del vecchio Impero osmanico. A seguito di eventi particolari, che non è possibile approfondire, il successivo sviluppo della Turchia portò a una netta separazione tra lo Stato e l'Islam, cosicché oggi la Turchia occupa una sorta di posizione speciale rispetto ai restanti Stati arabi.

Ma anche l'enorme forza di attrazione che il luogo sacro dell'Islam, la città di pellegrinaggio della Mecca, esercita su tutti i credenti, oggi come in passato, dimostra la forza del senso di appartenenza comune di tutti i musulmani. Ogni anno si riuniscono qui pellegrini provenienti da ogni parte del mondo. Ricevono nuova forza per la loro lotta religiosa e politica e i musulmani, che sono circa 250 milioni in tutto il mondo, sentono costantemente il senso profondo di una comunità indissolubile. Si tratta certamente di una comunità religiosa con evidenti caratteristiche anti-occidentali ed è quindi la base per una lotta politica.

Una delle più notevoli differenze di natura tra cristianesimo e islam è evidente anche in questo caso. In tutti i sogni di potere e soprattutto nelle brame imperialiste costantemente espresse, ad esempio, dalla Chiesa cattolica nel corso della storia, il cristianesimo è stato largamente escluso dalle ultime decisioni politiche in tutti i Paesi occidentali. Questo non significa che non abbia partecipato ai conflitti del passato: ma quando sono state prese delle decisioni e degli imperativi, ha agito contro lo Stato e quindi contro lo sviluppo politico dell'Occidente. D'altra parte, l'Islam è stato in grado di motivare e influenzare le decisioni politiche in larga misura da un punto di vista religioso, ancora una volta in contrasto con il cristianesimo - questo perché, sia per gli arabi che per i musulmani, la religione è semplicemente l'espressione del loro modo naturale di vivere, in modo che uno scontro tra i due poteri paragonabile allo scontro tra l'imperatore e il papa nel mondo occidentale non potrebbe mai avere luogo. Ma nel mondo arabo, come abbiamo già visto, esistono anche opposizioni che oggi vengono sfruttate soprattutto dagli inglesi per impedire una fusione di tutti gli arabi.

Ma tutte queste divisioni sono secondarie, anche se persistono, mentre l'Islam si unisce al nazionalismo in quella sintesi che abbiamo chiamato panarabismo e che, come futura grande potenza, affronterà le potenze europee ancora incapaci di prendere una posizione chiara.

In questo contesto, un uomo merita particolare attenzione. Uno dei leader arabi che giocherà un ruolo decisivo è Ibn Saud, il re dell'Arabia Saudita, il più grande Stato arabo di oggi. Questo impavido guerriero e diplomatico, appena ventenne e proveniente dalla città portuale del Golfo Persico di Kuwait, nel 1901 entrò a Er Riad, la capitale dell'Impero Arabo, con un manipolo di beduini spericolati e riconquistò così la terra dei suoi padri. Nel 1924, scacciò il re Hussein dall'Hijaz quando quest'ultimo volle nominarsi califfo, conquistò rapidamente l'intero Hijaz con i suoi soldati ben equipaggiati e lo annesse al suo dominio, che oggi comprende indirettamente lo Yemen, dopo aver costretto l'Imam dello Yemen a sottomettersi. Questo arabo ortodosso della setta wahabita è oggi una delle figure dello scacchiere arabo su cui molti musulmani sperano in una restaurazione del califfato. La setta wahabita si distingue dal resto delle sette islamiche perché purifica la fede maomettana da ogni aggiunta e la esprime attraverso una regola di vita quasi puritana. La liberazione dal dogmatismo teologico e il ritorno alla dottrina annunciata dal Profeta sono le caratteristiche principali di questa comunità di wahabiti straordinariamente morali.

Non si sa ancora se Ibn Seoub affronterà il problema del califfato. Infatti, la lotta politica è ancora troppo in primo piano tra le necessità perché questa questione più religiosa possa essere ancora risolta. Ma quando la decisione dovrà essere presa, Ibn Saud metterà comunque in gioco il peso della sua forte personalità e la potenza del suo Stato, se si tratta di coronare la nuova creazione del mondo arabo anche da un punto di vista puramente religioso.

Forse allora questo nuovo leader arabo personificherà, nel senso di un panarabismo rafforzato, quell'alleanza tra nazionalismo e Islam che è caratteristica dell'evoluzione avvenuta. La "guerra santa" del passato era una bella formula, ma in realtà era totalmente priva di significato. La "guerra santa" di domani sarà posta sotto la bandiera verde del Profeta e la bandiera del panarabismo, ma anche del mondo occidentale, costringendo così il mondo arabo a definire chiaramente le sue sfere di interesse.

Alfred Pilllmann

OPUSCOLO SS N. 1. 1939.

L'IMPERO DI ATATURK

È una curiosa coincidenza che il destino abbia voluto che persone completamente estranee tra loro e che vivono in aree molto diverse seguissero sviluppi paralleli, per di più esattamente nello stesso momento e nelle stesse condizioni.

Possiamo vedere questo sviluppo anche nella storia dell'Italia e della Germania che, dopo un grande passato, sono cadute nell'impotenza politica e nazionale a causa della loro disunità interna. Ma nella seconda metà del XIX secolo, grazie a statisti di genio (Bismarck, Cavour), fecero il primo passo verso l'unità e la ripresa, per poi diventare grandi potenze guidate dai soldati del fronte dopo la guerra. Tutti noi abbiamo l'inaspettata possibilità di vivere e vedere che i nostri Paesi sono diventati potenze mondiali.

La Turchia ha vissuto uno sviluppo simile. L'antico popolo nomade turco è apparso più o meno nello stesso periodo del popolo tedesco nella storia internazionale. Verso l'inizio dell'era cristiana, al tempo della siccità, i popoli asiatici della steppa si spostavano ogni anno verso le regioni più fertili, a volte come invasori, come gli Unni di Attila o i Mongoli di Tamerlano e Gengis Khan. Le tribù turche si recavano ogni anno nelle regioni tra il Mar Nero e il Mar Mediterraneo, soprattutto in Anatolia, Mesopotamia, Siria e Iran.

Il grande miracolo dell'Islam fu quello di essere accettato volontariamente dai Turchi, che fino ad allora avevano praticato il culto delle stelle da cui deriva ancora il loro attuale stemma: la mezza luna e la stella. I Turchi, ormai sedentari, erano così importanti che nell'VIII secolo divennero la forza trainante in tutti i settori della vita e nel IX secolo dominavano praticamente tutto il mondo musulmano, anche se i re e i califfi erano arabi. Divennero l'élite dell'esercito maomettano, ma rimasero fedeli al loro carattere nazionale e alla loro lingua: questa è una delle ragioni della loro forza invincibile e della loro fede in se stessi nonostante le lunghe e sanguinose guerre.

In queste circostanze, non sorprende che essi abbiano gradualmente assunto la guida del mondo musulmano, cosa che in effetti avvenne alla fine del XIII secolo. Fu un capo tribale selgiuchide, Osman, un grande signore della guerra dell'epoca, a dare il nome alla dinastia degli "Osmanli".

I suoi successori governarono la Turchia fino al 1924.

Il potere dei governanti Osmanli risiedeva nel fatto che, a differenza della maggior parte dei potentati in Europa e in Asia, essi avevano un obiettivo ben definito, evidente alla nazione, che permise loro di raggiungere lo scopo supremo1 : l'unificazione e la riunione di tutte le tribù turche in un Impero centrale di tipo turco. Si trattava di un Impero di signori e padroni nati per forgiare l'unità del mondo islamico, un mondo totalmente diviso e unito solo dagli insegnamenti del Profeta, chiaramente consapevole del pericolo che un giorno sarebbe arrivato dall'Occidente.

La debolezza degli Osmani risiedeva nel loro insediamento nella vecchia Europa, anche se il motivo era la richiesta di aiuto di un imperatore greco per risolvere una disputa interna. Se nel XIV secolo i turchi erano uno Stato razzialmente puro, in grado di competere con qualsiasi nazione del mondo e in possesso di uno dei primi eserciti regolari, da quel momento fino al XVII secolo esaurirono le loro forze nazionali in tutta Europa. Solo grazie alle armate tedesche e ai loro capi - in particolare il principe Eugenio - si fermarono davanti a Vienna e lasciarono gradualmente l'Europa.

Selim I , che regnò dal 1512 al 1520, fu uno dei principi più saggi che abbiano mai regnato. I suoi più stretti collaboratori non erano rappresentanti della nobiltà o delle classi sociali più elevate, ma spesso figli di contadini e mandriani ed erano orgogliosi di questo fatto. Gli scrittori dell'epoca citano questo fatto come qualcosa di inaudito e sconosciuto in Europa. Selim riconosceva solo le capacità e il valore. Era indifferente all'estrazione e all'origine. Dopo la conquista dell'Iran, dell'Egitto, dell'Arabia e della Siria, dal 1517 non fu solo sultano, ma anche califfo, cioè fu sia sovrano temporale che religioso, e i suoi successori lo rimasero fino a quando Atatürk, prima della completa estromissione dei sultani, separò il potere temporale da quello religioso.

Il successore e figlio di Selim I , Solimano II, fu il più brillante dei sovrani osmani, ma anche l'ultimo di questi grandi governanti. I suoi successori degenerarono sempre di più, provocando liti e intrighi, disordine e malcontento. Era il momento in cui l'Europa si stava risvegliando grazie all'iniziativa della Germania, nonostante gli intrighi della Francia contro la stabilità europea, e questa fu la fine del potere dell'Impero Osmanli. Il principe Eugenio spinse i turchi verso est, ma questi rimasero a lungo nei Balcani. Napoleone inflisse loro pesanti sconfitte in Egitto e il dominio turco sarebbe terminato molto prima se le potenze europee non fossero state disunite come Inghilterra e Francia durante la campagna d'Egitto.

Tuttavia, Napoleone provocò il risveglio di serbi, bulgari e greci ancora sotto il dominio turco. Questi ultimi dichiararono la loro indipendenza nel

1829, in occasione della pace di Andrinopoli e, poco dopo, i russi iniziarono a interessarsi ai Balcani, al Bosforo e ai Dardanelli. Il loro panslavismo li rendeva apertamente avversari dei turchi. Tuttavia, non riuscirono ad avvicinarsi ai loro obiettivi nella guerra di Crimea russo-turca.

Dobbiamo ringraziare Bismarck per aver finalmente riportato la pace e la tranquillità dopo queste interminabili dispute: fu lui che, nel 1878, al Congresso di Berlino, ottenne che venisse abolita la sovranità dei turchi sulla maggior parte degli Stati balcanici ma che, d'altro canto, rimanesse intatta la stabilità dell'Impero Osmanli, cosa che, come tutti sappiamo, provocò il risentimento russo.

Nel 1908 nacque la rivoluzione turca, guidata da Enver Pada, che voleva trasformare lo "Stato malato del Bosforo" in uno Stato strutturato, che richiedeva soprattutto riforme complete. La Turchia era ancora medievale e i sultani crudeli e dispotici si opponevano fortemente a qualsiasi sviluppo.

I giovani turchi fallirono, tuttavia, perché anch'essi non provenivano dal popolo, ma erano reclutati dall'intellighenzia e dalla borghesia del Paese e quindi non avevano alcuna influenza sulle masse contadine. Il declino si accentuò. La Bulgaria dichiarò la propria indipendenza, l'Italia si impadronì della Libia e Atatürk ottenne quasi l'unica vittoria della guerra nella battaglia di Tobruk.

I popoli balcanici dichiararono una guerra alla Turchia che si concluse con importanti perdite di territorio ma che avrebbe potuto concludersi anche peggio, con la fine dell'Impero turco, se il coraggio dei soldati anatolici non avesse spezzato l'assalto del nemico ad Andrinopoli. Nel 1913 si concluse la Seconda guerra balcanica dopo due anni di sanguinosi combattimenti; la pace di Costantinopoli spinse la Turchia quasi completamente fuori dall'Europa.

Quando scoppiò la Prima guerra mondiale, fu chiaro a tutti che la Russia vedeva la possibilità di sconfiggere definitivamente la Turchia. Di conseguenza, la Turchia fu costretta a schierarsi contro la Russia, e quindi contro la Germania e le potenze centrali. Quando gli archivi di guerra russi furono esaminati in seguito, fu chiaro che le intenzioni della Russia erano state debitamente registrate.

Una delle più grandi imprese belliche dei turchi fu la difesa degli stretti, alla quale contribuirono gli ufficiali tedeschi. A questo proposito va ricordato il generale von der Goltz, il rinnovatore e riorganizzatore dell'esercito turco. Durante la Grande Guerra, von der Goltz fu prima aiutante generale del Sultano e poi comandante in capo della Prima Armata turca. Il Gruppo d'armate Anafarta sostenne il peso maggiore della battaglia; il suo capo, Mustapha Kemal Pasha, si coprì di gloria per la seconda volta nella sua vita e contribuì alla ritirata degli Alleati. Comandò anche la Settima Armata, che coprì la ritirata dei turchi nelle retrovie, guadagnandosi così la stima di tutti i suoi nemici.

Tuttavia, per una Turchia incruenta, la guerra non finì con l'armistizio del 18 ottobre 1918. Su istigazione di Francia e Gran Bretagna, le truppe greche sbarcarono a Smirne e iniziarono una guerra crudele che durò tre anni e che avrebbe rapidamente segnato la fine della Turchia se non fosse stato per l'intervento di Atatürk.

I veri istigatori di queste battaglie mortali non furono i greci, che pensavano di rendere un grande servizio all'Occidente e alla cultura cristiana, ma i due eterni folli, Lloyd George e Winston Churchill, che volevano annettersi una via di terra verso l'India riducendo la Turchia a un conglomerato di piccoli Stati in miniatura che avrebbero messo sotto la tutela greca, inglese e francese. I greci, invece, avrebbero avuto la parte del leone del merito.

Gran parte della Turchia era occupata da armeni, britannici, francesi, greci e italiani in base all'armistizio in questione. Quando i greci, sotto la protezione delle flotte britannica e francese, passarono all'attacco, la situazione dei turchi era disperata. La nazione, completamente esaurita da otto anni di guerra, era demoralizzata. Il Sultano assecondava le potenze occidentali; si rivelò un politico ordinato, del tipo di quelli conosciuti in Germania nello stesso periodo.

Poi apparve Mustapha Kemal. Non si preoccupò del sultano o delle istituzioni, raccolse gli eserciti turchi, li riorganizzò e li armò con l'aiuto della Russia. I sovietici furono felici di farlo, perché sapevano che le potenze occidentali non si sarebbero fermate alla Turchia. Vicino al confine si trovavano Baku e Batum, Tiflis, i pozzi di petrolio le cui azioni Sir Henry Deterding aveva già acquistato con cautela, compiendo così il più grande errore della sua vita.

Kemal Pascià fu tuttavia abbastanza scaltro da liberarsi dal cappio in cui i sovietici stavano gradualmente cercando di imprigionare la Turchia. Mentre la sua politica estera coltivò in seguito l'amicizia con la Russia sovietica in primo luogo, egli soppresse spietatamente tutti i comunisti all'interno del Paese. Nel frattempo aveva bisogno di aiuto. Con mezzi poveri e in circostanze pietose, iniziò a combattere contro un avversario tre volte più grande di lui, perse alcune battaglie e poi, da genio militare nato, ricacciò i Greci, battaglia dopo battaglia. Quando gli Alleati si accorsero che il piano stava fallendo a causa dell'inaspettata resistenza turca, invitarono i turchi a una conferenza nel 1921 a Londra, anche se Lloyd George definì le forze turche una banda di saccheggiatori e Kemal un generale ribelle, proprio come aveva fatto di recente il generale Franco.

Questa conferenza non produsse alcun risultato. La battaglia continuò. Nell'agosto e nel settembre del 1921, Kemal coronò la sua gloria di guerriero conducendo le sue povere truppe alla vittoria dopo lunghi e duri combattimenti con numerose manovre tattiche, ma soprattutto con uno slancio appassionato contro un nemico di gran lunga superiore per numero e armamenti. L'assemblea nazionale gli conferì il titolo di "El Gasi", il vittorioso.

In pochi mesi il nemico fu definitivamente sconfitto, soprattutto nelle memorabili battaglie di Afion, Karahissar e Inonu. Il vincitore di Inonu fu il capo di stato maggiore di Kemal e suo successore alla presidenza. Il Sultano dovette andare in esilio, accusato di alto tradimento, e Lloyd George dovette dimettersi. Questa volta si era sbagliato completamente. Re Costantino di Grecia abdicò e Kemal iniziò a educare il suo popolo, non senza difficoltà, a diventare lentamente ma inesorabilmente una grande potenza moderna. Il 24 luglio 1923, dopo circa dodici anni di guerra, fu raggiunta la pace con il Trattato di Losanna. I greci dovettero cedere la parte europea della Turchia e la Tracia orientale: il Paese era salvo.

Dopo la separazione dei poteri spirituali e temporali, l'erede al trono fu proclamato califfo. Quando in seguito il clero si dimostrò totalmente reazionario e cospiratore, Kemal abolì il califfato e tutto ciò che ne derivava senza ulteriori indugi. Il popolo era poco attaccato alla propria chiesa e non si mosse quando arrivò l'abolizione. Tuttavia, la messa al bando del fez e l'introduzione del cappello causarono disordini.

Oltre al fatto che il popolo, completamente esausto, doveva recuperare le forze, Kemal aveva molto da fare a causa dell'analfabetismo del 90% della popolazione e di tutte le istituzioni obsolete. Egli diede l'esempio, introducendo la scrittura latina nella lingua parlata, abolendo il velo e il fez, viaggiando per il Paese e insegnando ai contadini a leggere e scrivere.

La ricchezza naturale del Paese lo ha aiutato nella sua impresa. A fronte di una superficie pari a circa due volte quella della Germania, la Turchia ha solo 16 milioni di abitanti, nove decimi dei quali di razza turca e due terzi dei quali sono contadini. Il tasso di fertilità è notevole: 23 nascite ogni 1.000 abitanti. Questa tendenza è rafforzata dal ritorno degli emigranti turchi all'estero che vengono a stabilirsi su iniziativa dello Stato.

La nuova Turchia è già autosufficiente da dieci anni. Non dipende più dalle forniture estere, nemmeno negli anni di mancato raccolto. Il Paese si sta visibilmente riprendendo dallo stato di un impero medievale da Mille e una notte a quello di uno Stato moderno in un periodo di tempo finora sconosciuto in Oriente. I tedeschi hanno contribuito enormemente a tutte queste trasformazioni e conquiste. Ancora una volta, si scopre che qui, come ovunque, i tedeschi sono l'unico popolo civilizzato sulla terra in grado di aiutare altri popoli in via di sviluppo senza sfruttarli.

La nostra simpatia andava ai turchi e ai giapponesi perché in entrambi i casi si trattava di persone cavalleresche, laboriose e coraggiose che, inoltre, come noi, vivono una comunione nazionale da cui traggono la loro forza. Come Adolf Hitler, Kemal Pascià, che dopo la creazione del suo cognome si chiamò Kemal Atatürk, abolì le classi sociali nel suo Paese e portò al massimo grado la sovranità del popolo nella persona del leader eletto.

Da quel momento in poi, la Germania divenne il più importante partner commerciale della Turchia. Nel 1937, la Turchia acquistò 48.132.000 lire turche di merci dalla Germania ed esportò 50.412.000 lire turche in Germania. L'America segue a un terzo posto, l'Inghilterra a un sesto e la Francia a un decimo. La principale esportazione turca è il tabacco. Le principali importazioni sono tessuti, acciaio e macchinari.

Politicamente, sotto Ataturk, la Turchia è diventata una potenza di primo piano e padrona del passaggio dal Mar Nero al Mar Mediterraneo, possesso che le è stato sovranamente confermato nel Trattato di Montreux del 1936. Questo passaggio è sempre stato di grande importanza come collegamento tra Occidente e Oriente, tra Europa e Asia.

Per secoli Costantinopoli è stata il principale punto di trasbordo del traffico merci tra Asia ed Europa. Per questo motivo, prima della guerra la Germania voleva costruire la linea ferroviaria Berlino-Baghdad, un progetto che fu ostacolato dall'Inghilterra, fino ad oggi, quando il vecchio sogno è diventato realtà: presto sarà possibile viaggiare in treno da Berlino a Baghdad e Teheran.

In Turchia c'è un sentimento molto forte di tutela e una forte avversione nei suoi confronti. Non c'è traccia di questo nel caso della Germania. La Germania ha sempre collaborato in modo disinteressato allo sviluppo del Paese. I tedeschi lavorano in Turchia da molti anni come soldati, tecnici, architetti e insegnanti, gli unici stranieri che vengono sostenuti e addirittura ricercati.

Negli ultimi anni sono stati scoperti enormi giacimenti di minerali e petrolio. La Turchia è immensamente ricca. La Germania vuole solo scambi commerciali tra amici. Ne sono prova i 150 milioni di marchi di credito sulle merci che il Ministro del Commercio del Reich Funk ha concesso alla Turchia. Se ora, all'improvviso, l'Inghilterra si interessa alla Turchia dal punto di vista commerciale, l'ultima persona in quel Paese sa cosa significa: una precauzione contro la crescente influenza tedesca in Medio Oriente.

E ogni turco sa anche che l'Inghilterra non cambierà nulla, che la Turchia non prenderà più ordini da nessuno; lo ha dichiarato a Montreux. I sovietici erano furiosi perché avevano creduto che la Turchia avrebbe navigato al loro seguito. Dal punto di vista strategico, questo Paese non teme nulla. Un esercito potente, una buona flotta da guerra e 4.000 chilometri di costa per 6.000 chilometri di confine, oltre al fatto che gli "stretti" sono inespugnabili.

I turchi sono un popolo con cui il mondo deve fare i conti. Noi tedeschi abbiamo il vantaggio dell'antica amicizia, del cameratismo e della franca simpatia. Ora che la Germania è diventata la più grande potenza del Danubio, non passerà molto tempo prima che si instauri un intenso commercio fluviale tra i nostri due Stati. Esportiamo tessuti e macchinari. Abbiamo bisogno gli uni degli altri e resteremo uniti nonostante i colpi bassi di terzi.

III. GLI AVVERSARI

OPUSCOLO SS N. 3. 1936.

SS-OSTUF. HEINRICH BAUER :
L'ANTICO TESTAMENTO, AUTORITRATTO DEGLI EBREI

La storia dei patriarchi e dei re dell'Antico Testamento è certamente una cattiva fonte storica, perché è piena di racconti, leggende e falsificazioni; la verità e la poesia, la ricchezza dello spirito dei popoli ariani, le distorsioni e le aggiunte ebraiche si susseguono in un guazzabuglio. Ma per noi l'Antico Testamento ha un valore fondamentale perché è l'autoritratto degli ebrei. Un cervello ariano non potrebbe immaginare storie paragonabili a quelle di Abramo, Isacco, Giacobbe e Giuseppe.

Le figure di Abramo e Giuseppe sono immaginarie, ma il viaggio di Abramo e la vita di Giuseppe si basano su fatti storici.

Gli ebrei erano una minuscola minoranza all'interno della popolazione della Palestina. In questo territorio di passaggio, di combattimento e di colonizzazione di tribù delle più diverse tipologie, regnava il caos razziale, segnato prima da un'influenza negra, poi da un'influenza orientale proveniente dall'Asia Minore. Gli ebrei assimilarono il sangue dei più diversi popoli africani, asiatici ed europei.

Tra il 450 e il 400 a.C., i profeti Esdra e Neemia stabilirono severe leggi razziali che vietavano qualsiasi ulteriore incrocio con tribù straniere. È significativo che queste leggi razziali degli ebrei orientali si siano conservate fino ad oggi e che il desiderio di separazione persista nell'ebraismo autentico. Grazie a questa separazione, presente da circa 2.000 anni e fissata dalla legge religiosa, il popolo ebraico ha creato una comunità più o meno omogenea al suo interno.

La mescolanza e l'assenza di una patria ancestrale hanno fatto sì che l'ebreo si diffondesse in tutto il mondo nel corso della storia, ma ha sempre mantenuto la sua caratteristica etnica.

A partire da Esdra, l'ebraismo si è formato gradualmente a partire dalla popolazione rimanente della Palestina ed è cresciuto costantemente. Come una ragnatela, si diffuse in tutto il Vecchio Mondo. Gli ebrei si stabilirono nelle principali città dell'area mediterranea e formarono insediamenti isolati che vennero costantemente rafforzati dall'emigrazione massiccia e volontaria dalla Palestina.

Lo stesso processo si è poi verificato in tutti i Paesi:

Gli ebrei furono dapprima tollerati dalla popolazione, poi addirittura favoriti dai governanti, fino a quando il disgusto e l'odio della popolazione nei loro confronti raggiunsero il punto di ebollizione a causa della loro arroganza, pretesa e usura, e gli ebrei furono espulsi o furono emanate leggi protettive contro di loro. Questo è accaduto in Egitto, Babilonia e Persia, in Grecia e in Italia, in Spagna e in Inghilterra. Lo stesso è accaduto in Germania.

Come le figure di Abramo e Giuseppe, anche quella di Ester è leggendaria. Ma la storia di Ester ha anche uno sfondo storico. Lo stesso principio ha governato la politica ebraica fin dai tempi più antichi: La donna sensuale serve come arma nella lotta per la vita degli individui e dei popoli. Da sempre, la politica di Ester ha giocato un ruolo importante nell'aspirazione del popolo ebraico al dominio del mondo: donne ebree belle e intelligenti diventavano le amanti di re, principi e uomini influenti; li incatenavano a sé con il loro fascino sensuale e li usavano a beneficio del loro popolo. In questo modo, ottenevano vantaggi per i loro compatrioti, apprendevano i piani più segreti, ecc.

L'"ebrea di Toledo", amante del re spagnolo Alfonso I , è nota per aver concesso agli ebrei favori così inauditi da indurre il popolo a ricorrere alla violenza.

Nei salotti, o meglio nei bordelli dell'alta società, le belle donne ebree Henriette Herz, Dorothea Veit (poi sposata con Friedrich Schlegel) e Rachel Varnhagen intrattenevano alla fine del XVIII secolo statisti e principi, poeti e studiosi.

Durante il Congresso di Vienna del 1814/15, le figlie del ricco ebreo berlinese Itzig, che aveva sposato a Vienna i banchieri von Arnstein ed Eskeles, si assicurarono che gli interessi ebraici fossero difesi dopo la guerra d'indipendenza contro Napoleone: i politici, tra cui Hardenberg e Wilhelm von Humboldt, discutevano nei loro salotti le questioni politiche più segrete.

Il cancelliere Caprivi era spesso ospite del salotto politico dell'ebrea von Lebbin, mentre la contessa Fischler-Treubner di Berlino, membro della famiglia Kaufmann-Asser, poi imprigionata, era un luogo di incontro per personalità di spicco del Ministero degli Esteri, della politica e dell'economia, oltre che per Erzberger, Maximilian Harden, Georg Bernhard, Friedrich Stampfer e altre figure ebraiche di spicco.

Questa presentazione della Genesi, scritta da storici ebrei, e del Libro di Ester, anch'esso scritto da un cronista ebreo, dovrebbe mostrare l'insormontabile opposizione tra le idee, i sentimenti e le azioni di tedeschi ed ebrei.

La storia degli ebrei inizia con la chiamata del dio nazionale ebraico Yahweh ad Abram, il capostipite del popolo ebraico: "Lascia il tuo paese, la tua stirpe e la casa di tuo padre per il paese che ti indicherò. Farò di te un grande popolo, ti benedirò, magnificherò il tuo nome; sii una benedizione!

Benedirò chi ti benedice, rimprovererò chi ti maledice. In te saranno benedetti tutti i popoli della terra" (Genesi, cap. 12, v. 1-3).

La partenza di Abram e della sua famiglia dalla Caldea, tra i fiumi Tigri ed Eufrate, verso la fertile terra del fiume Giordano, Canaan, situata a ovest del Mediterraneo, più tardi chiamata Palestina, cioè la terra dei Filistei, fu l'inizio dell'offensiva del popolo ebraico, viaggiatore e ozioso, verso i paesi circostanti l'Asia Minore e più tardi verso gli altri paesi del mondo. A dominare questo convoglio è la parola di Yahweh che ha giustificato la pretesa e la richiesta degli ebrei fino ad oggi: "Benedirò chi ti benedice, rimprovererò chi ti maledice!

Una carestia spinge Abram da Canaan all'Egitto (altra caratteristica tipica degli ebrei: dove sto bene è la mia casa!). Ma affinché gli Egiziani non lo uccidessero a tradimento a causa della sua bella moglie Sarai, che volevano tenere in vita, egli ordina alla moglie (v. 13): "Di', ti prego, che sei mia sorella, affinché io sia trattato bene per causa tua e sia lasciato in vita per causa tua". Di conseguenza, il re egiziano accoglie nella sua casa e nel suo letto la moglie prostituta, fisicamente desiderabile, e riempie il presunto fratello Abram di greggi e schiavi, oltre a tutto il resto, grazie alla sua gentilezza. Ma proprio questa Sarai è all'origine delle piaghe che Yahweh infligge al Faraone in modo sorprendente, finché questi non riconosce lo stato delle cose. Quest'ultimo rimprovera severamente Abram: "Che cosa mi hai fatto? Perché non mi hai detto che era tua moglie? Perché hai detto: "È mia sorella", così che l'ho presa in moglie? Con incomprensibile tolleranza, il re lascia che Abram, l'ingannatore e il sensale, lasci pacificamente l'Egitto con la moglie Sarai e tutte le ricchezze ottenute.

Così rinnovò i suoi rapporti malvagi con Sarai, prendendosi gioco delle cose più sacre e inviolabili. Quando Sarai venne a sapere di essere sterile, offrì alla propria serva egiziana Agar di darle un figlio, come se i figli fossero un bene da comprare, un affare da acquistare. Ma quando la serva rimase incinta, l'odio della donna sterile esplose e Abram si vendicò delle sue accuse abbandonando la serva incinta in questo momento critico: "Bene, la tua serva è nelle tue mani, fa' di lei quello che ti sembra bene". (Sarai) volendo ora umiliare Hagar, la abbandonò (cap. 16, v. 6). Fin dalla prima vicenda di Agar, l'ebreo ha costantemente sacrificato il goy impuro, specialmente un membro delle razze più nobili, senza scrupoli, quando aveva raggiunto il suo obiettivo.

Poco dopo, Abram, il pastore e commerciante ebreo, si recò a Gerar con le sue greggi (Genesi, capitolo 20). Anche in questo caso, spaccia Sarai per sua sorella, in modo che Abimelech, il capo di Gerar, accolga in casa sua la donna ancora bella e sensuale come tutti i suoi concittadini, senza sapere del loro matrimonio. Ma Yahweh lo richiama in sogno e gli ordina: "Ora restituisci la moglie di quest'uomo: egli è un profeta e intercederà per te affinché tu possa vivere". Grazie al suo sfrenato inganno immorale, Abram diventa il salvatore di Abimelech e si scusa con il credulone Abimelech con la caratteristica vigliaccheria e sfrontatezza ebraica (v. 11): "Mi dissi: "Sicuramente non c'è timore di Dio in questo luogo e mi uccideranno per amore di mia moglie"". Allora, con indulgenza e filantropia suicida, Abimelech risponde all'ebreo: "Guarda la mia terra che è aperta davanti a te. Stabilisciti dove vuoi.

Figlio del nonno Giacobbe, Giuseppe, intrigante e spartitore odiato dai fratelli, fu venduto in Egitto. Interpretando sogni e facendo calcoli prodigiosi, salì alla posizione di amministratore generale e visir del faraone dell'epoca e si rese indispensabile con la sua astuta politica economica e fiscale. Quando la povertà colpì la terra di Canaan, gli ebrei tra i fratelli di Giuseppe - circa settanta uomini - partirono per il ricco Egitto e trovarono una casa ospitale presso il faraone attraverso Giuseppe. Mentre crescevano in numero e ricchezza, Giuseppe mise il popolo egiziano, fino ad allora libero, completamente alla mercé del Faraone e facilitò l'acquisizione da parte del governo della proprietà della terra egiziana. Approfittando della povertà dell'Egitto, raccolse molto grano nei granai statali e scambiò tutto il bestiame con il grano (Genesi 47, v. 15 seg.). Ma la carestia persisteva e gli egiziani, che erano totalmente in balia del crudele visir Giuseppe, si rivolsero nuovamente a lui, implorando (vv. 19-20): "Perché dovremmo morire sotto i tuoi occhi, noi e la nostra terra? Compra dunque il nostro popolo e la nostra terra per il pane, e noi saremo servi del faraone con la nostra terra. Ma dacci qualcosa da seminare, perché possiamo rimanere in vita e non morire e la nostra terra essere desolata".

Così Giuseppe comprò tutto l'Egitto per il faraone. Gli Egiziani, infatti, avevano venduto tutti i loro campi perché la carestia era troppo forte per loro. Il Paese divenne così proprietà esclusiva del Faraone. Solo la terra dei potenti sacerdoti fu risparmiata dalla liquidazione forzata da parte dell'astuto Giuseppe. Ma! La storia accenna appena a questo sfruttamento del popolo egiziano. Quando gli egiziani tornarono a lavorare, ridotti al rango di servi della gleba, egli pretese da loro (vv. 23-24): "Così ora vi ho comprato per il faraone, con la vostra terra. Ma del raccolto dovete dare un quinto al faraone, e le altre quattro quote sono vostre, per la semina del campo, per il cibo vostro e della vostra famiglia, per il cibo dei vostri familiari". Così un quinto di tutte le entrate sottratte al popolo spogliato della sua terra viene assicurato al re grazie a Giuseppe, che con la sua posizione di gran visir e la sua fama acquisisce un potere e una ricchezza immensi. Ma dopo secoli di sfruttamento, il popolo egiziano si solleva contro queste schiere di ebrei parassiti, diventati ricchi e potenti di numero, li abbatte e infine li riduce in servitù fino a quando non lasciano definitivamente l'Egitto.

Lo stesso accadde a Babilonia. Sotto Nabucodonosor, i Giudei furono privilegiati e ricevettero, come sempre, ricchezze e alte cariche tra i popoli che li accolsero. Ma anche in questo caso, con il loro sfrenato egoismo donato da Yahweh, sfruttarono a tal punto il popolo che quest'ultimo si sollevò contro di loro e li oppresse. Quando il vittorioso re persiano Ciro marciò contro la capitale di Babilonia per vendicarsi, i Giudei tradirono e aprirono segretamente le porte all'assediante per far cadere la città.

Nel nuovo Impero persiano, gli ebrei ottennero grandi privilegi dallo Stato. Sapevano come rendersi utili al re, come Giuseppe aveva fatto con il faraone. I principi si schierarono con lo sfruttatore immigrato, mentre il popolo, inizialmente indifeso, dovette subire il loro potere.

Il libro di Ester (I, v. I) ci racconta che Assuero - storicamente Serse - era il re della Persia, che comprendeva i confini dall'India all'Africa - questo era il periodo in cui l'impero persiano era al suo apice. Voleva mostrare la bellezza di sua moglie Vashti ai grandi uomini del suo impero con una festa che durava 180 giorni a Susa, la sua capitale. Tuttavia, la principessa, una donna ariana, rifiutò di rivelarsi, ritenendo che la sua castità sarebbe stata oltraggiata. Il re allora la ripudiò, vittima dell'ebbrezza del potere e del possesso. E quando si cercavano giovani ragazze per l'harem di Serse, l'ebreo Mardocheo vide il momento di guadagnare influenza sul potente re persiano attraverso la sua bella pupilla Ester. Ella si recò a casa del re, si fece dare la più bella toeletta dalla custode delle donne e si mise, insieme ad altre, nel posto migliore della casa delle donne, quello in cui il re l'avrebbe vista per primo. Si legge inoltre: "Ester non aveva rivelato né la sua stirpe né il suo popolo, come le aveva ordinato Mardocheo, le cui istruzioni continuò a osservare come nei giorni in cui era sotto la sua tutela". La castità non ha alcun ruolo per gli ebrei (anche Giuditta si infiltrò nell'accampamento del generale Oloferne come prostituta per ucciderlo sul suo letto di notte, anziché gli uomini ebrei che lo attaccavano in battaglia), ma non poteva rivelare la sua origine se voleva vincere la partita in modo occulto. Ben presto Ester, la bella prostituta, si presentò al re che cedette alla sua sensualità e la preferì alla casta Vashti che era stata ripudiata. Poco dopo iniziò il gioco degli intrighi: due ciambellani del re vennero giustiziati, perché Mardocheo aveva informato il re, attraverso il suo presto potente strumento Ester, che avevano progettato un attacco contro di lui. Serse fu così obbligato dagli ebrei e due scomodi avversari furono eliminati. All'epoca di questa espansione dei Giudei, la loro arroganza era diventata intollerabile e la loro influenza un pericolo per lo Stato. Serse non se ne accorse, ma il suo fedele ministro Aman sì. Aman vide che l'ebreo Mardocheo, che si aggirava quotidianamente intorno al castello reale di Susa, e i suoi compagni ebrei che vivevano nell'Impero persiano non obbedivano al re e ai suoi ordini. Sapeva anche quanta rabbia c'era tra il popolo contro lo sfruttatore. Si fece esecutore della volontà popolare e spiegò a Serse quanto segue (cap. 3, v. 8-9): "Aman disse al re Assuero: "In mezzo al popolo, in tutte le province del tuo regno, è sparso un popolo a parte. Le loro leggi non sono come quelle degli altri e le leggi reali sono lettera morta per loro. Gli interessi del re non permettono di lasciarli soli. Perciò, se il re lo ritiene opportuno, si firmi la sua condanna e io pagherò ai suoi funzionari, sul conto del tesoro reale, diecimila talenti d'argento".

"Il re si tolse l'anello dalla mano e lo diede ad Aman, figlio di Hamdata l'Agagita, il persecutore dei Giudei. Gli disse: "Tieni il tuo denaro. Quanto a questo popolo, te lo do, fanne ciò che vuoi"... (v. 13) e furono inviate lettere a tutte le province del regno con l'ordine di distruggere, uccidere e sterminare tutti i Giudei, dal più giovane al più vecchio, compresi i bambini e le donne, nello stesso giorno, cioè il tredici del dodicesimo mese, che è Adar, e di saccheggiare i loro beni" (ottenuti con l'usura e la frode).

Mardocheo ed Ester prepararono immediatamente una risposta affinché l'imminente sterminio si trasformasse in una vittoria completa degli ebrei sugli odiati persiani (Ester, cap. 5). Ester pregò il re e Aman di partecipare a un pranzo e il re, ubriaco, le concesse tutto ciò che desiderava. Nel frattempo, Aman fece allestire in casa sua una forca alla quale sarebbe stato impiccato il fastidioso Mardocheo. Poco prima del pranzo, Serse si ricordò che Mardocheo lo aveva salvato dai cospiratori. Quando durante il pasto Ester gli disse che Aman aveva pianificato la morte di tutti gli ebrei, Serse si allontanò sconvolto nel giardino e Aman, vedendo la catastrofe in arrivo, pregò in ginocchio Ester per la sua vita. Serse tornò e interpretò male questo atteggiamento. In un impeto di rabbiosa gelosia, turbato com'era dal vino e dalla donna, fece impiccare il suo fedele ministro all'albero della sua casa.

Gli ebrei si vendicarono dei persiani in modo terribile. Serse consegnò a Mardocheo la casa e l'anello di Aman, quindi tutto il potere. Immediatamente furono impartiti nuovi ordini alle 127 province della Persia nel seguente linguaggio (v. 10-17): "Queste lettere, scritte in nome del re Assuero e sigillate con il suo sigillo, furono portate da corrieri montati su cavalli delle scuderie del re. Il re concedeva ai Giudei, in qualsiasi città si trovassero, il diritto di riunirsi per sicurezza, con il permesso di sterminare, massacrare e distruggere tutti gli armati dei popoli o delle province che volessero attaccarli, con le loro mogli e i loro figli, nonché di saccheggiare i loro beni. Questo doveva essere fatto nello stesso giorno in tutte le province del re Assuero, il tredicesimo giorno del dodicesimo mese, cioè Adar.

"La copia di questo editto, destinato a essere promulgato come legge in ogni provincia, fu pubblicata tra tutto il popolo affinché gli ebrei fossero pronti, nel giorno in questione, a vendicarsi dei loro nemici. I corrieri, in sella ai cavalli reali, partirono con grande fretta e diligenza per ordine del re. Il decreto fu pubblicato anche nella cittadella di Susa. Mardocheo uscì dalla casa del re vestito con un abito principesco di porpora e lino bianco, coronato da un grande diadema d'oro e con un mantello di bisso e porpora rossa. Tutta la città di Susa risuonò di gioia. Era un giorno di luce, di gioia, di esultanza e di trionfo per i Giudei. In tutte le province, in tutte le città, ovunque giungessero gli ordini del decreto reale, per i Giudei c'era solo allegria, giubilo, banchetti e feste. Tra la popolazione del Paese molte persone divennero ebree, perché la paura degli ebrei si abbatté su di loro.

Nel giorno stabilito, si compì la sanguinosa tragedia (cap. 9, v. 5): "Così i Giudei colpirono di spada tutti i loro nemici". Fu un massacro, uno sterminio, e fecero ciò che volevano dei loro avversari (v. 16). Da parte loro, anche i Giudei delle province reali si riunirono per rendere sicura la loro vita. Si sbarazzarono dei loro nemici massacrando settantacinquemila dei loro avversari, senza saccheggiare". Per speciale desiderio di Ester, Serse fece impiccare allo stesso albero i dieci figli di Aman e gli ebrei fecero di quel giorno "un giorno di festa e di esultanza". In ricordo del giorno della vendetta, istituirono la festa di Purim, che celebrano ancora oggi.

Opuscolo SS n. 3. 1936.

E. Brandt: Omicidio rituale ebraico

L'omicidio o il sacrificio rituale è un aspetto molto particolare della più ampia questione ebraica. La maggior parte degli uomini istruiti non vuole credere a queste "storie". La scienza ufficiale ha ritenuto indegno esaminare a fondo la questione e si è limitata a dichiarare fondamentali e autorevoli i "rapporti" dell'ebreo Chwolson e soprattutto del famigerato professore berlinese Hermann Strack, anche se questi esami non hanno nulla a che fare con una ricerca scientifica degna di questo nome e sono solo scritti apologetici fuorvianti e di parte dell'ebraismo. Per la maggior parte degli scienziati, quindi, il caso dell'omicidio rituale deve essere considerato chiuso; secondo loro, è solo il prodotto dei cervelli malati degli antisemiti.

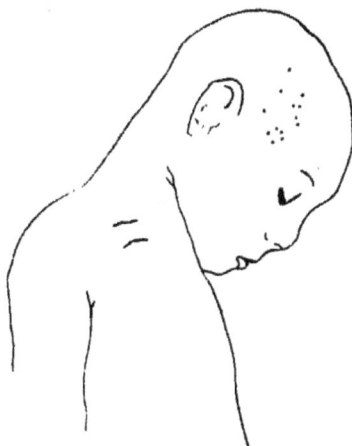

Lo scolaro Andrej Juchchinskij ucciso con tredici fendenti rituali durante il sonno nel 1911 a Kiev (processo Beili).

Ma i fatti concreti sono ben diversi!

Nella storia ci sono molti omicidi rituali ebraici, a partire dal V secolo dell'era cristiana. Nel mio libro in lingua russa ho esaminato trecentoventi casi e quattrocentoventi nel manoscritto tedesco esistente. Anche la Chiesa cattolica annovera tra i suoi santi martiri e beatificati molte vittime di omicidi rituali ebraici, tra cui San Werner, ancora oggi venerato dalla popolazione cattolica di Oberwesel sul Reno e patrono della città. Citiamo solo tre omicidi rituali:

1. 1475, a Trento. L'omicidio rituale, il 28 del mese, del ragazzo Simon Gerber, che fu beatificato dalla Chiesa cattolica; gli atti del processo esistono ancora oggi, anche a Trento, in Vaticano e in copia a Vienna.
2. 1840, a Damasco, sul cappuccino cattolico Padre Tommaso e sul suo servitore Ibrahim Amarah.

3. 1852/53, a Saratov, su Teofan Scherstobitov, di 10 anni, e su Michele Maslov, di 12 anni.

Nel primo e nell'ultimo di questi casi, le vittime erano state circoncise prima del prelievo di sangue.

Questi tre casi sono indiscutibilmente provati a livello legale. Nei primi due processi gli ebrei hanno anche reso piena confessione. I loro difensori non si fanno scrupoli a sostenere che questa, come in tutti gli altri casi simili, è la condanna di un innocente. Quando si leggono i verbali delle suppliche in questi processi, si può legittimamente rimanere sorpresi: verbali, deposizioni, persino documenti storici e pezzi come le bolle papali sono falsificati in modo molto intelligente. In molti documenti, alcune cose vengono distorte o semplicemente omesse. Così, i fatti assumono un volto completamente diverso. Questa dimostrazione dimostra solo che l'affermazione che non c'è stato alcun omicidio rituale non regge; perché per dimostrare la verità non si usano le bugie. È inoltre sorprendente vedere come gli ebrei facciano ogni sforzo per far archiviare i casi in tutti i processi riguardanti gli omicidi rituali. Vengono comprati falsi testimoni, autorità giudiziarie e polizia. Invano, perché l'opinione pubblica di tutto il mondo viene smossa; in Parlamento, varie regioni hanno presentato proposte. Infine, sono state fatte persino delle rimostranze diplomatiche. Ma è stato vano anche perché gli ebrei hanno minacciato rappresaglie, come nel 1882 al processo di Tsza-Eszlar. Il parigino Rothschild ebbe il coraggio di inviare un telegramma al governo dell'Austria-Ungheria con la seguente postfazione

"Se il governo non rispetterà la mia richiesta (di fermare il processo e liberare tutti gli ebrei), farò tutto il possibile per rovinare il credito dell'Ungheria.

Non sorprende che, in queste condizioni, la maggior parte dei processi per omicidio rituale siano stati insabbiati...

Citiamo solo uno dei tanti omicidi rituali legalmente incontestabili: 1840, a Damasco.

Mercoledì 5 febbraio 1840, il cappuccino padre Thomas e il suo servitore Ibrahim Amarah furono vittime di un omicidio rituale nel quartiere ebraico di Damasco.

Tutti i verbali dell'esame e gli atti furono pubblicati nel 1846 in un libro scritto da un membro della "Società Orientale", Achille Laurant. Inutile dire che questo libro è una delle più grandi rarità bibliografiche e si trova solo in pochissime biblioteche. I documenti originali del processo si trovano negli archivi del Ministero degli Affari Esteri a Parigi. Lo specialista francese di omicidi rituali, l'abbé Henri Desportes, ha sostenuto che tutti questi documenti sono scomparsi sotto il ministero dell'ebreo Crémieux nel 1870, mentre il difensore degli ebrei, l'abbé Vacandard, assicura che il Ministero degli Affari Esteri francese deve aver certificato ufficialmente, il 5 agosto 1892, che tutti i documenti sono in perfetto stato presso il Ministero. Chi dei due abbia ragione, non si può dire con certezza, a quanto pare

Desportes, perché il Ministro degli Esteri dell'epoca, Pichon, rifiutò un nuovo esame dei documenti originali, il 6 giugno 1913, all'editore della "Libre Parole", Albert Monniot!

O questi documenti sono stati distrutti da Crémieux, o contengono dettagli così dannosi per gli ebrei che Fratel Pichon ha pensato bene di tenerli segreti. Tuttavia è ovvio che se i documenti potessero dimostrare l'innocenza degli ebrei, come sempre sostengono, sarebbero già stati pubblicati ufficialmente da tempo, e dallo stesso ebreo Cremieux.

Cosa emerse da questo processo? Con il pretesto di dover vaccinare un bambino ebreo contro il vaiolo, padre Thomas fu rinchiuso in una casa ebraica, aggredito, denudato e sgozzato da otto ebrei, tra cui due rabbini. Il suo sangue fu raccolto in una bacinella, imbottigliato e dato al chacham (rabbino) Abu-el-Afiè. Dopo l'omicidio, i vestiti del padre furono bruciati e il corpo fu tagliato a pezzi, tutte le ossa furono schiacciate con un pestello. Furono messi in un sacchetto di caffè e gettati in una fogna, che era abbastanza lontana dalla casa.

Le autorità ottennero queste confessioni da due ebrei, il barbiere Soliman e il servo Marad-el-Fattal, con la promessa di perdonarli se avessero detto tutta la verità. I due ebrei furono interrogati separatamente. Le loro dichiarazioni coincidevano in ogni dettaglio. Tutto fu controllato sul posto. Anche se era già passato un mese dall'omicidio, sulle pareti della stanza in cui era stata tagliata la gola al padre si vedevano distinte tracce di sangue. E nel punto indicato dagli ebrei, dove le ossa e il cranio erano stati frantumati, si potevano notare evidenti avvallamenti nel terreno. Tracce di sangue e pezzi di carne sono stati trovati nell'apertura della fogna. Nel canale stesso furono trovate le seguenti parti del corpo: ossa del piede con articolazioni, una rotula, parti del cranio, una parte del cuore, una vertebra, un pezzo di nervo, un pezzo di pelle del cranio su cui si poteva vedere parte della tonsura (la superficie rimanente era coperta di capelli), e infine due brandelli di una cuffia di lana nera.

Tutti gli oggetti ritrovati furono inviati al console francese Ratti Mentone (Padre Thomas era sotto protezione francese) con l'intenzione di effettuare un esame medico. Il console francese fece esaminare i resti da due commissioni e anche da quattro medici europei e sei francesi. Le conclusioni di entrambe le commissioni dimostrarono che i resti presentati erano di origine umana. Anche il console austriaco G. G. Merlato ha assistito i medici maomettani nel loro lavoro. Da parte sua, presentò un certificato in cui affermava di aver appreso che i medici avevano certificato l'origine umana dei resti citati. Inoltre, Ratti Mentone riuscì a ottenere dal parrucchiere di padre Yussuf una dichiarazione secondo cui i pezzi di calotta cranica ritrovati non potevano che essere quelli della calotta del padre.

Quando sono stati resi noti i risultati dell'interrogatorio degli altri imputati, questi hanno capito che negare insistentemente era inutile e hanno tutti confessato.

Il servo del padre, Ibrahim Amarah, che cercava il padre scomparso nel quartiere ebraico, fu chiuso dagli ebrei in un'altra casa e fu sgozzato come il padre. Anche otto ebrei parteciparono al suo omicidio.

Dei sedici ebrei accusati, quattro furono amnistiati contro la promessa del Cherif-Pacha di confessare completamente, due morirono durante l'udienza, gli altri sei furono condannati a morte.

Ma l'esecuzione della condanna a morte non ebbe luogo perché gli ebrei d'Europa vennero in soccorso dei loro fratelli. Il famoso fondatore dell'"Alliance Israélite Universelle", il futuro primo ministro francese Crémieux, si recò in Egitto con il collega londinese Moses Montéfiore (Blumberg) per chiedere al Khediv egiziano Mehemet-Ali di graziare gli assassini. Il Khediv pubblicò un firmàn in cui scriveva che graziava gli ebrei condannati su richiesta di Crémieux e Montéfiore, rappresentanti dell'intero popolo ebraico. La parola "perdono" dispiacque agli ebrei, perché confermava la loro colpevolezza. Crémieux e Montéfiore chiesero al Khediv di cambiare il termine. Nonostante il malcontento degli ebrei, Mehemet-Ali eliminò la parola e la sostituì con "liberato", che ha lo stesso significato.

Anche in questo caso, come in tutti i processi per omicidio rituale, gli ebrei fecero tutto il possibile per ottenere l'assoluzione. Corruppero i testimoni e le autorità, ma senza successo; i tentativi degli ebrei di impedire il processo furono accolti con l'integrità di Ratti Mentone. Il processo andò avanti fino alla fine. Non sorprende quindi che il

Gli ebrei non si sottrassero a nessun mezzo per screditare l'onesto, coraggioso e odiato console francese. Il console austriaco Merlato li aiutò in questo. Gli ebrei riuscirono a comprarlo. Egli cambiò improvvisamente idea e affermò (in contraddizione con la sua dichiarazione cristiana del 3 marzo 1840) che i pezzi di carne e le ossa trovati nel canale erano quelli di un cane! Il governo austriaco si rivolse al re Luigi Filippo per denunciare le azioni "illegali" di Ratti Mentone. Il governo austriaco si rivolse al re Luigi Filippo per lamentarsi delle azioni "illegali" di Ratti Mentone e arrivò fino alla Camera dei Deputati, dove il Primo Ministro dichiarò di ritenere giustificate le azioni di Ratti Mentone, corroborate dal console inglese e confermate a Londra, e che non intendeva sacrificare i due consoli francesi a Damasco e in Egitto solo sulla base di un reclamo del console austriaco. Ha detto tra l'altro:

"Penso di saperne più di voi (i parlamentari) in questa materia ..... Ho studiato attentamente tutti i dossier su questo caso - è stato trascritto - e lasciatemi dire che loro (gli ebrei) sono molto più potenti in tutto il mondo di quanto vogliate ammettere; al momento hanno emesso proteste in ogni Stato... Il ministro deve avere il coraggio di proteggere i suoi dipendenti pubblici di fronte a questi attacchi .... Un funzionario francese nel rispetto dei suoi diritti sarà sempre protetto da questo tipo di proteste, da qualunque parte provengano" (Monit. Univ. 3 giugno 1840p. 1258).

Possiamo concludere sull'omicidio rituale di Damasco con le parole dell'ex rabbino Drach:

"Gli assassini di padre Thomas, convinti del loro crimine, sono riusciti a sfuggire ai rigori della legge solo grazie agli sforzi congiunti degli ebrei di tutti i Paesi... Il denaro ha giocato un ruolo fondamentale". (Drach, *Harmonie entre l'Église et la Synagogue*, vol.1, p. 79, Parigi 1844).

Cosa spingeva gli ebrei a compiere omicidi rituali? La legge di espiazione dell'Antico Testamento: secondo le credenze ebraiche, l'espiazione può essere fatta solo con il sangue. Così, nell'Antico Testamento, si legge in Levitico 17:11: "È il sangue che espia una vita". E il Talmud, Joma 5a, dice ancora più precisamente: "L'espiazione risulta solo dal sangue".

La Chiesa cristiana, che si basa sull'Antico Testamento, ha accettato questa regola. L'apostolo Paolo ha detto nella sua *Lettera agli Ebrei* 9,22:

"Inoltre, secondo la Legge, quasi tutto è purificato dal sangue e senza lo spargimento di sangue non c'è remissione. Ma la Chiesa cristiana insegna che Gesù Cristo ha abolito questo comandamento con il suo sacrificio. La Chiesa ha quindi introdotto il sacrificio incruento con la dottrina del sacramento della transustanziazione del sangue di Cristo nel vino.

E l'ebreo? Senza spargimento di sangue, senza sacrificio cruento, non c'è espiazione per lui: dalla distruzione del tempio di Gerusalemme, non c'è posto per il sacrificio. Non esiste un sacrificio incruento come quello di Cristo. Cosa deve fare? Come possono aiutarlo tutte le preghiere e le attente prescrizioni per la vita quotidiana se non può seguire il comandamento principale della sua religione? Notiamo che il Talmud dice: "L'espiazione viene solo dal sangue". Per un ebreo ortodosso, tuttavia, questo è spaventoso. Questo timore è espresso nel discorso di un anziano ebreo a San Francisco nel 1922, pubblicato su The Friends of Israel. La sua conclusione recita:

"E mi fu chiaro che avevo infranto la Legge. Dovevo espiare, ma questo poteva essere fatto solo con il sangue, e non c'era sangue. Solo il sangue può purificare l'anima. Nel mio dolore, andai dai rabbini. Avevo una sola domanda: "Dove posso trovare il sangue per l'espiazione?".

Quindi queste non sono le riflessioni di un pazzo, ma le parole di un vero ebreo credente. A nessun ebreo sarebbe venuto in mente di definire quest'uomo pazzo. Tuttavia, se avesse agito come il candidato al rabbinato, Max Bernstein, nel 1888 a Breslau (aveva effettivamente procurato del sangue) e questo atto fosse diventato noto ai non ebrei come nel caso di Bernstein, allora gli ebrei e la loro stampa avrebbero gridato alla pazzia. Nella sua confessione volontaria al processo di Breslau del 1888, il candidato al rabbinato Max Bernstein dichiarò:

"Il compimento degli atti di espiazione alleviò il mio cuore pesante e decisi di liberarmi dal peccato. Poiché, secondo la dottrina biblica, l'anima risiede nel sangue dell'uomo, e poiché la mia anima peccatrice *poteva trovare espiazione solo attraverso un uomo innocente, dovevo ottenere del sangue utilizzabile da un uomo ancora innocente.* Poiché sapevo che il ragazzo Hacke era adatto, che la sua anima era ancora pura, decisi di prendere un po' del suo sangue... *Con quel sangue ho compiuto la mia espiazione. Lui stesso è diventato un peccatore prendendo i miei peccati.*

La follia non risiede quindi tanto nelle rappresentazioni religiose dei due ebrei citati, quanto piuttosto nelle leggi religiose stesse.

Il sacrificio di Kapores (la macellazione di un gallo o di una gallina) viene eseguito come espiazione il giorno precedente la festa dell'incoronazione.

OPUSCOLO SS N. 3. 1936.

COSA DICONO GLI EBREI DEGLI EBREI

Benjamin Disraeli (Lord Beaconsfield):

> *"Nessuno può trattare il principio razziale con indifferenza: è la chiave della storia del mondo. La lingua e la religione non sono l'origine di una razza: lo è il sangue!*

Dott. Jakob Klatzkin :

> *"Noi non siamo tedeschi, francesi, ecc. e per di più ebrei, il nostro ebraismo non è la sovrastruttura di una Germania, né la sua infrastruttura. Siamo semplicemente di natura aliena; dobbiamo ripetere costantemente che siamo un popolo alieno in mezzo a loro e che vogliamo rimanere tale. Tra noi e loro si sta aprendo un abisso insormontabile.*

Sir Alfred Mond :

> *"Un giapponese nato in Germania non diventa tedesco. E nemmeno un ebreo che nasce in Germania diventa tedesco. Queste sono le questioni di sangue e di razza.*

Prof. Eduard Gans :

> *"Il battesimo e persino il meticciato non servono a nulla. - Anche alla centesima generazione, rimaniamo ebrei come lo eravamo 3.000 anni fa. Non perdiamo la fragranza della nostra razza, anche dopo decine di incroci. La nostra razza è dominante in ogni rapporto sessuale con le donne; i giovani ebrei nascono da essa".*

Walter Rathenau :

"Una visione bizzarra! Al centro della vita tedesca c'è una tribù straniera, a parte, brillantemente e singolarmente dotata di un atteggiamento mobile e vivace. Un'orda asiatica sulla sabbia del Brandeburgo... Di stretta coesione tra loro, di rigida diffidenza verso gli estranei: vivono così in un ghetto semi-volontario, non sono un membro vivo del popolo, ma un organismo estraneo nel suo corpo..."

Arnold Zweig :

"Il figlio di una madre ebrea è ebreo, indipendentemente dal padre.

Dott. Bernhard Cohn:

"Quando vediamo che le alleanze delle case nobili con le ricche famiglie ebraiche si moltiplicano, allora, nonostante le nostre concezioni liberali, dobbiamo considerare questo come l'inizio di una decadenza morale della nobiltà...".

Dr. Kurt Münzer :

"Abbiamo corrotto il sangue di tutte le razze d'Europa. In generale, oggi, tutto è ringiovanito. I nostri pensieri vivono in ogni cosa, le nostre menti governano il mondo. Siamo i padroni. Non siamo più cacciati. Ci siamo impiantati nei popoli, abbiamo impregnato, contaminato le razze, spezzato le forze, tutto è stato rovinato e imputridito dalla nostra cultura viziata. Il nostro spirito non può più essere estirpato.

Jakob Wasserman :

"Li conosciamo e li sopportiamo, quelle migliaia di ebrei moderni che rosicchiano tutte le fondamenta perché essi stessi sono senza fondamenta; che rinnegano oggi ciò che apprezzavano ieri; che infangano ciò che amavano ieri; il cui tradimento è un piacere, la cui mancanza di dignità un ornamento e la cui negazione un obiettivo.

Dr. Arthur Brünn :

"Per coscienza nazionale ebraica intendo la coscienza viva di un'origine comune, il sentimento di solidarietà degli ebrei di tutti i Paesi e la ferma volontà di vivere un futuro comune.

Chaim Weitzmann :

"Ogni Paese ha un punto di saturazione per quanto riguarda gli ebrei; può sostenere solo un certo numero di ebrei se non vuole fare indigestione. La Germania ha già troppi ebrei... Gli ebrei non conoscono confini politici o geografici.

Baruch Levi :

"Il popolo ebraico sarà il proprio messia. Il suo dominio sul mondo si realizzerà con l'unione delle restanti razze umane, l'abolizione delle frontiere e delle monarchie... e con l'istituzione di una repubblica mondiale che darà agli ebrei il diritto di cittadinanza ovunque. In questa nuova organizzazione dell'umanità, i figli di Israele, che ora sono sparsi sulla faccia della terra, saranno indubbiamente l'elemento di punta, soprattutto se riusciranno a porre le masse di lavoratori sotto la ferma autorità di alcuni di loro".

Karl Marx :

"Lo scambio è il vero dio degli ebrei...

Moritz Rappaport :

"L'ebreo è il rappresentante della visione materialistica del mondo. Non ammettono decisioni che provengono dal cuore, distruggono in se stessi e negli altri le credenze nel significato soprannaturale della vita, minano la religione e diventano così... estranei a tutti i popoli tra i quali vivono".

Moritz Goldstein (marzo 1912):

"Gli ebrei si trovano improvvisamente in posizioni dalle quali non sono stati violentemente rimossi. È sempre più evidente che è come se la vita culturale tedesca fosse caduta nelle mani degli ebrei. Noi ebrei stiamo gestendo la proprietà spirituale di un popolo che contesta il nostro diritto e la nostra capacità di farlo.

Konrad Alberti Sittenfeld :

"Purtroppo non si può negare che l'arte moderna, soprattutto il teatro, sia stata corrotta solo dagli ebrei.

L'ebreo è il demone che materializza la caduta dell'umanità.

Richard Wagner

OPUSCOLO SS N. 10. 1937.

FATTI IMPORTANTI SULLA MASSONERIA

(Dati aggiuntivi per una conferenza con proiezione sulla Massoneria)

Il rito del sangue

Al momento del ricevimento solenne nel 9 grado del sistema svedese, il sangue viene versato in una coppa da una piccola bottiglia in cui, fin dalla fondazione della loggia, è contenuto sangue mescolato con vino. La bottiglia contiene quindi il sangue dei fratelli - anche ebrei - fino al più anziano.

Il Gran Maestro Nazionale Müllendorf della Gran Loggia Nazionale dei Massoni Tedeschi confermò il rito del sangue durante il processo contro l'avvocato Schneider il 15 marzo 1932:

"È vero che al momento di ricevere il grado di Grande Eletto, l'impetrante beve il sangue dei confratelli che sono stati ammessi prima di lui a tale grado. È anche vero che alcune gocce del sangue dell'impetrante vengono raccolte nella bottiglia e conservate insieme a quelle dei FF, che sono stati membri di questo Capitolo fino ad oggi".

Testo del giuramento di apprendistato :

"Io, N. R., giuro solennemente e sinceramente, alla presenza di Dio Onnipotente e di questa venerabile loggia dedicata a San Giovanni, di preservare e nascondere gli usi segreti della Massoneria e di non rivelare mai ciò che mi viene affidato, né ora né in seguito, se non ai fratelli autentici e legittimati e in una loggia autentica e legittima di FF, e ai compagni che riconoscerò dopo il dovuto e severo esame. Giuro inoltre che io stesso non scriverò, stamperò, inciderò, dipingerò, disegnerò, nasconderò o inciderò nulla su qualsiasi cosa mobile o immobile sotto il cielo che sia leggibile o comprensibile, o che abbia la minima somiglianza con una lettera o un segno in modo che l'arte segreta possa essere percepita illegalmente. Giuro tutto questo con il fermo e incrollabile proposito di rispettarlo, senza segreti riserbi o esitazioni interiori, pena il taglio della gola e della lingua e la sepoltura nella sabbia lontano dalla riva quando la bassa marea cambia due volte in 24 ore. Che Dio mi assista e mi sostenga nei miei impegni di apprendista accettato".

(FF. Fischer *Spiegazioni del Catechismo della Massoneria Giovannea I.* Catechismo, p. 38).

I giuramenti degli apprendisti e dei maestri dicono la stessa cosa.

Nel *Manuale per i Fratelli della Gran Loggia Nazionale della Massoneria in Germania,* 6a ed. Berlino 1912, pag. 82, si parla della separazione di un fratello dalla loggia:

" § 171. Ogni fratello è libero di lasciare la propria loggia; questo si chiama "copertura della loggia". La spiegazione della copertura delle logge deve essere fatta per iscritto. Con la copertura, il fratello non perde il carattere di massone, diventa un fratello separato; ma perde il diritto di partecipare alle funzioni di loggia di qualsiasi tipo.

I diritti che il fratello ha acquisito come membro effettivo, onorario o visitatore di logge inferiori non vengono persi coprendo una loggia di grado superiore. Ma i suoi diritti nei gradi superiori sono inattivi.

Il dovere del silenzio dei fratelli :

" § 306. Il dovere di discrezione esige la massima cura affinché non solo le conoscenze, le tecniche e i dibattiti massonici rimangano nascosti ai non iniziati, ma anche ciò che è più elevato per i fratelli di grado inferiore. (Statuto della Gran Loggia Madre di Kurhessen in occasione dell'incontro amichevole con la Gran Loggia Reale Madre di York a Berlino nel 1815).

Camuffare la Massoneria come ente di beneficenza :

"Se una loggia pratica la carità, non è per pietà verso i bisognosi, ma come mezzo utilitaristico temporaneo o come forma di legittimazione". (*Bauhütte*, 1872, p. 140).

Allo stesso modo, la rivista massonica *Latomia* scriveva nel luglio 1865: "Il pretesto della carità usato dai massoni serve solo a nasconderne un altro.

La "Lega tedesca delle Grandi Logge", che unisce tutte le Grandi Logge tedesche in un lavoro comune e mantiene l'alleanza con le Logge extra-tedesche, era di particolare importanza, come si evince dalle parole del massone *Kneifner* nella "Comunicazione dell'Associazione della Massoneria tedesca", 1917/18, p. 54 :

"La Lega tedesca delle Grandi Logge ha garantito che nessuna delle otto Grandi Logge potesse sopraffare le altre. La sua legge impedisce l'arbitrio e la possibile ambizione di dominio di ciascuna Gran Loggia".

Le Logge della Vecchia Prussia lasciarono la Lega delle Grandi Logge nel 1922, ma si riaffiliarono nel 1927.

La posizione della Massoneria su nazione e razza :

"Non esiste una Massoneria nazionalista o di orientamento religioso, ma solo una Massoneria pura e indivisibile. Chiunque predichi il contrario è in totale errore. Siamo una lega umana e non una setta". (Il giornale massone *Auf der Worte* del 1. 03. 1925).

Allo stesso modo, il massone Neumann (Associazione dei massoni tedeschi) dice al massone Eskau in una lettera del 31 marzo 24 :

"Quando si nega la Massoneria con il suo messaggio di uguaglianza di tutto ciò che ha un volto umano, non si è - perdonatemi un massone".

Il massone Horneffer scrive in *National Freemasonry Education* in 1919/20, p. 66:

"La lotta dei sostenitori dell'idea di umanesimo (cioè della Massoneria) deve essere una lotta contro ogni nazionalismo.

Nelle *leggi della Lega della Gran Loggia Tedesca* (pubblicate dopo la creazione della nuova legislazione il 01.08. 1911, p. 16), si legge:

"La Lega tedesca delle Grandi Logge dichiara che le differenze di colore della pelle e di razza non sono un ostacolo al riconoscimento di una Gran Loggia o di una Loggia.

Posizione delle antiche Grandi Logge prussiane nei confronti dell'ebraismo :

"Siamo stati accusati di essere antisemiti e di non accettare gli ebrei per odio razziale. Questo è il più grande affronto che ci sia mai stato fatto. Il maestro ci ha insegnato ad amare tutti gli uomini come fratelli, e l'ebreo è figlio del Dio eterno che ci ha creati come noi lo siamo di tutti gli uomini. Se non accettiamo gli ebrei e i membri di altre società religiose non cristiane nella nostra stretta comunità, non ne consegue che li odiamo. Si potrebbe anche dire, a ragione, che odiamo le donne, i bambini e le persone con un basso livello di istruzione perché non li accettiamo. Ma quando un membro ebreo desidera essere ammesso come ospite al nostro lavoro, allora lo accogliamo nella nostra casa se appartiene a una loggia riconosciuta; lo accogliamo cordialmente e siamo lieti che non abbia alcun pregiudizio che possa esserci una barriera tra lui e noi. Sappiamo che gli dobbiamo, e gli dovremo, agire costantemente in questo modo nei suoi confronti come un fratello. *(Manuale sulla "Dottrina dell'Ordine della Gran Loggia Nazionale della Massoneria in Germania").*

Costituzione internazionale delle tre grandi logge prussiane antiche

Struttura della Gran Loggia Nazionale di Germania. La circoscrizione della Gran Loggia nazionale costituisce la settima provincia dell'ordine nel sistema svedese, così come la Danimarca rappresenta l'ottava e la Svezia la nona provincia dell'ordine. Al vertice di ogni provincia c'è un vicario salomonis, un reggente. Il reggente della provincia tedesca dell'ordine era, ad esempio, il famigerato Friedrich Leopold di Prussia, che il 9 novembre 1918 fu il primo a issare la bandiera rossa sul suo castello di Klein-Glienicke, vicino a Potsdam. Il principe Federico Leopoldo era membro onorario di tutte le Grandi Logge tedesche e patrono delle tre Vecchie Grandi Logge prussiane.

A partire da Federico il Grande, i re prussiani divennero i protettori delle grandi logge della Vecchia Prussia, ad eccezione di Guglielmo II. Le parole del massone Dr. Schletter in *Latomia,* 1865, p. 65 spiegano gli obiettivi della Massoneria come segue:

"Era solo in apparenza che ai principi veniva affidata la direzione degli affari di loggia e i "delegati" coprivano le proprie azioni con il nome principesco".

I principi avevano un rituale speciale affinché non conoscessero la natura indegna del rituale massonico.

La Massoneria è stata la forza trainante della Rivoluzione francese del 1789.

Questo fatto è confermato dal resoconto dell'assemblea plenaria delle logge interessate, "Paix et Union" e "La libre Conscience", pubblicato sull'Orient de Nantes del 23 aprile 1883, pag. 8:

"Dal 1772 al 1789, la Massoneria mise in moto la grande rivoluzione che avrebbe dato un volto diverso al mondo. Poi i massoni diffusero le idee guida che avevano sposato tra le masse popolari.

LIBRETTO DELLE SS GERMANICHE N. 1 E 2. 1943.

1789

Gli Stati Uniti d'America si trovano di fronte a un pericolo molto più grande di quello nascosto dalla Chiesa romana...

Questo pericolo, signori, è l'ebreo!

In ogni Paese in cui gli ebrei si sono stabiliti in gran numero, ne hanno costantemente svilito la grandezza morale e deprezzato l'integrità commerciale. Si sono messi in disparte, ma non si sono mai assimilati. Hanno deriso la religione cristiana su cui si fonda la nazione e hanno cercato di minarla opponendosi alle sue prescrizioni. Hanno costruito uno Stato nello Stato. Ma quando sono stati ostacolati, hanno usato ogni mezzo possibile per strangolare finanziariamente questo Paese, come hanno fatto nel caso della Spagna e del Portogallo.

Per più di diciassette secoli gli ebrei hanno pianto la loro triste sorte per essere stati cacciati dalla loro patria, che chiamavano Palestina. Ma vi assicuro, signori, che se oggi il mondo civilizzato restituisse loro la Palestina come loro proprietà, troverebbero immediatamente un motivo pressante per non tornarvi. Perché dovrebbero farlo? Perché sono vampiri e i vampiri non possono vivere sulle spalle di altri vampiri. Non possono esistere da soli, devono vegetare approfittando dei cristiani e di altre persone che non appartengono alla loro razza.

Se non escludete queste persone dagli Stati Uniti utilizzando la Costituzione esistente, in meno di duecento anni si saranno moltiplicate a tal punto da dominare e divorare il Paese e cambiare anche la nostra forma di governo per la quale noi americani abbiamo versato il nostro sangue, dato la nostra vita, dato il meglio di noi stessi, giocato la nostra libertà e sacrificato le nostre idee più grandi.

Se non escludete queste persone, saranno i vostri discendenti a dover lavorare nei campi per dare i benefici agli altri, mentre questi ultimi siederanno dietro le scrivanie e si sfregheranno felicemente le mani.

Vi avverto, signori: se non escludete per sempre gli ebrei, quando è possibile farlo, non cambieranno mai, nonostante le generazioni. Le loro idee non coincideranno mai con quelle di un americano, anche se vivessero tra noi per dieci generazioni. Il lupo perde il pelo ma non il vizio. Gli ebrei rappresentano una minaccia per questo Paese se vengono ammessi, e dovrebbero essere esclusi dalla nostra Costituzione".

Lo statista americano Benjamin Franklin nel 1789 davanti al Congresso degli Stati Uniti.

WAKE UP AMERICANS!
DO YOU WANT THIS?

Clean up America! Break the Red Plague!

BOYCOTT the JEW!

QUADERNO SS N. 1A/B. 1941.

L'"AMERICA" IN EUROPA

Zeichnung: Erik

Un fronte che attraversa i cuori e le menti...

È stato ritrovato un mappamondo del 1551, disegnato ad arte, che mostra tutto ciò che si sapeva del mondo a quell'epoca grazie ai grandi viaggi di scoperta. Sul nuovo Paese del Nord America - e non del Sud America - è scritta la parola "cannibali". Ciò significa: mangiatori di uomini!

Poi arrivarono i primi immigrati bianchi. Erano i "Padri Pellegrini", fuggiti dall'Europa, soprattutto dall'Inghilterra, che lasciarono la loro patria a causa della loro religione puritana. Questi puritani erano un tipo speciale di santi che vedevano la grazia e il favore divino nel fatto che Dio doveva riempire le loro borse se trovava vantaggio nei loro affari. Nella logica di questa fede, i buoni pellegrini erano disposti a truffare e soprattutto a rinunciare a tutti i beni e ai piaceri di questa vita. Così non portarono con sé in America altri libri oltre alla Bibbia e al libro di preghiere, lasciando i libri di canzoni, i testi, le illustrazioni, le danze e tutte le altre cose belle che aveva l'Europa. Ciò che distingueva i Puritani era la legge che regolava le loro azioni, la cultura che portavano con sé. Non era una vera cultura, ma una barbarie religiosa. Il libro di preghiere e la borsa erano la base di tutti i loro pensieri e aspirazioni. I veri yankee la pensano così ancora oggi.

Va detto che l'indebolimento della fede portò a una diminuzione dell'importanza del libro di preghiere. La borsa divenne sempre più pesante, fu privilegiata e il libro di preghiere si assottigliò, diventando più superficiale - nel linguaggio luterano - un coperchio di pattumiera per nascondere una moltitudine di infamie.

La terza ondata di immigrati fu quella dei negri. Vennero dall'Africa con i ferri, presi come schiavi sulle navi inglesi. Arrivarono come poveri diavoli e rimasero tali. Ma almeno, in quanto creature naturali della foresta e della savana, portarono con sé un tipo di cultura, di canti, di danze, di gioie e di sofferenze segnate dal loro sangue, anche se si trattava solo di sangue negro. Ma questa sensibilità fu presto denaturata nelle piantagioni sotto le fruste dei capisquadra, nel freddo del Nord e nei bassifondi di New York.

GLI EBREI SVILUPPANO UNA "CULTURA COSMOPOLITA" STATUNITENSE DA ESPORTARE

Ma fu questa forma a interessare l'ultima ondata di immigrati che ancora mancava da questo paese cosmopolita: gli ebrei. Sentirono i ritmi strani ed eccitanti dei negri, videro la segreta gelosia dei puritani per l'esuberanza spensierata di questi bambini della foresta e intuirono l'affare e la possibilità di paralizzare la resistenza razziale di questi "barbari volenterosi" utilizzando questa magia straniera.

Così è nato all'inizio del nostro secolo e anno dopo anno quello che viene chiamato "americanismo". Si tratta di una gioia insensata dell'eccitazione primitiva dei sensi, che si tratti di suoni e colori forti, di film e storie sanguinose, di sparatorie tese, di omicidi, di rapimenti, di imprese sportive, di maratone di danza, di nuoto, di poesia o di preghiera, di "record mondiali" in tutti i campi, o degli eventi più importanti del mondo, il nuoto, la poesia o la preghiera, i "record mondiali" in ogni campo, l'adorazione del gigantismo e del "più grande del mondo", la valutazione delle donne secondo "standard di bellezza" o l'arroganza infantile.

Quando il Paese dei vecchi puritani, diventato ricco e quindi assetato di gioia di vivere, sprofondò in questa decadenza, la vita comunitaria si trasformò in "affari", le feste in fiere - questo americanismo divenne un oggetto di esportazione. Lo scherzo si trasformò in realtà: gli immigrati incolti di un tempo volevano competere con il vecchio paese europeo civilizzato dimostrandogli che le loro creazioni erano più belle e nuove. Si dovrebbe dire offerta, perché si trattava di una transazione in denaro per gli ebrei dell'industria cinematografica, per gli ebrei dell'industria discografica, per i cantanti e i ballerini jazz giudeo-negri, per i direttori di giornali e gli impresari.

Fu davvero un buon affare e un successo. A quel tempo, infatti, l'Europa del 1918 era dissanguata, affamata, psichicamente esaurita da quattro anni di guerra e di sacrifici in ogni Paese. L'Europa era principalmente collassata in se stessa, sia come individuo che come nazione. La gente non era più sicura di nulla, né dello Stato né del proprio benessere. Tutti volevano soprattutto un mondo semplice e naturale e, in mancanza di qualcosa di meglio, il superficiale, il divertimento e la fuga dalla miseria emergente.

IL MANAGER EBREO SFRUTTA LA DEBOLEZZA DELLA GERMANIA E DELL'EUROPA

Fu a questo punto che l'ebreo e il negro lasciarono l'America.

In quel momento precario, i popoli del vecchio continente civilizzato si sarebbero aggrappati a qualsiasi boa, per quanto bucata, gettata da un nuovo mondo attraente per non affogare psichicamente. La nuova musica era così facile da capire, i nuovi movimenti, chiamati danze, così facili da imparare. La vita era così semplice nei film: l'eroe, la canaglia, la ragazza dolce, il patrigno ricco, e sempre il lieto fine! E poi ci sono i grandi concorsi di bellezza! A molte ragazze viene chiesto di spogliarsi - naturalmente al solo scopo di essere misurate, pesate, fotografate... Si scatena il boato della folla, si determina un tipo "ideale", si distribuiscono le schede (in modo molto democratico) e si eleggono Miss Europa, Miss Berlino, Miss Petawank... ecc.

Il veleno prodotto dalla bottega ebraica, la sensibilità negroide e l'anticultura coloniale finirono per infiltrarsi nei cuori creduloni e indifesi degli europei e anche di molti tedeschi. È una legge morale che le abitudini di un uomo che lo fanno agire "senza pensarci" si attacchino fortemente a lui, in modo che possa liberarsene solo con il massimo del male. Ecco perché il "piacere del popolo" ha incontrato così poca resistenza, così come quella volgarità nelle danze, nelle canzoni, nei film, negli sport e nell'amore, e perché raramente si è cercato di opporre qualcosa di personale, di migliore, a questo spirito straniero.

Non era davvero facile far rivivere i vecchi sentimenti in una Germania moralmente decomposta, nazionalmente spezzata ed economicamente decaduta. Le opportunità che si presentavano venivano perse, perché la massa del popolo non riusciva a coglierle. Solo quando il Partito fu in grado di raggiungere il cuore dei tedeschi dopo il 1933, la minaccia al nostro patrimonio culturale fu eliminata e furono gettate solide fondamenta. I film nazionali e i severi controlli sulle importazioni di film migliorarono la situazione del cinema tedesco. Sul palcoscenico tedesco apparvero poeti tedeschi e molti giovani le cui prime opere dovevano ancora essere accettate. Fu creata una stampa tedesca, diretta da redattori tedeschi che sapevano distinguere tra novità e sensazione. Lo sport tedesco fu purificato, il nostro divertimento fu influenzato dal nostro umorismo e dalla nostra allegria, secondo le leggi del nostro sangue.

LA MUSICA ESPRIME L'ANIMA DI UN POPOLO...

Le uniche eccezioni sono il ballo e la musica leggera. Va detto apertamente che qualsiasi sentimento non tedesco può essere soggetto a divieto. Ma a cosa servirebbe se causasse un vuoto che molti connazionali non riuscirebbero a capire? Molti di loro probabilmente non sarebbero più in grado di distinguere ciò che è cattivo e pernicioso in questa musica proibita.

Schopenhauer e Richard Wagner hanno detto quanto segue sullo spirito della musica: "La musica esprime l'essenziale", cioè l'anima degli uomini, dei popoli e di un'epoca.

Si può comprendere questo punto di vista essenziale solo se si è musicologi e creatori. Se non lo si è, non si può concepire una musica autentica. Naturalmente, anche il ritmo è una componente importante della musica perché è fondamentalmente presente, soprattutto nella nostra vita contemporanea. Il traffico rumoroso delle macchine, la marcia di migliaia di stivali dei soldati hanno lasciato il segno nella nostra carne e nel nostro sangue. Ecco perché le marce e i canti dei soldati di questa grande epoca di guerra ce li riportano. Una cosa è certa: Beethoven e Brahms, Bach e Reger, Mozart e Bruckner hanno creato musica che continuerà a deliziare e soddisfare i nostri sensi musicali per i secoli a venire. Quando ci saremo ripresi dall'esperienza travolgente di questa guerra, verrà il giorno in cui i compositori tedeschi seguiranno un nuovo percorso.

La vittoria delle nostre armi comporterà anche l'eruzione vittoriosa di una nuova cultura guidata dalla volontà culturale tedesca. Il Nord America deve essere sconfitto anche su questo fronte, con una piccola, tenace e quotidiana guerra interna. Dobbiamo essere vittoriosi anche sul fronte culturale che attraversa i cuori e le menti!

Opuscolo SS n. 10. 1938.

"Leninismo e stalinismo?

"Se gli ebrei fossero soli in questo mondo, soffocherebbero così tanto nel fango e nella sporcizia che cercherebbero di sfruttarsi e sterminarsi a vicenda in lotte odiose; a patto che la lotta non si trasformi in un teatro a causa della mancanza di qualsiasi spirito di sacrificio espresso nella loro codardia". Queste parole di Hitler non sono recenti, ma furono scritte quattordici anni prima nel *Mein Kampf*. Tuttavia, questa semplice frase ci permette di apprezzare e giudicare con precisione la giurisdizione criminale che opera attualmente a Mosca. Qualsiasi osservatore che creda di poter individuare in questo massacro una lotta per l'influenza tra diverse ideologie, anche se sanguinosa, troverà i suoi tentativi di chiarimento destinati a fallire senza ulteriori indugi. Non si tratta di idee o ideologie, ma del consolidamento e della salvaguardia sanguinosa del regime personale di Stalin e del suo gruppo Kaganovich. Di tutti i commentatori della stampa, il conte Reventlov ha forse colto meglio la situazione così com'è, quando dice nel suo "Osservazione dell'Impero": "Siamo sufficientemente lontani per osservare e considerare con equanimità i processi di Mosca passati, presenti e futuri. Non si tratta di innocenza, non si tratta di un divino condannatore del male e protettore del bene che siede con i suoi angeli in tribunale. Gli imputati non sono nemmeno vittime innocenti e martiri di una nobile convinzione, idealisti pronti a morire volontariamente per il loro popolo e il loro ideale. Un criminale al potere vuole sbarazzarsi di altre due dozzine di criminali che finora sono stati suoi complici. Questo è tutto. L'insieme delle accuse formulate dal Procuratore Vychinsky è mostruoso e così insensato che si confuta da solo per la sua stessa mancanza di logica.

Il tribunale penale ha accusato i ventuno imputati di spionaggio, sabotaggio e commissione di atti terroristici. Essi dovevano, "su ordine di potenze straniere, aver tentato di provocare rivolte nell'Unione Sovietica al fine di separare l'Ucraina, la Russia Bianca, le province costiere dell'Estremo Oriente, la Georgia, l'Armenia e l'Azerbaigian dall'URSS". Le potenze straniere avrebbero dovuto aspettare che gli accusati e i loro complici li sostenessero per porre fine al sistema comunista in Unione Sovietica e reintrodurre il capitalismo e la borghesia. A questo scopo, avrebbero dovuto unirsi ai trotskisti (Trotsky, "che si nascondeva nelle cucce dei capitalisti", come si dice nel gergo della stampa sovietica, è anche il grande cattivo di questo processo, perché quando era commissario doveva avere rapporti con agenti delle potenze straniere), oltre agli zinovievisti, ai menscevichi, ai social-rivoluzionari e ai nazionalisti borghesi dell'Ucraina, della Russia Bianca, della Georgia, dell'Armenia e dell'Azerbaigian. Bukharin è accusato di aver complottato con Trotsky per ostacolare i negoziati di pace di Brest-Litovsk, con l'obiettivo di far cadere il governo sovietico e arrestare e assassinare Lenin, Stalin e Sverdlov, gli ultimi presidenti dell'Unione Sovietica. Inoltre, apprendiamo con sorpresa che lo scrittore Maxim Gorky non morì di morte naturale, come generalmente ammesso finora, ma che fu soppresso dai professori Pletnov, Levin e altri medici con la partecipazione di Iagoda.

Ma gli orrori di questa accusa vengono portati alla luce solo dalle persone in questione, che di solito sono i vecchi bolscevichi rinomati e celebrati con enfasi per anni dalla stampa sovietica. Prima c'è Bukharin, l'ex presidente del Comintern, poi Iagoda, l'ex capo del GPU e un tempo l'uomo più potente dell'Unione Sovietica dopo Stalin, Rakovsky, l'ex presidente del Consiglio dei Commissari del Popolo dell'Ucraina, quindi il capo del governo ucraino, poi Rosenholtz, noto anche a Berlino, ministro del Commercio estero, per parlare nella nostra terminologia, Grinko, ministro delle Finanze, Kreskinski, in rappresentanza del ministro degli Esteri, Chernov, ministro dell'Economia, Rykov, ministro dei Trasporti, Mendechinsky, ex capo della polizia segreta, inoltre, tra i medici, il professor Pletnov, il cardiopatico e Levin.

Questo cosiddetto processo fece sì che il mondo, stanco all'estremo delle notizie sanguinose che si ripetevano da vent'anni, rivolgesse la sua attenzione a Mosca con sgomento ed esprimesse il suo disgusto e la sua ripugnanza anche nelle file degli amici dell'Unione Sovietica. Léon Blum e Reynaud erano sconvolti, molti giornali socialdemocratici erano pieni di grida di indignazione; l'Inghilterra e la Francia protestavano contro le accuse che coinvolgevano questi due Paesi nelle dubbie relazioni mantenute dagli accusati. Quando in Francia hanno pianto per Chukachevsky, abbiamo dedotto che questo dolore era perfettamente egoistico, anche se si parla di umanitarismo, tanto più che la Francia è in contatto con l'Armata Rossa. E quest'ultima, crediamo anche noi, non sarà rafforzata da esecuzioni di questo tipo nei suoi ranghi più alti.

Il nazionalsocialismo considerava il giudeo-bolscevismo come il nemico assoluto della civiltà. In alto, per questi soldati sovietici dal volto mongoloide, il combattimento è finito. In basso, un piccolo gruppo di partigiani, sporchi e stracciati, sono stati fatti prigionieri. Tra loro ci sono due rabbini (i due barbuti al centro).

"„Nun sind sie wieder da, die Hunnen, Zerrbilder menschlicher Gesichter, Wirklichkeitgewordene Angstträume, Faustschlag in das Gesicht alles Guten...""

"Eccoli di nuovo, gli Unni, caricature di volti umani; la realtà trasformata in incubo, un pugno in faccia a tutti gli uomini buoni...". Illustrazione tratta da una rivista di propaganda.

Presentare la situazione del processo di Mosca era necessario per evidenziare la problematicità politica e ideologica di questo teatro momentaneo. Le prime voci che ritenevano che queste questioni sarebbero state risolte come "politica rivoluzionaria mondiale" o "politica nazionale", "marxismo internazionale" o "marxismo nazionale", "marxismo integrale" o "marxismo moderato", cominciavano a farsi sentire. Di fronte a una tale confusione di idee rispetto ai fatti, purtroppo non si è sufficientemente avvertiti. Veniamo quindi alla corretta esposizione del nostro tema. Sono già state menzionate varie nozioni come "leninismo" e "stalinismo". Questa divisione astratta del bolscevismo deve far pensare che il bolscevismo stalinista sia diverso dal leninismo. Deve anche far nascere l'illusione che il bolscevismo sia cambiato, e si sente persino dire che lo "stalinismo" è una trasformazione in nazionalismo, in nazionalismo sociale, in nazionalsocialismo. "Non chiamiamo Stalin anche la guida?", chiedono questi ideologi. Alcuni concludono addirittura che il bolscevismo ebraico è "un nazionalsocialismo che viene dal profondo dell'anima russa", e che quindi ci sono tutte le ragioni per battere la spalla a questo ramo vittorioso del Terzo Reich e scambiarsi una stretta di mano amichevole! Possiamo vedere fino a che punto può arrivare questo tipo di confusione. Grazie a Dio, lo stesso "Piccolo Padre Stalin" era desideroso di sollevare di tanto in tanto il velo e rivelare la vera natura del bolscevismo. Come disse il Führer nel suo ultimo discorso al Reichstag, in queste questioni non dobbiamo preoccuparci di un ministro degli Esteri, di trattati ultra-intelligenti o di strategie ideologiche orientali, ma solo dell'eroe moscovita con i baffi. Così Stalin rispondeva personalmente alla lettera aperta pubblicata sulla "Pravda" il 14 febbraio 1938 da un giovane komsomol che chiedeva informazioni sul destino della rivoluzione internazionale. Ecco il senso sintetico del lunghissimo discorso contenuto nella lettera aperta: La rivoluzione mondiale cresce, si espande e prospera. La rivista "Contra Komintern" riassume il contenuto della lettera come segue:

"Finché nel mondo ci saranno Stati non bolscevichi, Stalin non avrà ancora raggiunto il suo obiettivo". Stalin dichiara pubblicamente che la vittoria dei lavoratori, almeno in alcuni Paesi, cioè la rivoluzione e le guerre civili come in Spagna, sono necessarie. Questa lettera è una chiara prova dell'atteggiamento aggressivo del comunismo.

Questa è la stretta realtà e qualsiasi politica realistica, se vuole avere successo, deve rendersi conto che la rivoluzione mondiale è l'unica e sine qua non del bolscevismo. È la piega che il bolscevismo deve prendere e prenderà se nessuna potenza paragonabile lo ostacolerà. Secondo la sua stessa definizione, l'Unione Sovietica è solo il nucleo che diventerà lo "Stato" che rappresenta l'unione mondiale delle repubbliche socialiste sovietiche solo attraverso la distruzione e l'incorporazione degli Stati esistenti. Gli organi di questo "Stato" sono le sezioni del Comintern, che sono molto più importanti per l'Unione Sovietica del governo immediato dell'Unione stessa, cioè il Consiglio dei Commissari del Popolo. Come è stato dimostrato con sufficiente chiarezza, il Consiglio dei Commissari del Popolo è guidato esclusivamente dal Partito e il Partito, a sua volta, rappresenta la sezione dirigente e determinante del Comintern.

Nasce così un nuovo "diritto" dei popoli, che non è altro che una distruzione volontaria del diritto. L'emblema nazionale apposto sulle ambasciate dell'URSS reca la scritta: "Proletari di tutti i Paesi, unitevi!". Questo è un palese attacco ai nostri interessi politici interni! Ciò significa che tutti i lavoratori sono incitati a commettere azioni illegali di alto tradimento, sabotaggio, diserzione, ecc. Ogni individuo che aderisce al Partito Comunista nega la sovranità del proprio Paese e si pone sotto l'esclusiva sovranità di Mosca. Questo appello, che si nasconde dietro la protezione extraterritoriale delle rappresentanze diplomatiche sovietiche, è già considerato una dichiarazione di guerra ufficiale a tutti i Paesi. Nei suoi piani d'azione, l'Armata Rossa considera le sezioni comuniste di altri Paesi come basi stabili, pontoni, sue sezioni ausiliarie. Diventa quindi necessario, alla luce di tali segnali, rivedere il diritto liberale delle nazioni e adattarlo alla situazione internazionale, affinché il bolscevismo giudeo-internazionale possa essere combattuto con i mezzi che la sua tattica criminale richiede.

"Leninismo"? "Stalinismo"? Esiste solo il bolscevismo giudeo-internazionale!

Wolfgang Fehrmann

Servizio politico per le SS e la polizia.

L'attuale importanza politica dei culti

Tutte le religioni si evolvono, si sviluppano e raggiungono gradualmente stadi caratteristici di espressione e stile di vita. Che le religioni si evolvano e debbano evolversi è un fatto scientificamente accettato, ma contestato da tutte le ortodossie che si battono per il primato di una "rivelazione assoluta", cioè che rivendicano una legittimità immutabile "dall'inizio". Questa visione può essere difesa anche in teoria e in teologia, ma le caratteristiche di tutte le religioni ci dicono qualcos'altro.

Prima di definire la nozione di evoluzione solo parziale o costante, è necessario fare una breve osservazione sulla "funzione biologica" della religione. Bisogna stabilire per principio che non esiste una "religione in sé" più di quanto esista un "uomo in sé", ma solo una manifestazione concreta che è nata e si è sviluppata sotto l'influenza di dati razziali, etnici e storici. Ogni religione ha, per sua natura, possibilità di sviluppo imprevedibili, paragonabili a quelle degli organismi biologici. Le religioni devono quindi essere deliberatamente considerate come unità suscettibili di sviluppi e degenerazioni negative.

L'evoluzione stessa può essere vista in un duplice senso e applicata alle religioni storiche. In primo luogo, deve essere intesa semplicemente come una manifestazione successiva o periodica di trasformazioni storiche nel corso delle quali sono possibili scambi di influenze reciproche. Deve quindi essere definita come un'evoluzione superiore nello spirito di un'esperienza valoriale storicamente condizionata; senza dubbio l'unità storico-religiosa non può mai "progredire", ma solo degenerare. In secondo luogo, l'evoluzione può essere vista come la manifestazione delle disposizioni e delle possibilità esistenti nell'unità; manifestazione intesa qui in un duplice senso: come continua trasformazione dinamica di una fede determinata o come accentuazione dei tratti caratteriali essenziali esistenti che raggiungono lo stadio della rigidità dogmatica.

La ricerca storico-religiosa ha già rilevato l'esistenza di alcune fasi evolutive generalmente comuni alla maggior parte delle religioni. Si tratta soprattutto delle varie forme di contestazione (sia attraverso un profetismo attivo e aggressivo, sia attraverso la "contestazione silenziosa" di un misticismo allontanato dal mondo), del protestantesimo e della Riforma. È come se esistesse una legge di parallelismo nella storia delle religioni, che dimostra uno sviluppo comparabile, *indipendente dal* tempo e dallo spazio, delle diverse religioni (si può vedere in modo esemplare la sorprendente somiglianza esistente tra i temi religiosi di fondo dei grandi riformatori giapponesi Honen - Shonin e Shinran - Shonin e la Riforma di Martin Lutero esistente quasi nello stesso periodo).

Se il protestantesimo e le altre contestazioni religiose devono essere considerate come sviluppi della stessa origine, d'altra parte molte religioni hanno visto la nascita di *sette* completamente estranee alla loro religione di origine.

Mentre l'evento evolutivo citato per primo dipende dal punto di partenza religioso originario, la setta stessa è sempre il prodotto di una manifestazione secondaria. (La particolare evoluzione del buddismo in Giappone e in Cina, che porta alla fusione di diverse concezioni religiose, è una forma eccezionale a sé stante).

In ogni religione esistono gradi di pietà "primaria" e "secondaria". La pietà primaria è dinamica, originale, riguarda il contenuto della fede e si oppone costantemente all'astrazione, alla rigidità religiosa e a tutte le forme di dogmatismo che sono i segni della pietà secondaria. Ed è chiaro che la contestazione settaria nasce quasi esclusivamente da un retroterra di pietà secondaria, cioè che si è trovata una forma di specializzazione ultima e quindi determina una degenerazione religiosa. In altre parole, non sono le epoche fondamentali della protesta religiosa a portare alla formazione di una setta (come la protesta di Lutero, di Honen e di Shinran-Shonin contro le buone opere a favore della "sola fede" - sola fide), ma quasi senza eccezione gli oggetti della pietà secondaria litigano.

L'osservazione dell'immenso numero di sette ce ne fornisce la prova. È l'aumento del numero di accettazioni e di rifiuti del battesimo, del rifiuto del voto, del rifiuto della guerra, del rifiuto dello Stato, ecc. Da un lato si attende il ritorno di Cristo, dall'altro si rifiutano il sacerdozio e il cerimoniale, altri predicano di nuovo l'astinenza, chiedono uno stile di vita vegetariano, ripristinano l'antica decima ebraica o ritengono che mostrare la preoccupazione cristiana per gli elementi antisociali sia un'opera salutare. Chi è in grado di orientarsi tra i battisti, i metodisti, i sabbatariani, gli avventisti, i mennoniti, l'Esercito della Salvezza, gli unitari, i cileni, i testimoni di Geova, che sono tutti più o meno uguali?

Il fenomeno delle sette non è una novità o una reazione alla disperata situazione religiosa del nostro secolo. Le lotte fanatiche dello spirito hussita, la pruderie imperante delle "pie sorelle", le beghine e le beghine, i rumorosi raduni penitenziali dei "flagellanti" che travolgono l'Europa e si frustano a sangue sono le sconvolgenti testimonianze di un traviamento umano che proviene da un'epoca antica ma che purtroppo non è del tutto superato al giorno d'oggi.

Le rivoluzioni politico-ideologiche portano direttamente con sé cambiamenti essenziali in campo religioso e morale. Quando i grandi sistemi religiosi e le loro chiese non sono in grado di tenere il passo con il processo di evoluzione politica, sorgono immediatamente tentativi settari di amalgama e sintesi. Indubbiamente, sforzi di questo tipo sono principalmente dannosi per il nuovo ordine politico e falliscono di fronte a una nuova volontà politica generale o sono vittime di compromessi.

Anche in questo caso, la Germania non ha mai smesso di essere un palcoscenico singolare in cui si manifestano le *aberrazioni più selvagge. La* costante lotta interna ha permesso al popolo di maturare e di acquisire una volontà esclusivamente politica, cioè di prendere coscienza, attraverso l'esperienza concreta, dei pericoli veicolati dalle sette di mentalità straniera. Queste ultime non attaccano in primo luogo le tradizioni religiose, ma piuttosto la vita sociale della comunità che mettono in pericolo, indipendentemente dalle loro intenzioni e dai tipi di emarginazione.

Chi scrive la storia del nostro secolo e fa emergere gli elementi più profondi della più grave crisi di tutti i tempi, deve anche rivelare quale sia stato il contributo non trascurabile a questa catastrofe mondiale, che si sta verificando a vantaggio di un'aberrazione della mentalità giudeo-orientale-cristiana che supera i limiti del tollerabile. Forse è stata la Provvidenza a far sì che nel corso della storia il processo evolutivo nazionale in Germania dovesse subire, a causa della situazione politica, tutte le purificazioni spirituali e morali possibili, affinché al momento decisivo il popolo potesse tenere alta la fiaccola di un nuovo ordine di idee nella lotta morale del mondo. Le fondamenta di questo ordine sono l'espressione viva di una comunità che conosce le leggi eterne che regolano gli eventi naturali. Nel nostro campo, ciò significa che la fede genuina e il pensiero religioso fondamentale saranno sempre degni di rispetto e comprensione. I principi religiosi di questo ordine di pensiero delineano persino i contorni di una coscienza profondamente penetrata dalle dinamiche eterne che scaturiscono dalla specifica fede divina del nostro popolo. Ma il rifiuto di ogni sclerosi o stranezza, di ogni aberrazione è tanto più energico quando queste apparizioni patologiche minacciano le fondamenta del nostro nuovo ordine.

La guerra di oggi contribuisce ancor più di molte guerre precedenti a differenziare l'essenziale dall'accessorio. Questo spiega anche perché ha un carattere totalitario nel conflitto ideologico. Il *divario incolmabile* tra i nostri valori religiosi e quelli dei nostri nemici diventa evidente quando questi ultimi enfatizzano sempre l'aspetto religioso. Il campo nemico crede di vincere le battaglie propagandistiche accusandoci gratuitamente di profanazioni e crimini religiosi. Agiscono in uno spirito di compiacimento che è destinato a rimanere tale, poiché ignorano *qualsiasi altra* scala di valori. Ciò che è molto interessante e notevole di questo tipo di propaganda nemica è che è estremamente versatile e permette all'osservatore giudizioso di capire che manca un atteggiamento religioso caratteristico e veramente pio. Sulla base di una presunta fede, della consapevolezza di essere scelti da Dio, si cerca di scatenare una guerra santa con lo slogan: *"Avanti, soldati di Cristo"*. Si possono quindi comprendere tutte le motivazioni religiose che stanno alla base della propaganda del nemico presentata dalla stampa e dalla radio internazionale, e che saranno sempre utilizzate.

L'autentica mentalità britannica si esprime apertamente nella predicazione dell'ufficio protestante tedesco alla radio di Londra. Nelle trasmissioni religiose britanniche, l'impetuoso messaggio di fede prende una tale piega per implorare la benedizione di Dio "e distruggere i nostri nemici in tutto il mondo" che non viene affatto preso come uno scherzo, anche se una voce bigotta e mielosa risparmia i potenziali ascoltatori tedeschi chiedendo il perdono dei peccati, la redenzione e l'ottenimento della grazia. L'impressione diventa più chiara quando un servizio equivalente viene eseguito in tedesco. Questo stato d'animo spiega queste intenzioni di pacificazione del mondo. Quando i cappellani battisti americani dichiarano che gli atti sovrumani degli aviatori americani non avrebbero potuto essere compiuti senza l'aiuto divino, riconoscono la legittimità del soldato americano a determinare la vita cristiana negli Stati Uniti attraverso le sue esperienze di guerra. Questo è tipico di una mentalità religiosa con le stesse radici. *Ma se si potesse ancora dubitare della vera natura dell'atteggiamento religioso americano-britannico, se ne ha la certezza quando si nota che esso fraternizza con il bolscevismo*, il terzo nemico che rappresenta la vera personificazione dell'*Anticristo* costantemente profetizzato nella storia dell'Occidente europeo. A priori, non rientra nell'ambito della nostra considerazione, poiché si manifesta, in fin dei conti, come il prodotto e l'ultimo figlio di un'anarchia religiosa.

Oggi si può notare che il puritanesimo e il quaccherismo sono componenti fondamentali della mentalità americano-britannica e quindi influenzano entrambe le guerre mondiali. Entrambe le sette sono, al loro apice, esempi tipici di uno sviluppo particolare. Ciò è dovuto principalmente allo sviluppo del puritanesimo, l'"'associazione di lotta per la purezza evangelica". Si tratta di eventi politici ed economici di grande importanza. Questo precedente mostra l'interazione tra interessi politici, economici e imperialisti da un lato e temi religiosi dall'altro. Inoltre, le riforme religiose non furono intraprese in Inghilterra o nel "Nuovo Mondo" e le discussioni spirituali furono limitate all'Europa.

Non è difficile per un osservatore illuminato riconoscere l'impronta dell'intelletto ebraico, abituato alle dispute teologiche, sulla formazione di quella mentalità settaria che ha permeato i secoli successivi. Mancano i grandi impulsi creativi e fecondi, mentre proprio in quel periodo l'Europa era particolarmente prodiga di creazioni in tutti i campi, sia nell'arte che nella scienza. Il puritanesimo e il quaccherismo, tuttavia, furono all'origine di un processo tra le loro popolazioni che rappresentò una sintesi unica tra ossessione religiosa e sforzo economico e imperialista. *La logica sostituisce così il pensiero autenticamente religioso e la fede dinamica.* L'intera struttura del pensiero, della volontà e dei sentimenti è permeata dalle influenze ideologiche del puritanesimo e del quaccherismo. L'europeo ha grandi difficoltà a comprendere lo stile di vita moralista, arrogante, intrattabile, cagionevole, superstizioso e beffardo che contraddistingue la mente britannico-americana. A questo proposito, il bigottismo e l'ipocrisia sono i tratti distintivi più significativi e costanti dell'atteggiamento britannico, che si esprimono nella nozione di "cant". L'educazione metodica condotta con questo spirito ha indubbiamente forgiato il tipo inglese e americano, molto più di quanto abbia agito su tutti i popoli europei. Questo fattore conservativo è comunque anche la testimonianza dello sviluppo di un'esistenza fallimentare. *Intellettualizzato e specializzato all'estremo, lo stile di vita inglese e americano non è più in grado di produrre impulsi creativi, organici e dinamici; è totalmente sclerotico perché non è più legato a un organismo vivo e non può confrontarsi con l'Europa, che nel frattempo si è evoluta positivamente, senza provocare disastri. Gli angloamericani devono seguire il percorso evolutivo dell'Europa a modo loro, se non vogliono essere vittime di una sterilità permanente.* Già ora si può constatare che in questo processo è insito un fattore drammatico della storia internazionale. Definire la natura e il corso di questo processo non è affatto una speculazione oziosa o prematura. Anzi, la storia dei movimenti o delle organizzazioni religiose ci insegna che gli sviluppi o le deviazioni dannose sono sempre stati evitati, se non con un ripensamento, dopo aver seguito una direzione catastrofica. Il profondo impianto religioso che è il risultato di questo particolare sviluppo in Inghilterra e negli Stati Uniti, dimostra già che senza un'opera di riorganizzazione estremamente rigorosa, che non sia solo il risultato di un'azione interna, è e sarà impossibile recuperare le basi generali comuni dell'evoluzione europea. È inoltre una legge elementare che nessuno al mondo tragga vantaggio da conquiste ottenute a costo del sangue e delle lacrime di altri. In questi casi, è la natura stessa a correggere la situazione in modo infinitamente duro ma equo, e in questi momenti sta solo applicando le sue leggi più semplici, che sono al tempo stesso un monito e un avvertimento per tutte le generazioni future.

La guerra attuale è lo scontro finale tra una regola di vita disintegrata, decadente e praticamente congelata e uno stile di vita che è il prodotto dei tormenti spirituali e delle tempeste morali dell'Occidente europeo. Il processo che ha portato alla nascita dell'Europa è lento ma organico, si corregge costantemente, agisce attraverso e dentro di sé. Il carattere comune della lotta europea, tuttavia, ha permesso il manifestarsi di molti sviluppi particolari e sono stati commessi errori, alcuni dei quali pagati con fiumi di sangue. Ma gli uomini si sono alzati e sono usciti dai ranghi per dimostrare che una soluzione può sempre essere trovata. È stata raggiunta una nuova tappa, è stato compiuto un nuovo passo che ha portato alla creazione della Comunità europea in quanto tale. Gli sconvolgimenti nel continente europeo non riuscirono tuttavia a ostacolare questo sviluppo indipendente, che un giorno avrebbe portato a scontri necessari e decisivi con il continente.

È totalmente sbagliato dire che la costellazione di forze che si esprime nell'attuale lotta dei popoli è il prodotto del destino. Dobbiamo convincerci, per quanto doloroso ma assolutamente corretto, che la guerra attuale è l'evento più naturale e logico della storia. Un Nietzsche ha concesso altri cinquant'anni di ritardo e "verrà il momento in cui dovremo *pagare* per essere stati cristiani per duemila anni. Perderemo il fardello che ha pesato sulle nostre vite e le ha influenzate - per un certo periodo saremo disorientati. Improvvisamente adotteremo giudizi di valore *opposti* con la stessa energia che ha prodotto questa sopravvalutazione dell'uomo da parte dell'uomo. La nozione di politica passa così in secondo piano in questa guerra spirituale. Tutti i concetti di potere della vecchia società sono esplosi - erano tutti basati sulla menzogna: ci saranno *guerre come non ce ne sono mai state prima sulla Terra*. Solo che questa volta sarà l'inizio di una grande politica su questa Terra.

Oggi la storia si corregge. Esorta i detentori del nuovo ordine nato sotto i suoi occhi a dimostrare il loro valore in modo virile. Sui campi di battaglia dell'Europa, sono loro che difendono l'eredità di Pericle e Augusto così come quella di Goethe, Bach e Beethoven; che includono persino la testimonianza culturale di *Shakespeare* in quella che viene chiamata Europa, e combattono così contro un mondo che non ha nulla da opporre loro se non un odio molto ebraico e una diabolica volontà di distruzione, ultimo sintomo di un'anarchia senza uscita.

IV. ARTE DELLA GUERRA

LA CASA DELLA TRUPPA SS N. 4. 1939.

SCIENZA MILITARE

Tölz, un esempio pratico

I segnali politici indicavano grandi eventi quando ci siamo lasciati questa volta. Alla stazione di Monaco, che era ormai la nostra ultima tappa, avevamo letto le ultime notizie. Queste, insieme al resoconto dell'esperienza di un compagno dalla Slovacchia, suggerivano che il Reich era determinato a compiere i passi necessari.

Come politici, ci siamo confrontati direttamente con questi eventi. Non potevamo semplicemente prenderne atto e, dopo il corso di formazione, tornare alla nostra routine quotidiana.

È stato allora che abbiamo avvertito i primi dubbi. Già molti compagni, tornando a casa, si chiedevano durante la notte, al suono monotono delle ruote sui binari: la nostra attività, la nostra missione, sono così fondamentali da poter sopravvivere all'importanza dei tempi attuali? Non era uno scetticismo malato a ispirare questi pensieri, né un'apprensione per la missione assegnata. È questo dubbio generoso, artefice del progresso e dell'evoluzione, che ti sprona e non ti lascia indietro, ma ti impedisce di trarre conclusioni troppo affrettate e di seguire la strada sbagliata. Alcuni hanno tenuto per sé i propri dubbi, altri hanno affrontato la questione in coppia o a tre.

Eravamo davvero solo ai margini degli eventi? Aveva senso, in un'epoca che ti dà così tanto se sai come approfittarne? Era ragionevole stare dietro ai libri quando le leve della storia erano altrove?

Era chiaro che ogni studio era un passo sulla strada della lenta maturazione; ma i suoi frutti sarebbero stati comunque buoni? Alla luce dei risultati, potevamo dire di aver seguito la strada migliore; questo ci rendeva giusti?

Queste domande vorticavano nella nostra testa di giovani intellettuali e volevamo trovare una risposta. Perché, come scienziati, ci trovavamo in un campo in cui, a detta di molti, i concetti rimanevano particolarmente poco chiari. Molti non credono che l'attività politica e intellettuale possa risolvere queste questioni, o non se le pongono nemmeno.

Più ci ponevamo questa domanda, più potevamo dire a noi stessi che credevamo di aver trovato la risposta, perché l'esperienza della pratica aveva forgiato la nostra convinzione. Guardando a Tölz, che quest'anno ha fatto ulteriori progressi, ci siamo resi conto che la nostra strada era stata quella giusta fino a quel momento e che lo sarebbe stata anche in futuro.

ESSERE UN SOLDATO, UNA CONDIZIONE

Come dobbiamo intendere la nostra storia?

Se i risultati delle lunghe discussioni fossero stati attesi nell'arena scientifica dove tanto si è dibattuto, la generazione attuale non avrebbe ancora compiuto alcun progresso. Si sarebbe esaurita in sterili dibattiti e il valore di tutta la sua attività non sarebbe stato convinto. C'era quindi una sola soluzione per il giovane gruppo: l'iniziativa individuale.

C'erano soldati in questo campo intellettuale. Avendo questa professione nel sangue, hanno sentito molto presto il carattere bellicoso di questo tempo e sono cresciuti in esso. Senza preoccuparsi delle scaramucce, si imposero una serie di tappe che a loro sembravano giuste. Il motto che si diedero fu: *Scienza Militare*.

Sotto questo motto riunirono coloro che la pensavano come loro. Hanno delineato una scienza e l'hanno associata a una nuova forma di educazione. Non è necessario sottolineare che non si trattava del tipo di educazione che si svolge nel cortile della caserma, e che *dovrebbe essere tale*, ma di un'educazione conforme a un certo atteggiamento generalmente adottato nel lavoro e nella vita. È infatti ovvio che i limiti delle libertà di un soldato non sono quelli di un uomo in un gruppo intellettuale.

Anche la *nostra* squadra ha adottato questo punto di vista. Poiché l'educazione del guerriero non può essere condotta sotto forma di discussioni pedagogiche, nella nostra truppa l'*applicazione pratica è avvenuta* attraverso le virtù guerriere come il *rigore, la franchezza, lo spirito di squadra, la cavalleria, l'onestà, l'obbedienza* e, soprattutto, *la dignità dell'uomo sano*. Queste qualità si sono rivelate, insieme alle componenti politiche e scientifiche, sia per la truppa nel suo complesso che per ogni singolo individuo.

Sulla base di questa esperienza, ci recammo per la quarta volta alla SS Junkerschule di Tölz. Per la quarta volta abbiamo messo in *pratica* il motto "arte della guerra".

La condizione necessaria per insegnare una scienza veramente bellica non è solo la salute, ma anche l'appartenenza a una razza valorosa. Entrambe le condizioni sono presenti negli uomini delle SS. Perché l'arte della guerra dà la priorità all'uomo, è essenziale. Il modo in cui ci si avvicina alla conoscenza dipende anche dal tipo di uomo che si vuole essere. Il modo in cui vediamo la scienza è una questione fondamentale per noi. Questa era la chiara premessa del team di Tölz: *riunire i guerrieri*, perché sappiamo che questo è il punto debole della nostra università. Dopo tutto, i programmi hanno senso solo se ci sono persone che li incarnano. *È la preziosa umanità guerriera e razziale che realizzerà e renderà necessaria l'unione dell'arte della guerra e della conoscenza.*

Abbiamo chiesto un addestramento militare durante questi giorni di campo proprio perché la forma fisica aiuta a rafforzare l'atteggiamento spirituale. Non si trattava solo di una necessità derivante dal nostro soggiorno in una Junkerschule delle SS, ma della prova volontaria che di tanto in tanto ci si può comportare in modo diverso, non come fine a se stesso, ma come esercizio.

Il rigore e il coraggio si sono espressi in bellissime gare tra i cadetti della scuola. I cadetti hanno vinto nell'atletica e nella pallamano, le truppe nel nuoto. Erano battaglie cavalleresche.

I VERI UOMINI GENERANO SEMPRE I LORO SIMILI

Queste esercitazioni permettevano di entrare in contatto con personalità militari. Forse nessuna frase è più precisa di questa: i veri uomini generano sempre i loro compagni. L'impressione che fanno è molto importante per una squadra giovane che deve ancora curare il proprio atteggiamento. Così abbiamo ascoltato il dottor SS-Untersturmführer v. *Kraus* parlare della spedizione del Nanga-Parbat: abbiamo percepito la forza di una personalità guerriera che non teme alcun ostacolo e vede un problema irrisolto come una sfida da superare. Poi il colonnello *Rommel, un* fante decorato con la Croce al Merito, ci ha raccontato la prova di selezione più dura che un soldato possa affrontare, la guerra durante lo sfondamento di Tolmein e Karfreit, in cui ha avuto un ruolo decisivo. Ci siamo divertiti molto con l'SS-Brigadeführer *Börger!* Aveva un modo di pensare semplice e virile, ma aveva la capacità di commuoverci con la sua profondità e il suo potere di persuasione. Non abbiamo forse percepito in lui la vecchia forza rivoluzionaria, un po' della fede del periodo della lotta per il potere e il realismo della battaglia della Saale? È bene di tanto in tanto sentire questo respiro, perché i tempi di vittoria a volte ce lo fanno dimenticare. Il vecchio amico delle case delle truppe, che purtroppo ha dovuto lasciare la guardia del Führer poco tempo fa, il Reichsamtsleiter Bernhard *Kohler*, non ci ha forse entusiasmato di nuovo? Ci siamo ricordati dell'Austria quando l'SS-Obergruppenführer *Heifmeyer* è tornato nei nostri ranghi e ha partecipato con noi alla veglia per i caduti di guerra. Con la stessa serietà ha richiamato la nostra attenzione sulle questioni riguardanti la continuità del popolo. Non eravamo più estranei a lui.

DISCUTERE SENZA LITIGARE

Anche questa volta il corso era incentrato sul seminario, poiché si doveva dimostrare il *carattere* bellicoso della squadra. Si è discusso molto, soprattutto sui problemi della scienza esatta. L'eccitazione provocata dalle discussioni vivaci e contraddittorie alla fine delle lezioni - libertà di ricerca, formazione tecnica e intellettuale, intuizione e scienza - è stata arricchente per il lavoro successivo. Che cosa possiamo trarre dallo spirito guerriero del seminario? Anche in questo caso, il rigore e il coraggio della discussione, mai l'evasione, sono stati il segno distintivo *dello spirito cavalleresco*. Questo è il criterio più importante per il guerriero intellettuale, perché apprezza la discussione franca, mai il litigio. Rispetta la personalità dell'altro e non lo considera un avversario personale. Si "scontra" con l'altro in una discussione cortese quando il litigio li separerebbe. Cosa sono le discussioni accademiche e i litigi tra docenti? Se un'équipe sa come fare la differenza, allora ha guadagnato molto nel suo lavoro intellettuale.

La disciplina è anche una componente dello spirito cavalleresco, che non fa di un seminario un club di dibattito. C'è anche la lealtà che vieta di "pavoneggiarsi" per adornarsi del prestigio di uno studioso, che fa riconoscere i propri torti se l'altro ha ragione. Sconfessiamo il principio del "vincere a tutti i costi" nella discussione scientifica. Viviamo l'atmosfera di una competizione sportiva. Se perdiamo, tendiamo la mano al nostro avversario. Il motto dell'Obersturmbannführer *Ellersieck,* che ci ha ripetuto così spesso, si applica anche qui: *Saper perdere ridendo!*

Ma la nostra gioia più grande risiedeva nel fatto che avevamo tutti un denominatore comune, per quanto diversi fossero i nostri gusti, per quanto diverse fossero le nostre opinioni su questo o quel punto, per quanto aspra fosse la discussione intellettuale: essere *un uomo delle SS.* Questo è e rimarrà per ognuno di noi il punto principale, l'epicentro. È con fedeltà e senza riserve, con rigore e forza, con consequenzialità di concezione, come si esprimono le SS, che questi uomini affrontano il loro lavoro scientifico, oggi all'inizio della loro carriera e più avanti nella loro professione e nella loro vita.

In questo seminario, anche gli studiosi hanno arricchito le nostre conoscenze. Il professor Karl *Vogt* dell'Università di Monaco ci ha dato una panoramica del suo campo di lavoro: l'embriologia. Il professor *Esau* di Jena ci ha mostrato i problemi che i fisici devono affrontare oggi. Il vecchio precursore del pensiero razziale, il professor *H. F. K. Günther* dell'Università di Berlino, ci ha spiegato la necessità di creare una nuova nobiltà di leader. Come criterio di questa nobiltà ci ha dato: la *distinzione eroica.*

Naturalmente, la nostra troupe era interessata a tutti gli aspetti della vita. L'arte musicale è molto in vista in ogni casa. Anche in questo campo non poteva essere altrimenti. Siamo stati felici di rivedere il noto poeta Hans Friedrich *Blunck.* Una sera abbiamo avuto Gottfried *Rothacker* e il professor *Lampe* da Monaco per condividere con noi il piacere della musica.

Formazione degli uomini. Tutti i film di valore dimostrano quanto questo sia vero. Esprimono il carattere del popolo e il suo spirito. "Il sovrano" ha mostrato un tipo di uomo d'azione che può rivelare la più grande violenza e tuttavia rimanere fedele a se stesso. "Il re" brillava dello "spirito" francese. "L'escadron blanc" esprimeva la spinta alla colonizzazione di un giovane Impero, "La fleur écarlate" l'ideale di un gentiluomo inglese... The Way of Life" descriveva il proletario russo e la sua fede nell'uguaglianza di tutti gli uomini. Forse il più istruttivo è stato il film ebraico "Tibuck". Gli attori, l'ambientazione e il tema erano ebrei. Per noi, la migliore propaganda. I personaggi barbuti in caftano monologavano e l'azione mostrava stati d'animo al limite del patologico.

*

Quando, dopo il discorso dell'SS-Obersturmführer *Ellersieck* e il canto di fedeltà, il ciclo di studi si è concluso, abbiamo avuto di nuovo la sensazione di aver vissuto qualcosa di eccezionale. La ricompensa per un anno di lavoro. Questo esempio pratico di scienza militare, infatti, non si sarebbe mai potuto realizzare se non fosse stato per il lavoro annuale di ogni casa della truppa. Alla fine, Tölz mostra con grande ingrandimento ciò che avveniva in queste case. Il vero significato di questo campo di addestramento è questo: l'eliminazione delle imperfezioni, il progresso del lavoro scientifico, il miglioramento dell'atteggiamento del soldato. E tanto più che i rapporti con i cadetti e con la loro scuola, il cui comandante ci aveva accolto così bene, ci hanno permesso di riflettere più a fondo. Questi rapporti non potevano che rafforzare la nostra certezza che in fondo avevamo lo stesso obiettivo e che solo i mezzi per raggiungerlo erano diversi.

Abbiamo incontrato molte persone che, pur essendo generalmente d'accordo, ci hanno chiesto: "Dov'è la vostra libertà? La libertà è il segno distintivo della conoscenza, altrimenti il suo sistema è difettoso. È proprio nella scienza *esatta* che risiede l'importanza decisiva di questa libertà.

COSA C'ENTRANO LE FORMULE CHIMICHE CON LA VISIONE DEL MONDO?

Abbiamo sempre detto che consideriamo l'*uomo* il fattore essenziale, non la scienza. La storia intellettuale dei popoli non lo conferma? Sebbene gli oggetti e i risultati degli esperimenti condotti dalle scienze naturali fossero un tempo gli stessi, alcuni di essi divennero materialisti e meccanici, altri al contrario acquisirono, nelle stesse condizioni, la fede nel potere divino. Dipendeva da come gli scienziati, in quanto uomini, guardavano il corso delle cose e da quali conseguenze spirituali e ideologiche ne traevano.

Essere uno scienziato significa sentire di avere una missione, di non lavorare in uno spazio vuoto ma in una comunità. Oltre agli elettroni e agli atomi, esiste anche un popolo vivente che è più di un aggregato di dispositivi fisici.

Vogliamo che i guerrieri sentano di avere una missione come scienziati. Lo devono a se stessi. Ma davanti a loro c'è il campo *aperto della* scienza.

Julius Schmidt

(Nota dell'autore: le "case delle truppe SS" erano un ramo delle SS che riuniva gli studenti universitari che desideravano intraprendere professioni liberali, scientifiche, giuridiche, ecc.)

La lotta è ovunque; senza lotta non c'è vita. E se vogliamo sopravvivere, dobbiamo anche aspettarci nuove battaglie.

Otto von Bismarck

OPUSCOLO SS N. 3. 1938.

Un brano tratto dal libro di un combattente di prima linea, il francese René Quinton, è intenzionalmente riprodotto qui per mostrare quanto il nostro atteggiamento nazionalsocialista sia quello dell'uomo nordico. Il sangue nordico scorre nelle vene dei combattenti tedeschi come di quelli francesi, degli Stati nordici come l'Inghilterra e di altri Paesi; alcuni Paesi hanno molti di questi combattenti, altri ne hanno solo alcuni.

MASSIME SULLA GUERRA

L'idea guerriera è sempre la caratteristica degli elementi migliori di un popolo. L'idea guerriera e l'azione che essa implica, l'*atteggiamento*, non sono affatto nozioni arbitrarie e hanno la stessa base etica in tutte le razze forti.

René *Quinton*, biologo e medico di guerra francese, ha lasciato appunti che sono stati pubblicati solo dopo la sua morte. Lo stesso Quinton, nelle ore in cui metteva su carta le sue osservazioni, non pensava che ne avrebbe ricavato notorietà. Voci di diario scritte brevemente sotto il fuoco; disegni che tratteggiano i sedimenti di laminazione in attesa delle postazioni di riserva. Un uomo che si è fatto *soldato* e *guerriero* con ogni fibra del suo cuore, un *pensatore* la cui professione di medico ha affinato il suo occhio e il suo dono per l'osservazione, tocca con le sue *Massime sulla guerra* le cose ultime dell'essere o del non essere, riconosce le relazioni più intime della guerra come una legge naturale e ci insegna cosa c'è all'origine del coraggio e dell'eroismo, tratteggiando la statura del leader con una penetrazione senza pari.

René Quinton non è il primo francese che ha qualcosa da dire anche a noi nazionalsocialisti. Pensiamo al conte Arthur *Gobineau*, che annoveriamo anche tra i precursori di una scienza razziale delle leggi biologiche legate alla terra.

Siamo tanto più lieti di prendere in mano questo piccolo libro perché il suo autore era un francese convinto, un nazionalista che ha scritto con il suo spirito di soldato e di guerriero e ha dovuto fare queste osservazioni che sono decisive anche per noi.

Consegniamo così una quintessenza del capitolo *Il condottiero* onorando noi stessi, mostrando all'avversario e al soldato René Quinton quel rispetto reciproco che provano i guerrieri. Perché la guerra è più di un susseguirsi di battaglie, ma, al di là di questo, la base che permette agli uomini migliori di un popolo di mettere alla prova le loro virtù eroiche.

*

Il leader naturale è il più coraggioso.

È un errore rimproverare un leader per il suo eroismo, quando questo coinvolge solo lui. È perché ci sono leader che si espongono che ci sono uomini che muoiono.

Un condottiero che non viene esaltato dai coraggiosi che comanda è maturo per le retrovie.

L'audacia dei leader è costituita dalla gioia dell'obbedienza delle truppe.

Il capo senza coraggio annienta una truppa, maltratta i subordinati coraggiosi, crea una massoneria, una cappella di codardi. Deride tutto ciò che è eroico, audace, difficile, elogia la prudenza, l'assenza di gioia, riceve i suoi migliori ufficiali con un volto gelido, spinge quelli cattivi, stravolge la promozione con note segrete e non correggibili che lui stesso fornisce.

Il leader eroico ama e premia i coraggiosi, si rallegra di un atto coraggioso come se fosse un dono e crea intorno a sé il vero spirito di guerra, fatto di slancio, iniziativa, gioia, abnegazione, audacia e sacrificio.

La stanchezza in guerra non esiste. Le risorse dell'uomo sono infinite. La fatica è una debolezza dell'anima.

Un corpo senza anima, una truppa senza capo, ha sempre bisogno di riposo.

Ci sono truppe senza leader, non ci sono truppe stanche.

Le truppe stanche sono appannaggio di leader inerti.

La stanchezza inizia quando la passione si affievolisce.
Mantenete i vostri uomini eccitati, non avranno mai bisogno di riposo.

Il coraggioso non è colui che non teme nulla, ma colui che ha superato la paura.

Vecchio detto

QUADERNO SS N. 12. 1943.

LA GUERRA SENZA PIETÀ

Siamo entrati nell'arena di una battaglia spietata. Gli uomini che combattono qui sono di due tipi e formano nemici mortali. A un livello superiore, la guerra che si combatte qui è davvero la madre di tutte le cose. Il suo esito deciderà il volto del mondo futuro, che dovrà uscire trasformato dal fervore di questa battaglia. I segni dell'odio e della barbarie satanica, che non trovano posto nel nuovo mondo, devono scomparire. Solo la spada è decisiva in questa lotta che ha distrutto tutti gli scambi.

Durante la campagna militare, il soldato sul fronte orientale si è trovato più volte faccia a faccia con questo avversario. Anche nel calore e nella furia delle battaglie moderne, il momento in cui gli uomini si affrontano, arma alla mano, rabbia che brilla nei loro occhi, volontà di distruzione nei loro cuori, sarà sempre il più importante e il più difficile. Uno deve cadere per far posto all'altro in una nuova battaglia. Sarà sempre così. Il combattimento corpo a corpo è spietato! Tu o io, nient'altro esiste al mondo. Chi non ha sentito il respiro bruciante del nemico sul viso, chi non ha visto lo sguardo assassino nei suoi occhi, non conosce il mistero più profondo della guerra che si manifesta in questo momento. L'uomo domina le cose con la sua volontà. Le sue mani contengono il potere del mondo. Solo colui che ha vissuto, che ha sopportato ed è stato purificato da questa lotta spietata, ancora più temprato, conoscendo la propria forza e l'illimitatezza della volontà umana, ha attraversato mille morti attraverso la porta della vita.

Da tempo ormai non combattiamo per la vittoria e il successo come in altre battaglie. L'intero Occidente sta combattendo la sua battaglia ultima e decisiva attraverso di noi, in ogni singolo individuo. Due mondi sono in conflitto, uno dei quali deve vincere e vincerà, altrimenti la storia avrebbe perso il suo significato. Ogni individuo sente, in piena coscienza, la potenza di questa lotta come una battaglia in cui si esprime tutto ciò che mille anni di storia ci hanno lasciato in eredità. Il buon umore dei nostri compagni in terra russa vive in noi giorno dopo giorno e ci esorta a non diventare compiacenti. Il bolscevismo ci ha insegnato che nessuna debolezza di carattere deve prevalere in questo conflitto. Siamo diventati duri come l'acciaio grazie alla nostra volontà e determinazione. Sappiamo di essere padroni del destino e che lo forzeremo.

Mai più l'uomo avrà l'opportunità di vivere e vedere ciò che sopporteremo in questa terribile prova fino alla vittoria finale. In questa guerra è nato un esercito di soldati in cui ognuno combatte con la coscienza pulita, con una fede profonda e con uno spirito di sacrificio assoluto. Tutti noi abbiamo affrontato centinaia di volte tutte le sfide e abbiamo compreso il loro messaggio.

La fede e la conoscenza hanno dato vita al vero soldato rivoluzionario. Egli combatte per tutto ciò che era sacro alle generazioni passate, per la protezione della sua casa difendendo la nazione, per la vita dei suoi figli in un mondo che si profila all'orizzonte dell'Occidente. La morte, il caldo, il freddo e tutte le difficoltà di una lotta difficile non contano contro la forza e la fiducia che il soldato trae dalla sua esperienza quotidiana e dalla sua convinzione che questa battaglia sia di assoluta necessità. I suoi antenati e i suoi padri combattono attraverso di lui come eredi consapevoli di una storia millenaria. Le loro virtù sono le sue. Egli aggiunge nuove forze al potere creativo del suo tempo. I poteri distruttivi della guerra sono solo un mezzo necessario perché essa, in questa lotta internazionale, manifesti il suo significato più profondo nella creazione di un futuro Impero. Insieme ai suoi alleati, il soldato tedesco otterrà la vittoria che gli spetta grazie alla sua fede e alla sua forza, perché ha riconosciuto il significato più profondo della sua lotta. Il giorno della vittoria sarà il suo trionfo perché sa che così inizia una nuova era.

Si scateneranno nuove battaglie. Centinaia di chilometri di strade russe ci faranno male ai piedi. Abbiamo già visto e sperimentato tutto. Non andremo più all'attacco con l'ardente entusiasmo degli adolescenti che eravamo quando abbiamo affrontato questa grande sfida. Siamo diventati saggi: calmi, riservati e seri.

Tutte le fiamme dell'inferno ci hanno consumato, il sole cocente e il soffio gelido delle steppe innevate ci hanno bruciato. Le immagini di un'esistenza sotto l'illusione dell'idea più diabolica che l'umanità abbia mai avuto, vivono in noi, così come siamo consapevoli che questa lotta finirà come è iniziata, cioè nella durezza e nella mancanza di pietà.

La ruota del sole sta girando sull'Unione Sovietica. Tra fiamme e sangue, nasce un mondo che darà ai nostri figli spazio e pace per un futuro felice. Noi saremo i suoi costruttori. Abbiamo attraversato l'inferno e ci siamo bruciati fino a raggiungere una consapevolezza acuta e una durezza estrema. La nostra fede è più solida e forte che mai. La morte e il diavolo sono già alle nostre spalle: una nuova morte e nuovi inferni non possono terrorizzarci. La vittoria è nostra!

Horst Slesina

La celebrazione dell'uomo autentico è in azione!

Goethe

Una nuova élite di guerrieri fu addestrata alla scuola per ufficiali delle SS di Bad Tölz.

Giuramento delle nuove reclute.

SENNHEIM, SCUOLA DI ADDESTRAMENTO DELLE SS EUROPEE.

SENNHEIM

Un certo Fleming scrive:

"Vivo in una comunità di uomini che esteriormente aspirano allo stesso obiettivo, sopportano le stesse difficoltà e hanno un dovere da compiere. Qui non c'è spazio per gli intrighi o per la precedenza del denaro. In linea di principio, siamo tutti uguali. Chi ero e cosa sono stato fa parte del passato e non ha importanza. Non importa se ero un mascalzone o un santo; qui siamo tutti nati di nuovo, dall'inizio.

L'ERA

Il XX secolo è stato segnato dal rifiuto dell'estraneo e dal ritorno a se stessi; in breve, dalla consapevolezza germanica, dal desiderio di vivere nella patria dei propri antenati, di lottare con i propri simili per ricostruire il proprio mondo e, infine, di cercare e scoprire se stessi. Uomini della stessa razza vogliono seguire lo stesso percorso che, attraverso la lotta e la difesa, porta alla riunione di tutti i popoli germanici nell'Impero. Per alcuni, questo percorso passa per Sennheim.

IL PAESAGGIO

Sembra fatto per il lavoro duro. A nord si trova la "Hartsmannsweiler". Porta ancora le tracce della Grande Guerra. È un autentico esempio di lealtà e sacrificio immutabili. La linea di bunker del 1916/18 si estende lungo il bordo della scuola. A est scorre il Reno, che è, oggi come in passato, il fiume che influenza il destino della Germania. A sud si estende la fertile Borgogna, a volte punto di sosta per spedizioni belliche, altre volte patria delle tribù germaniche, che si estinsero o confluirono nel mondo romano. L'eco delle loro vittorie sui Romani e sugli Unni risuona così orgogliosamente nelle nostre orecchie; le figure della leggenda dei Nibelunghi sono così magnifiche.

LA MISSIONE

Come prima scuola di formazione tedesca, il campo di Sennheim ha il compito di impartire al giovane volontario i principi che costituiscono lo spirito militare e politico; di farne un uomo nello spirito di ciò che rende la personalità del volontario nazionalsocialista.

Questa missione viene svolta con la consapevolezza che sono soprattutto le leggi morali non scritte a distinguere il valore di ogni soldato e quindi quello dell'esercito combattente. La priorità è data al valore assoluto e al rigore personale del volontario, così come all'osservazione della disciplina incondizionata. Ma la fedeltà al capo, alla razza e al Paese, virtù che consolida la comunità, deve essere il fondamento.

IL VOLONTARIO

I volontari mostrano più o meno visibilmente i tratti della specie germanica; nonostante l'interferenza di uno spirito straniero, il carattere naturale e la volontà di combattere sono i più forti. Una sana e discreta fiducia in se stessi, animata dallo spirito di competizione cavalleresca, si combina armoniosamente con una spontanea sincerità verso gli altri.

L'idealismo, cioè in questo caso l'essere pronti nello spirito e nelle azioni a combattere per il Reich fino alla fine, è spesso combinato con una vivace originalità, un'attitudine all'entusiasmo, ed è controbilanciato da una sana inclinazione alla riflessione.

La "sacra spontaneità" - come la chiama Ludendorff - unita alla caratteristica sopra menzionata, permette di acquisire uno stato d'animo eroico, di diventare un leader di grande levatura all'interno dell'esercito e dello Stato.

L'AUTORITÀ

Il motivo è che il dovere religioso del leader germanico era quello di agire con fedeltà e circospezione. Ciò che caratterizza l'intera vita del leader è l'ideale. Tutte le grandi azioni, tutte le forme di grandezza, si basano sull'altruismo totale. Seguire un grande esempio porta alla vittoria.

L'esercizio fisico costante e lo studio di argomenti storici, culturali e letterari mantengono una buona condizione generale. Un costante lavoro psicologico, una vera scienza del carattere e dell'anima, unita alla conoscenza dell'uomo e delle qualità del cuore, sono le condizioni necessarie per una vita fruttuosa. Ogni leader deve essere di larghe vedute nel senso giusto del termine, a causa della sua sicurezza personale.

La massima franchezza tra leader e truppe è un principio fondamentale. Nessuna barriera deve imprigionare la mente. L'obbedienza deriva più da una predisposizione interiore che da un timore servile. La comunità di combattimento e il cameratismo devono irradiare ovunque con il loro rigore. Ma la base del campo è determinata dall'atmosfera di fiducia tra il leader e la truppa.

Corso di raziologia a Sennheim.

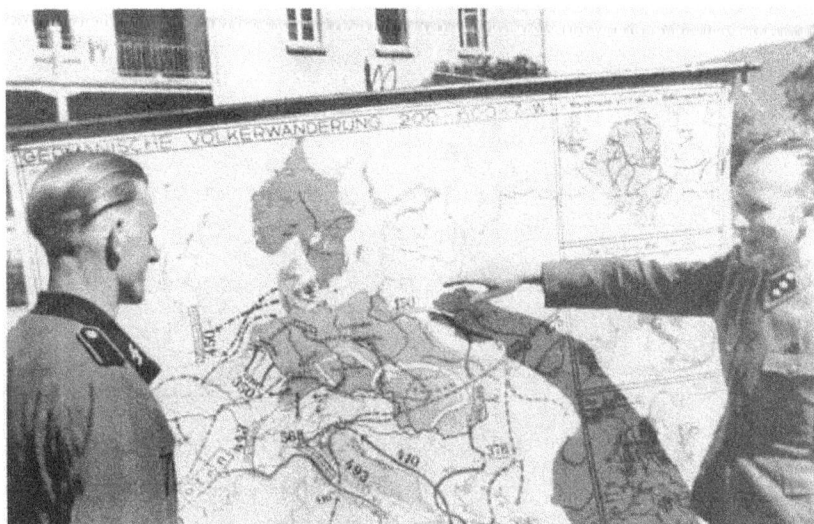

Corsi di storia nella stessa scuola.

Vari corsi di formazione sulle armi.
Sopra, esercitazioni di tiro.

In alto, l'uso della malta.

IL FUTURO

La natura del soldato è quella del rigore frugale e prussiano e del dovere, che culmina nell'atteggiamento glorioso del condottiero che si è distinto in battaglia. La sua forza titanica, unita a una volontà di ferro e a un grande valore, trionfa sulle enormi difficoltà della guerra. La forza del carattere e dell'anima ne sono la causa. Ma bisogna aver superato le prove dello sforzo fisico, della disciplina, dell'autocontrollo e dell'arduo combattimento spirituale.

La costante educazione della volontà riduce le inibizioni interne e, insieme al totale controllo fisico, trasforma il coraggio in valore, la forza interiore in durezza e costanza. Nella truppa, l'entusiasmo e il cameratismo si trasformano in spirito guerriero. La richiesta di buon nome e onore spinge una razza dura di uomini a una concezione rigorosa del dovere; la forza di volontà si trasforma in eroismo grazie alla consapevolezza di fare il proprio dovere e alla forza della determinazione.

La storia dei loro antenati insegna ai volontari a comprendere il significato del loro tempo e della loro missione.

La fede nelle proprie forze, nell'esprit de corps e nella certezza dell'invincibilità del mondo germanico costituiscono la base di una linea di condotta generale.

IL FUTURO

Le leggi della specie e della vita volute da Dio non possono essere limitate a lungo. Un despota illusorio che distorce il significato e lo scopo dell'esistenza è sempre in fuga.

Chi vuole stabilire l'ordine deve servire la vita se vuole mantenere sane le relazioni tra i popoli germanici.

"Riconoscere che ogni persona è un fine in sé ci mette in linea con le leggi della vita". (Dr. Best). Un ordine futuro deve essere stabilito secondo questo principio. Esso consente a ciascun popolo e all'intera Europa di seguire la propria evoluzione.

Sappiamo che un seminatore ottiene un buon raccolto se tiene conto della natura del seme, del terreno e della stagione di crescita. Lo stesso vale per le persone.

Se oggi, seguendo le verità eterne, seminiamo i campi del destino, il raccolto delle generazioni future sarà ricco. Ma, come dice Fichte, questo raccolto sarà quello del mondo intero.

QUADERNO SS N. 4. 1943.

IL DOVERE HA LA PRECEDENZA SULLA VITA E SULLA MORTE

Il fuoco scoppiettante davanti a noi disegnava luci e ombre sfuggenti sui volti del nostro piccolo cerchio. Il suo colore caldo rifletteva la nostra vita ardente (entusiasta) e si rifletteva negli occhi degli uomini. Intorno alle pareti di legno del nostro rifugio, la tempesta di neve vortica già nella notte buia e cancella strada e sentieri. Al ritmo monotono degli spari e delle esplosioni d'impatto, il vetro della piccola finestra vibra come se il rintocco di ferro dell'orologio di guerra volesse impedirci di dimenticare in quale tempo stavamo vivendo in quel momento.

Tuttavia, la nozione di tempo è variabile per tutti coloro che, al di fuori dell'Est, non vivono l'inverno come una stagione, ma come un evento decisivo. Dall'inizio della guerra contro il bolscevismo, le grandi battaglie sono diventate il mezzo per testare un'esistenza virile che non è mai stata sottoposta a una prova più difficile. Nel frattempo arrivano i congedi, come una pausa silenziosa del respiro, quei giorni di cui tutti parlano come qualcosa di assolutamente singolare e speciale, per regalare al compagno un pezzo di gioia sconosciuta, inimmaginabile. Sotto il fuoco mortale di questa battaglia invernale, la missione del soldato non conosce limiti, nemmeno quelli del sacrificio estremo.

Questi uomini sembrano aver dimenticato cosa sia la pace e tutto ciò che essa comporta. Il futuro ha senso solo nella missione che gli è stata affidata e che porteranno a termine, finché i loro cuori batteranno ancora.

Sono consapevoli delle difficoltà imposte da questo dovere inflessibile, da questa comunità di combattimento. Alcuni parlano dei combattimenti vicino a Luga, a Volchov o ora a sud del lago Ladoga.

Questa immagine ci fa rivivere i momenti della battaglia. I ricordi di grandi eventi, ma anche di coloro che non sono più con noi, tornano alla mente.

Parliamo con il nostro ospite, l'Hauptsturmführer O., dell'eroico impegno del suo battaglione, che pochi giorni fa era ancora nel vivo della battaglia, dovendo tenere un punto importante di fronte alla schiacciante superiorità bolscevica. Era stato circondato e aveva nuovamente sfondato le linee nemiche.

In passato, quando la guerra era ancora una novità per tutti noi, facevamo domande e sapevamo dare risposte; l'esperienza poteva essere espressa a parole, ma oggi non abbiamo più bisogno di esprimere la nostra esperienza. È come un accordo segreto tra coloro che hanno vissuto questi momenti. Si capiscono con poche parole che fanno esplodere una gioia febbrile.

"Non c'è nemmeno bisogno di descrivere l'arrivo dei carri armati, lo sapete....

- E come la mossa ha raggiunto il suo obiettivo!

Poi c'è di nuovo silenzio. Pensano ai momenti in cui stavano contando e distribuendo le ultime munizioni, quando il collegamento radio con le truppe è stato interrotto. Pensano all'ordine ricevuto di ricongiungersi alla linea.

Ma ora li assalì un nuovo pensiero, che non avevano avuto ieri sera: che quella avrebbe potuto essere la loro ultima battaglia. Ci pensarono, ma non ne parlarono. Perché il senso del dovere è più forte di loro.

Essere un soldato significa saper accettare la morte, ma essere un soldato significa anche non chiedersi mai quando arriverà. Improvvisamente la discussione si sposta su questa domanda. Solo il diavolo sa come è apparsa, suggerita dal calore morente del fuoco, dall'effetto della notte o dalla breve pausa dopo la battaglia. Presagio, fato, destino? Lasciamo queste domande ai filosofi che vivono in tempi più tranquilli!

L'Hauptsturmführer li spazza via con una parola.

"Devo fare il mio dovere! Tutti i ragionamenti, tutte le speculazioni sono vane e sbagliate. Il caso e il presentimento non costano molto. Ma è necessario mantenere una volontà d'acciaio per compiere il proprio dovere.

L'allenamento sportivo come parte dell'addestramento militare.

Un percorso di lotta.

Corsi di boxe.

"Devo fare il mio dovere! Questa chiamata interiore è più forte di tutte le altre, perché supera qualsiasi spirito di rinuncia fatalista. Implica la volontà e la forza di affrontare tutto e di essere padroni di se stessi.

Solo il soldato è in grado di sperimentare il senso della vita che è all'origine di tutte le cose. È il segno di una gioventù che vuole affermarsi, che improvvisamente scoppia in una risata, che sboccia in un canto, che riconosce, deve riconoscere il suo destino nel cuore di questa battaglia per la vita o per la morte!

I ceppi del fuoco sono spenti. La conversazione si è interrotta. Il mattino diventa grigio dietro la neve che cade.

Corrispondente dell'esercito, SS Dr Walter Best

La guerra e il coraggio hanno ottenuto cose più grandi dell'amore per il prossimo.

Nietzsche

QUADERNO SS N. 3. 1943.

UN'ESPERIENZA DI GUERRA IN CASA

Nel centro parto dell'ospedale delle SS mia moglie ha partorito due gemelli, il terzo e il quarto figlio nati durante la guerra. Oggi è arrivata la nonna in treno. Così posso lasciare i due "grandi" per visitare la buona madre. Mia moglie è in una bella stanza pulita con altre tre donne in travaglio. I minuti passano troppo in fretta e la sorella, indicando la porta, indica già che il tempo di visita della sera è finito. Decidiamo di congedarci quando suona la sirena: allarme antiaereo!

Al momento, nel reparto c'è molta agitazione, ma non c'è fretta. Il reparto maternità e l'intero ospedale si sono trovati più volte di fronte alla necessità di far scendere tutti in cantina. Le suore, gli immancabili visitatori e gli uomini delle SS in servizio hanno quindi afferrato le ceste contenenti i fragili neonati e le hanno portate giù con l'ascensore. Ben presto il prezioso tesoro fu messo al sicuro nei rifugi ben attrezzati. Poi arrivano le madri. Due donne, visibilmente felici nella loro beatitudine materna, vengono sistemate in letti che, uno dopo l'altro, scivolano su ruote di gomma verso il rifugio. Nelle stanze deserte si spengono le luci, ma la vita si concentra nel seminterrato in uno spazio angusto, che si contempla con tanto più piacere. Il personale della stazione, esperto di difesa antiaerea, si adopera per garantire che ci siano sempre passaggi liberi e che caffè, pane e latte siano pronti a soddisfare una fame improvvisa. I medici sono presenti e scambiano con le donne parole cordiali e rassicuranti. L'allarme ha interessato il loro reparto.

Si sentono già i primi spari della contraerea. Tommy è qui. Il nemico è nelle immediate vicinanze dell'edificio che è diventato il simbolo della vitalità e della fiducia del nostro popolo. È circondato da case in cui i nostri compagni SS convalescenti si stanno riprendendo dalle ferite e attendono la guarigione. Questo momento ci fa capire ancora una volta che questa guerra è una guerra totale.

Le donne sono calme e fiduciose. Mia moglie mi dice, indicando il capo del reparto con il suo elmetto d'acciaio, che ora sta attraversando le stanze della cantina: "È così bello sapere che sei vicina alla protezione militare dei nostri uomini". Una donna può sentire cosa significa appartenere alle SS attraverso suo marito. Non ho mai vissuto lo spirito della comunità delle SS così intensamente come in questa casa".

Nelle vicinanze risuonano regolarmente colpi di arma da fuoco pesanti, con brevi pause. Tuttavia, il tentativo di sfondamento viene annullato senza causare danni.

Ma in cantina succede qualcosa. La sorella chiede agli uomini di mettersi in disparte in un angolo. Senza fare domande per molto tempo, obbediscono e, mentre camminano, già capiscono. Poi, qualche tempo dopo, torna la calma. Le sorelle portano i bambini fasciati alla madre. Sono tutti in disordine e spesso è difficile distinguerli. Tutti sono presto soddisfatti. Le grida, prima limitate a una stanza, si sono diffuse tutt'intorno ed esprimono una potente voglia di vivere. La loro intensità mi attanaglia, soprattutto in queste circostanze. Ora sento due tipi di suoni diversi: da una parte, all'interno, le piccole voci penetranti dei bambini, e dall'altra, all'esterno, lo sferragliare vicino e lontano del D.C.A. Mi trovo accanto a mia moglie, che porta in braccio i suoi gemelli e dà loro il meglio di sé.

La sera ho avuto un'altra interessante esperienza con l'intero personale, che ho potuto vedere a colpo d'occhio. Mi ha colpito il fatto che anche questo gruppo di donne costituiva una vera e propria élite, dimostrando visibilmente i requisiti stabiliti dalle SS per potersi sposare. I pensieri continuavano a scorrere nella mia mente. Il nostro popolo diventerà sano quando questa selezione si diffonderà.

La D.C.A. mette fine alle mie sofferenze. I neonati affamati, invece, non si preoccupano di lei. Non sanno che la loro vita è già minacciata in questo momento, anche se hanno solo una o due settimane. Fuori, quattro fari luminosi scrutano il cielo. Si prevede un attacco ogni secondo. Poi si sente un forte botto che scuote tutta la casa. La porta, aperta solo a spinta, viene divelta e da fuori si sente il tintinnio dei vetri in frantumi. Una bomba era caduta a circa cento metri da noi. La D.C.A. sparò freneticamente.

Le donne, per quanto felici, devono fare uno sforzo interiore, ma nessuna tradisce la minima traccia dell'angoscia che una tale situazione può provocare. Siamo tutti sostenuti dallo spirito della comunità che stiamo formando in questo momento e di cui siamo consapevoli.

Questa terribile paura termina con l'arrivo della sera. L'attacco aereo nemico si attenua gradualmente. Una volta terminato l'allarme, aiutiamo a riportare i nostri beni più preziosi, le nostre mogli e i nostri figli, nelle loro stanze per la notte.

Era da molto tempo che non vivevo una serata così *bella*.

M.

QUADERNO SS N. 3. 1942.

YAMATO

Yamato è il nome di una regione giapponese che ha dato i natali a grandi soldati giapponesi. Il nome Yamato è diventato un simbolo di coraggio e dovere. Non c'è traccia dello spirito di un popolo straniero. L'esempio giapponese ci insegna che il coraggio e l'audacia si basano sullo spirito religioso.

Nell'anno 1932 della cronologia occidentale, un comandante in capo, gravemente ferito nei combattimenti per Shanghai, perse conoscenza ed ebbe la sfortuna di cadere nelle mani del nemico. In seguito fu liberato e riportato indietro dalle truppe giapponesi in avanzata. Un giorno, la stampa riportò la notizia che questo comandante si era ucciso proprio nel luogo del combattimento durante il quale era stato fatto prigioniero.

Cosa ci insegna questo evento? L'ufficiale fu fatto prigioniero solo perché giaceva ferito e privo di sensi; era questa una vergogna per un guerriero? Perché ha posto fine alla sua vita invece di servire il suo Paese con la sua conoscenza, esperienza, coraggio e intelligenza? Il suo atteggiamento può essere spiegato solo dallo spirito Yamato, lo spirito degli uomini giapponesi.

La tradizione del valoroso spirito cavalleresco è rimasta particolarmente viva nelle leggende del Giappone occidentale; i principi dell'educazione spirituale del leggendario cavaliere sono contenuti nel libro "Hagakure", un'opera sulla morale cavalleresca in cui è scritto: "Se devi scegliere tra due strade - la vita o la morte - scegli la seconda". Il Comandante in capo, profondamente influenzato da questo insegnamento, seguì la via della morte. Tuttavia, perché si dovrebbe cercarla? :

Nel codice cavalleresco dei guerrieri giapponesi di oggi, il "Senjinkun" o insegnamento nel campo dei guerrieri, si dice: "Non devi subire il disonore dei prigionieri; dopo la morte, non devi lasciare dietro di te una cattiva reputazione di colpe e disgrazie". In Giappone è sempre stato considerato un grande disonore sopravvivere alla prigionia; è meglio morire.

Nella guerra di oggi - a differenza dell'antichità - in alcuni casi non si può evitare di essere fatti prigionieri; si può pensare che non sia assolutamente necessario morire una volta compiuto il proprio dovere con le armi più moderne e che si sia molto più utili al proprio Paese rimanendo in vita e compiendo la propria vocazione - sia in guerra che in pace. Se sopravvive nella vergogna della prigionia, significa che non ha combattuto fino alla morte, che non ha avuto la possibilità di continuare la lotta e che rimpiange profondamente di non aver combattuto fino alla morte per il Tenno, la patria e il popolo.

Che sia nel mare dove l'acqua battezza il mio corpo,
Sia in campagna, dove le mie ossa
sono coperti dal muschio delle montagne -.
Voglio combattere solo per il Grande Signore.
Senza mai pensare a me.

Questa antica canzone, che ancora cantiamo, esprime che la sopravvivenza del soldato è semplicemente inconcepibile. Lord Nelson disse poco prima di morire: "Grazie a Dio ho fatto il mio dovere". I giapponesi, invece, non combattono per dovere, ma per sacrificare la propria vita. Erwin Bälz, uno dei maggiori esperti di Giappone, racconta un'esperienza personale vissuta durante la guerra russo-giapponese:

"Una volta che il giovane si fu congedato, il dottor Bälz parlò al giapponese della guerra; l'anziano gli disse che aveva perso il figlio maggiore quattro anni prima nella rivolta dei Boxer e che ora stava mandando in guerra il secondogenito. Continuò dicendo che il suo stemma di famiglia, portato con onore, ora non avrebbe avuto alcun rappresentante, poiché non aveva più figli. Bälz lo consolò: "Non tutti quelli che vanno al fronte sono destinati a cadere; credo che tuo figlio tornerà con una grande reputazione militare". Il vecchio padre scosse la testa e rispose: "No, mio figlio va in battaglia per trovare una morte eroica, non per tornare vivo". Erwin Bälz concluse che si trattava di un'affermazione saggia, degna di un filosofo.

Questo atteggiamento spiega da solo perché il Giappone non ha perso una sola guerra finora e ha ottenuto un successo prodigioso nell'attuale Guerra della Grande Asia Orientale. Avvicinarsi alla flotta statunitense con minuscoli sottomarini da guerra e affondare le sue navi è un atto di disprezzo per la morte. Con l'autodistruzione, gli aviatori giapponesi si considerano parte della loro carica e si precipitano sul nemico per diventare fedeli alla loro vocazione. È questo spirito che protegge l'Impero giapponese. Già nel 1274 e nel 1281, questo spirito eroico permise all'esercito giapponese, composto da soli 50.000 uomini, di sconfiggere i mongoli, nettamente superiori, che contavano 150.000 uomini. È stato anche lo spirito che ha portato a vittorie sbalorditive nella guerra russo-giapponese. I soldati che oggi combattono nel grande Pacifico, per terra, per mare e per aria, sono tutti dominati dall'idea di sacrificarsi per la patria e di unirsi ai ranghi degli dei.

Chi chiama questo spirito "fatalismo" e vi vede un inconsapevole disprezzo per la preziosa vita umana è molto lontano dal comprendere lo spirito militare giapponese. Le azioni audaci dei soldati giapponesi sono proprio manifestazioni di questo spirito energico che lotta per l'esistenza e l'onore dell'Impero, per la giustizia e la vera pace.

Sarebbe inoltre un errore imperdonabile vederlo come un segno di brutalità originale. Conosciamo l'amore dei giapponesi per i fiori; il suo senso estetico non lo porta a cercare solo il fiore, ma lo apprezza molto di più nel suo rapporto organico con le foglie e i rami. Per questo non lo taglia mai, ma lo lascia sul suo ramo. La civiltà giapponese ha sviluppato nel suo popolo non solo un elevato spirito di sacrificio, ma anche un sentimento di compassione. Quest'ultimo si manifesta nell'atteggiamento dei soldati giapponesi verso il nemico, in particolare verso i prigionieri. Riportiamo una testimonianza significativa dal Medioevo: nel 1184, durante una feroce guerra civile, il famoso guerriero Kumagai sconfisse un cavaliere del campo nemico, Atsumori, e gli tagliò la testa secondo le antiche usanze di guerra. Atsumori non aveva ancora vent'anni e, colpito dalla sua morte prematura, Kumagai depose la spada, lasciò il cavalierato e si fece sacerdote per trascorrere la sua vita pregando per la salvezza dell'anima del defunto.

Durante la Grande Guerra, alcuni volontari giapponesi in servizio nell'esercito canadese si recarono sul fronte occidentale; tra loro c'era il volontario Isomura che si imbatté in un tedesco ferito durante un attacco. Il ferito fece capire a Isomura con lievi movimenti che soffriva di una sete atroce e Isomura gli diede prontamente da bere dalla sua tanica in cui c'era ancora della preziosa acqua. Nel frattempo, un soldato britannico si era avvicinato e aveva attaccato il tedesco con la baionetta; Isomura si oppose e gli disse: "Non vedi che quest'uomo è gravemente ferito? - "Allora", rispose il britannico, "ferito o no, ogni nemico ucciso in più è un vantaggio per noi". "Dov'è il tuo amore cristiano per il prossimo? "L'ho lasciato a casa quando sono andato in guerra", rispose il britannico.

Allo stesso modo, il volontario giapponese Morooka, che stava colpendo alla baionetta un avversario molto giovane, lo sentì gridare "mamma". In quel momento, avendo riconosciuto la parola che conosceva, gli fu impossibile attaccare il nemico per la seconda volta e quest'ultimo, sebbene ferito, fu salvato e riportato in patria.

I giapponesi considerano un'indegnità essere fatti prigionieri; tuttavia, hanno una profonda compassione per i prigionieri che essi stessi prendono. Durante la guerra russo-giapponese, molti prigionieri russi furono inviati in Giappone e tutti ricordarono con gratitudine il trattamento generoso riservato loro. In Giappone, è sempre stato considerato una virtù adottare questo atteggiamento nei confronti del nemico ferito. La storia ci dice che i nemici coreani coinvolti nell'invasione mongola caddero nelle mani dei giapponesi e non meritarono alcun trattamento speciale. Tuttavia, furono ben accolti; l'imperatore coreano fu persino costretto a ringraziare per questo comportamento in una lettera. Inoltre, bisogna considerare che l'attacco mongolo rappresentava un grande pericolo per il Giappone e il suo popolo. Durante la guerra russo-giapponese, la Prima Divisione e la Seconda Armata giapponesi dovettero occuparsi dei primi prigionieri russi; ai soldati giapponesi fu ordinato di visitare i prigionieri per familiarizzare con le uniformi, le insegne e le caratteristiche del nemico. Tuttavia, alcuni uomini di una particolare compagnia non si presentarono all'ispezione, per il seguente motivo: È una vergogna essere fatti prigionieri come soldati ed è insopportabile doversi mostrare al nemico in questo modo. Il samurai capisce il sentimento di un altro samurai e gli risparmia questa umiliazione. Per questo motivo i soldati non parteciparono all'ispezione dei prigionieri russi. Gli ufficiali nemici che avevano dato l'ordine di uccidere tutti i giapponesi, anche i prigionieri, non potevano capire l'atteggiamento dei soldati giapponesi.

In uno degli scenari dell'attuale guerra della Grande Asia Orientale, le Filippine, all'inizio di gennaio, alcuni civili giapponesi sono stati massacrati dalle truppe americane; simili atrocità non esistono nella storia giapponese.

I giapponesi combattono oggi per la loro patria e per tutti i popoli della Grande Asia Orientale. Combattono una battaglia dura e sacrificale, chiedendo il massimo a se stessi. Tuttavia, hanno una profonda compassione per i loro simili e questo atteggiamento in battaglia darà origine a molti eventi bellici caratteristici e suggestivi che passeranno alla storia della guerra, testimoniando lo spirito del Giappone, lo Yamato Tamashii.

Kazuichi Miura

Ovunque e sempre, l'esempio vivente sarà la migliore educazione.

Adolf Hitler

LA CASA DELLA TRUPPA SS N. 4. 1939.

LA NOSTRA VITA!

Vivere significa combattere. Ci troviamo di fronte a questo principio in modo inesorabile e duro; come un ordine militare, breve e conciso, al quale nessuno può sottrarsi. O si accetta questo ordine, migliorandosi attraverso di esso fino a raggiungere il meglio, o si diserta - si perisce - in modo vile e pietoso. Non c'è altra via.

Vivere significa lottare. Quest'ordine che la Provvidenza ci ha dato, differenzia il signore dallo schiavo, l'eroe dal codardo, l'uomo d'azione dal chiacchierone, il carattere dalla debolezza - definisce il buono e il cattivo, il giusto e l'ingiusto, e ci permette di misurare il nostro lavoro quotidiano.

Ci sono sempre stati momenti nella storia in cui si è pensato di poter eludere questo comandamento; in cui ci si è cullati nel presupposto che combattere è un abominio e che la vita è un perpetuo stato di pace; in cui si è cercato di trasferire la lotta da questo mondo all'altro; in cui il bene è stato misurato in base al grado di bassezza, viltà, servilismo, e il male in base al grado di eroismo; in cui il tradimento e la menzogna sono stati sostenuti in ogni modo come mezzo di pressione di fronte alla lotta.

E ancora, ci sono stati momenti in cui lo spirito eroico ha celebrato il suo più grande trionfo; quando la forza creativa ha indicato agli uomini nuove mete e nuove strade; quando la lotta ha avuto il massimo impatto grazie alla forza originaria della volontà di vivere e quando l'uomo, con la sua forza divina, ha dato alla vita il suo giusto significato.

Ci troviamo in questo momento di energie riunite, di spirito combattivo e creativo e di inedita voglia di vivere.

Approviamo la vita perché amiamo la lotta e approviamo la lotta perché amiamo la vita. Per noi la vita non è una valle di lacrime su cui si affacciano divinità sconosciute che si rallegrano nel vederci strisciare in ginocchio in umiltà. Per noi la vita è un campo di battaglia che la Provvidenza ci ha dato e che vogliamo conquistare lottando. La nostra preghiera è la lotta e la nostra vita è la preghiera. La Provvidenza ci ha dato la vita nella lotta e noi vogliamo dominare la vita nella lotta.

Combattiamo e siamo un anello forte della catena formata dai nostri antenati e dai nostri discendenti. Attraverso di noi, la vita dei tempi più antichi deve essere trasmessa in lotta al futuro.

Così vuole la Provvidenza, così vogliamo noi. La volontà della Provvidenza e la nostra plasmeranno l'epoca di oggi, di domani e di dopodomani, così come hanno plasmato l'epoca di ieri e dell'altro ieri.

Una mente sana in un corpo sano.

Vivere significa combattere. Attraverso secoli di lotta, i nostri antenati ci hanno formato, hanno permesso al nostro popolo e ai nostri clan di trionfare sulla viltà e sulla bassezza, sul servilismo e sulla negazione del mondo fino ad oggi. È un monumento di lotta eroica e di incrollabile volontà di vivere.

Non rimarrebbe nulla di noi, del popolo e dei clan, delle tribù e del sangue, se i nostri antenati non avessero amato la lotta come noi.

Non ci sarebbe cultura, né monumenti imperituri di letteratura, musica, pittura, architettura, se non avessero approvato la vita e quindi la lotta.

Al nostro popolo non rimarrebbe nulla della sacra terra di Germania se milioni di nostri antenati non avessero rischiato di combattere con risate vittoriose per garantire la vita dei loro discendenti. Il sangue e la razza del nostro popolo si sarebbero prosciugati se le nostre madri non ci avessero messo al mondo in battaglia.

La nostra esistenza - il nostro popolo - ci ha dato la volontà di vivere e quindi di combattere.

Vivere significa combattere!

La lotta delle armate grigie nella Grande Guerra, la morte eroica di due milioni di soldati, ha assicurato da sola l'alba del nostro popolo. Non saranno la viltà e la bassezza, né il lamento servile, a garantire l'esistenza e la rinascita del Reich tedesco.

Lo sbarramento colpì le trincee ora dopo ora. Il fuoco di grosso calibro esplodeva contro le trincee con un ruggito infernale e l'attacco si svolgeva nel fumo e nel gas sotto il fuoco delle mitragliatrici. Dalla nebbia dell'alba, i mostruosi carri armati correvano per schiacciare tutto ciò che incontravano sul loro cammino. Le posizioni non furono tenute per una pietosa umiltà, ma per la sfrenata voglia di vivere e l'imperioso desiderio di vincere in battaglia e di superare tutte le avversità.

Il buon compagno scomparve dai ranghi e l'amico morì.

I terrori della guerra minacciavano di prendere il sopravvento. Ma era anche la lotta per la vita che, al di là della natura tragica e orribile dei destini, trionfava su tutte le altre motivazioni. Solo chi combatte può trionfare e comprendere la beatitudine della vittoria o della fine eroica. Ma chi si rifiuta di combattere, e quindi di vivere, non ne comprende lo spirito. Non capirà mai il sentimento di gioia che la Provvidenza dona al combattente che domina la vita: arrendersi è vigliaccheria e Dio aiuta solo i coraggiosi.

In questo modo comprendiamo la grandezza della lotta dei soldati nella Grande Guerra e rendiamo omaggio agli uomini che, perseverando nella lotta, hanno riorientato il destino del nostro popolo. Lo spirito di lotta ha favorito la nascita del nostro nuovo mondo di idee - il nazionalsocialismo - e ha superato per quattro anni i terrori della più grande delle guerre. Solo questo spirito combattivo preserva la vita della nostra nazione.

Vivere significa combattere!

Sotto il sibilo e gli schizzi, l'acciaio viene versato negli stampi. Sotto il suono dei martelli, in un frastuono costante, il ferro prende forma per essere utilizzato dagli uomini. In pozzi bui, pieni di aria polverosa e sotto costante minaccia, il carbone viene aspirato e scoperto. Su alte impalcature, tra cielo e terra, gli uomini mettono in gioco la loro vita nel lavoro creativo. Sul mare in tempesta la lotta con l'elemento originario diventa l'espressione visibile della vita. Sotto il sole cocente, il grano nascente si piega sotto la falce. Negli ospedali e nei laboratori lo spirito umano lotta con la morte. Tutto questo non è l'espressione di una necessità fatalistica e superflua impressa da divinità estranee, ma costituisce una vita che lotta, una dura volontà di selezione e di vittoria. In ogni luogo si combatte una battaglia decisiva che determina la posizione dell'uomo rispetto a Dio. L'uomo creatore concepisce il rapporto con il suo dio nel combattimento, nella battaglia. Non vede la sua lotta come una vergogna, come una dannazione, come un peccato, ma si vede come un signore, dimostrando vividamente l'ordine dato dalla Provvidenza: "Vivere significa lottare". Per lui il sudore non è il salario di un'azione peccaminosa, ma la ricompensa della sua magistrale potenza creativa e della sua gioia.

Vivere significa combattere!

In migliaia di comizi e battaglie di strada, il soldato politico lascia il segno sui suoi contemporanei. Nonostante i cumuli di rifiuti, gli attacchi insidiosi e le calunnie, il Movimento ha ottenuto la vittoria. Nonostante il terrore fisico e spirituale, il nazionalsocialismo sventola oggi la sua bandiera vittoriosa sulla Germania. È stata la manifestazione del coraggio di vivere sfidando la morte, della sacra gioia della battaglia che ha trionfato su tutto. È stato il flusso di sangue sano e ininterrotto del nostro popolo a porre fine alle azioni di un'ipocrisia pacifista internazionale con i colori nero, rosso e oro, per spianare la strada a una nuova generazione eroica. Solo così si può comprendere la grandezza dei martiri del Movimento. Essi sono il simbolo della vita del nostro popolo; i più degni figli degli antenati, che appaiono nel futuro più lontano come i sacerdoti viventi di una concezione eroica e di civiltà.

Vivere significa combattere!

Nella vita di tutti i giorni, lo spirito mercantile si impossessa di noi come un serpente velenoso. La giornata di lavoro pesa sul corpo e sulla mente come un fardello quasi insormontabile. La follia e la mancanza di carattere competono tra loro. La vanità e il piacere apparentemente celebrano il loro trionfo e le debolezze umane vengono elogiate. Non è mai la mentalità servile dei fanti a porre fine a tutto questo, ma sempre e solo l'uomo che combatte sentendosi solidale come un soldato sul campo di battaglia della vita, ignorando la classe e la nascita, la ricchezza e la povertà - responsabile solo verso il suo popolo e il suo sangue nobile, dagli antenati, a cui i discendenti chiederanno conto.

Ci troviamo in mezzo alla lotta e davanti al nostro Dio, sapendo che tutto il potere creativo è in noi e che dipende da noi dominare la vita. Le faccende quotidiane - i piccoli doveri quotidiani - sono apparentemente un peso, ma nonostante ciò non vogliamo farne a meno. Perché la grandezza che contraddistingue l'opera nella massa, che sopravvive ai secoli, è fatta innanzitutto di dettagli. Come l'orologio è composto da ruote grandi e piccole, come l'orchestra è composta da strumenti, e come i passi ritmati di centinaia di persone fanno tremare la terra, così anche noi, ognuno al proprio posto, come ruote, come strumenti e come camminatori, dobbiamo svolgere i nostri compiti e la nostra lotta affinché l'opera possa realizzarsi.

Monumento in memoria dei martiri del putsch del 1923.

"Avere fede è la forza più grande che ci sia.
Adolf Hitler

È l'opera che rivelerà la grandezza di una generazione anche dopo secoli e che deve indicare la strada ai discendenti dopo millenni come un'epopea eroica.

Abbiamo la volontà di registrare noi stessi e le nostre azioni nella storia con stili di ottone. Abbiamo la volontà di misurare la nostra forza in ogni momento e, a parte la volontà, abbiamo il potere di superare noi stessi, come ricordo dell'atteggiamento di lotta.

Non è deplorevole confondere gli errori di carattere con un atteggiamento sfacciatamente servile, invece di contrastarli vittoriosamente in una lotta quotidiana? Non è disgustoso quando uomini con volti melodrammatici e sofferenti cercano di definire la vita come una nera infamia perché non hanno il coraggio di trarre le conseguenze del comando della Provvidenza e ammettere la lotta?

Non è forse una presa in giro di Dio quando, a causa di creature lamentose, lo si ritiene responsabile del loro fallimento nella vita per mancanza di spirito combattivo? Non è forse un pernicioso spirito mercantile quando, a causa di questo lamento, negano la sentenza di Dio che premia il loro abbandono della vita che Dio ha affidato loro per dominarla?

Non abbiamo alcuna comprensione per un atto così stupido.

Finora tali creature non sono mai state guide per uomini che, come pietre angolari di granito, sopravvivono ai millenni.

Per questo motivo, non vogliamo trascorrere la nostra vita, che la Provvidenza ci ha donato, nella dannazione, contemplandola come un pantano da cui non si esce; perché la nostra vita non è un peccato perché ci viene da Dio, e la nostra lotta non è una dannazione perché è una preghiera eroica.

Lasciamo che i vili e i miserabili striscino sulle loro ginocchia, che i deboli di cuore gemano nella disperazione; perché Dio è con noi perché Dio è con i credenti.

Salutiamo gli spiriti eroici del lontano passato come compagni d'armi della nostra vita perché sappiamo che dalla bocca di Nietzsche esce una verità eterna quando dice:

"La guerra e il coraggio hanno fatto cose più grandi dell'amore per il prossimo. Non è la vostra pietà, ma il vostro coraggio che ha salvato finora gli sfortunati.

Kurt Ellersieck

Dobbiamo portare una fede nuova e più onesta, non solo in Germania ma anche nel mondo; non solo per il bene della Germania ma anche per il bene del mondo, che perirà per auto-avvelenamento se non supera la sua attuale opinione sulla Germania.

Adolf Hitler

BIBLIOGRAFIA

Le traduzioni dei poemi nordici dell'Edda sono tratte da Les religions de l'Europe du Nord di Régis Boyer, edito da Fayard-Denoël, 1974.
I testi di Tacito sono tratti dal libro La Germanie, di Tacito, tradotto da Jacques Perret, pubblicato da Les belles lettres, 1983.

Fonti pubblicate prima del 1945:
Pubblicazioni di RuSHA e SS-Hauptamt:
SS-Leithefte
Lezioni tedesche delle SS
Annali
La SS-Mannschaftshaus
Dienst politico per SS e Polizei
Il cammino verso il Reich
Glauben und Kämpfen.

Dalla casa editrice SS Nordland:
Discorso del Reichsführer SS nella cattedrale di Quedlinburg il 6 luglio 1936.

Altro :
Auf Hieb und Stich, una raccolta di editoriali di Gunther d'Alquen apparsi sul giornale delle SS Das Schwarze Korps tra il 1935 e il 1937.
Organisationsbuchder NSDAP, 1938.
Le SS, Geschichte und Aufgabe, di Gunther d'Alquen, 1939.
Die Gestaltung der Feste im Jahres- und Lebenslauf in der SS-Familie, SS-Oberabschnitt West.
Prüfungsfragen für SS-Führer und SS-Unterführer, SS-Abschnitt VIII, 1 novembre 1938.
Aux armes pour l'Europe, testo del discorso tenuto da Léon Degrelle al Palais de Chaillot nel 1944.
Almanacco SS 1944, ultima edizione.
Devenir, giornale delle SS francesi.

Opere pubblicate dopo il 1945 non tradotte in francese:
Ackermann Josef, Himmler als Ideologe, Müsterschmidt, Göttingen, 1970.
Hausser Paul, Soldaten wie andere auch, Munin Verlag, Osnabrück, 1966.
Wegner Bemdt, Hitlers politischen Soldaten: Die Waffen-SS 1933-1945, Schöningh, 1988.
Questi libri sono tra le opere più importanti e documentate pubblicate su questo argomento in Germania.

Le fotografie e le illustrazioni provengono tutte dalla collezione personale dell'autore.

GIÀ PUBBLICATO

OMNIA VERITAS
OMNIA VERITAS LTD PRESENTE:
LA DITTATURA dell' ORDINE MONDIALE SOCIALISTA
Per tutti questi anni, mentre la nostra attenzione era concentrata sui mali del comunismo a Mosca, i socialisti a Washington erano impegnati a rubare all'America...
DI JOHN COLEMAN
"Il nemico di Washington è più da temere di quello di Mosca".

OMNIA VERITAS
OMNIA VERITAS LTD PRESENTE:
La GUERRA della DROGA contro l'AMERICA
Il traffico di droga non può essere sradicato perché i suoi gestori non permetteranno che venga loro sottratto il mercato più lucrativo del mondo....
DI JOHN COLEMAN
I veri promotori di questo maledetto commercio sono le "élite" di questo mondo.

OMNIA VERITAS
OMNIA VERITAS LTD PRESENTE:
LE GUERRE PER IL PETROLIO
DI JOHN COLEMAN
Il racconto storico dell'industria petrolifera ci porta attraverso i colpi di scena della "diplomazia".
La lotta per monopolizzare la risorsa ambita da tutte le nazioni

OMNIA VERITAS
OMNIA VERITAS LTD PRESENTA:
LA MASSONERIA
dalla A alla Z
John Coleman
Nel XXI secolo, la Massoneria è diventata non tanto una società segreta quanto una "società di segreti".
JOHN COLEMAN
LA MASSONERIA
dalla A alla Z
Questo libro spiega cos'è la Massoneria

OMNIA VERITAS
OMNIA VERITAS LTD PRESENTE:
Oltre la
COSPIRAZIONE
SMASCHERARE IL
GOVERNO MONDIALE
INVISIBILE
di John Coleman
Tutti i grandi eventi storici sono pianificati in segreto da uomini che si circondano di totale discrezione.
JOHN COLEMAN
I gruppi altamente organizzati hanno sempre un vantaggio sui cittadini

OMNIA VERITAS
OMNIA VERITAS LTD PRESENTA:
LA DINASTIA ROTHSCHILD
JOHN COLEMAN
LA DINASTIA
ROTHSCHILD
di John Coleman
Gli eventi storici sono spesso causati da una "mano nascosta"...

www.ingramcontent.com/pod-product-compliance
Lightning Source LLC
Chambersburg PA
CBHW060320100426
42812CB00003B/830